Erziehungskonzepte im Wandel

Carmen Eschner

Erziehungskonzepte im Wandel

Eine qualitative Inhaltsanalyse von Elternratgebern 1945 bis 2015

Carmen Eschner
Solingen, Deutschland

Die vorliegende Arbeit wurde von Carmen Eschner im Jahr 2016 als Dissertation bei Prof. Dr. Heiner Barz an der Heinrich-Heine-Universität Düsseldorf eingereicht.

ISBN 978-3-658-16914-5 ISBN 978-3-658-16915-2 (eBook)
DOI 10.1007/978-3-658-16915-2

Die Deutsche Nationalbibliothek verzeichnet diese Publikation in der Deutschen Nationalbibliografie; detaillierte bibliografische Daten sind im Internet über http://dnb.d-nb.de abrufbar.

Springer VS

Gedruckt auf säurefreiem und chlorfrei gebleichtem Papier

Springer VS ist Teil von Springer Nature
Die eingetragene Gesellschaft ist Springer Fachmedien Wiesbaden GmbH
Die Anschrift der Gesellschaft ist: Abraham-Lincoln-Str. 46, 65189 Wiesbaden, Germany

Meinen Töchtern
Anne und Lara
und
meinen Enkelkindern
Phoebe und Julian

Danksagung

An dieser Stelle möchte ich mich bei allen bedanken, die zum Gelingen dieser Arbeit beigetragen haben.

Meinem Doktorvater Herrn Professor Dr. Heiner Barz (Bildungsforschung) danke ich für die Freiheit, die er mir bei der Planung und Durchführung meines Promotionsprojektes gewährt hat, stets gepaart mit kritischer Distanz, aber auch Vertrauen in meine Kompetenzen. Zu welcher Zeit auch immer war er für mich erreichbar und präsent; bei auftretenden Problemen reagierte er gelassen und zuversichtlich.

Das Engagement meiner Zweitgutachterin Frau Professorin Dr. Gabriele Gloger-Tippelt (Psychologie), die fortlaufend Kapitel für Kapitel sichtete und mich mit ihrer konstruktiven Kritik unterstützte, wurde für mich unverzichtbar. Ihre kontinuierliche Ermutigung und die respektvolle Anerkennung meiner Arbeit trugen zu meiner Motivation und Ausdauer bei.

Frau Professorin Dr. Christine Schwarzer (Erziehungswissenschaften) begleitete mich mit Ihrer hohen fachlichen Kompetenz und Lebenserfahrung geduldig und warmherzig. In Ihren Doktorandenkolloquien setzte sie strenge wissenschaftliche Maßstäbe, die eine eigene Weiterentwicklung förderten. Ihre außergewöhnliche Hilfsbereitschaft trug zum Gelingen meiner Arbeit bei.

Danken möchte ich auch Herrn Dr. Frank Meier, der mich mit viel Geduld bei allen technischen Problemen beraten und praktisch unterstützt hat.

Ein großer Dank geht an die Chefredakteurin der Zeitschrift ELTERN Frau Marie-Luise Lewicki und an Frau Barbara Haerst-Himberger (Leserdienst). Eine Woche lang gewährte mir der Verlag optimale Forschungsbedingungen. Meine umfangreichen Recherchen unterstützte Frau Himberger mit Geduld und Verständnis, sowie einer Fülle von Material aus dem Archiv.

Nicht zuletzt gilt mein Dank meiner Familie und meinen Freunden, die sich stets aufs Neue in Geduld einüben und zurückstehen mussten, aber dennoch den Glauben an mich und meine Arbeit nie verloren haben. Das besondere Dankeschön ist immer das zum Schluss und gilt meinem Mann, der mir so vielfach den Rücken frei gehalten hat.

Solingen, den 10.08.2016 Carmen Eschner

Inhalt

Abbildungsverzeichnis

Tabellenverzeichnis

1 Einführung in den Forschungsgegenstand

1.1 Bedeutung von Erziehungsratgebern als Forschungsgegenstand

Die Analyse von propagiertem elterlichem Erziehungsverhalten in exemplarisch ausgewählten *Erziehungsratgebern* – seit der Gründung der Bundesrepublik – steht in der vorliegenden Arbeit im Fokus. Jürgen Zinnecker (1985, S. 98) konstatiert: „Erziehungsstile und –normen stehen als Exempel für den soziokulturellen Wandel sowie die Zivilisationsgeschichte von Sozialisation in *der* zweiten Hälfte des Jahrhunderts." Die Entscheidung, *populärwissenschaftliche Schriften als Forschungsquelle* für eine wissenschaftliche Arbeit in Erziehungswissenschaft zu nehmen, mutet eventuell befremdlich an. Die Geschichtswissenschaft hingegen hat eine lange Tradition darin, auch mit Hilfe von nichtwissenschaftlichen Quellen zu forschen. Der Historiker Jörg Baberowski (2005, S. 11) gibt zu bedenken, dass nicht die Vergangenheit Gegenstand der historischen Forschung sein kann, sondern „die erhalten gebliebenen Zeugnisse aus der Vergangenheit, an denen sich die Reflexion des Historikers bewährt". Nadine Freund (2010, S. 21) erinnert daran, dass Vergangenheit nichts „auf alle Zeiten Unveränderliches ist", keine Wahrheit, die mit objektiven Methoden beforscht werden kann, sondern stets eine *„Konstruktion der Vergangenheit durch spätere Generationen"* darstellt. Diese Aussagen machen bescheiden, sind Wegweiser für die vorliegende wissenschaftliche Arbeit in ihren historischen Dimensionen und verweisen auf die Chancen und Grenzen von Reflexion und Konstruktion.

Christian Lüders (1994, S. 180) hält Elternratgeber vorbehaltlos für einen wichtigen Forschungsgegenstand, um die gesellschaftliche *Konstruktion familialer Erziehung* untersuchen zu können. Umso mehr beklagt er als Erziehungswissenschaftler, dass das pädagogische Wissen in keiner Weise systematisiert worden ist und führt dies auf die Schwierigkeit zurück, „unter pluralistischen Bedingungen einen Rat zu geben". Christa Berg (1991, S. 711) ging mit ihrer Hypothese noch einen Schritt weiter: „Unterhalb der Ebene pädagogischer Theoriebildung lebt eine pädagogische Praxis, die von Erziehungsratgebern beeinflusst, ja gesteuert wird; sie sind für pädagogisches Alltagshandeln maßgeblicher als klassische Bildungstheorien." Auch Sabine Andresen (2008, S. 119) argumentiert, dass *kultur-*

kritische Erziehungsdiskurse „selten auf einer empirischen, sondern auf einer populärwissenschaftlichen Basis“ geführt werden. Von der Erziehungswissenschaft erwartet sie eine Kenntnis und Reflexion der Diskurse:

> „Zentral ist dafür, sich sowohl in historischer als auch in theoretischer Perspektive mit der ‚Vorder- und Hinterbühne‘ dieser Diskurse zu befassen, weil sie Aufschluss über den Zeitgeist geben, in den Erziehung stets verwickelt ist. Das Aufwachsen ist in modernen Gesellschaften komplex, heterogen und in der Trivialisierung der Probleme erfolgt eine Reduktion von Komplexität. Solche Reduktionsprozesse, die nicht mit der systemtheoretischen Definition identisch sind, gilt es in den Blick zu nehmen“ (Andresen, 2008, S. 119).

Inge Seiffge-Krenke & Norbert Schneider (2012) setzen sich mit Formen der Idealisierung und Überhöhung der Familie in der Postmoderne auseinander und stellen die These auf, dass die Diskrepanz zwischen Leitbildern in der Ratgeberliteratur einerseits und die spannungsreiche Realität andererseits zur Destabilisierung des Familiensystems beitragen könnte:

> „In der schieren Vielzahl von Experten und Ratgebern zum Gelingen von Partnerschaft, Elternschaft und Familienleben spiegelt sich einerseits die Suche nach Orientierung wider, andererseits können damit auch individuelle Ansprüche oder Leitgedanken etabliert und bestärkt werden – auch über das realisierbare Maß hinausgehend. Der Vergleich von Erwartung und Realität bzw. Realisierbarkeit kann für manche Menschen im Verzicht auf eine eigene Familie münden [...] und für jene, die bereits Familie haben, mit steigender Unzufriedenheit einhergehen [...]“ (Seiffge-Krenke & Schneider, 2012, S. 30).

Populärwissenschaftliche Elternratgeber leisten einen Beitrag zur Familienerziehung in massenmedialer Form. Obwohl die tatsächliche Wirkung auf das Erziehungshandeln nur schwer nachgewiesen werden kann, stellen sie dennoch eine wichtige Quelle für die historische Erziehungs- oder Familienforschung dar, um Hinweise auf das jeweilige zeitgenössische Erziehungsdenken zu erhalten. In jüngerer Zeit hat Markus Höffer-Mehlmer (2003) mit seiner Habilitation *Elternratgeber – Zur Geschichte eines Genres* eine systematische Arbeit über die Hausväterliteratur vom 16. Jahrhundert an bis zur Ratgeberliteratur der ersten Hälfte des 20. Jahrhunderts vorgelegt. Unter historischem Aspekt schließt die vorliegende Arbeit nahtlos an Höffer-Mehlmers Publikation an und kämpft gegen dieselben Probleme: Die Flut an Elternratgebern erschwert die Gewinnung eines Überblicks, Veröffentlichungen zur Entwicklung der Ratgeberliteratur fehlen, eine nach Kriterien geordnete Bibliographie liegt nicht vor und verursacht Zuordnungsprobleme, die Auflagenhöhe und damit der Verbreitungsgrad sind häufig ungewiss und bei den Verlagen nicht zu erfragen.

In den vergangenen sechs Jahrzehnten kam zunehmend – nicht zuletzt durch die Einführung des Taschenbuchs – eine unüberschaubare Fülle von Werken auf den Markt. Ab den 50er Jahren tauchen zwei neue Phänomene auf: Einerseits drängen Übersetzungen von Ratgebern aus dem Ausland auf den Markt, andererseits halten die Erkenntnisse aus der psychoanalytischen Forschung und Praxis, einst vom NS-Regime mit besonderer Vehemenz bekämpft, Einzug in die Elternratgeber. Parallel zur Verbreitung der Medien in den letzten Jahrzehnten (Fernsehen, Film, Zeitungen, Zeitschriften, CD, DVD, Internet) ändern sich auch die Erziehungsratschläge. Hinzu kommen Beratungsangebote für Eltern von Seiten der Kirchen und staatlichen oder privaten Institutionen. Eine Flut von sich teilweise widersprechenden Informationen und Empfehlungen überschwemmt den Markt. Berg (1991) kritisiert als Pädagogin:

> „Einerseits muss viel Stereotypes, Redundantes, Triviales, (heute) Selbstverständliches in einer schier uferlosen Flut von Traktaten und Traktätchen durchgestanden werden, um zu systematisierbaren Aussagen zu gelangen. Andererseits verblüffen Ausweitung und Tragweite der beanspruchten Kompetenz nicht nur für ein Problemfeld, sondern geradezu für alle Lebenslagen“ (Berg, 1991, S. 709).

Dennoch verteidigt Michaela Schmid (2011, S. 16) Erziehungsratgeber als historischen Forschungsgegenstand: Sie spiegeln gesellschaftliche Verhältnisse in den jeweiligen Epochen wider, geben Aufschlüsse über Familienbilder und postulieren spezifische Erziehungsmethoden, die vom Zeitgeist beeinflusst sind.

1.2 Das Konstrukt „Erziehungsstile“ als komplexe Forschungsfrage – ein komprimierter historischer Leitfaden

In tiefenpsychologischen Schriften zu Beginn des 20. Jahrhunderts lassen sich bereits typologische Konzepte zur Erziehungseinstellung und den Erziehungspraktiken nachweisen. Auf der Basis von empirisch gewonnenen Daten – insbesondere in Erziehungsberatungsstellen – bilden psychoanalytische und individualpsychologische Konstrukte zum Erzieherverhalten den Auftakt für eine wissenschaftliche Erforschung von Erziehungsstilen in Deutschland (u. a. Adler 1914-1930; Seif, 1921; Aichhorn, 1932). Gegenstand der Studien sind die im *pathologischen* Rahmen gewonnenen Daten zur vernachlässigenden, autoritären oder verzärtelnden Erziehungshaltung. Robert F. Antoch (1982) definiert „Verzärtelung“ in Anlehnung an Alfred Adlers Referat „Verzärtelte Kinder“ (1930):

> „Danach ist Verzärtelung nicht nur ein Übermaß an Zärtlichkeit, sondern etwas qualitativ anderes: eine *Form der Bevormundung und Entmündigung*, die den Betroffenen

> zu selbständigen Leistungen nicht kommen läßt. Der heute so vertraut klingende Gedanke, daß der Erziehungsstil der Eltern etwas mit deren eigener Familiengeschichte und ihrer daraus erwachsenen Bedürftigkeit zu tun hat, wird hier vorweggenommen" (Antoch, 1982, S. 9f.; Hervorhebung im Original).

Die *empirisch-systematische Erziehungsstilforschung* beginnt erst mit Kurt Lewin, der 1933 aufgrund der rassistischen Beamtengesetze gezwungen ist, von Berlin in die U.S.A. zu emigrieren (vgl. Lück, 1996, S. 13ff.). Da Lewin an den Effekten demokratischer und autokratischer Leitung von Gruppen interessiert ist, initiiert er in den Jahren 1937/38 in Iowa *Feldexperimente* zu Führungsstilen, die er mit seinen Mitarbeitern Ronald Lippitt und Ralph K. White realisiert (Lewin, Lippitt & White, 1939). Während der experimentellen Untersuchungssituation erschließt sich für die Forscher eine dritte Dimension von Führungsverhalten: Der Laissez-faire-Stil. Dabei geht es Lewin nicht um einzelne Charakteristika im Führungsverhalten, sondern um die *Auswirkungen der Stile auf das gesamte Klima und die Atmosphäre in der Gruppe.* Die Erziehungsstil-, bzw. Führungsstil-Experimente gelten als die bekanntesten Untersuchungen Lewins und dienen stets als klassisches Beispiel für experimentelle sozialpsychologische Forschung, die nach seinem frühen Tod von Lippitt und White fortgeführt wurde. Ein Vermächtnis Lewins besteht unbestritten in der Analyse von drei idealtypischen Erziehungsstil-Konstrukten: autoritär – demokratisch – laissez-faire (vgl. Lück, 1996, S. 98ff.).

Im Jahr 1963 erscheint erstmals die *Erziehungspsychologie* von Reinhard und Anne-Marie Tausch. Drei Zielsetzungen der Verfasser sind für diese Arbeit relevant: Vermittlung von Informationen, wie sich Dimensionen des Erzieherverhaltens auf Kinder in konstruktiver oder destruktiver Weise auswirken; die Befähigung von Erziehern, die psychologischen Zusammenhänge während der Erziehung zu erkennen und die Fähigkeit, sich demokratisch zu verhalten. (Tausch & Tausch, 1963).

Auf dem *Braunschweiger Symposion* vom 28. bis 31. März 1966 zur *Psychologie der Erziehungsstile* formuliert Klaus Eyferth eine neutrale Definition des Begriffes „Erziehungsstil":

> „Als Erziehungsstil wird eine Gruppe von Merkmalen des Erziehungsverhaltens bezeichnet, in welcher größere gemeinsame Merkmalsvarianz herrscht, als nach der Variabilität aller Merkmale zufällig zustandekommen könnte, und welche Gruppe die Eigenarten in diesem Stile Erzogener genauer vorauszusagen erlaubt als Einzelmerkmale" (Eyferth, 1966, S. 23).

Hier werden nicht nur formalmethodische Kriterien wie Multivariabilität oder Merkmalskovariation postuliert, sondern auch zwei zentrale Aufgaben der Erziehungsstilforschung benannt, zum einen die Beschreibung von Merkmalsgruppen des Erzieherverhaltens und zum anderen die Vorhersage des Erzogenenverhaltens (vgl. Schneewind, 1980, S. 19).

Theo Herrmann, der den Anstoß zum Symposion gab, konstatiert im Vorwort der schriftlichen Dokumentation, dass neunzehn Psychologen an der Tagung teilnahmen und ergänzt: „Es sei aber an dieser Stelle vermerkt, daß wir alle es für sehr erwünscht halten, die *Psychologie der Erziehungsstile* mehr als bisher mit der *Erziehungswissenschaft* ins fachliche Gespräch zu bringen“ (Herrmann, 1966, S. 9; Hervorhebung im Original). Ein vernichtendes Urteil fällt Herrmann über den Forschungsstand zu elterlichen Erziehungsstilen in der BRD:

> „Als wir uns mit der Literatur über ‚Elternverhalten‘, ‚Erziehungsverhalten‘ bzw. ‚Erziehungsstil‘ zu befassen begannen, merkten wir bald, daß die Lage auf dem Markt der Veröffentlichungen ziemlich chaotisch ist. Die Techniken zur Messung des Erziehungsverhaltens sind zwar zahlreich, aber nach den Testgütekriterien zumeist unzureichend. […] Erziehungsideologien mischen sich ein. Die große Zahl empirischer Einzeluntersuchungen ist zum Teil methodisch fragwürdig; die Befunde widersprechen einander bisweilen oder sind nicht vergleichbar“ (Herrmann, 1966, S. 8).

Zehn Jahre später beklagt Helmut Lukesch (1976, S. 18) als Erziehungswissenschaftler immer noch, dass sich viele Sachbereiche der Human- oder Sozialwissenschaften „in einem chaotischen Zustand befinden“, einschließlich der Erziehungsstilforschung, der auch Klaus A. Schneewind (1975) einen Theoriemangel bescheinigt. Lukesch (1975, S. 12ff.) kritisiert detailliert den Begriff „Erziehungsstil“, um der Orientierung willen behält er jedoch diesen markanten Terminus bei, da er sich bereits etabliert hat. Soziale Interaktion zwischen Erziehern und Erzogenen, bzw. soziale Interaktionsforschung würde Lukesch präferieren. Herrmann warnte bereits 1966 als Herausgeber in seiner Einleitung zur *Psychologie der Erziehungsstile:*

> „Wir sehen auch hier wieder einmal, daß das Vorhandensein eines wohlklingenden *Wortes* („Erziehungsstil“) wissenschaftlich noch nichts besagt […]. Wir sehen außerdem, daß es nur von begrenztem Nutzen wäre, wenn wir das Erziehungsverhalten theoretisch lediglich auf das Vorhandensein entsprechender personeigener Merkmale („Persönlichkeitszüge“) zurückführen wollten“ (Herrmann, 1966, S. 15; Hervorhebung im Original).

Von historischer und theoretischer Relevanz bleiben die Diskussionen zum Erziehungsstilbegriff auf dem *Braunschweiger Symposion.* Tausch ersetzt in seinem Referat den Begriff „Erziehungsstil“ durch „Soziale Interaktionsformen“; Schneewind kritisiert diese unnötige Einengung der Variablen, da sie die Verhaltensweisen der erziehenden Person ohne explizite Interaktion nicht erfasst (vgl. Herrmann, 1966, S. 54). Herrmann geht in seiner Argumentation noch weiter:

> „Wir sind ja längst davon abgekommen, daß Erziehungsstil nur ein absichtlicher intentionaler Akt wäre. Imitation, als für uns hier relevant, beinhaltet nämlich, daß es ja schon im weitesten Sinn ein Erziehungsverhalten darstellt, wenn Erzieher einfach so sind, wie sie sind, wenn sie nichts „tun“, sondern etwas *sind,* was nachgeahmt wird. Es scheint mir aber noch zu früh, hier schon zu viel Lerntheoretisches zu sagen“ (Herrmann, 1966, S. 186; Hervorhebung im Original).

Im weiteren Verlauf der Diskussion wird der Erziehungsstil als „unterschiedliche Instrumentalität bei gleichen Erziehungszielen“ von Heinz Heckhausen definiert, Erziehungsverhalten mit und ohne Effekte diskutiert, die Zeitdimension bei der Wirkung einer Erziehungsweise von Eyferth ebenso einbezogen, wie Anlage- und Rückkopplungseffekte von Paul B. Baltes „zum Beispiel Effekte des Kindes auf die Mutter“ (Herrmann, 1966, S. 55ff.). Am Ende des Symposions steht der Verstärkungsbegriff mit seinen informierenden, reduzierenden und motivierenden Aspekten im Fokus (Herrmann, 1966, S. 249ff.).

Trotz der Kritik an den vielfachen Verstößen gegen die Testgütekriterien der bisherigen Untersuchungen zum Erziehungsstil mahnt Tausch auf dem *Braunschweiger Symposion* an, „daß auch Untersuchungen mit gewissen Fehlern durchgeführt werden, aus denen wir für die zukünftige Forschung lernen“. Franz Weinert schließt sich direkt an: „Ist es nicht fruchtbar, wenn auch ‚wissenschaftliche Probierbewegungen‘ publiziert werden? Ich habe Veröffentlichungen bisher immer so interpretiert“ (Herrmann, 1966, S. 224).

Schneewind (1975, S. 18ff.) postuliert für die theoretische Fundierung der Erziehungsstilforschung die Beachtung von frühen interindividuellen Verhaltensunterschieden der Kinder, die Berücksichtigung des transaktionalen Charakters von Eltern-Kind-Beziehungen, einen individualisierten elterlichen Erziehungsstil in Abhängigkeit vom Entwicklungsstand des Kindes, die Erfassung sozio-ökologischer Bedingungen im familiären Sozialisationsprozess, die Einbeziehung theoretischer Konstrukte der Lernpsychologie und der Attributionstheorie. Die stärksten Defizite der Erziehungsstilforschung liegen nach Schneewind bei der Analyse der Vater-Kind-Beziehung und Zusammenhangsanalysen zwischen elterlichem Erziehungsverhalten und kindlicher Persönlichkeit. Bereits 1975 fordert er die gründliche empirische Klärung von Veränderungen in der Eltern-Kind-Beziehung durch Interventionsprogramme (Schneewind, 1975, S. 26). Im deutschsprachigen Raum liegen zu diesem Zeitpunkt zwei präventive Elternkurse vor: Thomas Gordons *Familienkonferenz* (1970/ 1972), sowie das Konzept von Meinrad Perrez, Beate Minsel und Heinz Wimmer (Perrez, 1974).

Die Komplexität der Erziehungsstilforschung führt zu einem zweiten *Symposion in Trier* vom 13. bis 16. Mai 1976 unter dem Titel „Erziehungsstilforschung: Theorien, Methoden und Anwendung der Psychologie elterlichen Erziehungsverhaltens“ mit dem Ziel einer erneuten Bestandsaufnahme. Mit Zeitverzögerung erscheint der Forschungsbericht erst 1980 (vgl. Schneewind & Herrmann, 1980, S. 8). Zum Terminus *Erziehungsstil* gibt Schneewind bereits zu Beginn zwei theoretische Impulse: den *erweiterten Verhaltensbegriff,* sowie den *erweiterten Erziehungsbegriff:*

> „Zunächst soll klargestellt werden, daß unter Verhalten nicht ausschließlich im Sinne orthodox-behavioristischer Auffassungen die unmittelbar beobachtbare motorische Aktivität eines Individuums verstanden werden soll. Es soll vielmehr auch der Erlebensaspekt wie er sich etwa in Gedanken, Überzeugungen, Wünschen, Befürchtungen, Hoffnungen usw. widerspiegelt ausdrücklich mitberücksichtigt werden“ (Schneewind, 1980, S. 20).

Elterliches Erziehungsverhalten definiert er als auf das Kind bezogene Erlebnis- und Handlungsweise mit oder ohne Beeinflussungsabsicht:

> „Unter elterlichem Erziehungsstil wäre dann ein Verhaltensmuster zu verstehen, das aus wenigstens einem Akt erzieherischen Erlebens oder Handelns besteht und von einer Elternperson in wenigstens einer Situation aus dem Gesamtrepertoire kindbezogenen Erziehungsverhaltens – sei es mit oder ohne Beeinflussungsabsicht – verwirklicht wird“ (Schneewind, 1980, S. 21f.).

Die grundlegenden Aufgaben der Psychologie transformiert Schneewind auf die Erziehungsstilforschung: Beschreibung, Erklärung, Vorhersage und Veränderung menschlichen Verhaltens. Zur Deskription elterlichen Erziehungsverhaltens zählt er sowohl Erziehungspraktiken oder -techniken, Erziehungseinstellungen oder -attitüden, Erziehungsziele oder normative Orientierungen, sowie Erziehungsideologien. Erziehungsstile als erklärende (unabhängige) Variable und zu erklärende (abhängige) Variable zu differenzieren – unter Berücksichtigung des interaktionistischen Aspektes – ist für Schneewind methodisch eine conditio sine qua non; gleiches gilt für die Vorhersage.

> „Das unter pragmatischem Aspekt wohl größte Forschungsinteresse hat bisher die Frage nach der Vorhersage der kindlichen Verhaltensentwicklung anhand der Kenntnis elterlicher Erziehungsstile auf sich gezogen. […]
>
> Freilich wird man auch bei der Verwendung von Erziehungsstilen als Prädiktoren für die kindliche Verhaltensentwicklung sich stets des Wechselwirkungscharakters von Eltern-Kind-Beziehungen bewußt sein müssen, wenn man sich bei Voraussagen nicht vereinfachender und wohl auch unzutreffender Interpretationen schuldig machen will“ (Schneewind, 1980, S. 27).

Voraussetzung für Interventionen sind einerseits Entwicklungs- und Erziehungsziele, andererseits geeignete und effektive Erziehungsmittel. Die Modifikation eines Erziehungsstils kann Prävention oder Korrektur zum Ziel haben. So befassen sich die beiden letzten Referate des Symposions mit den Anwendungsproblemen der Erziehungsstilforschung. James Garbarino und Urie Bronfenbrenner beziehen erstmals explizit die Makroebene mit ein (vgl. Schneewind & Herrmann, 1980, S. 302) und postulieren eine Synthese von Forschung und Sozialpolitik im Bereich der Eltern-Kind-Beziehungen (Bronfenbrenner, 1981, S. 24f.).

„Nach einer publikationsintensiven Phase in den 1970er Jahren und einer Reihe kritischer Arbeiten in den 1980er Jahren hatte die *deutsche Erziehungsstilforschung* einen massiven Einbruch zu verzeichnen", konstatieren Barbara Reichle & Sabine Franiek (2009, S. 12). Auch Urs Fuhrer beklagt in seinem Vorwort, dass es seit der *Erziehungspsychologie* von Tausch & Tausch (1963) keinen Versuch mehr im deutschen Sprachraum gegeben hat, „das breite, aber recht unverbunden nebeneinander stehende Wissen um die psychologischen Grundlagen von Erziehung in systematischer und integrativer Weise auf den neuesten Stand der Forschung zu bringen" (Fuhrer, 2005, S. 11).

1.3 Klassifikationen elterlicher Erziehungsstile

Trotz mancher Problematik wird zunächst mit dem Terminus *Erziehungsstil* gearbeitet. Gabriele Gloger-Tippelt (2002) konstatiert eine „enge wechselseitige Beziehung von individueller Selbstentwicklung und Interaktionserfahrung in sozialen Beziehungen in einer Entwicklungsperspektive vom Säuglingsalter an bis zur späten Kindheit". Den elterlichen Erziehungsstil definiert sie als „Konstrukt, das die Erziehungseinstellungen, -ziele und -praktiken zusammenfasst. Der Erziehungsstil wird als relativ konsistent und stabil über längere Perioden der kindlichen Entwicklung angenommen, was empirisch nicht leicht zu belegen ist" (Gloger-Tippelt, 2002, S. 479).

Das Problem beginnt bereits bei den zahlreichen Klassifikationsansätzen (z. B. Lewin, 1953; Elder 1962; Caselmann, 1964; Baumrind, 1967/1991; Weber, 1970, Maccoby/Martin, 1983). Die meisten Wissenschaftler beziehen sich inzwischen auf Diana Baumrind (1991) und unterscheiden den autoritären – autoritativen – demokratischen – permissiv-verwöhnenden und zurückweisend-vernachlässigenden Erziehungsstil (vgl. Fuhrer, 2007, S. 132ff.; Liebenwein, 2008, S. 33). In der vorliegenden Arbeit spielt zudem der antiautoritäre und der antipädagogische Stil eine (untergeordnete) Rolle. Im Fokus der Analyse von Elternratgebern werden der autoritäre, autoritative, demokratische und permissiv-verwöhnende

Erziehungsstil stehen. Es wird erwartet, dass der zurückweisend-vernachlässigende Stil nicht propagiert wird, der autoritäre Erziehungsstil im Rückzug begriffen ist und der permissiv-verwöhnende Stil auf die Säuglings- und Kleinkindzeit beschränkt bleibt. In der vorliegenden Untersuchung geht es nicht um praktizierte, sondern ausschließlich um *propagierte Erziehungsstile*; dadurch minimieren sich die Klassifikationsmöglichkeiten (vgl. *Abbildung 1*).

	Emotionale Wärme	
Forderungen / Kontrolle	akzeptierend, sensibel, kindzentriert	ablehnend, wenig sensibel, elternzentriert
fordernd, kontrollierend	**autoritativ,** kommunikativ	**autoritär,** machtbetont
keine Anforderungen, geringe Kontrolle	**permissiv,** nachgiebig	**vernachlässigend,** gleichgültig, unbeteiligt

Abbildung 1: Klassifizierung von Erziehungsstilen nach Baumrind (1989) (vgl. Fuhrer, 2007, S. 135)

Der *autoritäre Erziehungsstil* ist gekennzeichnet durch einen verbindlichen Verhaltenskodex (kulturell oder religiös), hohen Respekt vor Autoritäten, Orientierung an der Tradition, hohen Stellenwert von Arbeit und Ordnung, wenig Raum zum Widerspruch, starke direktive Kontrolle, rigide Regeln, Machtausübung (Strafen), geringe „responsiveness“, hohe Forderungen, Gehorsam anstelle von Autonomie und wenig Akzeptanz (vgl. Fuhrer, 2005, S. 227; Schneewind, 2010, S. 182f.) Hinzu kommen Statusorientierung, fehlende Verhandlungsbereitschaft und eingeschränkte Interaktion (vgl. Liebenwein, 2008, S. 34). Autoritäre Erziehung wird vorwiegend in den *deutschen* Ratgebern der Nachkriegszeit und vereinzelt zu Beginn des 21. Jahrhunderts propagiert.

Der *autoritative Erziehungsstil* (Baumrind, 1991; Fuhrer, 2005, S. 227ff.; Schneewind, 2010, S. 183, S. 319) zeigt ein hohes Maß an unterstützender Kontrolle, zugleich aber auch Zuwendung, Wärme, Sensibilität und Empathie. Konsistente Regeln, Rituale und Konsequenz geben Halt; eine gute Kommunikation,

Förderung der Autonomie, Ermöglichung von Selbstwirksamkeit und einem Gemeinschaftsgefühl zeichnen diesen Erziehungsstil aus. Im Gegensatz zum autoritären Stil ist Authentizität (Autonomie und Eigenwille) erlaubt und die Infragestellung der elterlichen Forderungen möglich. Dafür werden Disziplin, Anpassungsleistungen und auch das Einhalten von sachlich begründeten Restriktionen erwartet. „Die autoritative Erziehung gilt ab dem Vorschulalter als die Optimalform der Erziehung" (Liebenwein, 2008, S. 34). Die bekannten Ratgeber von Rudolf Dreikurs (dt. 1966/2008) entsprechen in vielen Kriterien der autoritativen Erziehung, obwohl Dreikurs selbst den demokratischen Erziehungsstil für sich in Anspruch nimmt (vgl. Kap. 3. 4).

Der *demokratische Erziehungsstil* hebt sich nur wenig vom autoritativen Stil ab. Das entscheidende Kriterium ist die Ausübung von geringerer Kontrolle und durch Interaktion vereinbarte Restriktionen. Die Verhandlungskompetenz und damit die Kommunikation, demokratische Interaktion und gegenseitiger Respekt spielen eine Schlüsselrolle und stehen im Fokus zwischen „gleichberechtigten" Partnern. Sehr anschaulich sind die Charakteristika dieses Erziehungsstils in dem Buch von Alexander S. Neill *Theorie und Praxis der antiautoritären Erziehung. Das Beispiel Summerhill* (dt. 1969/2011) dargestellt. Die Dialoge zwischen dem charismatischen Demokraten Neill und seinen Zöglingen, sowie die Beschreibung des Klimas und der Regeln in Summerhill illustrieren besser als ein theoretisches Fachbuch die Maximen einer *radikal*-demokratischen Erziehung (vgl. Kap. 3.1.3). Der Titel der Dokumentation ist missverständlich und wurde aus verkaufstechnischen Gründen gewählt. Dagegen sind die Elternratgeber von Gordon (1970, 1976, 1989) unumstritten für ihren demokratischen Erziehungsstil bekannt. Auf der theoretischen Basis der *Klientenzentrierten Therapie* von Carl R. Rogers (1951) erscheint 1972 in der BRD die *Familienkonferenz*, ein Übungsbuch für Eltern, um demokratische Verhaltensweisen zu trainieren. In soziologischen und (familien-)politischen Abhandlungen wurde dafür der Terminus „Vom Befehlshaushalt zum Verhandlungshaushalt" geprägt.

Der *permissiv-verwöhnende Erziehungsstil* ist erkennbar an einem warmen Elternverhalten mit liebevoller Zuwendung, hoher Akzeptanz, Stärkung der Autonomie, Bejahung von Impulsen, Wünschen und Aktionen der Kinder. Die Selbstregulation wird unterstützt, parallel dazu wird das Familienleben gemeinsam strukturiert und Regeln werden begründet. Wenige Forderungen gehen mit einer geringen Kontrolle einher, Strafen ist verpönt. Fuhrer (2005, S. 228) wird noch deutlicher und spricht von einer asymmetrischen Eltern-Kind-Beziehung, in der die Kinder die Eltern dominieren. „Die permissive Erziehung bzw. ihre Sonderform des „Attachment Parenting" [...] gilt im Säuglings- und Kleinkindalter als die Optimalform der Erziehung" (Liebenwein, 2008, S. 34).

Der *zurückweisend-vernachlässigende Erziehungsstil* ist vor allem durch geringe Ausprägungen von elterlicher Zuwendung und Wärme, als auch von elterlicher Kontrolle gekennzeichnet. Dieser „worst case der Erziehung“ (Liebenwein, 2008, S. 35) wird in der vorliegenden Untersuchung keine Rolle spielen.

1.4 Forschungsstand zum Genre „Elternratgeber“

Schmid (2011, S. 11; S. 28ff.) setzt sich in ihrem Promotionsprojekt intensiv und kritisch mit dem Forschungsstand der Ratgeberliteratur für Eltern auseinander. Schonungslos verweist sie auf die fundamentale Vernachlässigung dieses „Themas von gesellschaftspolitischer Brisanz“. Henry-Huthmacher (2008) konstatiert, das allein im Jahr 2008 etwa 2.000 Erziehungsratgeber für Eltern erschienen sind. Eine gesellschaftspolitische Wirkung kann bei dieser Anzahl nicht abgesprochen werden, auch wenn die Erziehungswissenschaften das Thema weiter ignorieren.

> „Auffallend sind zwei Aspekte: nämlich, dass Erziehungsratgeber meist unter historischer Perspektive und lediglich jene bis Mitte des 20. Jahrhunderts verfassten Ratgeber von Interesse für die Forschung sind; die seit 1945 verfassten Ratgeber werden nur in sehr geringem Maße in den Blick genommen“ (Schmid, 2011, S. 29).

Von den Elternratgebern des 20. Jahrhunderts sind im deutschsprachigen Raum vor allem Werke aus der Zeit des Nationalsozialismus analysiert worden (vgl. Chamberlain, 2003; Dill, 2003; Brockhaus, 2007; Gebhardt, 2007). Im Fokus der Untersuchungen steht dabei die Frage nach der Kongruenz des postulierten Erziehungsverhaltens und dem Menschen- und Weltbild des NS-Regimes.

In den folgenden Unterkapiteln werden nur Forschungsarbeiten aufgeführt, die in einem direkten Zusammenhang mit der vorliegenden Untersuchung stehen. Einen vollständigen Überblick, inklusive Forschungsdesideraten, bietet Schmid (2011, S. 25-36).

1.4.1 Ratgeberanalyse bis 1945 und Erziehungsdiskurse (Höffer-Mehlmer, 2008)

Den Forschungsstand vor dem 20. Jahrhundert präsentiert Höffer-Mehlmer (2003, S. 28-31) anhand von „Hausväterliteratur“ und Ratgebern im Gefolge der Aufklärung in Deutschland. Er weist nach, dass die Aufklärung auch innerhalb der Ratgeberliteratur eine markante Zäsur induziert und die Basis für das „Pädagogische Jahrhundert“ bildet:

> „Das ausgehende 18. und beginnende 19. Jahrhundert kann als die Zeit gelten, in der das heute etablierte Genre der Erziehungsratgeber differenzierte Gestalt gewinnt. Die nun in bislang unbekannter Vielzahl und Vielfalt erscheinenden Ratgeber sind kein Abbild der Familienerziehung [...]. Funktionelle Spezialisierung, Emotionalisierung und Intimisierung, die als Merkmale der modernen Familie gelten, werden in den Ratgebern bereits gefordert oder vorausgesetzt, zum verbreiteten Leitbild wird diese Familie dann im Laufe des 19. Jahrhunderts" (Höffer-Mehlmer, 2003, S. 246f.).

Dass die postulierten Erziehungsratschläge beim Übergang vom 18. zum 19. Jahrhundert weit weniger von Erziehungskonzepten der (Post-)Moderne abweichen als vermutet, überrascht. Bereits die Autoren des 19. Jahrhunderts verurteilen unisono Vernachlässigung ebenso wie Verzärtelung von Kindern, wenden sich gegen Überfluss und Fehlernährung und ermuntern zum Selbststillen. Die propagierte „Abhärtung" soll die kindliche Autonomie unterstützen, die Gewöhnung an bestimmte Zeitrhythmen schon beim Säugling Struktur schaffen. Die folgenden Forderungen haben an Aktualität nichts eingebüßt und ziehen sich auch durch gegenwärtige Diskurse: Verzicht auf eine verfrühte oder exzessive Förderung betreffend die geistige, sprachliche oder (senso)-motorische Entwicklung, dafür Unterstützung der kindlichen Neugier und Exploration, sowie eine „gute Kommunikation" mit erzieherischen Appellen an die Einsicht des Kindes. Auf der anderen Seite propagieren Autoren den Einsatz von Lob und Tadel, sowie Zurechtweisung durch Strafen. Hier zeigt sich eine Pädagogisierung: Sanktionen sollen reflektiert eingesetzt werden, als Erziehungsmittel, und nicht zur Affektentladung oder aus egoistischen Motiven des Erziehers (vgl. Höffer-Mehlmer, 2003, S. 247ff.).

Während bisher Experten (z. B. Lehrer, Ärzte) Ratgeber für das *Bürgertum* verfassten, etablieren sich zur Zeit der Weimarer Republik zwei Sozialdemokraten des linken Flügels als Ratgeberautoren – Heinrich Schulz als Schul- und Erziehungspolitiker und der Individualpsychologe Otto Rühle – mit dem politischen Ziel, die *proletarische Mutter* in ihren „erzieherischen Sorgen und Nöten" (Schulz, 1921) zu unterstützen. Beide Autoren stechen aber in erster Linie durch ihren postulierten Erziehungsstil hervor; Schulz und Rühle propagieren konsequent einen *demokratischen Erziehungsstil* und sind engagierte Gegner der Prügelstrafe (vgl. Höffer-Mehlmer, 2003).

In einem kurzen Aufsatz umreißt Höffer-Mehlmer wesentliche Tendenzen in der Ratgeberliteratur ab 1945: Verwissenschaftlichung von Familienerziehung, Liberalisierung, Pluralisierung und „Therapeutisierung" und als Alternativprogramm das *Idealbild der Einfachheit und Natürlichkeit* (Höffer-Mehlmer, 2007, S. 81). In einem zweiten Aufsatz stellt Höffer-Mehlmer (2008) *Erziehungsdiskurse in Elternratgebern* vor. Zunächst bietet er in seiner kurzen Abhandlung eine erweiterte Definition für Erziehungsratgeber an:

> „Elternratgeber sind Bücher, in denen Fragen der Kindererziehung und –pflege für den Leserkreis Eltern bzw. Mütter oder Väter behandelt werden. Auch in anderen Medien wie etwa Radio, Tonfilm, Fernsehen und Computer findet sich diese Themen- und Zielsetzung. Typologisch gesehen handelt es sich bei Elternratgebern um Sach- und nicht um Fachbücher, da ein breites Publikum angesprochen werden soll. [...] Da hier nicht nur über Sachverhalte informiert wird, sondern auch Techniken, Verfahren angeboten werden, mit denen bestimmte Ziele erreicht werden sollen, handelt es sich bei Ratgebern um technologische Sachbücher“ (Höffer-Mehlmer, 2008, S. 135).

Im zweiten Kapitel stellt Höffer-Mehlmer eine Fülle von Diskurs-Konstellationen vor. Sechs Schwerpunkte werden hier priorisiert: 1. Ratgeber als Teil einer kollektiven Reflexion – was für Ziele verfolgte die ältere Generation mit der jüngeren? 2. Doppelqualifikation der Autoren (Berufswissen und eigene Erziehungserfahrungen) 3. Ratgeber als interessante Quelle für historische Untersuchungen des Erziehungsdenkens 4. Beratung als Tradierung von Erziehung 5. Beratung als rationale Überprüfung von Traditionen 6. Verbreitung und Popularisierung wissenschaftlichen Wissens – Anschluss an neue wissenschaftliche Erkenntnisse.

1.4.2 Qualitätskriterien für Elternratgeber (Hefft, 1978)

Die Erziehungswissenschaftlerin Gesine Hefft entwickelt bereits 1978 ein eigenes pädagogisches Konzept als Bezugssystem für die Beurteilung von Elternliteratur. Ihre Qualitätskriterien für pädagogisch wertvolle Ratgeber sollen den Eltern Orientierungshilfen geben. Obwohl die von ihr untersuchten Erziehungsbücher keine homogene Gruppe bilden, arbeitet sie die Gemeinsamkeiten heraus: Vernachlässigung einer ökologischen Sichtweise, ein hohes sprachliches Niveau („mittelschichtorientiert“) und sich überschneidende Erziehungszielkonzepte, wie z. B. Ich-Stärke, Leistung, Anpassung. In den meisten Ratgebern wird eine geschlechtsspezifische Erziehung propagiert, mehr Einbindung des Vaters gefordert und ein eher behütender Erziehungsstil postuliert (vgl. Hefft, 1978, S. 262f.). Das Erziehungsstilkonzept ist in einem Teilprofil geprägt von hohen Werten für die Variablen „Kindzentriertheit“ und „Unterstützung“; Hefft spricht infolgedessen von einem behütenden Erziehungsklima in zwei Varianten: positiv im Sinne von Beachtung, Schutz und Hilfe, negativ als „Schonraumpädagogik mit repressiv-autoritärer Tendenz“ (S. 240). Nach den Untersuchungen von Hefft ist ein kleiner Teil der Ratgeber pädagogisch und psychologisch nicht vertretbar, ein großer Teil belanglos. Da die Zeitschrift ELTERN pro Monat 730 000 Exemplare verkauft, hält sie Taschenbücher für entbehrlich. Ihre Anregung lautet: Konstruktion eines „idealen“ Elternratgebers, sowie qualifizierte Neuproduktionen mit Themen zu medizinischen und juristischen Fragen (Hefft, 1978, S. 264).

Der Forschungsstand Ende der 70er Jahre stellt sich nach Hefft wie folgt dar: Die Elternpersönlichkeit rückt in den Fokus; Erzieher müssen erst einmal selbst die Qualifikationen haben, die sie vermitteln wollen. Zur Zielerreichung stellt sie die Wirksamkeit von Elternliteratur in Frage und präferiert Elternkurse (Hefft, 1978, S. 62). Literarische Elternberatung hält Hefft nur dann für sinnvoll, wenn sie zur Erweiterung des Verhaltensrepertoires der Eltern beiträgt, pädagogisches und psychologisches Wissen vermittelt, Sicherheit gibt und damit effektive Unterstützung anbietet, auch zum Verständnis des kindlichen Entwicklungsstandes und Erlebens. Von den Autoren fordert Hefft sensibles Eingehen auf die Bedürfnisse, Einstellungen, Verhaltensweisen und Erwartungen der Eltern, sodass Motivation zur Veränderung durch Vertrauen entsteht.

1.4.3 Inhaltsanalyse der Zeitschrift ELTERN 1967-1992 (Kingma, 1996)

Eine interessante wissenschaftliche Arbeit zum Thema „Elternbildung in Medien" präsentiert die Journalistin und Psychologin Renate Kingma (1996). Differenziert geht sie auf die historische Entwicklung und den Forschungsstand von Ratgeberliteratur, Medienwirkung und Erziehungsstiluntersuchungen ein, ehe sie ihre empirische Arbeit *Eine Inhaltsanalyse der Zeitschrift ELTERN 1967-1992* detailliert vorstellt. Ihr Resümee zur Ratgeberliteratur „vor und neben ELTERN" hebt die *bürgerlich-konservative Erziehung* hervor, in der die Kinder vor allem behütet werden und der Vater kaum in Erscheinung tritt.

> „Erziehungsziele sind vor allem Anpassung und Leistung, Erziehung wird aufgefaßt als geradlinige Einflußnahme des Erwachsenen auf die Entwicklung des Kindes, meist ohne Berücksichtigung des sozialen Feldes, abgehoben von der gesellschaftlichen Wirklichkeit, überzeugt von der Kraft des Machbaren" (Kingma, 1996, S. 63).

Kingma referiert Ergebnisse aus der Medienwirkungsforschung, die den Einfluss von populärwissenschaftlicher Ratgeberliteratur in dem Falle nachweisen und damit Bergs These (1991) validieren kann, wenn der Rezipient von der Glaubwürdigkeit der Medien und letztendlich des *Rats* überzeugt ist. Einschränkend konstatiert Kingma:

> „Aus den wichtigsten Forschungsergebnissen geht immerhin hervor, daß der Rezipient aktiver Teilnehmer am Kommunikationsprozeß ist. Sein Vorwissen und seine Erwartungen beeinflussen seine Wahrnehmung und er neigt dazu, Medienbotschaften zu meiden, die seinen Überzeugungen widersprechen. Einstellungsänderungen werden nur erreicht, wenn private Kontakte und soziale Netzwerke die gleichen Informationen liefern" (Kingma, 1996, S. 80).

Dass Elternzeitschriften und vergleichbare Medien bei den Eltern prozesshaft Modifikationen ihres Erziehungsverhaltens bewirken und damit den Erziehungsstil variieren können (Bronfenbrenner, 1958; Waters & Crandall, 1964; Lüscher, 1976), waren die ausschlaggebenden Forschungsergebnisse für Kingma, eine derartige Untersuchung durchzuführen (vgl. Kingma, 1996, S. 99).

1.4.4 Frühkindliche Sozialisationsmuster im 20. Jahrhundert (Gebhardt, 2009)

Von der Historikerin und Journalistin Miriam Gebhardt erscheint 2009 eine Geschichte der Erziehung im 20. Jahrhundert mit dem zeitgenössischen Titel *Die Angst vor dem kindlichen Tyrannen* – der Begriff „Tyrann“ geistert seit 1988 durch die Ratgeber, nachdem die Ärztin Prekop mit ihrem Buch *Der kleine Tyrann* Erfolge feiern konnte. In den Jahren 2008 bis 2010 erlebt dieser Terminus erneut Hochkonjunktur dank der Tyrannen-Trilogie von Michael Winterhoff. Gebhardt konstatiert:

> „Bemerkenswert an der deutschen Diskussion der letzten Jahre ist jedoch: Eltern scheinen sich nicht nur um ihr Kind zu ängstigen, sondern auch vor ihrem Kind. […] Monatelang stand eine Schrift des Kinder- und Jugendpsychiaters Michael Winterhoff ganz oben auf den Bestsellerlisten, die für den Umgang mit dem Kind in erster Linie Strenge, Konsequenz und klare Grenzen nahelegt. Autorität und Disziplin scheinen neuerdings wieder die wichtigsten Erziehungsinstrumente zu sein“ (Gebhardt, 2009, S. 7).

An dieser Stelle bereits ist ein historischer Wandel angesprochen, der auch Gegenstand der vorliegenden Arbeit sein wird. Gebhardt geht es um „Entstehung, Tradierung und Veränderung kultureller Sinnzusammenhänge in der Generationenkette“ und damit auf der Mikroebene um die frühkindliche Sozialisation, die die Basis jeglicher Kulturtradition darstellt (vgl. Gebhardt, 2009, S. 13). Sie konstatiert einen Wandel vom Sozialisationsmuster der Lebensbemeisterung zum Sozialisationsmuster der Lebensgestaltung ab den 70er Jahren. Des Weiteren geht sie auf die Forschungen zum „Kompetenten Säugling“ ein und deutet das Verhalten der modernen Eltern als Ausdruck ihrer Identifikation mit dem Kind, das Ihnen Sinn gibt, indem es als „verlängertes Selbst“ empfunden wird. Die Erziehungsratgeber verurteilt sie nicht und bezeichnet die Leser als informierte Schicht, die sich nach einer „expertengeleiteten Lebensführung“ ausrichten und durch die Ratgeberliteratur weder unmündiger noch hilfloser werden. Gebhardt hebt die Renaissance von Autorität und Disziplin in den Erziehungszielen des 21. Jahrhunderts hervor.

1.4.5 Zur Theorie-Praxis-Problematik in Erziehungsratgebern (Schmid, 2011)

Eine neue Untersuchung zum Genre Erziehungsratgeber liegt von der Erziehungswissenschaftlerin Schmid (2011) vor. Entsprechend der Zielsetzung ihrer Arbeit bietet sie eine normative Definition von Erziehungsratgebern an:

> „Unter Erziehungsratgebern werden Informationsträger verstanden, die in unterschiedlichster medialer Form darauf abzielen, auf das erzieherische Tun bezogene Informationen zu vermitteln, so dass der Ratsuchende eine auf seine spezielle Situation bezogene Handlungsorientierung als Ergebnis des angeregten Reflexions-/Bildungsprozesses erhält. Wesentlich ist dabei, dass es sich um einen Prozess der Wissensvermittlung und Aufklärung handeln sollte, bei welchem unter dem Aspekt der Bildung die Herstellung, Beibehaltung und/oder Optimierung der Mündigkeit des Ratsuchenden leitend sein muss" (Schmid, 2011, S. 22).

Ein hoher Anspruch, der durch diese Definition an die Ratgeberliteratur gestellt wird, ein noch höherer Anspruch an den Leser. Informativ ist die Auswahl der Ratgeber: Johanna Haarer (1949), Anton Wallenstein (1951), Heinz Graupner (1955), Hans Zulliger (1961), Johannes A. Stöhr (1969), Christa Meves (1970), Elisabeth Dessai (1973), Hubertus von Schoenebeck (1982), Andreas Flitner (1982), Peter Struck (1992), Jan-Uwe Rogge (1993), Bernhard Bueb (2006) und Katia Saalfrank (2007). In der vorliegenden Arbeit gibt es Überschneidungen bei der Auswahl der Ratgeber – allerdings unter anderen Fragestellungen – dies wird als Bestätigung der eigenen Literaturauswahl gewertet.
Schmid (2011, S. 28) wählt Erziehungsratgeber als Forschungsgegenstand, um die Theorie-Praxis-Problematik populärpädagogischer Schriften nach den Konzepten von Winfried Böhm und Erich Weniger zu analysieren: „Von einer systematischen Erforschung der Ratgeberliteratur kann nicht einmal ansatzweise gesprochen werden, ebenso wenig von einer historischen Aufarbeitung dieses Genre und seiner Entwicklungsgeschichte". Schmids Schlussfolgerungen werden an dieser Stelle ohne die Terminologie von Weniger (vgl. Schmid, 2011, S. 71ff.) zusammengefasst und fokussiert:

1. In nahezu allen untersuchten Ratgebern zwischen 1949 und 2007 erfolgt ein Rückgriff auf wissenschaftliche psychologische Theorien (Schmid, 2011, S. 374).
2. Schwere Verständlichkeit von Ratgebern wird weniger durch Theorielastigkeit als durch mangelnde Elementarisierung verursacht (S. 375).
3. Die Anregung der Eltern zur Reflexion scheint eher zu gelingen, wenn die Autoren ihre Theorien (u. a. Menschenbild und Gesellschaftssicht) offenlegen (S. 375f.).

4. Eigene Erfahrungen der Autoren sind in den untersuchten Ratgebern von zentralem Stellenwert und manifestieren oder modifizieren ihre Theorien (S. 376).
5. Der Einfluss des Zeitgeistes und die postulierten Theorien bedingen sich wechselseitig (S. 379).

1.5 Für die Untersuchung relevanter sozialpsychologischer Theoriediskurs: Die Ökologie der menschlichen Entwicklung nach Urie Bronfenbrenner

Urie Bronfenbrenner emigrierte mit seiner Familie 1923 von der Sowjetunion in die Vereinigten Staaten, absolvierte in New York an der Cornell University sein Psychologie-, sowie Musikstudium und legte 1942 in Entwicklungspsychologie seine Promotion ab. Fast sein gesamtes Berufsleben lang forschte und lehrte er an der Cornell-University (1948-1987) und erhielt für seine Forschungen zahlreiche Auszeichnungen. Im amerikanischen Erziehungswesen hinterließ er u. a. Spuren durch seine Teilnahme an Projekten zur kompensatorischen Erziehung. 1972 erschien sein Buch *Two Worlds of Childhood,* in dem er die Sozialisationsprozesse der Kinder in den USA und in der UdSSR vergleicht. Seiner Meinung nach wird den russischen Kindern mehr Zuwendung entgegengebracht und die kollektiven Gruppenprozesse haben positive Auswirkungen, da sowohl ältere Jugendliche, als auch Erwachsene Vorbildfunktionen ausüben. Die zunehmende Aggression bei amerikanischen Jugendlichen führt er auf mangelndes Interesse der Eltern zurück, auf fehlende Vorbilder und den zunehmenden Einfluss des Fernsehens.

Mit seinem ökosystemischen Ansatz eröffnete Bronfenbrenner (1979/1993) einen neuen, vielbeachteten Diskurs zur Theorie der menschlichen Entwicklung. Er definiert „Entwicklung" konsequent als *Entwicklung im Kontext*:

> „Im Bereich der Ökologie menschlicher Entwicklung treffen sich die Disziplinen der biologischen, psychologischen und sozialen Wissenschaften in ihrem Interesse an der Entwicklung des Individuums in der Gesellschaft" (Bronfenbrenner, 1993, S. 29).

Nach jahrzehntelangen Forschungen, Experimenten, Beratungen und Reflexion entwickelte Bronfenbrenner als Resultat seiner wissenschaftlichen Arbeiten eine ökologische Theorie der menschlichen Entwicklung. Sein Werk sticht heraus durch die Integration mehrerer Disziplinen: Psychologie, Biologie, Anthropologie, Soziologie und heterogener Ansätze, wie z. B. Entwicklungspsychologie, Lewins Feldtheorie, psychoanalytische und sozialwissenschaftliche Konstrukte,

Lerntheorien, sowie das phänomenologische Feld. Weitere Stärken Bronfenbrenners zeigten sich in der Vernetzung von Theorie und Praxis: Jahrelang arbeitete er in sozialpolitischen Gremien in den U.S.A. mit (vgl. Lüscher, 1993). Seine Forschungsergebnisse und Hypothesen für die Kleinkindpädagogik und den Vorschulbereich haben sowohl für sozialpolitische als auch für pädagogische Fragestellungen und Entscheidungen hohe Relevanz. Bronfenbrenner war als Entwicklungspsychologe Mitbegründer der Head-Start-Programme in den U.S.A. („Kompensatorische Erziehung").

Für die vorliegende Untersuchung wurde die ökologische Perspektive von Anbeginn als unentbehrlich betrachtet und hat die Konzeption dieser Arbeit bestimmt. Bronfenbrenner (1993, S. 32) beklagt, dass in wissenschaftlichen entwicklungspsychologischen Forschungen der Umweltaspekt kaum Berücksichtigung erfährt, da experimentelle Laborsituationen die Forschungen im natürlichen Lebensraum dominieren. Bronfenbrenner beabsichtigt, „die Umwelt auf theoretischer und empirischer Ebene in das Forschungsmodell einzubeziehen" und formuliert exakte Definitionen:

> „**Definition I** Die Ökologie der menschlichen Entwicklung befaßt sich mit der fortschreitenden gegenseitigen Anpassung zwischen dem aktiven, sich entwickelnden Menschen und den wechselnden Eigenschaften seiner unmittelbaren Lebensbereiche. Dieser Prozess wird fortlaufend von den Beziehungen dieser Lebensbereiche untereinander und von den größeren Kontexten beeinflußt, in die sie eingebettet sind" (Bronfenbrenner, 1993, S. 37; Hervorhebung im Original).

> „**Definition 2** Ein Mikrosystem ist ein Muster von Tätigkeiten und Aktivitäten, Rollen und zwischenmenschlichen Beziehungen, die die in Entwicklung begriffene Person in einem gegebenen Lebensbereich mit den ihm eigentümlichen physischen und materiellen Merkmalen erlebt" (Bronfenbrenner, 1993, S. 38; Hervorhebung im Original).

> „**Definition 3** Ein Mesosystem umfaßt die Wechselbeziehungen zwischen den Lebensbereichen, an denen die sich entwickelnde Person aktiv beteiligt ist (für ein Kind etwa die Beziehungen zwischen Elternhaus, Schule und Kameradengruppe in der Nachbarschaft; für einen Erwachsenen die zwischen Familie, Arbeit und Bekanntenkreis)" (Bronfenbrenner, 1993, S. 41; Hervorhebung im Original).

> „**Definition 4** Unter Exosystem verstehen wir einen Lebensbereich oder mehrere Lebensbereiche, an denen die sich entwickelnde Person nicht selbst beteiligt ist, in denen aber Ereignisse stattfinden, die beeinflussen, was in ihrem Lebensbereich geschieht, oder die davon beeinflußt werden" (Bronfenbrenner, 1993, S. 42; Hervorhebung im Original).

> „**Definition 5** Der Begriff des Makrosystems bezieht sich auf die grundsätzliche formale und inhaltliche Ähnlichkeit der Systeme niedrigerer Ordnung (Mikro-, Meso- und Exo-), die in der Subkultur oder der ganzen Kultur bestehen oder bestehen könnten, einschließlich der ihnen zugrunde liegenden Weltanschauungen und Ideologien" (Bronfenbrenner, 1993, S. 42; Hervorhebung im Original).

Der ökologische Ansatz von Bronfenbrenner scheint besonders dafür geeignet, einen historischen Wandel im Erziehungsverhalten zu dokumentieren. Seit 1945 haben wiederholt ökologische Übergänge im Makrosystem der BRD stattgefunden (u. a. Nachkriegszeit, Wiederaufbau, Wirtschaftswunder, sexuelle Revolution, Arbeitslosigkeit, neue Technologien, Globalisierung, Wiedervereinigung, Wirtschaftskrisen). Die Folgen dringen bis ins Mikrosystem vor. Bronfenbrenner definiert: „Ein ökologischer Übergang findet statt, wenn eine Person ihre Position in der ökologisch verstandenen Umwelt durch einen Wechsel ihrer Rolle, ihres Lebensbereichs oder beider verändert. [...] Ich werde das Argument vertreten, daß jeder ökologische Übergang Folge wie Anstoß von Entwicklungsprozessen ist" (Bronfenbrenner, 1993, S. 43). Der Wandel von Erziehungsstilen kann als Entwicklungsprozess betrachtet werden, zunächst als Folge ökologischer Übergänge und schließlich als Anstoß zur Weiterentwicklung (z. B. von autoritären zu liberaleren Stilen).

1.6 Eigene Untersuchung

1.6.1 Problemstellung

Die Einblicke in den Forschungsstand verdeutlichen, dass ein prekäres Verhältnis zwischen der Erziehungswissenschaft und populärpädagogischen Schriften besteht. Hefft (1978, S. 10) fordert bereits eine Einmischung und Stellungnahme von der wissenschaftlichen Pädagogik bezüglich populärwissenschaftlicher, pseudowissenschaftlicher oder nichtwissenschaftlicher Erziehungsliteratur.
Schmid (2011, S. 11) klagt nach drei Dekaden immer noch, dass es sich bei Erziehungsratgebern um einen „stark vernachlässigten Bereich" in der Erziehungswissenschaft handelt. In ihrem Forschungsausblick benennt Schmid (2011, S. 382ff.) diverse zukünftige Aufgaben für die Forschung. In der vorliegenden Arbeit werden folgende Postulate aufgegriffen:

- Erziehungsratgeber unter *systematischer* Perspektive (Erziehungsstile, Erziehungsfelder, elterliches Erziehungsverhalten)
- Erziehungsratgeber unter *historischer* Perspektive (1945 bis zur Gegenwart)

Weitere Forderungen von Schmid werden in dieser Untersuchung integriert:

- Konzepte der „Antiautoritären Erziehung“
- Maximen der Antipädagogik
- Wertediskussion

Der Fokus der vorliegenden Analyse liegt auf dem Nachweis von Kontinuität und Wandel im Erziehungsrat von Autoren unterschiedlicher Profession ab 1945 bis zur Gegenwart. Als Forschungsquellen für die Analyse dienen ausgewählte Ratgeber in Buchform und die Zeitschrift ELTERN.

1.6.2 Zielsetzung

Die Zielsetzung der vorliegenden Arbeit impliziert sowohl den Nachweis von Kontinuitäten im Erziehungsrat, als auch den Wandel von *propagiertem* elterlichem Erziehungsverhalten unter Berücksichtigung der jeweiligen *ökologischen Wechselwirkungen.* Aus diesem Grunde ist die Untersuchung interdisziplinär angelegt (Pädagogik, Psychologie, Soziologie, Geschichte). Es wird das Wagnis eingegangen, unterschiedliche theoretische Ansätze miteinander zu verbinden, um Veränderungen in der Gesellschaft zu erfassen, die den Kontext bilden für die jeweiligen populärwissenschaftlichen Schriften und ihren Wandel oder eine Wiederaufnahme von konservativen Positionen im Erziehungsrat. Dabei wird sowohl die synchrone als auch die diachronische Perspektive berücksichtigt.

Im Rahmen der vorliegenden Arbeit werden Elternratgeber auf postulierte Erziehungsstil-Konstrukte hin überprüft, auf eine repräsentative Auswahl reduziert und in Anlehnung an qualitative inhaltsanalytische Vorgehensweisen mit Hilfe von Erziehungsstil-Kriterien und präzisen Ankerbeispielen analysiert. Bereits nach der ersten Sichtung wurde erkennbar, dass die Ratgeber-Autoren sich keineswegs an wissenschaftliche Vorgaben bei der Typisierung ihres propagierten elterlichen Erziehungsstils halten. Häufig gibt es keinerlei Klassifizierung, zur Irritation jedoch trägt vor allem die konfuse Verwendung der Terminologie bei. Es gibt Beispiele, in denen „autoritativ“ und „autoritär“ synonym benutzt werden oder demokratisches Erziehungsverhalten als antiautoritär bezeichnet wird. Die Zielsetzung der Arbeit kann also nur erreicht werden, wenn der jeweilige Erziehungsrat *zunächst* nach textanalytischen Aspekten in eine einheitliche Klassifikation der Erziehungsstile transponiert wird, ohne ihn in ein Prokrustesbett zu zwängen. Als Alternative wurden ab 1980 – wegen der Angleichung der propagierten Erziehungsstile – von der Autorin *Erziehungsfelder* (vgl. Kap. 1.6.5, S. 26ff.) entwickelt.

Es wird erwartet, dass ab den 80er Jahren nur noch drei Erziehungsstil-Klassifikationen propagiert werden: der *autoritative, demokratische* und *permissiv-verwöhnende* Erziehungsstil. Dieser spielt nach Baumrind (1991), Schneewind (2001) und Liebenwein (2008) eine Sonderrolle und erhält die Bezeichnung *Attachment Parenting* (vgl. Sears, 2012). Er wird ausschließlich für Säuglinge und sehr junge Kinder als förderlich empfohlen (vgl. Schneewind, 2001, S. 186). Der zurückweisend-vernachlässigende Erziehungsstil (Baumrind) spielt trotz der gegenwärtigen Wohlstandsgesellschaft vor allem dann eine Rolle, wenn es um die Diskussion von Kinderschutz und Kinderarmut geht. Dieser Stil stellt die häufigste Misshandlungsform dar (vgl. Fuhrer, 2005, S. 257ff.). Es ist nicht vorstellbar, dass es dazu Empfehlungen in Ratgebern gibt, wohl könnte er als nicht tolerabel angeprangert werden (vgl. Fuhrer, 2007, S. 163ff.).

Parallel zu den Erziehungsstilen bezieht sich die inhaltliche Analyse der untersuchten Ratgeberliteratur auch auf zeitgenössische propagierte Erziehungsziele und den Wertediskurs. Neue wissenschaftliche Aspekte der *Entwicklungspsychologie* werden in ihrem historischen Kontext gewürdigt; der Rezeption der wissenschaftlichen *Bindungsforschung* wird ein eigenes Kapitel gewidmet.

Aus dem Aufbau der Arbeit wird deutlich, dass ein besonderer Akzent auf der historischen und (gesellschafts-)politischen Analyse der jeweiligen Epochen liegt. Dies geschieht nicht als Selbstzweck, sondern steht *im Dienst der primären Fragestellungen* (s. u. I./II.) Als Leitmotiv und Legitimierung dienen das Zeitgeist-Konzept von Hegel, sowie die ökologische Orientierung von Bronfenbrenner. Ein Querschnitt zur Familienforschung (teilweise auch Jugendforschung) in den einzelnen Dekaden erleichtert die Orientierung und rundet die Skizzierung des jeweiligen „Zeitgeistes" ab.

1.6.3 Fragestellung

Die Untersuchung soll Aufschluss geben

1. über propagierte Werte, Erziehungsstile, Erziehungsziele und Methoden durch die Analyse von ausgewählten Erziehungsratgebern und der Zeitschrift ELTERN über die Zeitspanne der Nachkriegszeit bis zur Gegenwart *(Pädagogische und psychologische Fragestellung)*
2. über Kontinuität und Wandel der Postulate in Interdependenz von gesellschaftspolitischen Entwicklungen und Forschungsergebnissen in Pädagogik und Psychologie nach der Theorie Bronfenbrenners (*Ökologische Fragestellung*)

Die Untersuchung soll weitere Forschungsgegenstände klären:

1. Werden für die Erziehung relevante *wissenschaftliche Theorien* und Forschungsergebnisse in Elternratgebern und -zeitschriften transferiert oder thematisiert?
2. Welche ökologischen Bedingungen fördern *Ideologien* in Elternratgebern?
3. Bezeichnet der Terminus *entwicklungsfördernder Erziehungsstil* ein neues Konzept oder ist er nur „alter Wein in neuen Schläuchen"?
4. Enthalten populärwissenschaftliche Elternratgeber (Zeitschriften, Bücher, Kurse) trotz aller wissenschaftlichen Kritik *Elternbildungspotential*?

1.6.4 Materialauswahl und Aufbau der Arbeit

Mit der Formulierung des Themas wird zugleich eine ökologische Perspektive präferiert; Bronfenbrenners sozialökologisches Modell von 1979 bietet sich dafür an. Priorität erhielten neben historisch-politischen Abhandlungen wissenschaftliche Ergebnisse aus der Familien- und Jugendforschung, Entwicklungs- und Erziehungspsychologie, sowie der Bindungsforschung. Zu einzelnen Themen wurden Fortbildungen in Bad Münstereifel und Bonn (Friedrich-Ebert-Stiftung), sowie in Lindau (Psychotherapiewochen) besucht, in den meisten Fällen wurde jedoch auf die angegebene Sekundärliteratur zurückgegriffen.

Die Eingrenzung der Stichprobe und die Auswahl der endgültig zu untersuchenden Erziehungsratgeber gestalteten sich aufwändig. Sowohl Höffer-Mehlmer (2003), als auch Schmid (2011) vermissen eine Systematisierung: „Es existiert keine einschlägige Bibliographie bzw. kein Gesamtüberblick [...] von Erziehungsratgebern, was schließlich eine Recherche und Untersuchungen über dieses Genre insgesamt erschwert" (Schmid, 2011, S. 83). Nach einer groben Schätzung wurden für die vorliegende Arbeit weit über 500 Elternratgeber von Hildegard Hetzer (1932) und Johanna Haarer (1938) bis zur Gegenwart gesichtet. Häufig begann das Problem bereits bei der Beschaffung des Materials: Vorrangig wurde in einschlägigen Bibliotheken gesucht, vergriffene Werke über Antiquariate bestellt und zum inhaltlichen Vergleich überarbeitete Neuauflagen gekauft. Der Rückgriff auf den eigenen Fundus (1969-2015) war unentbehrlich.

Die Bücherverbrennung 1933, die Emigration jüdischer Wissenschaftler, Rückübersetzungen aus dem Amerikanischen, die Nachwirkungen des 2. Weltkrieges, Rückgriffe auf Schweizer Verlage, sowie der ramponierte Zustand der *grauen Literatur* (Beschädigungen, fehlende oder zerrissene Seiten, Beschriftungen im Text etc.) erschwerten die Literaturrecherche bis Mitte der 1970er Jahre.

Inhaltlich greift die für die vorliegende Arbeit relevante graue Literatur insbesondere pädagogische und psychologische Schriften vor dem 2. Weltkrieg, psychoanalytische und marxistische Veröffentlichungen, sowie angelsächsische Fachliteratur (z. B. Basil Bernstein) auf, die von Studenten in ausländischen Archiven (wieder)entdeckt wurden. In den 1960er Jahren und Anfang der 70er galt die Herstellung von Raubdrucken und Raubkopien unter den linken Studenten durchaus als legitim und wurde als Rebellion gegen das kapitalistische System begründet.

> „Eine leicht übersehene Publikationsform ist die sogenannte *graue Literatur*. Dabei handelt es sich um interne Papers und Skripte, Forschungsberichte, Schriftenreihen, Vorträge etc., die von Forschungseinrichtungen oder Einzelpersonen selbst vervielfältigt werden und nicht öffentlich in Verlagen erscheinen [...]. Inhaltlich ist graue Literatur nicht unbedingt zweitrangig, sondern oftmals wegen ihrer Aktualität besonders aufschlußreich“ (Bortz & Döring, 2003, S. 364f.).

In den folgenden Dekaden ergibt sich das Problem der zunehmenden Überflutung durch Elternratgeber; dabei ist es unmöglich, dem Gütekriterium *Objektivität* bei der Auswahl der Ratgeber gerecht zu werden. Höffer-Mehlmer (2003, S. 32f.) und Schmid (2011, S. 83ff.) beschreiben bereits detailliert, welche Komplikationen sich bei der Recherche einstellen: z. B. Verlagsinteressen („[...] wie Nachfragen zeigten, stellen Auflagenzahlen die geheimsten Daten eines Verlags dar“, Schmid, 2011, S. 84). Bei mehreren ohnehin erfolgreichen Ratgebern wird die Auflagenhöhe wiederum für die Werbung genutzt.

Der Bekanntheitsgrad, die (vorhandenen) Auflagenzahlen, Neuauflagen, Verbreitung durch Medien (Elternführerschein, Super-Nanny etc.) und Buchbesprechungen, Hinweise in der Sekundärliteratur und Fachzeitschriften, in einschlägigen Erziehungsratgebern und Elternzeitschriften, Erwähnungen im Literaturverzeichnis, in den Fußnoten und Registern der Anhänge gaben Entscheidungshilfen: Das *Schneeballsystem* war aufwändig, aber unerlässlich für die endgültige Auswahl der populärwissenschaftlichen Schriften. Soweit möglich fand zusätzlich ein Abgleich mit den Elternangeboten von Bildungseinrichtungen statt (z. B. kirchliche Bildungswerke, VHS, AWO). Literaturempfehlungen in Elternbriefen und Curricula für die Tagesmütterausbildung stellten eine weitere Quelle dar. Insbesondere die Benutzung des Internets war bei der Literaturrecherche nicht wegzudenken.

Da der Fokus dieser Arbeit auf den Nachweis von Erziehungsstil-Konstrukten und Erziehungsfeldern in der Ratgeberliteratur ausgerichtet ist, fielen zahlreiche Bücher und Zeitschriftenartikel durch das Raster. Von Anbeginn wurden Ratgeber mit speziellen Themen (Medizin oder Religion; ADHS oder Hochbegabung etc.) ausgeschlossen. Trotz der Wiedervereinigung blieb die Ratgeberliteratur aus der DDR nicht aus ideologischen, sondern aus ökonomischen Gründen unberücksichtigt.

Es erwies sich als sachlich und logisch zwingend, auch einschlägige Säuglingsratgeber einzubeziehen und die Erziehungsratgeber auf die Kleinkind- und Kindergartenphase zu beschränken, da die elterlichen Erziehungsstile in der Regel in dieser Altersphase ausgeformt werden. Für die Analyse der Ratgeberliteratur wurden Elternbücher und die Zeitschrift ELTERN präferiert, Erziehungskurse und Elterntrainings werden überblicksartig gewürdigt. Zwei inhaltliche *Hauptausschlusskriterien* sind zu beachten: Systematisch beforscht (sic!) werden in der vorliegenden Untersuchung weder die tatsächlich praktizierten Erziehungsstile noch wissenschaftliche Wirkungsanalysen zwischen elterlichem Erziehungsverhalten und dem Verhalten des Kindes.

Der *Aufbau der Arbeit* richtet sich nach den Zielsetzungen und den Fragestellungen der vorliegenden Untersuchung. Der Zeitraum für eine umfassende exemplarische Analyse von populärwissenschaftlichen Erziehungsbüchern für Eltern ist festgelegt (1945-1999); die Analyse der Zeitschrift ELTERN beginnt bei Erscheinen (10/1966) und wird bis in die Gegenwart (12/2014) fortgeführt. Die Dokumentation der Ratgeberliteratur, der Elternkurse und Erziehungsdiskurse der Jahre 2000-2014 beschränkt sich nur auf wenige prägnante *Einzelfälle*. Nach der Sichtung von ca. 500 sorgfältig ausgewählten Erziehungsratgebern wurden 140 Buchpublikationen für die Recherche herausgefiltert und davon 60 Ratgeber für die Beantwortung der Forschungsfragen ausführlich analysiert. Insgesamt wurden 1120 Hefte von Elternzeitschriften (ELTERN, ELTERN familiy, Leben & erziehen, Familie & Co) gesichtet und davon 1440 für diese Arbeit relevante Artikel analysiert.

Die *Einteilung in Dekaden* erwies sich als übersichtlich und pragmatisch; Überschneidungen sind dem Text zu entnehmen. Das Muster eines jeden Kapitels ist durchgängig: Nach einer ausführlichen Makroanalyse der Zeitgeschichte, der Politik und Kultur (u. a. Weltanschauungen, Ideologien, Wissenschaft und Forschung zum gewählten Thema) erfolgen Analysen zur Meso- und Mikroebene über den Wandel von Jugend, Familie und propagierten Erziehungsstilen, bzw. -feldern in den einzelnen Jahrzehnten. Eine Zusammenfassung der Untersuchungsergebnisse am Ende jeder Dekade rundet die Analyse ab.

1.6.5 Methode: Reflexion und Auswahl

Unerwartete Schwierigkeiten bereitete die Wahl der qualitativen Auswertungsmethode. Die zunächst vorgesehene *Qualitative Inhaltsanalyse* nach Mayring, die dieser ständig verfeinerte, erwies sich auf Dauer nicht nur als zu aufwändig, sondern für die Fragestellungen nicht flexibel genug. Selbst Bortz & Döring (2003) konstatieren:

> „Die qualitative Inhaltsanalyse nach Mayring (1989, 1993) ist eine Anleitung zum regelgeleiteten, intersubjektiv nachvollziehbaren Durcharbeiten umfangreichen Textmaterials [...]. Im Unterschied zur Globalauswertung, die in kurzer Zeit einen Überblick über das Material verschafft, ist eine qualitative Inhaltsanalyse aufwendiger: Sie enthält Feinanalysen (Betrachtung kleiner Sinneinheiten) und zielt auf ein elaboriertes Kategoriensystem ab, das die Basis einer zusammenfassenden Deutung des Materials bildet“ (Bortz & Döring, 2003, S. 332).

Zahlreiche methodologische Fachbücher wurden gesichtet (Bohnsack, 2003; Flick, 2002; Früh, 2004; König & Zedler, 1995, 2002; Legewie, 1994; Mayring, 2002, 2003; Wirth & Lauf, 2001). Bortz & Döring (2003, S. 332) weisen darauf hin, dass der Terminus *Qualitative Inhaltsanalyse* oft als Oberbegriff für die interpretativen Auswertungsverfahren verwendet wird. Nach Groeben & Rustemeyer (2002, S. 236) fungiert die Inhaltsanalyse „als Verbindungsglied zwischen den hermeneutischen und den empirischen Wissenschaften“.

Für einen Teil der vorliegenden Analyse trifft die erweiterte Definition von Mayntz et al. zu (1978, S. 151): Danach ist die Inhaltsanalyse eine Methode, „die sprachliche Eigenschaften eines Textes objektiv und systematisch identifiziert und beschreibt, um daraus Schlußfolgerungen auf nicht-sprachliche Eigenschaften von Personen und gesellschaftlichen Aggregaten zu ziehen.“ Diese Definition ist besonders dicht an der *qualitativen* Auswertung und zeigt die Möglichkeit auf, durch die Inhaltsanalyse auch das postulierte nonverbale Erziehungsgeschehen (Familienklima, Werte, Einstellungen etc.) in den Ratgebern und Elternzeitschriften zu erfassen und analog zu den Forschungsfragen interpretieren zu können:

> „Sprache ist nicht nur eine wichtige Voraussetzung sozialen Handelns, [...], sondern Sprechen und Schreiben ist selber eine Form sozialen Verhaltens. In dem, was Menschen sprechen und schreiben, drücken sich ihre Absichten, Einstellungen, Situationsdeutungen, ihr Wissen und ihre [...] Annahmen über die Umwelt aus. Diese Absichten, Einstellungen usw. sind dabei mitbestimmt durch das sozio-kulturelle System, dem die Sprecher und Schreiber angehören und spiegeln [...] institutionalisierte Werte, Normen, sozial vermittelte Situationsdefinitionen usw. Die Analyse von sprachlichem Material erlaubt aus diesem Grunde Rückschlüsse auf die [...] nichtsprachlichen Phänomene zu ziehen“ (Mayntz, Holm & Hübner, 1978).

Die Suche nach geeigneten Methoden wurde nochmals verfeinert und nach wissenschaftlichen Disziplinen gesichtet: Theorien und Methoden der Erziehungswissenschaft (Friebertshäuser, Langer & Prengel, 2010; Koller, 2010; Danner, 2006;

König & Zedler, 1983); Methoden der Soziologie (Lamnek, 2005; Spöhring, 1989; Hopf & Weingarten, 1979); Methodik der Politikwissenschaft (von Alemann & Forndran, 2002); Theorien und Methoden der Geschichtswissenschaft (Jordan, 2009) und Literaturwissenschaft (Strelka, 1998), sowie der Diskursanalyse (Keller, 2011). Die Schnittmenge der methodischen Vorgehensweisen in den genannten Wissenschaftsbereichen erwies sich als unerwartet groß. Die Tendenz zu empirischen Methoden ist evident, dennoch verliert die Hermeneutik *als Methode* nicht an Bedeutung, wenn es um die Interpretation – insbesondere von Texten – geht. Inhaltsanalytische Methoden differenzieren sich in den letzten fünfzehn Jahren immer mehr aus: Neben den bereits erwähnten Fachbereichen, nimmt die Medien- und Kommunikationswissenschaft eine Sonderstellung ein.

> „Noch nie haben sich in einer Gesellschaftsepoche so viele Veränderungen eingestellt wie in der Epoche der Mediengesellschaft, deren Beginn man für Deutschland auf das Jahr 1995 legen kann. Eine der vielen durch sie angestoßenen oder ausgelösten Veränderungen und Innovationen betrifft die sprunghafte Zunahme des Bedarfs an Medienanalysen aller Art und, daraus folgend, die Weiterentwicklung des sozialwissenschaftlichen Instruments der Inhaltsanalyse“ (Merten, 2001, S.234).

Die Ergebnisse, der in diesem Kapitel dargestellten vielfältigen Recherchen, können als Bestätigung dafür gelten, dass die Inhaltsanalyse das geeignete Instrument ist, um gedruckte populärwissenschaftliche Schriften zu analysieren und zu klassifizieren. Zur Erfassung des postulierten elterlichen Erziehungsverhaltens wird bis zum Jahr 1980 *in Anlehnung an Mayring* das deduktiv hergeleitete Kategoriensystem der Erziehungsstil-Konstrukte eingesetzt und konsequent mit Ankerbeispielen belegt. Die *deduktive Kategorienanwendung* umfasst folgende postulierte elterliche Erziehungsstile: Autoritär – autoritativ – demokratisch – permissiv-verwöhnend (Abb. 1). Ab 1980 erweist sich die ursprüngliche Klassifikation der Erziehungsstile als unzureichend, um das propagierte Erziehungsverhalten der Ratgeberautoren *zu unterscheiden* – es wird fast nur noch der autoritative und demokratische Erziehungsstil propagiert. Bei der Wahl einer neuen Methode erweist sich die *Qualitative Inhaltsanalyse in Anlehnung an Mayring* als Glücksfall, da der Autor nicht nur ein Ablaufmodell deduktiver Kategorienanwendung entworfen hat, sondern ebenso ein Modell für eine *induktive Kategorienentwicklung* vorgibt (Mayring, 2015, S. 70).

Die Zeitschrift ELTERN mit ihren zehn Jahrgängen (1980-1989) bot das geeignete Material, um auf induktivem Wege neue Kategoriensysteme zu entwickeln. *„Qualitative Inhaltsanalyse will Texte systematisch analysieren, indem sie das Material schrittweise mit theoriegeleitet am Material entwickelten Kategoriensystemen bearbeitet“* (Mayring, 2002, S. 114). Von 500 Texten – entsprechend der Zielsetzung der Arbeit ausgewählt – wurden 100 Artikel textanalytisch bearbeitet und systematischen *Reduktionsprozessen* unterworfen, ohne den Sinnzusammenhang zu zerstören. So liegt das Ziel der *Zusammenfassung* nach Mayring darin, durch einzelne Analyseschritte „das Material so zu reduzieren, dass die wesentlichen Inhalte erhalten bleiben, durch Abstraktion einen überschaubaren Corpus zu schaffen, der immer noch Abbild des Grundmaterials ist“ (Mayring, 2003, S. 58). Die folgenden Unterkategorien wurden aufgrund der erhaltenen Analyseeinheiten aus den ELTERN-Texten gesammelt, gebündelt und definiert (Abstraktion). Die Auswahl der Texte richtete sich streng theoriegeleitet nach dem ersten Forschungsziel: „Die Untersuchung soll Aufschluss geben über propagierte Werte, Erziehungsstile, Erziehungsziele und Methoden durch die Analyse [...] der Zeitschrift ELTERN [...].“ Diese Regelgeleitetheit der Qualitativen Inhaltsanalyse ermöglicht es dem Leser, den Forschungsprozess nachvollziehen zu können und die Untersuchungsergebnisse intersubjektiv zu überprüfen. Die nun folgenden Unterkategorien ergaben sich aus den gewählten 100 Artikeln der Zeitschrift ELTERN (1980-1989), nachdem die Reduktionsprozesse durchgeführt und die Zusammenfassung durch Abstraktion erstellt wurde. Wie von Mayring (2003, S. 58) gefordert, sind sie Abbild des Grundmaterials, enthalten die wesentlichen Inhalte und bilden einen überschaubaren Corpus:

1. Unterkategorien zum Thema „Eltern“
   - Selbst(er)kenntnis und Selbstkritik der Eltern
   - Berücksichtigung der eigenen Bedürfnisse
   - Kenntnisse der Entwicklungspsychologie
   - Lesen von Literatur zur Erziehung des Kindes
   - Reflexion des angeeigneten Wissens und Handelns
   - Bewusste Ausübung der Vorbildfunktion
   - Berücksichtigung der Individualität eines jeden Kindes
   - Kenntnisse einer guten, gewaltfreien Kommunikation (Rogers, Gordon)

2. Unterkategorien zum Thema „Eltern-Kind-Beziehung“
   - Eine sichere Bindung anbieten
   - Empathie: Nähe und Distanz regulieren
   - Liebe und Zärtlichkeit geben
   - Feinfühligkeit und Verständnis zeigen
   - Wärme und Zuwendung schenken
   - Zeit, Ruhe und Geduld aufbringen
   - Trost spenden und Ermutigung aussprechen
   - Wertschätzung zeigen und Toleranz ausüben

3. Unterkategorien zum Thema „Regeln und Grenzen“
   - Verlässlichkeit zeigen
   - Strukturen vorgeben
   - Rituale einführen
   - Schutz aufrechterhalten
   - Grenzen setzen/begründen
   - Auf Einhaltung der Regeln achten
   - Kontrollen durchführen
   - Konsequenzen zeigen

4. Unterkategorien zum Thema „Kommunikation“
   - Beobachten und Zuhören
   - Nonverbale und verbale Kommunikation
   - Sich Zeit nehmen und Interesse zeigen
   - Anteil nehmen und Spiegelung anbieten
   - Angebote zur Kooperation machen
   - Gemeinsam Lösungen suchen und verhandeln
   - Absprachen treffen und Mitarbeit einfordern
   - Raum geben für soziale Erfahrungen

5. Unterkategorien zum Thema „Entwicklungsförderung“
   - Unterstützung geben: „Hilf mir, es selbst zu tun!“
   - Stärkung der (Leistungs-)Motivation durch Erfolgserlebnisse
   - Erziehung zur Selbstständigkeit
   - Förderung der Motorik und der kognitiven Ressourcen
   - Entdeckung von (gemeinsamen) Interessen
   - Austeilen von Anerkennung und Lob für das Tun
   - Erfahrung von Selbstwirksamkeit durch Exploration
   - Stärkung des Selbstwertgefühls durch Autonomie

Innerhalb der jeweiligen Kategorien denken und handeln Eltern und Kinder nicht isoliert, sondern sie entwickeln sich im Kontext von Mikro-, Meso- und Makrosystem – wie bereits Bronfenbrenner in seiner *Ökologie der menschlichen Entwicklung* (1993) darstellte. Er bezieht sich stark auf Lewin (1931, 1935, 1951) und seine Konstrukte des *Lebensraums* und des *Psychologischen Feldes* (Bronfenbrenner, 1993, S. 39ff.; Lewin, 1951/2012). In diesen wissenschaftlichen Zusammenhang gehört ebenso die *Habitus-Feld-Theorie* von Pierre Bourdieu (1987, 1993). Diese soziologischen Überlegungen waren ausschlaggebend für die Transformation des Begriffes Kategorie (Mayring) in den sozialpsychologischen Terminus *(Erziehungs-)Felder* im weiteren Verlauf der Untersuchung.

Zur Orientierung für den Leser und vor allem als Quellenangabe wird nunmehr hinter den Themen auf die einschlägigen ELTERN-Ausgaben hingewiesen. Es werden nur Leit- oder Hauptartikel benannt, insgesamt ziehen sich die Inhalte nahezu durch alle ELTERN-Hefte, werden also viel häufiger behandelt, als es in der folgenden Übersicht erkenntlich ist. Dennoch werden die *Schwerpunkte der Erziehungsfelder* deutlich erkennbar und mit Oberkategorien versehen:

- Die erste Kategorie bezieht sich insbesondere auf die *Selbstreflexivität*, sowie die *Selbsterziehung der Eltern* und ist eher präventiv ausgerichtet. Die Einstellung der Eltern zu ihren Kindern steht ebenso im Fokus, wie das reflektierte Erziehungshandeln (1/81, S. 67ff.; 4/81, S. 103ff.; 4/82, S. 8ff.; 6/82, S. 69; 11/82, S. 70ff.; 12/82, S. 51ff.; 11/83, S. 55ff.; 7/84, S. 41ff.; 9/84, S. 36; 10/85, S. 53ff., S. 59; 5/86, S. 39ff.; 6/86, S. 35ff.; S. 8/86, S. 53ff.; 11/86, S. 43; 12/86, S. 41; 3/89, S. 65ff.; 7/89, S. 71ff.). Dieses Erziehungsfeld erhält den Terminus *Selbstreflexive Elternschaft.*
- Die zweite Kategorie beinhaltet breit gefächerte Ratschläge zur *Eltern-Kind-Beziehung* (5/80, S. 113ff.; 8/80, S. 9ff.; 1/81, S. 68; 1/81, S. 70; 8/81, S. 20; 8/82, S. 9ff.; 11/82, S.70; 3/83, S. 67ff.; 7/83, S. 63ff.; 11/83, S. 55; 8/84, S. 21; 3/86, S. 75; 6/86, S. 35ff.; 8/86, S. 56; 11/86, S. 43; 4/88, S. 60; 7/89, S. 71). Dieses zweite Feld wird mit den Oberkategorien *Bindung und Beziehung* charakterisiert.
- Die dritte Kategorie besteht aus Postulaten zu den Themen *Regeln, Grenzen und Halt* (8/81, S. 61ff.; 1/82, S. 54; 4/82, S. 8; 4/82, S. 10; 6/82, S. 65ff.; 11/82, S. 70; 6/83, S. 21ff.; 9/84, S. 32ff.; 3/85, S. 32ff.; 4/85, S. 134f.; 12/85, S. 19ff.; 8/86, S. 53ff.; 9/86, S. 60ff.; 2/88, S. 44; 6/88, S. 49; 8/88, S. 40ff.; 10/88, S. 117f.). Die Themen des dritten Erziehungsfeldes werden unter der Bezeichnung *Haltgebende Strukturen* zusammengefasst.
- Eine vierte Kategorie ergibt sich aus allen Empfehlungen zur *Kommunikation, Kooperation und Interaktion* zwischen Eltern und Kindern (6/80, S. 55ff.; 8/80, S. 14; 5/81, S. 109ff.; 12/82, S. 51ff.; 11/84, S. 64f.; 12/85, S. 109ff.; 5/86, S. 35ff.; 7/86, S. 53ff.; 9/86, S. 61; 9/88, S. 73ff.; 10/88, S. 53ff.; 11/88, S. 23ff., S. 53ff.; 3/89, S. 65ff.; 8/89, S. 40ff.; 10/89, S. 51ff.). Das vierte Erziehungsfeld erhält den Terminus *Soziale Kompetenz.*
- Eine fünfte Kategorie bündelt den Erziehungsrat zur *Förderung der kindlichen Entwicklung* (5/80, S. 118; 4/81, S. 103ff.; 8/83, S. 29; 10/83, S. 67; 7/84, S. 41ff.; 8/84, S. 21ff.; 8/85, S. 46ff.; 2/86, S. 109; 12/86, S. 38ff.; 6/88, S. 84; 3/89, S. 65; 5/89, S. 65ff.). Das fünfte Feld entspricht den Oberkategorien *Förderung der motorischen und kognitiven Entwicklung.*

Nach der schrittweisen Durcharbeitung des Materials – Leit- und Hauptartikel über Erziehung in der Zeitschrift ELTERN (1980-1989) – folgte die induktive Kategorienentwicklung *aus dem Material heraus.* Wie hier dargestellt, ergaben sich fünf Oberkategorien mit jeweils thematisch differierendem Erziehungsrat. Durch das regelgeleitete Vorgehen – dicht am Material – ähneln oder ergänzen sich die Inhalte jedes einzelnen Feldes. In Anlehnung an Lewin und Bourdieu wird der Begriff „Fünf-Felder-Kategoriensystem" *(Abbildung 2)* gebildet. Die von Mayring (2015, S. 70f.) geforderte Rücküberprüfung der herausgefilterten Kategorien findet aus *ökonomischen* Gründen erst in der folgenden Dekade statt. Dafür wurden 450 Artikel aus der Erziehungszeitschrift ELTERN (1990-1999) inhaltsanalytisch untersucht:

- In jedem ELTERN-Heft werden die Leser zur Reflexion über ihr Erziehungsverhalten ermutigt. In den 90er Jahren liegen die Schwerpunkte auf der Vorbildfunktion der Eltern, der Überprüfung von Erziehungszielen und gelebter Demokratie in der Familie. Auch den systemischen Ansatz spricht der ELTERN-Autor Grothe an und vergleicht die Familie mit einem Mobile (1/92). Regelmäßig wird auf thematisch passende Ratgeberliteratur hingewiesen. Im Fokus der zehn Jahrgänge steht: Erziehung ohne Gewalt (4/90, 9/90, 1/91, 2/91, 3/92, 6/92, 10/92, 11/94, 12/94, 8/95, 12/95, 8/96, 9/96, 11/96, 12/96, 4/97, 8/97, 9/97, 7/98, 8/98). Dieses Feld entspricht der *Selbstreflexiven Elternschaft* (Feld 1).
- Ein weiteres Feld wird bei der Inhaltsanalyse erkennbar: Die emotionale Beziehung zwischen Eltern und Kind. Grothe widmet sich kenntnisreich den Themen Bindung und Beziehung (1/90, 3/90, 7/91, 10/91, 8/92, 2/93, 7/93, 8/94, 9/94, 1/95, 2/96, 9/96, 10/96, 6/97, 8/97, 7/98, 10/99); auch der Hinweis auf Daniel Stern: „Die Lebenserfahrung des Säuglings" (1992) ist beachtenswert. In diesem Feld geht es um Feinfühligkeit und Bindung, Wärme und Zärtlichkeit, Zuwendung und Ermutigung, Wertschätzung, Nähe und Distanz. Auch in den 90er Jahren steht das Feld *Bindung und Beziehung* im Fokus (Feld 2).
- Es folgt ein Feld, das stark vom Zeitgeist beeinflusst ist: Strukturen – Rituale – Grenzen – Regeln – Kontrollen – Konsequenzen (7/90, 8/90, 10/90, 12/90, 2/91, 9/91, 8/92, 10/92, 1/93, 4/93, 5/93, 9/93, 4/94, 9/94, 11/94, 3/95, 4/95, 7/95, 8/95, 12/95, 1/96, 6/96, 8/96, 9/96, 10/96, 11/96, 12/96, 1/97, 4/97, 7/97, 8/97, 7/98, 12/98). Der allgemeine Tenor in den 90er Jahren heißt: „Grenzen geben Sicherheit!" und „Hört endlich auf, die Kinder zu verwöhnen!" Die Autoren der Beiträge äußern ihre Überzeugung, dass Strukturen, Rituale, Grenzen, Regeln, Kontrollen und Konsequenzen dem Kind den nötigen Halt

geben. Aus diesem Grund wird der Terminus *Haltgebende Strukturen* gewählt (Feld 3).

- „Gewaltfreie" Kommunikation (Aktives Zuhören und Ich-Botschaften nach Rogers), sowie Kooperation zwischen Eltern und Kindern werden wiederholt thematisiert (1/90, 4/90, 6/90, 7/90, 2/91, 5/91, 7/91, 9/91, 1/92, 5/92, 10/92, 2/93, 8/93, 12/94, 1/95, 3/95, 6/95, 7/95, 8/95, 12/95, 2/96, 6/96, 9/96, 3/97, 8/97, 7/98, 8/98, 11/98, 5/99, 8/99, 10/99). Als Literatur werden Dreikurs (1966, 1985) und Gordon (1972, 1978, 1993) empfohlen. Dieses Feld lebt von der Interaktion aller Familienmitglieder und ihrer *Sozialen Kompetenz* (Feld 4).
- Im fünften Feld geht es um die Förderung der körperlichen und geistigen Entwicklung des Kindes; im Fokus steht die Autonomie. Die dazugehörigen Schlüsselwörter heißen Exploration – Ermutigung – Erfolgserlebnisse – Motivation – Förderung der Motorik – Selbstwirksamkeit – Selbständigkeit – Selbstwertgefühl. In den folgenden ELTERN-Ausgaben werden die genannten Themen diskutiert (1/90, 3/90, 12/90, 5/91, 2/92, 5/92, 8/92, 3/93, 8/93, 9/94, 1/95, 5/95, 6/95, 10/95, 12/95, 1/96, 2/96, 3/96, 4/96, 5/96, 6/96, 7/96, 8/96, 9/96, 10/96, 1/97, 6/97, 9/97, 10/97, 2/98, 9/98, 12/98, 1/99, 4/99, 5/99, 10/99). Dieses Feld entspricht der *Förderung der motorischen und kognitiven Entwicklung* (Feld 5).

Das „Fünf-Felder-Kategoriensystem" (*Abbildung 2*) aus den 80er Jahren wird durch die Rücküberprüfung in der folgenden Dekade voll bestätigt und kann nunmehr auch auf die zu analysierenden Erziehungsbücher angewendet werden. Die Postulate der Autoren betreffen in der Tat den *Lebensraum* und das *Psychologische Feld* (Lewin), in dem sich die Familie bewegt. Bourdieus *Habitus-Feld-Theorie* stand ebenfalls Pate für den Begriff des *Feldes* in dieser Arbeit. Der Habitus des Menschen (u. a. Haltung, Lebensstil) ist insbesondere gesellschaftlich-historisch bedingt: Die individuellen und kollektiven Erfahrungen bilden Wahrnehmungs-, Denk- und Handlungsschemata aus, also soziale Praxisformen, zu denen m. E. auch die Erziehungsstile gehören. Bedeutsam für diese Untersuchung ist die Theorie vom *Effekt des Feldes:* „Verstehen heißt zunächst das Feld zu verstehen, mit dem und gegen das man sich entwickelt" (Bourdieu, 2002, S. 11). Als externe, objektive Felder benennt er u. a. das ökonomische, kulturelle, wissenschaftliche, philosophische Feld, das Feld des Staates und der *Bildung*, sowie das übergeordnete Feld der Macht. Der Dualismus zwischen Individuum und Gesellschaft soll aufgehoben werden durch die Dialektik zwischen internem Habitus und externem Feld. Die Interaktionen in den fünf Feldern könnten diese Entwicklung unterstützen und werden aufgrund der Forschungsergebnisse in dieser Untersuchung auch als die „Fünf entwicklungsfördernden Felder" bezeichnet.

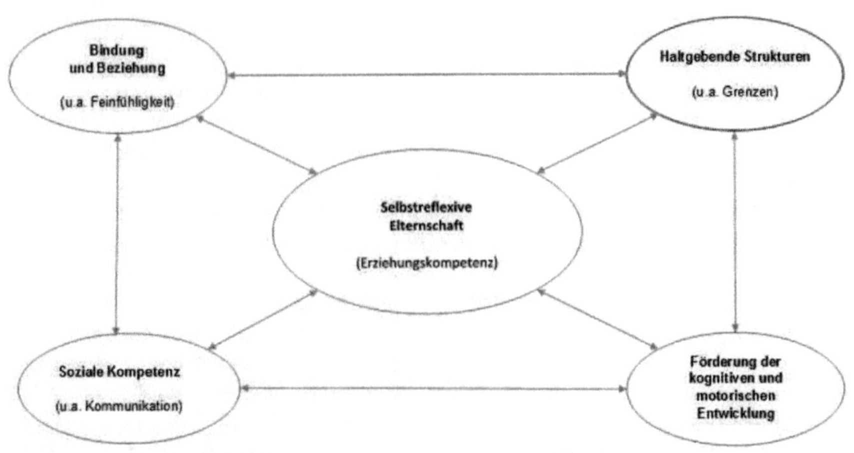

Abbildung 2: Fünf-Felder-Kategoriensystem – Die fünf entwicklungsfördernden Felder (Eschner)

2 Historische, politische und gesellschaftliche Bedingungen für die Entwicklung der Ratgeberliteratur in der Nachkriegszeit

Um die Entwicklung der Ratgeberliteratur nach 1945 zu verstehen, ist ein Blick auf die zeitgeschichtlichen Zusammenhänge und damit auf das Makrosystem unerlässlich. Mit der bedingungslosen Kapitulation der deutschen Wehrmacht („unconditional surrender") am 8. Mai 1945 endete der aggressive Expansions- und Eroberungskrieg des Dritten Reiches und hinterließ verheerende gesellschaftliche, politische und wirtschaftliche Folgen.

Von August 1945 bis 1948 oblag die Entnazifizierung und „Reeducation" den vier Militärregierungen. Die Amerikaner gingen zunächst besonders rigoros mit ihren selbst entwickelten Entnazifizierungsbögen vor, die 131 Einzelfragen enthielten.

> „Die amerikanische Besatzungsdirektive JCS 1067 vom 26.4.1945 über die Entnazifizierung (Teil I,6c): ‚Alle Mitglieder der Nazipartei, die nicht nur nominell in der Partei tätig waren, alle, die den Nazismus oder Militarismus aktiv unterstützt haben, und alle anderen Personen, die den alliierten Zielen feindlich gegenüberstehen, sollen entfernt und ausgeschlossen werden aus öffentlichen Ämtern und aus wichtigen Stellungen in halbamtlichen und privaten Unternehmungen wie (1) Organisationen des Bürgerstandes, des Wirtschaftslebens und der Arbeiterschaft. (2) Körperschaften und andere Organisationen, an denen die deutsche Regierung oder Unterabteilungen ein überwiegend finanzielles Interesse haben. (3) Industrie, Handel, Landwirtschaft und Finanz. (4) Erziehung und (5) Presse, Verlagsanstalten und andere der Verbreitung von Nachrichten und Propaganda dienenden Stellen'" (Stöver, 2006, S.249).

Zur Überraschung der Alliierten zeigte sich bei der Beantwortung der Fragebögen eine deutliche Solidarisierung vieler „Mitläufer" mit aktiven Nationalsozialisten. Dies ist ein Hinweis auf die allgemeine Stimmung breiter Bevölkerungsschichten direkt nach dem Kriegsende und erklärt, warum sich Erziehungsratgeber mit den für das Dritte Reich charakteristischen Werten – wie z.B. Unterordnung und Gehorsam – nach wie vor gut verkaufen ließen. Ein Teil der erfolgreichen Ratgeberliteratur, die unter Hitler propagiert wurde, erschien überarbeitet bereits ab 1946 wieder auf dem Markt (Höffer-Mehlmer, 2003, S. 211ff.).

Ironischerweise ermöglichten diesen Umstand die Alliierten der drei westlichen Zonen, die die Entnazifizierung und „Reeducation“ aus pragmatischen, politischen und ideologischen Erwägungen heraus nicht konsequent verfolgten. Die ursprünglich gefassten Beschlüsse erwiesen sich in der Praxis als unrealistisch:

> „In Hessen beispielsweise waren Mitte 1946 rund 57 Prozent der Beamten entlassen worden. Aber von allen damals im öffentlichen Dienst Beschäftigten waren schließlich wieder insgesamt rund 55 Prozent aus der Zeit vor 1945 übernommen worden. Diese relativ hohe Zahl der Übernommenen macht gleichzeitig ein anderes Phänomen sichtbar. Auch nach der totalen militärischen Niederlage des Deutschen Reiches waren die Besatzungsmächte auf eine funktionierende deutsche Verwaltung angewiesen, ein Faktum, das die vorgesehene Entnazifizierung zumindest zum Teil konterkarierte“ (Stöver, 2006, S. 249).

Darüber hinaus stellte sich die Restauration in den Köpfen und der Psyche der Deutschen als Barrikade heraus. „Bei einer repräsentativen Meinungsbefragung in der Bundesrepublik 1951 nannten auf die Frage, wann es Deutschland in diesem Jahrhundert ‚am besten gegangen' sei, immerhin 40 Prozent der Bevölkerung die Zeit zwischen 1933 und 1938“ (Görtemaker, 2004, S. 207). Am 14. Januar 1953 wurde das Ergebnis einer US-Umfrage veröffentlicht, in der 44 Prozent der Deutschen bekannten, dass der Nationalsozialismus ihrer Meinung nach mehr Gutes als Schlechtes gebracht habe (Frei 2006, S. 12). „Sogar Anfang der siebziger Jahre meinte immer noch die Hälfte der Bundesbürger, daß der Nationalsozialismus ‚im Grunde eine gute Idee' gewesen sei, die nur schlecht ausgeführt wurde“ (Görtemaker, 2004, S. 207). Am 18. 10. 2007 erscheint der *stern*-Titel: „Die Nazi-Falle. Eva Herman und die Frage, warum noch immer jeder vierte Deutsche glaubt, dass der Nationalsozialismus gute Seiten hat.“ Zitiert wird das Ergebnis einer Forsa-Umfrage vom 11./12. Oktober 2007, in der die über Sechzigjährigen mit 37 Prozent das „Dritte Reich“ am ehesten idealisieren (Schmitz, 2007, S. 36).

Die Erziehungsabteilung der Amerikanischen Hohen Kommission stellte ihrer Auswahl empfohlener *Bücher und Zeitschriften über Erziehung und verwandte Gebiete* (1945 – 1950) folgende Überlegungen voran:

> „However, it is self-evident that no other country can coerce a permanent democratic education on the german people. Any school reform must of necessity grow out of the bed-soil of german thinking and culture, and only German teachers themselves can undertake the task. The past several years have revealed that there are a large body of willing young teachers who want to broaden the old concepts of their educational program" (Office of Public Affairs, S. IX.).

Der jüdische Psychotherapeut Bruno Bettelheim, ehemaliger KZ-Häftling in Dachau und Buchenwald, Emigrant in den U.S.A., nahm 1954 eine dreimonatige

Einladung nach Deutschland an, um ein Lehrerseminar über Demokratie zu leiten. So fassungslos er über das „Scheitern der Entnazifizierung“ war, so gerührt war er wiederum über den Idealismus der jungen Lehrer. Sorgen aber bereitete ihm, dass man noch nicht erkannt hatte, dass Demokratie nicht mit autoritären Mitteln gelehrt werden kann. Bettelheim reiste mit dem Gefühl nach Hause, dass sich an den deutschen Erziehungsmethoden nicht das geringste verändert hatte (Sutton, 1996, S. 390f.).

Mit dem Etikett „restaurativ“ können diverse pädagogische Ratgeber für Schule, Unterricht und Elternhaus in den Nachkriegsjahren versehen werden. Dies beweisen u. a. die Literaturempfehlungen der Amerikanischen Hohen Kommission, die Margarete Büchle beauftragte, ein Verzeichnis für den *Education Branch* über die Zeit von 1945 bis 1950 zusammenzustellen.

Büchle griff auf den Bestand der Deutschen Nationalbibliographie in Leipzig und auf die Bibliographie der Deutschen Bibliothek in Frankfurt zurück. Es ist erstaunlich, dass die Alliierten, denen die Medienkontrolle, die Vergabe der Lizenzen und die Papierzuweisung oblag, Ratgeber mit nationalsozialistischen Erziehungszielen, autoritären Ratschlägen und viele kleine religiös ausgerichtete Broschüren, die der „Schwarzen Pädagogik“ (Rutschky, 1997) zugeordnet werden können, weiterhin drucken und verbreiten ließen. Höffer-Mehlmer ist der Auffassung, dass es um eine bewusste Nicht-Einmischung in die Intimsphäre der deutschen Familie ging (Hoeffer- Mehlmer, 2003, S. 213). Dies widerlegt die Arbeit von Büchle, denn die Bibliographie ist in erster Linie für Lehrer gedacht:

> “For several years German teachers and students have been enthusiastic about a reorganization of their educational programs but have been pretty much bewildered when it came to the task of reading guidance to help them select those books and periodicals that would provide an adequate view of the ends and means of a democratic program of education” (Bücher und Zeitschriften über Erziehung und verwandte Gebiete, S. IX.).

Aus einem „demokratischen Erziehungsprogramm“ fallen Ratgeber wie z. B. von Linus Bopp, Rudolf Degkwitz, Alois Gügler, Johanna Haarer, Josef Spieler, Arthur Wieland, Klara Wirtz et al. heraus, werden aber dennoch aufgeführt. Ob es sich um Nachlässigkeit, Überforderung durch die Kontrolle von 7444 Werken oder eine unbewusste ideologische Auswahl handelt, da Büchle und Mitarbeiter eventuell selbst noch potentiell im nationalsozialistischen Gedankengut verhaftet waren, ist nicht verifizierbar.

Aus Gründen der Objektivität muss erwähnt werden, dass viele Werke im deutschsprachigen Raum ohne nationalsozialistische Ausrichtung zu der Zeit noch nicht wieder verfügbar waren. Die Bücherverbrennungen im Jahr 1933, die Einstellung von Neuauflagen unerwünschter pädagogischer und psychologischer Elternratgeber aus der Zeit der Weimarer Republik und der von den Nationalsozialisten ausgelöste „Exodus“ vieler Psychologen und fast aller Psychoanalytiker hatte Spuren hinterlassen.

Dies lässt sich exemplarisch an den Schriften des Freud-Schülers und Individualpsychologen Alfred Adler verifizieren, der 1934 aus politischen Gründen in die U.S.A. emigrierte. In Büchles Kompendium wird zwar sein Werk *Menschenkenntnis* von 1927 empfohlen, die entscheidenden Werke für die Erziehung jedoch tauchen in dem Verzeichnis nicht auf: *Heilen und Bilden* (1914), *Psychotherapie und Erziehung I –III* (Ausgewählte Aufsätze von 1919 – 1937) und *Kindererziehung* (1930). Dies ist umso erstaunlicher, als Alfred Adler bereits 1926 seine erste Gastprofessur an der Columbia University ausübte und zahlreiche Vortragsreisen unternahm, sodass er nicht nur in Europa, sondern auch in den U.S.A. große Popularität genoss.

Die Suche nach Werken von Charlotte Bühler, Sigmund und Anna Freud, Margaret Mahler, René A. Spitz, Theodor W. Adorno, Max Horkheimer, Erich Fromm, Wilhelm Reich bleibt ergebnislos. Die Hypothese liegt nahe, dass gerade die zuletzt genannten Autoren als „zu politisch“ eingestuft und deshalb zunächst nicht übersetzt wurden. Ebenfalls aus ideologischen Gründen fehlen deutsche Autoren, die eine sozialistisch-marxistische Familienerziehung propagierten, wie z.B. Otto Rühle oder Siegfried Bernfeld. Auch findet kein Rückgriff auf Ratgeber aus der Zeit zwischen den beiden Weltkriegen statt, die teilweise schon damals einen gewährend-demokratischen Erziehungsstil proklamierten. Als Beispiel sei der führende Schul- und Erziehungspolitiker der Sozialdemokratie Heinrich Schulz genannt (vgl. Höffer-Mehlmer, 2003, S. 153ff.).

Es ist evident, dass die nationalsozialistische Ideologie, der zweite Weltkrieg und die Besatzung der Alliierten, mit der eine Instrumentalisierung Deutschlands für deren eigene politischen Interessen verbunden war, in der Ratgeberliteratur nicht nur eine „Unterbrechung“, sondern einen regelrechten Bruch bedeuteten. Die wirklich tiefgreifende Zäsur fand jedoch zumindest für die BRD nicht 1946 statt, sondern lässt sich in den Erziehungsbüchern ab 1933 durch den Eingriff der Nationalsozialisten mit diversen Zensurmethoden und „Schwarzen Listen“ verifizieren.

Die Übersetzungen und Neuauflagen der emigrierten Wissenschaftler erschienen erst mit großer Zeitverzögerung. Die fünfziger und sechziger Jahre standen insgesamt im Zeichen der Restauration und des „Kalten Krieges“:

> „Die von Zeitgenossen immer wieder beklagte ‚Renazifizierung‘ der Bundesrepublik fand allerdings im behaupteten Maß nicht statt. [...] Allerdings, verglichen mit den Vorstellungen, die beispielsweise der antifaschistische Widerstand im Auge gehabt hatte, war die Entwicklung der Bundesrepublik in den 1950er-Jahren dann tatsächlich

'restaurativ'. Viel spricht jedoch für die These, dass ebendiese 'Restauration' auch die schnelle politische und ökonomische Stabilisierung des jungen Staates gefördert hat" (Stöver, 2006, S. 260f.).

Letzteres kam den Plänen der Alliierten entgegen, denn bereits 1944 hatte die britische Regierung zu bedenken gegeben, dass nur Deutschland durch seine geographische Lage, seine Bevölkerungsdichte und seine Ressourcen das einzige geeignete Bollwerk gegen die Sowjetunion darstellen kann.

Während die Wissenschaftler Theorien und Konzepte zu der Frage entwickelten, wie sich die „Umerziehung" des Menschen gestalten könnte, breitete sich bei den meisten der Betroffenen eine kollektive Verdrängung von Scham, Schuld, Schmerz und Trauer wie eine Epidemie aus (z.B. Surminski, 2004, S.112ff.). Bis zur gegenwärtigen Stunde dauert die „Wiederkehr des Verdrängten" (Bauriedl, 1986) und die Aufarbeitung der Vergangenheit an. Theodor W. Adornos Vorträge und Aufsätze (2015) sollten in den 60er Jahren aufrütteln: *Erziehung nach Auschwitz* (1966), *Erziehung zur Entbarbarisierung* (1968) und *Erziehung zur Mündigkeit* (1969).

Der Historiker Manfred Görtemaker fokussiert das historische und psychologische Erbe des Dritten Reiches auf zwei essenzielle Aussagen: „Der düstere Schatten Hitlers lastete auf allen Deutschen. Selbst jene, die bei Kriegsende noch gar nicht geboren waren, wurden von ihm erfasst" (2004, S.31).

Durch den Krieg starben 5,25 Millionen Deutsche (davon 500 000 Zivilisten). Insgesamt mussten schätzungsweise 14 Millionen Flüchtlinge und Vertriebene ihre Heimat verlassen, davon kamen 2,1 Millionen Menschen auf der Flucht ums Leben. Eine verheerende Hungers-, Energie- und Wohnungsnot beherrschte die Metropolen. Nahezu die gesamte Infrastruktur war zusammengebrochen. Die verzweifelte Suche nach Nahrung bestimmte vor allem in den Städten den Alltag. Ende 1945 erzielten nur zwölf Prozent der Kinder in Köln das ihrem Alter entsprechende Normalgewicht" (vgl. Görtemaker, 2004, S. 29f.).

Es muss sich historisch betrachtet schon um Eskapismus handeln, psychoanalytisch gesehen um Verdrängung, wenn die meisten und erfolgreichsten Erziehungsratgeber der Nachkriegszeit die aktuelle Situation der Mütter und Kinder nur marginal berühren oder gänzlich ignorieren. Die offiziellen Schätzungen liegen bei 2 Millionen Kriegswitwen, 2,5 Millionen Halb- und 100 000 Vollwaisen (Radebold, 2004, S. 19; Dörr, 1998, S. 80). Eine „Stunde Null" gab es gerade auf dem Sektor der Erziehungsratgeber nicht. Die Münchner Soziologin Elisabeth Pfeil (1951) bildet mit ihrem Heft *Flüchtlingskinder in neuer Heimat* eine regelrechte Ausnahme.

Der materielle Überlebenskampf und die Ideologiemüdigkeit der Bevölkerung, insbesondere aber die prekäre soziale, ökonomische und psychologische Situation der Frauen bereiteten keinen fruchtbaren Boden für Experimente (vgl. Dörr, 1998, S. 37, S. 81ff., S.133ff.). Altbewährtes gab Sicherheit; aus dieser Perspektive heraus lassen sich ebenso die Idealisierung des Dritten Reichs, als auch der Rückgriff auf nationalsozialistische Erziehungsratgeber erklären und verstehen.

Historisch betrachtet werden einige Ratgeber der direkten Nachkriegszeit einzigartig bleiben. Nie wieder wird es innerhalb desselben Buches so viel Widersprüchliches geben: ein bizarres Nebeneinander von Brüchen und Kontinuitäten, von Verschleierung und Aufdeckung, von Mythos und Wirklichkeit, von Beharren und Fortschritt. Insofern bildet die Ratgeberlandschaft mit der „Gleichzeitigkeit des scheinbar Unvereinbaren" kongruent die Realität der fünfziger Jahre ab:

> „Ob in der Politik oder in der Wirtschaft, im öffentlichen Leben oder im privaten Bereich – allenthalben begegnete einem die Gleichzeitigkeit des scheinbar Unvereinbaren. Das Bemühen um ‚Wiedergutmachung' für die Opfer des Nationalsozialismus, von Adenauer nur mit Hilfe der Sozialdemokratie gegen beträchtliche Teile des Regierungslagers auf den Weg gebracht, kontrastierte mit größter Bereitschaft zur Nachsicht mit den Tätern. [...]. An den Universitäten lehrten die wenigen, die aus der Emigration den Weg zurück in ihre Heimat gewagt hatten, in prekärer Nachbarschaft zu dem Heer der einstmals Überzeugten [...]" (Frei, 2006, S. 14).

2.1 Versuch der Restauration und Wandel der Familienstrukturen nach 1945 – eine ökologische Perspektive

Die Struktur der bürgerlich-patriarchalischen Familien hatte der Krieg aufgebrochen und damit auch die Autorität der Väter beschädigt. Die Rückkehr des „Familienoberhauptes" entlastete häufig nicht die innerfamiliäre Problemlage, sondern verschärfte sie. Wenn auch nach außen eine Anpassung erfolgte, kann dennoch die Hypothese aufgestellt werden, dass bei einer Reihe von Frauen und Kindern die konservative Rollenverteilung nicht ohne weiteres re-internalisiert werden konnte. Bei den Vätern fand infolgedessen eine Erschütterung ihrer ehemaligen Machtposition statt.

> „Die Bedeutung ökologischer Übergänge für die Entwicklung entsteht daraus, daß sie fast immer eine Veränderung der Rolle mit sich bringen, also der mit einer bestimmten Gesellschaftsstellung verbundenen Verhaltenserwartungen. Wie wir sehen werden, haben Rollen ganz unglaublichen Einfluß darauf, wie eine Person behandelt wird, wie sie selbst handelt, was sie tut und damit auch, was sie denkt und fühlt. Das Prinzip gilt

> nicht nur für die sich entwickelnde Person selbst, sondern auch für die anderen Personen in ihrer Lebenswelt“ (Bronfenbrenner, 1993, S. 22).

Nicht allen Familien und deren einzelnen Mitgliedern gelang es, ihre Identität neu zu definieren und ein tragfähiges Selbstkonzept zu entwickeln. Zur äußerlichen Auflösung des aus der existentiellen Not geborenen „Matriarchats“ trugen nicht nur die zurückgekehrten Väter, sondern auch die durchgängigen Rekonstruktionsbemühungen in Politik, Wirtschaft, Kirche und Gesellschaft bei. Beachtenswert bleibt, dass zwar nach außen die restaurativen Tendenzen überwogen, im inneren Familienverband jedoch Wandlungen stattfanden.

> „Nach Kriegsende wurde infolge der gesellschaftlichen konservativen Restaurierung des westlichen Deutschlands auch wieder die hierarchisch strukturierte Familie, mit dem Mann als Familienoberhaupt, als Rückkehr zur alten bürgerlichen Ordnung angestrebt. Von der Bevölkerung wurde das gelassen mit getragen, auch von sehr vielen Frauen; sie blieben in der Öffentlichkeit ruhig, die Konflikte spielten sich vielmehr in den Familien ab“ (Roberts, 2003, S.58).

Das Material und die Interpretationen der vier soziologischen Familienuntersuchungen der Nachkriegszeit von Hilde Thurnwald (1948), Gerhard Wurzbacher (1952/ 1954), Gerhard Baumert (1954) und Helmut Schelsky (1955) weichen teilweise voneinander ab. Schütze führt dies auf die je unterschiedlichen Indikatoren für Stabilität oder Desorganisation der Familie zurück. Schelskys Werk von 1955 *Wandlungen der Deutschen Familie der Gegenwart* bezeichnet sie als „zweifellos [...] umfassendste Strukturanalyse der deutschen Nachkriegsfamilie“ (Schütze, 2002, S. 71f.). Zur Erläuterung des Strukturbegriffs bietet sich die Definition von Rosemarie Nave-Herz an:

> „Auf den Familienbereich übertragen, bedeutet hier eine Analyse der Struktur, dass das System ‚Familie' im Hinblick auf die familialen Rollen, die Art und Weise, wie diese zueinander geordnet sind und in welcher Beziehung die familialen Rollenträger stehen, zu beschreiben ist. Strukturwandel bezieht sich auf die Frage, ob diese genannten Dimensionen im zeitgeschichtlichen Vergleich als identische oder als veränderte zu skizzieren sind“ (Nave-Herz, 2002, S.11).

Schütze merkt kritisch an, dass Schelsky mit seiner These über den gestiegenen Zusammenhalt in der Familie gegenüber zeitgenössischen und heutigen Soziologen isoliert dasteht. Nach einer präzisen Analyse seiner 418 Seiten umfassenden Studie von 1949/50 (Schelsky, 1955) kann weder der Vorwurf einer unkritischen Stabilisierungsthese noch einer eindimensionalen Restaurationshypothese aufrechterhalten werden:

> „Den erhöhten familiären Zusammenhalt könnte man als die normale Auswirkung und Folge der sozialen Erschütterung durch einen Krieg und durch eine wirtschaftliche Notzeit ansehen“ (Schelsky, 1955, S.75).

> „Eventuell handelt es sich nur um ‚eine rein äußerliche Stabilisierung der Familie’ aufgrund der kriegsbedingten Schicksalsschläge“ (Schelsky, 1955, S. 68).

> „Tatsächlich sind die Kriegs- und Nachkriegsereignisse zunächst gerade als eine außergewöhnliche Gefährdung der Familie selbst zu verstehen, die ernsthafteste, der die Familie seit langem in unserer Sozialgeschichte ausgesetzt war“ (Schelsky, 1955, S. 87).

Schelsky (1955, S. 84) fokussiert die Ergebnisse seiner Strukturanalyse auf zwei entgegengesetzte Entwicklungstendenzen: Einerseits die passiv-restaurative Entwicklungstendenz, erklärbar aus dem Fortfall der totalitären nationalsozialistischen Herrschaftsdynamik; andererseits neue soziale Entwicklungsimpulse und –richtungen, interpretierbar durch die plötzliche und kollektive Notsituation und ihrer Bedrohung der gesamtgesellschaftlichen Stabilität. Aus seinen Ergebnissen leitet Schelsky eine Theorie über den sozialen Wandel ab. Die Kohorte der Flüchtlingsfamilien erscheint ihm dabei besonders geeignet:

Durch existenzbedrohliche Katastrophenerlebnisse werden Sicherheit und Angemessenheit des alten Verhaltens mit einem Schlage aufgehoben und erzeugen durch die Erschütterung die erforderliche Bereitschaft zum inneren Wandel. Die Kollektivität der Existenzbedrohung wiederum ermöglicht Findigkeit und Nachahmung, steigert die Einsicht in die Endgültigkeit und führt damit zu einem sozialen Wandel. Dieser ist ein Akt der Selbsterhaltung und liefert somit die stärkste Motivation und den erforderlichen Antrieb. Da die Erschütterung und Vernichtung der bisherigen Lebensordnung und sozialen Umwelt bei den Flüchtlingen besonders ausgeprägt ist, bilden sie nun einerseits bewusst einen stärkeren Familienzusammenhalt, andererseits werden sie zum „Motor“ gesellschaftlicher Veränderungen (vgl. Schelsky, 1955, S. 88f.).

Schelsky selbst versucht die Antinomien in seinem Werk durch eine „Theorie der gegenläufigen Prozesse“ aufzulösen:

> „Wir glauben, dass die Soziologie heute gezwungen ist, für eine entwicklungsgeschichtliche Ortsbestimmung unserer Gegenwart mehrere Theorien der gesellschaftlichen Entwicklung mit in sich gegenläufigem Entwicklungssinn anzunehmen, will sie nicht die Tatsachen der sozialen Lage in ihrer Fülle und Widersprüchlichkeit dogmatisch vereinfachen oder in die Aufgaben und Denkweisen der Geschichtsmetaphysik überwechseln. Solche Theorien der gegenläufigen Prozesse würden ihren Charak-

> ter als Hypothesen deutlicher zur Schau stellen müssen, [...] und die Soziologie verlöre, [...] den ihr aus der philosophischen Spekulation haften gebliebenen Zug der naiven Identifizierung von Theorie und Realität, [...]" (Schelsky, 1955, S. 357).

Görtemaker (2004, S. 175) definiert als maßgeblichen Faktor der Modernisierung einer Gesellschaft den „Trend zur Demokratisierung von Staat und Gesellschaft mit einer Ausweitung der Partizipationsmöglichkeiten und der Emanzipation von überkommenen Autoritäten und Bindungen". Nach dieser Definition würde Schelsky die umstrittene These Dahrendorfs (1965, S. 467) stützen, dass die Grundlagen für die Modernisierung unbeabsichtigt durch den Krieg gelegt wurden. Nach den Recherchen Görtemakers (2004, S. 175) jedoch „kommt die Mehrzahl der deutschen Soziologen und Historiker zu dem Schluss, dass der entscheidende Entwicklungssprung der deutschen Gesellschaft in die Modernität erst während der Aufbaujahre der Bundesrepublik erfolgt sei". Es fällt schwer, in facto einen Widerspruch zwischen den beiden Auffassungen zu sehen: es werden zwei entscheidende und mehrfach verifizierte Thesen geäußert, die sich bei näherer Betrachtung ergänzen und zu einer Genese des Phänomens der Modernisierung in der Bundesrepublik beitragen. Die scheinbare Antinomie ergibt sich aus der Wahl der Perspektive: Während zunächst auf der Ebene der gesellschaftlichen Werte und Normen, „die in den persönlichen Erfahrungen der Älteren in der Weimarer Republik oder sogar noch im Kaiserreich wurzelten" (Görtemaker 2004, S. 197) ein Hang zur Restauration entstand, blieb auf der Ebene der Pragmatik gar nichts anderes übrig, als die binnenfamiliären Familienstrukturen den veränderten Lebensumständen im und nach dem Krieg neu anzupassen.

Schelsky findet in seiner Strukturanalyse bereits Hinweise auf eine zwischen den Gatten einvernehmliche binnenfamiliale Neuverteilung der Funktionen und damit auch eine neue verinnerlichte Autoritätsverteilung, die bereits einen nachhaltigen Wandel signalisiert und somit einen irreversiblen Prozess der Modernisierung in der Familie konzeptualisiert (vgl. Schelsky, 1955, S. 303f.).

2.1.1 Leitbilder und Erziehungsstile im familiären Milieu

Der Wechsel zur klassischen Form der Kindererziehung in traditionalen Gesellschaften – Lernen durch das miteinander Leben und Arbeiten – unterlag 1945 keiner theoretischen Entscheidung, sondern war eine conditio sine qua non. Dennoch kann von einem Wandel in den Erziehungsstilen nicht ernsthaft gesprochen werden. Das Miteinander war nolens volens von Pragmatismus bestimmt.

> „Kinder verdankten ihre relativ große Freiheit in der unmittelbaren Nachkriegszeit wohl mehr der Tatsache, dass die Erwachsenen wenig Zeit für sie hatten, als der vorübergehenden Lockerung konventioneller Denkweisen und Lebensformen nach dem Zerbrechen der ideologischen Zwänge des Nationalsozialismus. Von der neuaufgenommenen Diskussion reformpädagogischer Rezepte unmittelbar nach Kriegsende haben die Kinder und Jugendlichen wenig zu spüren bekommen“ (Preuss-Lausitz, 1991, S. 21).

Lernen durch das familiäre Leben und gemeinschaftliche Arbeiten fand nunmehr in einer gesellschaftlichen Ausnahmesituation und nicht mehr im traditionellen Kontext statt. Schelsky (1955, S. 309) stellte in seiner Strukturanalyse eine frühe erzwungene Selbständigkeit der Kinder fest, die durch das Einspringen in familiäre Funktionen der Erwachsenen begünstigt wurde, gepaart mit einer mangelnden Beaufsichtigung, Unerzogenheit und Vernachlässigung der Schule.

Die Feldforschungen von Thurnwald im Winter 1946/47 wurden zu einem historischen Dokument, als ihre Befunde 1948 erstmals veröffentlicht wurden. Sie konnte anhand ihrer Untersuchungen einen familiären Wandel bei der Mehrzahl der Bevölkerung nachweisen: Entwurzelungen, Abwesenheit der Väter, physische und psychische Erschöpfung der Frauen, Parentifizierung der Kinder, Beitrag aller drei Generationen zum Lebensunterhalt (vgl. Thurnwald 1948, S. 36; S. 98).

Das Konstrukt „Familie“, in der Kriegszeit von allen Beteiligten idealisiert, hatte plötzlich seine Statik eingebüßt. Die Entfremdung voneinander und die Konflikte durch die Neuverteilung der Rollen und Funktionen wurde von den Beteiligten vielfach unterschätzt: Der ersehnte Vater kehrte nicht nur als Fremder heim (vgl. Lorenz, 2005, S. 255ff., S. 278), sondern präsentierte sich plötzlich auch als Störfaktor (vgl. Dörr, 1998, S. 32ff.).

> „Er traf also die Familie wieder, in einer Zeit, vor der sich so vieles ergeben hatte zwischen Mutter und uns Kindern. Das war ein richtiger Schock für mich! Und dann hat er auch noch alles bestimmen wollen! [...] er wollte sich halt Mutter wieder ranziehen und sie sollte wieder so sein wie früher. Aber das hat wohl nicht ganz geklappt, und dann hat er das verkraften müssen und einen kleinen Schock gekriegt. [...] Er erlebte, wie alle etwas zu sagen hatten, wie auch wir Kinder mitsprechen konnten. [...] Er hatte sich im Krieg sehr verändert. Streng war er schon vorher, versuchte auch danach seine Strenge wieder durchzusetzen. Das haben wir Kinder und auch meine Mutter aber nicht mehr akzeptiert“ (Roberts, 2003, S. 101).

Die Hypothese erscheint nicht abwegig, dass viele Väter durch eine rigide Haltung die alte Familienhierarchie zu stärken und ihren Machtverlust durch eine autoritäre Erziehung zu kompensieren suchten. Andererseits weist Margarete Dörr (1998, S.166) nach, dass viele alleinerziehende Frauen bewusst autoritär erzogen, weil sie sich als „Testamentsvollstreckerinnen ihrer gefallenen Männer“ fühlten. Aufschlussreich ist die Untersuchung von Baumert (1954), der 1949 bis 1951 in Darmstadt und Umgebung 988 Familien befragte und bei der Auswertung zu dem Ergebnis kam, dass 55% der Befragten körperliche Bestrafung für richtig und erforderlich hielten.

Schelskys 164 Familienmonographien von 1949/50 analysierte Wurzbacher ausschließlich unter dem Aspekt der vorherrschenden Familien-Leitbilder. Danach kann in der Tat von einem historischen Wandel sowohl in den sozialen Leitbildern der Paarbeziehungen, als auch in den Leitbildern der Eltern-Kind-Beziehung gesprochen werden. Während das Gros der bäuerlichen Familien weiterhin patriarchalisch bestimmt wurde, waren die Veränderungen in den übrigen Familien umso größer, je stärker die Kriegs- und Nachkriegseinwirkungen bereits Strukturveränderungen erzwungen hatten. Dennoch divergierten die bevorzugten Leitbilder und ihre Realisation:

> „Das Ergebnis unserer Analyse ist somit die Feststellung, dass das Leitbild der gleichrangigen Gefährtenschaft wohl eine konstruktive Antwort auf die neue gesellschaftliche Situation der Familie darstellt, dass aber mit den damit verbundenen hohen Anforderungen an Menschenkenntnis bei der Partnerwahl, an gegenseitigem Verständnis, Aussprachefähigkeit und Bereitschaft für den anderen bei der Führung der Ehe zahlreiche Partner überfordert werden“ (Wurzbacher, 1958, S. 155).

Defizite stellt Wurzbacher ebenfalls in der Eltern-Kind-Beziehung fest:

> „Damit führt uns unsere Analyse zu einem ähnlichen Ergebnis wie die der Gattenbeziehung, nämlich, dass bei einem großen Teil der Eltern die sozialen Fähigkeiten nicht ausgebildet sind, die für die Aufgabe der Kindererziehung in der modernen Gesellschaft verlangt werden“ (Wurzbacher, 1958, S. 217).

So werden die von den Eltern angestrebten neuen Leitbilder von den selbst erfahrenen Erziehungsstilen unbewusst dominiert; die internalisierten Werte und Normen der elterlichen Verfügungsgewalt beherrschen noch immer die Erziehungswirklichkeit. Wurzbacher unterscheidet drei Strukturtypen des Eltern-Kind-Verhältnisses. Die erste Gruppe empfindet ihre Kinder vorwiegend als Belastung und verlangt von ihnen absoluten Gehorsam und die Übernahme der eigenen Werte. Das Kind wird in erster Linie als Arbeitskraft oder „Instrument familialen Prestiges“ gesehen. Bei Regelverstößen wird hart bestraft (Wurzbacher, 1958, S. 163ff.).

Die mittlere Elterngruppe „Alles für das Kind“ ist stark am sozialen Aufstieg der Kinder interessiert, aber weniger aus Empathie als aufgrund eines persönlichen

Prestige-Bedürfnisses. Diese Struktur impliziert bereits eine Überbetonung der Eltern-Kind-Bindung zu Lasten der Paarbeziehung mit den Risiken der Überforderung, des seelischen Missbrauchs, sowie der Enttäuschung zwischen beiden Generationen. Der Erziehungsstil reicht von „Dressur und Abrichtung“ bis zu einem kameradschaftlichen Umgang (Wurzbacher, 1958, S. 175ff.).

Das Leitbild „Eigenständigkeit der einzelnen Familienmitglieder“ entspricht am ehesten der modernen Kleinfamilie mit ihrer rational-planenden Elternschaft. „Das Empfinden für Freiheit in Bindung, für Abstand trotz guter Gemeinschaft, für freiwilliges elastisches Zusammenspiel ist bei diesen Familien weiter entwickelt“ (Wurzbacher, 1958, S. 198). Das Erziehungsleitbild „Heranreifen und Wachsenlassen“ betont die Förderung der Selbständigkeit des Kindes, gibt vielfache Entscheidungsfreiheit und stellt den innerfamiliären Austausch mit seiner Stabilisierungsfunktion an die Stelle der Tradition (Wurzbacher, 1958, S. 201/210). Theoretisch steht bei diesem Konstrukt die „harmonische Entfaltung der kindlichen Persönlichkeit“, „die Aufgabe der Frau als Heimbewahrerin und als Mutter“, sowie die „verstehende teilnehmende Gefährtenschaft“ des Vaters gegenüber Frau und Kind im Fokus (Wurzbacher, 1958, S. 216f.).

Nach einer weiteren Studie im Jahr 1954 kam Wurzbacher (1961) zu dem Resultat, dass sich die Einsicht in die Notwendigkeit von liberalen Erziehungsmethoden schon vielfach durchgesetzt habe. Schütze konstatiert: „Ob der neuen Sichtweise auf das Kind auch eine neue Realität der Kinder entspricht, ist freilich eine offene empirische Frage“ (2002, S. 76).

Das Resümee von Wurzbacher erscheint sehr optimistisch gemessen an der Nachfrage von ehemals nationalsozialistischen und autoritären Erziehungsratgebern. Diesem Bild entsprechen schon eher die Befunde von Baumert. Alle Familienforscher sind sich zwar einig, „dass die patriarchalische Familienstruktur sich aufzulösen beginnt“, angemessene, praktizierte Erziehungsstile können sich jedoch nur allmählich herausbilden (vgl. Schütze 2002, S. 72).

Bezogen auf die Generation, die im Krieg und der Nachkriegszeit geboren wurde, lässt sich die Hypothese ableiten, dass es eben jene Erfahrungen der Gewalt, des Zusammenbruchs, der Entwurzelung und des Wiederaufbaus auf Ruinen waren, die zwangsläufig andere Erziehungskonzepte kreierten. Unter Berücksichtigung der „Intergenerationalen Transmission von Eltern-Kind-Beziehungen“ (Schneewind, 2002) garantierten moderne Entwürfe jedoch noch nicht – wie bereits belegt – das kongruente Erziehungshandeln.

> „In einer eher sozial-kognitiv und lerntheoretisch orientierten Perspektive konnten Schneewind und Ruppert (1995) im Rahmen einer 16-jährigen Längsschnittstudie nachweisen, dass die Erziehungsstile, die junge Erwachsene in ihrem Elternhaus erfahren hatten, auch ihre eigenen Erziehungspraktiken, -einstellungen und –ziele erheblich beeinflussen. So bedenkenswert diese Befunde auch sind, so sollten sie nicht

dazu verführen, frühe Beziehungserfahrungen als schicksalhafte Prägungen des aktuellen Beziehungserlebens und –verhaltens zu verstehen" (Schneewind, 2002, S. 123).

2.1.2 Die Lage der Jugend in der Nachkriegszeit – Die „Skeptische Generation" und das Phänomen der „Halbstarken"

Die Lebensverläufe der Jugendlichen waren durch den Krieg in den Jahren nach 1945 geprägt von Brüchen und Unterbrechungen, von Rollendiffusionen und Entwicklungssprüngen. Bombenangriffe, eigene Kriegseinsätze, Verwendung als Flakhelfer, Flucht, Evakuierung, Hunger, Sicherung des Überlebens am Rande der Legalität bis zur Kriminalität mussten physisch und psychisch verkraftet werden. Durch die Nachkriegswirren lebten die Kinder und Jugendlichen im permanenten Ausnahmezustand: Zerrüttete und zerrissene Familien, Parentifizierung, Kinder- und Jugendarmut, Lehrstellenmangel, Jugendarbeitslosigkeit, Notunterkünfte und Wiederaufbau aus Trümmern. Tragende Ideale wie der Führermythos, Heroismus und Glaube an den Endsieg waren zusammengebrochen; starke, männliche und gesunde Vorbilder fehlten. Selbst um eine reguläre Schulausbildung fühlten sich die Jugendlichen betrogen – die Schulen waren kaum funktionsfähig.

Politisch lassen sich die Jugendlichen in drei Gruppen einteilen. Neben der kleinen Gruppierung von jungen Nationalsozialisten mit autoritärer Fixierung in Verbindung mit einem geschichtslosen Überlebens-Pragmatismus, fand sich die ebenfalls kleine Gruppe selbstkritischer junger Leute, die den Ideen der Reeducation aufgeschlossen gegenüberstanden. Umfragen und Einzelbefunde zeigten eher eine gleichgültige und opportunistische Einstellung bei der Mehrheit der Jugendlichen (vgl. Möller, 2000).

Schelsky (1957) versuchte eine „Diagnose" der Jugend zu erstellen, indem er den „Versuch einer Synthese empirischer Untersuchungen" unternahm. Aus der Fülle des Materials entwickelte er folgende Beschreibung der „Skeptischen Generation":

> „[...] die Wendung zu den vitalen Interessen der privaten Bereiche des Berufs, der Familie, der unorganisierten Geselligkeit, die gewachsenen Fähigkeiten des Sichdurchsetzens im Lebenskampf und der praktisch erfolgreichen Anpassung an neue Umweltsituationen, die bewusste Isolierung der Privatheit gegenüber den Ansprüchen der Gesamtgesellschaft, all diese Züge, die wir als Kennzeichen der „skeptischen" Jugendgeneration beschrieben, erweisen sich ursprünglich als eine gesamtfamiliäre Reaktion, als eine Wandlung der Menschen in der Familie" (Schelsky, 1957, S. 130).

Ende der 40er Jahre führten Knut Pipping, Rudolf Abshagen und Anne-Eva Brauneck im Auftrag der UNESCO 444 Intensiv-Interviews bei 18-22jährigen Jugendlichen durch, um Aufschluss über eine eventuelle autoritäre Prägung durch das Elternhaus zu bekommen. Bei einer Analyse nach Schichtzugehörigkeit zeigt sich die Jugend der Oberschicht, die am ehesten eine freie, liberale, reflektierte und zugewandte, verständnisvolle Erziehung genossen hatte, am zufriedensten, will aber die eigenen Kinder später strenger erziehen, um ihnen mehr Halt zu geben. Die Jugendlichen der Unterschicht und die Landjugend üben am schärfsten Kritik an ihrer autoritär-patriarchalischen Erziehung (vgl. Schelsky, 1957, S. 153). Ein ähnliches Bild ergeben die drei repräsentativen EMNID-Untersuchungen von 1953, 1955 und 1956 (vgl. Schelsky, 1958, S. 165ff.).

Schelskys Diagnose von einer Haltung der Skepsis, des Abwartens, der Pragmatik und insbesondere der Distanz zu jeglicher Ideologie bei den Jugendlichen wird von Historikern, Soziologen und Psychologen generell anerkannt und unterstützt. Görtemaker (2004, S. 198)) führt die Halbstarken-Bewegung (1955-1960), verbunden mit auffälligem bis kriminellem Jugendverhalten der Unterschicht, auf die zunächst „verschlossene, zweifelnde und gebrochene Haltung gegenüber aller Normativität" zurück, deren Ursache er in den Entwurzelungen, fehlenden Erfolgserlebnissen und einem brüchigen Selbstvertrauen der 1939 bis 1945 Geborenen vermutet.

Marina Fischer-Kowalski (1991, S. 54ff.) pointiert ihre eigenen empirischen Ergebnisse aus den Jahren 1945 bis 1952: „No Rebel without a Cause". Sie stellt die These auf, dass die Generation der „Halbstarken" einen Wendepunkt in der Gesellschaft herbeiführte, die tieferen Ursachen dafür jedoch im 2. Weltkrieg zu finden seien. Als eine der wenigen wechselt sie die Perspektive und sieht das Phänomen der Halbstarkenkultur nicht unter dem Aspekt der „Gefahr", sondern als regelrechte Jugendbewegung der Arbeiter und Lehrlinge, die als positiver Faktor einen sozialen Wandel begünstigte, der fortgesetzt wurde durch die Studentenbewegung 1968.

Da der Fokus dieser Arbeit nicht primär auf dem Thema „Jugend" liegt, soll die Thematik an dieser Stelle nur kurz resümiert werden. Bezeichnend war die Abneigung der Jugendlichen gegen jegliche Insignien der Macht und gegen eine Unterordnung unter „Autoritäten"; Polizei und Medien wurden jedoch für die eigenen Zwecke instrumentalisiert. Die Idealisierung der US-amerikanischen Kultur, insbesondere ihrer Mode und Musik, machte es den „Halbstarken" leicht, dank des Wirtschaftswunders mit dem asketischen Leistungsethos ihrer Eltern zu brechen und den Wandel der BRD in eine Wohlstands- und Konsumgesellschaft mit zu vollziehen (ca. 80% der 15- bis 24-jährigen waren in den 50er Jahren berufstätig). Zum Durchbruch der Rockmusik merkt Fischer-Kowalski (1991) an:

„Schon allein in ihrer sozialen Herkunft brachen die Rockstars zentrale Tabus dieser Zeit: Sie kamen fast ausschließlich aus unteren sozialen Schichten und hatten nur geringe Schulbildung [...].

Die Art und Weise, in der sie sich benahmen und sangen, war die personalisierte Herausforderung an Mittelschichtheuchelei: offen aggressiv, sexuell, mit einer Menge Körpergefühl, Rassen- und Geschlechtergrenzen im Stil und in der Kleidung überschreitend; außerdem beziehen sich ihre Songs häufig auf Delinquenz, Gefängnisse und Polizei“ (Fischer-Kowalski, 1991, S. 59f.).

Als Erklärungsansatz für das Phänomen „Halbstarkenkrawalle“ und die Studentenrevolte 1968 dient immer wieder die These vom „Kontroll-Loch“: Es wird davon ausgegangen, dass beide Protestbewegungen ihre Wurzeln in der Diskrepanz der relativ freizügigen unkontrollierten Kindheit und der normenkontrollierten Jugend haben (vgl. Preuss-Lausitz et al., 1991, S. 39, S.61ff.; Sander & Vollbrecht et al., 2000, S. 56ff.; Görtemaker, 2004, S. 186ff., S. 196ff; Farin, 2006, S. 24ff.)

Juristisch wurde dieser Umstand noch verschärft, als die Gesetze zum Schutze der Jugend in der Öffentlichkeit 1951 und 1957 die Aufenthaltsverbote ausbauten und das Schutzalter weitgehend auf 18 Jahre anhoben. Die Eltern (und Veranstalter) hatten die Verantwortung zu übernehmen und die Einhaltung der Gesetze zu überwachen. Weiteren Konfliktstoff zwischen den Generationen dürften die „archaischen Herrschaftsbefugnisse“, die qua Gesetz den Eltern zugesprochen wurden, geliefert haben. So durften die Eltern über die Ausbildung und Berufswahl des Jugendlichen bestimmen, selbst gegen seine Neigungen und Begabungen.

„Auch können die Eltern uneingeschränkt dem Minderjährigen und Dritten den Umgang verbieten. Am entlarvendsten ist die Lage zum Züchtigungsrecht. Bis zum Gleichberechtigungsgesetz von 1957 heißt es in § 1631 II BGB nachgerade ermutigend: ‚Der Vater kann kraft des Erziehungsrechtes angemessene Zuchtmittel anwenden.‘ Auch nach der Streichung bleibt das Züchtigungsrecht (auch der Mutter) gewohnheitsrechtlich anerkannt. Und die Gerichte billigen auch erhebliche Eingriffe in die körperliche Unversehrtheit, Ehre und Bewegungsfreiheit (BGH NJW 1953, 1440)“ (Frehsee, 2000, S. 125f.).

Bettelheim hat sich nicht geirrt: Autoritäre, repressive Erziehungsstile sind noch lange lege artis. Die „Stimmen der Jugend“ aus einer Befragung von 1957 lassen noch tiefere Ursachen der jugendlichen Unzufriedenheit erkennen: Die Pauschalisierung und Abwertung durch die Erwachsenen als „Halbstarke“, die Konfrontation mit elterlicher Empathielosigkeit und willkürlichen Verboten, gepaart mit hohem Leistungsanspruch an die Jugend und einem unreflektierten Materialismus (vgl. Farin, 2006, S. 22f.).

> „Ihr könnt unser Vorbild nicht sein, und eure Welt gefällt uns nicht! So wie ihr seid, wollen wir nicht werden! Wir wollen nicht Teil einer Maschine sein und getrieben werden. Wir wollen leben, wir wollen die Welt erleben! [...] wenn ihr schwerhörig seid, müssen wir schreien, und wenn ihr taub seid, müssen wir irgend-etwas anstellen – ist das unsere Schuld? Habt ihr uns nicht zu dem erzogen, was wir heute sind?" (Leserbrief in der Frankfurter Allgemeinen Zeitung vom 24. Oktober 1956, In: Farin, 2006, S. 22f.).

Die antiautoritäre Protestbewegung der sechziger Jahre wirft ihre Schatten voraus. Vier Bereiche erschüttern die Beziehung zu den Eltern: der allumfassende, rigide Kontrollanspruch, der durch Heimlichkeiten teilweise umgangen wird, aber ein schlechtes Gewissen erzeugt, sowie die beiden großen Tabus der Nachkriegszeit – der Nationalsozialismus und die Sexualität. Am auffälligsten ist in den Zitaten jedoch der „Schrei" nach Vorbildern und Idealen; dies bezieht sich auch auf die Lehrer:

> „Ich kann es verstehen, wenn einige durch die Kriegsereignisse enttäuscht worden sind, keine Ideale mehr haben, nicht an das Gute im Menschen glauben und einfach Nihilisten geworden sind. Sie sind ungeeignet, sie können einem Jugendlichen nichts geben, woran er sich halten kann. Ein Jugendlicher muss etwas Positives als Halt haben, oder er wird einer, der mit sich und der Umwelt unzufrieden ist" (Farin 2006, S. 23)

2.2 Kontinuität und Wandel in der Ratgeberliteratur der Nachkriegszeit

Vereinzelte Historiker, Soziologen, Pädagogen und Psychoanalytiker haben wenigstens für eine dünne Literaturdecke zum Thema seit Mitte der achtziger Jahre gesorgt. Nach Sichtung der signifikanten Sekundärliteratur entsteht unbestreitbar der Eindruck, als hätte es nach 1945 keinerlei Wandel in den propagierten Erziehungsstilen gegeben. Ute Benz (2001) ist als Psychoanalytikerin überzeugt, dass die Kindererziehungsbücher „vom rigiden politischen Geist der NS-Gesellschaft durchdrungen sind" (S. 190f.). Sie prangert mit überzeugenden Beispielen aus Johanna Haarers und Elisabeth Plattners Ratgebern die „raffinierte Mixtur aus Vernunft, Einfühlungsvermögen und Indoktrination" an.

> „Wir kommen auch im Westen nicht an der Tatsache vorbei, daß sich – neben allen allmählichen Lockerungen und trotz pluralistischer Ideale der Kindererziehung – auch nach 1945 alte Erziehungsmuster und überkommene Wertvorstellungen zäh hielten, und müssen daher nach den Folgen fragen. Konstatiert werden muß, daß die Nachfrage nach den alten, als bewährt geltenden, 1934 bis 1945 systemgerechten Rezepten

und Ratschlägen bestehen blieb – anders ist die Erfolgsgeschichte Haarers nicht zu erklären" (Benz, 2001, S. 198).

Auf strikte Unterordnung und bedingungslosen Gehorsam als oberstes Erziehungsziel beharren ebenfalls Rudolf Degkwitz (1946), Elisabeth Plattner (1958), sowie verschiedene Autoren der Klett-Reihe „Bedrohte Jugend – drohende Jugend" (vgl. Kap. 2.2.3) und sorgen mit dem Postulat eines autokratisch-restriktiven Erziehungsstils für Kontinuität in der Ratgeberliteratur. Das Vokabular des Nationalsozialismus wurde zwar getilgt, in den Erziehungseinstellungen zeichnet sich jedoch noch kein nachweisbarer Wandel ab; viele Empfehlungen können nur der Schwarzen Pädagogik zugeordnet werden.

Peter Büchners Aufsatz (1991, S.198) zu *Entwicklungstendenzen von Verhaltensstandards und Umgangsnormen seit 1945* wirkt unter diesem Aspekt nochmals erhellend. Werte wie Fleiß, Gehorsam, Ordentlichkeit, Sparsamkeit, Beharrungsvermögen, Ehrbarkeit und hohes Pflichtbewusstsein, eingebettet in ein traditionelles Macht- und Rollenverständnis, waren damals noch immer bestimmend. Nach Seiring (2001, S. 102) hatte in der Nachkriegsfamilie „die Entwicklung einer positiven Einstellung zur Autorität" oberste Priorität:

> „Der bei den Deutschen noch immer vorhandene Respekt vor Autoritäten sowie die Erziehungsziele Gehorsam und Unterordnung standen im Vordergrund. Flucht, Vertreibung, Zerstörung und Chaos, im Materiellen wie im Geistigen, ließen die Erziehungsziele Ordnungsliebe und Fleiß den meisten als besonders erstrebenswert erscheinen" (Seiring, 2001, S. 100).

Für 55 Prozent der Eltern waren körperliche Strafen „notwendig und richtig", um ihre Ziele durchzusetzen. Weitere Repressalien bestanden in Stubenarrest, Liebesentzug und im Zurückhalten materieller Vergünstigungen. Aus der Rekapitulation der historischen, soziologischen und psychologischen Analysen der Nachkriegszeit heraus wird deutlich, warum gerade die autoritäre Ratgeberliteratur am ehesten mit den Bedürfnissen der Nachkriegsmütter korrespondierte. Farin zitiert den Sozialpsychologen Thomas Ziehe (1986, S. 254):

> „Die fast besessene Konzentration auf Ordnung, Anstand, Sauberkeit war gegen den ‚Irrtum' der jüngsten Vergangenheit gerichtet. In dieser Sichtweise war der Nationalsozialismus ein unkontrollierter Ausbruch gewesen. Um das innere Tier im Zaune zu halten, das da losgelassen worden war, mussten die ‚alten' Tugenden wieder her, zumal diejenigen aus dem Reservoir preußischer Werte" (In Farin, 2006, S. 33).

Für Kontinuität sorgten nicht nur Ratgeber mit nationalsozialistischer Ideologie. Nach einer sorgfältigen Inhaltsanalyse von Hetzers Schriften finden sich zwar einige autoritäre Erziehungsratschläge, ihre Broschüren aber als „Giftbücher“ (Gebhardt, 2005) abzutun, ist in keiner Weise wissenschaftlich gerechtfertigt. Wenn sich auch die „Dressurvorschläge“ für die ersten Wochen des Säuglings ähneln, können die Charakteristika der nationalsozialistischen Erziehung weder in Sprache und Ton, noch in den Inhalten der Ratschläge verifiziert werden. Es besteht eine Kontinuität von der Weimarer Republik bis in die Nachkriegszeit: Hetzers Elternratgeber wurden nicht für die nationalsozialistische Ideologie aufbereitet (vgl. Kap. 2.2.2).

Aufschlussreich sind ihre Quellenangaben (Hetzer, 1932), die offenlegen, durch welche pädagogischen und psychologischen Strömungen ihr Denken beeinflusst wurde. Mehr als fünfzig Abhandlungen werden von ihr genannt, darunter Reformpädagogen, wie z.B. Paul Oestreich und Maria Montessori, sowie eine ganze Reihe von jüdischen Psychologen, die schon 1933 emigrieren mussten (u.a. Kurt Lewin, William und Clara Stern, David und Rosa Katz). Karl und Charlotte Bühler, mit der Hetzer in Wien geforscht und Entwicklungstests für Kleinkinder konstruiert hatte, flohen 1938 nach kurzer Inhaftierung über Oslo und London in die U.S.A., wo die Mehrzahl der jüdischen Psychologen und Psychoanalytiker zumindest eine wissenschaftliche Heimat fand.

Auch die *Katholische Familienerziehung* (1951) von Friedrich Schneider sorgt für Kontinuität. Im Vorwort heißt es: „Es ist ein klarer Beweis für die Richtigkeit des Weges, [...], daß bei der im Jahre 1951 erscheinenden neuen, fünften Auflage die Substanz des Werkes erhalten werden konnte“ (S. VI). Schneider scheut sich nicht, sich mit den Kriegsfolgen und ihrer Bedeutung für die Familienerziehung auseinander zu setzen. Er ermutigt die Eltern und empfiehlt bei Problemen nachdrücklich den Besuch von Erziehungsberatungsstellen (Schneider, 1951, S. 23ff.). Obwohl Pädagoge, zeugen Schneiders Ausführungen und Begründungen von einem reichen Fundus an psychologischen Detailkenntnissen. Er rekapituliert Adlers und Freuds Annahmen über die frühe Kindheit und zitiert Forschungsergebnisse von Charlotte Bühler. Sensibel spricht er immer wieder die ungünstigen Nachkriegsbedingungen an, die eine angemessene Erziehung erschweren. Die Kontinuität des Ratgebers liegt – trotz Rückgriff auf die Individualpsychologie – in einer autoritären Erziehungsatmosphäre begründet.

Wandel und Beharren, Regression und Progression ziehen sich durch die Ratgeberhefte des Klett-Verlages *Bedrohte Jugend – drohende Jugend*. Zu den Autoren zählen Professoren der Philosophie und Theologie, Erziehungswissenschaftler, Ärzte, Psychologen, Psychotherapeuten, Analytiker, Soziologen, Lehrer, Heilpädagogen und Erziehungsberater. Das Spektrum der Erziehungsstile reicht von Schwarzer Pädagogik bis zur Forderung nach demokratischer Erziehung (vgl. Kap. 2.2.3).

Als vorbildlich lobt Bode (2006, S. 50ff.) vier Bändchen der Klett-Reihe, besonders den Ratgeber *Flüchtlingskinder in neuer Heimat* von der Soziologin Elisabeth Pfeil, den sie exemplarisch vorstellt. „Es gab sie also auch damals, die aufmerksamen Pädagogen, und es gab die gütigen Eltern, die sich um ihre Kinder sorgten." Bezogen auf die vier Heftchen fährt Bode fort: „Auch in Aufbau und Tonfall haben sich die neuen Ratgeber weit entfernt von den Erziehungsbüchern der Nazizeit mit ihren kinderfeindlichen Ratschlägen." Und dennoch: Die erfolgreichsten, meist verkauften und bekanntesten Ratgeber waren gerade die, die Kontinuität bewiesen.

Das Wort „Wandel" hat nach Friedrich Kluge (2002, S. 972) etymologisch mit „wenden" und „wandern" zu tun, deutet also sowohl eine Bewegung, als auch einen Prozess an. Ein Prozess benötigt nicht nur Zeit, sondern schreitet auch durch kleinere Bewegungen fort. In diesem Sinne ist es nicht unbedeutend, was in der Nachkriegszeit noch an weniger bekannter Ratgeberliteratur von engagierten und teilweise renommierten Pädagogen veröffentlicht wurde.

1946 gründen z.B. engagierte Eltern und Lehrer in Berlin den „Arbeitskreis Neue Erziehung e.V." und geben Elternbriefe zur demokratischen Erziehung heraus. 1948 erscheint sowohl die fortschrittliche *Elternfibel* von der Reformpädagogin und dem späteren Gründungsmitglied des Deutschen Kinderschutzbundes (DKSB) Alma de L'Aigle, deren Schriften 1933 der Bücherverbrennung in Berlin zum Opfer fielen, als auch *Die gesellschaftlichen Grundlagen der Erziehung* von der deutschen Pädagogin und Sozialistin Anna Siemsen, die ihr Buch bereits im Schweizer Exil verfasste.

1950 wird im Rahmen der Reeducation eine deutsche Übersetzung von *The social Psychology of education* veröffentlicht. Die englische Autorin C. M. Fleming wirbt darin für einen demokratischen Erziehungsstil. Von Hanns Eyferth erscheint im selben Jahr der Ratgeber *Gefährdete Jugend.* Obwohl er wie viele Autoren seiner Zeit konstatiert: „Die vorhandenen Fachbücher sind vergriffen oder unerreichbar, und sie sind vielfach überholt" (Eyferth, 1950, S. 4), gibt er dennoch einige knappe Literaturhinweise auf Bücher, die weitgehend aus den Jahren zwischen den beiden Weltkriegen stammen. Zur Jugendkunde empfiehlt er u.a. Bühler, Hetzer, Kroh, Lersch, Nohl und Spranger. Zum Studium der Neurosenlehre greift er auf Sigmund und Anna Freud, sowie August Aichhorn zurück. Im Text selbst bezieht er sich auch auf Adler und Künkel und verweist sogar auf Bernfeld, den „Vater" der antiautoritären Erziehung. Krasser kann der Bruch mit dem Nationalsozialismus kaum dokumentiert werden.

Nach Flucht und Emigration kehrt die Reformpädagogin und Sozialistin Minna Specht 1945 nach Deutschland zurück. Sie trägt theoretisch durch ihre Schriften, praktisch durch die Übernahme der Leitung der Odenwaldschule von

1945 bis 1951 zur Erneuerung von Erziehung und Bildung im Nachkriegsdeutschland bei. Ab 1950 gibt sie die progressive Erziehungsreihe *Kindernöte* heraus. Erfahrene Erziehungsberater, Pädagogen, Psychotherapeuten, Kinderpsychologen und Ärzte kommen in der Aufsatzsammlung zu Wort.

Exemplarisch auch für andere Initiativen soll die Elternzeitschrift *Unser Kind*, herausgegeben von der GEW NRW und Lippe, genannt werden. Sie erscheint erstmals 1953 mit einer Auflage von 150 000 Exemplaren und nimmt explizit Stellung zur schwierigen Situation der Mütter und Kinder in der Nachkriegszeit. Die Erziehungs- und Literaturempfehlungen stehen in deutlichem Gegensatz zur autoritären Erziehung. In der Klett-Reihe setzen sich insbesondere Walter Hemsing (Heft 20, 1955 und Heft 47, 1960), sowie Heinrich Roth (Heft 42, 1970; Erstausgabe: 1953) für eine demokratische Erziehung ein. Heinz Graupner (1955, S. 11) prangert die „Untertanenhaltung" der Vergangenheit bereits in seinem Vorwort an und grenzt seine Erziehungsziele ab gegen „falsche Maßstäbe", wie Gehorsam, Zucht, Ordnung und Autoritätsglauben.

2.2.1 Elternratgeber aus dem Erbe des Nationalsozialismus: Johanna Haarer (1951)

Haarers bekanntester Erziehungsratgeber *Die Mutter und ihr erstes Kind* steht – mit großer historischer Verzögerung – seit 1985 (sic!) und bis zur Gegenwart im Fokus der Kritik. Er wurde von 1934 bis 1987 mit einer Gesamtauflage von über 1,2 Millionen Exemplaren immer wieder aufgelegt, ab 1949 in einer Neufassung. Infolgedessen bietet er sich zu einer exemplarischen Betrachtung geradezu an. Der Historiker Gregor Dill (2003) bestätigt den Verdacht von Benz bezüglich einer Indoktrination der Mütter:

> „Es lag bestimmt nicht in der Kompetenz einer bislang unbekannten, pädagogisch ungenügend ausgebildeten jungen Medizinerin und hätte sicherlich auch ihre Möglichkeiten überstiegen, Pflegebücher von derart weitreichender Bedeutung in Eigenregie zu veröffentlichen. Als Initiator der Haarer-Bücher fungierte eine Münchner Verlegerpersönlichkeit, die mit der nationalsozialistischen Bewegung aufs engste verbunden war. Julius F. Lehmann, Gründer und Besitzer eines der größten und renommiertesten deutschen Medizinverlage [...]" (Dill, 2003, S. 208).

Julius F. Lehmann hatte bereits um 1910 Theorien zur Rassenhygiene und Vererbungslehre verlegerisch gefördert, später unterstützte er die NSDAP ideologisch und materiell. Nach Dills Recherchen bestand zwischen den Autoren und ihrem Verleger eine extreme Abhängigkeit: materielle Absicherung gegen ideologische Loyalität. Haarers Buch, damals mit dem Titel *Die deutsche Mutter und ihr erstes*

Kind, bildete die Grundlage von Lehrgängen für Lehrkräfte des BDM und der NAPOLA und war das Basismaterial für die Reichsmütterschulungen, die allen „arischen" Müttern verbindliche Regeln für die Pflege ihrer Säuglinge vermitteln sollte. Die Kurse wurden bis zum April 1943 von drei Millionen jungen Frauen besucht (vgl. Dill 2003, S. 208ff.).

Ute Benz griff 1988 und 1991 mit zwei psychoanalytischen Aufsätzen das Thema erneut auf (vgl. Benz, 2001; Chamberlain 2003, S. 222). 1997 erschien erstmals von der Soziologin Sigrid Chamberlain eine exemplarische Analyse der Ratgeberliteratur von Haarer auf dem theoretischen Hintergrund der Säuglings- und Bindungsforschung. Sie kommt zu dem Schluss, „daß eine nationalsozialistische Erziehung immer auch eine Erziehung durch Bindungslosigkeit zu Bindungsunfähigkeit ist" (Chamberlain, 2003, S. 11).

Der „Intergenerationalen Transmission von Eltern-Kind-Beziehungen" (Schneewind, 2002, S. 123) misst auch die Historikerin Miriam Gebhardt (DIE ZEIT 29/2005, S. 58) einen besonderen Stellenwert zu. Die Kinderfeindlichkeit in Deutschland führt sie noch im Jahre 2005 auf die „Giftbücher" einer Haarer, Hetzer und Plattner zurück. Es bleibt erneut die Frage, warum Haarers Bücher trotz Entnazifizierung wieder aufgelegt werden konnten. Dills Ausführungen sollen kurz zusammengefasst werden:

> „Die Entnazifizierung in Bayern neigte zur Beschränkung auf die politische Elite. Ein Verleger ohne öffentliches Amt oder gar eine Autorin von Säuglings- und Kleinkinderpflegebüchern, die erst 1937 der NSDAP beigetreten [...] war, hatten nichts zu befürchten. Die amerikanischen Besatzungstruppen setzten zwar ein allgemeines Verlagsverbot durch, [...]. Doch als die Rechte für Haarers Erstlingswerk 1949 nach Nürnberg verkauft wurden und dieses dort im Lätare Verlag unter dem leicht veränderten Titel „Die Mutter und ihr erstes Kind" wieder erschien, nahm niemand Anstoß daran" (Dill, 2003, S. 209f.).

Entgegen der Annahme von Dill wurde Haarer direkt 1945 von den Amerikanern verhaftet und musste ein Jahr in den U.S.A. als Ärztin in Internierungslagern arbeiten (Berger, 2005, S. 27). Von der amerikanischen Besatzungsmacht erhielt sie keine Erlaubnis, eine Praxis zu eröffnen. Zu den skandalösen Widersprüchlichkeiten der Nachkriegszeit gehört der Umstand, dass drei Haarerbücher in dem von den Amerikanern herausgegebenen *Education Branch* (S. 31) aufgenommen wurden. Folgende *Spezifika einer nationalsozialistischen Erziehung* ließen sich durch eigene Recherchen aus den Ratgebern extrahieren:

- Unbedingter Gehorsam durch Zwang und Dressur (Schwarze Pädagogik)
- Reinlichkeit (übertriebene Angst vor Geschlechtskrankheiten und Ungeziefer)

- Regelhaftigkeit und Prinzipien versus individueller Bedürfnisse
- Räumliche Trennung von Mutter und Kind: Ferne versus Nähe
- Focussierung der Erziehung auf Versorgung versus Beziehung und Gefühle
- Vermeiden von Blick- und Körperkontakt, Trösten, Zärtlichkeiten
- Zerstörung des Dialogs („Schreien lassen!“) bis hin zu Schweigegeboten
- Verhinderung von Autonomie, Exploration, Freundschaft, Vertrauen
- Das Kind als Feind: Unterwerfung durch Verbote, Strafen, Demütigungen
- Verzicht, Schmerzunterdrückung, „Zusammenreißen“, Krankheit als Versagen

Für die vorliegende Arbeit ist ausschließlich relevant, welche propagierten Erziehungsstile bei Haarer noch Charakteristika einer nationalsozialistischen Intention aufweisen, bzw. bei welchen Ratschlägen sich bereits ein historischer Wandel abzeichnet. In Haarers Elternratgeber *Die Mutter und ihr erstes Kind* (1951a) nimmt in der Säuglingspflege Reinlichkeit weiterhin die erste Stelle ein; mit keinem Satz wird auf zwölf Seiten Blickkontakt, Zärtlichkeit oder Kommunikation beim Wickeln oder Baden erwähnt. Stattdessen: „Auch von der Behandlung der Wäsche hängt das Gedeihen des Kindes ganz wesentlich ab“ (Haarer, 1951a, S. 137). Starre Regeln, das „Markenzeichen“ von Haarer, gelten auch noch 1951:

> „Versagt auch der Schnuller, dann, liebe Mutter, werde hart! Fange nur ja nicht an, das Kind aus dem Bett herauszunehmen, es zu tragen, zu wiegen, zu fahren oder es auf dem Schoß zu halten. Das Kind begreift unglaublich rasch, daß es nur zu schreien braucht, um eine mitleidige Seele herbeizurufen. Nach kurzer Zeit gibt es keine Ruhe mehr, bis es wieder getragen, gewiegt oder gefahren wird – und der kleine, aber unerbittliche Haustyrann ist fertig“ (Haarer, 1951a, S. 143f.).

Eine nationalsozialistische Erziehungseinstellung ist unübersehbar. Haarer appelliert an die „pflichtbewusste, charakterfeste“ Mutter „mit gesundem Menschenverstand, die Sinn hat für Ordnung, Regelmäßigkeit, Pünktlichkeit und Sauberkeit“ und die auf Vergnügungen, sowie Zärtlichkeiten dem Kind gegenüber verzichtet. Äußerungen des Schmerzes sollen weitgehend ignoriert werden: „Das Kind, das nicht unnötig bedauert wird, schreit nur halb so lang“ (Haarer 1951a, S. 224f.; Hervorhebung im Original).

Der Erfolg des Haarer-Ratgebers *Die Mutter und ihr erstes Kind* liegt auf der Hand: konkretistisch beschreibt sie nahezu jeden Handgriff der Mutter und liefert Rezepte für alle Situationen (Schwangerschaft, Aussteuer für das Kind [nebst Herstellerhinweisen!], Umstandskleidung, Entbindung, Wochenbett, Säuglingspflege, Ernährung, Erziehung, Kleidung des Kindes [nebst Schnittmusterbögen], Abbildungen, Fotos, Tabellen, Gewichts-, Impf- und Fortschrittstafel). Nach dem Zusammenbruch füllte Haarer mit ihren Büchern genau das Vakuum, das der

Krieg bei vielen Müttern hinterlassen hatte: Ihre Bücher vermittelten Vertrautes. In ihrem Ratgeber *Unsere kleinen Kinder* (1951b) lässt sich zumindest für die Trotzphase ein bedingtes Eingehen auf die Bedürfnisse des Kindes nachweisen:

> „*Was tun wir mit dem trotzigen Kind?* Beobachten Sie ihr Kind, gehen Sie – in vernünftigen Grenzen! – auf seine Pläne und Absichten beim Spielen ein. Stören und unterbrechen Sie es nicht mehr als unbedingt nötig ist. [...]. Gehen Sie selbst immer höflich und liebevoll mit Ihrem Kinde um! Nur ja keinen Kommandoton – er fordert den Trotz geradezu heraus! Befehlen und verbieten Sie nur das, was unbedingt nötig ist“ (Haarer, 1951b, S. 16f., Hervorhebung im Original).

Während in dem Ratgeber *Die deutsche Mutter und ihr erstes Kind* das Essen noch als Machtmittel zur Unterwerfung benutzt wird (vgl. Chamberlain, 2003, S. 64ff.), postuliert die Verfasserin nunmehr: „Das gesunde kleine Kind bestimmt durch seinen Hunger selbst, wieviel es zu jeder Mahlzeit essen will“ (Haarer, 1951b, S. 72). Zum Schluss des Kapitels ist ein Bruch festzustellen, die Erziehungsanweisung wird eindeutig autoritär:

> „Aber daß z.B. alles Gemüse abgelehnt wird, dem kann man nicht nachgeben, und wenn das Kind gar nicht essen will, dann muß es ein Weilchen hungern. Soll man dem Kinde das verschmähte Essen zur nächsten Mahlzeit wieder vorsetzen? Bei hartnäckigen „Sündern“, die gar kein Gemüse essen wollen, muß man das tun und sie so zur richtigen Kost doch zwingen“ (Haarer, 1951b, S. 76).

Die Forderung nach unbedingtem Gehorsam durch Zwang und Dressur zerstört immer wieder Haarers Ansatz zur Individualisierung und Flexibilisierung, von der Höffer-Mehlmer (2003, S. 232f.) erstaunlicherweise spricht.

Nach statistischem Material über tödliche Kinderunfälle schürt Haarer die Ängste der Mütter: „Sind das nicht erschütternde Zahlen? Wäre es nicht entsetzlich, wenn auch Ihr Kind unter diesen kleinen Toten wäre?“ (Haarer, 1951b, S.91). Im weiteren Text droht Haarer mit juristischen Konsequenzen:

> „Wissen Sie, dass Sie vor Gericht zur Rechenschaft gezogen werden, wenn Ihrem Kinde etwas zustößt und Sie Ihre Aufsichtspflicht verletzt haben? Wir haben schon einmal erwähnt, dass Sie dann wegen fahrlässiger Tötung angeklagt werden! Wäre das nicht furchtbar?“ (Haarer, 1951b, S. 92).

Bei dem Thema „Strafe“ divergieren die jeweils propagierten Erziehungsstile der Autoren am deutlichsten. Beim ganz kleinen Kind empfiehlt Haarer – und das ist nahezu durchgängig in den zeitgenössischen Ratgebern – die Belehrung durch einen Klaps. Mit ihrer Forderung nach nachdrücklicheren Schlägen „auf die Kehrseite des kleinen ‚Sünders'“ (Haarer, 1951b, S. 99) isoliert sich die Verfasserin keineswegs; auch das biblische und religiöse Vokabular ist durchaus charakteristisch für die Nachkriegszeit. Ahrbeck (2004, S. 17) fokussiert den autoritären Erziehungsstil: „Erziehung zum Gehorsam ist die Leitlinie Haarers, die sich auf alle Lebensbereiche erstreckt und auf jeder Entwicklungsstufe wiederfindet". Haarer kann ihre stark internalisierte nationalsozialistische Erziehungseinstellung nicht verhehlen, niemand hätte sonst an ihren Ratgebern Anstoß genommen. So zeigen ihre Elternbücher Kontinuität trotz eines Wandels in ihrem Vokabular.

2.2.2 Kontinuität seit der Weimarer Republik: Hildegard Hetzer (1947; 1957)

Hildegard Hetzer, Entwicklungspsychologin, Dozentin in der Lehrerbildung und Mitarbeiterin in Erziehungsberatungsstellen, bringt im Gegensatz zu Haarer einen fundierten psychologischen und pädagogischen Background für ihre Erziehungsratgeber mit. 1899 in Wien geboren, studierte sie am „Psychologischen Institut der Universität Wien", wurde 1926 Assistentin bei Charlotte Bühler in der Abteilung für Entwicklungspsychologie und promovierte 1927. Ihr bekanntestes Buch *Seelische Hygiene! – Lebenstüchtige Kinder!* erschien 1930 mit einem Geleitwort von Bühler, die dem Buch „Verbreitung und Erfolg" wünscht. Die dritte Auflage von 1932 und die neunte, erweiterte Auflage von 1957 weisen inhaltlich keine gravierende Differenz auf, die meisten Passagen sind wörtlich übernommen; wirklich neu ist nur der Teil über die Schulreife.

Dem Thema *Erziehungsfehler* widmete Hetzer 1936 eine eigene Broschüre; beide Ratgeber wurden 1946/47 wenig verändert wieder herausgegeben. Dies mag missverstanden worden sein und sie in die Nähe von Haarer gerückt haben. Berechtigt dagegen ist die Kritik an ihrer Haltung im Dritten Reich. Sie ließ sich nicht nur vom NS-Regime vereinnahmen, sondern arbeitete ihm auch zu. Ihre Ratgeber jedoch sind frei von nationalsozialistischer Ideologie, Manipulation und „schwülstigem" Ton. Anders als bei Haarer liegt der Fokus der Erziehung auf dem Wohl des Kindes. Die Forschungen zur Entwicklungspsychologie brachen in Deutschland 1933 weitgehend ab. Es war infolgedessen für Hetzer nicht möglich, neue Erkenntnisse in ihre Schriften einzuarbeiten. Dennoch wird sie von Schütze/Geulen (1991, S. 38) als äußerst progressiv attribuiert. Dies gilt nicht nur für die Sexualerziehung, sondern auch für die Anwendung von Strafen: Sie wendet sich entschieden gegen eine Erniedrigung des Kindes durch Schläge.

Hetzer beschränkt sich auf ein Viertel des Umfanges von Haarers Büchern und legt den Fokus auf wenige essenzielle Themen, wie Schlaf, Tagesablauf, Lernen, Gehorsam, das Kind und die anderen, Trotz und Spiel. Die Ratschläge der Entwicklungspsychologin Hetzer spiegeln ein positives Menschenbild und eine Anlehnung an die Reformpädagogik:

> „Dadurch, dass man einem Kind Gelegenheit gibt, immer das zu erfahren und das zu erleben, was seiner Entwicklungsstufe gerade angepasst ist, erreicht man viel mehr als durch direkte erzieherische Beeinflussung, durch Befehle, Verbote, Belehrung und Unterweisung. [...] In die richtige Umwelt gestellt, entfaltet sich das Kind fast ohne unser weiteres Eingreifen" (Hetzer 1932, S. 13, Hervorhebungen im Original).

Der Erzieher muss nicht ideologisch bekehrt werden, sondern bekommt durch die Ratgeber Informationen und Hilfe zur Selbsthilfe; das Kind ist nicht Feind, sondern benötigt in seiner Hilflosigkeit leibliche und seelische Pflege:

> „*Das Kind braucht also Erwachsene als seine Helfer,* die es auf seinem Weg ins Leben begleiten. allerdings keinesfalls Erwachsene, die mit dem Schwergewicht ihrer Autorität drückend auf dem Kinde lasten und es in die Richtung zu zwingen versuchen, die ihnen wünschenswert zu sein scheint und die einzuschlagen dem Kinde oft nicht nur völlig unangemessen, sondern sogar überhaupt unmöglich ist" (Hetzer, 1947, S. 10f., Hervorhebung im Original).

Ein geordneter Tagesablauf, das Schreienlassen des Säuglings und geduldige „Dressurversuche" bezüglich Essen und „Reinlichkeit" sind auch nach Hetzer unumgänglich, jedoch spielen bei ihr Erfolg und Belohnung im Sinne von positiven Verstärkern eine große Rolle:

> „Früher glaubte man, daß negativen Gefühlserlebnissen, wie sie die Erfahrung von Misserfolg oder Strafen mit sich bringen, eine besonders nachhaltige Wirkung zukommt. Daher bevorzugte man diese negativen Erfahrungen auch, wenn man bei einem Kinde erzieherisch etwas erreichen wollte. Heute weiß man, daß es gerade die mit positiven Gefühlserlebnissen verbundenen Erfahrungen [...] sind, die das Kind dazu veranlassen, in dem vom Erzieher gewünschten Sinne zu handeln" (Hetzer, 1957, S. 23f.).

Hetzer selbst spricht an dieser Stelle einen Wandel an. Nähe, Beziehung, Blick- und Körperkontakt, Zärtlichkeit und Kommunikation nehmen einen erheblichen Raum in ihren Ratgebern ein. Auf den vier bis sechs Wochen alten Säugling bezogen appelliert sie an die Erwachsenen:

> „Man muß sich bei den täglichen Handreichungen, dem Waschen, Umwickeln, Füttern, in besonderer Weise um das Kind bekümmern und darf es nicht wie ein Paket behandeln, das man einfach zuschnürt. Man wird dem Kinde auch zulächeln oder ihm zusprechen, sobald man bei den täglichen Geschäften im Haus an seinem Bettchen vorbeikommt, ihm antworten, wenn es einen anlallt oder anlächelt" (Hetzer, 1932, S. 25; Hetzer, 1957, S. 26).

Hetzer wendet sich ausdrücklich gegen Demütigungen des Kindes. „Man hüte sich [...] es durch Strafe, etwa Schläge, allzusehr erniedrigen zu wollen. Das Kind hat ein ausgesprochenes Selbstgefühl, und dieses müssen wir unbedingt achten" (1957, S. 56). Erziehung zur Selbständigkeit (S. 79), Spielraum und Spielzeit geben (1957, S. 29ff, S. 35ff., S. 58ff., S. 61ff., S.80f.), sowie die Gewährung von Exploration und Autonomie (1957, S. 11, S.23, S. 36ff., S. 48ff., S.64) nehmen in ihrem Buch *Seelische Hygiene. Lebenstüchtige Kinder* großen Raum ein und ziehen sich konsequent durch ihre Erziehungsratgeber.

In der Ausgabe von 1957 entsprechen die von Hetzer propagierten Erziehungsstile weitgehend dem Konzept autoritativer Erziehung. Bereits in ihrem Heft *Erziehungsfehler* von 1947 wird ihr psychologischer Ansatz deutlich. Sie postuliert eine „Erziehung zum Erzieher" (1947, S. 6ff), Berücksichtigung des Entwicklungsstandes und der Individualität des Kindes (1947, S. 31ff.; S. 37) und sexuelle Aufklärung (S. 64f.). An Eltern und Erzieher appelliert sie, die Kinder zu fordern, aber nicht zu überfordern (1947, S.36ff.), Selbständigkeit zu fördern (S. 57ff.) und zu weiteren Entwicklungsschritten zu ermutigen (S. 74ff.).

Verglichen mit zeitgenössischen Erziehungsratgebern ist Hetzers Einstellung zur Strafe nahezu progressiv: „Lohn und Strafe sind in der Erziehung nur Ersatzmittel dort, wo das natürliche Interesse des Kindes versagt" (Hetzer, 1947, S.83). „Die Strafe [...] soll nicht Vergeltung sein". „Strafe in der Erregung, im Affekt gegeben, schadet mehr, als sie nützt. [...] Vermeide allzu häufiges Strafen". Man kann nicht jedes Kind auf gleiche Weise bestrafen. [...] Biete dem Kinde, das du gestraft hast, auch wieder die Hand zur Versöhnung" (Hetzer, 1947, S. 86-88).

Als Entwicklungspsychologin und ganz in der Tradition der Reformpädagogen misst Hetzer der Bedeutung des kindlichen Spiels besondere Bedeutung bei.

> „Wenn man den Tageslauf der Neun- und Zehnjährigen, die aus irgendeinem Grund in die Erziehungsberatung gebracht werden, einmal näher ins Auge faßt, so packt einen ein leises Grauen vor der Überbelastung dieser Kinder, gleichgültig aus welchen Verhältnissen sie stammen mögen. Man hört bei ihnen von den Schulstunden, von Privatunterricht, Klavierüben, Geigenlehrer, Sprachstunden, man hört aber auch von Mithilfe in der Heimarbeit, von schwerster häuslicher Arbeit, von der Betreuung von Kindern, die ihnen auferlegt ist. Wo bleibt ihre Spielzeit?" (Hetzer, 1947, S. 55f.).

2.2.3 *Pluralismus in den Ratgebern der Nachkriegszeit: „Bedrohte Jugend – drohende Jugend" (1950-1970)*

„Die Gleichzeitigkeit des Unvereinbaren" spiegelt sich in der Reihe des Klett-Verlages mit dem bedeutungsvollen Titel *Bedrohte Jugend – drohende Jugend*, das

Thema „Halbstarkenkrawalle“ assoziierend. Das Spektrum reicht von drakonischen Maßnahmen bereits im Säuglingsalter über die „Schönheit der Strafe“, Warnungen vor dem allwissenden und alles sehenden Gott, dem Teufel und „Lügengeist“ bis hin zur Forderung nach „innerer Autorität“, Empathie, Geduld, Verständnis und Liebe.

Für die Analyse der Erziehungsstile bieten sich achtzehn Ratgeber der über sechzig Hefte an. Eine stringente Auswertung gestaltet sich schwierig, da Bruchstellen nicht nur in der Klett-Reihe, sondern auch im einzelnen Ratgeber eruiert werden können. Es handelt sich weitgehend um ein Mixtum compositum von religiöser Weltanschauung und Entwicklungspsychologie, einer Wiederaufnahme von Psychoanalyse (Freud) und Tiefenpsychologie (Adler/Jung), Reformpädagogik und „Demokratischer Erziehung“, sowie – allerdings in der Minderheit – einer latenten Fortsetzung von autokratischen und nationalsozialistischen Erziehungszielen und –stilen.

Nach einigen kritischen Vorbemerkungen, die zunächst keinen Wandel in den postulierten Erziehungsstilen vermuten lassen, folgt eine differenzierte Analyse von zwölf Ratgeberheften, die sich mit ihren modifizierten Erziehungseinstellungen, -zielen und –praktiken deutlich von der nationalsozialistischen Ideologie abgrenzen.

In mehreren Ratgebern der ersten Nachkriegsjahre sind drei Positionen erkennbar: eine Überschätzung der Erziehung, die ohne physische und psychische Strafe (Gewalt) nicht auskommt, ein strafendes Gottesbild und der Müttermythos von der Opferfreude. „Schwarze Pädagogik“ lässt sich zynischerweise ausgerechnet im Ratgeber für *Das ängstliche Kind* (Bopp, Heft 5, 1949/50) dokumentieren: „Die *Gottesfurcht* überwindet die Welt- und Menschenangst“ (S. 45), „In Furcht und Angst können auch Gewissensregungen ihr Wetterleuchten besitzen“ (S. 26). Arthur Wieland (Heft 2, 1950) illustriert dies mit seiner Kasperlegeschichte:

> „*Franz,* kaum vier Jahre alt, [...]. ‚Nein, ich will nicht ins Bett!’ Die Mutter erschrak nicht. [...] ‚Der Kasperle wollte nie, nie ins Bett gehen [...]. Die Mutter rief ihn, doch er kam nicht. Nein, er bummelte weiter. Und langsam wurde er müde; da wollte er umkehren. Er marschierte zurück, er fand aber das Elternhaus nicht mehr; er schlief während des Laufens ein, fiel um und am Morgen fand man ihn dann mit einer großen Wunde am Kopf. [...] Komm schnell, du bist nicht so dumm wie der Kasperle!’ Rasch stand der Kleine auf und gehorchte“ (Wieland, 1950, S. 37f.; Hervorhebung im Original).

Wieland, als Lehrer und Heilpädagoge in der Schweiz tätig, empfiehlt zur Bestrafung Liebesentzug; die Körperstrafe („Klaps“) propagiert er, „wo das Kind entsprechender Überlegungen noch nicht fähig ist, also bis zum 4. Altersjahr“ (S.47).

Im Trotzalter wird allerdings von nahezu allen Autoren Milde angeraten, gerade auch von Wieland (1950, S. 36, S.39ff.).

Mit nur wenigen Ausnahmen werden in den Erziehungsratgebern Klapse, Backpfeifen und teilweise auch Stockhiebe als völlig legitim betrachtet und vielfach postuliert. Dabei bleibt zu berücksichtigen, dass körperliche und seelische Misshandlungen von Kindern in der Familienerziehung erst 1998 in der BRD verboten wurden. Das elterliche Züchtigungsrecht wurde am 2. November 2000 abgeschafft und schuf erst damit für Kinder in Deutschland ein Anrecht auf gewaltfreie Erziehung (§ 1631 Abs. 2 BGB).

Selbst Walter Hemsing, Jugend- und Schulpsychologe in Aachen, der mit mehreren liberalen Ratgebern in der Klett-Reihe vertreten ist und 1951 in *Jugendstreiche verstehen und richtig behandeln* (Heft 20) um Verständnis für die Jugend wirbt, ironisiert die „Moderne Kindererziehung“ und lässt den konservativen Müttermythos wiederaufleben:

> „Frau Waldorf hat eine andere Auffassung, wie man sich aufopfert. [...] Neulich hat sie im Frauenverein den Vortrag eines Psychoanalytikers über ‚Moderne Kindererziehung’ gehört. Herrjeh, danach hätte *sie* in der Erziehung ihrer Kinder ja Fehler über Fehler gemacht! Sie *schimpft* nämlich nicht nur, [...] – sie kann sogar *Backpfeifen* austeilen [...]. Aber deshalb haben die Kinder keineswegs irgendwelche ‚neurotischen Leiden’, sondern sind an Herz und Seele gesund“ (Hemsing, 1951, S. 29, Hervorhebungen im Original).

Josef Spieler (Heft 1, 1955), Herausgeber der Reihe *Bedrohte Jugend – drohende Jugend* und Autor, gibt seinem Ratgeber einen „modernen Anstrich“, indem er das „Unterbewusste“ (Unbewusste) bemüht; Freud, Adler und Jung werden aber noch nicht einmal erwähnt. „Es wird eine schöne Aufgabe [...] sein, die gesicherten Ergebnisse der Tiefenpsychologie für eine künftige ‚*Tiefenerziehung’* auszumünzen (S. 55)“. Dies hatten Adler und seine Mitarbeiter mit ihren Schriften in *Heilen und Bilden* von 1914 bereits getan. Spielers „angewandte Tiefenpsychologie“ steht exemplarisch für ein eklektisches Gemisch von Psychoanalyse und Religion in den Ratgebern der Nachkriegszeit: „[...] die Eltern [...] lehren hinhorchen auf die Stimmen aus der Tiefe und lehren zu unterscheiden zwischen ‚Engelchen’ und ‚Teufelchen‘ [...] (Spieler, 1955, S. 55).

Ebenfalls exemplarisch soll der Ratgeber von Hans-Joachim Thilo, Pastor, Eheberater, Psychoanalytiker und Leiter der Erziehungsberatungsstelle des kirchlichen Erziehungsverbandes Berlin-Brandenburg, vorgestellt werden. Das Vorwort Spielers zu dem Bändchen von Thilo *Wenn Geschwister sich streiten* (Heft 30, 1953) illustriert, in welche Vergessenheit die Tiefenpsychologie durch den ersten und zweiten Weltkrieg geraten ist:

„Ein *Vater* und erfahrener *Erziehungsberater* geht hier den *Hintergründen* solcher Geschwisterstreitigkeiten nach und zeigt ihre *Auswirkungen* auf. Seine *Erziehungs-* und *Behandlungsvorschläge* rühren an die letzten Grundlagen der Familienerziehung und weisen modernste tiefenpsychologische Methoden auf" (Thilo, 1953, S. 6, Hervorhebungen im Original).

Thilo führt im Text Alfred Adler an und geht auf seine Theorien zum Minderwertigkeitskomplex (Thilo, 1953, S. 16-23), zum Zärtlichkeitsbedürfnis und zur Geschwisterkonstellation ein, unter dem „Weiterführenden Schrifttum" kann er jedoch keinerlei Angaben machen, denn Übersetzungen liegen noch nicht vor.

Thilo äußert sich sehr differenziert zum Thema „Strafe", lehnt sie jedoch nicht grundsätzlich ab: „Da aber gerade die Frage nach der körperlichen Bestrafung zu den umstrittensten Problemen neuzeitlicher Kinderpsychologie gehört, sei diese Möglichkeit hier nur angedeutet" (Thilo, 1953, S. 26). Eine Wende in der Beurteilung der Körperstrafe spricht Thilo hier an und den Einfluss der modernen Kinderpsychologie. Sein eigener Ratgeber gibt davon Zeugnis mit der individualpsychologischen Grundregel: „Sage nie: ‚Mein Kind hat das getan, *was* muss ich jetzt tun?', sondern frage stets: ‚Mein Kind hat dies getan, w*arum* und *wozu* hat es dies getan?' (Thilo, 1953, S. 51, Hervorhebung im Original)." Dieser finale Aspekt führt zu einem Wandel der Erziehungsstile. Der Erzieher ist nicht mehr allwissend (wie Haarer) und weiß vorher schon, was das Kind (der „Feind") bezwecken will, sondern muss sich empathisch einlassen und das individuelle Ziel durch Beobachtung, Dialog und Einfühlungsvermögen herausfinden. Religion wird nicht zur Disziplinierung des Kindes missbraucht, sondern dient Thilo zur Erziehung des Erziehers und zur Relativierung der Erziehung: „Du kannst an deinem Kind nur das durch Erziehung zur Entfaltung bringen, was Gott in dein Kind hineingelegt hat. Alles andere ist nicht Erziehung, sondern Dressur" (Thilo, 1953, S. 50).

Die in der Klett-Reihe postulierten Erziehungsstile entsprechen den Konstrukten „autokratisch–autoritär" bis „demokratisch-partnerschaftlich" und „autoritativ". Bei den demokratischen Stilen lässt sich ein historischer Wandel in der *Einstellung zum Kind* ablesen: Liebe, Empathie, Geduld, Verständnis, Güte, Gelassenheit und Vertrauen wird propagiert. Geborgenheit soll das Kind erfahren (Pfeil, 1951, S. 38f., Hemsing, 1960, S. 60). Es findet eine Verlagerung statt von den reinen Erziehungspraktiken hin zur Selbsterziehung des Erziehers in seiner Vorbildfunktion (Zulliger, 1954, S. 13/ S. 52). Der Fokus liegt nicht mehr nur auf dem Tun (wie bei Haarer), sondern mehr auf dem Sein. So rückt insbesondere bei Müller-Eckhard (1954), Kurt Seelmann (1956) und Heinrich Roth (1970) die Familienatmosphäre in den Blick. Der Einstellung des Erziehers wird mehr Gewicht beigemessen als einzelnen Handlungen. Hemsing (1960, S. 62) wirbt für das

„Recht auf Individualität“, Spieler (1955, S. 9) propagiert eine ermutigende Erziehungshaltung, „Erwünschtes beachten, Unerwünschtes übergehen“ postuliert auch Seelmann (1956, S. 110). Elastizität (Pfeil, 1951, S. 37), Gerechtigkeit (Roth, 1970, S. 50) und wenige Verbote bei klarer Konsequenz werden mehrfach gefordert (Herrmann, 1952, S. 49; Seelmann, 1956, S. 79; Roth, 1970, S. 50):

> „Die Reifende braucht vor allem *Schonung* und verselbständigenden *Rat.* Das Verbieten lasse dir für seltene Fälle! Sei nicht engherzig, aber konsequent!“ (Hermann, 1952, S. 49; Hervorhebungen im Original).

Achtung vor dem Kind und Jugendlichen, sowie Anerkennung seiner Person und seiner Leistungen wird gefordert; jedes Kind soll in seiner Einmaligkeit ernst genommen und nicht mit anderen verglichen werden:

> „Dein Kind ist ein selbständiges Wesen – *nicht* das Produkt seiner Eltern. Bejahe seine Selbständigkeit vom ersten Tage an!“ [...] „*Vergleiche* dein Kind *nicht* mit anderen Kindern, die angeblich besser, schöner, klüger sind! Wie würde es dir bekommen, wenn du ständig mit anderen verglichen würdest?“ (Keppler, 1952, S. 46; Hervorhebungen im Original).

Nicht nur die Einstellungen zum Kind haben sich verändert, auch eine Wandlung der Werte, auf denen die Erziehungsziele basieren, ist erkennbar. Während Wieland, Bopp, Gügler und Spieler weiterhin unerschütterlich „Gehorsam“, „Pflichtbewusstsein“, „freudig Opfer bringen“, „keine Wehleidigkeit“ propagieren, nennen andere Autoren Mitgefühl, Ehrlichkeit, Fröhlichkeit, Dankbarkeit, Höflichkeit, Rücksichtnahme, Hilfsbereitschaft und sogar Stärkung des Willens und Kritikfähigkeit. Hemsing zeigt bereits in seinem Ratgeber von 1951 (Heft 20) den Weg zu einer demokratischen Erziehung auf; 1960 spricht er explizit von einer partnerschaftlichen Beziehung zwischen Eltern und Kind:

> „Überall, wo Menschen zusammen wohnen, muß der eine sich auf den *anderen* einstellen – auch in einer *Familie,* wo es eine Fülle von *ungeschriebenen Gesetzen des Zusammenlebens* gibt. Rücksichtnahme und Zuvorkommenheit, Mitgefühl und Mitleid sind nur da selbstverständlich, wo man den anderen – so, wie er ist – *achtet* und ehrt. Dadurch entsteht echte mitverantwortliche *Partnerschaft.* Schon das kleine Kind lernt auf diese Weise, *seinen* Platz in der Familie und später in der Schule wie im Leben einzunehmen“ (Hemsing, 1960, Heft 47, S. 61f.; Hervorhebungen im Original).

Roth stellt in Heft 42 zur Diskussion: *Autoritär oder demokratisch erziehen?* Interessant ist sein Nachwort in der Ausgabe von 1970:

> „Als im Jahre 1953 diese Schrift für Eltern und Erzieher geschrieben wurde, konnte man voraussehen, dass der Übergang von einer autoritären zu einer demokratischen Erziehung das pädagogische Problem der nächsten Jahrzehnte werden würde. Weil aber zu wenig und zu spät erzieherisch Verbindliches in diesem Sinne geschah, stehen wir jetzt vor dem Gegensatz autoritär-antiautoritär. Ich plädiere heute wie damals für eine nicht-autoritäre Erziehung unter der Autorität der gemeinsamen Aufgabe“ (Roth, 1970, S. 58).

Roth beschreibt in seinen Leitsätzen, wie die demokratische Erziehungspraxis aussehen sollte. Er postuliert den „Aufbau freiwilliger Verpflichtungen auf Grund gegenseitiger Achtung und Liebe“, die beständige Erweiterung des Verantwortungsbereichs des Kindes, Beratung durch Eltern und Erzieher, Mitbestimmung und Mitverantwortung.

Die Ratgeberliteratur ist ein Spiegel ihrer Zeit; kongruent bildet die Reihe *Bedrohte Jugend – drohende Jugend* mit ihren Inhalten ab, was Görtemaker (2004) für Wirtschaft und Gesellschaft resümiert:

> „Die fünfziger Jahre waren demnach nicht nur Aufbaujahre nach dem materiellen Zusammenbruch, sondern auch ein Übergangsstadium zwischen traditionaler Gesellschaft und sozialer Moderne sowie zwischen Autoritarismus und Demokratie“ (S. 198).

2.3 Entwicklungen in der tiefenpsychologischen Ratgeberliteratur

Eine regelrechte Aufbruchstimmung lässt sich in den wenigen tiefenpsychologischen Ratgebern eruieren, die sich einer bewussten Auseinandersetzung mit dem Nationalsozialismus stellen. Die Arbeit nach dem Krieg fand unter schwierigen Bedingungen statt. Der deutsche Arzt und Psychoanalytiker Heinrich Meng, der 1933 nach Basel emigrierte, fügte seinem Werk *Zwang und Freiheit in der Erziehung* (1945) zahlreiche Dokumente und Erläuterungen hinzu. Meng kommentiert:

> „Einzelne Originalstellen sind deshalb a u s f ü h r l i c h wiedergegeben, weil die Quellenwerke (wie *Aichhorn, Bernfeld* u.a.) seit Jahren vergriffen und auch antiquarisch kaum zu beschaffen sind; dasselbe gilt für Zeitschriftenbeiträge“ (Meng, 1945, S. 152; Hervorhebungen im Original).

Nicht nur die Bücherverbrennung von 1933, sondern vor allem der Exodus der Wiener und Berliner Psychoanalytiker und Individualpsychologen wirkte sich verheerend auf die gesamte Ratgeberliteratur in Deutschland aus. Regine Lockot (2000) rekapituliert:

> „Wir wissen, daß nicht nur die psychoanalytische Terminologie verboten wurde und die gewählten Funktionsträger der Deutschen Psychoanalytischen Gesellschaft (Eitingon, Simmel) ihre Positionen aufgeben mußten, sondern daß die meisten Psychoanalytiker der DPG (Deutschen Psychoanalytischen Gesellschaft), nämlich 42 von 56, Mitgliedern ihre Gesellschaft verlassen mussten, weil sie Juden im Sinne der Nürnberger Gesetze waren“ (Lockot, 2000, S. 135).

August Aichhorn, ein österreichischer Pädagoge und Psychoanalytiker, gilt als Begründer der psychoanalytischen Pädagogik. Die Erstausgabe seines Buches *Verwahrloste Jugend* erschien 1925, die zweite Auflage folgte 1931. Freud widmete der Publikation ein Geleitwort, das seine Einstellung zu dem Komplex „Erziehung und Psychoanalyse“ spiegelt:

> „Von allen Anwendungen der Psychoanalyse hat keine soviel Interesse gefunden, soviel Hoffnungen erweckt und demzufolge so viele tüchtige Mitarbeiter herangezogen wie die auf die Theorie und Praxis der Kindererziehung. Das Kind ist das hauptsächlichste Objekt der psychoanalytischen Forschung geworden; [...]. Die Analyse hat [...] die Triebkräfte und Tendenzen beleuchtet, die dem kindlichen Wesen sein ihm eigenes Gepräge geben und die Entwicklungswege verfolgt, die von diesem zur Reife des Erwachsenen führen. [...]
>
> Mein persönlicher Anteil an dieser Anwendung der Psychoanalyse ist sehr geringfügig gewesen. [...] Darum verkenne ich aber nicht den hohen sozialen Wert, den die Arbeit meiner pädagogischen Freunde beanspruchen darf“ (Freud in Meng, 1945, S. 191).

1959 gab Meng zwölf Vorträge über psychoanalytische Pädagogik unter dem Titel *Erziehungsberatung und Erziehungshilfe* aus dem Nachlass Aichhorns heraus. Um die propagierten Erziehungseinstellungen, -ziele und -stile der psychoanalytischen Pädagogik zu eruieren, bietet sich nach sorgfältiger Analyse der zwölf Texte thematisch, inhaltlich und unter pädagogischen Aspekten die Inhaltsanalyse des zehnten Vortrags mit dem Titel *Gewaltlose Erziehung* an. Diesen öffentlichen Vortrag hielt Aichhorn am 26. September 1947 in Zürich. Zunächst definiert er „Gewalt“ als: *Willkür, Zwang* und *Stärke* und erweitert den Begriff u.a. als „Gewalt des Blickes“, „Gewalt des Mundes“, „Gewalt des Affektes“ (Aichhorn, 1959, S. 135, Hervorhebungen im Original). Direkt im Anschluss akzentuiert er seinen Erziehungsbegriff:

> „Das Kind tritt mit bestimmten Gegebenheiten, die es aus seiner Ahnenreihe übernommen hat, ins Leben.

> Wie sich dieses Erbgut später manifestieren wird, wissen wir nicht. Aber eines ist gewiß, es kann im Heranwachsen nicht *mehr* in Erscheinung treten, als die gegebenen Vorbedingungen zulassen, als in der Erbanlage vorbereitet ist.
>
> Die Erziehung kann daher nur Vorbereitetes erhalten, entwickeln, weiterbilden, die Erziehung kann aber nichts *Neues* schaffen" (Aichhorn, 1959, S. 136, Hervorhebungen im Original).

An die Stelle von pädagogischem Optimismus setzt Aichhorn den pädagogischen Realismus. Als Erziehungsziel postuliert er die Fähigkeit, „Lustgewinn aufzuschieben, auf Lustgewinn zu verzichten und Unlust zu ertragen; denn sonst ist ein Leben in der sozialen Gemeinschaft unmöglich."

Die Erziehbarkeit des Kindes beruht nach Aichhorn auf seiner materiellen Hilfsbedürftigkeit und seinem affektiven Zärtlichkeitsbedürfnis:

> „Letzten Endes heißt daher erziehen, eine Zwangslage ausnützen, um das Kind zu der Entwicklung zu veranlassen, die das Erziehungsziel vorschreibt.
>
> Wenn der Erziehung auch die Aufgabe gestellt ist, das Kind in seinem Werden dem Ideal vollendeter Menschlichkeit möglichst nahe zu bringen und wenn auch Erziehung zum Wohle des Kindes und der Gesellschaft unerläßlich ist, so ändert das nichts an der Tatsache, daß sich mit dem Begriff Erziehung irgendwie Gewalt verbindet. Auch das Gesetz spricht von „väterlicher Gewalt" (Aichhorn, 1959, S. 143).

Vehement wendet sich Aichhorn gegen den (teils unbewussten) Missbrauch der Macht durch die Eltern, indem sie sich z. B. der sogenannten „Schwarzen Pädagogik" bedienen:

> „Das Christentum hat den Fortschritt vom jüdischen Rachegott der Wüste zum Gott der Liebe gebracht. Und doch nimmt das eine Unzahl recht christlicher Eltern seit zweitausend Jahren nicht zur Kenntnis und degradiert die Religion zum Schreckgespenst der Erziehung" (Aichhorn, 1959, S. 144).

Aichhorn bringt eine Fülle von Beispielen verborgener Gewalt - auch in äußerlich intakten Familien – und zeigt auf, welche Familienkonstellationen, Kriegsfolgen, Zwangslagen und Erziehungsstile das Kind schädigen. Sein Hauptanliegen fasst er in seinem Vortrag in vier *erziehungsstilrelevanten* Aussagen zusammen:

1. „Faßten wir ‚gewaltlos' auf als ‚ohne Macht', also erziehen unter Verzicht auf die Macht, so wären wir als Erzieher ungeeignet".
2. „Absolute Milde und Güte" bei denen anwenden, die Gewalterfahrungen haben.

3. Bei verzärtelten Kindern, die ohne triebeinschränkende Verbote aufgewachsen sind: „Von nun an keine Leistung meinerseits ohne Gegenleistung von dir!"
4. „Gewaltlose Erziehung" ist eine „Erziehung ohne Mißbrauch der uns dem Kinde gegenüber gegebenen Macht" (Aichhorn, 1959, S. 143ff.).

Meng selbst setzt sich – ganz unter dem Eindruck von zwei Weltkriegen – mit *Zwang und Freiheit in der Erziehung* (1945) als überzeugter Pazifist auseinander. Er misst den Erziehungseinflüssen einen hohen Stellenwert zu, weist aber auch auf die Vererbung und insbesondere auf die menschliche und letztendlich gesellschaftliche Unzulänglichkeit hin. Die Selbstbeherrschung und Selbsterziehung des Erziehers steht für ihn im Fokus. Vehement spricht er sich gegen die Prügelstrafe aus:

> „[...] wir fürchten – beeindruckt von den Erfahrungen der zwei Weltkriege -, dass diese Methode besonders geeignet ist, einen ganz bestimmten, recht unerwünschten Charaktertypus zu züchten, der einerseits ein heftiges Bedürfnis nach Leiden, nach Unterwerfung, nach Beherrschtwerden zeigt, mit dem aber auch unlöslich die entgegengesetzten Züge verbunden sind: der Wunsch nämlich, anderen Leiden zuzufügen, sie zu beherrschen und auszubeuten. Sadismus und Masochismus finden sich in der Regel bei ein und derselben Person" (Meng, 1945, S. 16f.).

Archaische Impulse und Affekte, Wiederholung der eigenen Kindheit und „Kurzschlussphänomene" macht Meng für die Aggressivität des Erziehers verantwortlich. Prophylaxe ist für ihn „ein Hauptanliegen der Erziehung". Mit Rückgriff auf Bernfeld, formuliert er „Die Grenzen der Erziehung" (Hervorhebung im Original):

> „Die seelische Grenze der Erziehbarkeit im Kind, die seelische Grenze im Erzieher (d.h. seine unbewussten Strebungen) und die soziale Grenze des konservierenden Einflusses der Gesellschaft. – Ihre Ausnützung und Erweiterung ist Aufgabe der Nachkriegszeit" (Meng, 1945, S. 143).

In Kapitel X stellt Meng (1945, S. 102-106) einen „Kodex der Erziehung" auf. Die für den Erziehungsstil relevanten Aussagen sollen hier extrahiert werden:

- Der Erzieher hat durch Erfahrung das Denken des Kindes zu erlernen
- Verbote sollten „von einer Ersatzbefriedigung begleitet sein"
- Jede „unschädliche Aktivität des Kindes" soll unterstützt werden
- „Moralfreie Strafen der Realität" sind am wirkungsvollsten
- Bei der Übertretung eines notwendigen Verbotes soll das Kind einbezogen werden: „Was soll nun geschehen, damit du es nicht wieder tust?"

- Die Erzieher-Kind-Bindung darf durch Kälte nicht tangiert werden
- Selbstbeherrschung des Erziehers ist die Grundlage jeder Erziehung
- Zur Vertrauensbildung gehört die Wahrhaftigkeit des Erziehers
- Der Erzieher und das Kind sollten ein Recht auf Abgrenzung haben

Meng fordert für das Kind einen Schonraum zur Eigenentwicklung: Der unbewusste seelische Mechanismus der Idealisierung, Identifizierung und Bindung ermöglicht –tiefenpsychologisch gesehen – überhaupt erst Erziehung. Als eines der wichtigsten Erziehungsziele benennt er die Ausbildung von echter Ich-Stärke, um die „Fähigkeit zur Realitätsprüfung" zu erlangen. Dafür soll nach Anna Freud ein gewährender Erziehungsstil zwischen dem 6. und 14. Lebensjahr abträglich sein und die „Fähigkeit zur Realangst" einschränken oder sogar verhindern, sodass bei echter Gefahr die „Signalfunktion" des gesunden Ich versagt (Meng, 1945, S. 133).

Meng plädiert deutlich für einen autoritativen Erziehungsstil und benennt ihn auch so:

> „Die Dressur-, Befehls- und Überzärtlichkeitsbindungen in der Erziehung sind zu unterlassen. Nacheifern und Verbundenheit mit dem autoritativen, selbsterzogenen Erzieher erleichtern die Reifung des Heranwachsenden und damit auch seine Fähigkeit [...] ein sittliches Wollen und Sollen des ichstarken Kulturmenschen mit reifem Herzen erwachsen zu lassen. Triebe sind an und für sich nicht gut oder böse, aber das Ich und das Gewissen können gut oder böse sein" (Meng, 1945, S. 134).

Die Psychoanalytikerin Elli Achelis-Lehbert war Mitglied bei der Wiedergründung der DPG (Deutsche Psychoanalytische Gesellschaft) am 16.10.1945, ebenso wie Aichhorn. Das Alliiertenrecht ließ die Bezeichnung DPG bis 1950 nicht zu, sodass sie vorübergehend „Berliner Psychoanalytische Gesellschaft" (BPG) hieß, weil die vierzehn verbleibenden, reichsdeutschen Psychoanalytiker mit den Nationalsozialisten kooperiert hatten (Lockot 2000, S. 135).

Achelis-Lehberts Ratgeber *Du und das Kind. Antworten auf brennende Erziehungsfragen* (1949; Erstausgabe: 1930) integriert Psychoanalyse und tiefe, religiöse Überzeugung (mit Bibelzitaten), wie es zu dieser Zeit bei vielen Tiefenpsychologen charakteristisch ist. Ihr Spagat glückt, da sie zur „bürgerlich-christlichen Moral" Distanz hält, und sich nicht scheut, Kritik an „dieser verhängnisvollen Trennung von Leib und Seele" zu üben (Achelis-Lehbert, 1949, S. 95). Zum Schlagen nimmt die Autorin eine kompromisslose Haltung ein und warnt vor einer latenten Angstentwicklung, die „Kadavergehorsam" infolge der deutschen „Prügelpdagogik" begünstigt. Den kindlichen Gehorsam postuliert sie, um dem Kind „seine Anpassung an die reale Welt" ebenso zu ebnen, wie „an die Forderungen der Kultur". Im Trotzalter erwartet sie einen geduldigen Erzieher, der die Ruhe bewahrt, das Kind „austoben" lässt und ihm danach liebevollen Schutz gewährt (Achelis-Lehbert, 1949, S. 49ff.).

Jeweils eigene Kapitel werden dem kindlichen Spiel, der sexuellen Aufklärung und der Affektverarbeitung von Liebe, Hass, Eifersucht und Neid gewidmet. Achelis-Lehbert warnt vor Dressur bei der Sauberkeitserziehung; vor Verwöhnung, die „eine unbewusst ablehnende Haltung" überdecken soll, und vor Vernachlässigung. Wie bisher in den Erziehungsempfehlungen von Meng und Achelis-Lehbert deutlich wurde, wird in den psychoanalytischen und tiefenpsychologischen Ratgebern stringent ein autoritativer Erziehungsstil postuliert.

Gustav Graber, Schweizer Psychoanalytiker, formuliert in seinem Ratgeber *Seelenspiegel des Kindes* (1946) nahezu ein psychoanalytisches Manifest in seinem Kapitel „Über das Ziel der Erziehung":

> „Ich stelle unsere *Selbsterziehung* in den Vordergrund als *oberstes Ziel.* [...] Unser *zweites* Ziel wird also sein, in unsern Kindern Kräfte zu wecken, die ihnen die Möglichkeit geben, noch besser als wir, Selbsterzieher und später Kindererzieher zu werden" (Graber, 1946, S. 41f.; alle Hervorhebungen im Original).

2.3.1 Individualpsychologische Strömungen: Kurt Seelmann (1952)

Kurt Seelmann war ein deutscher Pädagoge, Psychotherapeut, Erziehungsberater und Vertreter der Individualpsychologie. Als Schüler von Leonhard Seif, einem Münchener Nervenarzt, Individualpsychologen und Erziehungsberater, der 1922 die erste psychotherapeutische Erziehungsberatungsstelle in Deutschland einrichtete, steht er ganz in seiner Tradition des tiefenpsychologischen Diskurses – mit dem Fokus auf einer ganzheitlichen Betrachtung (Leib-Seele-Einheit) des Menschen. Ebenso wie seinen Lehrer, bewegte ihn der Aspekt der seelischen Prophylaxe in der Erziehung. Folgerichtig beschäftigte er sich mit dem vernachlässigten und vielen Tabus unterworfenen Gebiet der Sexualaufklärung.

Seelmann zitiert in seinem Buch *Kind, Sexualität und Erziehung* (1950) eine Untersuchung der deutschen Wochenzeitung *Wochenend* (Nürnberg) von 1949. Danach wurden nur 17% der Männer und 30% der Frauen von ihren Eltern (meistens der Mutter) aufgeklärt (Seelmann, 1952, S. 22f.). Mit seinen Ratgebern will der Autor Eltern und Kindern, Lehrern, Kindergärtnerinnen, Jugendführern und Kinderärzten gerade auf diesem „unerforschten" Gebiet Hilfe anbieten:

> „Eine geschlechtliche Erziehung – im Sinne einer Sondererziehung – gibt es eigentlich nicht. Sie läßt sich nur im Rahmen einer Gesamterziehung erreichen. Es geht auch hier nur um eine gesunde Grundeinstellung, die wir dem Kind vermitteln können und müssen" (Seelmann, 1952, S. 12).

Für Seelmann ist die Familienatmosphäre bedeutender als jede Erziehungsmaßnahme. Er zitiert in diesem Zusammenhang Seif: „Erziehen heißt, eine Atmosphäre schaffen, in der das Kind seine angeborenen Fähigkeiten und schöpferischen Kräfte entwickeln lernt" (In Seelmann, 1952, S. 195).

> „Der Erzieher kann ja das Kind nicht so formen, wie er möchte. Er kann die Anlagen nicht ändern. Er kann nur günstige Bedingungen schaffen, ihm Möglichkeiten zur Orientierung anbieten und ihm so zu einem positiven Lebensplan und einem ausgeglichenen Charakterverhalten verhelfen" (Seelmann, 1952, S. 195).

Für die Sexualerziehung, die in erster Linie Aufgabe der Eltern sein muss, stellt Seelmann (1952, S. 45-54) präzise Ziele auf. Das Kind soll

- alle Körperteile, einschließlich der Sexualorgane, benennen lernen
- erfahren, dass es zwei Geschlechter gibt und seine eigene Geschlechtsrolle kennenlernen und positiv bewerten
- die Fragen nach Schwangerschaft, Geburt und Zeugung bereits vor der Pubertät altersentsprechend, aber wahrheitsgemäß beantwortet bekommen

Für die Durchführung der Aufklärung gibt Seelmann den Eltern konkrete Hilfen durch Wort und Bild (Schwarz-Weiß-Zeichnungen, 1952, S. 54ff.). Als 1959 sein Aufklärungsbuch *Woher kommen die kleinen Buben und Mädchen? Ein Buch zum Vorlesen und Selberlesen* erscheint, ist die Nachfrage groß. Es wird zum bewährten – in neun Sprachen übersetzten – Aufklärungsklassiker. Bis zur 20. völlig neu bearbeiteten und gestalteten Auflage, die 1996 erscheint und zurzeit noch immer als verlagsfrische Neuware im Handel ist, sind über 800.000 Exemplare verkauft. Seelmann (1952, S. 195ff.) postuliert einen autoritativen Erziehungsstil:

Einstellungen des Erziehers:

- freundliche, bejahende, aufrichtende, vertrauensvolle Haltung
- Wachsein und Sich-Mitentwickeln
- herzliche Anteilnahme, Einfühlung, Takt und Verständnis

Erziehungsziele:

- Förderung der Selbständigkeit
- soziale Bindung zu den Eltern und Geschwistern
- freundschaftliche Beziehungen knüpfen
- Stärkung des Selbstvertrauens und Kritikfähigkeit

Erziehungsstil:

- Wärme und Lenkung, Förderung und Forderungen (autoritativ)

Lange vor dem Bekanntwerden der Ergebnisse aus der Bindungsforschung in Deutschland konstatiert Seelmann, dass verwöhnte Kinder und Kinder, die eine zu harte Erziehung hinter sich haben später Bindungsprobleme bekommen (1952, S. 81f.). Im zweiten Teil seines Buches stellt Seelmann Fallgeschichten vor und kommentiert sie. Dabei hebt er zwei individualpsychologische Grundregeln hervor, die den Erziehungsstil idealiter beeinflussen:

> „Alles, was wir für die Entwicklung als unerwünscht ansehen, übergehen wir stillschweigend. Wir verlieren darüber kein Wort. Nur das, was im Sinne der erwünschten Entwicklung liegt, wird vom Erzieher beachtet und anerkannt" (1952, S.110).

Seelmanns autoritativer Erziehungsstil bestimmt auch später seine Artikel in der Zeitschrift ELTERN (vgl. Kap. 3.1.).

2.3.2 Psychoanalytischer Ratgeber aus den U.S.A.: Benjamin Spock (1962)

In den fünfziger Jahren kommen bereits erste Übersetzungen aus den anglo-amerikanischen Ländern auf den Markt. Noch findet dieser Prozess verhalten statt, doch die Übersetzung des Handbuchs *The Common Sense Book of Baby and Child Care* (1946) von dem amerikanischen Kinderarzt Benjamin Spock ist ein signifikanter Auftakt. 1952 erscheint sein Ratgeber zum ersten Mal in Deutsch unter dem Titel *Dein Kind – dein Glück*; spätere Übersetzungen aus den sechziger bis neunziger Jahren tragen den Titel *Säuglings- und Kinderpflege: Pflege und Behandlung des Säuglings; Probleme der Kindheit und Jugend; Krankheiten und erste Hilfe.* Als die letzte, veränderte Ausgabe von Juni 1998, drei Monate nach dem Tod von Spock, in New York erscheint, steht im Geleitwort zu lesen:

> „Benjamin Spock, M.D., practiced pediatrics in New York City from 1933 to 1947. Then he became a medical teacher and researcher at the Mayo Clinic, the University of Pittsburgh, and Case Western Reserve University in Cleveland. The author of eleven books, he was a political activist [...]. Dr. Spock died March 15, 1998, at age 94, shortly after completing work on this seventh edition.
>
> *Dr. Spock's Baby and Child Care* has been translated into thirty-nine languages and has sold fifty million copies worldwide since its first publication in 1946" (Vorblatt).

Der bahnbrechende Erfolg in den U.S.A. lässt sich in der Bundesrepublik nicht wiederholen, obwohl das Handbuch kein Thema zur Pflege, Ernährung und Behandlung des Säuglings, sowie zur gesunden Entwicklung und Erziehung des Kindes auslässt. Für die vorliegende Fragestellung sollen nur die erziehungsstilrelevanten Aussagen von Spock extrahiert werden. Die psychoanalytische Sichtweise stellt, wie bereits dokumentiert, die Einstellung und Selbsterziehung der Eltern und die damit verbundene Familienatmosphäre in den Fokus. Folgerichtig ermutigt Spock im ersten Kapitel die Eltern mit dem Rat „Haben Sie Vertrauen zu sich selbst“ (1962, S. 13) und „Eltern sind auch Menschen“ (1962, S. 24). Ohne auf das Erziehungsziel Disziplin zu verzichten, ist der Ton in seinem Ratgeber von Wärme, Verständnis und Toleranz geprägt.

> „Durch liebevolles Verständnis und Güte werden Sie ihr Kind ganz bestimmt nicht verwöhnen, so etwas vollzieht sich auch nicht plötzlich. Verwöhnt wird ein Kind nach und nach und vor allem dann, wenn die Mutter nicht den Mut hat, auf ihr gesundes Empfinden zu vertrauen, wenn sie sich selbst zum Sklaven ihres Kindes macht und dies förmlich zum Tyrannen erzieht“ (Spock, 1962, S. 15).

Als Psychoanalytiker stellt Spock den Zusammenhang zwischen Verwöhnung, Überbehütung und elterlichen Schuldgefühlen her.

> „Was immer auch der Grund für diese Schuldgefühle sein mag – sie sind hinderlich bei der Erziehung des Kindes [...]. Die Eltern werden dazu neigen, von ihrem Kind zuwenig, von sich selbst aber zuviel verlangen. [...] Die Mutter wird oft selbst dann, wenn ihre Geduld auf eine allzu harte Probe gestellt wird, noch versuchen, freundlich und versöhnlich zu sein, während das Kind tatsächlich einmal eine energisch feste Hand brauchte“ (Spock, 1962, S. 338).

Zu der Frage, ob die Eltern eine strenge oder nachgiebige Haltung einnehmen sollten, äußert sich Spock sehr differenziert. Sein persönlich priorisierter autoritativer Erziehungsstil zieht sich durch seinen gesamten Elternratgeber und wird unmissverständlich im Kapitel Disziplin präferiert (Spock, 1962, S. 335). Dennoch kommt Spock an verschiedenen Stellen auch den Eltern entgegen, die eine permissivere Erziehungseinstellung haben.

> „Wenn man andererseits dafür ist, dem Kind verhältnismäßig viel Freiheit zu lassen und die Entwicklung seiner Persönlichkeit nicht zu hemmen, dann sollte man aber doch in den wichtigsten Dingen der Erziehung seinen elterlichen Willen durchsetzen und fest bleiben, [...] jedes Kind will die Festigkeit der elterlichen Hand spüren, weil sie ihm nicht nur den Weg weist, sondern es auch beschützt und ihm das Gefühl der Sicherheit und Geborgenheit gibt“ (Spock, 1962, S. 19).

Spock scheut sich nicht, Strenge, Festigkeit, vernünftigen Gehorsam, Ordnung und gutes Benehmen einzufordern, unter der Bedingung, dass „die Grundhaltung der Eltern Güte und Freundlichkeit ist“ (1962, S. 18). Spock wendet sich entschieden gegen Kälte, Herrschsucht und Nachgiebigkeit aus Schwäche heraus.

So lassen sich denn auch eindeutig permissive und antiautoritäre Ratschläge nicht evaluieren, sondern scheinen ein Mythos zu sein, den Spock-Gegner erschaffen haben. In den ersten drei Monaten erwartet er von den Eltern wohl sehr viel Feinfühligkeit, gibt aber dennoch den Rat, den Säugling fünfzehn bis zwanzig Minuten schreien zu lassen, wenn die Eltern sicher sein können, dass er keinen Hunger hat (Spock, 1962, S. 178). Spocks Ratschläge für den älteren Säugling bei Einschlafproblemen erinnern nahezu an die Methoden von Haarer:

> „Wenn man befürchtet, daß das Gebrüll, das man wohl oder übel einige Tage in Kauf nehmen muß, die anderen Kinder oder gar die Nachbarn stört, kann man den Lärm etwas abdämpfen, indem man eine Decke vors Fenster hängt und Teppiche oder Läufer auf den Fußboden legt. Sie absorbieren erstaunlich viele Geräusche“ (Spock, 1962, S. 192).

Spock besteht auf einen geregelten Tagesablauf, Rituale, eine feste Schlafenszeit, Übernahme von Pflichten, Höflichkeit und Disziplin. Zur Notwendigkeit von Strafen äußert er sich sehr differenziert:

> „Die einzig vernünftige Antwort darauf ist, daß gute Eltern wissen, sie müssen ihr Kind hin und wieder einmal strafen. Vielleicht gibt es einige wenige Eltern, die es fertigbringen, ihre Kinder mit Erfolg zu erziehen, ohne das Mittel der Strafe jemals anzuwenden. Es hängt viel davon ab, wie die Eltern selbst erzogen worden sind“ (Spock, 1962, S. 346).

2.4 Zusammenfassung

Länger, als es dem Gros der deutschen Bevölkerung bewusst ist, bleibt das Makrosystem in Ost- und Westdeutschland von den verheerenden politischen, wirtschaftlichen und gesellschaftlichen Folgen des 2. Weltkrieges geprägt. Eine offene psychologische Aufarbeitung innerhalb des Meso- und Mikrosystems, sowie eine Bearbeitung der traumatischen Erlebnisse wurde erst Ende des Jahrhunderts für einige Menschen möglich und hält bis zur Gegenwart an (Reddemann, 2015).

Während die propagierten Erziehungsstile in den wenigen bekannten deutschen Ratgebern noch ganz unter dem Diktat des Dritten Reiches standen, muss davon ausgegangen werden, dass die praktizierten Erziehungsstile im Meso- und Mikrosystem außerdem zu einem erheblichen Teil durch Traumatisierungen der

Bezugs- und Bindungspersonen beeinflusst waren (z. B. bei Lehrern, Pastoren, Ärzten, Großeltern, Eltern, Geschwistern und anderen Verwandten). Durch den Krieg starben 5,25 Millionen Deutsche; 14 Millionen Flüchtlinge und Vertriebene mussten ihre Heimat verlassen. Die offiziellen Schätzungen liegen bei 2 Millionen Kriegswitwen, 2,5 Millionen Halb- und 100 000 Vollwaisen (Radebold, 2004).

Da breite Bevölkerungsschichten auch nach 1945 noch immer mit dem Nationalsozialismus sympathisierten, verwundert es nicht, dass sich in vielen Erziehungsratgebern die charakteristischen Werte (Unterordnung, Gehorsam) des Dritten Reiches wiederfinden und gut verkaufen ließen, allen voran die Ratgeber von Haarer *Die Mutter und ihr erstes Kind* (1951a), sowie *Unsere kleinen Kinder* (1951b). Die Postulate dieser Autorin gehen über einen autoritären Erziehungsstil hinaus, da sie die Spezifika einer nationalsozialistischen Erziehung aufweisen (vgl. Kap. 2.2.1, S. 51). Zu den autoritären Ratgebern zählen *Über die Erziehung gesunder Kinder* von Degkwitz (1946), *Die ersten sechs Lebensjahre* (1958) von Plattner und mehrere Hefte aus der Heilpädagogischen Schriftenreihe von Spieler (Hrsg.), z. B. *Das ängstliche Kind* von Bopp (1949), *Wenn Kinder Fehler machen* von Wieland (1950), *Euer Sohn in der Entwicklungskrise* von Gügler (1953).

Die Ratgeber der Entwicklungspsychologin Hetzer *Seelische Hygiene! – Lebenstüchtige Kinder* (1930/1946) und *Erziehungsfehler* (1936/1947) hingegen weisen die Charakteristika eines *entwicklungsfördernden Erziehungsstils* auf; die postulierten elterlichen Einstellungen und Methoden entsprechen dem autoritativen Erziehungsstil. Durch den Eid zur Führertreue Hitler gegenüber im Jahr 1938 und die „rassenhygienische“ Selektierung von Kindern ab 1940 diskreditierte sie sich selbst (vgl. Sieder & Smioski, 2012, S. 43).

Die *bekannten* pädagogischen Ratgeber für Schule und Elternhaus waren mit wenigen Ausnahmen restaurativ ausgerichtet. Der wirtschaftliche Überlebenskampf, die Ideologiemüdigkeit, die prekäre soziale und psychologische Situation der Frauen ließ keine Experimente zu; Altbewährtes garantierte Sicherheit. Ein weiteres Hindernis bestand in der Lücke, die der Nationalsozialismus durch Bücherverbrennungen, Einstellung von Neuauflagen und die Vertreibung fast aller Psychoanalytiker bei erziehungswissenschaftlichen, psychologischen und psychoanalytischen Werken hinterlassen hatte. So standen die meisten pädagogischen und psychologischen Elternratgeber aus der Zeit der Weimarer Republik und davor nicht mehr zur Verfügung.

Von einem Wandel in den Erziehungsstilen kann in der Nachkriegszeit nicht ernsthaft gesprochen werden. Über die Hälfte der Bevölkerung befürwortete körperliche Bestrafung und praktizierte eine autoritäre Erziehung. Wurzbacher (1954/1961) stellt mit Bedauern fest, dass den Eltern die sozialen Ressourcen für die Kindererziehung in der modernen Gesellschaft fehlen. Schneewind und Ruppert (1995) konnten in einer 16jährigen Längsschnittstudie nachweisen, dass die selbst erfahrenen Erziehungsstile die eigenen Erziehungspraktiken, -einstellungen und –ziele erheblich beeinflussen („Intergenerationale Transmission von Eltern-Kind-Beziehungen“, Schneewind, 2002, S. 123). Eine Befragung der Jugendlichen von 1957 demonstriert deutlich, dass es starke Spannungen und Erschütterungen in der Eltern-Kind-Beziehung gab: Autoritäre, repressive Erziehungsstile, fehlende elterliche Empathie, willkürliche Verbote, hoher Leistungsanspruch, unreflektierter Materialismus und fehlende elterliche Vorbilder (Farin, 2006). Auch der Umgang mit dem Nationalsozialismus – Beschönigen, Schweigen und Verschweigen – und die Tabuisierung der Sexualität führte zu Zerwürfnissen und Brüchen zwischen den Generationen.

Wie bereits deutlich wurde, herrschte weitgehend Kontinuität in den propagierten Erziehungsstilen der zugänglichen Ratgeberliteratur. Nach wie vor hatten die Erziehungsziele Gehorsam und Unterordnung oberste Priorität. Die Werte des Dritten Reiches wurden weitergetragen: Autoritätsgläubigkeit, Fleiß, Ordnungsliebe, Beharrungsvermögen, Sparsamkeit. Die preußischen Tugenden mit ihrem legendären Pflichtbewusstsein, gepaart mit äußerster Selbstdisziplin und extremer Leistungsmotivation wurden weiterhin hochgehalten. Zur Durchsetzung der genannten Erziehungsziele und Einstellungen wurde auch noch in der Nachkriegszeit die „Schwarze Pädagogik“ propagiert. Repressalien bestanden in körperlichen Strafen, Stubenarrest, Liebesentzug und in der Verweigerung materieller Zuwendungen.

Die Kontinuität in den Erziehungsempfehlungen der Nachkriegszeit fällt sogleich ins Auge; darüber hinaus gab es jedoch auch vereinzelt neue oder wiederauflebende Ansätze der Reformpädagogik, der Psychoanalyse (Meng, 1945; 1959) und Individualpsychologie (Seelmann, 1950), die bereits in der nächsten Dekade richtungsweisend sein werden. Gemeinsam ist ihnen das Postulat einer gewaltfreien und autoritativen Erziehung. Dazu zählt auch der erste amerikanische Ratgeber von Spock (1952). Einen besonderen Stellenwert nahm der Berliner „Arbeitskreis Neue Erziehung e.V.“ (ANE) ein, der 1946 von engagierten Eltern und Lehrern gegründet wurde, um ein demokratisches Erziehungskonzept mit Hilfe von Elternbriefen in Westdeutschland zu etablieren. ANE organisiert bis zur Gegenwart Elternseminare, bietet Erziehungsberatung an und versendet inzwischen in ganz Deutschland ca. 5 Millionen Elternbriefe.

Erwähnenswert bleibt auch die Reformpädagogin und spätere Mitbegründerin des Kinderschutzbundes (DKSB) de L'Aigle, die 1948 eine liberale *Elternfibel* herausgab. Der DKSB wurde 1953 in Hamburg gegründet und postulierte u. a. ebenso wie ANE die Abschaffung der Prügelstrafe. Specht, eine weitere Reformpädagogin und Sozialistin kehrte 1946 nach Flucht und Emigration in ihre Heimat zurück und übernahm direkt die Leitung der Odenwaldschule. Ab 1950 gab sie die progressive Erziehungsreihe *Kindernöte* heraus. Ein bekannterer Ratgeber erschien 1950 von dem Pädagogen Eyferth *Gefährdete Jugend.* Er hatte ab 1942 die Erziehungsberatungsstelle der Nationalsozialistischen Volkswohlfahrt in Berlin geleitet und war somit politisch in das System eingebunden. Umso mehr verwundert es, dass er in seiner Schrift auch auf Freud und Aichhorn verweist und sich auf Adler, Künkel und sogar Bernfeld bezieht.

Historisch betrachtet bleiben einige neue Ratgeber der direkten Nachkriegszeit einzigartig: Ein bizarres Nebeneinander von Brüchen und Kontinuitäten, von Mythos und Realität, von Beharren und Fortschritt. Mit der „Gleichzeitigkeit des scheinbar Unvereinbaren" (Frei, 2006) bilden sie kongruent die Realität der 50er Jahre ab; die Klett-Reihe *Bedrohte Jugend – Drohende Jugend* (erschienen ab 1947) ist das beste Beispiel dafür. Bei der Analyse der über 60 Hefte stößt der Leser auf ein Mixtum compositum von propagierten nationalsozialistischen und autoritären Erziehungsstilen, stolpert über ein eklektisches Gemisch von Psychoanalyse und Religion, begegnet Freud, Adler und Jung ebenso wie der „Schwarzen Pädagogik", trifft auf Erkenntnisse der Entwicklungspsychologie und Reformpädagogik und erhält zunehmend Rat für eine autoritative oder auch demokratisch-partnerschaftliche Erziehung. Die Einstellung, Haltung und Selbsterziehung des Erziehers in seiner Vorbildfunktion rückt wieder in den Fokus und die Familienatmosphäre, die eng verknüpft ist mit den propagierten Werten. Die Ratgeberliteratur als Spiegel ihrer Zeit postuliert parallel nationalsozialistische und demokratische Werte wie Liebe, Mitgefühl, Elastizität, Geduld, Verständnis, Güte, Vertrauen, Rücksichtnahme, Stärkung des kindlichen Willens und Kritikfähigkeit. Spieler (1955) und Seelmann (1956) werben für eine ermutigende Erziehungshaltung, Hemsing (1960) propagiert das Recht auf Individualität. Die Forderungen von Hermann (1952), Seelmann (1956) und Roth (1970) sind aktuell bis zur Gegenwart: Wenige Verbote bei klarer Konsequenz.

3 Aufbruch und Neubeginn in der Ratgeberliteratur der BRD in Kongruenz zum politischen und kulturellen Umbruch in den 60er Jahren

Nach kultureller Restauration unter Ausschluss der Intellektuellen in der Ära Adenauer, nach Wirtschaftswunderjahren und Fortschrittsoptimismus, Überwinden einer ersten wirtschaftlichen Rezession, Amerikanisierung und „Westernisierung" (Görtemaker 2004, S. 253f.), Auseinandersetzung mit Rechtsradikalismus, Notstandsgesetzen, Studentenunruhen und RAF, verkündet Willy Brandt in seiner Regierungserklärung vom 28. Oktober 1969: „Wir stehen nicht am Ende unserer Demokratie, wir fangen erst richtig an" (zitiert nach Görtemaker, S. 475). Diese optimistische Perspektive ergibt sich auch mit Blick auf den Koalitionspartner FDP: Es gelang den Liberalen in kürzester Zeit, sich von einem nationalkonservativen zu einem sozialen Liberalismus hin zu wandeln.

Dem Machtwechsel vorangegangen waren bereits in den frühen sechziger Jahren gegenkulturelle, antiautoritäre Protestbewegungen der Jugend – vorwiegend aus dem Bildungsbürgertum –, eher unpolitische Subkulturen, die sich zunächst nur in der Mode, der Beatbewegung und der Forderung nach „sexueller Freiheit" manifestierten. Ab 1964 inszenierten die „Gammler" ihre Abkehr von der Leistungsgesellschaft und zelebrierten durch Müßiggang den Generationenkonflikt, der sich bereits entzündet hatte. In zunehmendem Maße formierte sich nunmehr die Hippie-Kultur, deren Traum von einer „Aussteigergesellschaft" nolens volens eine unvermeidbare politische Dimension erhielt (vgl. Farin 2006, S. 47ff.). Walter Hollstein (1981) beschreibt in seinem Buch „Die Gegengesellschaft" die Ziele der Hippies, die gerade in der Pädagogik eine erstaunliche Form von Nachhaltigkeit erfuhren, da nicht ein Umsturz des herrschenden Systems, sondern vielmehr die Veränderung des Individuums angestrebt wurde, das ein humaneres Gesellschaftssystem hervorbringen sollte:

> „[...] eine antiautoritäre und enthierarchisierte Welt- und Wertordnung ohne Klassenunterschiede, Leistungsnormen, Unterdrückung, Grausamkeit und Krieg. Der Gesellschaft der Angst, [...], boten die Hippies mit einer Gemeinschaft Paroli, in der die Freiheit die Autorität, Zusammenarbeit den Wettbewerb, Gleichheit die Hierarchie,

> Kreation die Produktivität, Ehrlichkeit die Heuchelei, Einfachheit den Besitz, Individualität den Konformismus und Glück den platten Materialismus dominieren sollten" (Hollstein 1981, S. 50).

Zu einer echten politischen Bewegung entwickelten sich die „Blumenkinder" mit ihrem Flower-Power-Kleidungsstil nicht: selbst abgesichert übersahen sie die konkreten gesellschaftlichen Probleme „vor der eigenen Haustür" (vgl. Farin 2006, S. 48/51). Ihren politischen Höhepunkt fand die Hippiebewegung zweifellos in der Friedensbewegung gegen den Vietnamkrieg („Make love, not war"). Nachdem die Nischenkultur der Hippies mit dem Traum von Freiheit, Frieden und Liebe immer mehr kommerzialisiert wurde und zur Massenkultur avancierte, zog sich die Basis zurück.

Dass der kulturelle Aufbruch – von Minoritäten initiiert – nur Minderheiten der Gesellschaft erreichte, ist u. a. deutlich an den Umfrageergebnissen zu Erziehungseinstellungen im Jahr 1967 abzulesen: Nur 16 Prozent der Eltern sprachen sich gegen Schläge in der Erziehung aus (vgl. Farin, 2006, S. 52). Im selben Jahr bezeichneten noch 59 Prozent der Arbeitnehmer das Erziehungsziel „Anpassung" als wichtig (Görtemaker 2004, S. 624). Während es in einem Teil der Jugend – vornehmlich aus den Bildungseliten – zunehmend gärte, stagnierten beim Gros der Bevölkerung die politischen, wirtschaftlichen und kulturellen Überzeugungen seit der Gründung der Bundesrepublik. Noch bis Mitte der sechziger Jahre zählten zu den höchsten bürgerlichen Werten Arbeit und Leistung, Glaube an die Gerechtigkeit von Wettbewerb und Aufstieg, Sparsamkeit und Streben nach Besitz, sowie gesellschaftlicher Anerkennung (Görtemaker, S. 622).

Die Studentenbewegung fühlte sich durch keine Partei vertreten und beobachtete mit besonderem Misstrauen die seit 1966 regierende Große Koalition. Die von einem Teil der Studenten, insbesondere dem Sozialistischen Deutschen Studentenbund (SDS), und von Schülern getragene Außerparlamentarische Opposition (APO) erreichte in den Jahren 1967/68 ihren Höhepunkt. Intellektuelle und Philosophen wie z. B. Herbert Marcuse, Theodor W. Adorno, Max Horkheimer, Jürgen Habermas, Oskar Negt, Erich Fromm, Ernst Bloch sympathisierten zwar mit der APO und lieferten mit der *Kritischen Theorie* und dem Neomarxismus der *Frankfurter Schule* den Ideologischen Überbau, distanzierten sich jedoch von jeglicher Gewalt, sodass es 1969 zum endgültigen Bruch kam.

Mitte der sechziger Jahre erfolgte insbesondere durch Rudi Dutschke und Bernd Rabehl eine entscheidende Mobilisierung und Politisierung der Studentenschaft. Rabehl (1968, S. 86) konstatiert, dass die Jugend „ein Problembewußtsein über die Herrschaftsstrukturen in dieser bundesdeutschen Gesellschaft und zum anderen das antiautoritäre Aufbegehren gegen Normen, sogenannte Kulturwerte und Sexualtabus" internalisiert habe. In der Realität traf diese Aussage nur für eine kleine, weitgehend privilegierte Szene zu, die gesellschaftspolitisch ambitioniert Kapitalismuskritik übte und sich an „Weltverbesserungsideen, Gesellschafts- und Lebensutopien“ orientierte (Ferchhoff, 2000, S. 59). Neidhardt kommt 1967 in seiner Jugendstudie zu dem paradoxen Befund einer *schichtspezifischen Sozialisation*:

> „Obwohl sich Probleme und Defekte in den Sozialisations- und Platzierungsprozessen unserer Gesellschaft aufweisen lassen, ist ein nur geringes Konflikt- und Widerstandsverhalten derer zu registrieren, die von den Problemen und Defekten direkt betroffen werden“ (1967, S. 83).

Nach der Jugendrebellion formierte sich die „Neue Linke“. Als aktivierende Faktoren für die politische Studentenbewegung benennt Görtemaker (2004, S. 483f.) den Protest gegen den Vietnamkrieg (ab 1965), Forderungen nach einer demokratischen Hochschulreform, eine Artikelserie von dem Pädagogen Georg Picht (1964) über die Gefahr einer „deutschen Bildungskatastrophe“, den Kampf gegen die Notstandsgesetze (1965-1968), die Bildung der Großen Koalition (1966), die Wahl von Kiesinger zum Bundeskanzler als ehemaliges NSDAP-Mitglied (1966), den Einzug der NPD in die Landtage von Hessen und Bayern (1966) und die damit verbundene Kritik an einem neuen deutschen „Faschismus“.

Am 2. Juni 1967 kam es bei der Demonstration gegen den Staatsbesuch des persischen Schahs vor der Deutschen Oper in Berlin zum Tod des Studenten Benno Ohnesorg. Da ein Kriminalbeamter geschossen hatte, rief Dutschke auf dem Hochschulkongress in Hannover zum Bruch mit den „etablierten Spielregeln dieser unvernünftigen Demokratie“ auf. Es kam zu einer Eskalation der Studentenproteste in der ganzen Bundesrepublik. Norbert Frei (2007, S. 26) spricht rückblickend von einer „Welle der politisch-moralischen Sensibilisierung“ an den Universitäten. „Wer ein Herz hatte, der fühlte sich nun links“.

Christoph Dieckmann (2007, S. 72) geht einer Spurensuche im Archiv nach und lässt Wolfgang Kraushaar vom Hamburger Institut für Sozialforschung (HIS) zu Wort kommen. Ohnesorgs Tod als Beginn der Revolte bezeichnet Kraushaar als Klischee; in den fünfziger Jahren habe es bereits große Protestschübe gegeben, u. a. die Paulskirchenbewegung (1955) und die Anti-Atomtod-Bewegung (1958). Auch Frei nimmt Bezug auf die „älteren linken Formationen“ und konstatiert dabei unmissverständlich: „[...]; neu an der Neuen Linken aber waren ihr Stil, ihre Mittel und ihre Ausdrucksformen. Die Anregungen dafür kamen fast alle aus den USA“ (Frei, 2007, S. 20). Anders als Kraushaar bewertet Frei den Tod Ohnesorgs und seine Auswirkungen:

> „Im Sinne der generationsprägenden Wucht der Ereignisse des 2. Juni wäre es – zumindest mit Blick auf die Bundesrepublik – historisch eigentlich präziser, von den

> ‚67ern' statt von den ‚68ern' zu sprechen. Denn so gewiss dem Schicksal Ohnesorgs ein Moment des Zufälligen innewohnte, so gewiss bündelte und dynamisierte erst sein Tod die Bewegung. Zugleich erweiterte er schlagartig deren Radius" (Frei, 2007, S. 20).

Am 11. April 1968 wurden in Berlin durch den Schuss eines neonazistisch gesinnten Attentäters auf Rudi Dutschke die Osterrebellion und Demonstrationen in 27 Städten ausgelöst. Die Bundesrepublik erlebte damit die bis dahin schwersten Straßenschlachten seit der Weimarer Zeit, in die nicht nur Studenten, sondern auch Schüler, Lehrlinge, Angestellte und Arbeiter verwickelt waren (Görtemaker, 2004, S. 486f.). Eine *Verschmelzung von Studentenprotest und Jugendkultur* konstatiert Farin (2006, S. 63). Da die Linken für das Attentat in erster Linie die manipulative Berichterstattung in den Medien des Axel-Springer-Konzerns (Bild, BZ, Berliner Morgenpost u.a.) verantwortlich machten, richteten sich die meisten gewaltsamen Ausschreitungen gegen Einrichtungen dieses Verlagshauses.

Die Radikalisierung der Proteste: „Revolution ist gerechtfertigt" (Rabehl 1968, S. 86) löste selbst bei einflussreichen „Neuen Linken" Besorgnis aus. Jürgen Habermas war alarmiert und warnte vor einem *linken Faschismus*. Farin stellt die These auf:

> „Hätte sich das ‚Establishment' flexibler gezeigt, die Proteste ernst genommen und als Anlass für ohnehin dringend notwendige Reformen genutzt, das Recht der Jungen auf eigene Lebenswelten und –modelle toleriert, hätte es vermutlich keine Rote Armee Fraktion (RAF) gegeben" (Farin, 2006, S. 64).

Eine starke Schwächung der Protestbewegung erfolgte allerdings bereits am 30. Mai 1968 durch die Annahme der Notstandsgesetze im Bundestag. Während im Frühjahr und Sommer 1968 die deutschen Linken noch mit den weltweiten Demonstrationen in Genf, Wien, Mailand, Rom, Belgrad, Madrid, London, Essex, Ankara, Istanbul, New York, Buenos Aires, Rio de Janeiro und Tokyo sympathisierten und sich psychologische Rückendeckung verschaffen konnten, kam es ab Herbst 1968 zu einer irreversiblen Spaltung der „Außerparlamentarischen Opposition" (APO) und de facto zur Auflösung des SDS (vgl. ZEITGeschichte, 2007, S. 87).

Görtemaker (2004, S. 490f; S. 620f.) und Michael Schneider-Hanke (2008) unterscheiden folgende Gruppen, die aus der APO hervorgingen:

- Eine terroristische Minderheit, die im Untergrund arbeitete (z. B. RAF)
- K-Gruppen (KPD, KPD/ML, KBW, KB) einerseits und DKP (Spartakus, SDAJ) andererseits als organisierte Minderheiten

- Ideologen und Pragmatiker, die sich für antiautoritäre Erziehung einsetzten (Kinderläden, Freie Schulen etc.), für Chancengleichheit und eine umfassende Bildungsreform an Schulen und Universitäten
- Die „neuen sozialen Bewegungen" (Alternativbewegung, Bürgerinitiativ- und Ökologiebewegung, die neue Frauen- und Friedensbewegung, Aktivitäten des
- BDKJ und anderer christlicher Gruppen; Spontis, Autonome, Hausbesetzer und Undogmatische)
- Die große Mehrheit der „Reformer" (Unterstützung des Machtwechsels von 1969 und der Reformpolitik von Brandt, teilweiser Beitritt zur SPD oder FDP, Mitarbeit bei den Jungsozialisten oder Jungdemokraten, aber auch das Streben nach Studium und eigener Karriere)

Unumstritten fand kurzfristig eine Politisierung, langfristig eine Liberalisierung in vielen gesellschaftlichen Bereichen statt. Ingrid Gilcher-Holtey (2007) konstatiert in ihrem Epilog über die 68er-Bewegungen, einem *globalen Phänomen*:

> „Leitideen der Bewegung waren: participatory democracy, autogestion, Selbst- und Mitbestimmung. Erstrebt wurden, wie die vergleichende Analyse der 68er-Protestbewegungen zeigt, die Veränderung von Bewusstseins- und Bedürfnisstruk-turen einerseits sowie die Veränderung von Lenkungs- und Entscheidungsmechanis- men andererseits. Was beide Strategien einte, war die Forderung nach Autonomie, Eigenverantwortung, Authentizität und Enthierarchisierung" (S. 49).

> „Diejenigen, denen es gelang, Grundannahmen der 68er-Bewegungen als kulturelles Kapital in die Forschung zu transferieren, marschierten dabei mühelos von der Kulturrevolution zur Kulturtheorie und trugen zum cultural turn in den Sozial- und Geisteswissenschaften bei. [...] Die Wahrnehmungsrevolution, welche die 68er-Bewegung anstieß, hat in vielfältiger Weise zur Transformation und Selbstreflexion der postmodernen Moderne beigetragen – wenn auch nicht immer im Sinne der Akteure von einst" (Gilcher-Holtey, 2007, S. 52).

Der in diesem Kapitel andeutungsweise skizzierte „Zeitgeist" (Hegel) dieser neuen Epoche ideologisierte die pädagogischen Strömungen und begünstigte eine ebenfalls heterogene Masse an Erziehungsbüchern. Während die Ratgeber von Johanna Haarer und Elisabeth Plattner noch immer verlegt und gekauft wurden, bestimmten in den Universitäten und bei der Neuen Linken Raubdrucke und „Graue Literatur" von marxistischen und sozialistischen Pädagogen und Psychoanalytikern das Bild. Freudsche Psychoanalyse und Marxistische Gesellschaftskritik verschmolzen in der „Kritischen Theorie" zum „Freudo-Marxism". Studenten-, Frauenbewegung und Apo brachen die tradierten Erziehungskonzepte auf und bewirkten damit sowohl eine erhöhte Sensibilisierung für Erziehungsziele und –methoden, als auch eine Erziehungsunsicherheit, deren Spuren bis in die Gegenwart reichen. Bernd Ahrbeck (2004, S. 8) geht so weit, dass er von der „vergessenen pädagogischen Verantwortung" spricht. Ohne die Studentenbewegung zu verteufeln, stellt er die These auf, dass „der antiautoritäre Protest und das naive Vertrauen in die kindlichen Wachstumskräfte, die keiner nachhaltigen äußeren Korrektur mehr bedürfen", den Erziehungsgedanken geschwächt haben.

Im wissenschaftlichen Diskurs wurde erstmals eine breite Debatte in der Bundesrepublik über Erziehungsstile und ihre Definitionen geführt. Das *Braunschweiger Symposion* bildete 1966 den Auftakt mit dem Thema „Psychologie der Erziehungsstile", an dem u.a. Theo Herrmann, Paul B. Baltes, Klaus Eyferth, Heinz Heckhausen, Walter Jaide, Elisabeth Müller-Luckmann, Klaus A. Schneewind, Reinhard Tausch und Franz Weinert teilnehmen (vgl. Kap.1). 1963 war bereits die *Erziehungspsychologie* von Reinhard und Anne-Marie Tausch erschienen, die in ihrem Werk die „Psychologischen Vorgänge in Erziehung und Unterricht" anhand empirischer Untersuchungen darstellen und interpretieren. In ihrem 1. Kapitel verweisen sie auf die „Wandlung der sozial-gesellschaftlichen Struktur" und postulieren sozialintegrative Erziehungs- und Lehrformen für Eltern, Erzieher und Lehrer:

> „Bei sozialintegrativen, demokratischen Erziehungshaltungen ist Freiheit mit Ordnung verbunden; eine derartige demokratische Disziplin ist unterschiedlich von Autokratie ohne Freiheit, aber auch von anarchischer Freiheit ohne Ordnungen und Regeln" (Tausch & Tausch, 1963, S. 9).

In der 5. Auflage sind leichte Veränderungen festzustellen:

> „Bei sozialintegrativen, demokratischen Erziehungsformen ist *sowohl individuelle* Freiheit *als auch eine gewisse soziale* Ordnung *und Leistung gegeben;* [...]. (Tausch & Tausch, 1970, S. 22)

Eine Werteverschiebung und stärkere Differenzierung wird deutlich; vermutlich als Reaktion auf die 68er und ihre antiautoritäre Erziehung führen Tausch und Tausch wieder den Leistungsbegriff ein. Ganz klar grenzen sie den sozialintegrativen Erziehungsstil gegen „Laissez-Faire"- Verhalten (vgl. S. 78ff.) und Verwöhnung ab. Strikt wenden sie sich gegen eine prompte Bedürfnisbefriedigung und Wunscherfüllung ohne Gegenleistung oder angemessene Beiträge des Kindes für die Gemeinschaft.

> „Bei sozialintegrativem Führungsverhalten werden [...] dem Kinde, häufig und überwiegend *Erfahrungen* der Respektierung der Persönlichkeit, des Verständnisses und

der Akzeptierung seines Erlebens, Denkens und Fühlens zuteil, ferner Erfahrungen der Geduld, des Vertrauens, der Freundlichkeit und Gerechtigkeit" (Tausch & Tausch, 1963, S. 85).

In der 5. Auflage werden sozialintegrative Interaktionsformen der Erzieher – jenseits von autokratischem und Laissez-Faire-Verhalten – weiter ausdifferenziert:

> „Die oben angeführten Beispiele mögen demonstrieren, daß Lehrer oder Erzieher [...] die Bedürfnisse und Wünsche von Kindern als existent anerkennen, o h n e ihr Erziehungsbemühen zu vermindern. Es wird versucht, das Verhalten von Kindern zu ändern, wobei die Persönlichkeit der Kinder geachtet, ihr Verhalten weder abgewertet und verurteilt, noch das Kind gedemütigt oder bloßgestellt wird. Auch bei sozialintegrativen Interaktionsformen werden Anordnungen oder Verhaltensbegrenzungen gegeben, aber in wesentlich geringerer Anzahl und in höflicherer Form sowie mit häufig unmittelbar zuvor erfolgten Äußerungen des Verständnisses des Erziehers für die seelischen Vorgänge beim Jugendlichen (Tausch & Tausch, 1970, S. 190; Hervorhebungen im Original).

1963 wird von dem Arzt und Psychoanalytiker Horst-Eberhard Richter das Buch *Eltern, Kind und Neurose* veröffentlicht; 1965 erscheint die Übersetzung von Alexander S. Neill *Summerhill, A Radical Approach to Child Rearing* (Erziehung in Summerhill, das revolutionäre Beispiel einer freien Schule). Beide avancieren später zu international anerkannten Klassikern und regelrechten Kultbüchern. Der „erfolgreichste Erziehungsratgeber" von Rudolf Dreikurs und Vicki Soltz *Kinder fordern uns heraus* wird 1964 in New York und ab 1966 bis zur Gegenwart in der Übersetzung von Erik A. Blumenthal durch Klett-Cotta herausgegeben. Ebenfalls 1966 kommt das erste Heft der Zeitschrift „ELTERN" in den Fachhandel – die erste bundesweite, unabhängige Erziehungszeitschrift überhaupt. Eine stringente Analyse der von ihr propagierten Erziehungsstile bis zur Gegenwart wird sich durch alle Kapitel dieser Arbeit ziehen und ihr auch dadurch Kontinuität verleihen.

Wie nicht anders zu erwarten, wirken sich die politisch-soziologischen, psychoanalytischen und pädagogischen Diskurse der 68er auf die Ratgeberlandschaft wie ein Dammbruch aus: Erziehungsbücher „überschwemmen" ab den 70er Jahren den Markt und bilden kongruent die pluralistische Gesellschaft der BRD ab.

3.1 Wegbereiter für neue gesellschaftspolitische, sozialpsychologische, psychoanalytische und pädagogische Diskurse: Alexander Mitscherlich, Horst-Eberhard Richter, Alexander S. Neill

3.1.1 Alexander Mitscherlich: Auf dem Weg zur vaterlosen Gesellschaft (1963)

Helmut Thomä (2008) konstatiert in PSYCHE (2/2009), dass er durch die Lektüre der 1422 Seiten der drei neuen Biographien von Martin Dehli (2007), Tobias Freimüller (2007) und Timo Hoyer (2008) „mit vielen neuen Fakten vertraut gemacht" wurde und seine Ansicht dadurch noch verstärkt wurde, „dass ohne Mitscherlichs Wirken die Psychoanalyse in Deutschland sich nicht dort befände, wo sie heute ist" (Thomä, 2008, S. 141).

Für die Fragestellung dieser Arbeit ist es von Relevanz, dass es Mitscherlich immer wieder gelang, sowohl Verleger (anfangs vor allem Ernst Klett, aber auch Suhrkamp und Fischer) für die Übersetzung psychoanalytischer Schriften von Erik Erikson, René Spitz, Michael Balint, Melanie Klein, Donald Winnicott, John Bowlby et al., als auch namhafte internationale Gastdozenten für „sein" 1960 in Frankfurt gegründetes *Sigmund-Freud-Institut* zu finden, sodass es sich zur Begegnungsstätte der wichtigsten internationalen Psychoanalytiker entwickelte (vgl. Bohleber 2008, S. 112, S.117; Hoyer 2008, S. 173). Micha Brumlik (2008) fokussiert Mitscherlichs „bleibende Bedeutung" auf zwei Komplexe: unbestritten gelang es ihm, „der verfemten und verleumdeten Psychoanalyse in Deutschland wieder einen intellektuellen und vor allem auch institutionellen Ort" zu erkämpfen und zugleich „den Boden einer restaurativ verkrusteten Kultur" aufzusprengen und somit einer demokratischen Öffentlichkeit den Weg zu bahnen (DIE ZEIT 2008, 39, S. 53).

Thomas Auchter (2008a) widmet sich in seinem Vortrag „Alexander Mitscherlich – Ein Leben für die Psychoanalyse" nicht nur der Biographie, sondern auch seinen diversen Publikationen:

> „Im Werk von Alexander Mitscherlich konvergieren mindestens a) zeitlose psychoanalytische, psychosomatische und sozialpsychologische Überlegungen und Ideen, b) eine zeitgebundene, differenzierte Analyse und sozialpsychologische Betrachtung der Menschen in der ‚jungen' Bundesrepublik Deutschland, c) persönliche, lebensgeschichtlich begründete, theoretisch ausformulierte Konfliktdarstellungen und -lösungsversuche und d) historisch, kulturell und gesellschaftlich begründete persönliche Ideologien" (Auchter, 2008a, S. 14).

Nicht allein wegen der berühmt gewordenen Topoi „Auf dem Weg zur vaterlosen Gesellschaft" (1963) und „Die Unfähigkeit zu trauern" (1967) soll Mitscherlich in dieser Arbeit berücksichtigt werden, vielmehr griff er als Sozialpsychologe und

Psychoanalytiker immer wieder in die gesellschaftspolitischen Diskurse seiner Epoche ein, wie bereits an den einschlägigen Zitaten abzulesen ist. Durch seine kritisch-oppositionellen Positionen gab er richtungsweisende Impulse zu einer Fülle von sozialpsychologischen Themen, die mit ihren pädagogischen Bezügen durchaus zu den Inhalten der vorliegenden Arbeit gehören: u. a. Aggression und Gewalt, Anpassung, Autorität, Freiheit, Gehorsam, Toleranz und Vorurteile (Auchter 2008a, S. 14/22).

Unmissverständlich postuliert Mitscherlich zur „Erhaltung der Freiheit im gegenwärtigen Augenblick der Geschichte“ eine „Revision der *Bildungs- und Erziehungspraxis*“ (1963/1970, S. 30; Hervorhebungen im Original):

> „Erziehung muss in sich selbst eine dialektische Funktion erfüllen: Sie muß in die Gesellschaft einüben und gegen sie immunisieren, wo diese zwingen will, Stereotypen des Denkens und Handelns zu folgen statt kritischer Einsicht. Eine der wichtigsten Aufgaben der Gesellschaft liegt darin, sich eine öffentliche Meinung zu schaffen, die sich durch Gegensatz und Alternative auf ihre Entscheidungen vorbereitet“ (Mitscherlich, 1970, S. 29).

Ohne zu sehr in Mitscherlichs psychoanalytische Schlussfolgerungen einzudringen soll ein kurzer Überblick über seine wesentlichen Äußerungen zur Erziehung gegeben werden. Ausschlaggebend ist für ihn ebenso eine empathische Mutter-Kind-Beziehung wie die Präsenz des Vaters: „Kulturgeschichtlich ist nun zu bedenken, dass der größte Teil des *kultischen* und *praktischen* Wissens an die Überlieferung durch die Väter und Vaterfiguren geknüpft war“ (Mitscherlich, 1970, S. 186; Hervorhebungen im Original). Mitscherlich sieht vor allem in der *Entväterlichung in der überorganisierten Gesellschaft* die Ursache für „Hemmung, Konzentrationsverlust, Kontaktverlust mit der Materie, die angeeignet werden soll“ auf der einen Seite, andererseits ungezügelte „Aggressivität, Destruktivität, Ansprüchlichkeit, mitmenschliche Indifferenz“ (1970, S. 206, Hervorhebungen im Original). Für unerlässlich hält er die Möglichkeit zur Identifikation mit Vorbildern im Erziehungsprozess; dabei steht für ihn die elterliche Nähe, Wärme und Empathie zur Entwicklung des Ichs und eines persönlichen Gewissens im Vordergrund (1970, S.156f. und 247ff.).

> „Das, was unter Liebe zum Kinde eigentlich zu verstehen ist, kann man psychologisch als verständnisvolles Einfühlen in seine Bedürfnisse beschreiben. Diese „Empathie“ erlaubt es dem Erwachsenen, die unvermeidlichen Forderungen und Verbote für das Erleben des Kindes auszugleichen und zugleich die eigene affektive Erregtheit zu kontrollieren. Die Wechselseitigkeit von „Erziehung“ und „Selbsterziehung“ ist die Voraussetzung jeder Förderung der *Ichfunktionen*“ (Mitscherlich, 1970, S. 156).

Mitscherlich zitiert und kommentiert Erik H. Eriksons Hypothese, dass „die Summe von Vertrauen, die den frühesten Erfahrungen des Kindes entstammt, nicht absolut von der Quantität der Nahrung und Liebe, sondern von der *Qualität* der mütterlichen Bindung" abhängt (1970, S. 83; Hervorhebungen im Original). Zahlreiche aktuelle wissenschaftliche Ergebnisse der Bindungsforschung belegen inzwischen Eriksons Annahme. Pädagogische Überlegungen ziehen sich wiederholt durch Mitscherlichs Buch *Auf dem Weg zur vaterlosen Gesellschaft* (1970), sodass eine systematischere Bündelung sinnvoll erscheint:

- Gehorsam ist notwendig (S. 209); Gehorsamsforderungen (Realitätsprinzip) müssen dem Entwicklungsalter des Kindes angepasst dosiert werden (S. 233)
- Erziehung durch Angst (als Herrschaftsmittel) blockiert das Lernen (S. 240f.)
- Ungehorsam kann „das höhere Recht" vertreten (S. 210)
- Selbstständigkeitsbestrebungen des Kindes müssen geachtet, anerkannt, unterstützt und beschränkt werden (S. 217)
- Härte und „verstörende Strafe" (S. 73; S. 221ff.) verhindern die Einsicht in Forderungen zum Gehorsam und zur Selbstkontrolle (S. 224f.)
- Verwöhnung und Vernachlässigung erschweren den Sozialisations- und Reifungsprozess (S. 80).

3.1.2 Horst-Eberhard Richter: Eltern, Kind und Neurose (1963)

Obwohl dieses Buch ab 1967 in der Reihe „rororo ratgeber" erscheint und später in der Rowohlt-Taschenbuch-Reihe „Mit Kindern leben" (2007), handelt es sich eher um eine wissenschaftliche, psychoanalytische Abhandlung, denn um einen konventionellen Erziehungsratgeber. Die Erziehungswissenschaften blieben von Richters Werken nicht unbeeinflusst; an vielen Pädagogischen Hochschulen gehörte *Eltern, Kind und Neurose* zur Pflichtlektüre. Sein Buch wurde zum Grundlagenwerk für die neue psychoanalytisch ausgerichtete Familientherapie, die er im deutschsprachigen Raum als erster entwickelte; 1970 folgte sein zweites Buch *Patient Familie*.

Ein ungewöhnlicher „Erziehungsratgeber" liegt hier in Form eines wissenschaftlichen Forschungsberichts vor. Richters Vorwort (1963) ist zu entnehmen, dass die Längsschnittuntersuchungen von 1954 bis zu Beginn der sechziger Jahre in der Beratungs- und Forschungsstelle für seelische Störungen im Kindesalter am Städtischen Kinderkrankenhaus Berlin-Wedding in Verbindung mit der Psychiatrischen und Neurologischen Klinik der Berliner Freien Universität, subventioniert durch ein Stipendium der Deutschen Forschungsgemeinschaft, durchgeführt und vom Jugendamt Berlin-Wedding, Schulärzten und Lehrern, sowie seinen ehemaligen Mitarbeitern am Berliner Psychoanalytischen Institut unterstützt wurden.

In seiner Einleitung betont Richter, dass seit Freud „durch Modifikation äußerer Erziehungspraktiken allein keine zureichende Neurosen-Prophylaxe zu erreichen war“ (S. 15):

> „Das Kind erfährt von seinen Eltern ja doch nicht nur eine Summe von Gewährungen, Verboten und äußeren Maßnahmen. Tiefer und nachhaltiger wird es von den affektiven Strebungen, den Ängsten und Konflikten der Eltern beeindruckt, die es gleichsam neben oder hinter den äußeren erzieherischen Praktiken mit erstaunlicher Einfühlung errät. Diese Tiefenschicht der bis ins Unbewußte hineinreichenden affektiven Einstellungen der Eltern muß mitberücksichtigt werden, wenn man ihren Effekt auf die seelische Entwicklung des Kindes überprüfen will“ (Richter, 1963, S. 16).

Richter spricht hier die zum Teil unbewussten Persönlichkeitsstrukturen der Eltern und damit das „affektive Erziehungsklima“ an. Das zentrale Thema seiner Abhandlung ist *die Rolle des Kindes in der Familie in Abhängigkeit von den affektiven Bedürfnissen der Eltern.* Da sein psychoanalytisches, klinisches Rollenmodell familiensoziologische und damit systemische Aspekte aufweist, die von der traditionellen Psychoanalyse Freuds mit dem Individuum im Fokus radikal abweichen, wurde sein Werk zwar zunächst ein „Ladenhüter“ langfristig aber bahnbrechend.

Der Autor unterscheidet deutlich zwischen dem allgemeinen Rollenbegriff der Sozialpsychologie und seiner psychoanalytischen Definition von der „Rolle des Kindes“:

> „Als kindliche Rolle sei in dieser Untersuchung das strukturierte Gesamt der unbewußten elterlichen Erwartungsphantasien gemeint, insofern diese dem Kind die Erfüllung einer bestimmten Funktion zuweisen. [...]
>
> Die Rolle des Kindes bestimmt sich also aus der Bedeutung, die im Rahmen des elterlichen Versuches zufällt, ihren eigenen Konflikt zu bewältigen (Richter, 1969, S. 73).

Schwer verdauliche Kost für einen nicht psychoanalytisch vorgebildeten Laien, doch Richter gelingt es, seine Theorie durch adäquate Beispiele in Form von authentischen Krankengeschichten zu illustrieren. Der Bekanntheitsgrad, der nachhaltige Erfolg, vor allem aber der prägende Einfluss des Werkes und seines Autors bis zur Gegenwart gibt den Ausschlag für die Auswahl, obwohl es weniger um klassische Erziehungsstile, als vielmehr um die „affektiven Austauschprozesse zwischen Eltern und Kind“ geht (Richter, 1969, S. 259). Dabei wird unter „Neurose“ eine seelische Erkrankung verstanden, die bestimmte Aspekte des seelischen Funktionierens längerfristig beeinträchtigt:

> „Die neurotischen Symptombildungen stellen Kompromisse zwischen Bedürfnissen und Triebwünschen und deren Abwehr dar oder resultieren aus Spannungen zwischen dem Selbst und inneren Objekten. [...] Zwischen der „normalen" und der neurotischen Konfliktverarbeitung bestehen fließende Übergänge" (Auchter/Strauss, 2003, S. 112f.).

Zur Erfassung neurotischer Verstrickungen zwischen Eltern und Kind arbeiteten Richter et al. mit einer offenen Form von explorativen Interviews mit den Eltern und dem Einsatz von projektiven Tests, sowie freiem Malen, Kneten, Bauen und Spielen nach Wunsch bei den Kindern (Richter, 1969, S. 85f.).

3.1.3 Alexander S. Neill: Theorie und Praxis der antiautoritären Erziehung. Das Beispiel Summerhill (1969)

Kaum ein Buch hat in der Bundesrepublik in den sechziger und siebziger Jahren im Schul- und Erziehungsbereich höhere Wellen geschlagen, ist häufiger ideologisch verzerrt und instrumentalisiert, auf seinen Titel reduziert und – oft nur halb oder oberflächlich gelesen – bis zur Entfremdung missverstanden worden. „Antiautoritäre Erziehung" wurde zum *Schlag*-Wort linker, sowie konservativer Strömungen und fand nicht nur Eingang in die Theoriegebäude Intellektueller, sondern drang bis zu den „drei K's" der Mütter durch.

Im Rahmen dieser Arbeit kann nicht das interessante reformpädagogische Schulkonzept „Summerhill" (gegründet 1921) Gegenstand der Analyse sein – im Fokus stehen ausschließlich die von Neill empfohlenen Erziehungsstile für das Schulkindalter. Dennoch ist eine kurze Einführung für das Verständnis unumgänglich. Erich Fromm konstatiert bereits im Vorwort (1969, S. 13ff.), dass A. S. Neills Methode radikal und aus seiner 40jährigen Praxis entstanden ist. Die Grundsätze (Erziehungsziele) fasst er in zehn Punkten zusammen:

1. Menschenbild: Neill glaubt an „das Gute im Kind"
2. Erziehungsziel: Glück finden durch Interesse am Leben und Arbeitsfreude
3. Schulung der emotionalen, nicht nur der intellektuellen Fähigkeiten
4. Den Egoismus des Kindes anerkennen und ihm Raum geben
5. Erzwungene Disziplin und Bestrafung erregen Angst und damit Feindseligkeit
6. *Freiheit ist nicht Zügellosigkeit* – gegenseitige Achtung ist die Grundlage
7. Forderung an den Erzieher: radikale Aufrichtigkeit
8. Lösung aus ehemals symbiotischen Bindungen – Ziel: völlige Selbstständigkeit
9. Vermeidung der Erzeugung von Schuldgefühlen und der Angst vor Strafe

10. Vermittlung humanistischer Werte, aber Verzicht auf Religionsunterricht

Obwohl es durchaus Überschneidungen mit den Prinzipien von Dreikurs gibt, fehlt das autoritative Element – Neill praktiziert eine radikale demokratische Erziehung bei seinen Schulkindern, verschweigt aber nicht die Konflikte (vgl. Neill, 1969, S. 36). „Jedes Mitglied des Lehrerkollegiums und jedes Kind, gleichgültig, wie alt es ist, hat eine Stimme. Meine Stimme hat nicht mehr Gewicht als die eines Siebenjährigen" (Neill, 1969, S. 60).

Vehement vertritt Neill – der reformpädagogischen Tradition entsprechend – das Recht des Kindes auf Spielzeit: „Kindheit ist Spielzeit. Jede Gemeinschaft, die diese Tatsache nicht berücksichtigt, erzieht ihre Kinder falsch" (Neill, 1969, S. 79). Essenzielle Erziehungsziele erreicht er durch kreative Angebote: Durch Theaterspielen gewinnt das Kind Selbstvertrauen (1969, S. 82ff.); durch Tanz und Musik lernen die Schüler, sich an Regeln zu halten.

Von Anarchie kann nicht die Rede sein, wie selbst die Schulinspektoren in ihrem Bericht betonen (Neill, 1969, S. 89): „Das Hauptprinzip der Schule heißt Freiheit. Diese Freiheit ist jedoch nicht völlig uneingeschränkt. Die Schule hat eine Reihe von Bestimmungen zum Schutz von Leib und Leben, [...]. Übertretungen werden mit Geldstrafe belegt." Während *antiautoritäre Erziehung* in Deutschland von einigen Gruppierungen mit absoluter sexueller Freiheit gleichgesetzt wurde, kommentiert die Kommission: „Es besteht kein Zweifel, daß die Mehrheit der Eltern und Lehrer keineswegs bereit wäre, Kindern in sexuellen Dingen vollkommene Freiheit zuzugestehen" (Neill, 1969, S. 90). Neunzig Seiten seines Buches widmet Neill der *Kindererziehung* (S. 105ff.).

> „Es gibt kein problematisches Kind. Es gibt nur problematische Eltern. Vielleicht wäre es noch besser zu sagen: Es gibt nur eine problematische Menschheit. [...]
>
> Der Menschheit wohnt eine Menge Gemeinschaftssinn und Liebe inne, und ich glaube fest daran, daß neue Generationen, die nicht schon im Säuglingsalter verkrüppelt worden sind, in Frieden miteinander leben werden – wenn die Hasser von heute nicht inzwischen die Welt zerstört haben" (Neill, 1969, S. 112f.; Hervorhebungen im Original).

Neill kämpft gleichermaßen gegen jede Art von Zwang, aber auch Zügellosigkeit und Verwöhnung. Unermüdlich appelliert er an den gesunden Menschenverstand der Erzieher und definiert nochmals eindeutig seinen Begriff von Freiheit: „Freiheit heißt, tun und lassen zu können, was man mag, solange die Freiheit der anderen nicht beeinträchtigt wird. Das Ergebnis ist Selbstdisziplin" (Neill, 1969, S. 123). Der Liebe, der Anerkennung und dem Vertrauen zum Kind widmet Neill ein ganzes Kapitel: „Du sollst auf seiten des Kindes stehen“ (S. 127; Hervorhebung im Original). Wie Dreikurs warnt er vor Lob, Tadel und dem Herumreiten auf Fehlern.

> „Langer Rede kurzer Sinn: Sie müssen Ihr Kind so akzeptieren, wie es ist, und es nicht nach Ihren eigenen Vorstellungen formen wollen.
>
> Mein Motto für die Erziehung und das Leben zu Hause: *Laßt um Himmels willen die Menschen ihr eigenes Leben leben.* Diese Einstellung paßt für jede Situation.
>
> Nur durch diese Einstellung kann sich Toleranz entwickeln. Seltsam, dass mir *Toleranz* erst jetzt einfällt. Es ist das richtige Wort für eine freie Schule. Wir führen die Kinder zur Toleranz, indem wir sie tolerant behandeln“ (Neill, 1969, S. 131; Hervorhebungen im Original).

Besonders aufschlussreich und in der Öffentlichkeit kaum bekannt sind Neills Gedanken zu den Themen Verantwortung, Gehorsam und Disziplin, sowie Benehmen. Eindeutig bezieht er Stellung zur Autorität:

> „Daß sich das Kind einer notwendigen Autorität fügen muß, steht in keinem Widerspruch zu dem Gedanken, dass ihm soviel Verantwortung übertragen werden soll, wie es in seinem Alter übernehmen kann“ (Neill, 1969, S. 157).
>
> „In der Praxis gibt es natürlich Autorität. Diese Art von Autorität kann man vielleicht Schutz, Fürsorge, Verantwortung der Erwachsenen nennen. Eine solche Autorität verlangt manchmal Gehorsam, doch bei anderen Gelegenheiten gehorcht sie auch“ (Neill, 1969, S. 158).

Neill tritt für den Schutz der individuellen Rechte in der Familie ein, der nur durch „eine gewisse Disziplin“ erreicht werden kann; er verwahrt sich aber vor zu strenger Disziplin, die er als Projektion des Selbsthasses entlarvt: „Wir können zu keiner guten Menschheit kommen, solange sie gehasst, bestraft und unterdrückt wird“ (Neill, 1969, S. 163). Unter „Benehmen“ versteht Neill keine förmlichen Höflichkeiten, sein Anspruch geht viel tiefer und würde heute dem modernen Begriff der sozialen und emotionalen Intelligenz entsprechen:

> „Sich gut benehmen heißt an andere denken, nein – für andere fühlen. Man muß ein Gruppenbewusstsein haben und sich in die Lage eines anderen versetzen können. Gutes Benehmen verbietet, einen anderen zu verletzen“ (Neill, 1969, S. 188).

3.2 Antiautoritäre Pädagogik als Instrument gesellschaftlicher Veränderung

Eine systematische Aufarbeitung der Thematik wäre im Rahmen dieser Arbeit verfehlt. Zur Einordnung und zum Verständnis der von der antiautoritären Bewegung geforderten Erziehungsstile in den 60er Jahren – mit ihrer radikalen Gesellschaftskritik und Forderungen nach freier Sexualität, repressionsfreier Erziehung, angstfreien Räumen bis hin zur Erziehung zum Klassenkampf – ist jedoch eine auf das vorliegende Thema fokussierte wissenschaftlich und historisch korrekte Retrospektive unverzichtbar.

Bis in die Gegenwart wirken Vor-Urteile, Missverständnisse, sowie Diffamierungen; beispielhaft sei *Lob der Disziplin. Eine Streitschrift* (Bueb, 2006) genannt. Bernhard Bueb, ehemaliger Leiter der Eliteschule Schloss Salem, setzt wie ein Laie antiautoritär mit „Laisser-faire" gleich (Bueb, 2006, S. 12; S. 69) und diskreditiert den Prozess der „Psychologisierung der Pädagogik" seit der Nachkriegszeit; für die „Haltung des Laisser-faire" macht er die Tiefenpsychologie verantwortlich (Bueb, 2006, S. 107). Rolf Arnold, Professor für Pädagogik, antwortet auf den Bestseller mit seinem Buch *Aberglaube Disziplin*:

> „Wie kann es sein, dass autoritäre Erziehungsparolen des 19. Jahrhunderts in unserer modernen Gesellschaft noch immer auf offene Ohren stoßen und weite Teile der Öffentlichkeit ganz offensichtlich Gefallen an einer Auffassung finden, die einer „vorbehaltlosen" Anerkennung von Autorität sowie von Strafe und Gehorsam das Wort redet? Was sagt der Bucherfolg von Bernhard Bueb über die deutsche Erziehungsmentalität?" (Arnold, 2007, S. 7).

Die geistigen „Väter" der – nicht nur von Bueb geschmähten – antiautoritären Ideale der 68er waren Marx, die Psychoanalytiker Freud, Bernfeld, Reich und Rühle, sowie die Reformpädagogen. Durch eine nicht autoritäre Erziehungspraxis sollte die Entwicklung zu einer unterwürfigen und kritiklosen Persönlichkeit (Rühle, Bernfeld, Neill) oder autoritären Struktur (Adorno) verhindert werden. In der Praxis wurde dieser Erziehungsstil weitgehend in alternativen Lebensformen (Kibbuz, Kommunen etc.) oder antiautoritären Schulprojekten (Kinderheim Baumgarten/Muldau, Schule Summerhill, Kinderläden u. a.) angewendet, teilweise dokumentiert und analysiert.

Das Phänomen *antiautoritäre Erziehung* impliziert Weltanschauungen, Ideologien, Gesellschaftstheorien, Methoden und politisch-soziale Bewegungen, die sich teilweise widersprechen, bekämpfen, denunzieren. In das theoretische Konstrukt antiautoritärer Erziehung sind die Analysen, Ideen und Visionen verschiedener Philosophen, Sozialisten, Marxisten, Pazifisten, Mediziner, Psychoanalytiker, Soziologen, Individualpsychologen und (Reform-) Pädagogen eingeflossen.

Missverständnisse und Polemik sind bei einem derartig polymorphen Begriff vorprogrammiert. Nicht zufällig erscheint 2007 von Thomas Schroedter das Buch *Antiautoritäre Pädagogik. Zur Geschichte und Wiederaneignung eines verfemten Begriffes.* Soweit keine anderen Quellen angegeben sind, bezieht sich dieses Kapitel auf die Ausführungen von Schroedter (2007).

Die einschlägige Literatur über antiautoritäre Erziehung rekrutiert sich nicht aus traditionellen Erziehungsratgebern. Die ihnen immanente Gesellschaftskritik, ihr politisch-systemischer Ansatz und nicht zuletzt die psychoanalytische Sichtweise auf die seelischen, unbewussten Vorgänge des Menschen und der Gesellschaft lässt sie aus dem üblichen Raster herausfallen und sprengt jeden Rahmen.

> „Die historische Skizzierung der Erziehung soll aufzeigen, dass viele Elemente der Erziehung verborgene historische Wurzeln haben und dass Form und Inhalte der Erziehung verbunden waren mit der Reproduktion der verschiedenen Gesellschaften. Veränderungen in der Erziehung werden in der Veränderung der Gesellschaften vollzogen und Reflexion und Kritik der herrschenden Erziehung formulierten häufig eine Antizipation, die diese Veränderungen erahnen ließ" (Schroedter, 2007, S.7).

Unter diesem Aspekt ist die Wirkungsgeschichte der antiautoritären Pädagogik, die zugleich die kritische Erziehungswissenschaft repräsentiert, auch für die vorliegende Fragestellung unerlässlich. Lutz von Werder und Reinhart Wolff, die ab 1969 als Herausgeber Bernfelds Werk wieder zugänglich machten, konstatieren in ihrem Nachwort der *Ausgewählten Schriften.* Band 3:

> „Denn was der Faschismus zu eliminieren suchte, ist hierzulande immer noch im Exil und unterschlagen. Von kritischer Erziehungswissenschaft, wie sie Bernfeld in der Verbindung von Psychoanalyse und Marxismus betrieb, wollten die westdeutsche Pädagogik und die spekulative pädagogische Richtung, an die jene nach 1945 anschloß, nichts wissen.
>
> Darum ist die Publikation ausgewählter Arbeiten Bernfelds auch mehr als eine Dokumentation. Sie nimmt die bemerkenswert fruchtbare Auseinandersetzung der 20er Jahre um die Aufgaben und Grenzen der Erziehung wieder auf, an die anzuknüpfen die westdeutsche Pädagogik ebenso versäumte, wie sie die Psychoanalyse verdrängte" (v. Werder/Wolff, 1970, S. 268).

Der Wiener Sozialist und Jugendforscher Siegfried Bernfeld, der zunächst Biologie, Zoologie und Geologie belegte, danach jedoch zum Studium der Pädagogik, Psychologie, Philosophie und Soziologie wechselte, gehört der ersten Generation der Psychoanalytiker an. Er wurde früh mit den reformpädagogischen Ideen Gustav Wynekens bekannt, führte mit 20 Jahren die Wiener Jugendbewegung an und übernahm 1919 die pädagogische Leitung des antiautoritären Kinderheimes

Baumgarten für jüdische Kriegswaisen (Schroedter 2007, S. 128ff.). Bernfeld wurde zum programmatischen Theoretiker der Kibbuz-Erziehung; seine psychoanalytischen Theorien zur Erziehungswissenschaft umriss er 1925 in seiner Streitschrift *Sisyphos oder die Grenzen der Erziehung* und setzte damit seine Idee von einer revolutionären Kollektiverziehung des Kindes den Machttendenzen konservativer bürgerlicher Erziehung entgegen (Schroedter, 2007, S. 112f.). 1913 hatte sich Bernfeld bereits als Gasthörer in der Wiener „Psychoanalytischen Vereinigung" eingetragen und etablierte sich dort ab 1922 als Psychoanalytischer Pädagoge. Von 1925 bis 1932 arbeitete er am Berliner Psychoanalytischen Institut mit Kurt Lewin zusammen. 1934 emigrierte er über Wien und Frankreich in die U.S.A. nach San Francisco.

Bernfelds psychoanalytisches Denken und Wissen, die pragmatischen Umsetzungen seiner Ideen, seine Forderungen nach der Gleichberechtigung von Frauen und Männern, die Verwirklichung seines antiautoritären Schulprojektes, die Beschäftigung mit der Neukonzeption der Jugendphase, insbesondere aber der Bruch mit der konservativen geisteswissenschaftlichen Pädagogik als Mittel des Machterhalts bürgerlich-kapitalistischer Klassenherrschaft ließen ihn zum Vorbild der 68er Bewegung werden und zum „Vater" der antiautoritären Pädagogik.

> „Nicht die Pädagogik baut das Erziehungswesen, sondern die Politik. Nicht Ethik und Philosophie bestimmt das Ziel der Erziehung nach allgemeingültigen Wertungen, sondern die herrschende Klasse nach ihren Machtzielen; die Pädagogik verschleiert bloß diesen höchst häßlichen Vorgang mit einem schönen Gespinst von Idealen" (Bernfeld, 1974, Bd. 2, S. 107).

Aufsätze, die in den 60er Jahren nur als Raubdrucke oder in der „Grauen Literatur" kursierten, wurden allmählich wieder zugänglich. Ebenfalls 1969 gab der „Zentralrat der sozialistischen Kinderläden West-Berlin" seine „Anleitung für eine revolutionäre Erziehung. Nr 3." heraus: *Erziehung und Klassenkampf. Oder deren Geschichte nebst einer relativ vollständigen Bibliographie unterschlagener, verbotener, verbrannter Schriften zur revolutionären sozialistischen Erziehung* (v. Werder/Wolff, 1969).

In seinem Kapitel „Sozialistische Erziehung: Ratgeber in der Arbeiterbewegung" stellt Höffer-Mehlmer (2003, S. 149ff.) bereits Leben, Wirken und Werk von Heinrich Schulz (1872-1932) vor, der „durchweg einen ausgesprochen gewährend-demokratischen Erziehungsstil" für die proletarische Mutter propagiert, sowie in seinem Kapitel „Individualpsychologie und Klassenkampf: Otto Rühle" (1874-1943), einen Protagonisten post mortem der 68er-Bewegung. Höffer-Mehlmer skizziert Rühles „demokratischen Erziehungsstil" durch die entschiedene Absage an die Prügelstrafe und als Plädoyer für die elterliche Autorität, erworben durch „Bestimmtheit, Stetigkeit, Konsequenz" und „Vorbildlichkeit in der gesamten Lebenshaltung", andererseits aber auch für Geduld, Heiterkeit und Respekt vor dem Willen des Kindes. Selbsterziehung der Erzieher und die Beobachtung des Kindes stehen im Fokus, wie es bereits für die tiefenpsychologische Ratgeberliteratur bekannt ist.

Rühles sozialkritische Positionen, seine radikale Kritik am Privateigentum, dem er die autoritäre kapitalistische Erziehung mit ihren Institutionen anlastete, seine Vorstellung von der „Revolution in der Praxis", sowie seine Vision von einer Schule als Teil einer „klassen-, staaten- und herrschaftslosen Gesellschaft" (vgl. Schroedter 2007, S. 105), die Verbindung von Individualpsychologie und Marxismus, aber auch die Verfolgung durch die Nationalsozialisten machten ebenso seine Person, als auch seine Ideen attraktiv für die antiautoritäre Bewegung in den 60er Jahren.

Wilhelm Reich, Psychiater, Psychoanalytiker, Sexualforscher und Soziologe, der ab 1927 neben Otto Fenichel, Siegfried Bernfeld und Erich Fromm an einer theoretischen wie praktischen Synthese von Marxismus und Psychoanalyse (Freudomarxismus) arbeitete, rechnete in seinen Werken u. a. mit dem Stalinismus, vor allem aber mit dem Nationalsozialismus ab. Er betonte den fundamentalen Zusammenhang zwischen autoritärer Triebunterdrückung und faschistischer Ideologie und lieferte damit den Anhängern der „Sexuellen Revolution" die ideologische Basis.

Durch die Gründung der ersten sozialistischen Kinderläden in Berlin kam insbesondere die *Psychoanalytische Pädagogik* in Umlauf. Unter dem Titel *Antiautoritäre Erziehung und Kinderanalyse,* sowie dem Firmen-Signum „Verlag Zerschlagt Das Bürgerliche Copyright – hamburg – berlin – havanna" wurden Texte von Wera Schmidt, Melanie Klein, Sandor Ferenczi, Anna Freud, Nelly Wolffheim und Alice Balint im Jahr 1969 illegal gedruckt und herausgegeben.

Herbert Marcuse forderte eine „radikale Veränderung der Gesellschaft" als einzige Möglichkeit, die menschliche „Freiheit zu bewahren und die technischen und materiellen Ressourcen für die Realisierung von Freiheit verfügbar zu machen" (Marcuse, 1969, S. 180). Sein Appell an die Intellektuellen, einerseits ihre Rolle als Wegbereiter einer „Gegenpolitik zur herrschenden Politik" ernst zu nehmen und sich andererseits vor Illusionen ebenso wie vor Defätismus zu hüten, sowie seine Definition von Erziehung als Verbindung von Theorie und politischer Praxis verhallten beim SDS nicht (Marcuse, 1969, S. 184f.). Marcuses Veröffentlichungen wurden nicht nur in der BRD zu Standardwerken der Studentenbewegung, sondern weltweit.

Die Ideologiekritik an den gesellschaftlichen und historischen Prämissen der Theoriebildung, sowie die Idee von der „Befreiung von der Überflussgesellschaft" (Marcuse 1969) verdankte ihre Genese dem Wirken von Max Horkheimer, der ab

1932 die institutseigene *Zeitschrift für Sozialforschung* an der Goethe-Universität in Frankfurt am Main bis zur Emigration nach New York im Jahr 1933 herausgab und als Forum für eine neomarxistische, dialektische *Kritische Theorie* nutzte. Zum engsten Kreis zählten Theodor W. Adorno, Herbert Marcuse, Erich Fromm, Friedrich Pollock und Walter Benjamin. Nach der Rückkehr aus der Emigration begründeten Horkheimer, Pollock und Adorno 1950 erneut das Institut für Sozialforschung (IfS) in Frankfurt. Nach Adornos Tod 1969 und Horkheimers Tod 1973 repräsentierten Jürgen Habermas und Oskar Negt die *Jüngere Kritische Theorie.*

3.3 Antiautoritäre Erziehung in der Praxis: Die Kinderladenbewegung

Die Kinderladenbewegung wurde von Mitgliedern der APO ins Leben gerufen und von Elterninitiativen getragen. Die ersten „Kinderläden" entstanden 1967 in leerstehenden Einzelhandelsläden in Berlin und Frankfurt; später auch in allen anderen größeren Universitätsstädten. Der „Aktionsrat zur Befreiung der Frauen" (Helke Sander) war besonders aktiv, übte nicht nur Kritik an der herrschenden Erziehung, sondern auch an fehlenden Kindergartenplätzen und an der Haltung des SDS Frauen und Kindern gegenüber (Schroedter 2007, S. 148).

In der BRD ging ab 1967 von wenigen radikalen Mitgliedern des Berliner SDS die Gründung von Wohnkommunen aus, um „die traditionellen Herrschaftsstrukturen der bürgerlichen Familie" (K2 1969, S. 186) zu durchbrechen. Die Kommune 2, bestehend aus vier Männern, drei Frauen und zwei Kindern, publizierte ihr Gründungsdokument *Kindererziehung in der Kommune* im Jahr 1969. Vielen Kinderläden diente diese Dokumentation als Richtlinienpapier:

> „Die durchschnittliche Kleinfamilie produziert anlehnungsbedürftige, labile, an infantile Bedürfnisse und irrationale Autoritäten fixierte Individuen. Diese Tatsache ist unabhängig vom guten Willen oder den Erziehungsmethoden der Eltern. Nur der radikale Bruch mit der überkommenen Dreiecksstruktur der Familie kann zu kollektiven Lebensformen führen, in denen die Individuen fähig werden, neue Bedürfnisse und Phantasie zu entwickeln, deren Ziel die Schaffung des neuen Menschen in einer revolutionierten Gesellschaft ist" (K2, 1969, S. 187).

Die vier wichtigsten Prinzipien aus dem Kapitel „Kindererziehung" lauten:

1. Kollektive Erziehung (wechselnde Tagesdienste der Erwachsenen, S. 192)
2. Erziehung zur Selbständigkeit (Leitbild, S. 192)
3. Klare Verbote anstelle von Manipulationen und Tricks (S. 193)

4. Freiheitsspielräume beim Spielen und Essen, der Kleidung und Sexualität (S.193)

Ebenfalls 1969 erscheint von Reinhart Wolff die *Anleitung für eine revolutionäre Erziehung herausgegeben vom Zentralrat der sozialistischen Kinderläden West-Berlin. Nr 3. Erziehung und Klassenkampf.* Neben einem geschichtlichen Abriss der marxistischen Pädagogik werden auch „Vorläufige Aspekte sozialistischer Erziehung in den Kinderläden" berücksichtigt:

> „Die Kinderläden sind keine 'Kinderlaboratorien', sondern Ansätze einer Erziehung zu Kampf, Konflikt und sozialistischer Lebensperspektive.
>
> Um dies zu ermöglichen, muß die Erziehung in den Kinderläden von Bezugspersonen geleistet werden, die auch am politischen Kampf teilnehmen, nur sie können revolutionäre Identifikationen für die Kinder schaffen. Die sozialistische Erziehung in den Kinderläden muß durch eine politisch revolutionäre Familienerziehung ergänzt werden. [...] Kinderladenerziehung muß [...] erweitert werden durch eine Teilnahme der Kinder an den Kämpfen der sozialistischen Bewegung in der Öffentlichkeit" (S. VI).

Reinhart Wolff, Erziehungswissenschaftler, Soziologe und einer der bekanntesten Vertreter der antiautoritären Kinderladenbewegung referierte am 27. Mai 2001 in Güntersberge/Harz auf einer Tagung der BAGE (Bundesarbeitsgemeinschaft Elterninitiativen e.V.) über die Vergangenheit und Zukunft der Kinderladenerziehung. Wolff konstatiert, dass der Kerngedanke der Kinderläden heute in jeder modernen Kita-Erziehung zum Qualitätsmerkmal gehört: Die Kooperation zwischen der Familie und den Fachkräften der Einrichtung.

> „Aus der Erfahrung der Kinderläden heraus hat sich ein neuer Blick auf Kinder entwickelt. Das Paradox lautet, dass Kinder zwar aktiv ihre eigene Entwicklung betreiben, Entwicklung eine Selbstproduktion ist. Sie gelingt aber nur, wenn Kinder zugleich in tragfähigen Beziehungen stehen. Erst im Milieu der anderen werden wir zu der Persönlichkeit, die wir dann schließlich sind" (Wolff, 2001, S. 7).

Wolff nimmt in seinem Referat Bezug auf das Problem der Moderne, „dass Erziehung keinen eindeutigen Ort mehr hat, bzw. dieser Ort immer wieder neu begründet werden muß". An Traditionen der Vergangenheit anzuknüpfen ist ungleich leichter, als „zukunftsoffen" zu erziehen.

Reformpädagogik, Psychoanalyse, Individualpsychologie und Antiautoritäre Erziehung haben ein gemeinsames Zentrum: Die Erziehung der Erzieher. Die Kinderladen- „Selbsthilfebewegung" (anfangs Ausschluss professioneller Kräfte) legte den Fokus auf Selbstreflexion (u.a. Gruppen- und Selbstanalyse in Eigenregie). Von ihr gingen wichtige Impulse für den Ausbau der pädagogischen Ausbildung aus:

> „Denn in dem Maße, in dem die kinderladenerfahrenen Eltern zu Fachleuten der Reform der Kindertageserziehung wurden und die Fachschulen und Hochschulen sich für sie zu interessieren begannen, kam die moderne Kita-Reform in Gang. Es ist in diesem Zusammenhang sehr interessant, sich klar zu machen, wie viele Kinderladengründerinnen und –gründer oder Kinderladen-Eltern später auf der professionellen pädagogischen Ebene eine Rolle spielten“ (Wolff, 2001, S. 11).

Wolff stellt in seinem Referat kritisch fest, dass die Kinderläden inzwischen an Einfluss verloren haben gegenüber der Mehrzahl der Kindertagesstätten, die größtenteils konzeptionell und methodisch hohen Qualitätsstandards entsprechen. Die produktiven Anstöße für Kitas und Kindergärten durch die Kinderladenbewegung fokussiert er auf fünf Punkte:

1. Die konzeptuelle Kommunikation und Kooperation zwischen Familie und Einrichtung zum Nutzen der Entwicklungsbedürfnisse des Kindes (S. 3)
2. Die systematische Reflexion von Erzieherverhalten und Erziehungsstilen (S. 9ff.)
3. Die Öffnung moderner Kita-Pädagogik anderen Kulturen gegenüber und in die Nachbarschaft hinein durch das Vorbild der „offenen pädagogischen Provinz“ des Kinderladens (S. 11f.)
4. Eine hohe Prozessqualität durch beziehungsdynamische Konzepte (S.14)
5. Eine verbesserte Einrichtungs- und Raumqualität unter ergonomischen und entwicklungspsychologischen Aspekten, sowie aus ökologischer Perspektive (S. 15)

Ein eigenes Kapitel widmet Wolff in seinem Referat dem Thema *Gesellschaft und Politik*. Während bisher die antiautoritäre Erziehung nahezu als Kontinuum dargestellt wurde, soll nunmehr der historische Wandel im „Ideologischen Überbau“ transparent gemacht werden:

> „Die Kinderladenbewegung ist sehr schnell mit dem Paradox von Kritik und Lösung gesellschaftlicher und politischer Probleme konfrontiert worden. [...] Und dennoch haben uns die einfachen Lösungen mächtig interessiert, glaubten wir trotz der uns wichtigen Kritischen [...] Theorie der Frankfurter Schule im historischen Rückgriff daran, dass die Abschaffung der kapitalistischen Eigentumsverhältnisse Demokratie und soziale Gerechtigkeit ermöglichen würde. Heute müssen wir sagen, dass dergleichen makro-systemische Veränderungsperspektiven weder wahrscheinlich sind, noch

auch günstige Erfolgsaussichten haben, [...] die Dinge komplizierter sind, als wir damals glaubten“ (Wolff, 2001, S. 12f.).

Statt revolutionärem Pathos der Gründungszeit gewährt die Kindertagesstätte Komsu e.V., die 1981 nach zwei Hausbesetzungen in Berlin Kreuzberg als Kinderladen gegründet wurde, durch ihre Konzeption einen Einblick in die Erziehungsstilelemente der *Antiautoritären Erziehung der Gegenwart.* Die Grundkonzeption wurde in den Jahren 1992-1997 erarbeitet und 2012 zuletzt modifiziert.

Das Kind hat grundsätzlich das Recht, so akzeptiert zu werden, wie es ist

- das Recht, auf aktive, positive Zuwendung und Wärme
- das Recht, in Ruhe gelassen zu werden, sich zurückzuziehen
- das Recht, sich gegen Erwachsene und andere Kinder abzugrenzen, aber man soll es nicht ausgegrenzt lassen, sondern auch Hilfe geben
- das Recht, zu schlafen, wenn es müde ist, aber nicht schlafen zu müssen
- das Recht auf einen individuellen Entwicklungsprozess in eigenem Tempo
- das Recht auf Hilfe und Schutz bei der Verarbeitung von Gewalt
- das Recht auf Auseinandersetzung mit Erwachsenen und Kindern
- das Recht, aktiv soziale Kontakte zu gestalten und dabei unterstützt zu werden
- das Recht auf zuverlässige Absprachen und Beziehungen zu Erwachsenen
- das Recht zu lernen, mit Gefahren umzugehen, soweit es nicht sich und andere dabei in Gefahr bringt
- das Recht auf eine Einrichtung, in der sich alle möglichst wohl fühlen können
- Das Kind hat zwar das Recht, Bedürfnisse zu befriedigen und sich selbst zu verwirklichen, aber nur in dem Maße, als die Rechte von anderen Personen nicht eingeschränkt werden (nach Komsu e.V./ Neueste Fassung von 2012).

Es fällt schwer, *grundlegende* Unterschiede zum demokratischen Erziehungsstil nachzuweisen. Aus aktueller Perspektive handelt es sich um einen entwicklungsförderlichen Stil, bei dem reformpädagogische Theorieelemente im Fokus stehen. Ein gravierender historischer Wandel ist erkennbar: Das Ziel ist nicht mehr eine Kollektiverziehung mit wechselnder Betreuung (Komsu, 1969), sondern eine bindungsfördernde Atmosphäre mit Erziehern, die die individuelle Entwicklung über Beziehungsangebote und Bindung fördern (Komsu, 2012). Ein Forschungsergebnis dieser Arbeit wird hier bereits vorweggenommen: Die Angleichung der postulierten Erziehungsstile von Dekade zu Dekade (vgl. Kap. 5/6).

3.4 Eine individualpsychologische Alternative: Rudolf Dreikurs &Vicki Soltz (1966)

Das positive Menschenbild Alfred Adlers und die jahrzehntelange Arbeit in den von Dreikurs gegründeten Familienberatungsstellen bilden das Fundament für die 34 empfohlenen „Prinzipien der Kindererziehung" in dem „erfolgreichsten Erziehungsratgeber" (Klett-Cotta 2008). Die detaillierte Analyse der Strukturen einer individualpsychologischen Erziehung in *Kinder fordern uns heraus. Wie erziehen wir sie zeitgemäß?* (1966) steht exemplarisch für alle danach erscheinenden Elternratgeber und –kurse auf der Grundlage der Individualpsychologie und erfüllt damit im Rahmen dieser Arbeit eine substanzielle Funktion. Zugleich weist der von Individualpsychologen empfohlene Erziehungsstil alle Merkmale eines demokratisch-autoritativen Erziehungshandelns auf.

Die (gesellschafts)politische Dimension von Psychoanalyse und Individualpsychologie wurde in dieser Arbeit schon prägnant dargestellt und belegt; konsequent endet das Vorwort von Dreikurs mit Blick auf eine bessere Verständigung und Zusammenarbeit zwischen den Generationen:

> „Wir haben viel Mitgefühl und Achtung für Eltern, die sich ihrer Verantwortung stellen wollen, aber oft Aufgaben gegenüberstehen, auf die sie nicht vorbereitet sind. Sie brauchen also ebenso Erziehung wie das Kind, und zwar hin zum Anwenden neuer Methoden im Reagieren auf die Herausforderung durch das Kind. Insgesamt wird dies zu einer neuen Einstellung ihnen gegenüber führen und somit auch Wege für ein friedfertiges Miteinander öffnen" (Dreikurs/Soltz, 2008, S. 12).

Der theoretische Diskurs wird von Dreikurs geführt, für die adäquaten Beispiele zeigt sich Soltz verantwortlich. Interessanterweise ist das erste Kapitel „Unsere Ratlosigkeit" von 1966 noch so aktuell, dass eine Essenz der Hauptgedanken an dieser Stelle wiedergegeben wird:

> „Eltern [...] hoffen, glückliche Kinder zu erziehen, [...]. Stattdessen sehen sie unzufriedene, gelangweilte, unglückliche, anmaßende und trotzige Kinder. Kinderärzte und Psychologen berichten über ein alarmierendes Anwachsen der Zahl von ernsthaft gestörten Kindern.
>
> Im Bemühen, dieser Situation beizukommen, melden sich Eltern zu Elternseminaren an, beteiligen sich an Diskussionsgruppen, hören Vorträge und lesen zahllose Bücher, Schriften und Zeitungsartikel. [...] Die Fähigkeit, Kinder aufzuziehen, scheint verloren gegangen zu sein. [...] Was ist geschehen?" (Dreikurs/Soltz, 2008, S. 15).

Der Autor beantwortet seine Frage mit dem Kulturwandel, der durch den Einfluss der Demokratie die soziale Atmosphäre mit ihren zwischenmenschlichen Beziehungen verändert und traditionelle Erziehungsmethoden unwirksam gemacht hat (vgl. Kap. 16, S.164). Eindeutig wendet er sich von der autokratischen Methode – von Unterwerfung, Zwang, Willkür – ab und appelliert an Prinzipien wie Verantwortlichkeit, Ermutigung und soziale Gleichwertigkeit, die er als Anspruch auf Achtung und Würde unabhängig von allen persönlichen Unterschieden und Fähigkeiten definiert.

> „Die zehnjährige Anke lebte in einer Vorstadt, wo es keine öffentlichen Verkehrsmittel gab. Ihre beste Freundin, Bianka, [...] wohnte so weit weg, dass man nicht zu Fuß hingehen konnte. [...] Bald kam es so weit, dass die eine oder andere Mutter beinahe täglich ihre Tochter hin- und zurückfuhr. Hatten die Mütter keine Zeit, gab es enttäuschte Mädchen und die Situation wurde immer unbefriedigender. [...] Die Mutter erklärte ihre Lage, zeigte Verständnis für Ankes Recht, ihre Freundin zu besuchen, sagte aber auch, sie könne es sich nicht leisten, dauernd hin- und herzufahren. „Hast du keine Idee, was wir tun könnten?“ „Ja, wir könnten uns vielleicht etwas weniger sehen.“ „Wie oft in der Woche, glaubst du, sollte ich dich zu Bianka fahren?“ [...] „Ich glaube, zweimal in der Woche. Wenn dann Bianka auch zweimal in der Woche hierher kommt, wären wir etwa gleich“ (Dreikurs/Soltz, 2008, S. 153f.).

Der Autor zeigt Wege zur Zusammenarbeit versus Machtkämpfe zwischen Eltern und Kindern auf, indem gemeinsame Absprachen im Familienrat getroffen werden:

> „Die Aufmerksamkeit jedes Gruppenmitglieds soll auf die Bedürfnisse der Familie als Ganzes gerichtet werden. Zusammenarbeit bedeutet die gemeinsame Tätigkeit *jedes* Mitglieds, mit dem Ziel, das Beste für alle zu erreichen“ (Dreikurs/Soltz, 2008, S. 148, Hervorhebung im Original).

Dieser Text erschien 1964 in New York, 1966 in Stuttgart und ist auch im 21. Jahrhundert so aktuell, dass 2008 die 15. Auflage auf den Markt kam. Zunächst „gegen den Strom“ verfasste Dreikurs seine Erziehungsgrundsätze und prognostizierte 1964 sehr realistisch: „Bis diese Prinzipien zur Tradition werden, bedarf es ununterbrochener Bemühungen“ (Dreikurs/Soltz, 1976, S. 17). Nicht allein 600.000 verkaufte Exemplare legitimieren eine Analyse des Werkes; Jan-Uwe Rogge kommentiert in dem Vorwort des Ratgebers von 2008:

> „Es ist die humanistische Grundhaltung, die „Kinder fordern uns heraus“ so wertvoll und unverwechselbar macht. Mitgefühl und Achtung für die Eltern ziehen sich wie ein roter Faden genauso durch das Buch wie der Respekt vor der kindlichen Persönlichkeit“ (Rogge in Dreikurs/Soltz, 2008, S.7).

> „Hier wird denn auch deutlich, was Dreikurs und Soltz unter partnerschaftlicher Erziehung verstehen – eben nicht die Gleichrangigkeit von Eltern und Kindern, sondern deren Gleichwertigkeit. Eltern und Kinder können nicht gleichrangig sein, denn Eltern tragen die Erziehungsverantwortung. [...] Eltern haben Erfahrungsvorsprünge“ (Dreikurs/Soltz, 2008, S.9).

Rogge betont am Ende seines Vorworts, dass sein eigener Klassiker *Kinder brauchen Grenzen* (1993) nicht unerheblich von Dreikurs und Soltz beeinflusst wurde. Der Titel *Kinder fordern uns heraus* ist spätestens seit Sokrates zeitlos – das Phänomen bildet der Untertitel: *Wie erziehen wir sie zeitgemäß?* Zunächst mutet es wie ein Paradoxon an, wenn dieser Titel von 1966 bis über die – zum ersten Mal aktualisierte – Fassung von 2008 hinaus beibehalten wird. Genauer betrachtet weist dieser Sachverhalt auf zwei elementare Aspekte hin: Die grundlegenden Prämissen der traditionellen individualpsychologischen Pädagogik halten einerseits auch neueren Forschungen über „Charakteristika entwicklungsfördernder Erziehungsstile“ stand, andererseits gestaltet sich die praktische Umsetzung einer „demokratischen“ Erziehung als langwieriger Prozess, wie es Dreikurs bereits prophezeite. Beide Aspekte werden nunmehr durch Ankerbeispiele verdeutlicht.

> „Der neunjährige Patrick ist ein Einzelkind und tut alles, seinen Eltern zu gefallen. Sie stellen außergewöhnlich hohe Ansprüche an gutes Benehmen und schulische Leistungen. [...] Jede Note unter einer Eins ist ein Unglück. [...] Sein Betragen muss jederzeit untadelig, höflich und zuvorkommend sein. [...] Er hat aber einen Fehler, den ihm seine Eltern nicht abgewöhnen können: Er kaut dauernd an den Fingernägeln. Außerdem hat er schreckliche Träume und die nervöse Angewohnheit, mit den Schultern zu zucken“ (Dreikurs/Soltz, 2008, S. 108).

Dreikurs prangert das rücksichtslose Verhalten und den fehlenden Respekt der Eltern gegenüber Patrick an; sie benutzen ihn als Mittel, ihre Eigenliebe zu befriedigen. Patrick kann sich selbst nicht achten, wenn er dem Wunsch seiner Eltern nach Prestige entsprechen muss. Unmissverständlich wird andererseits vor den Folgen von Verwöhnung, Inkonsequenz, falschem Mitleid und elterlichen Schuldgefühlen gewarnt:

> „Der elfjährige Christian kommt häufig zu spät zum Abendessen. Er vergisst sich beim gesunden Spiel im Freien so, dass die Mutter ihm jedes Mal verzeiht. Kommt er heim, macht sie ihm das Essen wieder warm und wartet mit dem Saubermachen der Küche, bis er fertig ist“ (Dreikurs/Soltz, 2008, S. 116).

Nach Dreikurs unterwirft sich die Mutter ihrem Sohn und dient ihm ergeben als Sklavin. Christian wird dadurch in seinem Glauben bestärkt, dass er sich weder an

Regeln noch an Absprachen halten muss. Er versucht, den Tagesablauf zu bestimmen. Das „Vermächtnis“ von Dreikurs ist auf 360 Seiten derart komplex dargestellt, dass im Folgenden versucht wird, die 34 Erziehungsgrundsätze und zahlreichen Vorschläge stringent auf drei durchgängige Prinzipien zu fokussieren, die sich nachweisbar in den nahezu 40 Kapiteln manifestieren und sowohl mit Adlers positivem Menschenbild, als auch mit der *Theorie und Praxis der Individualpsychologie* (Adler, 1973, 1974, 1976) korrespondieren:
Dem Prinzip der *Gleichwertigkeit* entsprechen:

- Bestrafung und Belohnung vermeiden (Kap. 5, S. 82ff.)
- Das Kind und die Rechte des anderen achten (Kap. 8/10, S. 107ff/S. 120ff.)
- Sich vom Streit zurückziehen (Kap. 17/24, S. 174ff./S. 224ff.)
- Auf das Kind hören, auf den Ton unserer Stimme achten (Kap. 31/32, S. 287f.)
- Mit den Kindern, nicht zu ihnen reden; Einen Familienrat bilden (Kap. 38/39, S. 321ff./S. 329ff.)
- Dem Prinzip der *Ermutigung* lassen sich zuordnen:
- Das Kind ermutigen; Sich Zeit nehmen (Kap. 3/13, S. 48ff./S. 139ff.)
- Auf Kritik verzichten und Fehler verkleinern (Kap. 11, S. 122ff.)
- Keine ungebührliche Aufmerksamkeit geben (Kap. 15/34, S. 157ff./S. 300ff.)
- Nicht zu sehr beschützen; Kein Mitleid zeigen (Kap. 22/27, S. 210ff./260ff.)
- Die Unabhängigkeit fördern; Es leichter nehmen (Kap. 23/33, S. 216ff./293ff.)

Dem Prinzip *Lenkung durch Ordnung und Festigkeit* ordnen sich unter:

- Natürliche und logische Folgen anwenden (Kap. 6, S. 90ff.)
- Festigkeit zeigen, ohne zu herrschen (Kap. 7/16, S. 101ff./S. 163ff.)
- Die Ordnung achten; Den Tagesablauf regeln (Kap. 9/12, S. 112ff. /133ff.)
- Handeln, nicht reden; Keine „Fliegen verscheuchen“ (Kap. 18/19; S. 183ff.)
- Nicht immer gefällig sein – Mut zum „Nein“ haben (Kap. 20, S. 197ff.)
- Nicht impulsiv handeln, sondern das Unerwartete tun (Kap. 21; S. 204ff.)
- Nur sparsam und vernünftig fordern; Konsequent sein (Kap. 28/29, S. 273ff.)

Nach Adler und Dreikurs wird die Entwicklung der Persönlichkeit von drei Faktoren beeinflusst: der *Familienatmosphäre*, der *Familienkonstellation* und von den *Erziehungsmethoden.* Adlers Modelle zur Geschwisterkonstellation sind ein Novum; durch Dreikurs und seine Schüler finden sie mittels zahlreicher Ratgeber und Elternkurse nach und nach Eingang in das Erziehungswissen von Eltern und Experten. Die Ausführungen zur Familienkonstellation zeugen von systemischem

Denken. Beispielhaft transformiert Dreikurs Konfliktsituationen in Lernsituationen für Kind und Eltern:

> „Die zehnjährige Melanie brach in Tränen aus, als sie das verbrannte Backwerk aus dem Herd holte. [...] Die Mutter kam in die Küche. „[...] Lass uns sehen, weshalb es passiert ist." [...] Sie sahen noch einmal zusammen das Rezept durch, bis sie entdeckten, dass Melanie sich bei dem automatischen Zeiteinsteller verschätzt hatte. „Ach, ich sehe, was ich falsch gemacht habe." „Gut", sagte die Mutter, „machen wir sauber und dann kannst du es noch einmal versuchen" (Dreikurs/Soltz, 2008, S. 124).

Die Unvollkommenheiten des Ratgebers beziehen sich nach Rogge auf altmodische Formulierungen und im Laufe der Jahre neu entstandene Erziehungsthemen, die keine Berücksichtigung finden. Die Ratschläge für das erste Lebensjahr sind durch die neuen Erkenntnisse der Bindungsforschung überholt und könnten zu Schädigungen führen: „Unregelmäßige Stillzeiten verraten einen Mangel an Achtung gegenüber dem Baby und der Ordnung" (S. 108). Die Geringachtung von Temperament und Genen hat Dreikurs wohl begründet, macht aber nachdenklich, ebenso wie seine Ausführungen zum Geschwisterstreit: „Es gibt Familien, in denen die Kinder nicht streiten" (S. 224.). Die Ankerbeispiele suggerieren zum Teil, dass eine einmalige Erziehungsmaßnahme der Mutter das Verhalten des Kindes ändert: „Das Kind warf sich brüllend auf den Gehweg. Die Mutter ging ruhig und ohne zurückzuschauen weiter. Plötzlich sprang Sabine auf und rannte hinter ihrer Mutter her, wobei sie lächelte und hüpfte. Sie gingen glücklich den Rest des Weges heim" (Dreikurs/Soltz, 2008, S. 104).

Die Gefahren individualpsychologischer Pädagogik sieht Hans Josef Tymister (2001) zurzeit in der „Verwechslung der Ergebnisse wissenschaftlicher Forschung mit normativen Aussagen über Erziehung" und in der holzschnittartigen Vereinfachung Dreikursscher „Techniken" der Erziehung: „Nicht die Publikationen selbst, wohl aber dass sie von ihrer Argumentationsweise her Simplizität nahelegen, muss kritisiert werden" (Tymister, 2001, S. 53). Die offenkundige Chance individualpsychologischer Pädagogik liegt für Tymister zum einen in der kategorischen Ablehnung von Verwöhnung und „laissez-faire", verbunden mit der Botschaft nichts zu können, sowie dem Tenor, dem Leben des Erwachsenen im Wege zu stehen und zum anderen in der konsequenten Vermeidung autoritärer Unterdrückung mit dem Ziel blinden Gehorsams. So dürften die Schriften von Dreikurs und seinen Schülern dazu beitragen, dass es den Eltern gelingt, die Balance im pädagogischen Handeln zu finden, also durch *Selbst*-Erziehung „die Mitte zu wahren zwischen den beiden gleichermaßen verwerflichen Extremen" (Tymister, 2001, S.56).

3.5 Erste Elternzeitschrift der BRD: Das Profil von ELTERN (1966)

Im Oktober 1966 erscheint die erste Elternzeitschrift: *ELTERN. Die Zeitschrift für die schönsten Jahre des Lebens.* Durch einen immensen Werbeaufwand gelingt es Axel Springer innerhalb von neun Monaten, die Produktion von null auf eine Million Exemplare zu steigern. Gruner + Jahr gründet daraufhin 1967 die „Zeitschrift für Mütter und Väter": ES, integriert sie aber bereits 1969 in die wesentlich erfolgreichere Neuerwerbung ELTERN (Schneider, 2000, S. 43ff.; S. 68; S. 101).

Das Konzept muss den Spagat bewältigen zwischen jeweils aktuellen Ratschlägen bei Kinderwunsch und für Schwangere, die zunächst die potentiellen Käuferinnen sind, und immer neuen Zugängen und Themen, um das Interesse treuer Leser*innen* auch im dritten oder vierten Jahr zu induzieren. Neue Informationen, neue Ansätze, ständig neues Aufbereiten alter Themen sind gefragt, wie z.B. Vorschläge und Unterstützung bei der Kindererziehung, Informationen über die Entwicklung von Babys und Kleinkindern, Antworten zu Fragen der Gesundheit und Ernährung, sowie der Rolle des Vaters, Lösungen von Partnerschaftsproblemen bis hin zu Empfehlungen von kindgerechten Urlaubsdomizilen in den übersichtlich gegliederten Rubriken.

Das Profil der Zeitschrift ist klar umrissen: für den redaktionellen Inhalt sind ausschließlich Journalisten verantwortlich, die zuvor – unter Einbeziehung von Expertenwissen (Wissenschaftlicher Beirat et al.) – akribisch recherchiert haben.

> „Obwohl in der Chorionzottenbiopsie allmählich fast so zu Hause, als ob sie Gynäkologen wären, müssen die Redakteurinnen dasselbe schaffen, was einst Martin Luther leistete: so zu schreiben, dass die Leserin mit Hauptschulabschluss sie versteht, die Akademikerin aber sich nicht unter ihrem Niveau angesprochen fühlt. Und noch dazu lässt der rare Journalistentyp, der all dies kann und mag, sich von keiner anderen Zeitschrift abwerben, denn ELTERN hat keine Konkurrenz" (Schneider, 2000, S. 221).

Als „Windelschreiber" vom eigenen Berufsstand diffamiert, schuftet „dieser Haufen von Narren die Nächte durch – erfüllt von Pioniergeist, Begeisterung und Idealismus" (Grothe, persönl. Mitteilung, 12.08.08). Vermutlich dank dieser Aufbruchstimmung, von Enthusiasmus, Integrität und Tatendrang durchdrungen, weht starker Rückenwind von wissenschaftlicher Seite – ungeachtet aller üblichen Ressentiments *Illustrierten-Journalisten* gegenüber. Eine enge, vertrauensvolle und fruchtbare Zusammenarbeit von der ersten Stunde an erleichtert die „Geburt" von ELTERN und garantiert die Qualität der Zeitschrift. Eine fördernde und unterstützende Funktion nimmt der Wissenschaftliche Beirat ein (u. a. Kurt Seelmann, Wolfgang Metzger, Theodor Hellbrügge). Auch im Rückblick erinnert sich Hans Grothe noch immer dankbar an die „bemerkenswerte Bereitschaft der Wissenschaftler", die die Konzeption der Elternzeitschrift mit der vollen Akzeptanz unterstützt und ihm und seinen MitarbeiterInnen den Zugang zu neuen und entscheidenden Forschungsergebnissen überhaupt erst ermöglicht haben (Grothe, persönl. Mitteilung, 12.08.2008).

Beratung, nicht Belehrung, Ermutigung versus purer Gefahrenschilderung ist gefragt. Wie bei anderen Zeitschriften ist nicht zuletzt das Titelbild entscheidend für den Kauf. Nur ein Baby („Kindchenschema") spricht Schwangere oder junge Mütter an – und das zwölf Mal im Jahr: immer wieder neue möglichst große, runde und strahlende Augen, große Stirnregion, kleine Stupsnase, häufig ein geöffneter, zahnloser, lachender Mund oder auch zwei ganz kleine, weiße Milchzähne und rundliche Wangen.

Kein Risiko – was das Foto nicht leisten kann, versucht das *Titelthema* auszulösen: „*Ihre Liebe macht Ihr Kind klug!* Von der Geburt bis zur Schule: Wie Gefühle beim Lernen helfen" (02/2004); „*Was muss mein Kind wann können?* Spannend – und rundum beruhigend: Der große Entwicklungskalender von 0 bis 3. Plus: Schnelle Förder-Tipps" (05/2004); „*Was Ihr Baby denkt und fühlt.* Faszinierende Ergebnisse der Hirnforschung. Wie Eltern merken, was ihr Kind will" (03/2007); „*Muss man ein Baby schon erziehen?* Von 0 bis 3: Welche Grenzen Kinder brauchen. Und was sie noch nicht verstehen" (03/2008). „*Erziehung 2008.* Kameradschaftlich, pragmatisch, liebevoll – wie Eltern heute mit ihren Kindern umgehen" (5/2008).

Auch die Nebenthemen auf der Titelseite wecken Neugier und Interesse. „Wenn du das nicht liest, verpasst du etwas ganz Essentielles und bist *keine gute Mutter* " oder: „Wenn du das Heft nicht kaufst, wissen die anderen mehr, und dein *Kind ist benachteiligt.*" Diese und verwandte Motive führen zur Kaufentscheidung (informelle Umfragen der Autorin C. E. in Müttergruppen der „oberen Mittelschicht" von 1985 bis 2009; Hervorhebungen durch die Verfasserin). Manche Themen werden prophylaktisch konsumiert, andere versprechen die Lösung schon lange schwelender Konflikte. „Ohne einen Funken Hoffnung können Eltern nicht durchhalten", sagt Norbert Hinze, Chefredakteur von 1986 bis 2002 (Schneider, 2000, S. 222). Hoffnung und Anreiz zum Kauf oder Abonnement geben darüber hinaus Serien, Tests („Sind Sie eine gute Mutter?" 6/67), Umfragen und aufwändige Farbfotoberichte.

> „Auch das schaffen sie in dieser Redaktion. Ihre Zielgruppe – Schwangere und Mütter – schöpfen sie in einem Umfang aus, wie dies keine andere große Zeitschrift im deutschen Sprachraum mit den Lesern schafft, die sie erreichen will. Der unmittelbare Nutzen, den sie ihren Leserinnen bietet, wird sowieso von keinem Periodikum auf Erden übertroffen. Und so bleibt als ihre größte Sorge, daß in dem Maße, in dem immer weniger Kinder geboren wurden, auch ihre Auflage schrumpfen musste" (Schneider, 2000, S. 222).

Die Quellenarbeit von Elternzeitschriften stützt sich in der vorliegenden Untersuchung weitgehend auf die Artikel von ELTERN. Die Inhaltsanalyse der kompletten Erziehungsratschläge von 1966 bis zur Gegenwart dürften jeweils aktuelle Strömungen sichtbar werden lassen und einen historischen Wandel von Erziehungsstilen belegen – wenn es ihn denn gibt. Das Institut für Demoskopie Allensbach konzipierte die erste Markt-Media-Studie für die Zielgruppe „Familie“ in Deutschland im Auftrag der ELTERN-Gruppe (G+J). Die Ergebnisse der breit angelegten, repräsentativen Studie wurden unter dem Titel „FamilienAnalyse 2002“ in erster Linie für die Marketing- Planung von Unternehmen, letztlich aber auch für Politik, Medien und die Gesellschaft insgesamt veröffentlicht. Für die vorliegende Arbeit sind die Antworten auf die Frage nach den wichtigen *Informationsquellen* für die Erziehung (Mehrfachnennungen) von besonderer Relevanz. Eine überragende Rolle spielen Tipps und Ratschläge für die Kindererziehung von anderen Eltern (67%), gefolgt von den eigenen Eltern und Schwiegereltern (48%). Immerhin entnimmt ein Drittel der Befragten (34%) seine Informationen auch aus Zeitschriften und ein knappes Drittel (32%) aus Büchern (ELTERN FamilienAnalyse, 2002, S. 66).

Diese Forschungsergebnisse bestätigen den Einfluss von Ratgeberliteratur und rechtfertigen nochmals den theoretischen Ansatz dieser Arbeit. Gerade Zeitschriften können flexibel auf Elternwünsche und –nöte reagieren (Leserdienst, Elterntelefon, E-Mail, Umfragen etc.) und werden auch auf diese Weise einem zeitlichen Wandel unterzogen. Um neben Altbewährtem und „Dauerbrennern“, wie z.B. Schlafproblemen, auch immer wieder Neues bringen zu können, damit möglichst hohe Auflagenzahlen erzielt werden, bleibt dem Redaktionsteam gar keine Wahl, als sich zu wandeln. Jedes solide Forschungsergebnis kann das nächste Titelthema bestimmen.

Das erste Heft im Oktober 1966 besticht allein durch das Titelbild, das den Redakteuren zugleich als Metapher dient: Der Kinderkopf eines Säuglings in einer Erwachsenenhand mit dem Titel *Das Neugeborene – Schicksal in Deiner Hand. Großer Farbbericht.* Durch Artikel von „Kapazitäten“ wird um Vertrauen geworben, sei es Kurt Seelmann, Bob Kennedy, Max Lüscher oder Benjamin Spock („Amerikas bekanntester Psychologe und Kinderarzt“). Hans Grothe ist als belesener und gründlich recherchierender, „entflammter“ Journalist von der ersten Stunde mit dabei und wird im Laufe der Jahre selbst zu einer seriösen Kapazität in Erziehungsfragen. Im Jahr 2008 wird ihm das Bundesverdienstkreuz verliehen. Die Aufmachung, die Themenvielfalt, die „großen Namen“ und nicht zuletzt die hervorragenden Fotos in ELTERN verheißen für die Zukunft eine breite, interessierte Leserschaft.

Inhaltlich wird zu einer Zeit, in der die Säuglingsforschung noch nicht sehr bekannt ist, mit einer anschaulichen Fotoserie über Reflexe berichtet, an das Zeigen von Gefühlen (Liebe) appelliert, eine große Familie idealisiert (Kennedy) und durch die Analyse von Kinderzeichnungen die Seele des Kindes „enthüllt". Das hat es in Zeitschriftenform bisher bundesweit nicht gegeben.

In der vorliegenden Arbeit wird der weitere Fokus auf die Entwicklungs- und Erziehungsthemen, sowie auf die von ELTERN empfohlenen Ratgeber gelegt. Von 1966 bis 1969 erscheinen allein 28 für diese Arbeit relevante Artikel; dabei stehen das angemessene Zeigen der elterlichen Liebe (10/66, 12/66, 4/67, 4/68) die Sauberkeitserziehung (1/67, 2/68, 6/68, 2/69), der Umgang mit Trotz (1/67, 7/68) und der Schlaf im Kleinkindalter (1/67, 8/67) einerseits, sowie Gebote und Verbote für Jugendliche (7/67, 10/67, 12/69, 11/69, 12/69) andererseits neben der Rolle der Väter (10/67, 8/68, 9/68) im Mittelpunkt. Mehrere Einzelartikel greifen die (immer noch aktuellen) Themen Fernsehen (12/66) und die Bedeutsamkeit von kindlicher Bewegung (11/66, 6/68) auf. Gemeinsam ist allen Artikeln, dass eine Reihe von seriösen Wissenschaftlern zu jedem Thema gehört werden – Namen, Titel, Einsatzbereiche und Zitate ermöglichen dem Leser Orientierung.

Darüber hinaus werden Fragen und Berichte von Eltern eingefügt. Während die Forderungen von Johannes Zielinski eher patriarchalisch-autoritär anmuten („So soll der ideale Vater sein!" – 10/67), lesen sich die empfohlenen Erziehungsstile der übrigen Artikel demokratisch-liberal („Vater ist ein prima Kumpel" – 10/67 oder „Pappi, du bist ja doof!" – 9/68): Infolge einer Bandbreite von dargebotenen Erziehungsstilen sollen mehr Leser erreicht werden. Der Artikel „Vater ist ein prima Kumpel" (10/67, S. 68ff.) wurde dem Ratgeber von Benjamin Spock „Große Hand führt kleine Hand" (1963) entnommen. ZEIT-Lesern wurde dieses Buch bereits am 05.04.1963 unter der Headline „Diesem Kinderarzt vertrauen Millionen Eltern" (Nr. 14, S. 20) vorgestellt. ELTERN veröffentlicht direkt im ersten Heft (10/66) eine komplette Werbeseite vom Ullstein-Verlag (ebenfalls Axel Springer) mit den drei bekannten Werken von Spock: *Säuglings- und Kinderpflege* (1962), *Große Hand führt kleine Hand* (1963), sowie *Sprechstunde für Eltern* (1964). Seelmann und Spock steigern sicher nicht nur die Auflage, sondern sind auch in den ersten ELTERN-Heften Garanten für Kontinuität und Wandlung zugleich.

Ob Sauberkeitserziehung, Trotz oder Schlaf, die ELTERN-Empfehlungen zeichnen sich aus durch Berücksichtigung der biologischen, entwicklungspsychologischen und medizinischen Forschungsgrundlagen. Die Aufklärung der Eltern und pädagogischer Rat (Tagesablauf, Rituale, Regeln) stehen im Fokus. Durchgängig ist ein dem Kind zugewandter, liebe- und verständnisvoller Erziehungsstil, ohne die elterliche Autorität zu opfern. Kennzeichen sind zwar freundliche Kommunikation und geduldige Kooperation, das letzte Wort aber behalten die Eltern und geben damit Struktur, Halt und Richtung. – eben autoritativ.

Beachtlich bleibt noch ein Artikel zur Bindungsforschung von Prof. Dr. Theodor Hellbrügge (4/67, S. 18ff.). Er erwähnt die – in Deutschland noch weitgehend unbekannten – Untersuchungen von dem britischen Arzt, Psychoanalytiker und Pionier der Bindungsforschung John Bowlby (1951) zum Zusammenhang zwischen mütterlicher Zuwendung und seelischer Gesundheit (vgl. Kap. 4).

3.6 Zusammenfassung

Die kulturelle Restauration in der Ära Adenauer, die Konzentration auf ökonomischen Fortschritt, die gescheiterte Reéducation, gepaart mit der fortdauernden Sprachlosigkeit der Kriegsgeneration begünstigte bereits in den frühen 60er Jahren antiautoritäre Protestbewegungen der Jugend, die wiederum Generationenkonflikte hervorriefen. Während bei den Eltern die Werte Arbeit, Leistung, Anpassung, Glaube an die Gerechtigkeit von Wettbewerb und Aufstieg, Sparsamkeit, sowie Streben nach Besitz und gesellschaftlicher Anerkennung tief verankert waren, demonstrierten die Jugendlichen die Abkehr von der Leistungsgesellschaft. Die Studentenbewegung (SDS und APO) wurde Mitte der 60er Jahre durch Dutschke und Rabehl mobilisiert und politisiert. Obwohl es sich dabei nur um eine qualifizierte und privilegierte Minderheit handelte, wurden – historisch betrachtet – Weichen für tiefgehende Veränderungen in der bundesrepublikanischen Landschaft gestellt. Neidhardt (1967) führte zu dieser Zeit eine Jugendstudie durch und erhielt einen paradoxen Befund: Diejenigen Jugendlichen, die am meisten von den Problemen und „Defekten“ auf der Mikro- und Mesoebene betroffen waren, zeigten am wenigsten Konfliktverhalten, bzw. Widerstand. Neidhardt prägte das *Paradigma der schichtspezifischen Sozialisation.*

Kurzfristig kam es zu einer Politisierung, langfristig zu einer *Liberalisierung*. Mit Sicherheit wurde der *Individualisierungsprozess* in der BRD durch die Jugend- und Studentenbewegungen beschleunigt. Besonders deutlich zeigte sich dies im Erziehungs- und Bildungsbereich: Auf der Makroebene wurden Bildungsreformen eingeleitet, auf der Mesoebene entstand eine breite Debatte über Werte und Normen, Erziehungsziele und –stile („Braunschweiger Symposion“, 1966), die letztlich auf der Mikroebene weitergeführt wurde. Alternative Schulen wurden gegründet und selbstreflexives, demokratisches Lehrerverhalten postuliert. Die Basis-Lernziele hießen: Emanzipation, Mündigkeit, Autonomie, Solidarität,

Frustrations- und Ambiguitätstoleranz, Leistungsmotivation (sic!), Kommunikation und Kooperation. Die *Erziehungspsychologie* von Tausch & Tausch wurde für Lehramtsstudenten zur Pflichtlektüre.

Es etablierten sich antiautoritäre Kinderläden, vereinzelte private Grundschulen („Freie Schulen") und Schulprojekte. Dank der Medien drang der Begriff „Antiautoritäre Erziehung" bis in die bildungsfernen Schichten vor und wurde teilweise gründlich missverstanden. Selbst Neill (1969), der sich für eine demokratische Erziehung im Gegensatz zu einer autoritären einsetzte, trug mit seiner *Theorie und Praxis der antiautoritären Erziehung* ungewollt zur allgemeinen Erziehungsunsicherheit bei. Sein positives Menschenbild steht in krassem Gegensatz zu autoritären Dogmen: Es gibt kein problematisches Kind, nur problematische Eltern. Sein Buch wurde verunglimpft in Unkenntnis seiner im Ratgeber dargestellten Werte und Erziehungsziele, wie z. B. Verantwortungsübernahme, Gehorsam, Disziplin, Respekt, Einfühlung in den Mitmenschen und damit verbundene gute Manieren.

Das theoretische Konstrukt „Antiautoritäre Pädagogik" zeigte viele Facetten: Einerseits wurde es politisch begründet, lieferte radikale Gesellschaftskritik bis hin zur Forderung nach einer Erziehung zum Klassenkampf, andererseits etablierte sich die antiautoritäre Erziehung in der Praxis der Kinderladenbewegung. Die geistigen „Väter" der antiautoritären Ideologie waren Marx, die Psychoanalytiker Freud, Reich, Rühle, insbesondere aber Bernfeld, sowie die Reformpädagogen. Mitte der 60er Jahre etablierte sich die „Kritische Erziehungswissenschaft" (Blankertz, Klafki, Mollenhauer), die sich aus der Grundkonzeption der *Kritischen Theorie* (u. a. Adorno, Benjamin, Fromm, Horkheimer, Marcuse, Habermas, Negt) ableitete. Die Ideologisierung der pädagogischen Strömungen zeigte sich auch in der Ratgeberliteratur. Die zunehmend pluralistischen Sichtweisen der Ratgeberautoren und Übersetzungen aus dem angloamerikanischen Raum trugen zur weiteren Verunsicherung der Eltern bei. Neben Haarer (NS) und konservativen Elternbüchern war nunmehr auch einst verbotene marxistische, sozialistische und psychoanalytische *Graue Literatur* im Umlauf. Daneben erschienen neue, über Jahrzehnte erfolgreiche tiefenpsychologische Werke und Ratgeber (Mitscherlich, Richter, Dreikurs u. a.), die insbesondere das affektive Erziehungsklima in den Fokus rückten und gesellschaftspolitische, sozialpsychologische, psychoanalytische und pädagogische Diskurse anstießen. Im Zentrum standen Demokratisierungs- und Autoritätsdiskurse (u. a. Spock, 1962; Mitscherlich, 1963; Adorno, 1966; Neill, 1969). Darüber hinaus entstanden polarisierende wissenschaftliche und populärwissenschaftliche Diskurse zum Thema „Antiautoritäre Pädagogik und Erziehung".

Mitscherlich bezog prononciert Position gegen restaurative Tendenzen und ebnete sowohl der Psychoanalyse im Nachkriegsdeutschland als auch einer demokratischen Öffentlichkeit den Weg. Erziehung muss nach Mitscherlich eine dialektische Funktion einnehmen zwischen der Einübung in die Regeln der menschlichen Gemeinschaft (Gehorsam und Selbsterziehung), sowie zugleich zur kritischen Analyse und reflektierten Entscheidung (gegebenenfalls Ungehorsam). Er propagiert eine empathische Mutter-Kind-Beziehung, die Präsenz des Vaters und Vorbilder im Erziehungsprozess. Seine Postulate haben an Aktualität nichts eingebüßt.

Dreikurs & Soltz (1966) stellten in ihrem Erziehungsratgeber *Kinder fordern uns heraus* die individualpsychologischen Prinzipien der Kindererziehung in Theorie und Praxis nach Alfred Adler vor. Der postulierte Erziehungsstil weist die Charakteristika eines „autoritativen und entwicklungsfördernden Erziehungshandelns“ auf. Die Prinzipien der Gleichwertigkeit, der Ermutigung und der Lenkung durch Ordnung und Festigkeit sollen der optimalen Entwicklung der Persönlichkeit dienen. Neben den Erziehungsmethoden halten die Individualpsychologen insbesondere die Familienatmosphäre und die Familienkonstellation ausschlaggebend für die Entwicklung des Kindes.

Einen weiteren Markstein in der Ratgeberliteratur der 60er Jahre stellte das Erscheinen der ersten bundesweiten, unabhängigen Erziehungszeitschrift ELTERN dar, die sich bis zur Gegenwart großer Beliebtheit erfreut. Der Kolumnist und spätere stellvertretende Chefredakteur von ELTERN, Hans Grothe (gest. 2014), wird in der vorliegenden Untersuchung mit seinen Erziehungsbeiträgen besonders berücksichtigt. Im Januar 2008 erhielt er das *Bundesverdienstkreuz* für seine Verdienste um die Entwicklung einer modernen Pädagogik und Kindererziehung in Deutschland. Nach Grothe ermöglichte die „bemerkenswerte Bereitschaft der Wissenschaftler zur Zusammenarbeit“ überhaupt erst den Zugang zu neuen, bedeutenden Forschungsergebnissen. Die Unterstützung durch den ständigen wissenschaftlichen Beirat garantierte bis Ende 1970 die Qualität der Zeitschrift, die Wert legt auf biologische, *entwicklungspsychologische* und medizinische Forschungsgrundlagen. Danach wurden und werden weiterhin Fachleute zu Rate gezogen, aber zur Vertrauensbildung bei den Lesern bedurfte es nicht mehr des Auftretens von Titel- und Würdenträgern. Nach wie vor stehen für die Eltern aufbereitete wissenschaftliche Informationen und pädagogischer Rat im Fokus. Den Journalisten gelang thematisch und sprachlich der Spagat, Mütter aus unterschiedlichen Milieus anzusprechen und zu Leserbriefen anzuregen. Zu den Themen der 60er Jahre zählten die Vaterrolle, das Zeigen der elterlichen Liebe, Sexualität, Sauberkeitserziehung, Trotz, Schlafprobleme, Fernsehen und Bewegung im Kindesalter. Als Erziehungsratgeber wurden vor allem drei Bücher von Spock empfohlen: *Säuglings- und Kinderpflege*, *Große Hand führt kleine Hand* und

Sprechstunde für Eltern. Einen besonderen Akzent setzt ELTERN im April 1967 mit der Darstellung der bis dahin in der BRD kaum bekannten *Bindungsforschung*. ELTERN vertrat in dieser Dekade noch unterschiedliche Stile – von patriarchalisch-autoritär bis hin zu demokratisch-liberal. Überwiegend ließ sich jedoch ein kindzentrierter, autoritativer Erziehungsstil mit freundlicher Kommunikation und geduldiger Kooperation nachweisen.

Bereits in den 60er Jahren ist eine Fülle von propagierten demokratischen Werten und damit verbundenen Erziehungszielen in der Literatur nachweisbar: Anerkennung echter elterlicher Autoritäten und Vorbilder (Rühle, Mitscherlich), Freiheit (Mitscherlich, Neill), gegenseitiger Respekt (Rühle, Tausch & Tausch, Dreikurs, Neill), soziale Gleichwertigkeit (Tausch & Tausch, Dreikurs), gegenseitiges Vertrauen (Mitscherlich, Tausch & Tausch, Dreikurs, Neill), Empathie, Gemeinschaftssinn und Toleranz (Mitscherlich, Dreikurs, Neill), Verantwortungsübernahme (Mitscherlich, Dreikurs, Neill), Selbständigkeit (Mitscherlich, Neill) und Selbsterziehung (Mitscherlich, Neill). Mitscherlich (1963) war der erste in der BRD, der auf die Bedeutung der Mutter-Kind-Bindung (Bowlby) hinwies und Nähe sowie Empathie von den Eltern einforderte. Dreikurs legte den Fokus auf die Ermutigung des Kindes, Neill auf die Authentizität der Erzieher, die insbesondere emotionale Kompetenzen fördern sollen. Verbunden mit der Reformpädagogik, forderte Neill vehement Spielzeit für die Kinder ein.

Die zwischen 1960 und 1969 erschienenen Erziehungsratgeber sind ausgesprochen heterogen; dies wird sich auch in der nächsten Dekade fortsetzen, bis es in den 80er Jahren zu einer Nivellierung der Erziehungsstile (demokratisch-autoritativ) und der Erziehungsmethoden kommen wird. Die Ergebnisse der Bindungsforschung und Entwicklungspsychologie und eine sich daraus ergebende entwicklungsförderliche Be- und Erziehung werden dominieren.

4 Die Epoche der „Postindustriellen Gesellschaft" und eine expandierende Ratgeberliteratur in den 70er Jahren

Der materielle Wandel („Wirtschaftswunder") und der folgende kulturrevolutionäre Protest von 1968, der verkrustete Strukturen aufbrach und vor allem im Erziehungswesen einen Wandel herbeiführte (vgl. Kap. 3), bewirkten eine Ablösung der westdeutschen Gesellschaft von der totalitären und autokratischen Vergangenheit vor 1945. Unter Verweis auf den amerikanischen Soziologen Daniel Bell (1973) skizziert Görtemaker (2004) die 70er und 80er Jahre als „Schwellenjahrzehnte" auf dem Weg zur Epoche der „postindustriellen Gesellschaft" und hebt drei wesentliche Charakteristika dieser neuen Gesellschaftsform hervor:

1. Übergang von einer warenproduzierenden zu einer Informations-, bzw. Wissensgesellschaft („Zentralität theoretischen Wissens")
2. Ablösung der alten Wirtschaftseliten durch neue Wissenschaftsbürokratien
3. Aufkommen einer antibürgerlichen Kultur (vgl. Görtemaker, 2004 S. 597f.).

Faulstich (2004, S. 8ff.) charakterisiert die 70er Jahre durch folgende Schlüsselbegriffe zur Zeit-, Politik-, Wirtschafts-, Sozial- und Kulturgeschichte: Willi Brandt (Ostpolitik) und die sozialdemokratische Bundesregierung, Nachhaltigkeit (Umweltpolitik), Terrorismus und Extremistenfrage; Ölkrisen, Arbeitslosigkeit, öffentliche Anprangerung multinationaler Konzerne; Werterelativismus, strukturelle soziale Veränderungen., die Neue soziale Frage (Krise des Wohlfahrtsstaates), sowie der Weg zur Mediengesellschaft und einer neuen Werbekultur.

> „Die Kultur verlor ihre gesellschaftsprägende Kraft. [...] ökonomische Verwertungsinteressen durchsetzten immer stärker alle Facetten des kulturellen Lebens, allem voran die Medien. Die Formel für die siebziger Jahre lautet deshalb: Kultur auf dem Rückzug in kleine Sinninseln oder die Instrumentalisierung des kulturellen Systems durch die Wirtschaft" (Faulstich, 2004, S. 17).

Noch kritischer verfasste Herbert Marcuse seine *Studien zur Ideologie der fortgeschrittenen Industriegesellschaft* in einem seiner Hauptwerke von 1964 *Der eindimensionale Mensch* (dt. 1967/2015) und prangerte die moderne Massenkultur als Reproduktionsform des neuen Kapitalismus an. Werbung, Massenmedien, Politik und Wirtschaft gehen nach Marcuse eine Allianz ein, um das Individuum durch die dargebotene Konsumwelt zu befriedigen und zu versklaven. Die *eindimensionale* Gesellschaft erleidet einen Verlust der ökonomischen, politischen und geistigen Freiheiten durch Manipulation. „Technik" führt nach Marcuse zu einer Form totalitärer sozialer Kontrolle – Produktivität und Wachstum zur Stabilisierung des bestehenden Systems.

Die Entwicklung der Mikroelektronik löste eine technologische Revolution aus. „Da die Computertechnologie praktisch universell einsetzbar ist, beeinflusst sie nahezu alle Arbeitsprozesse, Tätigkeiten und Branchen – mit entsprechenden wirtschaftlichen und sozialen Folgen" (Görtemaker, 2004, S. 603). Auf die Fragestellung der vorliegenden Arbeit wirkte sich in besonderem Maße die Revolution in den Informations- und Kommunikationstechniken aus. Die Verbreitung und Übersetzung von Erziehungsratgebern expandierten; die neuen Medien wie Videogeräte und ab den 80er Jahren Kabel- und Satellitenfernsehen, Compact-Discs, Bildschirmtext und Internet führten zu einer „Demokratisierung" des Zugriffs auf neue Informationen.

Nicht nur in Bezug auf die Quantität der Ratgeberliteratur findet in den nächsten zwei Jahrzehnten eine Explosion statt, sondern es kündigen sich auch enorme qualitative Veränderungen an:

- Bahnbrechende Erkenntnisse in der *Säuglings- und Kleinkindforschung*, die durch Übersetzungen aus dem angelsächsischen Raum zugänglich werden und teilweise in die deutschen Elternratgeber einfließen (z. B. Daniel Stern)
- Veröffentlichung der Ergebnisse der *Bindungsforschung* (John Bowlby)
- Publikationen zu alten und neuen *psychoanalytischen Diskursen und Theorien* über die Kindheit (z.B. Melanie Klein, René Spitz, Donald Woods Winnicott)
- Edition der Gesammelten Werke Jean Piagets (1975)
- Neue Konzepte innerhalb der *Entwicklungspsychologie*, z. B. durch das Einbeziehen angelsächsischer Literatur (vgl. Oerter, 1967), die Infragestellung von Phasen- und Stufenmodellen durch eine multivariate Sichtweise (Rauh, 1979), die Anwendung amerikanischer und deutscher empirischer Forschungsergebnisse zu elterlichen Erziehungspraktiken und –stilen auf die familiäre Erziehung (vgl. Nickel, 1972)
- Erstes Elterntraining in der BRD: *Familienkonferenz* von Thomas Gordon (1972)
- Kulturkritische und alternative pädagogisch-psychologische Ratgeberliteratur (z.B. Ekkehard von Braunmühl, Boris und Lena Nikitin, Jean Liedloff).

Jürgen Habermas (1985) kreiert als Sozialphilosoph den Buchtitel *Die neue Unübersichtlichkeit* und charakterisiert damit das entstandene „Lebenskulturbewusstsein“:

> „Heute sieht es so aus, als seien die utopischen Energien aufgezehrt, als hätten sie sich vom geschichtlichen Denken zurückgezogen. Der Horizont der Zukunft hat sich zusammengezogen und den Zeitgeist wie die Politik gründlich verändert. [...]. Die Antworten der Intellektuellen spiegeln nicht weniger als die der Politiker Ratlosigkeit. Es ist keineswegs nur Realismus, wenn eine forsch akzeptierte Ratlosigkeit mehr und mehr an die Stelle von zukunftsgerichteten Orientierungsversuchen tritt. Die Lage mag objektiv unübersichtlich sein. Unübersichtlichkeit ist indessen auch eine Funktion der Handlungsbereitschaft, die sich eine Gesellschaft zutraut. Es geht um das Vertrauen der westlichen Kultur in sich selbst“ (Habermas, 1985, S. 143).

Den tiefgreifenden Strukturwandel mit veränderten Arbeits- und Lebensbedingungen durch die sich anbahnende Globalisierung thematisiert Görtemaker (2004, S. 609). Was zunächst nur als Verteuerung der Energiepreise (1973/79) wahrgenommen wurde, entwickelte sich sukzessive zu Erschütterungen auf dem Arbeitsmarkt, wie sie seit der industriellen Revolution nicht mehr zu verzeichnen waren. Faulstich (2004, S. 11) kommentiert: „Die Ölkrisen erwiesen sich – strukturrelevant – als Energiekrisen und hatten enorme politische, wirtschaftliche und soziale Auswirkungen“. Die Ära der Vollbeschäftigung endete 1974; die Zahl der Arbeitslosen kletterte 1983 bereits auf 2,2 Millionen. Massen- und Langzeitarbeitslosigkeit, sowie die sozialen Notmaßnahmen wie Frühverrentung oder Arbeitszeitverkürzungen, aber auch flexiblere Arbeitszeiten stellten die BRD als *Arbeitsgesellschaft* infrage. Nach Faulstich (2004, S. 14) fand nunmehr im sozialen System eine Verlagerung von der Arbeits- zur Freizeit-, Muße- und Konsumgesellschaft statt.

Diese Entwicklung wirkte sich unmittelbar auf die Entstehung einer pädagogisch orientierten *Kinderkultur* aus, die sich in den unterschiedlichsten Kindermedien – vorzugsweise dem Fernsehen – manifestierte (z. B. *Sendung mit der Maus*, 1971; *Das feuerrote Spielmobil*, 1972; *Rappelkiste*, 1973). Seit 1972 wurden auch in der BRD die synchronisierten US-Folgen der *Sesamstraße* ausgestrahlt, die in 140 Ländern zum Riesenerfolg werden. Kinderspezifische Programme mit medien- und vorschulpädagogischen Zielen – beeinflusst im Sinne emanzipatorischer Pädagogik - eroberten ebenso den Markt, wie auditive Medien, Comic-Hefte und Kinder-, bzw. Jugendzeitschriften. Sozialkritische Kinderliteratur, wie z. B. von Peter Härtling und Christine Nöstlinger oder Gudrun Pausewang, bildet einerseits gesellschaftliche Realität ab, andererseits transportiert sie erzieherischen Optimismus – gepaart mit gesellschaftlichen Utopien. Nolens volens wird dadurch die „Dualität zwischen ambitionierter Kinderkultur und populären Kindermedien weiter verstärkt“ (Kübler, 2004, S. 72). Die wachsende Medialisierung, Vernetzung und Kommerzialisierung trägt nur bedingt zu einer „kompensatorischen Erziehung“ bei:

> „Denn überall puschte „Sesamstraße“ Produktion und Absatz von Lernhilfen, -spielen und pädagogischen Ratgebern für Kleinkinder, erhöhte den Druck in den Familien nach schulischen Leistungen und frühzeitigem Wettbewerb schon im Vorschulalter, trieb die private Pauk-Vorschule unter der Obhut der Mütter mit ihrer Medienmacht voran und vergrößerte die Kluft zwischen erzieherischen, bürgerlichen Ambitionen in der Mittelschicht und vergleichsweise gleichgültiger Vernachlässigung in den unteren Schichten“ (Kübler, 2004, S. 73).

Eine Gesellschaft mit rapide sinkenden Geburtenraten, verunsichert durch ökonomische Krisen, rückt das Kind aus psychologischen, wirtschaftlichen, sozialen, politischen und pädagogischen Motiven in den Fokus. Hans-Dieter Kübler (2004, S. 65ff.) reflektiert in seinem Aufsatz *Die eigene Welt der Kinder. Zur Entstehung von Kinderkultur und Kindermedien in den siebziger Jahren* die „zwiespältige Aufmerksamkeit für und Sorge um das Kind“:

> „Als bedacht gewählte Lebensentscheidung von Eltern und als demographische wie soziale Basis der Gesellschaft insgesamt müssen Kinder bewusster und qualifizierter, mit Unterstützung aller zu erwerbenden pädagogischen Kompetenzen erzogen werden. [...] Kindheit wird zur pädagogischen Herausforderung, zum Problem und zum Risiko, Erziehung ist immer weniger unverkrampftes Zusammenleben von Generationen, gelebtes Vorbild, Liebe und persönliches Format, sondern Auftrag, Anstrengung, Bewährung, wenn nicht sogar Belastung [...], (Kübler, 2004, S. 68f.).

Die 70er und 80er Jahre werden nicht nur durch den dargestellten Struktur- und Wertewandel charakterisiert, sondern ebenso durch zwei politische Kurswechsel: 1974 erfolgt der Rücktritt Willy Brands; 1982 wird Bundeskanzler Helmut Schmidt durch ein konstruktives Misstrauensvotum gestürzt und von Helmut Kohl abgelöst. Eine Tendenzwende zeichnet sich nach 1973/74 in nahezu allen Bereichen von Kultur und Gesellschaft ab. Die Akzeptanz gesellschaftlicher Normen wird brüchig; das Streben nach Freiheit und persönlicher Selbstfindung und –entfaltung erhält Priorität und gerät damit in einen Antagonismus zur Leistungsbereitschaft; traditionelle Orientierungen und Rollenverteilungen erscheinen obsolet. Der allgemeine Rückzug in soziale Nischen wird besonders eklatant, wenn man die zahlreichen Jugendkulturen (u. a. Rock, Punk, Hardcore, Skinheads, Hooligans) analysiert, die – so widersprüchlich sie auch in sich sind – eine Form von Lebensbewältigung in einer total technisierten, reglementierten, überorganisierten und als perfide und „scheinheilig“ empfundenen Gesellschaft darstellen. „Punk hört der Sohn des Zahnarztes wie der Sohn des arbeitslosen Zechenarbeiters. Die

Sinnkrise und die Perspektivlosigkeit haben eine umfassende Sozialisationsfunktion und ergreifen alle Schichten" (Zimmermann, 1991, S. 125).

Mitte der 70er Jahre konstituieren sich die „Spontis", eine heterogene Gruppe von Radikalmarxisten, Anarchisten, Umweltschützern, Selbsterfahrungsgruppen und Leistungsverweigerern an den Hochschulen. Mit der Umwelt- und Anti-Atomkraft-Bewegung (1974/75) tritt eine kraftvolle Protestbewegung in Erscheinung, die sich teilweise ab 1977 zum parteipolitischen „grünen Protest" formiert. Am 13. Januar 1980 konstituiert sich endgültig in Karlsruhe die Bundespartei der Grünen und schafft am 6. März 1983 den Sprung in den Deutschen Bundestag (vgl. Görtemaker, 2004, S. 648).

> „Das No future ist nicht individuelle Perspektivlosigkeit des Einzelnen innerhalb des Systems, sondern der Vorwurf gegen die Verantwortlichen, dass sie die Gesellschaft, in der diese Generation noch viel länger leben soll, bis an den Punkt gebracht haben, an dem Umweltzerstörung und Atomkrieg, eben keine Zukunft, anscheinend die einzige Perspektive bleibt" (Bopp, 1982, S. 63).

Rüdiger Peuckert, der *Familienformen im sozialen Wandel* seit den 60er Jahren untersucht hat, stellt sein vorläufiges Fazit folgendermaßen dar:

> „Die beschriebenen Wandlungsprozesse können als Ergebnis eines langfristig stattfindenden *Individualisierungsprozesses* interpretiert werden. Individualisierung wird dabei als „universalistisch ausgerichteter Prozess verstanden, nämlich als Herausbildung von Fähigkeit, Freiheit und Notwendigkeit zur eigenen Entscheidung für alle Individuen" (Burkart/Kohli 1989, 407). Mit dem seit Mitte der 1960er Jahre verstärkten Übergreifen des Individualisierungsprozesses auf den weiblichen Lebenszusammenhang ist in den Lebensentwürfen zahlreicher Frauen die Berufskarriere als konkurrierender Wert zur Familie immer wichtiger geworden" (Peuckert, 2008, S. 31; Hervorhebung im Original).

Von den *materialistischen* Werten (Ordnung, Leistung, Pflichterfüllung) grenzt Peuckert die p*ostmaterialistischen* Werte ab (Selbstverwirklichung, Gleichbehandlung, Autonomie). Dabei werden alte Werte weniger durch neue ersetzt, sondern es kommt zu einer *Individualisierung* des Umgangs mit Wertorientierungen (vgl. Peuckert, 2008, S. 335).

4.1 Vorbereitung eines historischen Wandels in der Ratgeberliteratur durch die empirische Säuglings- und Kleinkindforschung

Als Keimzelle der Kinderanalyse – verbunden mit fundamentalen Säuglings- und Kleinkindbeobachtungen – kann London betrachtet werden: Die Wiener Psychoanalytikerin Melanie Klein hielt bereits ab Mitte der 20er Jahre auf Einladung von Ernest Jones eine Reihe von Vorträgen über die Entwicklung des Kindes, bis sie 1926 endgültig von Berlin nach London übersiedelte. Ihre Theorien erhielten viel Beachtung und Anerkennung – durch eine zunehmend wachsende Anhängerschaft übte Klein großen Einfluss auf die englische Psychoanalyse aus. In der Britischen Psychoanalytischen Gesellschaft entwickelte sich eine Kleinianische Schulrichtung mit einer entsprechenden Ausbildung an der Tavistock-Klinik in London. Das theoretische Fundament von Melanie Kleins Kinderanalysen – auf der Basis von Symboldeutungen der kindlichen Phantasien im Spiel – stand in Kontrast zu Anna Freuds Bestrebungen, Psychoanalyse und Pädagogik miteinander zu verbinden:

> „Die Arbeit mit Kindern war in der Zeit des Ersten Weltkrieges als eine spezielle Anwendung der Psychoanalyse entstanden. Sie war mit dem Versuch verbunden, Psychoanalyse und Pädagogik zu verbinden, und hatte daher eine stark pädagogische Note. In dieser Konzeption trieb Anna Freud die Entwicklung weiter voran. Durch ihre und Melanie Kleins Bemühungen entwickelte die Kinderanalyse sich zu einer eigenständigen Form der Psychoanalyse“ (Ermann, 2009, S. 55f.).

Ab 1930 emigrierten Analytiker aus Deutschland und Österreich nach London, 1938 folgten auch Freud und seine Familie. Aufgrund unüberbrückbarer wissenschaftstheoretischer Kontroversen schloss sich Freuds jüngste Tochter Anna nicht den Kleinianern an, sondern blieb theoretisch der orthodoxen Psychoanalyse treu. Praktisch bemühte sie sich als ausgebildete Lehrerin, ihren pädagogischen Ansatz in ihre psychoanalytische Arbeit mit Kindern einfließen zu lassen.

> „In London gründeten Anna Freud und Dorothy Burlingham 1940 [...] ein Heim für Kriegskinder, in dem sie bis 1945 Kinder behandelten, die an Folgen von Kriegshandlungen, Evakuierungen und frühen Trennungen erkrankt waren. Diese Kinder waren auch Gegenstand der psychoanalytischen Beobachtungen, in denen sie die Reaktionen auf Trennungen und Traumatisierungen untersuchten. Später kamen Untersuchungen von Kindern aus KZ-Haft hinzu“ (Ermann, 2009, S. 56).

Anna Freud leitete ab 1952 die Hampstead Child Therapy Clinic mit einem Lehr- und Forschungsinstitut sowohl für Kinderanalyse als auch für die Londoner Freud-Gruppe: das heutige „Anna-Freud-Center“ wurde ihr Lebenswerk.

Die unversöhnlichen Kontroversen innerhalb der psychoanalytischen Theorie zwischen Freudianern und Kleinianern führten nach einer *Controversial Discussion* (1946) zu drei Londoner Gruppen: Kleinianer – Freudianer – Mittelgruppe (die „Unabhängigen"). Für die Fragestellung der vorliegenden Arbeit sind insbesondere die Forschungen zweier Psychoanalytiker aus der heterogenen Mittelgruppe von Belang: Donald W. Winnicott und John Bowlby. Unter dem Einfluss von Melanie Klein kam der Londoner Kinderarzt Donald Woods Winnicott in Berührung mit der Psychoanalyse und absolvierte zwischen 1924 und 1935 seine psychoanalytische Ausbildung zum Kinderanalytiker. Als Kinderarzt hatte er bereits ab 1920 durch Säuglingsbeobachtungen vielfältige klinische Erfahrungen gesammelt und leistete nunmehr Pionierarbeit auf dem Gebiet der Erforschung der Mutter-Kind-Dyade, bzw. der Entwicklung der Eltern-Kind-Beziehung. Im Jahr 1951 hielt er einen Vortrag über seine *Theorie der Übergangsobjekte und Übergangsphänomene. Eine Studie über den ersten, nicht zum Selbst gehörenden Besitz* vor der British Psycho-Analytical Society. Dieser Vortrag erschien 1969 in der deutschen Übersetzung und fand eine Fortführung in Winnicotts Werk *Vom Spiel zur Kreativität* (1973/2012).

> „Die Übergangsobjekte und –phänomene gehören dem Bereich der Illusion zu, die am Anfang aller Erfahrung steht. Diese frühe Entwicklungsphase wird durch die besondere Fähigkeit der Mutter ermöglicht, sich den Bedürfnissen ihres Kindes anzupassen und dem Säugling damit die Illusion zu gestatten, daß, was er sich erschafft, auch wirklich existiert" (Winnicott 1969, S. 666).

Winnicott beschreibt einen Erlebnis- und Erfahrungsbereich des Säuglings, den er als *intermediären* Raum aus innerer und äußerer Realität bezeichnet, und der zwischen dem Daumenlutschen (orale Autoerotik) und „Nicht-ich"-Objekten, z. B. der Liebe zum Teddybären (echtc Objektbeziehung) liegt. Der erste, nicht zum Selbst gehörende Besitz, wird nach Winnicotts Ausgangshypothese erst dann erkannt, wenn ein Kind die Fähigkeit erworben hat, zwischen Selbst und Objekt („Nicht-ich") zu unterscheiden (4.-12. Monat). Zunächst gehen „Übergangsphänomene" voraus, die er ausführlich beschreibt und als erste Versuche zur Unabhängigkeit wertet. So greift ein Säugling etwa nach einem Deckenzipfel und steckt ihn mit den eigenen Fingern in den Mund, saugt an Tüchern, zupft Fäden aus einer Wolldecke und streichelt sich damit, lallt oder singt. In der Regel wählt er eines Tages ein Lieblingstuch oder ein für ihn bedeutsames Stofftier in seiner Nähe als „Übergangsobjekt" (Winnicott, 2012, S. 13). Winnicott deutet die Wahl eines Objektes durch das Kind als wichtigen Entwicklungsschritt für den Beginn seiner Beziehungsaufnahme zur Welt und als Vorläufer für die lebenswichtige Spielfähigkeit des Kindes (Winnicott, 1992, S. 159ff.)

1969 erscheint die erste deutsche Übersetzung seiner Abhandlungen von 1957 *Kind, Familie und Umwelt,* ein Elternbuch, das zwar wie ein Ratgeber aufgebaut ist, aber Ratschläge ausspart und mit Theorie unterfütterte Erfahrungsberichte präsentiert. Der Beobachtung räumt Winnicott oberste Priorität ein, dagegen erscheint ihm frühe erzieherische Einwirkung gefährlich. Weiterhin ist er davon überzeugt, dass es nur liebenden Eltern (er widmet der Bedeutung des Vaters ein ganzes Kapitel) gelingen kann, sich den Bedürfnissen des Säuglings und Kleinkindes anzupassen und zugleich aus einer unzulänglichen Anpassung positiven Nutzen zu ziehen, indem sie die wachsenden Fähigkeiten des Kindes mit einbinden (Winnicott, 1992, S. 183).

> „Sollen menschliche Säuglinge sich schließlich zu gesunden, unabhängigen und sozial gesinnten Erwachsenen entwickeln, so ist das ausschließlich davon abhängig, ob ihnen ein guter Start ermöglicht wird, und diesen guten Start sichert die Natur durch die Existenz eines Bandes zwischen Mutter und Kind, das man Liebe nennt. [...]
>
> Ich möchte schnell sagen, dass es sich hier nicht um Sentimentalität handelt. [...] Die Liebe einer Mutter ist eine recht nüchterne Angelegenheit. Sie besteht aus Besitzlust, Gier, sogar aus einem Element des Hasses, Großmut, Machtgefühl und ebenso Demut. Aber Sentimentalität [...] ist Müttern zuwider“ (Winnicott, 1992, S. 13).

Ab 1973 erschienen elf weitere Übersetzungen der wichtigsten Werke Winnicotts in Deutschland. „Mit seinem Konzept der Übergangsobjekte und Übergangsphänomene gewann er nachhaltigen Einfluss auf die internationale Psychoanalyse“ konstatiert Ermann (2009, S. 88). Doch auch die moderne Entwicklungspsychologie in Deutschland griff Winnicotts Theorie auf (vgl. Oerter/Montada 2002, S. 561f.). Seine Konzeptionen vom „holding“ (Halten) und vom „good enough“ (hinreichend gut) sind inzwischen nicht nur Analytikern bekannt. Das *physische Halten* beschreibt Winnicott auf einem Vortrag am 5. Juni 1968 in London:

> „Der Begriff des Haltens gilt für das physische Halten des intrauterinen Lebens und erweitert seinen Bedeutungshorizont allmählich dahingehend, dass er die Gesamtheit der dem Kinde angepassten Pflege umfasst, eingeschlossen die Art, wie es berührt und getragen wird. [...] Die Haltefunktion kann sehr gut ausgeführt werden von jemandem, der keinerlei intellektuelles Wissen hat von dem, was im Individuum vorgeht; erforderlich ist eine Fähigkeit zur Identifikation, die Fähigkeit, zu wissen, wie sich das Baby fühlt“ (Winnicott, 1990, S. 30f.).

Das *psychische Halten* durch die Mutter wird von Davis & Wallbridge (2007, S. 63) auf der Grundlage von Winnicotts unveröffentlichten Notizen aus dem Jahr

1948 näher definiert: Halten heißt vor allem, Säugling und Kleinkind vor unvorhersehbaren, traumatischen Ereignissen zu schützen (Kontinuität des Seins bewahren).

> „In psychologischen Begriffen heißt Halten die Bereitstellung von Ich-Unterstützung, besonders im Stadium der absoluten Abhängigkeit vor der Integration des Ichs. Die Herstellung von Integration und die Entwicklung einer Beziehung zum Ich basieren beide auf hinreichend gutem Halten (Davis & Wallbridge, 2007, S. 154).

Der Psychoanalytiker Thomas Auchter (2008b, S. 295) zählt das Konzept vom „Good enough" zu den wichtigsten „zutiefst humanen Begrifflichkeiten", die Winnicott geprägt hat:

> „Eine fördernde Umwelt muß von menschlicher Beschaffenheit sein, nicht von mechanischer Perfektion; insofern finde ich, der Begriff „hinreichend gute Mutter" befriedigt das Bedürfnis nach einer Beschreibung dessen, was das Kind braucht, wenn die in ihm angelegten Wachstumsprozesse zum Tragen kommen sollen" (Winnicott, 1990, S. 158).

Die Betonung der positiven Perspektiven in der Entwicklung des Kindes brachten Winnicott – selbst kinderlos – die Kritik der Idealisierung von Säuglingszeit, Kindheit und Sozialisation ein. Einer sorgfältigen Recherche hält diese Kritik nicht stand; einige repräsentative Zitate belegen Winnicotts Sinn für Realismus: „Kinder *sind* eine Last, und wenn sie Freude machen, so ist es, weil sie erwünscht waren, und zwei Menschen sich entschlossen haben, diese Art Last zu tragen und sie tatsächlich keine Last zu nennen, sondern ein Kind" (Winnicott 1992, S.123; Hervorhebung im Original). An zahlreichen Stellen in seinem Werk beweist er, dass er sich nicht im geringsten Illusionen über die Betreuung von Kindern hingab: „Seine Eltern zur Erschöpfung zu bringen, ist etwas, was das kleinste Kind versteht. Zuerst erschöpft es sie, ohne es zu wissen; dann erwartet es von ihnen, daß sie sich gern von ihm erschöpfen lassen, schließlich erschöpft es sie, wenn es wütend auf sie ist" (1992, S. 167). Als unvoreingenommener und scharfer Beobachter kam er eher zu schockierenden Ergebnissen, ohne sein positives Menschenbild einzubüßen: „Sie haben ein Baby gesät, und Sie ernten eine Bombe" (1990, S. 175). M. Masud R. Khan versuchte den Pragmatiker Winnicott am 19. Januar 1972 auf dem Winnicott Memorial Meeting zu charakterisieren: „Er wurde in der Tradition seines Volkes, der Engländer, erzogen. Für ihn waren Tatsachen die Realität, und Theorien waren das menschliche Stammeln bei dem Versuch, Tatsachen zu begreifen" (Davis & Wallbridge, 2007, S. 25).

René A. Spitz, ein österreichisch-amerikanischer Psychoanalytiker und Säuglingsforscher, praktizierte in Wien und Berlin und lehrte ab 1932 in Paris Entwicklungspsychologie. 1935 erhielt er einen Forschungsauftrag in Wien unter der Leitung von Charlotte Bühler und begann mit der Erforschung des Säuglingsalters. 1938 entschloss sich Spitz zur Emigration nach New York, wo er 1956 eine Professur erhielt; 1967 wurde er als Professor für Psychiatrie an die University of Colorado berufen. Für einen Psychoanalytiker galt es damals als bahnbrechend, empirische Forschungen in Form von direkter Beobachtung und experimentellen Untersuchungsmethoden durchzuführen. Spitz arbeitete mit geeichten Tests (Baby-Tests nach Bühler und Hetzer, 1928) und forschte sowohl nach der longitudinalen, als auch transversalen Methode über einen Zeitraum von bis zu zwei Jahren. Filmaufnahmen und –analysen ergänzten sein gesammeltes Material. Da sich Spitz der Methoden der experimentellen Psychologie bediente, beachtete er die Hauptgütekriterien (Objektivität, Reliabilität, Validität); (vgl. Spitz, 1967, S. 17ff).

Anna Freud hebt die Lebensleistung von Spitz mit folgenden Worten hervor:

> „Er sieht die Beziehung des Kleinkindes zur Mutter als die Quelle der wichtigsten Funktionen, Einstellungen und Affekte, kurz als Quelle der Menschwerdung überhaupt. [...] Tatsachen der Mutter-Kind-Beziehung, die wir als Analytiker in spätere Jahre zu verlegen gewohnt waren, werden von *Spitz* in überzeugender Weise dem ersten Lebensjahr zugeschrieben. Er zeigt die Mutter in ihrer hemmenden und in ihrer ermutigenden Rolle, in ihrer Rolle als Quelle der Anregung und Nachahmung, als erstes Objekt für Identifizierungen usw.“ (Freud, 1966 S. 11; Hervorhebung im Original).

Anna Freud akzentuiert einen weiteren wichtigen Aspekt, der stets eine besondere Relevanz in Erziehungsstildiskussionen bekommt: Spitz betone – im Gegensatz zu anderen Autoren – die Asymmetrie der Beziehung zwischen einem „undifferenzierten“ Kind und einer „hochdifferenzierten“ Mutter (Freud, 1966, S. 12).

Der Schweizer Jean Piaget studierte zunächst Zoologie, danach Kinderpsychologie und Pädagogik an der Universität Zürich. E. von Glasersfeld (1997) betont, dass Piaget in erster Linie als Biologe und Epistemologe die kognitive Entwicklung des Kindes mit dem Ansatz eines genetischen Konstruktivismus erforschte, um nachzuweisen, wie Wissen aufgebaut wird. Leo Montada konstatiert: „Piaget ist in der Geschichte der kognitiven Entwicklungspsychologie eine monumentale Gestalt“ (Montada 2002, S. 418). Exakt aus diesem Grund sprengt eine vollständige Würdigung und Kritik seiner Forschungsergebnisse den Rahmen und insbesondere die Thematik dieser Arbeit. Erwähnung findet er an dieser Stelle als Entwicklungspsychologe und Erkenntnistheoretiker.

Piaget unterscheidet während der ersten zwei Lebensjahre des Kindes sechs Stufen der sensomotorischen Entwicklung (Montada, 2002, S. 419) und versucht daraus die Genese des Denkens abzuleiten.

> „Piagets Verdienst liegt darin begründet, dass er den Strukturalismus in der Denkpsychologie durchgesetzt hat. Heute ist dieser Gedanke weithin aufgegriffen worden. Er findet sich mit einem reichen Angebot an Strukturmodellen in der Psychologie des Handelns, der Begriffsbildung, des Problemlösens, des Wissens, des Gedächtnisses [...] sowie in allen Handwerken, Sportarten und Wissenschaften" (Montada, 2002, S. 437).

Entwicklung im Sinne Piagets findet in Stufenfolgen statt, denn die Strukturen der höheren Stufen integrieren die Elemente der vorausgegangenen – damit favorisiert er ein genetisches Erklärungsmodell (2002, S. 438). Welche Bedeutung die Forschungen Piagets und seine daraus abgeleitete Entwicklungstheorie (Sequenzanalysen, Strukturmodelle, Stufenkonzept) auch heute noch innerhalb der Entwicklungspsychologie einnehmen, wird nicht zuletzt daran deutlich, dass die Herausgeber Oerter/Montada in ihrer *Entwicklungspsychologie* (2002) Jean Piaget ein eigenes Kapitel widmen (Kap. 11, S. 418-442). Trotz aller Kritik an Piagets Theorien (Methode, unterschätzte Kompetenzen, Vernachlässigung sozialer Faktoren, Annahme stadientypischer Gesamtstrukturen, statt Entwicklungserklärungen nur –beschreibungen, Vernachlässigung der Entwicklung nach der Adoleszenz) hat sich sein Einfluss auf Lernpsychologie und Unterrichtsmethoden nachhaltig ausgewirkt.

> „Die Entwicklungsidee Piagets ist Konstruktion: nicht empirisches Lernen, sondern neue Strukturierung und Organisation, ob kreativ und selbständig entdeckt oder nur nachvollzogen. Immer ist handelnde und denkende Aktivität erforderlich, deshalb ist es zutreffend, von Konstruktivismus zu sprechen [...]. In aktiver Auseinandersetzung mit Gegebenheiten, mit eigenen oder vorgegebenen Fragen und Problemen schafft sich der Mensch seine Strukturen des Handelns und Erkennens" (Montada, 2002, S. 440).

Piaget leitet einen Paradigmenwechsel von der behavioristischen in die kognitive Psychologie ein, und begründet die Theorie der kognitiven Lernpsychologie. Konstruktivistische Methoden, wie z. B. Selbsttätigkeit, offener Unterricht und Interaktion mit Gleichaltrigen, ziehen durch Schulreform und Einführung von Rahmenrichtlinien – ergänzt durch Stoffverteilungspläne und ausführliche Lernzielkataloge – ab den 70er Jahren in das deutsche Schulsystem ein.

Margaret S. Mahler leistete ebenfalls Pionierarbeit auf dem Gebiet der Säuglings- und Kleinkindforschung. Sie studierte in Budapest, München und Jena Medizin; in Wien ließ sie sich zur Kinderärztin und Psychoanalytikerin ausbilden. Im

Jahr 1938 emigrierte sie nach New York. Auf der Grundlage ihrer umfangreichen empirischen Forschungsergebnisse entwickelte Mahler (1975) ihr Phasenmodell der Individuation. Spätestens seit dem Bild des *Kompetenten Säuglings* (Dornes, 1993) gilt die erste, „normale autistische Phase“ in ihrem Konzept als überholt; die bekannten Nachteile von Stufen- und Phasenmodellen gelten auch für ihre Theorie. Dornes kommentiert auf der Basis von Ergebnissen aus der Säuglingsbeobachtung (u. a. Stern, 1974; Stern et al. 1975, 1977; Brazelton et al., 1975; Beebe & Stern, 1977; Trevarthen 1977, 1979; Field et al., 1982; Maccoby & Martin, 1983; Field, 1985; Beebe & Lachmann, 1988):

> „Mahlers Konzept der Symbiose ist im Licht der bisher dargestellten Fähigkeiten des Säuglings unhaltbar. Er ist nicht symbiotisch in dem Sinn, daß er die Umwelt nur verschwommen wahrnimmt. Er ist nicht symbiotisch in dem Sinn, daß seine Interaktion mit der Mutter überwiegend undifferenziert oder passiv ist (Symbiose als Beziehung). Und er ist nicht symbiotisch in dem Sinn, daß er Phantasien über Verschmelzung mit der Mutter haben könnte (Symbiose als Phantasie)“, (Dornes, 2001, S.75).

Mahler et al. (1978) ist es allerdings zu verdanken, dass die Bedeutung der motorischen Entwicklung für den gesunden Narzissmus des Kindes ebenso in den Mittelpunkt gerückt wurde, wie das die Exploration erst ermöglichende „emotionale Auftanken“ (vgl. Lang, 1994b). Als Alternative zum Symbiosekonzept von Mahler bietet Dornes (2001, S. 76) die Theorie von Daniel Stern (1983, 1985) an. Danach finden Gemeinsamkeitserlebnisse von Mutter und Kind (*experiences of self-with-other*) tatsächlich statt, jedoch ohne Verschmelzung und Selbstauflösung, sondern auf dem Fundament eines abgegrenzten Selbstempfindens.

Die Forschungen des „Baby-Watchers“ Daniel N. Stern, amerikanischer Psychiater und Psychoanalytiker, werden zwar erst ab 1990 einem breiteren Publikum in Deutschland bekannt, dennoch steht ihm ein Platz in diesem Kapitel zu. 1979 erscheint die erste deutsche Übersetzung von *The first Relationship: Infant and Mother* (1977). Die Herausgeber Jerome Bruner, Michael Cole und Barbara Lloyd messen in ihrem Vorwort auch Sterns experimentellen und empirischen Forschungen „im Laboratorium, auf Spielplätzen, in der Untergrundbahn“ einen hohen Stellenwert bei (Stern, 1979, S. 7). Mit dem Säuglingsforscher Stern wird eine neue Dekade eingeleitet; Winnicotts Hypothesen werden einerseits verifiziert, andererseits gehen die Überlegungen Sterns weit darüber hinaus. Der Weg zur *Bindungsforschung* und zum *Kompetenten Säugling* (Dornes, 1993) ist vorbereitet. Die Wichtigkeit der *unzulänglichen* Anpassung der Bezugspersonen (Winnicott: „good enough mother“) wird in Sterns Buch *Mutter und Kind. Die erste Beziehung* (1979) mehrfach aufgegriffen:

> „Das Verfehlen von Grenzen hat ganz einfache positive Wirkungen. Unter diesem Verfehlen verstehe ich, daß die Mutter hinsichtlich der Toleranzgrenzen des Babys beharrlicher als gewöhnlich zu weit oder nicht weit genug geht. Erstens: Nur wenn eine Grenze überschritten wird, ist das Kleinkind gezwungen, ein Gegen- oder Anpassungsmanöver durchzuführen, um die Situation zu korrigieren [...]. Zweitens: Solange die Mutter es nicht häufig riskiert, eine Grenze zu überschreiten [...], wird sie nicht dazu beitragen können, daß sich der wachsende Toleranzbereich des Kleinkindes für Reizung ausdehnt und erweitert“ (Stern, 1979, S. 94).

Stern betont im Anschluss, dass es um interpersonale Fähigkeiten geht, die bereits der Säugling immer wieder einüben und schließlich dauerhaft erwerben muss, um später über ein Repertoire an *Anpassungsverhaltensweisen* zuverlässig verfügen zu können. Im Fokus der entwicklungspsychologischen Untersuchungen (Stern, 1983, 1985) steht das subjektive Selbstempfinden (sense of self) des Säuglings als organisierendes Prinzip der Entwicklung. 1985 erscheint *The Interpersonal World of the Infant*; erst 1992 folgt die deutsche Übersetzung *Die Lebenserfahrung des Säuglings*. Im Jahr 2007 wird die neunte, *erweiterte* Auflage herausgegeben; sie dient als Grundlage der folgenden Ausführungen (2010 erscheint die 10. Auflage).

Dornes (1993) würdigt die Theorie von Stern und prophezeit, dass seine empirischen Untersuchungsergebnisse ebenso wie seine daraus abgeleiteten Modelle „die Diskussion der nächsten zehn Jahre beherrschen, ähnlich wie Spitz und Mahler das in der Vergangenheit getan haben“ (Dornes, 1993, S. 16). Nach Sterns Beobachtungen tauchen bei Säuglingen die ersten Wochen und Monate zunächst undifferenzierte Selbstempfindungen auf. Ab dem zweiten bis dritten Monat erlebt sich der Säugling als Urheber seiner Handlungen, entwickelt Selbst-Kohärenz (Empfinden von körperlicher Ganzheit), Selbst-Affektivität (Gefühl von eigenen inneren Affekten), Selbst-Geschichtlichkeit (Gefühl der Dauer - Sein in der Zeit).

Ein komplettes Kapitel (2007, S. 198ff.) widmet der Autor der Affektabstimmung zwischen Mutter und Kind und berücksichtigt auch Fehlabstimmungen. In seinem Buch *Mutter und Kind. Die erste Beziehung* (1979) hat das 8. Kapitel die Überschrift: „Falsche Schritte beim Tanz“ und handelt von möglichen Regulierungsfehlschlägen zwischen Säugling und Betreuungsperson. Stern formuliert seine Thesen zu Über-, Unter- und paradoxer Stimulation und schreibt dabei nicht nur der Mutter, sondern auch dem Kleinkind hohe Kompetenz zu:

> „In seinen Versuchen, das Niveau der von der Betreuungsperson ausgehenden Stimulation und sein eigenes inneres Stimulationsniveau zu regulieren, erweist sich das Kleinkind als wahrer Virtuose. Auch die Mutter handhabt ihren Part im Regulieren der Interaktion von Moment zu Moment virtuos. Zusammen bringen sie einige höchst verwickelte dyadische Muster hervor. Es braucht zwei, um diese Muster zu erzeugen, die bisweilen für den künftigen Entwicklungsverlauf Unheil zu verheißen scheinen, bisweilen den Eindruck mühelos erzielter Schönheit machen“ (Stern, 1979, S. 134).

Im zweiten Lebensjahr (fünfzehn bis achtzehn Monate) erhält die Sprache einen besonderen Stellenwert als Mittel des sozialen Austauschs. Es beginnt „Das Empfinden eines verbalen Selbst“ (Stern, 2007, S. 231ff.). Nach dem achtzehnten Lebensmonat erkennen sich Kinder im Spiegel (objektive Selbstsicht), Selbstreflexion und Empathiefähigkeit entwickeln sich ebenso wie die Fähigkeit zum symbolischen Spiel. Das Kleinstkind beherrscht nunmehr die psychischen Operationen, um seine interpersonale Weltsicht und –erfahrung mit anderen zu teilen und zu bearbeiten (vgl. Stern, 2007, S. 238). Der Autor sieht durch den Spracherwerb nicht nur die erweiterte Möglichkeit zur Individuation und Separation, sondern vor allem auch die Chance, Zusammengehörigkeit auf der Ebene des Bezogenseins von Selbst und Anderem zu entwickeln: „D*as* Selbst in Gemeinschaft mit dem Anderen“ (vgl. Stern, 2007, S. 257).

Im Gegensatz zur Originalausgabe von 1985, in der das narrative Selbst nur als Verlängerung des verbalen Selbst auftritt, würdigt Stern nunmehr in einem eigenen kleinen Kapitel Fähigkeiten und Zusammenhänge, die eine Narration erst ermöglichen (2007, S. XVII-XX). Er stellt die These auf, dass die Entwicklung der Narrationsfähigkeit völlig neue Bereiche des Selbst erschließt:

> „*Die Lebenserfahrung des Säuglings* untersucht in erster Linie, wie sozio-kulturelle Kontexte das Verhalten der Menschen, ihre inneren Welten und ihre Beziehungen prägen. Kurz, es untersucht den Prozeß der kulturellen Kontextualisierung des sich entwickelnden Säuglings“ (Stern, 2007, S. XXII).

Die Basis für Sterns Forschungen und Veröffentlichungen stellt seine Recherche der gesamten entwicklungspsychologischen Literatur bis 1984 dar (ca. 400 Literaturverweise); eine Fleißarbeit, die ihm – nach eigenen Aussagen – eine zwanzigjährige Lektüre der gesamten wissenschaftlichen Literatur über die Säuglingsentwicklung abverlangte (vgl. Stern, 2007, S. XXVII). Der Ertrag für die vorliegende Arbeit liegt vor allem in seinen Beobachtungen und Beschreibungen der *dyadischen Interaktion* auf interpersonaler und intrapsychischer Ebene zwischen Mutter und Kind. Die Bindung als *Entwicklungsaufgabe* in den Fokus zu stellen, ist neu. Da das Modell der Selbstempfindungen von Stern die ganze Lebensspanne umfassen soll, ist es nicht nur auf Säuglinge anwendbar: Diese interessante Theorie könnte ein reiches Feld für Ratgeberautoren darstellen.

4.2 John Bowlby und die Grundlagen der empirischen Bindungsforschung (1973)

Im Jahr 1973 erscheint nach 22 Jahren *Mütterliche Zuwendung und geistige Gesundheit,* die deutschsprachige Ausgabe von *Maternal care and mental health. Die ungekürzte Bowlby-Enquête im Auftrag der Weltgesundheitsorganisation* von 1951. Die Sozialkommission der Vereinten Nationen veranlasste die Durchführung von Untersuchungen zur Lage von heimatlosen Kindern im Jahr 1948. Die Zielgruppe wurde definiert als „Kinder, die verwaist oder aus anderen Gründen von einem normalen Familienleben ausgeschlossen sind und deshalb in Pflegestellen, Waisenhäusern oder anderen Gemeinschaftseinrichtungen betreut werden müssen" (Bowlby, 1973, S. 10). Die Forschungsfrage lautete: „Welchen Einfluss hat eine Trennung von der Mutter in früher Kindheit auf die Entwicklung der Persönlichkeit?" Der britische Psychoanalytiker und Kinder- und Jugendpsychiater John Bowlby sammelte daraufhin Forschungsergebnisse aus Frankreich, den Niederlanden, Schweden, der Schweiz, Großbritannien und den USA. Eindeutig geht aus allen Untersuchungen hervor, „daß bei einem Mangel an mütterlicher Zuwendung das Kind in seiner Entwicklung fast immer zurückbleibt – in physischer, intellektueller und sozialer Hinsicht – und daß sich Anzeichen körperlicher und seelischer Erkrankungen bei ihm zeigen können" (Bowlby, 1973, S. 22). Er konstatiert retrospektive Parallelstudien in den USA und London:

> „Mit monotoner Regelmäßigkeit ergab sich bei allen die Kontaktunfähigkeit des Kindes als zentrales Merkmal und als Quelle aller anderen Störungen und dazu als Ursache die Heimeinweisung oder [...] der häufige Wechsel der Pflegemutter. Beobachtungen und Befunde sind – sogar in der Ausdrucksweise – einer so ähnlich, daß jeder von den Autoren den Bericht des anderen verfaßt haben könnte" (Bowlby, 1973, S. 46).

Bowlby fordert von den Regierungen wirtschaftliche, soziale und medizinische Präventivprogramme zum Schutz der Familie und gibt zu bedenken, „daß deprivierte und unglückliche Kinder auch wieder schlechte Eltern werden" (Bowlby, 1973, S. 115). Der Arbeitsbericht für die WHO regte nicht nur Diskussionen und weitere Forschungen an, sondern gab auch Impulse für die Verbesserung der Säuglingspflegemethoden, was eine Relevanz für die vorliegende Arbeit bedeutet.

> „Der Bericht sollte jedoch [...] mindestens eine schwerwiegende Schwäche aufweisen. Obwohl in ihm über die negativen Konsequenzen, die sich nachweislich aus der Trennung von der Mutter (maternal deprivation, wörtlich: Mutterentbehrung) ergeben, [...] viel ausgesagt wurde, ist jedoch nur in geringem Umfang auf die Vorgänge eingegangen, die diese negativen Konsequenzen verursachen. Wie ist es möglich, dass die verschiedenen Gegebenheiten, die unter dem Generalbegriff der Muttertrennung oder Mutterentbehrung zusammengefasst sind, diese oder jene Form einer psychiatrischen Störung hervorrufen?" (Bowlby, 2006, S. 10).

Auf die Beobachtungen seines Kollegen James Robertson an der Tavistock-Klinik aufmerksam geworden, verfolgte Bowlby dessen Forschungen an Kleinkindern, die die Folgen einer frühkindlichen Mutterentbehrung (auch filmisch) dokumentierten und durfte die Daten für seine eigenen Untersuchungen verwenden. Das Instrument seiner Wahl war die Psychoanalyse, „die nützlichste und am meisten angewandte aller zeitgenössischen psychopathologischen Lehren“ (Bowlby, 2006, S. 13). Bowlbys Kollegin Mary Salter Ainsworth verließ zwar 1954 die Tavistock-Klinik, stellte aber ihre Beobachtungen über Bindungsverhalten aus Uganda und Maryland zur Verfügung und „hat zudem noch fast das ganze Buch im Konzept gelesen und viele Verbesserungen angeregt“ konstatiert Bowlby im Vorwort zu seinem Werk *Bindung* (2006, S. 14). Dieses Werk ist der Beginn einer Trilogie. Gloger-Tippelt & König resümieren:

> „Er hat in seinem dreibändigen Werk mit den Themen Bindung, Trennung und Verlust den Aufbau, die Bedingungen der Aufrechterhaltung und Veränderung von Bindung beschrieben und psychische Prozesse bei Trennungen und Verlusten der Bindungspersonen herausgearbeitet (Bowlby, 1969/2006, 1973/2006, 1980/2006). In allen drei Bänden hat der Verfasser zahlreiche Beobachtungen und Erkenntnisse auf dem damaligen Stand mehrerer Wissensgebiete integriert“ (Gloger-Tippelt & König, 2009, S. 5).

Erwähnenswert bleibt noch, dass Bowlbys Theorie bereits Ende der 50er Jahre in Deutschland durch drei Aufsätze in der *PSYCHE. Zeitschrift für Psychoanalyse und ihre Anwendungen* in Fachkreisen bekannt wurde.

Um einen wissenschaftlichen Bezug zwischen Aspekten der Bindung und Fragen des Erziehungsstils herstellen zu können, ist an dieser Stelle zunächst eine komprimierte Rezeption der Bindungsforschung eine conditio sine qua non. Die Definition des Begriffs wird von Gloger-Tippelt & König übernommen:

> „Der Begriff der **Bindung** bezeichnet in der Bindungstheorie das spezifische emotionale Band, das sich zwischen zwei Personen, insbesondere zwischen Kleinkindern und ihren hauptsächlichen Fürsorgepersonen, in der Regel den Eltern, entwickelt. Dieses Gefühlsband zwischen Mutter und Kind oder Vater und Kind ist jeweils einzigartig und von besonderer Qualität, es wird durch die Beziehung organisiert und verbindet beide Partner über längere Zeit und unabhängig von ihrem Aufenthaltsort“ (Gloger-Tippelt & König, 2009, S. 4; Hervorhebung im Original).

Mary Main (1995/2012, S. 20ff.) arbeitet drei konstitutive Phasen in der Entwicklung der Bindungsforschung heraus:

- Bowlbys ethologisch-evolutionäre Bindungstheorie (1969/*1973/1980)*
- *Die Fremde Situation von Ainsworth (1969) mit dem organisierten Kodier- und Klassifikationssystem, sowie die neue, desorganisierte Bindungskategorie nach Main (1990)*

- *Das Adult Attachment Interview (AAI) von George, Kaplan und Ma*in (1984/*1985*/1996), sowie das Kodierungs- und Klassifikationssystem von Main und Goldwyn (1998), sowie von Main, Goldwyn und Hesse (2002)

Bowlby stellt eine neue Hypothese über das „Band zwischen Kind und Mutter“ auf, das „als Produkt der Aktivität einer Anzahl von Verhaltenssystemen, deren voraussehbares Ergebnis die Nähe zur Mutter ist“ entsteht (Bowlby, 2006, S. 177). Da er sich dabei auf die Instinkttheorie beruft und mit den herkömmlichen psychoanalytischen Lehren bricht, insbesondere mit der von Freud und den Lerntheoretikern übernommenen Sekundärtriebtheorie (Bindung aufgrund physiologischer Bedürfnisse), gerät er unter den Psychoanalytikern ins Abseits. So liegen die empirischen Wurzeln der Bindungstheorie ebenso in der Evolutionstheorie von Charles Darwin, als auch in den Forschungsergebnissen der Verhaltensbiologen Konrad Lorenz, Niko Tinbergen und Robert Hinde. Stark fokussiert stellt Main (1995) Bowlbys Theorie dar:

> „Nach Bowlby stellt die Aufrechterhaltung von Nähe zu Erwachsenen, die Schutz bieten, einen primären Mechanismus dar. Er dient der Regulierung kindlicher Sicherheit und damit dem kindlichen Überleben (Bowlby, 1969). In Bowlbys Theorie werden Verhaltensmuster, die vorhersagbar zu größerer Nähe zwischen Kleinkind und Bezugsperson führen (z. B. weinen, rufen, nachfolgen und anklammern), den Aktivitäten eines komplexen, instinktgeleiteten, aber von der Umwelt beeinflussbaren Kontrollsystems zugeschrieben, welches Bowlby als ‚Bindungsverhaltenssystem‘ bezeichnet“ (Main, 2012, S. 20).

Anfänge des Bindungsverhaltens sind von Geburt an festzustellen: „Bei der Geburt ist das Baby weit entfernt davon, eine *tabula rasa* zu sein“ (Bowlby, 2006, S. 256; Hervorhebungen im Original). Spätestens im 4. Monat können Babys eine Wahrnehmungsunterscheidung zwischen ihrer Mutter und anderen Personen treffen (2006, S. 196). Das Bindungsverhaltenssystem manifestiert sich frühestens ab dem 6. Monat und hält bis ins 3. Lebensjahr an: In dem Moment einer Angst auslösenden Situation sucht das Kleinkind körperliche Nähe und Kontakt zur primären Bindungsfigur, die in der Regel die Mutter ist. Während Bowlby (2006, S. 252) von einer „Schutzfunktion“ spricht, stellt Main (1981) sogar die Hypothese auf, dass das Bindungsverhalten ständig aktiviert ist, da es vielfältige Überlebensfunktionen für das Kind hat. Bowlby entwirft für die weitere Entwicklung des kindlichen Bindungsverhaltens das Konzept der *zielkorrigierten Partnerschaft*:

> „Durch Beobachtung des Verhaltens der Mutter und der Einflüsse darauf lernt ein Kind etwas über die von der Mutter gesetzten Ziele und Pläne, die sie in die Tat umsetzt, um sie zu erreichen. [...] Man könnte mit anderen Worten sagen, dass das Kind

Einblick in die Gefühle und Motive seiner Mutter gewinnt. Wenn es einmal so weit ist, dann sind die Grundlagen dafür gelegt, dass das Paar eine viel komplexere Beziehung zueinander entwickelt, eine Beziehung, die ich eine Partnerschaft nennen möchte“ (Bowlby, 2006, S. 258).

Bowlby spricht hier eine erste Form von Mentalisierung an und geht von einer inneren Organisation der Verhaltenssysteme aus, die Integrations- und Steuerungsprozesse vornimmt (Bowlby, 2006, S. 86ff.). Durch Beobachtung und Interaktion mit der Bindungsfigur entwickelt das Kind *Innere Arbeitsmodelle* (internal working model of attachment) von der Mutter und dem Selbst.

> „Das jeweilige Muster von Bindungsverhalten, das ein Kind zeigt, hängt zum Teil von den anfänglichen Tendenzen ab, die Mutter und Kind jeweils in die Partnerschaft mitbringen, und zum Teil von der Art und Weise, wie sie sich gegenseitig in dessen Verlauf beeinflussen“ (Bowlby, 2006, S. 323).

Bowlby (2006, S. 327) betont, dass jedes Mutter-Kind-Paar bereits in den ersten zwölf Monaten ein individuelles, „höchst charakteristisches Interaktionsmuster“ entwickelt. Unter entwicklungspsychologischem Aspekt ist eine sichere Bindungsorganisation als zentraler Schutzfaktor, eine unsichere Bindung dagegen als Vulnerabilitätsfaktor zu werten:

> „Innere Arbeitsmodelle haben Auswirkungen auf die Gestaltung von Beziehungen, die Ausbildung des Selbstwerts und die Fähigkeit, auch bei emotionaler Belastung eigene Ziele verfolgen zu können, sich dabei als [...] selbstwirksam zu erleben bzw. sich dabei Hilfe holen zu können“ (Zimmermann, 2002, S.151).

Nach den Ergebnissen internationaler Studien der letzten 20 Jahre geht Zimmermann davon aus, dass sich Innere Arbeitsmodelle (IAM) als Selbststeuerungssystem auf der Basis von Bindungs- und Beziehungserfahrungen entwickeln und Motivation, Emotion, Kognition sowie Verhalten beeinflussen:

> „Die Bindungsorganisation beeinflusst die Entwicklung der späteren Kompetenzen wie Autonomie, Impulskontrolle oder soziale Kompetenz auch dadurch, dass das Kind nun die jeweiligen Strategien anwendet, wenn es notgedrungen im Alltag Schwierigkeiten oder negative Gefühle in kompetenzrelevanten Situationen erlebt. Somit werden im Sinne von Bowlbys Metapher des individuellen Lebensweges als „Zugstrecke“ erste Weichen für Entwicklungspfade gestellt“ (Zimmermann, 2002, S. 152).

Als Methode zur Erfassung von Bindungsmustern bei Kindern entwickelten Ainsworth & Wittig (1969) eine standardisierte Laborsituation, die „Fremde Situation“. Da sich Innere Arbeitsmodelle (IAM) am ehesten unter emotionaler Belastung zeigen, wurden einjährige Kinder kurzfristig „Minitrennungen“ ausgesetzt. Die standardisierte Verhaltensbeobachtung für 12 bis 18 Monate alte Kleinkinder dauert 20 Minuten, aktiviert das Bindungssystem durch den Eintritt in eine fremde Umgebung, das Eintreffen einer fremden Person, die zweimalige Trennung à drei Minuten von der Hauptbindungsfigur und zwei darauffolgende Wiedervereinigungen mit ihr. Eine ausführliche Darstellung findet sich in Main (1995/2012, S. 24ff.). Das gesamte Setting löst Bindungsverhalten aus, wie z. B. Schreien, Weinen, Ärger, Lächeln, Vokalisation, Sich-Annähern, Nachfolgen, körperliche Erregung, Kontaktwiderstand oder Sich-Anklammern, bzw. Flucht zur Mutter (Hauptbindungsperson) als sicherem Hafen und führt zu einer reliablen Beurteilung der Qualität der bisherigen Mutter-Kind-Interaktionen.

Die Bindungsstrategien werden (inzwischen) vier Kategorien (A-B-C-D) zugeordnet. Die drei traditionellen Bindungsklassifikationen kindlicher Bindung (vgl. Ainsworth et al. 1978) werden als „organisiert“ bezeichnet. Main (1995/2012, S. 26) macht darauf aufmerksam, dass es zu jeder klassischen Kategorie (A-B-C) jeweils Subkategorien gibt. Es würde den Rahmen dieser Arbeit sprengen, ausführlich auf die einzelnen Bindungsmuster einzugehen, wie sie Main 1995 referiert und mit Beispielen demonstriert hat. Eine kurze Übersicht nach Gloger-Tippelt (HHU, WS 2003/4) soll zur Diskriminierung dienen:

Sichere Bindungsrepräsentation (B: secure)

- Offenes Ausdrücken von Bindungsverhaltensweisen
- Offene Kommunikation über Emotionen
- Schnelle Beruhigung durch die Bindungsfigur
- Spontanes, differenziertes Weiterspielen
- Balance zwischen Bindungsverhalten und Exploration

Unsicher-vermeidende Bindungsrepräsentation (A: avoidant)

- Zeigen negativer Gefühle wird unterdrückt
- Vermeidung von Nähe und Blickkontakt
- Konzentration auf das Spiel
- deaktiviertes Bindungsverhaltenssystem
- hyperaktiviertes Explorationssystem (erhöhter Kortisolspiegel)

Unsicher-ambivalente Bindungsrepräsentation (C: ambivalent)

- keine ausreichende Beruhigung durch die Bindungsfigur möglich
- Ambivalenz zwischen Nähe-Wünschen und Kontaktwiderstand
- Ausdruck von Ärger und Wut oder passiver Verzweiflung
- Aufmerksamkeitsstrategie
- übermäßig aktiviertes Bindungsverhalten
- deaktiviertes Explorationssystem

Ainsworth und Bell hatten schon vor 1970 unklassifizierbares Verhalten in der Fremden Situation beobachtet; dennoch bemühten sich die meisten Forscher, die kindlichen Bindungsstrategien in das traditionelle A-B-C-Klassifikationssystem einzuordnen. Mary Main schlug 1995 eine weitere Kategorie D (desorganisiert/desorientiert) vor für Kleinkinder deren Verhalten in Gegenwart der Hauptbindungsperson während der Fremden Situation eines oder mehrere der folgenden Merkmale aufweist (Main, 1995/2012, S. 34ff.):

- Aufeinanderfolgendes Auftreten ambivalenter Verhaltensmuster
- Gleichzeitiges Auftreten widersprüchlicher Verhaltensmuster
- Ungerichtete, falschgerichtete, unvollständige und unterbrochene Bewegungen und Ausdrücke, wie lautes Weinen, wenn die Fremde weggeht
- Stereotypien, asymmetrische Bewegungen, zeitlich unpassende Bewegungen und abnorme Körperhaltungen
- Einfrieren, Erstarren und verlangsamte Bewegungen und Gesichtsausdrücke
- Direkte Hinweise auf ängstliche Besorgnis gegenüber den Eltern
- Direkte Hinweise auf Desorganisation und Desorientierung

Interessanterweise ähneln die sprachlichen Merkmale der Interviewprotokolle vom Adult Attachment Interview (AAI) von der Hauptbindungsfigur desorganisierter/ desorientierter Kleinkinder erstaunlich dem kindlichen Verhalten in der Fremden Situation (Main & Goldwyn, 1985-1998). Liegt ein inkohärenter Gesprächsdiskurs vor, werden die Transkripte als unverarbeitet/desorganisiert/desorientiert klassifiziert. Auf die Aspekte der intergenerationalen Übertragung von Bindung wies bereits Bowlby hin. Inge Bretherton konstatiert:

> „Laut Bowlby (1973, 1988) erklären zwei Prozesse die Übertragung elterlicher Arbeitsmodelle auf die nächste Generation:
>
> 1. die Qualität des elterlichen Verhaltens und

> 2. die Qualität des Eltern-Kind-Dialogs über Gefühle und Beziehungen. [...] Auf der positiven Seite unterstrich Bowlby [...], dass Eltern durch offene Gespräche über ihre eigenen Arbeitsmodelle (des Selbst, des Kindes und der Eltern-Kind-Beziehung) die seelische Gesundheit und das Selbstbewusstsein ihrer Kinder fördern könnten. Da Kinder dazu neigten, sich in dieser Hinsicht unbewusst mit den Eltern zu identifizieren, würden sie im Erwachsenenalter mit ihren eigenen Kindern ähnlich umgehen und so Interaktionsmuster durch die Familien-Mikrokultur von einer Generation auf die nächste übertragen" (Bretherton, 2012, S. 72).

Die Qualität der *Intergenerationalen Transmission* von Bindungserfahrungen in Eltern-Kind-Beziehungen ist nach Klaus Schneewind untrennbar mit der Feinfühligkeit der Hauptbindungsperson assoziiert:

> „Auf der Basis einer Reihe von Untersuchungen, denen ein bindungstheoretischer Ansatz zugrunde liegt, hat sich ein deutlicher Zusammenhang zwischen den Bindungsrepräsentationen von jungen Eltern mit ihren eigenen Eltern, dem Ausmaß an elterlicher Feinfühligkeit im Umgang mit ihren Kleinkindern und dem kindlichen Bindungsverhalten ergeben" (Schneewind, 2002, S. 123).

Untersuchungsergebnisse von Fonagy et al. verweisen bereits in den 90er Jahren darauf, dass das „Reflective- Functioning" in der Mutter-Kind-Interaktion neben der Feinfühligkeit und Bindungssicherheit der Mutter der entscheidende Faktor für die Entwicklung des inneren Arbeitsmodells des Kindes ist.

> „Nach unserer Überzeugung ist die elterliche Fähigkeit, eine intentionale Haltung gegenüber einem noch intentionslosen Kind einzunehmen, sich um die innere Welt des Säuglings ebenso wie um die eigenen Gedanken, Gefühle und Bedürfnisse zu kümmern, der entscheidende Vermittler bei der Übertragung von Bindung und erklärt klassische Beobachtungen über den Einfluß der elterlichen Feinfühligkeit" (Fonagy, 2003, S. 35)

Elke Daudert macht darauf aufmerksam, dass es sich bei dem RF-Konstrukt um ein Konzept handelt, das nicht nur in der psychoanalytischen sondern auch in der kognitionspsychologischen Literatur Eingang gefunden hat. Sie trägt zur Begriffsklärung bei, indem sie darauf hinweist, dass folgende Bezeichnungen in der Literatur synonym verwendet werden: „Metakognition" und „metakognitive Steuerung" (Main, 1991), „Mentalisierung" und „Reflexivität" (Fonagy, 1991), „theory of mind" (Baron-Cohen, 1995), "reflective self function" (Fonagy et al., 1993), "Fähigkeit zur Symbolisierung" (Daudert, 2002). Papousek & von Hofacker führen Beeinträchtigungen der Mutter-Kind-Beziehung auf Regulationsprobleme bei der Bindungs-Explorationsbalance sowie der Bindungs- Autonomiebalance zu-

rück. Über dysfunktionale Muster in der Kommunikation und Interaktion – insbesondere in Situationen von Trennung und Grenzsetzung – konnten sie Auffälligkeiten in der Bezogenheit aufeinander feststellen (Papousek & von Hofacker, 2004, S. 225).
In den 80er Jahren lassen sich die ersten Entwicklungen in der Methodik der Erwachsenenbindungsforschung nachweisen. Die Wurzeln liegen einerseits in der klinischen Entwicklungspsychologie (AAI), andererseits in der Persönlichkeits- und Sozialpsychologie begründet (Buchheim & Strauß, 2002, S. 27). Nunmehr wurde es möglich, den statistischen Zusammenhang zwischen der elterlichen und der kindlichen Bindungsklassifikation zu überprüfen (z. B. Fonagy et al., 1991; Radojevic, 1992; Benoit & Parker, 1994; Ward & Carlson, 1995). Die Konstruktvalidität des AAI in Bezug auf den transgenerationalen Aspekt von Bindung konnte eindrücklich nachgewiesen werden. Die Studie von Fonagy et al. (1991) belegte die prädiktive Validität des AAI bei schwangeren Frauen für die zukünftige Bindungsrepräsentation des Kindes (vgl. Buchheim et al. 2002, S. 31f.). Eine besonders wichtige Studie stammt von Benoit & Parker:

> „Benoit und Parker (1994) konnten in einer Untersuchung generationsübergreifende Bindungsmuster über drei Generationen nachweisen. Anhand der Bindungsrepräsentation der Mutter, die vor der Geburt des Kindes mit Hilfe des AAI erhoben wurde, konnte die Qualität der Mutter-Kind-Bindung in 81% der Fälle vorhergesagt werden. Ausgehend von der Großmutter lag die Vorhersagbarkeit noch bei 75%" (Buchheim & Strauß, 2002, S. 34).

Eine erfolgreiche Umsetzung der Bindungstheorie und –forschung in der Praxis findet sich in den vielfältigen *Interventionsmaßnahmen* mit dem Fokus auf mütterliche Feinfühligkeit. Diese Veröffentlichungen richten sich jedoch an trainierte Experten und nicht direkt an Mütter. Interventionsstudien (Riksen-Walraven 1978; van den Boom 1994/95) ergaben, dass Feinfühligkeit und Selbstwirksamkeit von Müttern im Umgang mit ihren Kleinkindern intensiviert und langfristig modifiziert werden können (vgl. Schneewind 2002, S. 123). Marvin, Cooper, Hoffmann & Powell (2003) entwickelten in den U.S.A. den *Kreis der Sicherheit* für Kinder mit hohem Entwicklungsrisiko *(Abbildung 3)*. Sie weisen auch auf Interventionsprogramme von Lieberman & Zeanah (1999) und van Ijzendoorn, Juffer & Duyvesteyn (1995) hin. Am Universitätsklinikum in Ulm wurde das bindungsorientierte Modellprojekt *Entwicklungspsychologische Beratung für junge Eltern* (Ziegenhain et al., 2004) erarbeitet; dieses Präventionsprogramm bietet Handlungskonzepte für die Jugendhilfe an. Erickson & Egeland (2006) entwickelten in den U.S.A. für Risikofamilien STEEP (Steps towards effective, enjoyable parenting) zur Vermeidung von Bindungsdesorganisation. Gloger-Tippelt (2008) stellt präventive Programme zur Stärkung der Elternkompetenzen unter bindungstheoretischer Perspektive vor.

Abbildung 3: Circle of Security – Parent attending to the child's needs (Cooper, Hoffman, Marvin & Powell, 2000)

Ziel der systematischen, bindungsgeleiteten Frühinterventionen ist die Prävention von frühkindlichen Bindungs- und Regulationsstörungen, sowie emotional-sozialer Entwicklungsstörungen durch ein Training in Feinfühligkeit und RF (Ziegenhain et al., 2006; 2008; 2012). Besonders bewährt hat sich bei diesen Programmen für Risikogruppen der Einsatz von Videotechnik. Rudimentäre Bindungs- und Fürsorgemuster sollen per *Video-Mikroanalyse-Therapie* (VMT) erkannt und weiterentwickelt werden; unsichere und desorganisierte Bindungsklassifikationen können aufgedeckt und zu adaptiveren inneren Arbeitsmodellen hin modifiziert werden (vgl. Downing 2003, S. 51ff.; Papousek et al. 2004, S. 281ff.; Suess & Kissgen, 2005).

Die Stärke der VMT liegt in ihren schnellen Erfolgen: „Sich im Video anzuschauen erlaubt einem Elternteil eine außerordentliche Form der Einsicht. Wenn wir *sehen können*, was wir tun (mit der Hilfe von jemanden, der die „Mikrodetails" hervorheben kann), dann wird eine Tür geöffnet“ (Downing 2003, S. 53; Hervorhebungen durch den Verfasser). Die VMT weist jedoch noch mehr Qualitäten auf, wie z. B. ihre enorme Flexibilität des Einsatzes bei sehr unterschiedlichen therapeutischen Methoden.

4.3 Neue Forschungsergebnisse in der Entwicklungspsychologie

Die Lehrbücher zur Entwicklungspsychologie von Rolf Oerter (1967), Horst Nickel (1972; 1975) und Oerter/Montada (1982) gehörten damals zu den Standardwerken an den westdeutschen Hochschulen. Darüber hinaus trug im Jahr 1975 das Erscheinen der *Gesammelten Werke* Piagets erheblich zur Verbreitung neuer Erkenntnisse und Theorien in der Entwicklungspsychologie bei und fand nachhaltigen Eingang in die Lehrerausbildung.

Weniger bekannt sind die beiden wertvollen Sammelbände, in denen die überarbeiteten Fassungen der gehaltenen Vorträge auf dem „Internationalen Forschungsseminars für Entwicklungspsychologie (ISEP)“ zu finden sind. Leo Montada und Heinz Heckhausen konzipierten und organisierten – von der Stiftung Volkswagenwerk finanziert – 1977 in Herl bei Trier dieses internationale Forschungsseminar in Erinnerung an „eine gute und weit zurückreichende Tradition“ der Entwicklungspsychologie im deutschen Sprachraum, vor allem aber um „der empirischen Forschung im deutschen Sprachraum neue Impulse zu geben“ (Montada 1979, S. 9). Während Georg Rudinger die Vorträge über *Methoden der Entwicklungspsychologie* (1979) herausgab, erschien zeitgleich von Montada der Sammelband aller Aufsätze zum Thema *Brennpunkte der Entwicklungspsychologie* (1979).

In seinem Vorwort zur *Modernen Entwicklungspsychologie* (1967) äußert Oerter die Absicht, eine empirische Untermauerung der theoretischen Darstellung und Erklärung von Einzeltatsachen vorzunehmen und konstatiert zugleich:

> „Die empirische Absicherung der dargelegten Entwicklungslinien erforderte in ausgedehntem Maße die Einbeziehung angelsächsischer Literatur. Die Berücksichtigung ausländischer Literatur erscheint nach Ansicht des Verfassers gerade in der Entwicklungspsychologie besonders notwendig“ (Oerter, 1967, S. 11).

Die Ursachen sind hinreichend bekannt (vgl. Kap. 2). Oerter skizziert den Entwicklungsprozess des Kindes nach Lewin (1954) als einen Differenzierungs- und Zentralisierungsvorgang, der nur dann optimal verläuft, wenn die jeweiligen Umwelteinflüsse günstig sind. Im Weiteren konstatiert Oerter:

> „Begreift man also die beiden hier beschriebenen Entwicklungstendenzen als biologische Gesetzmäßigkeiten, so muss man die Umwelteinwirkung neben der Anlage als gleichberechtigten Faktor in Rechnung stellen. [...] Es verdient Beachtung, daß auch die soziale Herkunft, der sozio-ökonomische Status für Unterschiede bei Kindern und Jugendlichen sorgt. Daneben aber kombinieren sich Anlagen und Umwelteinflüsse immer wieder neu [...]“ (Oerter, 1967, S. 20).

Eine pragmatische Antwort versuchten im Amerika der 60er Jahre und in der BRD ab 1970 verschiedene, teils umstrittene Programme zur „Kompensatorischen Erziehung“ zu geben. Wissenschaftliche Erkenntnisse zur „Neuronalen Plastizität“ lagen noch nicht vor und veranlassten Oerter zu der Feststellung:

> „Für den Erzieher ist der Aspekt der Verfestigung und Kanalisierung insofern wichtig, als die im Entwicklungsverlauf eingeschlagene Richtung selten wieder geändert werden kann. Die Weichen werden sehr früh gestellt und alles, was später an Einflüssen auf das Kind einwirkt, hat nur Erfolg innerhalb des gesteckten Rahmens. [...] Wenn man das Individuum in bestimmte Bahnen lenkt, so verschließt man ihm damit zwangsläufig andere Wege“ (Oerter, 1967, S. 21).

Oerter kommentiert das menschliche „Bedürfnis nach Ordnung und Überschaubarkeit“, stellt aber den bisher üblichen Phasen- und Stufenmodellen seine Theorie der Entwicklung durch soziales Lernen (Sozialisierung) gegenüber, indem er von der Prämisse ausgeht, dass die meisten entwicklungspsychologischen Veränderungen auf Lernvorgängen beruhen, die von Erfahrung, Übung und Wiederholung(en) gekennzeichnet sind (Oerter, 1967, S. 37). Erziehungsrelevante Aussagen lassen sich von den Forschungen zur Leistungsmotivation (McClelland et al., 1953; Winterbottom, 1953; Gordon, 1959; Kagan & Moss, 1959; Heckhausen & Roelofsen, 1962; Heckhausen, 1963; Heckhausen & Wagner, 1965; Kolb, 1965; Oerter 1966) ableiten. Oerter weist gerade bei der Entwicklung der Leistungsmotivation den Erziehungs- und Umwelteinflüssen eine entscheidende Rolle zu:

> „Die Leistungsmotivation entwickelt sich bereits in der frühen Kindheit (mit etwa 4 Jahren). [...] Je früher mit der Erziehung zur Selbständigkeit begonnen wird, desto stärker scheint sich das Bedürfnis nach Leistung auszuprägen. Dabei dürften vor allem die Anregungen zu selbständigem Handeln wichtig sein, die dem Kind Vorteile einbringen“ (Oerter, 1967, S. 136f.).

Auch bei der Intelligenzentwicklung machen sich fördernde oder hemmende Einflüsse der Umwelt stark bemerkbar. Oerter weist auf die viel zitierten Untersuchungen von Spitz hin. Ein Mangel an affektivem Kontakt beeinträchtigt die geistige Entwicklung (Spitz, 1960, S. 48/113f.), ebenso wirkt sich fehlende Anregung intelligenzmindernd aus (vgl. Oerter, 1967, S. 274f.). Nickel (1972) kommentiert die statistisch bedeutsame Korrelation zwischen dem IQ von drei- bis sechsjährigen Kindern und der Art des Erziehungsstils:

> „Für diese Beziehungen dürften u. a. die bereits erörterten Einflüsse der Gewährung kindzentrierter Selbständigkeit sowie einer Bekräftigung unabhängigen Verhaltens und selbständiger Leistungen auf die kognitive Entwicklung im Vorschulalter bedeutsam sein [...]. Ein entsprechendes Verhalten wirkt sich besonders auf die Leistungsmotivation der Kinder fördernd aus" (Nickel, 1972, S. 230f.).

Als im Jahr 1972 das zukünftige Standardlehrwerk *Entwicklungspsychologie des Kindes- und Jugendalters (Band I). Ein Lehrbuch für Studierende der Psychologie, Erziehungs- und Sozialwissenschaften* von Horst Nickel erscheint, begegnet dem Leser – dem Zeitgeist gemäß – bereits im Vorwort der ungebrochene pädagogische Optimismus der 68er; biologisch-genetische Determinanten dagegen werden relativiert:

> „Eng verbunden mit diesem veränderten Verständnis des Entwicklungsgeschehens ist die Einsicht in seine Abhängigkeit von entsprechenden pädagogischen Einwirkungen. Zwar bemüht sich die Erziehungswissenschaft [...] die Ergebnisse der entwicklungspsychologischen Forschung zu berücksichtigen, [..] doch ging man dabei meistens von der Annahme aus, der jeweilige Entwicklungsstand einer bestimmten Altersstufe stelle die gleichsam natürliche Basis dar, an die Erziehung und Unterricht erst anzuknüpfen [...] hätten. Demgegenüber setzt sich nun zunehmend die Erkenntnis durch, daß dieser Entwicklungsstand selbst bereits in starkem Maße das Ergebnis pädagogischer Einwirkungen darstellt [...]" (Nickel, 1972, S.9f.).

Nickel postuliert an dieser Stelle Frühförderung und vorschulische Erziehung. Wichtig ist ihm, die neuen wissenschaftlichen Erkenntnisse der Entwicklungspsychologie auf die pädagogischen Aufgaben familiärer und insbesondere schulischer Erziehung und Unterrichtung zu beziehen. Er nimmt mehrfach Bezug auf *Erziehungspraktiken* und ihre Folgen (vgl. 1972, Sachregister, S. 345); in einzelnen Kapiteln bekommen Nickels Ausführungen gar Ratgebercharakter:

> „Je restriktiver sich die Erzieher verhalten und je weniger Verständnis sie für die jeweilige Situation des Kindes aufbringen, um so häufiger wird es zu Trotzanfällen kommen" (Nickel, 1972, S. 273).

> „Andererseits wird der Erzieher auch auf der Einhaltung bestimmter Grenzen und der Erfüllung notwendiger Forderungen bestehen müssen. Hier kommt es jedoch entscheidend darauf an, in welcher Form das geschieht. [...] Auch das kleine Kind benötigt einen gewissen Toleranzbereich, etwa derart, dass man ihm zugesteht, etwas zu Ende zu bringen oder eine bestimmte Tätigkeit noch ein oder zweimal auszuführen" (Nickel, 1972, S. 274f.).

Nickel plädiert bereits in Band I (S. 168f.) für einen ermutigenden Erziehungsstil, der mit belohnender Zuwendung eine kindzentrierte Selbständigkeit fördert. Zugleich warnt er vor Fehlentwicklungen durch überbesorgte und überängstliche Mütter:

> „Das übermäßig behütete Kind oder „overprotected child", das kein selbständiges, unabhängiges Verhalten gelernt hat und auch in späteren Lebensjahren oft noch erhebliche Schwierigkeiten in dieser Hinsicht zeigt, stellt einen ebenso schwerwiegenden Fall von Verhaltensgestörtheit dar wie jenes Kind, das andererseits aufgrund des Fehlens eines notwendigen Minimums an emotionaler und sozialer Geborgenheit im Kleinkindalter keine dauerhaften sozialen Beziehungen zu entwickeln vermochte" (Nickel, 1972, S. 169).

Diese Auffassung ist spätestens seit Alfred Adler (z. B. 1973 [1914], S. 219ff.; 1974 [1930], S. 60ff.; 1976 [1930], S. 112/S. 165ff.) bekannt. Adler machte als Arzt wiederholt die Erfahrung, dass aus Verwöhnung, bzw. einer „verzärtelnden Situation" im schlimmsten Fall Verhaltensstörungen und Schwererziehbarkeit resultieren. Dreikurs (1966) versuchte, Adlers Erkenntnisse in Handlungsanweisungen zu transponieren. Neu ist nunmehr, dass zahlreiche empirische Untersuchungen die große Bedeutung der Erziehung zur kindzentrierten Selbständigkeit für das spätere Persönlichkeitsverhalten und die Entwicklung kognitiver und sozialer Leistungen belegen (Crandall et al., 1960; Winterbottom, 1958; Feld, 1960, Heckhausen und Kemmler, 1957; Kagan & Moss, 1962; Wertheim & Mednick, 1958; Dyk & Witkin, 1965; Pedersen & Wender, 1968; Tausch et al., 1968).
Relevante Aussagen zu den Folgen unterschiedlicher Erziehungsstile finden sich bei Nickel (1972) zudem in den Kapiteln über *Die Entwicklungen sozialer Verhaltensmuster:*

> „Zwei Dimensionen mütterlichen Verhaltens scheinen danach besonders bedeutsam für die Entwicklung verschiedener Einstellungen und Verhaltensmuster von Kindern zu sein. Die eine umfaßt das Ausmaß emotionaler Zuwendung bzw. Ablehnung und Zurückweisung, die andere den Umfang der gewährten Selbständigkeit und Unabhängigkeit bzw. der Kontrolle und Beschränkung des Verhaltens" (Nickel, 1972, S. 275).

Nickel interpretiert die Arbeiten von Symonds (1939, 1949), Sears et al. (1957), sowie von Schaefer & Bayley (1963) und kommt zu dem Ergebnis, dass emotionale Wärme und positive Zuwendung die Internalisierung von Verhaltensnormen und positivem, sozialem Verhalten fördert, andererseits emotional zurückgewiesene Kinder nicht nur abhängiger und unsicherer bleiben, sondern sich auch eher unangepasst verhalten und Defizite in der Gewissensbildung aufweisen (Nickel, 1972, S. 277).

> „Insofern besitzen vor allem auch die elterlichen Erziehungspraktiken eine wichtige Funktion beim Erwerb aggressiver Verhaltensweisen. So kann Bestrafung durch die Eltern das Kind einerseits frustrieren und dadurch seine aggressiven Tendenzen verstärken, sie kann aber andererseits vor allem selbst als Modell für aggressive Handlungen dienen und auf dem Wege der Imitation zum Erlernen von Aggression führen" (Nickel, 1972, S. 283f.).

1975 erscheint die *Entwicklungspsychologie des Kindes- und Jugendalters (Band II)*. In mehreren Kapiteln geht Nickel auf spezielle Studien zum Erziehungsstil ein. So zitiert er Elder (1963), der den Einfluss verschiedener elterlicher Erziehungspraktiken untersucht hat und zu dem Ergebnis gekommen ist, dass demokratische Stile –gepaart mit guter Kommunikation – das Vertrauen *zu* und die Emanzipation *von* den Eltern fördern. Die pauschal als *demokratisch* bezeichneten Erziehungsformen, eher von der Mittelschicht praktiziert, werden charakterisiert durch:

> „Einerseits Förderung von selbständigem Tun und eigenen Entscheidungen, Gewährung bzw. Respektierung von Freiheitsräumen zur Selbstbestimmung im persönlichen Verhalten, andererseits aber die Ermöglichung einer positiven Identifikation mit den Eltern durch ein entsprechendes sozial-emotionales Beziehungsverhältnis" (Nickel, 1975, S. 354f.).

Auf Initiative von Heckhausen und Montada wurde 1977 – wie oben erwähnt - ein dreiwöchiges „Internationales Forschungsseminar für Entwicklungspsychologie" (ISEP) in der BRD veranstaltet. Die überarbeiteten Vorträge gab Montada unter dem Titel *Brennpunkte der Entwicklungspsychologie* (1979) heraus. Zum Thema Sozialisation und Erziehungsstile zeichnen sich neue Impulse ab. Bei den Wissenschaftlern zeigt sich durchgängig Unzufriedenheit mit den klassischen Phasenlehren. Montada (1979, S. 14) verabschiedet sich von den das Lebensalter typisierenden Phasenportraits und postuliert „Die Suche nach Zusammenhangsmustern zwischen mehreren Variablen". Diese *multivariate Sichtweise* dürfte sich auch auf die Erziehungsstildiskussionen auswirken.

Zwei von vier Arbeitsgruppen des ISEP befassen sich in Ihren Aufsätzen (vgl. Montada, 1979) mit der Entwicklung der Eltern-Kind-Beziehung und dem Erziehungsverhalten. Michael Lewis und Jeanne Brooks (S.157ff.) distanzieren sich – aufgrund ihrer Forschungen über das Entstehen des Selbstkonzepts – vehement von der Vorstellung, der Säugling sei eine „blooming, buzzing mass of confusion" (William James) und weisen durch ein breites Spektrum experimenteller Untersuchungen nach, dass bereits der junge Säugling „ein äußerst geschickter Informationsverarbeiter" ist. Für die vorliegende Arbeit relevant erscheinen die Implikationen für soziales Verhalten und für pädagogische und therapeutische Interventionen. Lewis & Brooks argumentieren mit dem allgemeinen Verhaltensgesetz: „Nähere dich dem, was dir ähnelt, aber behandle mit Vorsicht, was dir nicht ähnelt" (In Montada, 1979, S. 169). Als Leiter der Arbeitsgruppe *Sozialisation im Jugendalter* präferiert Oerter den „autoritativen Erziehungsstil": „Die offenkundigen Parallelen zeigen möglicherweise, daß dieser „Stil" am besten auf den derzeit dominanten Interaktionsstil im Erwachsenenleben vorbereitet" (1979, S. 235).

Klaus Schneewind (1979) diskutiert Sozialisationsprozesse aus der Perspektive der Entwicklungspsychologie. Dabei stellt er das Postulat auf, dass das Ziel jeder Fremdsozialisation die Befähigung zur Selbstsozialisation sei sollte. Aus dem Zweiten Familienbericht des Bundesministeriums für Jugend, Familie und Gesundheit zitiert er sechs vorrangige Sozialisationsziele: *Selbstsicherheit,* Bildung eines *Gewissens*, Entwicklung *intellektueller Fähigkeiten, Leistungsmotivation, Empathie* und *Solidarität*, sowie Bereitschaft und Fähigkeit zur *produktiven Konfliktbewältigung* (1979, S. 290; Hervorhebung im Original). Aus eigenen Untersuchungen von 1976 extrahiert Schneewind zehn heterogene Sozialisationsziele von Müttern für ihre Töchter: (1) Bravheit, (2) Selbständigkeit, (3) Orientierung an religiösen Normen, (4) Geltungsstreben und sozialer Aufstieg, (5) soziale Eigenständigkeit und Aufgeschlossenheit, (6) schulischer und allgemeiner Bildungsanspruch, (7) Leistungsehrgeiz, (8) berufliches Fortkommen, (9) Kameradschaftlichkeit, (10) Orientierung an moralischen Normen (Schneewind et al., 1976).

Schneewind – selbst in der Erziehungsstilforschung tätig – beendet seinen Vortrag mit kritischen und zukunftsweisenden Schlussbemerkungen. Den „enttäuschend unfruchtbar gebliebenen Ansatz einer *schichtspezifischen Sozialisationsforschung*" kritisiert er ebenso wie den „traditionellen Ansatz der *Erziehungsstilforschung*, die unter weitgehender Außerachtlassung ökologischer Aspekte die Qualität und Intensität sozioemotionaler Beziehungen zwischen Sozialisator und Sozialisand untersucht hat" (Schneewind, 1979, S. 298; Hervorhebung im Original). Unter Hinweis auf Bronfenbrenners *Ökologische Sozialisationsforschung* (1976) weist Schneewind in die Zukunft:

> „In Bezug auf die familiäre Sozialisation glaube ich, dass sich die Aspekte der ökologischen Sozialisationsforschung mit den Ansätzen der klassischen Erziehungsstilforschung verbinden lassen, ja verbunden werden müssen.
>
> Wir versuchen dies zur Zeit mit einem DFG-geförderten Projekt, das sich mit dem Zusammenhang von familiärer Ökologie, elterlichem Erziehungsverhalten und kindlichen Verhaltensdispositionen beschäftigt (vgl. Schneewind 1976)" (Schneewind 1979, S. 298).

Paul Mussen (1979) widmet sich der *Entwicklung prosozialen Verhaltens* und referiert sorgsam die Ergebnisse experimenteller Untersuchungen. Zu einer Erziehungssituation mit günstiger Prognose zählt er Modellvorgaben der Eltern für prosoziales Verhalten, Identifikation der Kinder mit den Modellen, emotionale Unterstützung durch die Eltern, Argumentieren mit den Kindern versus Macht und Gewalt, hohe Reife-Anforderungen an das Kind und frühe Zuschreibung von Verantwortung für andere (Mussen, 1979, S. 323). Diese Kriterien decken sich mit dem Modell der *autoritativen Erziehung*.

John Conger (1979, S. 325) konstatiert: „Unabhängig von der breiten Vielfalt sozialer Kontextbedingungen erscheint die Eltern-Kind-Beziehung immer noch als eine der bedeutendsten Faktoren in der Sozialisation Jugendlicher". Conger stellt akribisch die neuesten Forschungsergebnisse zu den beiden Hauptdimensionen des Elternverhaltens vor: Wärme vs. Feindseligkeit und Autonomie vs. Kontrolle. Entschieden setzt er sich für „autoritativ-demokratische Erziehungspraktiken" ein. Charakteristische Elemente sind für Conger (1979, S. 334):

- Elterliche Liebe gepaart mit einem aktiven Engagement dem Kind gegenüber
- Erklärung der Regelsetzungen und Erwartungen der Eltern
- Gewährung von Autonomie, der Entwicklung des Kindes entsprechend
- Enger Kontakt zum Kind, Interesse, Kommunikation und Anleitung
- Respekt und Liebe zum Kind, damit positive Identifikation stattfinden kann
- Eltern als Modelle für eine verantwortungsbewusste Autonomie innerhalb einer demokratischen Gesellschaft.

4.4 Elternratgeber von Thomas Gordon – Modell einer gewaltfreien Erziehung (1972)

Im Jahr 1951 erscheint in Boston die *Client-Centered Therapy* von Carl R. Rogers. Diese grundlegende Schrift über Theorie und Praxis patientbezogener Psychotherapie liefert dem Psychologen Thomas Gordon nicht nur die Begriffe „Annahme" und „Aktives Zuhören" für seinen Elternratgeber *Parent Effectiveness Training* (1970), sondern bildet generell das theoretische Fundament. Das Menschenbild, die private Philosophie und die Persönlichkeitstheorie sind bei beiden Autoren nahezu kongruent:

> „Eine der revolutionärsten Einsichten, die sich aus unserer klinischen Erfahrung entwickelt hat, ist die wachsende Erkenntnis: der innerste Kern der menschlichen Natur, die am tiefsten liegenden Schichten seiner Persönlichkeit, die Grundlage seiner tierischen Natur ist von Natur aus positiv – von Grund auf sozial, vorwärtsgerichtet, rational und realistisch" (Rogers, 1983, S. 99f.).

Rogers gibt zu bedenken, dass er nur „eine tiefe Überzeugung zum Ausdruck bringt, die auf jahrelanger Erfahrung beruht"; keineswegs möchte er seine persönlichen Erkenntnisse als „Wahrheit" deklarieren. Das klingt sehr viel vorsichtiger als bei von Braunmühl (2006, S.103), der Rogers als Experten und „Schöpfer der (durchaus antipädagogischen) *klientenzentrierten* Therapie" darstellt. Rogers spricht grundsätzlich von persönlichen Lernerfahrungen: *„Erfahrung ist für mich die höchste Autorität"* (Rogers, 1983, S. 39; Hervorhebung im Original). Was Rogers für sich selbst in Anspruch nimmt, billigt er auch anderen zu: „Ich bitte keinen, meiner Erfahrung zuzustimmen, sondern nur zu überlegen, ob das hier Gesagte mit der eigenen Erfahrung übereinstimmt" (Rogers, 1983, S. 113).

Parent Effectiveness Training erscheint 1972 in deutscher Sprache unter dem Titel *Familienkonferenz*; im Jahr 2010 kommt die 49. Auflage auf den Markt; die letzte aktualisierte Taschenbuchausgabe erscheint im März 2012. Gordon, einer der Pioniere der humanistischen Psychologie, postuliert in diesem Ratgeber auf der theoretischen Basis der „Klientenzentrierten Therapie" konsequent den demokratischen Erziehungsstil. Nicht nur sein Familientraining wurde weltweit millionenfach verkauft, bis zur Gegenwart bieten geschulte Trainer Kurse für Eltern an. Dies allein wäre Grund genug, Gordons Erziehungsratgeber in diese Arbeit aufzunehmen. Hinzu kommt die Beachtung und Anerkennung seiner Programme sowohl in der kritischen Auseinandersetzung mit Konzepten der Elternbildung (Tschöpe-Scheffler, 2005), als auch bei der wissenschaftlichen Analyse von Erziehungsratgebern und –trainings. In der aktuellen wissenschaftlichen Sekundärliteratur wird bemängelt, dass die meisten Elterntrainingskurse nicht hinreichend evaluiert werden. Der Band *Kinder richtig erziehen – aber wie? Eine Auseinandersetzung mit bekannten Erziehungsratgebern* (Heinrichs, Behrmann, Härtel & Nowak, 2007) will „Im Dschungel von Angebot und Nachfrage" auf der Basis wissenschaftlicher Kriterien eine Hilfe zur Orientierung für Berater und Eltern bieten (vgl. S. 9-13). In der Zusammenfassung beziehen die Autoren eine klare wissenschaftliche Stellung:

> „Einzig das Gordon-Elterntraining, STEP und Triple P erreichen einen Evidenzlevel, der die drei Programme aus der *gegenwärtigen Forschungslage* heraus empfehlenswert machen könnte. […]
>
> Das Gordon-Elterntraining verfügt im Gegensatz zu STEP und Triple P über eine Metaanalyse randomisierter, kontrollierter Studien (Müller et al., 2001), die die empirischen Befunde integriert. […] Allerdings weisen weder Gordon noch STEP deutliche Änderungen im Verhalten der Eltern und der Kinder nach, wohingegen Triple P in diesen beiden Variablen deutliche Veränderungen bewirkt" (Heinrichs, Behrmann, Härtel & Nowak, 2007, S. 143).

Ehe der empfohlene „demokratische Erziehungsstil" ausführlicher untersucht und analysiert wird, soll ein kurzer Überblick über diesen erfolgreichen Erziehungsratgeber die Orientierung erleichtern. Gordon bietet ein allgemeines Konzept an, ohne spezifische Altersangaben oder Anwendungsbereiche. Eine Meta-Evaluation zur Effektivität (Müller, Hager & Heise, 2001) erbrachte im günstigsten Fall Wirkungen für die Drei- bis Zwölfjährigen. Kritisch bleibt anzumerken, ob dieses Programm für alle Elternschichten erreichbar und realisierbar ist. Zur Charakterisierung der Ziele und der neuen *Methode der Konfliktbewältigung zwischen Eltern und Kindern* kommt Gordon mit einigen prägnanten Aussagen selbst zu Wort:

> „Dieses Buch – ebenso wie der Kursus – vermittelt den Eltern eine leicht zu erlernende Methode, Kinder dazu anzuregen, Verantwortung zu akzeptieren, *selbst* eine Lösung ihrer Probleme zu finden, und veranschaulicht, wie Eltern diese Methode sofort zu Hause in die Praxis umsetzen können. Eltern, die diese Methode („aktives Zuhören" genannt) lernen, erleben vielleicht, was so geschulte Eltern beschrieben haben:
>
> […] „Ich war überrascht davon, wie die Methode des aktiven Zuhörens funktioniert. Meine Kinder kommen mit Lösungen ihrer eigenen Probleme, die oft sehr viel besser als alle sind, die ich ihnen hätte geben können" (Gordon, 2010, S. 17f.; Hervorhebung im Original).

Neben dem „aktiven Zuhören" (Gefühle des Kindes widerspiegeln, keinerlei eigene Botschaften) bietet das Programm zwei weitere Methoden zum respektvollen Umgang miteinander an: Die „Ich-Botschaften" (stets in der Ich-Form sprechen, statt zu beschuldigen: „Du hast…") und die „niederlagelose Methode" (bei Konflikten in sechs Schritten zu einer gemeinsamen Lösung gelangen). In dem Elterntraining geht es um die Förderung von Offenheit, Vertrauenswürdigkeit und vor allem *Gleichberechtigung der Beziehung*, deshalb liegt es nahe, von einem demokratischen Erziehungsstil zu sprechen. Von Braunmühl geht so weit, dass er neben Rogers auch Gordon als Antipädagogen vereinnahmt.

Hält das Erziehungsprogramm, was es verspricht und ist es überhaupt hinreichend bekannt? Nach Elternbefragungen kannten 43% das Buch oder den Kurs, sodass sich bei der Internetbefragung ein *mittlerer Bekanntheitsgrad* herauskristallisierte. Auf der Basis von Selbstauskünften der Eltern gab es keinen Effekt im Verhalten des Kindes und nur geringe Verbesserungen im kindlichen Selbstkonzept, sowie im elterlichen Verhalten.

> „Die größte Verbesserung wurde im *selbstberichteten Kommunikationsverhalten* der Eltern erreicht, gefolgt von Verbesserungen der *Erziehungseinstellung*. Das heißt, Eltern berichten nach einem Training, dass sich ihr Gesprächsverhalten mit ihren Kin-

> dern zum Positiven (i. S. der Trainingsziele) geändert hat. Ebenso werden einige positive Ergebnisse bei der Eltern-Kind-Interaktion berichtet“ (Heinrichs, Behrmann, Härtel & Nowak, 2007, S. 53).

Die divergierenden Ergebnisse überraschen kaum: in gewisser Weise haben die Eltern Gordons Schulungsprogramm validiert, da es eine *therapeutische Kommunikation* einübt (Gordon, 1972, S.42). Es ist evident, dass sich dadurch auch die Eltern-Kind-Interaktion verbessert (und eventuell die gesamte Familienatmosphäre). Besonders positiv zu beurteilen ist die veränderte elterliche Einstellung zur Erziehung mit dem Effekt einer geringeren psychischen Belastung. Dagegen erstaunt die minimale Veränderung im Selbstkonzept des Kindes.
Kennzeichen des demokratischen Erziehungsstils nach Gordon sind

- Verzicht auf *jede Art von Bestrafung* (2010, S. 13; Hervorhebung im Original)
- Pflege einer effektiven und *totalen Beziehung* zum Kind (2010, S. 15; Hervorhebung im Original)
- Verzicht auf Nachgiebigkeit und Strenge (2010, S. 16)
- Authentizität (Rogers): Akzeptanz von temporärer Nicht-Annahme des Kindes (2010, S. 26ff.) oder auch Inkonsequenz durch die Eltern (2010, S. 32)
- Anwendung des aktiven Zuhörens (2010, S. 72f.): das Kind findet für seine Probleme eine eigene Lösung, die Eltern nehmen sie an (2010, S. 120)
- Sendung von Ich-Botschaften statt Beschuldigungen (2010, S. 128ff.)
- Veränderung der Umwelt bei unannehmbarem Verhalten (2010, S. 153)
- Vermeidung von Macht und Autorität zur Stärkung der Selbstdisziplin (/2010, S. 172)
- Wahrnehmung und Respekt vor den eigenen und den kindlichen Bedürfnissen
- Einfordern von Rücksicht auf die elterlichen Bedürfnisse (2010, S. 218; S. 229f.)
- Selbstannahme: eine gute Beziehung zu sich selbst (2010, S. 304f.)
- Praktizierung der niederlagelosen Methode (2010, S. 210ff.): Die Lösung muss für beide annehmbar sein, sodass es weder Sieger noch Unterlegene gibt.

Bereits zu Beginn betont Gordon, dass die Niederlage-lose Methode der Kardinalpunkt in seiner Erziehungseinstellung ist: „Tatsächlich ist diese neue Methode, durch wirksame Behandlung von Konflikten Disziplin in die Familie zu bringen, der Kern unserer Auffassungen. Sie ist der Hauptschlüssel zu elterlicher „Effektivität“ (2010, S. 23). Gordon bezeichnet seinen empfohlenen Erziehungsstil zwar nicht expressis verbis als demokratisch, bemerkt aber: „Wie es unmöglich ist, „ein kleines bißchen schwanger" zu sein, so ist es unmöglich, bei Eltern-Kind-Konflikten ein kleines bißchen demokratisch zu sein" (2010, S. 279). Für ihn ist es selbstverständlich, dass sich Erziehung nur in einem demokratischen Klima von Gleichberechtigten realisieren lässt.

4.5 Ekkehard von Braunmühl – Die Abschaffung der Erziehung (1975)

In den 60er-Jahren formiert sich eine antipsychiatrische Bewegung in mehreren europäischen Ländern. Ronald D. Laing gilt ebenso wie David Cooper als moderner Wegbereiter einer sozialkritischen, liberalen und psychologischen Psychiatrie, die die traditionelle Psychiatrie radikal in Frage stellt. Im Jahr 1971 erscheint Coopers Werk *Psychiatrie und Antipsychiatrie.* Der Kieler Pädagogikprofessor Heinrich Kupffer greift Kritik und Begrifflichkeit für sein Fach auf und führt 1974 den Terminus *Antipädagogik* ein: „Antipädagogik heißt nicht Befürwortung einer antiautoritären Erziehung, weil sie erkennt, dass diese die Machtstrukturen selbst im Grunde nicht aufhebt" (Kupffer, 1974, S. 604).

Kupffer, sozialisiert und ausgebildet in der Privatschule Schloss Salem, arbeitete nach Studium und Promotion jahrzehntelang in Landerziehungsheimen, ehe er 1971 eine Professur für Sozialpädagogik an der PH-Kiel annahm. Mit dem Begriff *Antipädagogik* stellt Kupffer die Herrschaftsverhältnisse zwischen Erziehern und Zöglingen in Frage, mit dem Ziel, zu einem respektvollen Umgang miteinander zu kommen. Kupffer, selbst Vater von drei Kindern, geht es nicht um die Abschaffung der Erziehung, sondern um Wahrnehmung, Analyse und Humanisierung der zerstörerischen Funktion von Pädagogik (vgl. Kupffer, 1974, S. 594). Antipädagogik „müsste den Versuch wagen, die Strukturen der Kommunikation, des Zusammenlebens, der Beratung und Entscheidung im Heim zu wandeln, ohne dessen organisatorischen Rahmen zu zerbrechen" (Kupffer, 1974, S. 603f.). Der Erzieher soll *Verhandlungspartner* und nicht Vollzugsorgan von „richtigen" Normen und Werten sein. Normen kristallisieren sich nach Kupffer in Interaktionen heraus, aus dem Wagnis einer „dialektischen Auseinandersetzung mit den objektiven Gegebenheiten", also unter Wahrung des Realitätsbezugs (vgl. Kupffer, 1977, S. 19).

Bekannt wird der Begriff „Antipädagogik" erst durch Ekkehard von Braunmühl, der als freier Publizist bereits seit 1970 für eine generelle Abschaffung der Erziehung eintritt. 1975 erscheint sein Grundlagenwerk *Antipädagogik – Studien zur Abschaffung der Erziehung.*

> „Das objektive Unrecht, das Kindern durch den Status ihrer Eltern angetan wird, zu analysieren und zu bekämpfen ist eine außerordentlich wichtige Sache. In *diesem*

Buch aber geht es darum, das subjektive Unrecht, das Kindern aller Schichten im Namen der „Erziehung" und „Pädagogik" angetan wird, nicht unerkannt zu lassen" (von Braunmühl, 1975/2006, S. 10; Hervorhebung im Original).

Von Braunmühls Texte stehen in diesem Kapitel exemplarisch für die fundamentalen Thesen der Antipädagogik ab Mitte der 70er Jahre. Die Pädagogen Jürgen Oelkers und Thomas Lehmann liefern die Begründung:

„Einer der radikalsten und ganz sicher der lautstärkste Vertreter der deutschen Antipädagogik [...] ist *Ekkehard von Braunmühl,* der mit seinem 1975 erstmals erschienenen Buch „Antipädagogik – Studien zur Abschaffung der Erziehung" eine Art Großoffensive gegen die etablierte Pädagogik einleitete" (1990, S. 19; Hervorhebung im Original).

Trotz massiver Kritik an der Antipädagogik erscheinen im Jahr 2006 gleich zwei (unveränderte) Neuauflagen von Ekkehard von Braunmühls *Antipädagogik* (1975) und *Zeit für Kinder* (1978). Obwohl es paradox anmutet, in einer Arbeit über Erziehungsstile anti-pädagogischen Ideen Raum zu geben, kann von einer Trias der Effekte ausgegangen werden: Erstens gibt von Braunmühl 1978 sein *Lernbuch für Eltern* heraus, zweitens lassen sich Pädagogen in eine kritische Diskussion mit den Anti-Pädagogen ein (Flitner, 1982; Winkler, 1982; Oelkers/Lehmann, 1983/1990), drittens verfassen Oelkers/Lehmann nicht nur akribisch eine sehr dezidierte Kritik, sondern werten die Antipädagogik zugleich als „Herausforderung an die Pädagogik" auf. Neben der skizzierten Breitenwirkung dürfte auch von subtilen, nicht nachweisbaren Effekten auf die Ratgeberliteratur und ihre propagierten Erziehungsstile ausgegangen werden. Eine kurze Darstellung der wichtigsten Thesen der *Antipädagogik* erscheint also durchaus gerechtfertigt:

„Als vorläufiges Fazit ist festzuhalten, dass objektive Kinderfeindlichkeit nicht einer subjektiv kinderfeindlichen Einstellung entspringt, sondern dass Eltern einer Art Interessenkollision verschiedener Einstellungen ausgeliefert sind, die ihnen einen echten Neubeginn auch deshalb ungemein erschwert, weil eine Änderung des elterlichen Einstellungsgefüges von den Kindern mitvollzogen werden müßte" (von Braunmühl, 2006, S.39).

Von Braunmühl analysiert schonungslos die „mystifizierende Wunschkindideologie" (S. 49ff.), die verheerende Folgen für Eltern und Kind haben kann. Diese Aufklärungsarbeit und Einstellungsveränderung der zukünftigen Eltern sollte bereits im Schulunterricht erfolgen.

„Die Enttäuschung der Eltern über die Nichterfüllung ihrer Wünsche und ihrer unbewussten Hoffnungen von Seiten der Kinder beginnt oft ebenso früh wie die ersten

> Aggressionsäußerungen des Kindes, mit denen die Eltern nichts anzufangen wissen. Nicht nur die Kindesmißhandler, auch die übergütigen Eltern fügen ihren Schützlingen Dauerschäden zu“ (Hacker, 1971, S. 214: In von Braunmühl, 2006, S. 51f.).

Von Braunmühl (2006, S. 65) zitiert Hermann Giesecke, der Erziehung u. a. auch als Gewaltverhältnis beschreibt, sowie Hans-Hermann Groothoff, der konstatiert, dass Erziehung „immer auch so etwas wie eine Herrschaftsausübung“ ist.

> „Der Anspruch, andere Menschen zu verbessern, zu ändern, kann durch keinen Trick der Welt mit den Ideen von Toleranz, Respekt, Vertrauen in Übereinstimmung gebracht werden. Von Demokratie gar nicht zu reden“ (von Braunmühl 2006, S. 73).

Die herkömmliche Erziehungsideologie versklavt nach von Braunmühl die Kinder; die Methoden gleichen bei der pädagogischen Einstellung zum Kind einer Gehirn- und Seelenwäsche. Von Braunmühl postuliert eine psychologische Einstellung, wie sie Heinrich Roth beschrieben hat: das Kind „aus erzieherischer Liebe“ still beobachtend – nicht pädagogisch belehrend und fordernd – sondern erkennen wollen, „was aus dem Kind herausleben will“ (von Braunmühl, 2006, S. 77). Von Braunmühl formuliert das „antipädagogische Selbstverständnis“: Nichteinmischung in die inneren Angelegenheiten der Kinder, keine Erziehungsmittel, keine Erziehungsziele, weder eine pädagogische Einstellung, noch erzieherische Ansprüche, stattdessen *Lernen* und zwar gemeinsames Lernen im einfachen menschlichen Zusammenleben (vgl. von Braunmühl, 2006, S. 86). Die Theorien der Therapeuten Rogers und Gordon hält von Braunmühl für kompatibel mit den Anschauungen der Antipädagogik. Er gesteht, dass er verzweifelten Eltern „als überzeugter Prophylaktiker ohne große Hoffnung“ Gordons *Familienkonferenz* empfiehlt (2006, S. 86). Aussagen von Argelander, Balint, Bettelheim, Klein, Richter, Rogers veranlassen von Braunmühl zur Formulierung seiner Kernthesen:

> „Während Therapeuten das absolute Akzeptieren des anderen zur Heilung von Leiden einsetzen, bildet das Nichtakzeptieren des anderen die Grundlage pädagogischen Tuns“ (2006, S.101).

> „Wenn Kinder für Zwecke außerhalb ihrer selbst mißbraucht, also nicht in ihrem Sosein akzeptiert, sondern erzogen werden, dann erleidet ihre Entwicklung, ihr Lernen, ihre Anpassungsfähigkeit etc. schwerwiegenden Schaden. […] Wenn die Vertrauensbedürftigkeit von Kindern mißachtet wird, dann können sie Vertrauenswürdigkeit nicht entwickeln“ (2006, S. 106; Hervorhebung im Original).

> „Je mehr ich gegenüber den Realitäten in mir und im anderen offen bin, desto weniger verfalle ich dem Wunsch, herbeizustürzen und „die Dinge in Ordnung zu bringen“. […] Aber das ist gerade der paradoxe Aspekt meiner Erfahrung: Je mehr ich einfach

> gewillt bin, inmitten dieser ganzen Komplexität des Lebens ich selbst zu sein, und je mehr ich gewillt bin, die Realitäten in mir selbst und im anderen zu verstehen und zu akzeptieren, desto mehr scheint Veränderung in Gang zu kommen“ (vgl. von Braunmühl, 2006, S. 103).

Zum Schluss erhebt der Autor den Anspruch, „eine Brücke zwischen den Positionen zu schlagen“ – zwischen Erziehungsideologie und Antipädagogik. Er versucht nolens volens seine Leser durch zwei Beispiele zumindest intellektuell für das antipädagogische Denken zu gewinnen: Einerseits führt er das Postulat der Dominanz, Autorität und Herrschaft des Säuglings an, andererseits propagiert er das „Antipädagogische Notwehrprinzip“:

> „Gerade in einer funktionierenden Freundschaft [...] existiert ein, wenn auch selten bewußtes, reflektiertes, Notwehrprinzip. Freunde erziehen sich nicht, aber sie wehren sich gegen Übergriffe. Wer Übergriffe duldet, trägt seinen Teil zur Zerstörung der Freundschaft bei [...]“ (von Braunmühl, 2006, S. 218f.).

1975 erfolgte die Erstveröffentlichung von *Antipädagogik. Studien zur Abschaffung der Erziehung*; 1978 erschien das dazugehörige Lernbuch *Zeit für Kinder. Theorie und Praxis von Kinderfeindlichkeit – Kinderfreundlichkeit – Kinderschutz.* Im Jahr 2010 wurde eine unveränderte Neuauflage veröffentlicht. Von Braunmühl konstatiert:

> „Dieses Buch ist ein Lernbuch, weil man Kinderfreundlichkeit und Sicherheit im Umgang mit Kindern nicht lehren, sondern nur lernen kann. Ich möchte es außerdem als eine *Waffe* verstanden wissen, als Waffe im *antipädagogischen Freiheitskampf,* den ich für den überfälligen und einzig sinnvollen Freiheitskampf unserer Zeit und Weltgegend halte“ (von Braunmühl, 2010, S. 9; Hervorhebungen im Original).

Bisher wurden die Grundlagen der antipädagogischen Theorie dargestellt, nunmehr liegt der Fokus auf den Handlungsanweisungen für die Eltern; von Braunmühl spricht von *Rezepten* (2010, S. 26). Welcher Lernstoff wird nun dargeboten? Durchaus nicht typisch antipädagogisch, sondern Inhalt aller ernst zu nehmenden Erziehungsratgeber ist die Warnung vor Verwöhnung. Von Braunmühl konstatiert:

> „Daß „Verwöhnung“ außer mangelnder Selbstachtung im Sinne des Notwehrprinzips auch bedeuten kann, Kinder in oft grausamer Weise an sich zu binden, sie zu bevormunden und klein zu halten, im Sprachgebrauch ALFRED ADLERS: sie zu „verzärteln“, erwähne ich nur vollständigkeitshalber“ (von Braunmühl 2010, S. 105; Hervorhebung im Original).

In den *Rezepten zur Freisetzung der Kinderfreundlichkeit* rät der Autor, sich von der Selbsterziehung zu verabschieden und stattdessen einen Prozess der Selbstliebe einzuleiten (2010, S. 160ff.). Sein Grundrezept lautet: „Schreiben Sie auf, welche Ängste und Unfreiheiten Ihnen auffallen, die bei Ihrem Umgang mit den Kindern eine Rolle spielen". Von Braunmühl gibt unumwunden zu, dass er selbst als erfahrener Antipädagoge bezüglich der eigenen Kinder manchmal ängstlich ist:

> „Wenn ich Angst habe, weil ich für Freunde Gefahren bemerke, ist es sogar meine Freundespflicht, sie zu informieren. Dies macht mich und sie nicht unfrei, hat auch nichts Erzieherisches, denn es steckt kein Machtanspruch dahinter" (von Braunmühl, 2010, S. 168).

Redlicherweise erwähnt von Braunmühl, dass die Selbstbefreiung von Eltern und Kindern – also eine antipädagogische Haltung – „ein Prozess ohne Ende ist". Zu diesem Prozess gibt er ebenfalls „Rezepte" (2010, S. 170), exemplarisch seien genannt:

- „Zeigen Sie Ihrem Kind den Unterschied zwischen innerer und äußerer Freiheit.
- Spielen Sie mit Ihrem Kind Gehorchen und Befehlen, Erzogen werden und Erziehen, Manipulieren durch Lob und Belohnung.
- Erklären Sie Ihrem Kind die verschiedenen zeitlichen Perspektiven, unter denen Sie sich Sorgen machten und vielleicht noch machen.
- Sagen Sie Ihrem Kind, daß Sie sich in seine Auseinandersetzungen mit Außenstehenden nicht mehr einschalten und mögliche Beschwerdeführer direkt zu ihm schicken werden.
- Sprechen Sie mit Ihrem Kind über die Ursachen Ihrer Ängste, Ihrer Unfreiheit, über Ihre Kindheit.
- Vergessen Sie auch nicht, [...] Ihre Hoffnungen, Ihren auf das Kind bezogenen Ehrgeiz, anzusprechen.
- Und wenn Sie ablehnende Gefühle gegenüber Ihrem Kind erkennen, bekennen Sie sich auch zu diesen."

Es fällt schwer, bei diesen „Rezepten" das typisch antipädagogische Element zu erkennen. Die meisten Punkte sind auch Elemente eines reflektierten demokratischen oder autoritativen Erziehungsstils. Besteht eine vertrauensvolle Beziehung und eine gute Kommunikation zwischen Eltern und Kind, werden die genannten Themen ohnehin altersgemäß aktualisiert. Anders sieht es mit den folgenden antipädagogischen Empfehlungen aus:

> „Erklären Sie Ihrem Kind gegebenenfalls, daß Ihre Selbstbefreiung Ihre eigene Sache ist, die Sie auch ohne die Übereinstimmung mit anderen Beziehungspartnern, die noch die Erzieherrolle beanspruchen, durchhalten werden" (von Braunmühl, 2010, S. 170).

Erziehungsratgeber postulieren in der Regel die Einigkeit der Eltern in wichtigen Erziehungsfragen.

- „Machen Sie Ihrem Kind den Unterschied deutlich zwischen Ihren bisherigen positiven Zielvorstellungen (ich möchte, daß du morgen so und so bist, das und das tust) und Ihrer jetzt angestrebten freiheitserhaltenden Einstellung [...].
- „Denken Sie immer daran: Je unangenehmer, peinlicher Ihnen ein Thema ist, desto dringender müssen Sie es aufgreifen, denn desto wichtiger ist es für Sie und Ihr Kind. Rezept: Wenn Sie bei einem Thema noch Schwierigkeiten haben, dann sagen Sie Ihrem Kind, daß Sie bei diesem Thema noch Schwierigkeiten haben, und bitten es um seine Hilfe" (von Braunmühl, 2010, S. 170).

Es stellt sich die Frage nach der Überforderung der Kinder und einer *unbeabsichtigten* Parentifizierung (oder gar Indoktrination). Es kann nicht Aufgabe der Kinder sein, für die Entwicklung ihrer Eltern einen „therapeutischen Raum" zu schaffen. Von Braunmühls Forderungen gehen weit über eine gute Kommunikation und Zusammenarbeit zwischen Eltern und Kind hinaus. Die Gefahr liegt nahe, das Kind als Ratgeber zu missbrauchen und die Rollen zu tauschen.

4.6 Christa Meves – Konservative Erziehung wider die Maßlosigkeit (1970)

Die Auseinandersetzungen zwischen „Pädagogik" und „Antipädagogik" münden zwangsläufig in politische Kontroversen und Ideologien: (links-)liberales Gedankengut prallt auf rechts-konservative Leitbilder. Die „Emanzipationspädagogik" der Linken mobilisiert Konservative und fundamentalistische Vertreter der Kirchen. Der Ruf nach „der Rettung des Abendlandes" durch eine *christliche Kulturrevolution* zieht sich bis zur Gegenwart durch Vorträge und Schriften von Christa Meves. Der ebenfalls ultrakonservative Soziologe Volker Kempf konstatiert in seinem Buch über Christa Meves:

> „Zukunft hat für Meves in unserem Kulturkreis nur das geistige Fundament des christlichen Abendlandes. Denn dieses Fundament ist der Quell für Sparsamkeit, Pflichtbewußtsein, Dienstbereitschaft, Bescheidenheit und Wahrhaftigkeit, also für viele unheroische moralische Leistungen" (2008, S. 101).

Christa Meves, die Kinder- und Jugendlichenpsychotherapeutin aus Uelzen, wurde 1925 geboren. Sie verfasste über hundert Bücher, die in bis zu 13 Sprachen übersetzt wurden, arbeitete als Mitautorin an pädagogischen, psychologischen und theologischen Themen, schrieb ca. 5000 Publikationen für Zeitschriften und hielt ca. 3000 Vorträge in deutschsprachigen Ländern. Über sechs Millionen Bücher wurden allein in deutscher Sprache von ihr verbreitet (vgl. Meves, 2000). Sie versuchte auf Grundlage der neoanalytischen Antriebslehre und der Instinktlehre von Konrad Lorenz und Niko Tinbergen, unter Berücksichtigung entwicklungspsychologischer Erkenntnisse und ihrer tiefenpsychologischen Praxiserfahrung ein eigenes Konzept zu entwickeln. Dieses versucht sie später durch die Ergebnisse aus der „Gehirn- und Hormonforschung" abzustützen, was sie in dem Buch *Geheimnis Gehirn* (2008) niederlegt.

Zu ihren frühen Schriften zählt ein Schulbuch, das erstmals 1971 unter dem Titel *Erziehen lernen aus tiefenpsychologischer Sicht* erscheint und in dem sie dezidiert „bedenkliche Erziehungsmaßnahmen" benennt, wie z. B. wiederholte körperliche Züchtigung, Stubenarrest, sowie Liebesentzug (Meves, 1973, S. 171f.). Meves warnt vor stundenlangem Schreien lassen des Säuglings und längeren Mutter-Kind-Trennungen in den ersten eineinhalb Jahren, sowie vor Vernachlässigung oder Überstimulierung – ganz in der Tradition der Tiefenpsychologen. Überbehütung und Verwöhnung diskreditiert sie ebenso wie zu große Freiheit und Laissez-faire. Da Meves (1973, S. 184ff.) eine übersichtliche Tabelle von Erziehungsmitteln für den Unterricht erstellt hat, ist es leicht, ihre Empfehlungen zu strukturieren. Ganz klar lehnt sie folgende Methoden ab: das Versprechen als Ansporn („Dressur"), Freiheitsentzug, Verweigerung des Sprechkontakts und Prügel. Mit Einschränkungen befürwortet sie: Befehle („selten"), Tadeln, Drohen („sehr ausnahmsweise" bei Lebensgefahr), Entzug von Taschengeld („bei schwerer Sachbeschädigung"), Essensentzug („vermeiden"), sowie Klapse und Auszeiten bei Kleinkindern. Als „positive Erziehungsmittel" werden das Vorbildverhalten der Eltern, Gewöhnung und Belohnung (Lob, Geld, Zuwendung, Geschenke) akzentuiert. Als Grundlage für eine gelingende Erziehung beschwört sie stets Liebe und Vertrauen. Der von Christa Meves propagierte Erziehungsstil beruht auf Elementen der Tiefenpsychologie und auf einer entwicklungspsychologischen Phasenlehre, einer „Pyramide" (Meves, 1973, S. 176f.), die auf Freuds Instanzenmodell aufbaut und an das epigenetische Stufenmodell von Erik H. Erikson (1959) erinnert – eine wissenschaftliche Basis jedoch vermissen lässt.

Trotz erzkonservativer Thesen, die sie in der Öffentlichkeit als „Wahrheit" ausgibt, permanenter Kassandrarufe und ihrer Nähe zu der Neuen Rechten scheint sie in der BRD eine gewisse „Immunität" zu besitzen und wurde mit zahlreichen Auszeichnungen (Preise, Medaillen, Orden) geehrt, 1985 sogar mit dem Bundesverdienstkreuz (I. Klasse). Zu ihren bekannteren Kritikern zählen Schultz-Gerstein

(„Spiegel“, 20.02.1978), Stümke/Finkler (1981), Rinser (1982), Gessenharter (GMH 9/89) Ditfurth (1994), Niggli/Frischknecht (1998), Brumlik (Die Welt, 10.02. 2001), Baumgart (2006) und Schütz (2008). Obwohl die Bundesregierung 1997 darauf aufmerksam machte, dass Meves Mitglied im Kuratorium der „Ludwig-Frank-Stiftung für ein freiheitliches Europa“ ist – einer Vereinigung mit Kontakten auch zu rechtsextremen Organisationen – hinderte dies den Altkanzler Helmut Kohl nicht daran, Meves für das „Große Verdienstkreuz des Niedersächsischen Verdienstordens“ zu empfehlen, den sie ebenso 2005 erhielt wie den päpstlichen Gregoriusorden, die höchste Laien-Auszeichnung für Verdienste um die römisch-katholische Kirche (Meves steht dem Opus Dei nah).

Die religiöse, (gesellschafts-)politische Verortung von Meves (seit 2008 AUF-Partei) ist deutlich geworden, uneindeutig dagegen ist eine Standortbestimmung unter der Fragestellung der vorliegenden Arbeit. Während bisher in der Regel konservative Erziehungsratgeber mit einer autoritären Erziehung korrespondierten, muss das „Phänomen Christa Meves“ differenzierter betrachtet werden: das Frauen- und Mutterbild, die Einstellung zur Fremdbetreuung von Kleinkindern und alle Ratschläge zur Sexualerziehung dürfen als reaktionär eingestuft werden; geradezu anachronistisch zeigt sich ihre Einstellung zur Schwangerschaftsverhütung. In ihren Werken sind dennoch eine Fülle von autoritativen Erziehungsempfehlungen zu entdecken, gepaart mit konservativen Wertvorstellungen und religiöser Anleitung, sowie Ablehnung von körperlicher Gewalt als *durchgängiges* Erziehungsmittel (vgl. „Maßnahmenkatalog“, Meves, 2008, S. 296ff.). Eventuell ist es gerade diese Mixtur, die Meves so erfolgreich macht.

In ihrem Heft *Mut zum Erziehen* (1970) gibt es wenig praktische Anleitung für die Eltern, dafür umso mehr Warnungen vor „neurotischer Verwahrlosung“, die sie auf die Trennung von Mutter und Säugling nach der Geburt, auf die rigide Einhaltung fester Fütterungszeiten, die Ersetzung der Muttermilch durch Flaschennahrung und die Berufstätigkeit junger Mütter zurückführt (Meves, 1970, S. 33). Alte Tabus sollen aufgebrochen und durch neue ersetzt werden. Der erhobene Zeigefinger begleitet den Leser durch Meves’ Erziehungsratgeber von 1969 bis zur Gegenwart und warnt ihn vor gravierenden Verhaltensstörungen der Kinder (Früh-Sexualisierung, Nikotin- und Heroinsucht, Alkoholmissbrauch, Depression, Lebensmüdigkeit). Echte Gewaltfreiheit scheint es in ihren Erziehungsempfehlungen nicht zu geben:

> „Wir können andererseits mit Festigkeit Verbote setzen, Grenzen abstecken, und wir dürfen gesteuert und dem Kind angemessen mit Aggressionen antworten, wenn es – was notwendigerweise geschehen *muß* – diese Grenzen übertritt“ (Meves, 1970, S. 66f.; Hervorhebung im Original).

> „Wir können also feststellen: Aggression dient der Förderung des Lebens, ja der Höherentwicklung. Sie gleicht Cherubim, jenem Engel mit dem Schwert, der die Menschen aus dem Paradies austreibt und das Tor hütet, weil es keinen Weg zurück geben darf. Denn nur durch Dornen und Disteln hindurch richtet sich der Blick des Menschen nach *vorwärts*. Teuflisch wird Aggression erst, wenn sie sich aus dem Zusammenhang löst, wenn sie, gestaut und krankhaft verbogen, Vergeltung und Rache durch Vernichtung und Alleinherrschaft anstrebt" (Meves, 1970, S. 69f.; Hervorhebung im Original).

Die ausgewählten Zitate dokumentieren die Schwierigkeit einer wissenschaftlichen Einordnung der propagierten Erziehungsstile. Dennoch: Durch die exorbitante Verbreitung ihrer unzähligen Schriften, ihre unermüdliche Vortragsarbeit, Ihre öffentlichen Ehrungen und Auszeichnungen, sowie die Präsenz im Internet ist es nur stringent, ihre Schriften in dieser Arbeit zu berücksichtigen. Ein christlicher Fundamentalismus zieht sich durch Meves' Veröffentlichungen und ihre Homepage, nebst sämtlichen Beiträgen im Internet. Sie schürt die Ängste der Eltern, beschwört die Gefahren des Jugendalters (Rauchen, Rauschgift, Hardrock, Alkohol, Tabletten, Spielautomaten, Geschlechtsverkehr, Homosexualität mit HIV – Gefährdung etc.; vgl. Meves, 2008, S. 301f.) und dramatisiert die zweifellos vorhandenen negativen Sozialindikatoren in unserer Gesellschaft.

Bei einer Betrachtung des umfangreichen Gesamtwerkes von Christa Meves fallen inhaltlich ihr Kulturpessimismus, verbunden mit vernichtender Kritik an der liberalen Demokratie und ihrer westlich-universalistischen Werteorientierung auf, sprachlich die zunehmende Katastrophenmetaphorik und ihre Redundanzen. Auffallend ist, dass eine selektive Apperzeption von umstrittenen Forschungsergebnissen aus verschiedenen Wissenschaftsdisziplinen manipulativ und indoktrinär eingesetzt wird, um die eigenen Theoreme zu beweisen.

4.7 Eine Auswahl von weiteren bekannten Erziehungsratgebern aus den 70er Jahren

Priorität genießen in diesem Kapitel Elternratgeber, die zwar in den 70er Jahren erschienen sind, aber erneut als vollständig überarbeitete oder erweiterte Neuausgaben herausgegeben wurden. Es handelt sich dabei zugleich um Autoren und Sachbücher, die sehr häufig in anderen Ratgebern zitiert und empfohlen werden; damit wird ihnen ein nachweislich hoher Bekanntheitsgrad zuteil. Ein weiteres Kriterium für die Auswahl bilden Novitäten, wie z. B. der verhaltensbiologische Ansatz von Bernhard Hassenstein, der „Elternführerschein" mit seinem Design von Medien-Verbund und sozialwissenschaftlicher Begleitung, ein Sachbuch von Gisela Schmeer zur kindlichen Sinnlichkeit in Divergenz zum zeitgenössischen

Mainstream, sowie die umfassende und systematisch aufgebaute Elternbuchreihe von dem Pädagogen und Psychologen Ulrich Diekmeyer, dessen Standardwerke auch das erste Auswahlkriterium erfüllen. Zum Schluss des Kapitels werden kaleidoskopisch Ratgeber aneinandergereiht, die exemplarisch das Ende des Jahrzehnts charakterisieren und zugleich in die Zukunft weisen: neue Elternkurse, ein weiteres multimediales Projekt, alternative Ratgeber und die zunehmende Fokussierung auf die moderne Säuglingsforschung.

Bei der Recherche tritt direkt *ein historischer Wandel* in Erscheinung: Nicht nur die Zahl der Erziehungsratgeber ist in den 70er Jahren sprunghaft gestiegen, sondern auch das Bedürfnis nach Informationen über die *Entwicklung* des Kindes. Übersetzungen aus den U.S.A. und England drängen erfolgreich auf den Markt (u. a. T. Berry Brazelton, 1975, 1976; Daniel N. Stern, 1979). Der Fokus liegt dabei primär auf der gesunden Entwicklung des Kindes. Erziehungsstile im klassischen Sinne spielen keine Rolle; in den Registern sucht der Leser vergeblich das Stichwort „Erziehung". Bereits an dieser Stelle wird deutlich, dass sich nunmehr neben den bewährten pädagogischen Werken vermehrt eine *neue Generation* von Ratgebern etabliert, die auf dem *Fundament der modernen Entwicklungspsychologie* den Eltern Hinweise und Handlungsanweisungen geben will, ohne expressis verbis zu pädagogisieren. Es erklärt sich von selbst, dass diese Art von Ratgeberliteratur nach Jahren veraltet und überarbeitete Neuauflagen erfordert.

Da es sich bei dieser Arbeit um eine historische Retrospektive handelt, werden die Elternratgeber weitgehend chronologisch vorgestellt und die Inhalte – dem Auftrag gemäß – überwiegend auf die propagierten Erziehungsstile reduziert. Bereits 1969 erschien im Rowohlt Taschenbuch Verlag ein dünner, unauffälliger Band mit dem simplen Titel: *Eltern und Kinder* von einem bis dahin in Deutschland eher unbekannten amerikanischen Professor für Klinische Psychologie und Psychotherapie. Vielleicht war es der Untertitel, der das Interesse der Eltern – nach den Unruhen Ende der 60er Jahre – weckte: *Elternratgeber für eine verständnisvolle Erziehung*. Haim G. Ginott benennt keinen Erziehungsstil, aber aus seinen Empfehlungen ist ein autoritativer Stil herauszulesen. In den U.S.A. erschien das Buch von Ginott 1965 und hielt sich über ein Jahr lang auf den Bestsellerlisten. Es wurde in 14 Sprachen übersetzt und avancierte im Laufe der 70er Jahre auch in der BRD zu einem der bekanntesten und meistverkauften Elternratgeber. Gordon empfiehlt in seiner *Familienkonferenz* ausdrücklich *Eltern und Kinder* (1969), aber auch *Eltern und Teenager* (1972) von Ginott. Der Erfolg seines ersten Ratgebers lässt sich nicht wiederholen. Sowohl in der Fach-, als auch in der Sachliteratur begegnet dem Leser auch heute noch der Name Haim Ginott.

In *Konzepte der Elternbildung – eine kritische Übersicht* (Tschöpe-Scheffler, 2005) beschreibt Johanna Graf das Elterntraining *FamilienTeam*, das 2002 an der

Universität München entwickelt wurde. Ein Hauptziel besteht in der Stärkung der emotionalen Kompetenzen. Graf führt dazu aus:

> „Diese Anleitung beim Umgang mit Gefühlen wird *Emotions-Coaching* genannt und geht auf Haim Ginott (1969) zurück, der dadurch als Kinderpsychiater selbst zu schwer verhaltensgestörten Kindern einen positiven Kontakt aufbauen (…) konnte“ (Tschöpe-Scheffler, 2005, S. 118).

Autoritäre Erziehung, Vernachlässigung, Überbehütung und Gewalt in jeglicher Form lehnt Ginott strikt ab (1969a, S. 62f.) strikt ab. Dennoch vertritt er keinen bestimmten Erziehungsstil, sondern gibt Richtlinien vor für die Kommunikation mit Kindern. Gordon kommentiert: „Anders als unser Programm sanktioniert Ginotts Einstellung zur Disziplin, daß Eltern Grenzen setzen und Vorschriften machen“ (Gordon, 1989, S. 352). In der Tat widmet er der Disziplin in beiden Ratgebern ein gesondertes Kapitel, aber auch der Ton in seinen Schriften und die entschiedenen Anweisungen für die Eltern sind eher *autoritativ*.

> „Die Eltern gestatten dem Kind, offen zu seinen Empfindungen zu stehen [...]; aber den unerwünschten Handlungen werden die nötigen Grenzen gesetzt, und dies auf eine Art und Weise, daß die Selbstachtung sowohl bei den Eltern wie beim Kind bewahrt bleibt. Die Grenzen sind weder willkürlich noch launisch, sondern erzieherisch und formen den Charakter“ (Ginott, 1969a, S. 56).

> „Eine Einschränkung muß mit Bestimmtheit vorgeschrieben werden, damit sie dem Kind eindeutig klar ist: „Dieses Verbot gilt, ich meine es ernst.“ [...] Die Grenze muß bewußt, in berechnender Art und Weise, gezogen werden, damit es zu keiner Auflehnung kommt und damit die Selbstachtung nicht verletzt wird“ (Ginott, 1969a, S. 58).

Marie Meierhofer, eine bekannte Schweizer Pionierin der Kinderheilkunde, die in Zürich, Rom und Wien Medizin studierte, erhielt 1974 für ihre Verdienste in der Kinderpsychiatrie von der Universität Zürich den Ehrendoktor. In den 40er Jahren hatte sie unter Meng gearbeitet (vergl. Kap. 2. 3.). In ihrem Buch *Frühe Prägung der Persönlichkeit. Psychohygiene im Kindesalter* werden zwar bereits im ersten Kapitel die Eltern angesprochen, bei Recherchen fiel jedoch auf, dass sich diese Schrift auch häufig in den Bibliotheken von Fachhochschulen und Universitäten befindet. Meierhofer (1971, S. 7) geht es primär um die „Förderung der gesunden Entwicklung des Kindes in körperlicher, geistiger und charakterlicher Hinsicht und der Verhütung von Entwicklungsschäden“, wie es in den Statuten des Züricher Vereins „Institut für Psychohygiene im Kindesalter“ verankert ist. Obgleich auch ihr Elternbuch eher ein Entwicklungsratgeber ist, äußert sie sich dennoch explizit zu Erziehungsstilen, Zielen und Methoden:

> „Die Anforderungen der Zukunft verlangen folglich eine mehr demokratische Erziehung, ein frühes Fördern des selbständigen Urteilens und eine rechtzeitige Einpassung in die Gruppe. Neben der Förderung der geistigen Entwicklung durch Anhören des Kindes, Erklären und Erzählen [...] muß schon früh die Selbständigkeit angebahnt werden. [...] Diese Erziehungsmethode verlangt allerdings eine viel größere Einfühlung und Anpassung an ihr Kind“ (Meierhofer, 1971, S. 85).

Weitere Erziehungsziele sieht Meierhofer in der Stärkung des Selbstbewusstseins und des Selbstvertrauens. Zwar diskreditiert sie autokratische Erziehungsmethoden, ihre Empfehlungen können jedoch in einigen Passagen nur „autoritär“ genannt werden. Das folgende Ankerbeispiel illustriert Meierhofers Einstellung:

> „Das Kind soll fühlen, daß die Worte der Mutter oder des Vaters Geltung haben. [...] Reagiert es nicht sofort darauf, dann wendet man sich von ihm ab und gibt ihm so zu verstehen, daß es nur akzeptiert wird, wenn es das Gewünschte erfüllt“ (Meierhofer, 1971, S. 86).

Ihre allgemeinen Richtlinien zur Psychohygiene im frühen Kindesalter wiederum klingen wesentlich moderater (Meierhofer, 1971, S. 169ff.). Sie spricht zwar von *demokratischer* Erziehung, ihr Denken ist zu Beginn der 70er Jahre aber noch ganz von disziplinierenden Maßnahmen geprägt. Ihre Schrift steht damit *exemplarisch* für eine Reihe von zeitgenössischen Ratgebern. Vorbildhaft und ihrer Zeit voraus sind ihre gesellschaftspolitischen Anstöße: u. a. Förderung der Familie, Elternschulung, Aufklärung der Bevölkerung durch die Medien in Psychohygiene, Entwicklungspsychologie und Soziologie. Mit Recht konstatiert Meierhofer, dass die Forschungsergebnisse der Kinderpsychologie dem breiten Publikum noch nicht in verständlicher Form vorliegen.

Im Jahr 1973 erscheint auch die *Verhaltensbiologie des Kindes* von dem deutschen Verhaltensbiologen und Biokybernetiker Bernhard Hassenstein. Er teilt zu Beginn dem Leser mit:

> „Sie [...] sind Eltern, Ärzte, Lehrer, Richter, Fürsorger, Politiker, Geistliche, und Sie sind mitverantwortlich für das Aufwachsen und das Schicksal von Kindern.
>
> Dieses Buch beschreibt vorwiegend die *naturgegebenen* Anteile des kindlichen Verhaltens und deren Bedeutung für die Entwicklung der Persönlichkeit. Es verwertet dazu die Ergebnisse sehr verschiedener biologischer und psychologischer Wissensrichtungen“ (Hassenstein, 1973, S. 7; Hervorhebungen im Original).

Nicht zufällig spricht der Autor unterschiedliche Adressaten an; wie bereits bei Meierhofer zu sehen war, geht es insbesondere um Prophylaxe. Beide Verfasser gehen der Absicht nach, aus Verhaltensstörungen von Kindern auf eine „optimale“

Erziehung zu schließen. Insofern bietet sich keine Inhaltsanalyse dieser Entwicklungsratgeber an, die propagierten Erziehungsziele und -stile sollen dennoch für diese Arbeit kurz herausgearbeitet werden. Hassenstein benennt als „Notwendigkeiten“: Unterstützung des Bewegungsdranges, Spielens, Sprechens, Fragens, Gehorsams, des Umgangs mit Aggression, Liebe und Sexualität. Er appelliert an die Erwachsenen, als Vorbilder für ein partnerschaftliches Miteinander zu dienen und dabei eine einengende Erziehung ebenso zu vermeiden wie Überbehütung und Verwöhnung (Hassenstein, 1973, S. 141ff). Der Erzieher sollte „die Selbständigkeit des Kindes als wichtigstes Ziel anstreben (vor Gehorsam, Sauberkeit usw.)“ (Hassenstein, 1973, S. 359). Damit deutet der Autor selbst einen fundamentalen Wandel in den Erziehungszielen an, der bei Elmar Drieschner (2007) ausführlich dargestellt und belegt ist:

> „Wie empirische Untersuchungen zeigen, richtet sich das Gebot der optimalen Förderung besonders auf Selbständigkeit als oberstes Erziehungsziel. Übereinstimmend wird in der Literatur ein Wandel der Erziehungswerte, der Erziehungsstile und der Erziehungsverhältnisse konstatiert. Galten noch in den 1950er Jahren Ordnungsliebe, Fleiß, Unterordnung und Respekt als wichtige Erziehungsziele, so rangierten bereits in den 1980er Jahren Selbständigkeit und freier Wille schichtübergreifend als zentrale Erziehungsnormen (vgl. Fend, 1988, S. 114; Reuband, 1997, S. 133ff.; Nave-Herz, 2004, S. 198)“ (Drieschner, 2007, S. 45).

Hassenstein (1973, S. 359f.) scheut sich nicht, auf den letzten 80 Seiten seines Werkes Rat in konkreter Form zu erteilen, z. B. Stillen nach Bedarf, Umgang mit Weinen oder die Skizzierung einer *Anti-Verwöhnungs-Erziehung* für das Kleinkind. Die Rolle des Vaters wird unter Hinweis auf Mitscherlich (1970) als elementar hervorgehoben. Der Verfasser bezeichnet gewaltsame Strafen eindeutig als schädlich, postuliert aber neben einem sinnvollen „Nein“ auch einen leichten Klaps. Eine „Ohrfeige zur rechten Zeit“ wird toleriert, wenn sie eine „Ausnahmestrafe“ bleibt.

Im Jahr 2001 erscheint eine um 100 Seiten erweiterte Neubearbeitung des Standardwerkes; die 6. überarbeitete Auflage der *Verhaltensbiologie des Kindes* wird 2006 herausgegeben. Die empfohlene Literatur reicht von Bowlby bis Meves; ein Wandel in den Erziehungsempfehlungen gegenüber 1973 bezieht sich ausschließlich auf das Kapitel über „Körperliche Strafen“. Hassenstein (2006, S. 91ff.) propagiert weiterhin sofortige milde Sanktionen, lehnt dabei aber strikt eine unnötige Gehorsamserziehung ab. Ein leichter Klaps hat seiner Meinung nach keine schädliche Wirkung, ist jedoch seit dem 08.11.2000 durch das Gesetz zur Ächtung der Gewalt in der Erziehung (§ 1631 Abs. 2 BGB) ein Straftatsbestand. Von einer „Ohrfeige zur rechten Zeit“ ist nicht mehr die Rede. Die Ratschläge zur Unterstützung der Entwicklung des Säuglings und Kleinkindes können bereits

1973 als „modern" und angemessen klassifiziert werden. Der Stil der postulierten Erziehung zeigt sich autoritativ, fast über 40 Jahre hinweg. Trotz der Thematisierung von Sanktionen und leichter körperlicher Strafe bis in die 90er Jahre, werben Bernhard und Helma Hassenstein bei den Eltern durch Aufklärung für viel Verständnis und Empathie und eine möglichst gewaltfreie Erziehung.

„Gut erziehen heißt, dass sie immer mit Ihrem Kind mitfühlen, mitdenken und beim Handeln von seinen Bedürfnissen und seinen Möglichkeiten ausgehen [...]", so formuliert es auch Ulrich Diekmeyer (2008, S. 17). Als Psychologe und Pädagoge gibt er mit einem Team Erziehungsratgeber und andere Sachbücher heraus. Ab 1973 erscheint *Das Elternbuch 1*, andere folgen als Reihe: *Unser Kind im 2.* [*3., 4., 5., 6.*] *Lebensjahr.* Der Inhalt ist jeweils klar gegliedert: Einführung – Der Körper des Kindes – Umwelt – Psychische Entwicklung und Störungen – Erziehung – Spielen/Spielzeug – Tagebuch – Entwicklungs-, bzw. Lernspielprogramm – Rechtsfragen und andere Probleme. Im Jahr 1992, 2000 und 2008 erscheinen jeweils vollständig überarbeitete und erweiterte Neuausgaben. Um den Zeitgeist der 70er Jahre widerzuspiegeln, wird zunächst auf eine ältere Ausgabe von 1976 rekurriert, die in besonderer Weise Erziehungsziele und –stile abbildet.

In *Das Elternbuch. Unser Kind im 3. Lebensjahr* widmet sich Diekmeyer ausführlich diesen Themen (vgl. 1976, S. 73ff.). Unter Berücksichtigung der schnellen gesellschaftlichen Veränderungen priorisiert er moderne Erziehungsziele wie Kreativität, Kritikfähigkeit, Handlungsbereitschaft und Flexibilität. Die Wirkungen der drei typischen Erziehungsstile handelt Diekmeyer (1976, S. 77ff.) auf drei Seiten ab: „Autoritärer Führungsstil – autokratischer Erziehungsstil", „Demokratischer Führungsstil – sozial-integrativer Erziehungsstil" und „Laissez-faire-Führungsstil – antiautoritärer Erziehungsstil". Als Quellen gibt der Autor Lewin, Lippitt & White an (1939), sowie Tausch & Tausch (1965), außerdem Weber (1972). Den *autokratischen* Stil charakterisiert Diekmeyer durch ein dirigistisches Verhalten der Eltern, das eine Selbständigkeit des Kindes nicht zulässt, Abhängigkeit erzeugt und infolgedessen das Selbstvertrauen schwächt. Die Konsequenzen dieser Erziehung könnten dem Autor zufolge in eingeschränkter Spontaneität, Kreativität, Sensibilität, sowie mangelnder Durchsetzungsfähigkeit oder gar feindseligen Tendenzen bestehen. Zum *antiautoritären* Erziehungsstil merkt Diekmeyer an, dass die Erwartungen unerfüllt blieben und sich stattdessen die Tendenz zum Laissez-faire immer weiterverbreitete. Interessanterweise ordnet auch er Neill nicht der antiautoritären, sondern der sozialintegrativen Erziehung zu (vgl. Kap. 3. 1. in dieser Arbeit). Die „Selbstregulation" des Kindes hält der Verfasser für ein gescheitertes und bei kleinen Kindern undurchführbares Modell. Durch einen *Laissez-faire-Stil* können sich seiner Meinung nach weder ein individuelles Kohärenzgefühl, noch Entscheidungsfähigkeit etablieren. Diekmeyer befürchtet als Folge Aggressionen und nur mäßige Fortschritte im Lernen. Den *sozialintegrativen* Erziehungsstil (Kooperation und gegenseitige Verbundenheit) kommentiert der Autor wie folgt: „Angesichts der gegenwärtigen gesellschaftlichen Situation und der wichtigsten Trends scheint der sozialintegrative Erziehungsstil am ehesten zu den gewünschten Erziehungszielen hinzuführen" (Diekmeyer, 1976, S. 79). Die Kennzeichen sind nahezu kongruent mit dem demokratischen Stil: Es besteht ein partnerschaftliches Verhältnis zu den Eltern, die sich als Helfer anbieten und Vorschläge machen. Die Entscheidung liegt – im Gegensatz zum autoritativen Stil – bei den Kindern (Diekmeyer, 1976, S. 78). Als Erziehungsaufgaben im dritten Lebensjahr sollten Selbständigkeit, Leistungsbereitschaft, Sauberkeits- und Sexualerziehung im Fokus stehen. Für Trotzreaktionen des Kindes gibt der Autor „Steuerungshilfen", bei denen die Würde des Kindes bewahrt bleibt (1976, S. 83).

Das Elternbuch. Unser Kind im 6. Lebensjahr (Diekmeyer, 1988, S. 28ff.) will Müttern und Vätern Hilfe für eine gute Kommunikation in der Familie und bei Erziehungsschwierigkeiten geben. Als Aufgaben werden zunächst Entwicklung der Werthaltungen, Einstellung zu Besitz, Wahrheit und Tod, sowie Förderung von Interessen, Leistungsmotivation und Anspruchsniveau artikuliert. Für die psychische Entwicklung des Kindes zieht Diekmeyer – dem Zeitgeist entsprechend – Freud und die Psychoanalyse heran; bei dem Thema Kommunikation greift der Autor auf die Gesprächspsychotherapie von Rogers zurück und skizziert kurz die Grundgedanken von Gordon (Aktives Zuhören; Ich- und Du-Botschaften). In der Literaturliste erscheinen u. a. Dreikurs (1972), Gordon (1973), Nickel (1974), Richter (1971), Neidhardt (1975), Wurzbacher (1969). Eindeutige Tipps gibt der Verfasser zum Umgang mit Massenmedien: Nachdem die Eltern geeignete Kindersendungen angekreuzt haben, wird innerhalb der Familie demokratisch abgestimmt. Medienerziehung hat den Unterschied zwischen Realität und Film, sowie Werbung zu thematisieren (Diekmeyer, 1988, S. 45ff.).

Im Jahr 1992 werden die vollständig überarbeiteten und erweiterten Neuausgaben dieser Erziehungsreihe herausgegeben. Ein Wandel in den Empfehlungen und Stilen lässt sich nicht nachweisen. Diekmeyer (1992, S. 75) charakterisiert das anzustrebende Verhältnis zwischen Eltern und Kind als „partnerschaftlich" und „gleichberechtigt". Der Autor postuliert also weiterhin einen *demokratischen* Erziehungsstil, der von ihm *sozialintegrativ* apostrophiert wird. Als „Strafen" lässt Diekmeyer das Eintretenlassen von natürlichen Folgen, das Beheben des Schadens und die Wiedergutmachung gelten, verwahrt sich aber entschieden gegen Entzug von Vergünstigungen, körperliche Strafen jeglicher Art, Drohungen und vor allem Liebesentzug. Das kindliche Verhalten soll möglichst über Formen der Verstärkung gesteuert werden (Diekmeyer, 1992, S. 80ff.).

Im März 2000 gibt der Verlag erneut eine vollständig überarbeitete und erweiterte Neuausgabe heraus „wegen des stetigen Wandels unserer Gesellschaft, teilweise auch wegen neuer wissenschaftlicher Erkenntnisse“ (Diekmeyer, 2008, S. 17). Die aktuelle Reihe präsentiert sich mit erweitertem Umfang und Literaturverzeichnis, in größerem Format und größerer Schrift, mit großflächigeren und z. T. neueren Fotos, sowie mehr Übersichtlichkeit (z. B. Inhaltsverzeichnis und Tabellen). Die Ausführungen zum Thema Erziehung weichen vom Text der 70er Jahre wenig ab, teilweise sind sie wörtlich übernommen, teilweise ergänzt worden. Der Verfasser merkt zur Bezeichnung *sozialintegrativer Erziehungsstil* an: „[…] mit dem Wort „sozialintegrativ“, das das Autorenehepaar Tausch eingeführt hat, werden die Kooperation und die gegenseitige Verbundenheit mehr betont als mit dem von Lewin verwendeten Begriff „demokratisch“ (Diekmeyer, 2008, S. 109). Die *Ziele für die Entwicklung der kindlichen Persönlichkeit* sind vom Autor neu erarbeitet worden: Ich-Kompetenz, Sozial-Kompetenz, Sach-Kompetenz.

In den 70er und 80er Jahren wurde der Ratgeber *Erziehen ist (k)ein Kinderspiel. Neue Erziehungsaufgabten in der jungen Familie* (1975) insbesondere durch kirchliche Bildungsträger publik. Helga Strätling-Tölle und Barthold Strätling verfassten ein differenziertes, undogmatisches Buch, gesellschaftspolitisch engagiert und zukunftsorientiert ausgerichtet, vor allem aber aus der Praxis für die Praxis verfasst. Bereits im ersten Kapitel werden *Lernziele* formuliert: Leistungsbewusstsein, Leistungsbereitschaft, Mut und Solidarität; Offenheit, Anpassungsbereitschaft, die Fähigkeit umzulernen, die Bereitschaft, sich mit Neuem auseinanderzusetzen; Entscheidungsbereitschaft und –fähigkeit, sowie kritisches Überprüfen (Strätling-Tölle & Strätling, 1975, S. 26ff.). Nach den Vorstellungen der Autoren müssen diese Lern- und Erziehungsziele eingebettet sein in eine Erziehung zur Menschlichkeit, die Liebes-, Partner- und Kommunikationsfähigkeit, sowie den bewussten Einsatz für den anderen voraussetzt. Der Theologe Strätling und die Psychotherapeutin Strätling-Tölle, beide in der Erziehungs-, Ehe- und Familienberatung, sowie in der Erwachsenenbildung tätig, kommentieren: „Daß heute vielfach noch autoritär erzogen wird, unterliegt keinem Zweifel. Wir haben ja davon gesprochen, daß ein Großteil der heutigen Elterngeneration selbst autoritär erzogen wurde […]“ (Strätling-Tölle & Strätling, 1975, S. 32). Auf acht Seiten sammeln die Autoren Argumente gegen die autoritäre Erziehung, auf den folgenden elf Seiten wird die antiautoritäre und Laissez-faire Erziehung zurückgewiesen. Die Verfasser werben im Anschluss für eine Partnerschaft zwischen Eltern und Kindern:

> „Partnerschaftliche Erziehung ist die Erziehung für die Freilassung, sie ist, mit einem anderen Wort, emanzipatorische Erziehung, denn Emanzipation bedeutet nichts anderes, als daß der Mensch „aus der Hand“ (*manu,* lat.) des anderen freigelassen wird.

> Partnerschaftliche Erziehung ist Erziehung auf Freiheit hin“ (Strätling-Tölle & Strätling, 1975, S. 56).

Eher eine Ausnahme in den 70er Jahren ist dieser Erziehungsratgeber, der den Eltern eine Fülle von Fragen an die Hand gibt, um den eigenen Erziehungsstil sondieren zu können (S. 59ff.). Die Autoren sprechen am Ende des Kapitels die Konfusion der Termini für die Erziehungsstile an:

> „Bewußt wird hier von einer partnerschaftlich-emanzipatorischen Erziehung gesprochen und nicht, [...], von einer nicht-autoritären Erziehung. Obwohl beide Begriffe das gleiche meinen, lehnen wir den zweiten Begriff ab: Nicht-autoritäre Erziehung kann sowohl als antiautoritäre Erziehung im politisch-sozialistischen Sinne als auch als eine autoritätsfreie Erziehung im Sinne des Laissez-faire mißverstanden werden“ (Strätling-Tölle & Strätling, 1975, S. 64).

Gegen den Mainstream schreibt die Münchener Ärztin für Psychoanalyse und Psychotherapie Gisela Schmeer das Buch *Das sinnliche Kind* (1975):

> „Ohne eine gleichwertige Entwicklung seiner Sinne verkümmert der Mensch, wird einseitig. Es darf daher nicht so bleiben, daß unsere Kinder nur auf Leistung hin ausgerichtet werden, daß zwar ihre Intelligenz entwickelt wird, ihre Sinnlichkeit jedoch verkümmert“ (Schmeer, 1975, Buchcover).

In der Zeitschrift ELTERN erscheint eine Buchbesprechung zum S*innlichen Kind;* der Ratgeber von Gisela Schmeer wird ausdrücklich empfohlen. Erziehungsstile werden von der Autorin, die inzwischen auch als Dozentin im Bereich der Kunsttherapie arbeitet, nicht benannt. Mit vielen anschaulichen Beispielen untermauert sie jedoch ihre Appelle an die Eltern, sich ihren Kindern mit *Zeit* und *allen Sinnen* zuzuwenden, um ihnen die Möglichkeit zu geben, sich selbst und ihre Umgebung durch ihre eigenen Sinne kennenzulernen.

Ein Novum in den 70er Jahren ist das aufwändige Medienverbund-Projekt *Der Elternführerschein*, initiiert vom WDR unter Beteiligung des Bundesministeriums für Jugend, Familie und Gesundheit. Da zu dem 12teiligen Fernsehkurs sowohl ein Begleitbuch für die Eltern (Spahn, 1976) vorliegt, als auch ein Bericht über die Ergebnisse der sozialwissenschaftlichen Begleitung des Projektes (BMJFG, 1978), liefert dieses umfangreiche Material für die Fragestellung der vorliegenden Arbeit derart relevante Daten, dass eine Analyse beider Schriften einen Exkurs rechtfertigt.

Gegen Ende der 70er Jahre manifestieren sich in der Ratgeberliteratur primär liberale Erziehungsstile; bereits beobachtete Tendenzen stabilisieren sich. So ist es weder eine Überraschung, dass ein zweites Medienverbund-Projekt mit dem Titel *Erziehen ist nicht kinderleicht* und dem Postulat einer „partnerschaftlichen

Erziehung“ nach Gordon 1977 startet, noch verwundert es, dass zwei neue Elternkurse auf den Markt kommen. Die Erfolgsautoren Dreikurs (*Familienrat,* 1977) und Gordon (*Familienkonferenz in der Praxis*, 1978) unternehmen das Experiment, Kurse für Fortgeschrittene anzubieten, können jedoch an ihre früheren Erfolge nicht anknüpfen. Ebenfalls 1978 erscheint ein eher unorthodoxer Ratgeber *Die Nikitin-Kinder* von dem russischen Elternpaar Boris und Lena Nikitin, die ihr Modell zur kindlichen Früherziehung vorstellen mit den Schwerpunkten: Lesen, Schreiben, Rechnen, Turnen, Spielen (von den Eltern entwickeltes Spielmaterial) und die Förderung sozialer Kompetenz.

Wie bereits erwähnt, bleibt es in den 70er Jahren nicht bei einem „pädagogischen Großangriff“ (von Braunmühl, 2010, S. 47), auch entwicklungspsychologische Erkenntnisse – für Eltern aufbereitet – sind gefragt. So erscheint 1979 von Daniel Stern *Mutter und Kind. Die erste Beziehung*. Das Vorwort der Herausgeber kann als *Zeitdokument* betrachtet werden:

> „In den letzten zehn Jahren wurden eine Menge wichtiger Forschungen über die Entwicklung des Menschen in all ihrer reichen Mannigfaltigkeit durchgeführt, vielfach mit dem Direktziel, das Wohlergehen des heranwachsenden Kindes zu fördern und ihm in seinem Streben nach voller Entfaltung seiner Kräfte und Möglichkeiten zu helfen. In der Regel erreichen neue Erkenntnisse dieser Art den intelligenten, interessierten Laien nur langsam und stückweise“ (Bruner, Cole & Lloyd, 1979, S. 7).

Die englischen Herausgeber Bruner, Cole & Lloyd grenzen nicht nur realistisch die potentielle Leserschaft ein, sie sprechen zugleich ein Dilemma an, dass sich gleichermaßen in England und in der BRD von der Nachkriegszeit bis in die 70er-Jahre hinein abspielte.

4.8 ELTERN 1970-1979 – Das Ziel einer „Demokratischen Erziehung“

Obwohl die Zeitschrift ELTERN in ihren Themen, Artikeln, Elternangeboten und Tipps durchaus die zunehmend pluralistische Gesellschaft widerspiegelt, findet sich bei der Durchsicht der detaillierten und für diese Arbeit relevanten Beiträge in den 70er Jahren das stringente Postulat nach einer „Demokratischen Erziehung“ (2/73; 11/73; 12/73; 4/74; 7/74; 12/75; 10/76; 5/77; 1/78; 3/78; 4/78; 5/78; 12/78; 2/79; 11/79). Die Artikel zum Thema „Strafen“ (12/70; 10/73; 1/76, 2/76; 3/76; 4/76; 2/77; 3/77; 6/78; 9/78; 3/79; 8/79; 10/79) können den propagierten Erziehungsstil untermauern oder aber unterminieren – ein Abgleich ist von zentraler Bedeutung. Es fällt auf, dass sich die postulierten Erziehungsziele und das empfohlene „demokratische“ Verhalten der Eltern zumeist an *Idealen* ausrichtet, während die Diskussion rund um das Thema „Strafen“ eher pragmatisch behandelt wird und sich am Alltag und den Grenzen der Eltern orientiert.

An den Jahreszahlen der relevanten Ausgaben von ELTERN ist leicht ablesbar, dass sich in der zweiten Hälfte der 70erJahre die Erziehungsstildebatte intensiviert. Auch die Zahl der Artikel in den einzelnen Jahrgängen bestätigt den ersten Eindruck: Während von 1970-1975 pro Jahr im Durchschnitt fünf für das Thema der Arbeit signifikante Beiträge erscheinen, sind es bis 1980 im Mittel siebzehn Artikel. Herausgeber wie Redakteure sind bemüht, eine endgültige Distanzierung sowohl von einem autoritären als auch von einem missverstandenen antiautoritären Erziehungsstil bei den Eltern zu bewirken – sie bleiben nicht neutral, sondern ergreifen Partei – und versuchen, sowohl mit Hilfe des wissenschaftlichen Beirats als auch durch sorgsame journalistische Tätigkeit das *Familien- und Erziehungsklima in der BRD* nachhaltig zu beeinflussen. Der historische Wandel, der sich längst abzeichnet – nämlich eine Abkehr von konservativer Verkrustung und jeglicher Gewalt über eine falsch gedeutete antiautoritäre Erziehung bis hin zur Antipädagogik Ekkehard von Braunmühls – wird von der Zeitschrift ELTERN begünstigt und stabilisiert. Im Jahr 1973 gehen 4,7 Millionen Leser diesen demokratischen Weg mit; monatlich wird ELTERN 840.000mal verkauft (Mediadaten, Gruner & Jahr). Von 110 Beiträgen aus den Jahren 1970-1979 wurden 28 Artikel für diese Untersuchung ausgewählt und exemplarisch analysiert.

Der erste relevante Artikel mit dem Titel *Das kleine Programm für Kinder bis 3* (2/73, S. 68/69) gibt den Eltern ein paar grundlegende Erziehungsmethoden an die Hand: Verbote bei Gefährdung und liebevolles Entfernen aus der Gefahrenzone; wenig Verbote, deren Einhaltung konsequent verfolgt wird und die Unterstützung der Eigeninitiative des Kindes. Ab zwei Jahre soll das Kind angehalten werden, nichts zu zerstören. Hilfe zur Selbsthilfe mit Liebe und Geduld wird ebenso propagiert, wie ab drei Jahren das Verbot, andere zu schädigen. Die Selbständigkeit des Kindes soll unterstützt werden (waschen, kämmen, Zähne putzen, sich anziehen).

Der Artikel *Antiautoritäre Erziehung* (11/73, S. 42-49) greift den Wandel in den Erziehungsstilen direkt auf und beschreibt den Weg vom „Schreckbild“ für viele Bundesbürger zu einem neuen „Konzept, damit jeder in der Familie zu seinem Recht kommt“ (S. 46). ELTERN zitiert aus einer Umfrage des Instituts für angewandte Sozialwissenschaft in Bad Godesberg (1973): „Die größte Gruppe der Befragten, nämlich 43 Prozent, sah sowohl negative als auch positive Seiten der antiautoritären Erziehung und war bereit, aus den Pluspunkten zu lernen“ (ELTERN, 11/73, S. 42). Neills *Summerhill* (600 000 verkaufte Exemplare in zwölf Monaten, inzwischen nahezu eine Million) wird als “Pflichtlektüre” für junge Eltern empfohlen.

> „Die schnell folgenden weiteren Bücher zum gleichen Thema hatten ebenfalls respektable Erfolge, mit Auflagen zwischen 30 000 und 80 000 Exemplaren! Das ist ein Indiz für eine entscheidende Veränderung in der bundesdeutschen Erziehung: Viel mehr Erzieher als früher informieren sich heute über pädagogische Probleme und denken über die Art ihrer Erziehung nach. Zu welchem Ergebnis solches Nachdenken auch führt – allein schon dieses Interesse ist ein beachtlicher Gewinn aus der antiautoritären Bewegung“ (ELTERN 11/73, S. 42).

Als bedeutsamstes Werk nach der antiautoritären Welle wird die *Familienkonferenz* von Gordon (1972) aufgeführt und kurz dargestellt. Der Artikel endet mit einer Hypothese zum Wandel der Erziehungsstile in der BRD:

> „Die meisten Eltern, Kindergärtner und Lehrer [...] haben durch das radikale Konzept einer antiautoritären Erziehung das Gegenteil dessen vorgeführt bekommen, was sie tagtäglich praktiziert haben. Und dieser Gegensatz hat sie zum Nachdenken veranlaßt und in vielen Fällen dann auch zur Korrektur ihres Erziehungsverhaltens geführt“ (ELTERN 11/73, S. 49).

Die ELTERN-Redakteurin Karin Mönkemeyer bezieht sich dabei auf die Ergebnisse von Annemarie Tausch, die 1969 in 13 Großstadt-Kindergärten die Äußerungen von mehr als 2000 Kindergärtnerinnen analysierte und davon 82 Prozent als „autoritär“ kategorisierte (ELTERN, 11/73, S. 42).

Das Erziehungsziel *Selbständigkeit* zieht sich als *Leitbild im Strukturwandel* der Erziehungswerte, -stile und –verhältnisse (vgl. Drieschner 2007) ab der 70er Jahre auch durch die Zeitschrift ELTERN (u. a. 2/73; 4/74; 12/75; 10/76; 5/77; 1/78; 5/78; 2/79; 11/79). Im Novemberheft 1973 wird der amerikanische Kinderarzt und Psychologe Brazelton vorgestellt – ein Garant für eine Erziehung zur Eigenständigkeit.

Die Frage *Wie erzieht man ein Kind zur Selbständigkeit?* wird im Aprilheft 1974 gestellt; Ausgangspunkt ist der sichtbare Wertewandel im Umfrageergebnis der Gesellschaft für Konsumforschung: „Gehorsam, Pünktlichkeit, Ordnung und Sauberkeit“ wird abgelöst von „Beruflicher Tüchtigkeit und Selbständigkeit“ (ELTERN 4/74, S.87/93). Der adäquate Erziehungsstil zeichnet sich insbesondere durch Förderung der Interessen und des Selbstwertgefühls aus (Ermutigung und Bestätigung, Fördern und Fordern, Hilfe zur Selbsthilfe, Kritikfähigkeit und Hilfe annehmen können). Propagiert wird der von der Psychoanalytikerin Margarete Mitscherlich geforderte „Demokratische Erziehungsstil“ (ELTERN, 4/74, S. 95), der sich durch transparente Verbote, Vorbild der Eltern und gemeinsam beschlossene Absprachen und Regeln auszeichnet. Eine Buchempfehlung rundet den ELTERN-Artikel ab: Es ist der Ratgeber von Dreikurs *Kinder fordern uns heraus* (vgl. Kap. 3. 4).

Eine von ELTERN einberufene Expertenkonferenz (u. a. Walter Toman/Erlangen-Nürnberg, Bernhard & Helma Hassenstein/Freiburg, Hanne Wilhelm/München) diskutiert über *Autorität und Disziplin heute* im Juli -Heft 1974 und möchte Mut zur Erziehung machen. Alle Wissenschaftler sind sich einig, dass eine Erziehung ohne „echte" Autorität zum Scheitern verurteilt ist:

> „Autorität hat sehr viel mit Freude aneinander zu tun – und sehr wenig mit Angst voreinander. [...] die elterliche Macht nur einzusetzen, wenn es für das Kind in seinem eigenen Interesse wirklich notwendig ist. Nicht verbieten, wenn abraten auch genügt. Und nicht einmal abraten, wenn dem Wunsch des Kindes bloß etwas Unwichtiges entgegensteht" (ELTERN, 7/74, S. 12).

Die erzwungene Disziplin eines autoritären Erziehungsstils steht nicht zur Debatte; es geht vielmehr um kontinuierliche Anleitung zur Selbstbeherrschung und Disziplin im Sinne von Frustrationstoleranz, Ausdauer und Eigenständigkeit. Die Erziehungsziele Selbstdisziplin, Unabhängigkeit und Vertrauen stehen dabei im Fokus, gepaart mit empathischer, verständnis- und liebevoller Begleitung durch die Eltern. Die Experten stellen ein 7-Punkte-Programm vor (ELTERN, 7/74, S. 14):

- berechtigte Bedürfnisse verstehen und befriedigen
- partnerschaftliche Beziehung: aktives Zuhören, Fragen beantworten
- Ermutigung: Fortschritte anerkennen, Fehler übergehen
- Organisieren statt reglementieren
- Kurze, eindeutige Erklärungen anstelle endloser Diskussionen
- Hilfe geben zur Affektregulierung bei Ärger
- Das Kind nicht in Watte packen: Auseinandersetzungen und Konsequenz nicht scheuen [Alternative: provozierendes Verhalten ignorieren].

Im ELTERN-Heft 12/1975 werden die Ergebnisse einer groß angelegten Untersuchung mit der Fragestellung *Gut erzogen: Was heißt das heute?* dargestellt. Psychologen der Universität Trier werteten einerseits 1446 Schüleraufsätze von Mädchen und Jungen zwischen 8 und 14 Jahren aus, andererseits entwickelten sie im Auftrag von ELTERN einen Fragebogen mit 255 Items, den 415 Väter und 490 Mütter beantworteten. Die Computerauswertung bestätigte: „Nach wie vor sind den Eltern die ‚traditionellen Tugenden' wie Pünktlichkeit, Ehrlichkeit, Höflichkeit besonders wichtig." Dennoch kristallisierte sich ein Wandel heraus: „Den Eltern von heute sind auch Selbständigkeit, Kritikfähigkeit, Toleranz wichtig" (ELTERN, 12/75, S. 22).

ELTERN wagt im Mai 1977 nochmals eine positive Retrospektive eines Vaters auf die *Antiautoritäre Erziehung* (5/77, S. 12-18). In den Heften 10/76 (S. 12-

14) und 1/78 (S. 14-17) werden der „modernen Erziehung zur Selbständigkeit“ erneut eigene Artikel gewidmet: Ermutigung und Training des Selbstbewusstseins sind die Schlüsselwörter. Von Braunmühl (*Antipädagogik,* 1975) wird zitiert, der in den Kindern keine „erziehbaren Objekte“, sondern gleichberechtigte Partner sieht und empfiehlt, den Drang des Kindes nach Selbständigkeit zu unterstützen. Die Psychotherapeutin Martin-Zindler (ELTERN, 1/78, S. 14) bezieht sich auf den Psychoanalytiker Heinz Kohut (1976, S. 141) und warnt: „Aus Selbständigkeit wird Vernachlässigung, wenn der Glanz in den Augen der Mütter fehlt“.

Im Märzheft 1978 stellt ELTERN die Frage *Müssen Eltern streng sein?* Neben einer erneuten Auseinandersetzung mit der antiautoritären Erziehung Neills und dem Postulat „Kinder brauchen Halt (Grenzen) und Autorität, um die Spielregeln des Lebens zu erlernen “ (ELTERN, 3/78, S. 14), wird „Strengsein“ definiert als konsequent und zuverlässig sein, sich klar und eindeutig auszudrücken, auf Regeleinhaltung zu bestehen und die Familientradition aufrecht zu erhalten (ELTERN, 3/78, S. 16/17). Ein Erziehungsstil wird hier nicht explizit benannt, da es eher um Methoden der Erziehung geht, dennoch wird deutlich, dass der demokratisch-partnerschaftliche Stil beim „Strengsein“ nicht angestrebt wird. Die Dimensionen „Wärme“ und „Kälte“ fehlen zur Orientierung, dafür fällt als konservatives Element die Fortführung der Familientradition auf. Gegenstand dieses Artikels ist die Erziehung der Erzieher und weniger der Erziehungsstil.

Warum ELTERN gerade Ende der 70er Jahre das Thema „Strengsein“ aufgreift, lässt sich dem Artikel *Ist die moderne Erziehung am Ende?* im Aprilheft 1978 (S. 94-103) entnehmen. „Aus allen Ecken tönt plötzlich der Ruf nach mehr Drill, mehr Druck, mehr Disziplin. Eltern, die ihre Kinder modern erziehen, werden systematisch verunsichert. War alles falsch?“ fragt der Autor Hans Grothe in seiner Abhandlung (ELTERN, 4/78, S. 95).

> „Diesmal kommt die Welle von rechts. Und wie immer in der Geschichte: Je stärker das Pendel vorher in der einen Richtung ausschlug, um so kräftiger wird es auch nach der anderen ausschlagen. [...] Allenthalben macht sich eine Stimmung breit, die flugs behauptet, moderne Erziehung führe zum Verfall der guten Sitten, zur Erhöhung der Kriminalität und schließlich zum Terrorismus. Als Gegenmittel versucht man dann, wieder die gute alte autoritäre Erziehung einzuführen – den Zeigefinger drohend erhoben, den Rohrstock hinter dem Rücken“ (ELTERN 4/78, S. 98).

Der Kolumnist Grothe – seit der Gründungsphase 1966 Redaktionsmitglied und späterer stellvertretender Chefredakteur der Zeitschrift ELTERN – gibt ein Statement zur historischen Entwicklung von Erziehungsmaximen und Schulpolitik in den letzten 15 Jahren ab. Er erfasst Wandel, Stillstand und „voraus auf diesem Weg zurück“. Exemplarisch zitiert er aus „Schule und wir“ (letzte Ausgabe 1977), dem offiziellen, in Millionenauflage erscheinenden Mitteilungsblatt des Bayerischen Kultusministeriums. Er weist nach, dass Zitate aus dritter Hand falsch wiedergegeben werden („Jeder dritte junge Mann ist gerichtlich verurteilt!“) und entdeckt den Nazi-Spruch „Reif werden und rein bleiben?“. Grothe differenziert:

> „Es gibt in dem Artikel durchaus auch Aussagen, denen man bedenkenlos zustimmen kann: Etwa, daß antiautoritäre Erziehungspropaganda allzu viele Eltern zur Kapitulation gezwungen habe und viele nun überhaupt nichts mehr vom Erziehungsgeschäft wissen wollten. [...] Aber den Verfassern geht es ja gar nicht um die *Auswüchse* der letzten Jahre. Vielmehr wird unter dem Vorwand, die linksextreme, antiautoritäre Erziehung zu bekämpfen, gleich die gesamte modern-freiheitliche Erziehung verteufelt“ (ELTERN, 4/78, S. 98/100; Hervorhebung im Original).

Als weiteres Beispiel für das sich verändernde Klima in Erziehungswissenschaft und Politik führt Grothe das Ende Januar 1978 stattgefundene *Forum Mut zu Erziehung* im Wissenschaftszentrum in Bad Godesberg an. Professoren aus der BRD, Österreich und der Schweiz waren ebenso dazu geladen, wie die Kultusminister von Bayern und Baden-Württemberg – ein besonderes Gewicht verlieh der Tagung die Anwesenheit des Bundespräsidenten und des Bundestagspräsidenten.

> „Es gab nur ein einseitiges Anklagen gegen alles, was in den letzten Jahren falsch gemacht wurde. [...] Ich vereinfache nicht viel mehr, als es die Tagung tat, wenn ich behaupte: Dieses Forum versuchte den Eindruck zu erwecken, wir brauchten nur zur guten alten Erziehung (zu welcher?) zurückzukehren, und alles sei wieder im Lot“ (ELTERN, 4/78, S.102).

Schweigen erntete der Bielefelder Reformpädagoge Hartmut von Hentig mit seinen kritischen Einwänden, dass auf dem Forum „Trends nicht analysiert, sondern gemacht“ würden und dass „die Verklärung der vergangenen Zeiten“ mit Drill, Prügel, Sturheit und harter Disziplin „keine Sehnsucht“ in ihm auslösen würde. Unmissverständlich bezieht Grothe seine Position:

> „Solange die Vertreter progressiver Schul- und Erziehungsreformen „auf dem Boden des Grundgesetzes“ standen [...] konnten Progressive und Konservative wenigstens in eine gemeinsame Richtung marschieren, [...]. Seit sich jedoch marxistische Systemveränderer der Schulreform bemächtigten, muß man wohl Verständnis dafür haben, dass die Demokraten sagen: Halt! Wir wollen keine Schule, in der die Kinder systematisch gegen alle Erwachsenen aufgehetzt werden, [...] Leistung prinzipiell verdammt, [...] Kinder systematisch zu Klassenkämpfern und Umstürzlern erzogen werden sollen“ (ELTERN, 4/78, S. 103).

Grothe postuliert eine Erziehung zwischen „links“ und „rechts“ – die moderne Erziehung. Folgerichtig erscheint von ihm der zweite Teil des Artikels im Maiheft 1978 unter dem Titel *Moderne Erziehung – was ist das überhaupt?* (S. 12-21). Ermutigend beginnt seine kompakte Abhandlung mit der Feststellung eines Wandels, dass Untersuchungen zufolge 70% der Eltern Loben für wirksamer halten als Strafen. „In Schutz nehmen“ möchte Grothe die moderne Erziehung gegen eine „schleichende politische Tendenzwende“, die die moderne Erziehung verteufelt: „Moderne Erziehung bewirke eine zunehmende Leistungsunwilligkeit, Verzweiflung und Verrohung, treibe die Jugend zu Alkohol und Rauschgift“ (ELTERN, 5/78, S. 13/14).

Die Zeitschrift ELTERN reagiert auf diese Vorwürfe mit einem Artikel, der länger, theoretischer und noch differenzierter ist als die bisherigen Stellungnahmen zur modernen Erziehung. Grothe unterscheidet als Autor *Die fünf Grundpfeiler jeder Erziehung* (5/78, S. 14) und erstellt einen umfassenden Katalog der Erziehungsziele mit fünf Dimensionen: Ethische, geistige, soziale und vitale Kompetenzen, sowie Erlebnisfähigkeit.

> „Die *Autoritären* versuchen ihre Ziele mit einem hohen Maß an Druck und Drill zu verwirklichen, [...] Gehorsam, Disziplin und Ordnungsliebe stehen [...] hoch im Kurs. Die *Antiautoritären* [...] billigen dem Kind von Anfang an fast vollständige Selbstbestimmung zu [...] Eigenschaften wie Anpassungsfähigkeit, Toleranz, Ehrgeiz oder gar Leistungswillen gelten als negative Eigenschaften [...]
>
> Was sich in den letzten Jahrzehnten langsam als moderne (demokratische) Erziehung entwickelt hat, versucht zwischen diesen beiden Extremen zu arbeiten und dem Kind so viel Freiheit und Selbstbestimmung zu geben, wie es nach seinem jeweiligen Entwicklungsstand verträgt“ (ELTERN, 5/78, S. 20; Hervorhebungen im Original).

Intensive, stabile Beziehungen mit emotionaler Wärme gehören für Grothe ebenso zu den Grundpfeilern, wie geistige, soziale und sensorische Anregung und Förderung. Sein oberstes, idealisiertes Erziehungsziel ist die Entwicklung zu einem humanen, glücklichen Menschen, dem es gelungen ist, Selbstakzeptanz zu entwickeln, seine Anlagen und Begabungen zu entfalten und sich seiner Selbstwirksamkeit sicher zu sein (5/78, S. 14/16). Grothe listet 50 Einzelziele auf, mit denen seine Intention erreicht werden soll und bemüht sich damit um Vollständigkeit.

> „Die Definition des Erziehungsziels und die Aufzählung der wünschenswerten Eigenschaften sind jedoch nur der eine Teil, wenn man klarmachen will, was moderne Erziehung ausmacht. Neben den Zielen sind auch die Mittel wichtig, mit denen man diese Ziele erreichen will. Hier reißt die Kluft nun zwischen den verschiedenen Erziehungsstilen weit auf“ (ELTERN, 5/78, S. 16/20).

Grothe rechnet offensichtlich damit, dass er durch den stattlichen Katalog der Erziehungsziele und den detaillierten Text seine Leser nolens volens entmutigt: „Wenn Sie bis zu diesem Punkt gefolgt sind, lieber Leser, denken Sie nun sicher: O Gott, ist Erziehung kompliziert und schwierig!“ (5/78, S. 20). Didaktisch und lerntheoretisch ist der vorliegende Bericht sicher problematisch. Die Kehrtwendung am Ende des Artikels zu den ersten Lebensjahren überzeugt nicht so recht und überfordert den Leser mit noch mehr Informationen:

> „Moderne Erziehung heißt, einem Kind in seinen ersten Lebensjahren [...] so viel heile Welt zu bieten, wie es überhaupt geht. Heile Welt – das steht hier für Schutz, Geborgenheit, Angstfreiheit, Sicherheit. Es bedeutet die Erfahrung: Probleme tauchen zwar auf, aber sie sind lösbar. Es bedeutet die Erfahrung: Meine „Eltern“ [...] sind immer da für mich, wenn ich sie wirklich brauche. Sie lassen mich nie im Stich, sie überlassen mich nie der unendlichen Angst, die überall auf mich lauert“ (ELTERN, 5/78, S. 21).

Die moderne Erziehung mit einem *Programm für die ganze Erziehungs-Zeit* und dem Endziel „Glück“ will Grothe den ELTERN-Lesern vorstellen. Es soll im Weiteren untersucht werden, welche Ziele eher mit einem demokratischen Erziehungsstil zusammenhängen (ELTERN, 5/78, S. 16):

1. Dimension: Ethische Fähigkeiten, wie Achtung vor dem Leben und Ablehnung von Gewalt (weniger: Opferbereitschaft, Verzicht, Ehrlichkeit, Zuverlässigkeit, Selbstbeherrschung, Bescheidenheit);
2. Dimension: Geistige Fähigkeiten, wie Problem- und Konfliktlösung, geistige Beweglichkeit, Offenheit, Konzentrations- und Urteilsvermögen, Kritik- und Lernfähigkeit, Kreativität, logisches Denken und präzise Wahrnehmung;
3. Dimension: Soziale Fähigkeiten, wie Liebesfähigkeit, gute Kommunikation und Kooperation, Empathie und Toleranz, die Interessen des anderen achten (weniger: Hilfsbereitschaft und Anpassungsfähigkeit);
4. Dimension: Vitale Fähigkeiten, wie Selbständigkeit und Initiative, Motivation, Freude am Leben, Frustrationstoleranz, Selbstakzeptanz, Selbstbestimmung, Selbstbewusstsein, Zivilcourage, Konfliktbereitschaft (weniger: Willenskraft, Durchsetzungsvermögen, Spontaneität, Entscheidungsbereitschaft, Ausdauer);
5. Dimension: Erlebnisfähigkeit, wie Interesse an der Umwelt; Aufgeschlossenheit für Kultur, Kunst, Wissen; fähig zu und Freude an differenziertem Gefühlsleben (mitleiden und ergriffen sein); Sinnlichkeit (Freude an Körper und Sexualität).

Mit einem demokratischen Erziehungsstil können die jeweils zuerst genannten Ziele vermutlich nachhaltig erreicht werden und zum Glücksempfinden des Kindes beitragen, bzw. das Erleben von Unlust oder Unglück relativieren. Der „moderne“ Erziehungsstil kommt wohl besonders den geistigen, sozialen und zum Teil auch vitalen Kompetenzen zugute und erhöht in jedem Fall die Erlebnisfähigkeit. Objektiverweise muss berücksichtigt werden, dass viele Ziele (in Klammern) auch mit einem autoritären oder antiautoritären Erziehungsstil erreicht werden können. Der Demokratie ist zu verdanken, dass der Achtung vor dem Leben und der strikten Ablehnung von jeglicher Gewalt höchste Priorität eingeräumt wird; die weiteren von Grothe benannten ethischen Kompetenzen, sowie Hilfsbereitschaft und Anpassungsfähigkeit, Willenskraft und Ausdauer wurden u. a. auch im Dritten Reich erfolgreich gelebt.

Kritisch anzumerken bleibt: Das Zusammenspiel von genetischer Ausstattung und Disposition findet ebenso wenig Berücksichtigung, wie z. B. prä- und postnatale Gegebenheiten, biochemische Vorgänge im Gehirn, die sogenannte „intergenerationale Transmission“, Temperament, motivationale Systeme, Geschwisterkonstellation, soziales Umfeld und anderen Umwelteinflüssen, ganz zu schweigen von der Passung zwischen Mutter (Vater) und Kind, die wiederum die Art der Bindungsqualität mitbestimmt. Vitale Kompetenzen und Erlebnisfähigkeit hängen stärker mit dem Charakter und dem Temperament des Kindes zusammen, als mit dem Erziehungsstil. Unberücksichtigt bleiben die Einflüsse der Intelligenz von Eltern und Kind. Inzwischen zeichnet sich die „moderne“ Erziehung dadurch aus, dass sie sich auf wissenschaftliche Ergebnisse aus Genetik, Hirnforschung, Säuglings- und Bindungsforschung, Psychoanalyse etc. stützt und die genannten Faktoren berücksichtigt. ELTERN wird diesen Weg im weiteren Verlauf mitgehen.

Erwähnenswert bleibt noch, dass im November-Heft 1979 Thomas Gordon zu Wort kommt: „Der bekannte amerikanische Kinderpsychologe („Familienkonferenz“) schreibt exklusiv für ELTERN, warum er Zwang in der Erziehung ablehnt. Und er beschreibt vier bessere Methoden“ (11/79, S. 12-19):

1. Alternative: Finden Sie heraus, was Ihr Kind wirklich braucht (S. 16)
2. Alternative: „Wir machen ein Geschäft miteinander“ (S. 16)
3. Alternative: Die Umgebung verändern (S. 18)
4. Alternative: Ich-Botschaften senden (S. 18)

Zuletzt benennt er „die Methode ohne Verlierer“ (vgl. Kap. 4. 6.) und versichert den Eltern, dass Erziehung ohne Strafe „tiefgreifende Veränderungen im Verhalten und in der Persönlichkeit der Kinder bewirken kann“. Mit diesem Artikel bekennt sich ELTERN einmal mehr zum demokratischen Erziehungsstil.

Zum Thema „Strafen“ lässt sich in den 70er Jahren in ELTERN ein „Demokratisierungsprozess“ nachweisen: Im Dezemberheft 1970 kommen sechs Professoren aus dem Wissenschaftlichen Beirat zum Thema „Strafen“ zu Wort. Fazit: „Schwere Schläge sind und bleiben verboten [...]. Es ist aber erlaubt, ein kleines Kind mit leichten Klapsen zu erziehen. Und es ist nicht weiter tragisch, wenn einem Vater oder einer Mutter mal die Hand ausrutscht“ (ELTERN, 12/70, S. 32-39). Im Oktoberheft 1973 grenzt sich der Psychologe Wolfgang Metzger sowohl von der autoritären, als auch von der permissiven Erziehung ab und tritt für eine „Erziehung, in der nicht gekämpft wird, in der es daher weder Sieg noch Niederlage gibt“ ein (10/73, S. 22; vgl. Gordon). Im Januar-Heft 1976 postuliert ELTERN, sich nach einer Ohrfeige zu entschuldigen (S. 14) und die Hand zur Versöhnung zu reichen (S. 16). In den Ausgaben vom März 1976 (S. 18-22) und September 1978 (S. 73-77) rücken „Psycho-Strafen“ in den Fokus: Demütigung – Liebesentzug – Angstmachen – Erpressung – Rache.

> „Alle diese Strafen haben gemeinsam, daß sie in dem Kind Schuldgefühle aufstauen. [...] Schuldgefühle, die das Verhältnis zwischen Eltern und Kind vergiften. [...] Das Kind fühlt sich nicht mehr als gleichwertiges Mitglied der Familie, das auch Rechte hat. [...] Dieses ganz besondere Angst-Schuld-Verhältnis schafft eine ganz besondere Abhängigkeit, unter der gesunde Kinder leiden. [...] Die psychologischen Strafen, der Psycho-Terror gegen Kinder, gehören zu den schlimmsten Strafen, die es gibt. sie können manchmal noch schlimmer sein als Schläge“ (ELTERN, 3/76, S. 22).

Ab 1976 werden die Beiträge in ELTERN zum Thema „Strafe“ immer liberaler. „Hilfe statt Strafe“ ist der Tenor: Konfliktlösungen aufzeigen und Loben zur rechten Zeit (4/76, S. 54-59); „Jede Ohrfeige ist eine verpasste Gelegenheit“ (3/77, S. 42-46); „Erziehung ohne Strafe – geht das?“ (6/78, S. 59-65); Erziehen ohne Klaps durch Vorbild und Lernen (12/78, S. 13-21); „Die Ohrfeige. Sie brennt im Gesicht. Aber weh tut sie in der Seele“ (3/79, S. 64); gemeinsame Abmachungen statt Strafen (8/79, S. 18-22); „Eine Entschuldigung für den unbedachten Klaps löst nicht den Konflikt“ (10/79, S. 54-59). In demselben Artikel werden die Ergebnisse der Allensbach-Umfrage 1979 zitiert. 44 Prozent aller Eltern in der BRD sagen: „Schläge gehören auch zur Erziehung, das hat noch keinem Kind geschadet.“ Ebenfalls 44 Prozent finden allerdings: „Es ist grundsätzlich verkehrt, daß man ein Kind schlägt, man kann jedes Kind auch ohne Schläge erziehen“ (10/79, S. 58f.) ELTERN bezieht Stellung mit einem Zitat aus einem britischen Elternbuch:

> „Ohrfeigen, Schläge und jede Form von Körperstrafe könnten ihr Kind davon überzeugen, daß dies allgemein anerkannte, menschliche Umgangs- und Verhaltensformen sind. Sie könnten ihr Kind dazu ermutigen, selbst Gewalt anzuwenden!" (10/79, S. 59).

4.9 Exkurs: Das Medien-Verbund-Projekt „Der Elternführerschein" 1976

Der Terminus „Exkurs" sorgt für Transparenz: Sowohl das Medien-Verbund-Projekt, als auch der Bericht über die sozialwissenschaftliche Begleitung fallen partiell aus dem definierten Rahmen dieser Arbeit heraus. Dennoch ist der Begriff nicht im Sinne von „Abschweifen" zu interpretieren; das Begleitbuch (Spahn, 1976) wird im Folgenden inhaltsanalytisch ausgewertet und das wissenschaftliche Material (Burkhardt & Unterseher, 1978) wird stringent auf die Forschungsfragen dieser Arbeit *bezogen.* Die 12-teilige Sendereihe lief von April bis Juni 1976 in den Dritten Programmen des Westdeutschen Rundfunks, Hessischen Rundfunks, Süddeutschen Rundfunks, Südwestfunks und Saarländischen Rundfunks. An die Vergabe des Elternführerscheines war die Beantwortung eines „Fragebogen zur Sendereihe" gekoppelt:

> „Mit 9.667 Einsendungen blieb die Beteiligung an der Fragebogenaktion hinter den Erwartungen zurück. Erfreulich hingegen: nur 4 Prozent der Einsendungen mußten als „falsch" gewertet werden, weil von 36 Fragen weniger als 32 richtig beantwortet worden waren. Wer sich durch Teilnahme an der Fragebogenaktion um einen Elternführerschein bemühte, vertrat in der Regel also auch akzeptable Erziehungsprinzipien" (Burkhardt & Unterseher, 1978, S. 15).

Die Fragen korrespondierten mit dem Themenkatalog der zwölf Sendefolgen. Zum Thema Beziehung und Erziehung wurden folgende Inhalte erfragt: Vermeidung von Überforderung, Aufbau von (Ur-)Vertrauen, adäquates Spiel und Spielzeug, Beobachtung und Förderung der Sprachentwicklung, sexuelle Erziehung, Hilfestellung bei Problemlösungen, Umgang mit kindlichen Ängsten, Förderung der Selbstständigkeit, Krankheit und Behinderung, Fremdbetreuung und Kindergarten.

Claus Spahn gibt im April 1976 das Begleitbuch zur Fernsehsendung *Der Elternführerschein* mit zusätzlichen, wissenschaftlichen Informationen zur Erziehung des Kleinkindes in den ersten sechs Lebensjahren heraus. Spahn rühmt „die kollegiale Zusammenarbeit der wissenschaftlichen Autoren" (1976, S. 6). Ein Großteil der Professoren und wissenschaftlichen Mitarbeiter lehren und forschen an der Universität Düsseldorf (Abramowski, Arora, Fenner, Nickel, Schenk und

Schmidt). Von wenigen Ausnahmen abgesehen, wird ein partnerschaftlicher und vor allem „kindzentrierter“ Erziehungsstil propagiert, dafür bürgt u. a. Nickel. Dabei ist bemerkenswert, dass auch dieser Kurs zur Erziehung des Kleinkindes den *Fokus auf die Entwicklung* legt. Dies zeugt nicht nur von zeitgenössischem Denken, sondern ist ein weiterer Beweis dafür, dass primär das Wissen um die Entwicklung des Kindes Optionen erschließen kann für geeignete Interventionen in der Erziehung. Interessierte Eltern wollen ihre Kinder in den einzelnen Entwicklungsphasen verstehen und die Postulate der Ärzte, Psychologen und Pädagogen nachvollziehen können. Der bereits erwähnte *Nachholbedarf an entwicklungspsychologischem Wissen in der BRD* wird auch hier eklatant.

Das Kapitel „Das Kind will sich behaupten“ von Nickel, Schmidt und Süssmuth kann als „Herzstück“ der propagierten Erziehungsvorstellungen im Elternführerschein (Spahn, 1976, S. 155-164.) betrachtet werden: Statt Bestrafung wird Verstärkung des erwünschten Verhaltens (auch durch Belohnung) ebenso wie Verständnis bei Trotzreaktionen postuliert; explosive Wutausbrüche sollen durch kurze Auszeiten neutralisiert werden; Strafen dagegen werden insgesamt als ungeeignete Erziehungsmethoden deklariert. Expressis verbis wird das Konzept von Thomas Gordon empfohlen, um zu einer friedlichen Konfliktbewältigung zu kommen. Die demokratischen Empfehlungen – den Erziehungsstil und die Erziehungsziele betreffend – brechen mit der schwierigen deutschen Vergangenheit und ihrer nationalsozialistisch geprägten Erziehung. Es bleibt aber noch ein langer Weg, bis die Forderungen des Elternführerscheins auch praktisch von den meisten Eltern umgesetzt werden können.

Die genannten Autoren befassen sich in den letzten beiden Unterkapiteln mit den Erziehungszielen: *„Förderung des kindlichen Strebens nach Selbständigkeit, Unabhängigkeit und der Ausbildung eines eigenen Willens“*, sowie der Anleitung zur Lösung sozialer Konflikte (Spahn, 1976, S. 165ff.; Hervorhebungen im Original). Folgende Ankerbeispiele illustrieren die Postulate der Autoren:

> „Das Kleinkind erweitert ständig seine Umwelterfahrungen: […] Diesen Prozess der Verselbständigung sollten die Eltern unterstützen und fördern. Sie sollten Ansätze zu eigenständigem Verhalten durch liebevolle Zuwendung und Lob bekräftigen. […].
>
> Gerade das Gewähren dieser *unbequemeren „kindzentrierten“ Selbständigkeit* bringt jedoch entscheidende Vorteile für die weitere Persönlichkeitsentwicklung mit sich“ (Spahn, 1976, S. 165; Hervorhebungen im Original).

Die Aufgaben der Eltern, die in einem partnerschaftlichen Verhältnis zum Kind stehen, werden deutlich charakterisiert: Sie sollen sich als „gleichberechtigte Konfliktpartner“ präsentieren, die Fehler eingestehen und sich entschuldigen; anstelle von Moralpredigten soll das modellhafte Verhalten der Erzieher wirken und Nachahmungslernen ermöglichen und last not least fordern die Autoren, dem Kind „Mittel für eine gelungene Selbstbehauptung an die Hand zu geben“ (Spahn, 1976, S. 168).

Die Auswertung und Interpretation der Fragebögen durch Burkhardt & Unterseher (1978) spiegelt den Stand der Familienerziehung in den 70er Jahren. Ein historischer Wandel manifestiert sich in erster Linie in *liberalen Absichtserklärungen* der Eltern (87% gehen mit den Erziehungsratschlägen des Elternführerscheins konform, vgl. 1978, S. 48), in einer eher *selbstkritischen Erziehungshaltung,* insbesondere aber in einem starken *Bedürfnis nach Informationen*, um die pädagogischen Ratschläge im Erziehungsalltag umsetzen zu können (vgl. 1978, S. 29f.). Die elterlichen *Absichtserklärungen* müssen in Relation zu den Ergebnissen der – von den Eltern eingestandenen – Erziehungsfehler gesetzt werden: 10% der (Mittelschicht-) Eltern geben zu, das Kind gelegentlich geschlagen zu haben (vgl. 1978, S. 40ff.), 58% waren zu hektisch und nervös, 26% gestehen Launen in der Erziehung ein, 23% zeigten mangelndes Verständnis und 15% haben ihr Kind überfordert. Am Ende der Sendereihe berichteten immerhin 60% der Eltern von Teilerfolgen.

Es lassen sich *bildungsabhängige Einstellungsdifferenzen* bei der Frage nach dem bevorzugten Erziehungsstil nachweisen. „Sie bedeuten ihrer Tendenz nach, daß mit steigendem Bildungsniveau die Neigung zu autoritären Erziehungsmaßnahmen sinkt“ (Burkhardt & Unterseher, 1978, S. 51). 71% der Eltern mit Volksschule ohne Lehre sind für gelegentliches hartes Durchgreifen, dagegen „nur“ 32% mit Abitur und Studium. „Eltern sollten sich intensiv um ihre Kinder kümmern, dabei aber immer bedenken, wie sich Erziehungsmaßnahmen auswirken“ (Burkhardt & Unterseher, 1978, S. 49f.): Diesem Satz stimmen über 80% der Volksschüler und 91% der Eltern mit Abitur und Studium zu. Er ist jedoch als Postulat formuliert und sagt wenig über die gängige Erziehungspraxis aus. Nicht nur ernüchternd, sondern geradezu erschütternd und alarmierend lesen sich die *gegenwärtigen Forschungsergebnisse* zur Kindesmisshandlung in der BRD (z. B. Deegener & Körner, 2005; Ziegenhain & Fegert, 2008; *Bayer-Gewaltstudie,* 2013; Tsokos & Guddat, 2014).

Zwei wichtige repräsentative Studien auf der Basis von Eltern-Befragungen mit Kindern unter 18 Jahren (Bussmann, 2001) und Kindern- und Jugendlichen-Befragungen im Alter zwischen 12 und 18 Jahren (2002) geben Aufschluss über das Sanktionsverhalten von Eltern in der BRD. Nach Aussagen der Eltern erziehen 28% *weitgehend* sanktions- und körperstrafenfrei, nach Aussagen der Kinder- und Jugendlichen sind es 29,5%. Leichte körperliche Strafen praktizieren 54,3% der Eltern, zur Gewalt bekennen sich 17,1% (Aussagen von Kindern/Jugendlichen

51% und 19,2%). Nach diesen Ergebnissen werden noch immer ca. 70% der Kinder und Jugendlichen körperlich bestraft (Bussmann, 2005, S. 244). Einen statistisch bedeutsamen Zusammenhang gibt es zwischen der sozioökonomischen Schicht und körperlicher Gewaltanwendung, sowie zwischen der Schulbildung der Eltern und ihrem Sanktionsverhalten. Trotz dieser Misere konstatiert Bussmann nüchtern, dass noch nie mit so wenig Gewalt erzogen wurde (Bussmann, 2005, S. 245).

Ein historischer Wandel ist insbesondere auch an den *präferierten Erziehungszielen* ablesbar: „Selbständigkeit und freier Wille" bevorzugen 95% der Teilnehmer an der Aktion *Elternführerschein* (September 1976). Folgsamkeit, Anpassung, Ordnungsliebe und Fleiß liegen bei den Teilnehmern unter 20%. Im Vergleich zur bundesdeutschen Bevölkerung: Selbständigkeit und freier Wille liegen bei 47%, Ordnungsliebe und Fleiß bei 51% (Spahn, 1976, S. 52). Die Befunde zum Informationsverhalten der Teilnehmer an der Aktion „Elternführerschein" sind für die vorliegende Fragestellung nicht uninteressant: 30% der Eltern lesen oft Bücher, Zeitschriften und Elternbriefe über Kindererziehung, 54% lesen ab und zu (Spahn, 1976, S. 56). Die Sendereihe selbst „scheint verschiedentlich zum Abbau unkritischer Selbstzufriedenheit – zugunsten einer Problematisierung des persönlichen Erziehungsstils – beigetragen zu haben" (Spahn, 1976, S. 80).

4.10 Zusammenfassung

In den 70er Jahren begünstigte der Übergang zu einer Informations- und Wissensgesellschaft in der BRD einen *Pädagogisierungsschub*. Das Postulat einer Liberalisierung der Erziehungsstile und Erziehungsmethoden in den 1970er Jahren blieb irreversibel und forderte nur wenige Gegenbewegungen heraus (u. a. das Forum „Mut zur Erziehung", 1978). Von Braunmühl (2010, S.47) spricht von einem „Pädagogischen Großangriff": Eine Flut an Elternratgebern, Elternzeitschriften, Elternbriefen und Elterntrainingskursen, das erstmalige Angebot von Medien-Verbund-Projekten, die Verbreitung von Erziehungsvorträgen, die Auswahl an Kursen zur Frühförderung und nicht zuletzt die Entstehung und Ausweitung einer *Kinderkultur* mit vorschulpädagogischen Zielen. Die Zeitschrift ELTERN wird im Jahr 1973 monatlich 840.000mal verkauft und informiert 4,7 Millionen Leser.

Neben die „materialistischen" Werte (Ordnung, Leistung, Pflichterfüllung) treten die „postmaterialistischen" Werte (Selbstverwirklichung, Gleichbehandlung, Autonomie) und verstärken damit den *Individualisierungsprozess*. Ab 1975 stabilisiert sich das Leitbild eines demokratischen (teils partnerschaftlichen, teils autoritativen) Erziehungsstils mit den Erziehungszielen Selbständigkeit, Kommunikations-, Kooperations- und Kritikfähigkeit, Toleranz und Selbstbewusstsein.

Unterfüttert werden die neuen Werte, Erziehungsziele und -methoden insbesondere durch die Forschungsergebnisse, Erkenntnisse, Interpretationen und Hypothesen der modernen Entwicklungspsychologie, der empirischen Säuglings- und Kleinkindforschung und der Psychoanalyse, der Methoden der experimentellen Psychologie und der Lernpsychologie, insbesondere aber durch die Bindungsforschung.

Winnicott, Spitz und Mahler leisteten Pionierarbeit durch ihre Säuglingsbeobachtungen mit dem Fokus auf die Mutter-Kind-Dyade im ersten Lebensjahr. Winnicotts drei wichtigsten und nachhaltigsten Konzepte beinhalten die *Übergangsobjekte,* die *holding-function* durch die Eltern und den Leitgedanken der *hinreichend guten Mutter.* Aktuell bis zur Gegenwart ist sein Postulat einer haltenden und fördernden Umwelt. Spitz wandte Methoden der experimentellen Psychologie an und ergänzte sein Material durch Filmaufnahmen und –analysen. Seinen wichtigen Hinweis auf die asymmetrische Beziehung zwischen einer „hochdifferenzierten" Mutter und einem „undifferenzierten" Kind hebt Anna Freud hervor. Piaget konstruierte ein genetisches Erklärungsmodell für Entwicklung, führte den Strukturalismus in die kognitive Entwicklungspsychologie ein und begründete eine kognitive Theorie der Lernpsychologie. Die empirischen und experimentellen Forschungen des „Baby-Watchers" Stern leiteten eine neue Dekade ein. Stern konnte nachweisen, dass der Säugling bereits nach der Geburt zwischen sich und dem Anderen differenzieren kann. Ermann (2010, S. 82) konstatiert, dass die erste Entwicklungsaufgabe im Leben demnach in der Bindung an die Bezugsperson besteht und nicht in der Loslösung von ihr.

Bereits Ende der 50er Jahre veröffentlichte Bowlby seine These über ein biologisch begründetes Bindungssystem, aber erst nach seinem Tod (1990) fand sein Werk zunehmend die entsprechende wissenschaftliche Würdigung und Verbreitung (vgl. Strauß, Buchheim & Kächele, 2002, S. V-VII). Der Begriff der *Bindung* wird von Gloger-Tippelt & König definiert als spezifisches emotionales Band zwischen Mutter und Kind oder Vater und Kind (oder anderen Dyaden). Dieses qualitativ einzigartige Gefühlsband konstituiert die Beziehung, verbindet beide Partner auf unabsehbare Zeit „und unabhängig von ihrem Aufenthaltsort" (Gloger-Tippelt & König, 2009, S. 4). Nach Bowlby zeigen Säuglinge und Kleinkinder ein instinktgeleitetes Bedürfnis, Nähe zu beschützenden Erwachsenen herzustellen und damit ihr Überleben zu sichern. Er geht von einem durch die Evolution erworbenen *Bindungsverhaltenssystem* aus, das sich in Interaktionen mit der Bezugsperson, z. B. durch Lächeln, Weinen, Rufen, Klammern oder Hinterherlaufen deutlich zeigt und in der Regel zu größerer Nähe und Sicherheit führt. Bei jeder angstauslösenden Situation – insbesondere in Trennungssituationen – springt das Bindungssystem erneut an und das Kleinkind sucht körperliche Nähe und Kontakt zur primären Bindungsperson. Durch Beobachtung und Interaktion entwickelt das

Kind von der Bindungsfigur und dem Selbst „Innere Arbeitsmodelle" (IAM). Da eine sichere Bindung als Schutzfaktor, eine unsichere aber als Vulnerabilitätsfaktor gilt, wurde die Bindungsforschung erfolgreich in vielfältigen Interventionsmaßnahmen mit dem Fokus auf mütterliche Feinfühligkeit umgesetzt.

Ainsworth (1969) entwickelte eine standardisierte Laborsituation, die *Fremde Situation*, um die Bindungsmuster bei Kindern zu erfassen und unterschied drei Bindungsklassifikationen: Die *sichere* Bindungsrepräsentation (B: *secure*), die *unsicher-vermeidende* Bindungsrepräsentation (A: *avoidant*) und die *unsicher-ambivalente* Bindungsrepräsentation (C: *ambivalent*). Main (1995) schlug eine vierte Kategorie D (*desorganisiert*) vor. Auf die Aspekte einer intergenerationalen Vermittlung von Bindung verwies bereits Bowlby. Zu einem beeindruckenden Untersuchungsergebnis gelangten Benoit und Parker (1994): Sie konnten generationsübergreifende Bindungsmuster über drei Generationen nachweisen. Die Ergebnisse des AAI bei der schwangeren Mutter korrelierten eindeutig mit der späteren Bindungsklassifikation zwischen Mutter und Kind. Die Qualität konnte in 81% der Fälle vorausgesagt werden, bei der Großmutter erreichte die Vorhersagbarkeit noch 75%.

Die Rezeption der angelsächsischen Literatur zur Entwicklungspsychologie durch Oerter (1967) und Nickel (1972/1975) setzte weitere neue Impulse, und ebenso das *Internationale Forschungsseminar für Entwicklungspsychologie (ISEP),* initiiert von Heckhausen und Montada im Jahr 1977. Entwicklung wird nicht mehr in Stufen und Phasen gedacht, sondern aus einer multivariaten Perspektive erforscht. Oerter (1967) betrachtet Entwicklung als biologischen Differenzierungs- und Zentralisierungsprozess, der nicht nur von der Anlage, sondern auch von Umwelteinwirkungen abhängig ist, wie z. B. dem sozioökonomischen Status. Nickel führt eine Fülle von deutschen und angelsächsischen Forschungsergebnissen an, nach denen eine kindzentrierte Selbstständigkeitserziehung und die Verstärkung von Exploration die kognitive Entwicklung ebenso fördern wie die Leistungsmotivation. Schneewind (1979) setzt sich vehement dafür ein, dass die Aspekte der ökologischen Sozialforschung (Bronfenbrenner) mit den Ansätzen der klassischen Erziehungsstilforschung verbunden werden. Conger (1979) hebt aus den Kontextbedingungen für kindliche Entwicklung die Eltern-Kind-Beziehung als bedeutendsten Faktor hervor.

Der größte Einfluss auf die populärwissenschaftliche Erziehungsstildiskussion in den 70er Jahren dürfte Gordon zugeschrieben werden. Kein anderer Autor wird so häufig in der übrigen Ratgeberlandschaft der 70er Jahre erwähnt, empfohlen und als Literaturhinweis angegeben; kaum ein Ratgeberautor ist noch derart aktuell bis zur Gegenwart. Auf der theoretischen Basis der *Client-Centered Therapy* von Rogers (1951) baut Gordon seinen Elternratgeber *Parent Effectiveness Training* (1970) auf. Unter dem Titel *Familienkonferenz* erscheint sein Buch

1972 in der BRD; im Jahr 2010 kommt die 49. Auflage auf den Markt. Drei Säulen bestimmen sein Konzept: *Aktives Zuhören – Ich-Botschaften – Niederlagelose Methode.* Das Gordon-Familien-Training (GFT) wird von ausgebildeten Trainern durchgeführt. Müller et al. (2001) führten eine Meta-Evaluation durch und konstatierten eine hohe Trainingswirksamkeit im Bereich der Kommunikationskompetenzen.

Gordon empfiehlt in seiner *Familienkonferenz* expressis verbis die Ratgeber von Ginott (1969). Dessen Anleitung zum Umgang mit Gefühlen (*Emotions-Coaching)* und zu einer guten Kommunikation bildete die Basis für das Elterntraining *FamilienTeam* (2002). Von 1973 bis 1976 kamen die Elternratgeber von Diekmeyer auf den Markt; jedem Lebensjahr (1 bis 6) wurde ein Ratgeber gewidmet. Der Autor vertritt den „sozialintegrativen" Stil (Tausch & Tausch, 1963): Kooperation und Verbundenheit würden so deutlicher ausgedrückt als durch Lewins Begriff „demokratisch". Es geht also nur um einen anderen Terminus, nicht um einen differierenden Stil. Diekmeyer postuliert u. a. folgende Erziehungsziele: Kreativität, Kommunikations- und Kritikfähigkeit, Förderung von individuellen Interessen, Leistungsmotivation, Flexibilität und Selbständigkeit. Der Autor beruft sich auf Rogers Gesprächspsychotherapie und Gordons Kommunikationskonzepte; er empfiehlt zudem Dreikurs, Nickel und Richter.

Ab Mitte der 70er Jahre starten zwei Medien-Verbund-Objekte: *Der Elternführerschein* (1976), ein aufwändiges Projekt vom WDR unter Beteiligung des BMJFG, und *Erziehen ist nicht kinderleicht* (1977) nach Gordon. Zeitgleich kommen zwei neue Elternkurse auf den Markt: Der *Familienrat* von Dreikurs (1977) und die *Familienkonferenz in der Praxis* (1978). Im Jahr 1975 erscheint von Braunmühls Grundlagenwerk *Antipädagogik.* Seine radikalen Thesen zur Abschaffung der Erziehung finden dadurch Verbreitung und provozieren die gesamte etablierte Pädagogik.

Die Zeitschrift ELTERN tritt in ihren Artikeln über Erziehung von 1970 bis 1979 explizit für eine *Demokratische Erziehung* ein. Parallel dazu findet nicht nur eine Distanzierung vom autoritären Erziehungsstil, sondern auch von antiautoritären und antipädagogischen Postulaten statt. Das radikale Konzept einer antiautoritären Erziehung wird hypothetisch als Motor für einen Wandel der Erziehungsstile angesehen. ELTERN akzentuiert die *Familienkonferenz* (1972) von Gordon als wichtigsten Ratgeber, empfiehlt aber auch *Kinder fordern uns heraus* (1966) von Dreikurs. Das Erziehungsziel Selbständigkeit zieht sich als Leitbild auch durch ELTERN. Als weitere Werte und Ziele kristallisieren sich heraus: Berufliche Tüchtigkeit; individuelle Förderung der Interessen, des Selbstwertgefühls, der Kritikfähigkeit, der Frustrationstoleranz, der Ausdauer, der Selbstdisziplin, des Vertrauens; Anleitung zum Hilfe einholen und annehmen. Auch die „traditionellen Tugenden" haben noch Bestand: Pünktlichkeit, Ehrlichkeit, Höflichkeit. Von den Eltern wird viel Erziehungsfähigkeit und -einsatz verlangt: Ermutigung und Bestätigung, transparente Verbote, Vorbildfunktion, Absprachen und Regeln, Grenzen und „natürliche“ Autorität.

5 Der „Zeitgeist“ in den 80er Jahren – Erziehungsratgeber für die „Risikogesellschaft“

Durch die weiteren gesellschaftlichen Veränderungen in den 80er Jahren fühlen sich insbesondere die Intellektuellen herausgefordert, Stellung zu den Umbrüchen und ihren gesamtgesellschaftlichen Folgen zu beziehen. Stellvertretend auch für andere Philosophen, Soziologen, Psychologen, bzw. Psychoanalytikern – mit zeitgleich veröffentlichten ähnlichen Positionen – kommen in diesem Eingangskapitel exemplarisch Habermas, Richter und Beck zu Wort.

5.1 Gesellschaftliche Veränderungen und ihre Interpretation durch philosophische, psychoanalytische und soziologische Stellungnahmen

1984 konzipiert Jürgen Habermas eine Rede mit dem Titel „Die Krise des Wohlfahrtsstaates und die Erschöpfung utopischer Energien“, um diesen Vortrag am 26. November 84 auf Einladung des Präsidenten des spanischen Parlamentes vor den Cortes zu halten. Seine These von der „Neuen Unübersichtlichkeit“ ist zwar umstritten, seine Ausführungen zur Moderne dennoch für diese Arbeit wertvoll und aufschlussreich, da er auf einer profunden philosophischen Ebene den „Zeitgeist“ der Dekade charakterisiert und seine politischen Äußerungen geeignet sind, thematisch in die Makroebene der 80er Jahre einzuführen (vgl. Kap. 5. 2.). Aus diesem Grunde werden einzelne Passagen aus der Rede von Habermas zu Beginn des Kapitels eingearbeitet; der Begriff „Zeitgeist“ (1769 erstmals bei Herder; 1807 erweitert von Hegel) wird in dieser Untersuchung mehrfach in Anspruch genommen (vgl. Kap. 1). Habermas entwickelt aus seinem dialektischen Denken heraus die Synthese, dass sich die Traditionsfortsetzung einerseits und die nötige Innovation andererseits verschränken müssen:

> „Die Entwertung exemplarischer Vergangenheit und der Zwang, den eigenen, den modernen Erfahrungen und Lebensformen normativ gehaltvolle Prinzipien abzugewinnen, erklärt die veränderte Struktur des „Zeitgeistes“. [...] Der Zeitgeist erhält Anstöße von zwei konträren, aber aufeinander verwiesenen und sich durchdringenden Denkbewegungen: der Zeitgeist entzündet sich an dem Zusammenstoß von geschichtlichem und utopischem Denken. [...] Das erfahrungsgesättigte *historische Denken*

scheint dazu berufen zu sein, die utopischen Entwürfe zu kritisieren; das überschwengliche *utopische Denken* scheint die Funktion zu haben, Handlungsalternativen und Möglichkeitsspielräume zu erschließen, die über die geschichtlichen Kontinuitäten hinausschießen. Tatsächlich hat aber das moderne Zeitbewußtsein einen Horizont eröffnet, in dem das utopische mit dem geschichtlichen Denken verschmilzt" (Habermas, 1985, S. 141f.; Hervorhebung im Original).

Habermas beklagt nunmehr einen historischen Wandel, der die utopischen Energien von Politikern und Intellektuellen durch pessimistische Zukunftsperspektiven gelähmt und das Vertrauen in die westliche Kultur erschüttert hat:

„[...] die Spirale des Wettrüstens, die unkontrollierte Verbreitung von Kernwaffen, die strukturelle Verarmung der Entwicklungsländer, Arbeitslosigkeit und wachsende soziale Ungleichgewichte in den entwickelten Ländern, Probleme der Umweltbelastung, katastrophennah operierende Großtechnologien geben die Stichworte, die über Massenmedien ins öffentliche Bewußtsein eingedrungen sind" (Habermas, 1985, S. 143).

Die Lage der Nation charakterisiert Habermas durch seinen Buchtitel *Die neue Unübersichtlichkeit.* Dies ist jedoch in seinen Augen kein Alibi für Ratlosigkeit, sondern „auch eine Funktion der Handlungsbereitschaft, die sich eine Gesellschaft zutraut" (Habermas, 1985, S. 143). Der Autor vertritt die These, dass sich nicht grundsätzlich die utopischen Energien auflösen, sondern nur die Utopie, die um die Arbeitsgesellschaft kreist. Zu dieser zählt Habermas im Sozialstaat nicht nur alle Maßnahmen zur Humanisierung der Arbeitsverhältnisse, sondern insbesondere die „kompensatorischen Leistungen" (Unfallversicherung, Krankenkassenleistungen, Arbeitslosengeld, Rente etc.) und das damit assoziierte Ziel der Vollbeschäftigung. „Dabei wird vorausgesetzt, daß zwischen Demokratie und Kapitalismus durch staatliche Interventionen eine friedliche Koexistenz gesichert werden kann" (Habermas, 1985, S. 148). Die Grenzen dieser Utopie sind für Habermas schon seit Mitte der siebziger Jahre eklatant. Für ihn bietet die Ressource „Solidarität" eine Alternative:

„Moderne Gesellschaften verfügen über drei Ressourcen, aus denen sie ihren Bedarf an Steuerungsleistungen befriedigen können: Geld, Macht und Solidarität. [...]. Nun waren Lebensbereiche, die darauf spezialisiert sind, tradierte Werte und kulturelles Wissen weiterzugeben, Gruppen zu integrieren und Heranwachsende zu sozialisieren, immer schon auf Solidarität angewiesen. Aus derselben Quelle müßte aber auch eine politische Willensbildung schöpfen, die auf die Grenzziehung und den Austausch zwischen diesen kommunikativ strukturierten Lebensbereichen auf der einen, Staat und Ökonomie auf der anderen Seite Einfluß nehmen soll" (Habermas, 1985, S. 158).

Richters Überlegungen gingen in seinem Buch *Lernziel Solidarität* (1974) in eine vergleichbare Richtung. Im Jahr 1998 erscheint eine unveränderte Neuauflage, in deren Vorwort Ernüchterung mitschwingt:

> „Es wird ein ungeschriebener Vertrag eingehalten, der traditionellerweise besonders in Deutschland zwischen Macht und Geist herrscht. Der lautet: Humanistisches soziales Engagement darf sich in einem begrenzten Territorium ausleben – in der Seelsorge, in Therapie und Sozialarbeit, in Literatur, Kunst und Philosophie. Keineswegs darf es aber den Gang der Dinge in Politik und Wirtschaft behindern" (Richter, 1998, S. VII).

Ein Jahr später erscheint die *Risikogesellschaft* von Ulrich Beck (1986); die Abhandlung löst tiefgreifende Diskussionen, vor allem aber eine Individualisierungsdebatte aus. In seinem Kapitel „Die Utopie der Weltgesellschaft" (Beck, 1986, S. 61ff.) greift auch er den Gedanken der Solidarität auf und stellt die provokante Frage: „Von der Solidarität der Not zur Solidarität aus Angst?"

> „An die Stelle des Wertsystems der „ungleichen" Gesellschaft tritt also das Wertsystem der *„unsicheren"* Gesellschaft. Während die Utopie der Gleichheit eine Fülle inhaltlich-*positiver* Ziele der gesellschaftlichen Veränderungen enthält, bleibt die Utopie der Sicherheit eigentümlich *negativ* und *defensiv:* Hier geht es im Grunde genommen nicht mehr darum, etwas „Gutes" zu erreichen, sondern nur noch darum, das Schlimmste zu *verhindern.* Der Traum der Klassengesellschaft heißt: Alle wollen und sollen *teilhaben* am Kuchen. Ziel der Risikogesellschaft ist: Alle sollen *verschont* bleiben vom Gift" (Beck, 1986, S. 65; Hervorhebungen im Original).

Betroffen schreibt Beck im Mai 1986 noch nachträglich einen Prolog „Aus gegebenem Anlass", der vor dem Vorwort vom April 1986 platziert wird:

> „Arm an geschichtlichen Katastrophen war dieses Jahrhundert wahrlich nicht: zwei Weltkriege, Auschwitz, Nagasaki, dann Harrisburg und Bhopal, nun Tschernobyl. [...] *Not läßt sich ausgrenzen, die Gefahren des Atomzeitalters nicht mehr.* Darin liegt ihre neuartige kulturelle und politische Kraft. Ihre Gewalt ist die Gewalt der Gefahr, die alle Schutzzonen und Differenzierungen der Moderne aufhebt" (Beck, 1986, S. 7).

Im Frühjahr 2011 blickt die Welt mit Angst und Entsetzen, sowie Gefühlen der Ohnmacht und Hilflosigkeit nach Japan. Becks *Risikogesellschaft* bekommt nach 25 Jahren erneut eine erschreckend aktuelle Dimension: Nach schwerem Erdbeben und folgendem Tsunami wird am 11./12.03.2011 der atomare Notstand für die Kernkraftwerke Fukushima I und II ausgerufen. Das „Unvorstellbare" ist geschehen; apokalyptische Bilder vom Super-GAU gehen um die Erde. „Die Kehrseite der vergesellschafteten Natur ist die *Vergesellschaftung der Naturzerstörungen,* ihre Verwandlung in soziale, ökonomische und politische *System*bedrohungen der hochindustrialisierten Weltgesellschaft", (Beck, 1986, S. 10; Hervorhebungen im Original).

Das scheinbar Unmögliche ist Realität geworden; nicht länger lässt sich verdrängen, dass auch ein hoch technisiertes Land seine Einwohner vor einem Super-GAU nicht wirklich schützen kann. Weder Politik, noch Verwaltung und schon gar nicht die Wirtschaft machen von der Ressource „Solidarität" in positivem Sinne Gebrauch; als „Steuerungsleistung" (Habermas) wird Geld, Macht und Verschweigen eingesetzt. Die Verwaltung, die Regierung und vor allen Dingen die Tokyo Electric Power Company (Tepco) ignorierte das Postulat der Kommunikationsgesellschaft (vgl. Habermas, 1985, S. 160) schon vor der Katastrophe. Kai Biermann titelt „Tepcos Kultur der Desinformation":

> „Je länger die Katastrophe dauert, desto stärker zeigt sich, dass es sich bei diesem Mangel an Kommunikation um einen systemischen Mangel handelt. Es gibt bei Tepco keine Kultur einer offenen und umfassenden Kommunikation, auch die japanische Regierung scheint sich schwer damit zu tun, das Problem zu beheben" (ZEIT ONLINE, vom 28.3.2011 – 18:35 Uhr, S. 1).

Es liegt nahe, dass sowohl der Energiekonzern, als auch die Regierung in dieser Krisensituation Solidarität ausschließlich nach innen zum Erhalt der Macht praktizieren und keineswegs nach außen für das Gemeinwohl einsetzen. Die japanische Bevölkerung zeigt sich untereinander umso solidarischer: Solidarität aus Not und aus Angst. Als kultureller Faktor kommt hinzu, dass japanische Kinder schon von klein auf dazu erzogen werden, sich primär als Mitglied einer Gruppe zu definieren und sich den allgemeinen Interessen prinzipiell unterzuordnen. Dieses Prinzip kann, wie am Beispiel Tepco zu sehen ist, auch missbräuchlich angewandt werden, wenn die Interessen der Gesellschaft als Ganzes von einer kleinen Gruppierung aus Angst, Egoismus, Profitgier und Machthunger ignoriert werden.

Ein kurzes, aber komprimiertes Kapitel widmet Beck dem individuellen und gesellschaftlichen Umgang mit den Unsicherheiten im Modernisierungsprozess:

> „In der Risikogesellschaft werden zusätzlich andere Fähigkeiten lebensnotwendig. Wesentliches Gewicht gewinnt hier die *Fähigkeit, Gefahren zu antizipieren, zu ertragen, mit ihnen biographisch und politisch umzugehen.* […] Wie können wir auf dem zivilisatorischen Vulkan leben, ohne ihn bewußt zu vergessen, aber auch ohne an den Ängsten – und nicht nur an den Dämpfen, die er ausströmt – zu ersticken?" (Beck, 1986, S. 101).

Die Effekte der gesellschaftlichen Individualisierungsprozesse und die ökonomisch-politischen Modernisierungstendenzen, die Probleme und Krisen bis in die

Familie und letztlich zum Individuum tragen, sind teils so subtil, dass sie den Betroffenen als privater, persönlicher Konflikt und als eigenes Versagen erscheinen, statt sie in ihrer historischen Bedingtheit apperzipieren zu können. (vgl. Beck, 1986, S. 108, S. 118, S. 194, S. 197, S. 218f.).
Die Einführung in die Dekade soll nunmehr um die wirtschaftlichen, politischen und sozialen Eckdaten der 80er Jahre ergänzt werden (Faulstich, 2005, S. 8-16): Wirtschaftlicher Aufschwung, Internationalisierung, Globalisierung, Skandale in der Politik, „Zwei-Drittel-Gesellschaft", mehr als 2 Millionen Arbeitslose, sinkende Akzeptanz der Amtskirchen, Ängste im sozialen Bereich, Restauration, Wertekonservatismus und Polarisierung, RAF, Neofaschismus und multikulturelle Gesellschaft, Alternativkultur der neuen Öko- und Friedensbewegung, sowie die neuen Technologien. In seinem folgenden Ausspruch spiegelt er einen Stimmungssplitter der Zeit:

> „Beim allgemeinen Rückzug der Achtziger ins Private war es nur ein kleiner Schritt vom Pragmatismus und Ende der Träume und Utopien, mit der Einsicht in die eigene Korrumpierbarkeit, hin zum Sarkasmus, der den eskapistischen Genuss erträglicher werden ließ" (Faulstich, 2005, S. 17f.)

Bei aller Gegenläufigkeit und Widersprüchlichkeit der 80er Jahre versucht Faulstich eine Formel, einen gemeinsamen Nenner der Dekade zu finden: „Die gebrochene Fixierung auf das eigene Ich – im Wirtschaftsleben, in der Politik, im Konsumalltag von jedermann". Jedermann wird allerdings nicht mehr in die traditionellen Klassen- oder Schichtmodelle eingruppiert, wie Faulstich kommentiert, sondern es bilden sich „Soziale Milieus", bzw. „Lebensstilgruppen" heraus. Obwohl die Mehrheit der Bevölkerung ihre materiellen Ressourcen bewahren oder weiter steigern kann, geht offensichtlich in Deutschland die Angst um: Vor Unruhen, vor dem Schwinden des Wohlstands, vor Arbeitslosigkeit, vor einer Rentenkrise, vor der Umweltzerstörung, vor „Vergreisung" der Gesellschaft, vor der neuen Wohnungsnot, vor einem Zerbrechen der Familie, vor einem Überwachungsstaat und zunehmend vor Asylanten und Einwanderern (Faulstich, 2005, S. 14-16). Görtemaker (2004, S. 598) spricht von sinkenden Realeinkommen, „Umverteilung von unten nach oben", „Vereinzelung" und Politikverdrossenheit. Die Rückkehr der Union an die Macht 1982 wertet Helmut Kohl als Signal zur Überwindung der „geistig-moralischen Krise" und für einen historischen Neubeginn, der zunächst wirtschaftlich gelingt.

Am Ende der Dekade vollzieht sich die unerwartete Wende: Insbesondere durch den schleichenden Zusammenbruch der DDR, die Ernennung Michail Gorbatschows zum Generalsekretär der KPdSU am 10. März 1985, der für „Glasnost" und „Perestroika" steht, sowie den Widerstand der Oppositionsgruppen in der DDR, der sich durch Demonstrationen und Protestaktionen ausdrückt, wird der

Fall der Berliner Mauer ermöglicht. Bereits Mitte der 70er Jahre hatten sich vor allem die evangelischen Kirchen zu einem „Sammelbecken der Opposition" entwickelt (vgl. Görtemaker, 2004, S. 718; S. 731). In der Nacht vom 9. auf den 10. November 1989 stürmen die Berliner aus beiden Teilen der Stadt die Mauer am Brandenburger Tor. Kohl wird zum Architekten der Deutschen Einheit und ebnet parallel den Weg zu einer Europäischen Union. Am 01.07.1990 gehen die BRD und die DDR eine Wirtschafts- und Währungsunion ein; am 31.08.1990 folgt der Einigungsvertrag und am 03.10.1990 wird die Wiedervereinigung Deutschlands vollzogen.

5.2 Kontinuität und Veränderungen der Familienstrukturen

Die wirtschaftlichen, politischen und soziologischen Veränderungen und Brüche in den 80er Jahren berühren die Familienstrukturen auf vielfältige Weise. Das *Handbuch der Sozialisationsforschung* (Hurrelmann & Ulich, 1980) leistet einen wichtigen Beitrag zur Analyse der familialen Veränderungen in dieser und – durch Neuauflagen – folgenden Dekaden. Die interdisziplinäre Konzeption dieses Handbuches korrespondiert mit der Intention der vorliegenden Forschungsarbeit:

> „An diesem Handbuch haben insgesamt 35 Forscherinnen und Forscher mitgearbeitet, die nach Ausbildung und vorherrschender Arbeitsorientierung überwiegend Psychologen, Soziologen und Pädagogen sind, als Sozialisationsforscher aber zugleich mit den spezifischen Problemen interdisziplinärer Arbeit vertraut sind" (Hurrelmann/Ulich, 2002, Vorwort).

Die für diese Arbeit relevanten Thesen und Forschungsergebnisse sollen kurz zur Sprache kommen, ergänzt werden durch empirische Fakten aus weiteren repräsentativen soziologischen, psychologischen und erziehungswissenschaftlichen Analysen zum Strukturwandel der Familie, der Kindheit, der Jugend, der Erziehung, und hiermit den Kontext bilden für die Erziehungsratgeber der 80er Jahre mit ihren zeitgenössischen Themen und Empfehlungen.

Familiale Sozialisation in der Moderne zeigt nach Liegle (2002, S. 218ff.) in der Regel folgende Charakteristika:

- Sozialisation in der kindzentrierten Familie
- Staatliche Unterstützung der Sozialisationsfunktion der Familie
- Zweigenerationenhaushalt mit ein bis zwei Kindern
- „Pluralisierung" familialer Lebensformen: Einelternfamilien, Stieffamilien, nichteheliche Lebensgemeinschaften, Wohngemeinschaften etc.

- Geringe Erwerbstätigkeit von Müttern (30-40 Prozent)
- Tendenzen zur zeitlichen Verzögerung der Familienbildung

Der Wandel auf der Mikroebene zeigt sich vor allem in einer „Veränderung der Machtbalancen in den Beziehungsstrukturen in Richtung auf eine eher partnerschaftliche Beziehung zwischen Mann und Frau sowie in Richtung auf eine stärkere Betonung der Eigenständigkeit des Kindes im Erziehungshandeln der Eltern" (Liegle, 2002, S. 222). Untersuchungen in der BRD (Beck-Gernsheim, 1980), in den USA (Kamerman & Hayes, 1982), der DDR (Helwig, 1982; Hille, 1985; Rueschemeyer, 1989) und der Sowjetunion (Liegle, 1984; 1987) weisen nach Liegle *langfristig tradierte* geschlechtsrollentypische Verhaltensweisen auf, die jeweils von der Familienpolitik der einzelnen Staaten unterstützt werden. Kontinuität zeigt somit die starke „Mütterzentriertheit" des Familienhaushalts und der familialen Sozialisation und Erziehung auf: Von einer Gleichverteilung der Familientätigkeiten kann auch dann keine Rede sein, wenn beide Elternteile ganztätig erwerbstätig sind (Liegle, 2002, S. 222). Übereinstimmend mit anderen Forschungsergebnissen betont der Autor den ungebrochenen Stellenwert der Familie als Ort der primären Sozialisation und Persönlichkeitsentwicklung von Kindern und Jugendlichen:

> „Die Tatsache, daß in allen modernen Gesellschaften der Eltern-Kind-Beziehung eine zentrale Bedeutung für den Erwerb sozialer Handlungsfähigkeit zugeschrieben wird und zukommt, deutet darauf hin, daß die Familie grundsätzlich über Fähigkeiten verfügt, die in anderen Gruppen bzw. Institutionen nicht ohne weiteres „herstellbar" sind: die Vermittlung von Gefühlen der Zugehörigkeit und des Vertrauens; die Möglichkeit, akute Spannungen und Konflikte, gegensätzliche Erwartungen und Bedürfnisse auf dem Hintergrund dauerhafter Sympathiebeziehungen auszuhalten und auszuhandeln" (Liegle, 2002, S. 223).

Auch Günther Steinkamp schreibt der Familie einen prägenden Effekt als Instanz „sozialer Weichenstellung" zu:

> „Daher stellt die Familie in der Lebensgeschichte der meisten Menschen den ersten, relativ exklusiven und dauerhaften Erfahrungsraum mit großer personaler Kontinuität dar, in dem grundlegende Einstellungen, Wertorientierungen, Motive, Fähigkeitsprofile, Handlungsdispositionen und -strategien des Kindes entstehen, die – zusammen mit Entscheidungen der Eltern [...] – die späteren Entwicklungsprozesse deutlich kanalisieren" (Steinkamp, 2002, S. 258).

Beck (1986, S. 118) steht mit seiner These, dass „gesellschaftliche Krisen als individuelle erscheinen und in ihrer Gesellschaftlichkeit nur noch sehr bedingt und vermittelt wahrgenommen werden können" nicht allein:

> „In der individualisierten Gesellschaft nehmen also nicht nur, rein quantitativ betrachtet, die Risiken zu, sondern es entstehen auch qualitativ neue Formen des persönlichen Risikos: Es kommen, was zusätzlich belastend ist, auch neue Formen der „Schuldzuweisung“ auf. Aus diesen Zwängen zur Selbstverarbeitung, Selbstplanung und Selbstherstellung von Biographie dürften über kurz oder lang auch neue Anforderungen an Ausbildung, Betreuung, Therapie und Politik entstehen“ (Beck, 1986, S. 218; vgl. auch S. 102)

Kritische Äußerungen treffen insbesondere die Psychologie und Psychotherapie. Becks „Rundumschlag“ macht nachdenklich, ist nicht unberechtigt, aber einseitig und kann deshalb nicht unwidersprochen stehen bleiben:

> „Die Psychologie (und Psychotherapie), die das Leiden, das ihr nun massenhaft zugetrieben wird, auf die Individualgeschichte der frühkindlichen Sozialisation zurückführt, wird *kurzschlüssig*. [...] Sexualität, Ehe, Erotik, Elternschaft haben unter den Bedingungen der Freisetzung aus den modernen ständischen Geschlechtsschicksalen von Männern und Frauen viel mit Ungleichheit, Beruf, Arbeitsmarkt, Politik, Familie [...] zu tun. Diese Historisierung und gesellschaftsgeschichtliche Revision ihrer Denkformen steht der Psychologie noch bevor, wenn sie nicht dem Schein der Individualisierung, von der sie profitiert, aufsitzen will, indem sie die Ursachen für die Probleme in die Menschen, die sie haben, hineinverlegt“ (Beck, 1986, S. 194; Hervorhebung im Original).

Freuds Abhandlung *Das Unbehagen in der Kultur* von 1930 kann durchaus als politisches Werk verstanden werden; noch eindeutiger sind die gesellschaftspolitischen Bezüge in der Individualpsychologie nachzuweisen (vgl. Girkinger, 2007). Von der frühen Tiefenpsychologie über die Frankfurter Schule bis zur Gegenwart lassen sich in vielfältiger Weise gesellschaftspolitische Diskussionen von Psychologen, ärztlichen und psychologischen Psychotherapeuten und Psychoanalytikern (z. B. Richter, Auchter) nachweisen (u. a. AK Politische Psychologie, Uni Frankfurt; Sigmund-Freud-Institut, Frankfurt; AG Politische Psychologie, Uni Hannover). Sollte sich die kritische Beschäftigung mit Geschichte, Kultur, Gesellschaft und Politik nicht in der Behandlung der Patienten auswirken, müsste man den Therapeuten zwangsläufig unterstellen, dass sie selbst die „Modernisierung“ abspalten. Aus dieser Arbeit ist aber ersichtlich geworden, dass die wissenschaftliche Psychologie und damit auch die Psychoanalyse und –therapie durch das Dritte Reich derart geknebelt, bzw. verbannt wurde, dass die Aufarbeitung teilweise noch bis zur Gegenwart dauert. Bei aktuellen Themen ist infolge dessen mit einer Zeitverschiebung zu rechnen: Ein Blick auf die Leitthemen der *Lindauer Psychotherapiewochen* (jährlich von ca. 4000 Therapeuten besucht), die laut Verena Kast aktuelle oder vernachlässigte Themen aufgreifen, geben Aufschluss über gesellschaftsrelevante Inhalte: u. a. Die junge Generation und Psychotherapie heute –

Herausforderung und Antwort (1982); Die Bedeutung der Familie (1983); Kindliche Entwicklung als Wechselwirkung – neue Konzepte (1989); Neue Lebensformen und Psychotherapie – Zeitkrankheiten und Psychotherapie (1993); Identität und Identitätsprobleme (2002); Dem Fremden begegnen (2009), Der Gewalt begegnen (2009); Identitäten (2010); Alles Burn-out oder was? (2012); Neuen Verunsicherungen begegnen (2013), Neue Kulturen schaffen (2013).

Auch Günther Steinkamp schreibt der Familie einen prägenden Effekt als Instanz „sozialer Weichenstellung“ zu:

> „Daher stellt die Familie in der Lebensgeschichte der meisten Menschen den ersten, relativ exklusiven und dauerhaften Erfahrungsraum mit großer personaler Kontinuität dar, in dem grundlegende Einstellungen, Wertorientierungen, Motive, Fähigkeitsprofile, Handlungsdispositionen und -strategien des Kindes entstehen, die – zusammen mit Entscheidungen der Eltern […] – die späteren Entwicklungsprozesse deutlich kanalisieren“ (Steinkamp, 2002, S. 258).

Schütze (2002) registriert bei ihren Recherchen in den 80er Jahren, dass die relevanten Sozialisationsinstanzen im Fokus der Forschung stehen. Nach der Untersuchung der frühen Mutter-Kind-Beziehung in den 70er Jahren, werden nun der Vater, die Geschwister und Großeltern, sowie andere wichtige Bezugspersonen „entdeckt“. Schütze konstatiert erhebliche Veränderungen im Eltern-Kind-Verhältnis durch den „Wert“, der dem Kind zugeschrieben wird, die Betonung seiner „Eigenständigkeit“, die Familialisierung des Vaters, den Bedeutungsverlust der Paar-Beziehung durch die zeitliche und emotionale Konzentration beider Elternteile auf das Kind, gepaart mit aufwendiger Förderung und Unterstützung, sowie der Bereitstellung einer kindgerechten, sowie kognitiv anregenden Umgebung. Nicht nur die Wissenschaft propagiert ihre Forschungsergebnisse, eine Fülle von *Ratgeberliteratur* und anderen Medien schließen sich an, verbreiten und beschleunigen vermutlich die Veränderungen im Eltern-Kind-Verhältnis (vgl. Schütze, 2002, S. 75-77).

> „Den Eltern der 80er Jahre stellt sich somit die nicht gerade einfache Aufgabe enge emotionale Bindungen an das Kind mit seiner Selbständigkeit und Entscheidungsfreiheit in Einklang zu bringen“ (Schütze, 2002, S. 78).

Eingehend widmet sich Schülein in seinem Buch *Die Geburt der Eltern* (2002, S. 7) den „Modernisierungseffekten“ in den Kontexten der Geschlechterrollen, der Eltern-Kind-Beziehungen und in den Interdependenzen von Öffentlichkeit und Elternschaft. Kaufmann (1990, S. 393f.) unternimmt den Versuch, die „postmoderne“ Familie sowohl mikro-, als auch makrosoziologisch zu untersuchen und als Mehrebenen-Analyse miteinander zu verbinden. Als Krisensymptome der Familie benennt er den Geburtenrückgang, die Zunahme der Scheidungen und den Rückgang der Heiraten. Alleinerziehende Eltern- und Stiefelternverhältnisse, sowie nichteheliche Lebensgemeinschaften nehmen zu.

> „Die gegenwärtige geringe Geburtenhäufigkeit ist aus institutioneller Perspektive im Wesentlichen auf die Wirksamkeit des Normkomplexes verantworteter Elternschaft in Verbindung mit der ökonomischen Benachteiligung kinderreicher Familien und hohen Ansprüchen an die Kindererziehung zu begreifen“ (Kaufmann, 1990, S. 395).

Die gängige These von der „Pluralisierung familialer Lebensformen“ schlüsselt Kaufmann zwar in einer Übersicht auf (1990, S. 396), weist aber nach, dass es sich dabei nur um „marginale Veränderungen“ handelt und nicht um eine basale Umstrukturierung der kindlichen Lebensbedingungen. In der BRD lebten 90,5 % aller Kinder unter 18 Jahre in vollständigen Familien, davon 82 % bei ihren verheirateten Eltern (Mikrozensus, 1981). Bis zum Jahr 2010 sank dieser Anteil auf 76% (Mikrozensus, 2011).

> „Der Eheschluß erfolgt heute überwiegend im Zusammenhang mit der Absicht oder der Erwartung, ein erstes Kind zu bekommen. Insofern erscheint die in der Bundesrepublik ja auch grundgesetzlich vorgeformte *Verknüpfung von Ehe und Elternschaft* immer noch de facto akzeptiert zu werden“ (Kaufmann, 1990, S. 397; Hervorhebung im Original).

Während in der Öffentlichkeit ein eher dramatisches Bild gezeichnet wird, sind die realen, empirisch nachweisbaren sozialen Veränderungen wesentlich geringer, abgesehen vom Geburtenrückgang. Makrosoziologisch betrachtet wird in der Literatur auf folgende langfristige Entwicklungstendenzen hingewiesen: Säkularisierung, Industrialisierung, Verstädterung, Demokratisierung, Bürokratisierung, Rationalisierung und Individualisierung. Spezifischer jedoch sind nach Kaufmann (1990, S. 401) die jüngsten Entwicklungen, wie die zunehmende Bildung junger Frauen, die Berufstätigkeit junger Mütter, die Verbreitung der Pille und eine geänderte öffentliche Einstellung zur Sexualität.

Kaufmann kommt zu der interessanten Feststellung, dass die *Idealisierung des Familienleitbildes* zu Überforderungen der Individuen und infolgedessen zu einer „Destabilisierung des modernen Familientypus“ führt. Konflikte durch die Unvereinbarkeit von Familien- und Berufstätigkeit beider Elternteile, so wie gravierende ökonomische Einbußen durch Kinder sind vorprogrammiert, unkalkulierbar bleiben Stresserfahrungen durch Interdependenzprobleme („Überlastung mit Verantwortlichkeiten, Zeitknappheit, psychische Erschöpfung, Problemverdrängungen, Angstzustände und Hektik können als typische Symptome gelten“, Kaufmann, 1990, S. 407f.). Die Aufgabe staatlicher Familienpolitik in den 80er

Jahren sieht Kaufmann in erster Linie in einer versorgungsrechtlichen Stabilisierung der Familienkarriere und einer sozialen Alterssicherung der Frau.

5.3 Die Transformation von Erziehungswerten, -zielen und -stilen durch das Meinungsklima der Zeit und die Jugendlichen selbst

Zinnecker konstatiert: „Erziehungsstile und -normen stehen als Exempel für den soziokulturellen Wandel sowie die Zivilisationsgeschichte von Sozialisation in der zweiten Hälfte des Jahrhunderts“, (1985, S. 98). In seinem Kapitel „Vom Wandel der Erziehungswerte“ stellt Zinnecker heraus, dass sich die Frage nach Erziehungszielen seit zwei Jahrzehnten als Indikator für gesellschaftlichen Wertewandel anbietet:

> „Dabei dürfen wir unterstellen, daß die Bereitschaft und Kompetenz der Mehrheit der Befragten, sich über Erziehungsziele als Teil ihrer Wertewelt zu äußern, im Gefolge einer pädagogisierten Kindheit und einer Tendenz zur Professionalisierung der Elternarbeit zugenommen hat und weiter zunehmen wird. Der Diskurs um Erziehungsziele und –methoden ist selbst bereits Teil der Kinder- und Jugendwelt in der Familie geworden“ (Zinnecker, 1985, S. 198).

Zinnecker (1982) kommentiert die McCann-Jugendstudie 1976 (Forschungsgesellschaft für Markt und Verbrauch), die zu dem Ergebnis kommt, dass die Eltern versuchen, sich in der Familie zurückzunehmen und empathischer auf die Kinder und Jugendlichen einzugehen. Der Umgang in der Familie wird laut Studie egalitärer, und die Erwachsenenautoritäten nehmen teilweise die Position von Beratern ein.

Zum Thema *Erziehung und Beziehung* ergeben sich aus der Shell-Jugendstudie `81 (1982, S. 17ff.) fünf wesentliche Aspekte:

- Das Erziehungsziel Selbständigkeit steht bei Eltern und Jugendlichen mit hohem Bildungsniveau an vorderster Stelle, versus Strenge und Konsequenz
- Die Erziehungstradition der Eltern möchten 48% der Jugendlichen verändern
- Das Leitmotiv in den 80er Jahren: Herrschaftsfreier Diskurs in der Familie
- Eine veränderte Machtbalance zugunsten der Kinder und Jugendlichen
- Für 83% der Eltern sind ihre Kinder die Gesprächspartner für Sorgen.

Zum Thema der vorliegenden Arbeit nimmt die Shell-Jugendstudie von 1985 mit fünf Bänden nicht nur auf Grund ihres Volumens einen besonderen Stellenwert ein: „Wiederum geht es sowohl um Kindheit wie um Jugend in der Familie. Als analytische Leitlinie dient der Gesichtspunkt der Neu-Balancierung kindlicher und elterlicher Macht in den letzten drei Jahrzehnten“ (Zinnecker, 1985, S. 98f.). Stärkeres Konfliktpotential in den Familien führt in den 80er Jahren zu einer stärkeren Kritik am elterlichen Erziehungsstil, verbunden mit dem Wunsch, es bei den eigenen Kindern (ganz) anders zu machen (48%; S. 159), verbunden mit dem Gefühl, streng erzogen worden zu sein (35%; S.151) und mit der Folge, dass die Eltern bei Sorgen und Nöten gemieden statt aufgesucht werden (9% der Konflikt-Jugendlichen versus 36% mit geringen Konflikten; S. 143f.).

> „Was möchten Jugendliche mit intensiven Elternkonflikten anders machen, wenn sie selbst Kinder erziehen? Sie heben in ihren spontanen Äußerungen vor allem hervor: „Mehr Selbständigkeit“ (32% zu 18%); „weniger Strenge“ (32% zu 17%)“ (Zinnecker, 1985, S. 136).

Jugendliche der 80er Jahre mit Elternkonflikten sind eher peer-group-bezogen und neigen dazu, sich „Flips“ (kurzfristige Ausflüge aus der Normalität des Alltags) zu gönnen, wodurch das Konfliktpotential mit den Eltern ansteigt (verrückte Kleidung, Alkohol, die Nacht durchmachen, irrsinnig laute Musik, Fernsehen/Videos, Lehrer/Ausbilder durch den Kakao ziehen, „blaumachen“).

Fend (1988) beklagt, dass die Datenlage über den historischen Wandel von Umgangsformen zwischen Eltern und Kindern so dünn ist, obwohl geänderte Autoritätsverhältnisse in den Familien von hoher gesellschaftlicher Relevanz sind. Als seriöse empirische Quellen benennt er die Emnid/Shell-Jugendstudien und eine Untersuchung von Carlberg (1976): „Aus all diesen Arbeiten geht deutlich hervor, daß die Nachkriegsgeneration noch relativ streng erzogen wurde. Diese Verhältnisse haben sich in den siebziger und achtziger Jahren unübersehbar geändert“ (vgl. Fend, 1988, S. 108). Die untersuchten Jugendlichen 1984 stellen neben Freiheit und weniger Strenge die Erziehung zur Selbständigkeit, Verständnis, Gleichberechtigung und Zeit für Kinder in den Fokus (Fend, 1988, S. 170). Während die Kriegs- und Nachkriegskinder größtenteils selbständig sein mussten, ohne eine Wahl zu haben und viele durch Parentifizierung „gleichberechtigte“ Partner ihrer Eltern wurden, etabliert sich *Selbständigkeit als pädagogisches Zielkonzept* (Rülcker, 1990) erneut in den 70er/80er Jahren und erlebt im 21. Jahrhundert eine „Blütezeit“:

> „Moderne Erziehung ist ohne die Förderung der Selbständigkeit von Heranwachsenden nicht denkbar. Dies ist keine neue pädagogische Einsicht, vielmehr steht das Erziehungsziel Selbständigkeit im Mittelpunkt der gesamten neuzeitlichen Tradition pädagogischen Denkens. In gegenwärtigen pädagogischen Diskursen über Kindheit, Erziehung, Bildung und Unterricht hat diese traditionelle pädagogische Kategorie erneut Hochkonjunktur“ (Drieschner, 2007, S. 11).

Die Begriffe „Selbstständigkeit", bzw. „Autonomie" werden nicht nur inflationär, sondern in ihrem jeweils spezifischen Bedeutungsgehalt auch unscharf verwendet, wenn das soziokulturelle Areal und die pädagogische Akzentuierung nicht genau definiert sind. Aus diesem Grund wird dem Thema Selbstständigkeit am Ende der Dekade ein eigenes Kapitel eingeräumt. Eine gewisse Bedeutungsverschiebung in den Jahren 1950 bis 1984 konstatiert Zinnecker (1985, S. 180ff.) ebenso bei den Begriffen „mehr Freiheiten, weniger Strenge". Die Jugendlichen der 50er Jahre assoziierten mit „Strenge" eher häusliche Kinderarbeit, sowie ein Übermaß elterlicher Strafpraktiken („Schwarze Pädagogik"). Unter „mehr Freiheiten" wird bis Ende der 70er Jahre weniger Kontrolle, mehr Freiraum und Zeit für den einzelnen Jugendlichen, für seine Interessen und seine peer-group verstanden. Zinnecker findet es bemerkenswert, dass der Anteil der Jugendlichen, die diesem Leitbild folgen, zu Beginn der 50er und 80er Jahre gleich groß ist und spricht von „dem gleichbleibenden Wunsch nach mehr Freiheiten". Der Bedeutungsverlust der Strenge wird durch diverse Jugenduntersuchungen nachgewiesen: Im Jahr 1950 wollen noch 24% der Jugendlichen ihre Kinder „strenger, konsequenter" erziehen, 1964 sind es noch 16% und im Jahr 1975 rutscht der Wert auf unbedeutende 3% (Zinnecker, 1985, S. 180). Den Umbruch bei den Jugendlichen dürften die antiautoritäre und liberale Kritik ab 1968 an den praktizierten Erziehungsstilen bewirkt haben.

Fend (1988, Abb. 14, S. 127) widmet sich den Veränderungen in den Sozialisationsbedingungen von 1950 bis 1986: Die Familiengröße nimmt ab, die Scheidungszahlen steigen (sprunghaft in den 70er Jahren); sowohl die Kommunikationsintensität innerhalb der Ehe, als auch die Außenbeziehungen der Familie nehmen ebenso kontinuierlich zu, wie die Berufstätigkeit der Mütter; die Beteiligung des Vaters an der Erziehung steigt deutlich bis Mitte der 70er Jahre. Die Erziehungswerte „Gehorsam und Unterordnung" nehmen in den nahezu vier Jahrzehnten konstant ab, „Selbständigkeit und freier Wille" steigen leicht bis Mitte der 70er Jahre an und bleiben danach aktuell. Am auffälligsten in der Grafik ist der mentale Bruch der Jugendlichen mit dem elterlichen Erziehungsstil ab Mitte der 60er Jahre. Parallel zum „Verständigungsorientierten Erziehungsstil" (Verhandeln, Aushandeln) steigt das Autonomiebestreben der Jugendlichen und damit zwangsläufig die Konfliktintensität in der Jugendphase:

> „Die größere Freiheit in größerer Selbstverantwortung, den Wegfall äußerer Disziplin in innere Disziplin zu verwandeln, die Toleranz vor Gleichgültigkeit und Rücksichtslosigkeit zu schützen, den Rückgang der traditionalen Moral durch verantwortungsbewußte und rationale Lebensplanung zu ersetzen – all dies geschieht nicht in der Spannungslosigkeit und Reibungslosigkeit, die Autoren, welche über die Veränderung von Werten reden, oft unterstellen. Die Lösung und Bearbeitung dieser zukunftsgerichteten Orientierungen von Heranwachsenden ist dabei jeweils tief eingebettet in

> die Beziehungsverhältnisse der Eltern untereinander und von den Eltern zu den Kindern“ (Fend, 1988, S. 130).

Fend hält einen „fehlerfreundlichen“ Verhandlungs-, Entscheidungs- und Übungsraum für unerlässlich und damit den *Schutzraum der Familie* für unersetzlich. Trotz aller Kassandrarufe in der Republik wird Fend Recht behalten: In der 12. Shell-Jugendstudie (1997) zählen die Eltern neben den Freunden zu den wichtigsten Vertrauenspersonen; die Zeitschrift ELTERN (1999) veranlasst eine Untersuchung zum Thema „Vorbilder“ und erfährt, dass Kinder häufig ihre Eltern wählen. Eine Analyse der Untersuchungsergebnisse der Shell-Jugendstudie von 2000 zeigt deutlich, dass die Eltern offensichtlich das Leitmotiv der 80er Jahre internalisiert und praxeologisch umgesetzt haben: Das Gros der Jugendlichen dokumentiert ein partnerschaftliches Verhältnis zu den Eltern, die Unterstützung und Beratung geben. Die eigenen Kinder will man später so erziehen, wie man selbst erzogen wurde.

Abschließend kommt Helge Pross (1982, S. 84ff.) zu Wort, die als Gastprofessorin in den U.S.A. unter dem Titel *Was ist heute deutsch? – Soziale Werte in der Bundesrepublik* auch einen kleinen Vortrag zu den Erziehungszielen als „Indikatoren umfassender Wertvorstellungen“ hielt. In den Fokus der aktuellen Erziehungsideen rückt Pross den Gedanken der Selbstständigkeit und damit der Konkurrenz- und Urteilsfähigkeit, des Selbstvertrauens und der Kritikfähigkeit. Ordnung, Disziplin, Höflichkeit und gute Umgangsformen „sind zwar nicht ausrangiert“, wie Pross unter Bezugnahme auf Noelle-Neumann (1978) und den Nationalen Sozialen Survey (1980) betont, der eigene Wille und Durchsetzungsfähigkeit stünden nun aber im Vordergrund. Im letzten Drittel ihrer Ausführungen treten die wissenschaftlichen Forschungen zugunsten ihres politischen (und ökonomischen) Engagements zurück:

> „Wissenserwerb setzt Ordnung, Disziplin, Selbstkontrolle voraus. […] Kompetenz oder „Tüchtigkeit“ […] sind Erziehungsziele geblieben. Zugleich haben sie jedoch in der Sicht von Eltern eine andere Funktion als in früheren Epochen. Wie die hohe Bewertung von Selbständigkeit demonstriert, sollen sie zuerst und vor allem im Dienst des Individuums und seines Glücks, seiner Interessen stehen und nicht im Dienst einer als übergeordnet angesehenen Sache – im Dienste einer politischen Partei, die sich ihrerseits den Zielen nationaler Größe oder denen der Weltrevolution verschrieben hat […]“ (Pross, 1982, S. 88).

Pross setzt sich expressis verbis für eine Verbindung von tradierten Werten (Disziplin, Fleiß, Kompetenz etc.) mit neuen Werthaltungen (Autonomie, Durchsetzungs- und Kritikfähigkeit etc.) ein. Ihre zentrale Botschaft lautet einerseits: In der BRD stehen Kenntnisse und Wissen versus Leistungsverweigerung hoch im Kurs

(S. 86ff.), sodass die Erziehungswerte der Eltern „den Erfordernissen einer hochindustrialisierten Gesellschaft adäquat" sind. Andererseits rückt sie in ihrem Vortrag von dem ungeliebten historischen Erbe der Deutschen ab und nimmt im Schlusssatz eine deutliche politische Positionierung vor: „Bei aller Verschiedenheit der Akzentsetzungen ist daher klar, daß die Bundesrepublik hinsichtlich der in ihr dominierenden Erziehungsziele in westliche Ideenströme eingeschwenkt ist" (Pross, 1982, S. 89). Damit setzt sie nochmals unüberhörbar einen Kontrapunkt: Der Faschismus gehört der Vergangenheit an, die Demokratisierung ist auch in den Köpfen vollzogen.

5.4 Einführung in die Zeitschrift ELTERN 1980-1989

Während auf dem Markt der Erziehungsratgeber in Buchform nur geringe populärwissenschaftliche Veränderungen in den pädagogischen Postulaten während der 80er Jahre stattfinden, stellt die Zeitschrift ELTERN Weichen für die Erziehungsempfehlungen der kommenden beiden Dekaden. Aus diesem Grunde nimmt die Analyse von ELTERN (1980-1989) in diesem Kapitel einen besonderen Raum ein.

Die vom ELTERN-Verlag zur Verfügung gestellten Jahresregister 1980 bis 1989 geben einen ersten Überblick über die erziehungsrelevanten Themen der Dekade und illustrieren die zunehmende Themenvielfalt des Marktführers der Elternzeitschriften. Für die Analyse dieser Dekade wurden ca. 500 Artikel aus 120 ELTERN-Heften für den Zeitraum von 1980 bis 1989 gesichtet. Nicht nur unter dem Stichwort „Erziehung" sind die einschlägigen Beiträge zu finden, erziehungsstilrelevante Aussagen lassen sich z. B. auch unter den Rubriken „Familie", „Fernsehen", „Geschwister", „Mütter", „Schlaf", „Schule" oder „Väter" nachweisen. Eine grobe Textanalyse ergibt folgendes Bild: An erster Stelle steht die Diskussion um Erziehungsstile und -methoden unter den Stichwörtern Autorität, Gehorsam, Strafen, Strenge, Ohrfeigen, Schimpfen, Gewalt, Verwöhnung, Selbständigkeit, Grenzen, sowie Erziehen ohne Strafen etc. Es folgen Ratschläge zu Schlafproblemen, sowie zu Sauberkeitserziehung und Trotz. Unter dem Stichwort „Fernsehen" finden sich pro Heft durchschnittlich zwei Ratgeberartikel, u. a. „Fernsehsucht" (1981), „Wie gefährlich?" (1983), „Spielregeln fürs Fernsehen" und „Fernsehverbot für Kinder" (1986), Fernsehen-Umfrage (1988) und „Kein Pardon für Stubenhocker" (1989).

Miriam Gebhardt (2009, S. 181) unterstreicht einen Wandel der Erziehungsideologien in den 80er Jahren: „Neben der Bindungstheorie, „Natürlichkeit" und intuitiver Mütterlichkeit waren in den frühen 80er Jahren Individualismus und selbstreflexive Elternschaft die großen Themen." Gebhardt führt als Beweis u. a. die neue ELTERN-Serie von Hans Grothe *Die natürliche Erziehung* an:

> „Für die Erziehungspraxis forderte Grothe, Kinder in ihrer Individualität zu würdigen. [...] Aber nicht nur kämen alle Menschen ungleich auf die Welt, auch reagierten Eltern auf ihre ungleichen Kinder wiederum verschieden. Grothes Botschaft und auch die der Zeitschrift *Eltern* war, Kinder als einmalige Individuen von Geburt an in ihrer Eigenart zu erkennen und zu bestärken. [...] Dieser neue Umgang verlangte nicht nur eine genaue Beobachtung des Kindes, sondern auch Selbstbeobachtung. Eltern durften nicht durch ihre eigenen Projektionen und Erwartungen das Kind verkennen und unbewusst in eine falsche Richtung steuern" (Gebhardt, 2009, S. 181 f.; Hervorhebung im Original).

Gebhardt hebt im Anschluss hervor, dass eine „Pädagogisierung der Kindheit" unter diesen Vorzeichen nur positiv und entwicklungsfördernd für die Eltern sein kann. Die Gefahr einer erfahrungshemmenden, infantilisierenden Pädagogik durch die explosionsartig angewachsene Ratgeberflut weist sie entschieden zurück.

> „Der wichtigste Faktor für den Vorstellungswandel bei der Familiensozialisation war das Motiv der elterlichen Autonomie und Selbstreflexion, womit auf originär bürgerliche Traditionen zurückgegriffen wurde. Zusammen mit der Vorstellung der Selbstwirksamkeit des Kindes durch Kommunikation und Interaktion mit der Umwelt ergaben sich grundlegende Neuausrichtungen" (Gebhardt, 2009, S. 183).

5.4.1 ELTERN – Ein Querschnitt durch das Jahr 1980: „Gewaltfreie Erziehung"

Diesen Neuausrichtungen soll exemplarisch anhand von 12 Ausgaben der Zeitschrift ELTERN (1980) nachgegangen werden. Die Reihe *Erziehung ohne Strafe und Belohnung* beginnt im März 1980: „Warum Strafen so gefährlich sind. Und so sinnlos" (3/1980, S. 12). Grothe geht zunächst der historischen Entwicklung von Körperstrafen nach und konstatiert: Schwierige Kinder werden durch Prügel noch schwieriger. In einem zweiten Schritt kommentiert er heute übliche Strafen: Fernsehverbot (40% der Eltern), Verbot von Süßigkeiten, Ins-Bett-schicken, Taschengeldentzug, Liebesentzug (S. 14-18). Die Verpflichtung zu Schadenersatz stellt keine Strafe dar; das harte Reagieren, wenn sich ein Kind in Gefahr bringt, ist eine sine qua non. Grothe möchte zu einem Umdenken und damit zu einem Wandel in den Erziehungsmethoden beitragen:

> „Mein Ziel ist es, die Strafen madig zu machen, ich möchte den Begriff „Strafe" aufweichen, möchte zeigen, daß die meisten Strafen wirkungslos sind und oft genau das Gegenteil von dem erreichen, was wir uns wünschen. Viele andere Maßnahmen aber, die wir „Strafe" nennen, sind gar keine, sind nur „natürliche Folgen", wie es der Psychiater Rudolf Dreikurs genannt hat" (Grothe, 3/1980, S. 17).

Überzeugend stellt er dar, wie gefährlich bewusstes Einsetzen von Liebesentzug als Erziehungsmittel ist (ebd., S. 18). Drei Merksätze runden den Artikel ab:

1. Jede Strafe fordert beim Bestraften Widerspruch heraus. Er fühlt sich sehr häufig ungerecht behandelt.
2. Jede Strafe birgt die Gefahr in sich, auch objektiv ungerecht zu sein.
3. Jede Strafe zieht alle Schwierigkeiten des Strafvollzugs nach sich, schafft also den strafenden Eltern meist eine Menge Unbequemlichkeiten, wenn es darum geht, sie auch konsequent zu vollstrecken (Grothe, 3/1980, S. 18).

Schon mit der Überschrift gelingt es Grothe, gekonnt zu provozieren: Ein glückliches Kind braucht keine „Erziehung" (5/1980, S. 113). Gleich zu Beginn des Artikels appelliert er an Eltern und Erzieher:

> „Wir müssen aufhören, ständig nachzudenken, wie man Kinder *erzieht!* Statt dessen sollten wir mehr darüber nachdenken, wie wir es schaffen, daß unsere Kinder sich *in ihrer Haut wohlfühlen*" (5/1980, S. 114; Hervorhebungen im Original).

Für den körperlichen Bereich führt Grothe die richtige Ernährung, gemäßigte Temperaturen, bequeme Kleidung, Ruhe versus Lärm, Sauerstoff, Bewegung drinnen und draußen, Schmerzfreiheit und genügend Schlaf an (S. 115f.). Die fünf wichtigsten psychischen Grundbedürfnisse umschreibt er mit folgenden Schlagwörtern:

- Liebe, Geborgenheit, emotionale Sicherheit
- Gelegenheiten, den Forschertrieb auszuleben
- Etwas selber können, schaffen, leisten (Erfolgserlebnisse)
- Anerkennung
- Verantwortung, Selbständigkeit, Autonomie (Prozess)

Im Juni-Heft 1980 fasst Grothe das „heiße Eisen" *Autorität* an. „Bewusste Erziehung", so begründet er, „ist ohne Klarheit über diese Begriffe nicht möglich" (6/1980, S. 55f.):

> „*Autorität* hat ein Mensch, weil er etwas von einer Sache versteht, weil er etwas weiß und kann, weil er auf Grund langer Erfahrung über den Dingen steht. Man glaubt ihm,

weil man immer wieder die Erfahrung gemacht hat, daß man ihm glauben kann" (6/1980, S. 56; Hervorhebung im Original).

Eltern sind natürliche Autoritäten und Kinder brauchen – je jünger, desto mehr - Vorbild, Führung, Halt. Die „Erziehungs-KUNST" liegt nach Grothe in der allmählichen Zurücknahme der Autorität, dem Alter der Kinder entsprechend, und dem zeitgleichen Angebot von Partnerschaft, Freiheit und dem Recht auf Selbstbestimmung. Autoritär sein bedeutet dagegen, rücksichtslos seine Macht als Eltern auszuspielen. Ein Verdienst von Grothe ist, dass er in diesem Artikel *Entwicklung und Lebensalter des Kindes als Bezugsgröße* für das Maß an erforderlicher elterlicher Autorität nimmt; Hinweise auf Temperamentsunterschiede und Familienkonstellationen fehlen. Der Fokus der Ratschläge liegt zweifelsohne auf Einstellung, Verhalten und Maßnahmen der Eltern, die von Anbeginn Ur-Vertrauen und im weiteren Verlauf Vertrauen bei den Kindern auslösen sollen – ein Artikel, der überzeugend illustriert, dass sich Vertrauen und natürliche Autorität nicht automatisch bilden, sondern bei den Eltern ein Prozess der Selbstreflexivität bereits nach der Geburt einsetzen muss (ELTERN, 6/1980, S. 56-61). Für die Pubertät prognostiziert Grothe schonungslos:

> „Je stärker der Widerstand der Erwachsenen gegen den Anspruch der Jugendlichen auf wachsende Mitbestimmung, um so heftiger werden ihre Angriffe. [...]
>
> Autoritäre Eltern müssen sich auf einiges gefaßt machen. Ich rate ihnen dringend, sich durch einschlägige Literatur (etwa Thomas Gordon: „Familienkonferenz") vorzubereiten.
>
> Aber auch Eltern, die sich bisher allzu wenig um ihre Kinder gekümmert haben, die in keiner Hinsicht Autorität und damit Halt und Sicherheit boten, haben mit Schwierigkeiten zu rechnen. Häufig machen die Kinder nun letzte gewaltsame Versuche, mehr Halt, mehr Zuwendung, mehr Sicherheit von ihren Eltern zu bekommen" (ELTERN, 6/1980, S. 61).

Selbstreflexive Elternschaft fordert Grothe im Juli-Heft 1980 in seinem Beitrag „Schimpfen tut gut. Leider nur den Eltern (7/1980, S. 11-14):

> „Also nicht mehr schimpfen? Keinen Dampf mehr ablassen? Dann würden wir alle demnächst platzen oder an Magengeschwüren eingehen. Jeder von uns hat ein Recht darauf, gelegentlich zu explodieren. Aber wir sollten uns dann wenigstens darüber im klaren sein, daß dies unserer eigenen Seelenpflege dient und nur ganz am Rande auch der Erziehung unserer Kinder. Denn fürs Erziehen – da gibt es inzwischen bessere Methoden als ausgerechnet das Schimpfen (ELTERN 7/1980, S. 14).

„Was Kinder wirklich glücklich macht. Ich weiß, meine Mami mag mich" (ELTERN, 8/1980, S. 9-14). Abraham H. Maslows Bedürfnispyramide wird vorgestellt und erläutert: Die Fünf-Stufen-Folge beginnt mit Nahrung und Schlaf, gefolgt von Sicherheit, Gruppenzugehörigkeit und Liebe, Selbstachtung, sowie Selbstverwirklichung und Kreativität. Im Zentrum des Artikels steht das „Glück der Eltern" und „Glück der Kinder" – ein Thema, das zunehmend im Fokus der gesamten Ratgeberliteratur für alle Lebensalter steht. Hermann Holl legt den Schwerpunkt als Verfasser des ELTERN-Artikels auf Geborgenheit und Vertrauen in der Familie, insbesondere aber auf Angenommen- und Geliebtwerden, *wie man ist* (ELTERN 8/1980, S. 12). Ein Defizit sieht Holl bei den Erwachsenen noch immer in der Kommunikation über Gefühle.

Die Serie *Erziehung ohne Strafe und Belohnung* von Grothe wird im Oktoberheft 1980 weitergeführt; das alte und neue Thema Ordnung wird aktualisiert und die neue ELTERN-Serie *Väter heute* beginnt. Die ELTERN-Redakteurin Rosemarie Wetscher-Böckl stellt die Frage: „Muß man Kinder zur Ordnung erziehen?". Allein die Frage signalisiert, dass sich grundlegende Werte verändert haben:

> „Ein Übermaß an Ordnung treibt Kindern die Phantasie aus, eine der wertvollsten Gaben, die der Mensch mit auf die Welt bringt. Die Fähigkeit zu spielen kann verkümmern. Und wenn es ganz schlimm ist, können sie als Erwachsene nur in bestimmten „Schubladen" denken, sie haben kaum die Chance, tolerant zu werden" (ELTERN, 10/1980, S. 93).

Wetscher-Böckl widmet einen Absatz dem historischen Wandel und führt die Umfrage-Ergebnisse des Emnid-Institutes an: Junge Eltern wollen ihre Kinder lieber zu Selbständigkeit und zu Menschen mit freiem Willen erziehen. Dennoch verfasst die Redakteurin einen seriösen Artikel über die Notwendigkeit von Ordnung und zitiert in diesem Rahmen Maria Montessori, die Ordnung und Beständigkeit der Umgebung für die Ich-Entwicklung des Kindes – mit einer inneren seelischen Struktur, einer realistischen Weltsicht und einer positiven Einstellung zum Leben – für unabdingbar hält. Über die theoretischen Erörterungen hinaus, gibt Wetscher-Böckl konkrete Ratschläge: Das Vorbild der Eltern ist unerlässlich, reicht aber nicht. Beim Aufräumen mithelfen und spielerisch vorgehen. Die Kinder dürfen eine eigene Ordnung entwickeln. Regale und offene Kisten helfen Ordnung halten. Spielzeug ist in den Gemeinschaftsräumen tabu (ELTERN, 10/1980, S. 94-97).

Ein demokratisch-autoritativer Erziehungsstil wird an den Empfehlungen sichtbar. Ein Vergleich mit Grothes Beitrag in demselben Heft: „Wir sind doch alle prima erzogen. Oder?" ist lohnend (10/1980, S. 12-19). Nahezu vehement verteidigt er eine demokratische, konsequente Erziehung gegen „wohlmeinende“, autoritäre Ratschläge von Fremden, Nachbarn, „guten“ Freunden, Müttern, Schwiegermüttern oder gar professionellen Miterziehern. Drei Hauptanliegen stehen im Fokus des Artikels: Stärkung der modernen Mütter (Väter), Bemühung um einen ähnlichen Erziehungsstil, Konsequenz, ohne unelastisch zu werden.

Im Novemberheft wird nochmals das Thema Strafen aktualisiert: „Was erreicht man mit Ohrfeigen? Im Alltag geht es einfach nicht ohne Ohrfeigen – meinten junge Eltern in einer Diskussion. Nach zwei Stunden dachten sie ganz anders“ (ELTERN, 11/1980, S. 8-14). Fazit: Die Eltern erkennen während der Diskussion, dass Ohrfeigen weder eine Langzeit-, noch eine Kurzzeitwirkung haben und somit als Erziehungsmittel ungeeignet sind. Ohrfeigen helfen nur den Eltern, um sich abzureagieren, lösen aber andererseits Schuldgefühle aus. Psychologen empfehlen stattdessen „logische Konsequenzen“ (vgl. Dreikurs, 1966). Der Artikel wird zum Schluss mit dem Hinweis auf entwicklungspsychologische Zusammenhänge abgerundet: Jede neue Entwicklungsphase löst beim Kind zunächst problematisches Verhalten aus, oft hilft es dann, die Zügel lockerer zu lassen.

In seiner Serie *Erziehung ohne Strafe und Belohnung* (12/1980, S.13-19) greift Grothe im Dezember eines der schwierigsten Themen auf: „Der Machtkampf!“ Er wendet sich damit an die Eltern von Zwei- bis Sechsjährigen und empfiehlt Zuwendung und Ablenkung ehe ein Machtkampf entbrennt. Wärme, Einfühlung, Verständnis und Kindzentriertheit begleiten seine Vorschläge. Realistisch fügt Grothe hinzu: „Eine hundertprozentige Sicherheit gegen trotziges Ich-will-aber-nicht-Geschrei gibt es nicht, wie Sie aus eigener Erfahrung wissen“ (12/1980, S. 18).

Dieser exemplarische Überblick über die Erziehungsthemen der ELTERN-Zeitschrift eines Jahrgangs, sowie die propagierten Erziehungsziele, -stile und –methoden weisen nicht zuletzt durch die Stellungnahme der Verfasser auf die Förderung eines historischen Wandels in Richtung einer liberalen Erziehung hin. Parallel dazu verläuft die engagierte Absage an jegliche Gewalt in der Erziehung, lange bevor dies 20 Jahre später in der BRD gesetzlich geregelt wird (2.11.2000; § 1631 BGB Abs. 2). Kingma (1996, S. 225) billigt in ihrer empirischen Arbeit der Zeitschrift ELTERN sogar die Rolle des *Trendsetters* bei der Diskussion um *Erziehung ohne Strafen* zu.

5.4.2 ELTERN – Ein Längsschnitt: Die „Natürliche Erziehung“ 1982-1989

Im Aprilheft 1982 begründet Hans Grothe die neue ELTERN-Serie *Die Natürliche Erziehung* mit folgenden Worten:

> „Überall ist das Natürliche im Vormarsch, weil das allzu Künstliche sich als schädlich erwiesen hat. In dieser Serie soll untersucht werden, ob es nicht auch in der Kindererziehung so etwas wie schädliche Umweltgifte gibt“ (4/82, S. 7).

Klarer denn je stellt ELTERN „No-go-Areas“ der Erziehung auf: Laisser-faire (6/82), Machtkämpfe (6/83); Überbehütung (7/84); autoritäre Erziehung (5/85); Perfektionismus (10/85); Verwöhnung (5/86); „Opferwut“ der Eltern (6/86); Aggressionen der Eltern, Drohen und Strafen (u. a. 3/80; 7/80; 10/80; 11/80; 2/82; 9/82; 12/82; 10/83; 5/85; 8/86; 9/86; 10/86; 2/87; 8/88; 11/88); grenzenlose Diskussionen (8/89). Ein durchgängiger Erziehungsstil wird zwar nicht benannt, aber parallel zu den „schädlichen Umweltgiften“ werden Situationen und adäquates Elternverhalten dargestellt, das der *Entwicklung des Kindes dienlich* ist. Nicht mehr der Begriff „Erziehung“ dominiert die Ratschläge, sondern eine gute Beziehung wird als Grundlage für Erziehung propagiert. Die Ergebnisse der Bindungsforschung (vgl. Grossmann, u. a. 6/86, S. 35 ff.; 8/86, S. 56; 5/87, S. 49) finden Eingang. Am häufigsten wird auf die „Familienkonferenz“ von Gordon verwiesen (u. a. 7/86, S. 53 ff.; 9/86, S. 61; 10/88, S. 56) – dies wiederum lässt Sympathie zum demokratischen Erziehungsstil erkennen. Grothes „Natürliche Erziehung“ erfordert sowohl einen entwicklungsbezogenen als auch selbstreflexiven Stil der Eltern und Miterzieher. Dies ist in der Tat ein hoher Anspruch und erfordert nicht nur Liebe und Zuwendung, sondern auch Informationen und Wissen.

Grothes Leitsätze und Verhaltensempfehlungen in der *Natürlichen Erziehung* entstammen nicht allein der Praxis und Erfahrung. Grothe greift in den 80er Jahren auf anerkannte Wissenschaftler, insbesondere (Entwicklungs-)Psychologen zurück (u. a Baumrind, Gordon, Grossmann, Kemmler, Papousek, Petermann, Prekop), sowie auf die Ärztin und Reformpädagogin Montessori, den Erziehungswissenschaftler von Cube und weniger bekannte Ärzte, Psychologen und Therapeuten. Hinter seinen praxisbezogenen Ratschlägen stehen demnach handfeste wissenschaftliche Theorien.

Zur Orientierung für den Leser und vor allem als Quellenangabe wird hinter den Themen auf die einschlägigen ELTERN-Ausgaben hingewiesen. Es werden nur Leit- und Hauptartikel benannt, insgesamt ziehen sich die Inhalte nahezu durch alle ELTERN-Hefte, werden also viel häufiger behandelt, als es in der folgenden Übersicht erkenntlich ist. Dennoch, bzw. gerade dadurch werden die Schwerpunkte der Erziehungsthemen deutlich erkennbar.

- Der erste Block bezieht sich insbesondere auf die *Eltern-Kind-Beziehung* und ist eher präventiv ausgerichtet. Die Beziehung und die Einstellung der Eltern zu ihren Kindern stehen ebenso im Fokus, wie das reflektierte Erziehungshandeln:

Eltern-Kind-Beziehung (u. a. 6/86; 2/87; 11/87; 2/88; 10/88; 12/89), Vorbilder (12/89), Verlässlichkeit (6/82; 11/86; 10/89), Autorität (11/83; 3/85; 7/89), Demokratie in der Familie (8/89), Individuelle Erziehung (4/82; 2/88; 3/89), Uneinheitlicher Erziehungsstil (6/88), Wut als Eltern zeigen? (7/85), Kinder glücklich machen (u. a. 8/84; 12/86; 8/87), Unersättliche Kinder (6/84, 7/89), Überbehütung (7/84), Verwöhnung/Tyrannen (u. a. 5/86; 12/86; 5/87; 1/89), Perfektionismus (10/85), Verunsicherung durch die Umwelt (10/85).

- Im zweiten Block stehen eindeutig *Erziehungsprobleme* im Fokus, sodass korrektiver Rat gefragt ist:
  Trotz (u. a. 6/81; 6/83; 7/83; 8/84; 10/84; 2/86; 10/86; 8/88; 7/89), Aggression bei Kindern (u. a. 3/84; 5/84; 6/84; 12/87, 10/89), Schlafprobleme (2/81; 8/81; 3/83; 3/86; 11/87; 4/88), Gehorchen (5/81; 8/81; 8/82; 3/85), Ordnung (6/83; 4/85; 12/85; 10/88), Trödeln (12/84; 6/88), Machtkampf (12/85; 2/87), Ängste (5/85), Lügen (9/88).
- Ein dritter Block bietet *zielorientierte Methoden* an und hat sowohl prophylaktische als auch korrektive Funktion:
  Grenzen setzen (u. a. 1/81; 6/82; 9/84; 1/87; 11/87), Natürliche und logische Folgen anwenden (u. a. 6/82; 11/82; 12/82; 7/89), Selbständigkeit zulassen und trainieren (u. a. 8/83; 10/83; 8/85; 5/89), Anerkennung/Lob spenden (u. a. 11/86; 2/87; 11/88), zu Erfolgserlebnissen verhelfen (12/86), Hilfe bei den Hausaufgaben geben (4/81; 9/82; 7/86), Aktives Zuhören anwenden (10/88; 8/89).

Nach wie vor nimmt das *Thema „Strafen"* eine Sonderstellung ein und bildet allein durch seine Präsenz in ELTERN einen vierten Block. Bereits in der zweiten Hälfte der 70er Jahre potenzierten sich die ausführlichen Beiträge zu Strenge und Strafen. Auch in den 80er Jahren nehmen die Leit- und Hauptartikel zu diesem Thema im Laufe der Dekade deutlich zu (u. a. 9/82; 11/82; 4/83; 10/83; 3/85; 4/86; 8/86; 9/86; 10/86; 2/87; 8/88; 11/88). Es ist anzunehmen, dass die permanente Diskussion über Strafen die größte Verunsicherung bei den Eltern auslöst und der Beratungsbedarf am größten ist.

> „Strafe in der Erziehung ist bei ELTERN ein zentrales Thema, welches sich unvermindert durch alle Jahre zieht. Die Zeitschrift spricht sich immer klar gegen jede Form von Körperstrafe aus und versucht die Eltern mit leidenschaftlichen Plädoyers und geschickten Argumenten davon zu überzeugen, daß Kinder nicht geschlagen werden sollen. [...]
>
> Mit ihrer vehementen Kritik an der Körperstrafe ist ELTERN aber offenbar ihren Lesern weit voraus und muß aufgrund von zwei Umfragen, die die bundesdeutsche

Wirklichkeit anders zeigen, mit ihnen in einen Dialog treten, um sie nicht ohnmächtig und ärgerlich zu machen, was letztlich zu einer kognitiven Dissonanz führen könnte, die Abonnements kostet" (Kingma, 1996, S. 222f.; Hervorhebung im Original).

Die Zugeständnisse betreffen allerdings nur einen Klaps in Ausnahmesituationen. Als vorrangige *Erziehungsziele* werden in den achtziger Jahren in ELTERN benannt:

- Selbstachtung, Selbstwirksamkeit, Selbstsicherheit, Selbstständigkeit
- Ausdauer, Durchhaltevermögen; Verantwortung übernehmen
- Kooperation auf der Basis einer sicheren Eltern-Kind-Beziehung (Bindung)
- Bedürfnisse und Wünsche adäquat äußern können (Entwicklungsstand)
- Kreativität
- Rücksichtnahme, Solidarität und Mitgefühl
- Die Autorität der Eltern anerkennen und kooperieren
- Ordnung halten durch bereitgestellte Hilfsmittel (Kästen, Regale, Truhen etc.)

Zur Erreichung der Ziele bietet ELTERN eine Fülle von *gewaltfreien Methoden* an:

- Vertrauensaufbau durch Feinfühligkeit der Eltern (sichere Bindung)
- Berücksichtigung der Individualität des Kindes
- Interesse und aktive Teilnahme an der Welt des Kindes
- Zuwendung geben und gemeinsam etwas unternehmen
- Authentizität durch kindbezogene Kommunikation über die eigenen Gefühle
- Schaffung von entwicklungsgerechten Erfahrungsräumen
- Erklärungen und Hilfe zur Selbsthilfe
- Klarheit und Flexibilität in neuen Entwicklungsphasen
- Überdenken von Regeln und altersgerechte Modifikation
- Beziehungsarbeit leisten und dem Kind Verantwortung übertragen
- Vorbild sein und sich bei Fehlern entschuldigen
- Zeitmanagement verbessern und sich Zeit nehmen
- Eskalationen vorbeugen und Machtkämpfe vermeiden
- Auszeit nehmen und Kontakt kurzzeitig abbrechen
- Versöhnung nach Streit und Missverständnissen („Hand ausstrecken")
- Natürliche und logische Folgen eintreten lassen
- Ungewöhnlich reagieren (Überraschungseffekt)

5.4.3 Die Erziehungskonzeption von ELTERN – Von einer induktiven Kategorienentwicklung (1980-1989) zu einem Fünf-Felder-Kategoriensystem

Wenn Grothe den Terminus „Demokratischer Erziehungsstil“ durch den Begriff „Natürliche Erziehung“ ersetzt, wenn sich die Ratgeberautoren immer weniger auf die klassischen Erziehungsstil-Konstrukte einlassen und eine Nivellierung erfolgt, wenn die einzelnen Autoren ihre persönlichen Termini kreieren und stärker die Beziehung und Entwicklung in den Fokus stellen als die Erziehung, dann ergibt sich mitten in der vorliegenden Arbeit ein Grundsatzproblem: Mit welchen Instrumenten kann der Erziehungsrat – außer mit den herkömmlichen Erziehungsstil-Konstrukten – in der Zeitschrift ELTERN und in der ausgewählten Ratgeberliteratur zukünftig erfasst und kategorisiert werden? Nach gründlichen Recherchen zu den Begriffen Dimensionen, Säulen, Erziehungsfelder fiel die Wahl auf den Begriff „Felder“ – im Rahmen der Familienerziehung eher unverbraucht und theoretisch fundiert durch Lewin und Bourdieu.

Eine *Qualitative Inhaltsanalyse* (Mayring, 2003, S. 54/58) mit einer *induktiven* Kategoriendefinition soll nunmehr Aufschluss geben über die Erziehungskonzeption von ELTERN 1980-1989 (vergl. Kap. 1. 6. 5., S. 23-30). In einem ersten Schritt ist die Reduktion des umfangreichen Materials von 500 Artikeln über Erziehung vorgesehen. Die reduzierte Auswahl enthält für die Fragestellung 100 relevante Hauptartikel von den ELTERN-Autoren Asgodom, Fasel, Grothe, Heide, Holl, Weigelt und Wetscher. Die jeweiligen Artikel werden auf die Inhalte und Themen des Erziehungshandelns, auf die Erziehungsziele und die postulierten Erziehungsmethoden reduziert („Zusammenfassung“, Mayring, 2002).

> „Eine induktive Kategoriendefinition […] leitet die Kategorien direkt aus dem Material in einem Verallgemeinerungsprozess ab, ohne sich auf vorab formulierte Theorienkonzepte zu beziehen.
>
> […] Induktives Vorgehen hat eine große Bedeutung innerhalb qualitativer Ansätze (vgl. Mayring, 2002). Es strebt nach einer möglichst naturalistischen, gegenstandsnahen Abbildung des Materials ohne Verzerrungen durch Vorannahmen des Forschers, eine Erfassung des Gegenstands in der Sprache des Materials“ (Mayring, 2015, S. 85f.).

Aus den extrahierten Daten des Materials (100 Artikel aus ELTERN 1980-1989) konnte durch induktives Vorgehen ein „Fünf-Felder-Kategoriensystem“ *(Abbildung 2)* abgeleitet werden: Selbstreflexive Elternschaft – Bindung und Beziehung – Haltgebende Strukturen – Soziale Kompetenz – Kognitive und motorische Förderung. Es handelt sich dabei um ein offenes, flexibles System, das im Gegensatz zum Konstrukt der herkömmlichen Erziehungsstile kontinuierlich in Entwicklung ist und *individuell* auf jedes Kind und die Situation ausgerichtet werden kann. Kingma bezieht sich auf Weinert (1966), wenn sie konstatiert: „Je autoritärer der Erzieher, desto konstanter sein Erziehungsstil. Eine Wechselwirkung mit dem kindlichen Verhalten findet kaum statt“ (Kingma, 1996, S. 93). Die russische Psychologin Anna Ljublinskaja (Moskau, 1971) beschreibt sehr treffend das Interaktionsgeschehen zwischen Erziehern und Kind:

> „Den Entwicklungsprozeß des Kindes zu lenken ist insofern schwierig, als die diesen Prozeß determinierenden Bedingungen äußerst dynamisch, unbeständig und widersprüchlich sind. Das gilt in erster Linie für die Mitmenschen, denn im sozialen Umgang mit ihnen besteht eine Hauptursache der psychischen Entwicklung. Auch das Kind verändert sich unablässig. Seine Wünsche und Interessen werden von Tag zu Tag anders. Seine Aktivität, seine Initiative und seine Selbständigkeit, zu denen es von den Erwachsenen erzogen wird, entwickeln sich mit jedem Tag und werden mitunter zu einem Hindernis für die Realisierung pädagogischer Einwirkungen“ (Ljublinskaja, 1975/1988, S. 112).

Erstes Feld – *Selbstreflexive Elternschaft*

- Selbst(er)kenntnis und Selbstkritik der Eltern
- Berücksichtigung der eigenen Bedürfnisse
- Kenntnisse der Entwicklungspsychologie
- Lesen von Literatur zur Erziehung des Kindes
- Reflexion des angeeigneten Wissens und Handelns
- Bewusstsein und Wahrnehmung der Vorbildfunktion
- Berücksichtigung der Individualität eines jeden Kindes
- Kenntnisse einer guten, gewaltfreien Kommunikation (Rogers, Gordon)

Zweites Feld – *Bindung und Beziehung*

- Aufbau einer Bindungsbeziehung durch
- Zuwendung und Zärtlichkeit
- Feinfühligkeit und Verständnis
- Ruhe und Geduld
- Trost und Ermutigung
- Wertschätzung und Toleranz

Drittes Feld – *Haltgebende Strukturen*

- Sicherheit geben
- Verlässlichkeit zeigen

- Strukturen vorgeben
- Rituale einführen
- Schutz aufrechterhalten
- Grenzen setzen
- Regeln einhalten
- Kontrolle durchführen
- Konsequenz zeigen
- Natürliche und logische Folgen einführen

Viertes Feld – *Soziale Kompetenz*

- Beobachten und Zuhören
- Nonverbale und verbale Kommunikation
- Sich Zeit nehmen und Interesse zeigen
- Anteilnahme und Spiegelung
- Angebote zur Kooperation
- Raum geben für soziale Erfahrungen
- Verantwortung übertragen

Fünftes Feld *Kognitive und motorische Entwicklung*

- Förderung der Neugier und Exploration
- Stärkung der (Leistungs-)Motivation durch Erfolgserlebnisse
- Erziehung zur Selbständigkeit
- Förderung der Psychomotorik
- Entdeckung von (gemeinsamen) Interessen
- Anerkennung und Lob (Grothe: Echo)
- Stärkung des Selbstwertgefühls durch Bewegung und Exploration
- Erfahrung von Selbstwirksamkeit durch Autonomie

Es geht hier nicht mehr um den Nachweis eines bestimmten Erziehungsstils, sondern um Kategorien, die eine „entwicklungsfördernde Beziehung und Erziehung" postulieren, nachdem sich in der Ratgeberliteratur weitgehend liberale Stile durchgesetzt haben. In Anlehnung an Mayring (2002) wird die Zweckdienlichkeit des erarbeiteten Kategoriensystems zur Erfassung des propagierten Erziehungsverhaltens in den 80er Jahren durch eine *Rückkoppelungsschleife* überprüft. Abweichend von Mayring findet die Rücküberprüfung nicht am Ausgangsmaterial (1980-1989) statt, sondern aus ökonomischen Gründen werden im nächsten Kapitel 100 ELTERN-Artikel (1990-1999) durch die induktive Vorgehensweise erneut bearbeitet und mit dem „Fünf-Felder-Kategoriensystem" abgeglichen (Mayring, 2015,

S. 85ff.). Die Verlässlichkeit der Methode wird zusätzlich an der ausgewählten Ratgeberliteratur überprüft.

Abschließend noch einmal ein Blick auf die Untersuchungen von Kingma (1996) in den 80er Jahren. Ihre Kritik richtet sich auf das Ignorieren der ELTERN-Zeitschrift von gesellschaftspolitisch brisanten Themen:

> „ELTERN zeigt den Familien lieber, wie sie mit bestehenden Zuständen besser fertig werden, anstatt sie zu ermutigen, etwas zu verändern. So bleiben sie als Leser erhalten. Die deutsche Familie lebt nach wie vor im westdeutschen Käfig, schaut nie über den nationalen Zaun […]. Es wird nicht gefragt, wie Kinder im anderen Deutschland aufwachsen und erzogen werden, wie Familien leben, die durch Mauer, Stacheldraht und Ideologie getrennt sind. Die aktuelle Diskussion um Drogen und Sekten wird weitgehend ignoriert, Friedenserziehung ist kein Thema an sich“ (Kingma, 1996, S. 186).

ELTERN bildet in dieser Beziehung keine Ausnahme. Bereits Hefft (1978, S. 223ff.) bemängelte in ihren Untersuchungsergebnissen, dass sozialstrukturelle Überlegungen insgesamt in ihren 20 analysierten Ratgebern der 70er Jahre zu kurz kommen und nur drei Elternbücher eine „konstruktiv-kritische Orientierung am sozialen Kontext von Erziehung“ (S. 226) aufweisen. Unter diesem Aspekt haben „Die 68er“ offensichtlich in der bürgerlichen Ratgeberliteratur an Nachhaltigkeit eingebüßt.

Bei der Analyse des ELTERN-Jahrgangs 1987 konstatiert Kingma einen Wandel: „In den Familien herrscht eine neue natürliche und demokratisch bestimmte Autoritätshierarchie, in der Kinder nicht mehr die Könige der Familien sind, in der diese aber auch nicht mehr zu frühen Leistungen und früher Selbständigkeit angetrieben werden“ (S. 197). Die leistungsbetonten 70er Jahre und der Fokus auf Selbständigkeit (Hefft, 1978, S. 227ff.) scheinen damit vor dem Ende der Dekade gebrochen. Förderung unter Berücksichtigung des individuellen Reifungstempos (Maria Montessori) ist ebenso (wieder) angesagt, wie die Methode der Ermutigung (Adler, Dreikurs). Das Erziehungsklima stuft Kingma 1987 leicht konservativer ein, wenn auch warm und behütend, aber „mit einem leichten Trend zum Aufbau einer neuen (alten) Generationshierarchie, in der Kinder wieder in ihre Grenzen verwiesen werden“ (Kingma, 1996, S. 198). Dieser Trend wird sich in den 90er Jahren fortsetzen und verschärfen.

5.5 Erziehungsratgeber in den 80er Jahren – eine Literaturrecherche

Die erfolgreichen, in dieser Arbeit analysierten und bewährten Ratgeber der 60er und 70er Jahre, werden nicht nur weiterhin an interessierte Eltern verkauft, sondern finden in den 80er Jahren auch Eingang in Beratungsstellen, Familienbildungswerken, Volkshochschulen und Kindertagesstätten. Vermehrt werden Elternkurse zu den einschlägigen Werken durchgeführt. Bis zur Gegenwart wird das *Family Effectiveness Training* nach Rogers/Gordon angeboten. Ab 1985 wird das Konzept des DKSB *Starke Eltern – starke Kinder®* von Paula Honkanen-Schoberth zunächst in Aachen erprobt, findet danach aber rasche Verbreitung und wird – unterstützt vom Bundesfamilienministerium (1999-2002) – wie Gordon flächendeckend angeboten (vgl. Tschöpe-Scheffler, 2005, S. 41). Seit 2009 wird zusätzlich das Projekt *Starke Großeltern – Starke Kinder* am „Geburtsort" Aachen durchgeführt. Die Förderung erfolgte wiederum durch das Bundesfamilienministerium über das Projekt „Wertebildung in Familien". Im Fokus der Kurse liegen die Stärkung des Selbstbewusstseins aller Beteiligten, Kooperation und Konfliktbewältigung, Reflexivität und Selbstfürsorge.

Die Auswahl der *neu erschienenen* Elternratgeber in dieser Dekade orientiert sich weiterhin an den in Kapitel 1 dargestellten Kriterien. Auffällig ist, dass in den 80er Jahren eine Entspannung sowohl bei den Neuerscheinungen als auch bei überarbeiteten und erweiterten Neuausgaben eintritt – in Divergenz zu den folgenden Jahrzehnten. Vergleichsweise drängen nur wenige neue Erziehungsratgeber von Relevanz auf den Markt, die zugleich wegweisend für die nächsten Dekaden sein könnten. Ein kurzer Querschnitt illustriert nunmehr die einzelnen Strömungen der für diesen Zeitraum signifikanten Ratgeber für Eltern. Alice Millers Bücher (1979, 1980) sind keine Ratgeber im engeren Sinne, beeinflussen aber den Erziehungsdiskurs; ebenso Andreas Flitner (1982), der nur im zweiten Teil seines Sachbuches die Kriterien eines Erziehungsratgebers aufweist (vgl. Schmid, S. 271). Jirina Prekop trifft zwar mit ihrem Titel *Der kleine Tyrann* (1988) den Nerv der Zeit, der vermeintliche Elternratgeber beinhaltet jedoch die Begründung der umstrittenen Festhaltetherapie und orientiert sich damit nicht am gesunden, sondern am pathologisch gestörten Kind. Prompt erscheint ein Jahr später *Hättest Du mich festgehalten... Grundlagen und Anwendung der Festhalte-Therapie* (1989). Erst mit dem wunderbaren Buchtitel *Kinder sind Gäste, die nach dem Weg fragen* (1990) wird von ihr und Christel Schweizer ein Elternbuch publiziert.

Während die Psychoanalytikerin Miller ebenso links außen angesiedelt werden kann, wie der Antipädagoge von Schoenebeck, nehmen den rechten Pol Meves und Prekop mit ihren restaurativen Werte-Einstellungen ein. Auffallend wenig neue Erziehungsratgeber erscheinen von Meves in den 80er Jahren auf dem Markt; sie baut eher auf aktualisierte und erweiterte Neuausgaben ihrer bekannten Bücher der 70er Jahre (vgl. Kap. 4. 6.). Dass sie immer nah am Zeitgeist bleibt, zeigen ihre Themen: Das *Großeltern-ABC* (1983) und *Ein neues Vaterbild* (1989).

Ein ebenfalls konservativer, aber undogmatischer Ratgeber aus Frankreich erscheint 1982 in der BRD. Dolto, Kinderärztin und Psychoanalytikerin aus Paris, beantwortet in ihrem Elternratgeber *Die ersten fünf Jahre* (1977/1982) Fragen von Eltern; der Untertitel *Alltagsprobleme mit Kindern* ist Programm. Grundlage ihres Buches ist eine Sendereihe bei der bekannten Rundfunkanstalt FRANCE-INTER von 1976 bis 1977, in der sie Hörerbriefe beantwortet. Dolto kann bei ihren Antworten auf eine nahezu 40jährige Erfahrung mit Säuglingen, Kindern und Jugendlichen zurückgreifen. In ihrem Vorwort spricht sie deutlich den gesellschaftlichen Wandel an, der ein verändertes Erziehungsverhalten erfordere (vgl. Dolto, 1983, S. 16f.). Ihr Erziehungsrat richtet sich an den jeweiligen ökologischen Bedingungen aus. Im Fokus ihrer Bemühungen steht die Vermittlung von Informationen, um den Eltern zu helfen, problematisches Erziehungsverhalten (insbesondere Gewalt) zu vermeiden, bzw. Störungen zu erkennen. Dem Leser erschließt sich ein *entwicklungspsychologischer Ratgeber*, der einen verständnisvollen, Grenzen setzenden Erziehungsstil postuliert. Die „Fünf entwicklungsfördernden Erziehungsfelder" *(Abbildung 2)* sind nachweisbar; Dolto legt dabei bereits im Vorwort besonderen Wert auf die *Selbstreflexive Elternschaft* (Feld 1) und die *Soziale Kompetenz* (Feld 2) von Eltern und Kindern (Dolto, 1983, S. 12f.).

> „Die menschliche Kommunikation scheint mir heutzutage gegenüber den Kindern in Vergessenheit geraten zu sein, [...]. Dies trifft besonders auf solche Kinder zu, die in der Stadt leben – mit ihrer Mutter, bei ihrer Pflegemutter oder in der Kinderkrippe. [...] Auch kommt es darauf an, im Laufe der Erziehung auf alle Fragen eines Kindes ehrlich zu antworten und seine Beobachtungsgabe, sein Urteilsvermögen und seinen kritischen Sinn zu fördern. Mir schien es notwendig, daß die Eltern diese Sprache entdecken oder wiederentdecken" (Dolto, 1983, S. 14f.).

Es bleibt offen, ob Dolto auf die hohe Müttererwerbstätigkeit in Frankreich anspielt. Ende 1976 lief die erste Rundfunkserie. Zu dieser Zeit gab es umfangreiche familienpolitische Maßnahmen, u. a. Mutterschaftsfreistellung (unbezahlt), finanzielle Unterstützung für Alleinerziehende, einkommensabhängige Beihilfe (CF) und insbesondere die offizielle Anerkennung des Berufs der Tagesmutter (vgl. Köppen, 2003, S. 80). Zur U3-Betreuung bezieht Dolto klar Stellung: „Für den Anfang wäre die Lösung zu Hause mit der Mutter sicherlich am besten" (1983, S. 33).

> „Auf jeden Fall ist es, um darauf noch einmal zurückzukommen, für ein zweieinhalbjähriges Kind zu früh, in den Kindergarten zu gehen – mit Ausnahme vielleicht von einigen sehr aufgeweckten Kindern, die sich schon wünschen, ständig mit kleinen Freunden zusammen zu sein" (Dolto, 1983, S. 58).

Mit 3 Jahren besuchen allerdings 99% der französischen Kinder die „L'école maternelle" (kostenlose Ganztagsbetreuung), die auf die Grundschule vorbereitet.

Diese staatliche Maßnahme von 1881, die sich historisch gesehen einst gegen den starken Einfluss der katholischen Kirche richtete, trägt zur „Wahlfreiheit" für Mütter bei: Arbeit in Voll- oder Teilzeit, bzw. Hausarbeit und weitere Kinder. Die Verdienste von Doltos Ratschlägen zur Kindererziehung liegen u. a. in der Diskussion der autoritären Erziehung, der Einbeziehung des Vaters in Entwicklung und Erziehung des Kindes und in der Kritik an Medikamentengaben und Apparatemedizin (vgl. Dolto, 1983, S. 10f.). Viel beachtet wurde ihre Subjekttheorie, die bis heute weder an Bedeutung noch Aktualität eingebüßt hat:

> „Dabei sind diese Kinder doch schon in den ersten Stunden ihres Lebens Wesen, die nach Kommunikation trachten, Wesen, die Sicherheit, Liebe, Fröhlichkeit und Worte brauchen, und zwar mehr noch wie materielle Pflege oder eine gesunde Ernährung und rein körperliches Wohlergehen" (Dolto, 1983, S. 10).

Im Vergleich Dornes (1993) zur präverbalen Entwicklung des Menschen:

> „Der Säugling erscheint nun als aktiv, differenziert und beziehungsfähig, als Wesen mit Fähigkeiten und Gefühlen, die weit über das hinausgehen, was die Psychoanalyse bis vor kurzem für möglich und wichtig gehalten hat" (Dornes, 2001, S. 21).

Noch deutlicher wird Dornes (2000) in seinem Buch *Die emotionale Welt des Kindes* in seinem Kapitel „Der kompetente Säugling":

> „Auch im Bereich der zwischenmenschlichen Interaktion sind Säuglinge kompetente Teilnehmer. Sie verfügen über ein subtiles Repertoire von mimischen, lautlichen und gestischen Verhaltensweisen, mit denen sie den Eltern ihre Befindlichkeit signalisieren und deren Interaktionsangebote beeinflussen. [...] Der Säugling erscheint nun als *aktiver* Teilnehmer eines Austauschs und beeinflußt seine Eltern (fast) ebenso, wie er von ihnen beeinflußt wird" (Dornes, 2007, S. 21f.; Hervorhebung im Original).

Während Dolto noch auf eigene Beobachtungen angewiesen war, weist Dornes auf die moderne Videotechnik hin, die es erst ermöglicht, feinste Veränderungen und Regulationsprozesse in der Mutter-Kind-Dyade aufzuzeichnen (vgl. Dornes, 2007, S. 22). Dolto wurde in ihren Annahmen durchaus von der modernen Säuglingsforschung bestätigt.

Gebhardt (2009, S. 186) spricht die „Sakralisierung der Mütter" an: „In den 70er und 80er Jahren waren es demnach primär die Frauen, die die Welt als Mütter von allem Übel erlösen sollten." Im Rahmen dieses Mütterdiskurses verweist Gebhardt auf die Stillfibel von Hannah Lothrop und das Sachbuch der amerikanischen Soziologin Sharon Hays *Die Identität der Mütter* (1998). Hays bezieht sich auf die beiden amerikanischen Kinderärzte Spock und Brazelton. Als Dritte benennt sie die umstrittene, aber erfolgreiche englische Sozialpsychologin Leach:

> „Alles in allem fordern Spock, Brazelton und Leach einen Erziehungsstil, den ich als „intensive Bemutterung“ bezeichne. Erstens gehen sie davon aus, daß die Betreuung der Kinder in erster Linie Aufgabe der leiblichen Mutter ist. Zweitens empfehlen sie kindzentrierte, expertengeleitete, emotional anstrengende, arbeitsintensive und finanziell kostspielige Erziehungsmethoden. Und drittens behandeln sie das Kind eindeutig als Wesen, das sich außerhalb der Gesetze des Marktes befindet: Kinder sind heilig, unschuldig und rein; ihr Wert ist nicht meßbar; und Entscheidungen, die ihre Erziehung betreffen, sind etwas vollkommen anderes als Fragen der Effizienz oder des finanziellen Profits“ (Hays, 1998, S. 82).

Das Stillbuch (1981) von Lothrop passt nahtlos in den Erziehungsstil der intensiven Bemutterung. Gebhardt wirft ihr die Ausübung von psychologischem Druck vor:

> „Nicht nur in der distanzlosen Form der Anrede und in der Überhöhung des Stillens, sondern auch im Aufbau von moralischem Druck auf Mütter kann man sich durchaus bei Lothrop an einen früheren Moment im Ratgeberdiskurs erinnert fühlen, an die *Deutsche Mutter* von Johanna Haarer“ (Gebhardt, 2009, S. 190; Hervorhebungen im Original).

Dazu ist anzumerken, dass in der Szene, die damals das *Stillbuch* las, es nicht ungewöhnlich war, sich zu duzen. Aber Lothrop gibt in ihrer ersten aktualisierten Neuausgabe von 2000 selbst eine Antwort: Das „Du“ findet sie bei der Intimität des Themas angemessen und behält es auch in der überarbeiteten Ausgabe bei. Der Vergleich mit Haarer kann nicht ganz nachvollzogen werden: Dass ein Stillbuch das Stillen empfiehlt, liegt in der Natur der Sache; wichtige Hinweise über die Vorbereitung auf die Geburt und die Einbeziehung von Geschwistern, Informationen zur Ernährung, über Medikamente, Krankheiten und Kleidung runden den Ratgeber ab. Der Ton ist bei Lothrop eher moderat als indoktrinativ; ein Kapitel wird dem Thema „Wann ist es besser, nicht zu stillen?“ gewidmet. Eine Parallele zu Haarer findet sich eventuell in dem schulmeisterlichen Ton und den *konkreten* Anweisungen; letzteres mag den großen Erfolg bis zur Gegenwart erklären. Der Kösel-Verlag wirbt auf der Neuausgabe 2009: „Das Standardwerk für die Stillzeit. Gesamtauflage 1 Million Exemplare.“ Die folgende Kritik von Gebhardt dagegen ist sehr ernst zu nehmen.

> „Die normative Wucht, mit der eine Lothrop, aber auch andere Ratgeberautorinnen und –autoren besonders in den frühen 80er Jahren von Frauen eine natürliche, von eigenen biografischen Belastungen befreite Mutter-Kind-Beziehung einforderten, ist kaum zu überschätzen“ (Gebhardt, 2009, S. 190).

Die „normative Wucht“ war allerdings bereits nach *Eltern, Kind und Neurose* (Richter, 1962), sowie nach *Das Drama des begabten Kindes* (Miller, 1979) zu spüren. Gebhardt bezieht sich auf Zimmer *Das einsame Kind. Für ein neues Verständnis der kindlichen Urbedürfnisse* (1982) und auf Sichtermann *Leben mit einem Neugeborenen. Ein Buch über das erste halbe Jahr* (1981). Eine historische Dimension hat das Nachwort von Sichtermann in der Neuauflage von 2010:

> „Der Fischer Verlag und ich hatten überlegt, ob wir dieses Buch runderneuern, es also unserer schwierigen Epoche am Beginn des dritten Jahrtausends anpassen sollten. Wir haben uns dagegen entschieden, weil wir der Meinung sind, dass *der Geist der Alternativbewegung, aus dem dieser „Gegen-Leitfaden“ entstanden ist, immer noch mit Sinn und Verstand zu jungen Eltern spricht“* (Sichtermann, 2010, S. 246; Hervorhebungen durch die Autorin C.E.).

Erinnert sei auch an das Kultbuch von Liedloff (1980) *Auf der Suche nach dem verlorenen Glück. Gegen die Zerstörung unserer Glücksfähigkeit in der frühen Kindheit.* Obwohl es sich hierbei nicht um Erziehungsratgeber handelt und Erziehungsstile eine untergeordnete oder gar keine Rolle spielen, wird die Hypothese aufgestellt, dass die Diskurse zur Frühsozialisation zu einem historischen Wandel in den Erziehungsvorstellungen von dafür sensibilisierten Ratgeberautoren, Erziehern und Eltern beitragen. Es ist anzunehmen, dass die *Ideologie der intensiven Bemutterung* ihre Wurzeln in eben solchen kulturkritischen Werken, in den Forschungsergebnissen der Embryologie (vgl. Flanagan, 1963), in der modernen Säuglings- und Bindungsforschung (vgl. Bowlby, 1975, 1976; Stern, 1979) und last not least in psychoanalytischen Abhandlungen hat (vgl. Miller, 1979, 1980). Was für den Embryo, den Säugling und das Kleinkind physisch und psychisch überlebensnotwendig ist, wird von den Eltern z. T. auch auf das ältere Kind und den Jugendlichen übertragen, sodass der israelische Psychologe Haim G. Ginott bereits 1969 die Methapher *Helicopter Parents* prägt. Erst im nächsten Jahrhundert wird sich eine breite wissenschaftliche Diskussion darüber entfachen, welches Erziehungsverhalten dem *aktuellen Entwicklungsstadium* des Kindes angemessen ist. Als Konsequenz treten die klassischen Erziehungsstile in den Hintergrund und der „Entwicklungsfördernde Erziehungsstil“ rückt in den Fokus.

Pädagogen tun sich in den 80er Jahren offensichtlich schwer, erfolgreiche Ratgeber herauszugeben. Dreikurs und vor allem Gordon besetzen bereits das Feld; Außenseiter wie das Ehepaar Nikitin (1978) haben zwar auch in der BRD eine eigene Gemeinde, die Nikitaner; der Bekanntheitsgrad bleibt jedoch gering. Zu Beginn der 60er Jahre entwickelten die Pädagogen Lena und Boris Nikitin in ihrem Dorf in der Nähe von Moskau für ihre sieben Kinder ein *Frühförderungsprogramm* und entsprechendes Material für die motorische und kognitive Entwicklung. Anstelle von Drill und Strenge standen Selbstbestimmung und Lust im

Fokus. Einen besonderen Schwerpunkt bildete in der Erziehung das Training von Selbstständigkeit, Lösungskompetenz und sozialem Verhalten. Ein Mitspracherecht der Kinder war ausdrücklich erwünscht; Mithilfe bei allen anfallenden Arbeiten wurde vorausgesetzt und mit Lob oder Bezahlung honoriert. Bis zur beruflichen Ausbildung blieben die Nikitins „Wunderkinder", danach fehlte es den Hochbegabten an Begeisterungsfähigkeit, Leidenschaft und Ehrgeiz. Kinder als „Experiment"? Trotz (oder wegen) elterlichem Engagement und Ehrgeiz dürften sich die Kinder nicht wirklich als „sich selbst gemeint" gefühlt haben, sondern eher als Probanden. Als 1990 die deutsche Herausgeberin und Übersetzerin Butenschön auch noch ein bitteres Resümee des ehrgeizigen russischen Frühförderungsmodells bei den sieben Nikitin-Kindern ziehen muss, folgt Ernüchterung. Erhalten bleibt das wertvolle *Nikitin-Material* für den Privathaushalt, für Kindergärten, Schulen und Rehabilitations-Einrichtungen; es ist bis zur Gegenwart beziehbar.

Die „Lücke" bei allgemeinen Erziehungsratgebern in den 80er Jahren könnte auch auf den historischen Wandel einer weiteren Pluralisierung und thematischen Spezialisierung zurück zu führen sein:

> „Es erschienen nun Spezialratgeber für Einzelfragen und –probleme der Kinderpflege und –erziehung in einer bis dahin nicht bekannten Fülle. Neu waren dabei meist nicht unbedingt die dort behandelten Themen, ob Übergewicht, Hyperaktivität, Stottern, Bettnässen, Hochbegabung oder Drogenmissbrauch, um nur einige zu nennen, sondern die Tatsache, dass diese Themen gleichsam ausgekoppelt wurden und nicht mehr nur, wenn überhaupt, im Rahmen mehr oder minder allgemeiner Ratgeber behandelt wurden" (Höffer-Mehlmer, 2007, S. 79).

5.6 Ratgeber und Sachbücher, die den Erziehungsdiskurs ab den 80er Jahren inspirieren

Haarer wird in den 80er Jahren endgültig abgelöst durch moderne Säuglingsratgeber, die weitgehend aus dem angelsächsischen Raum kommen und nach der Definition von Hays den Erziehungsstil der *intensiven Bemutterung* propagieren. Die bekanntesten (deutschen) Erstausgaben sollen noch einmal Erwähnung finden: Brazelton (1975), Stern (1979), Leach (1979), Lothrop (1980) und Sichtermann (1981). Bis zur Gegenwart sind die genannten Elternbücher in aktualisierten Neuausgaben beziehbar, d. h. die Generation, die danach erzogen wurde, kann inzwischen auch die eigenen Kinder nach den erfolgreichen Ratgebern erziehen. So modifiziert Leach ihr „Wort des Dankes" zu Beginn ihrer deutschen Neuausgabe:

„Für die Kinder, denen gestern das Morgen gehörte
und denen heute die Zukunft ihrer Kinder am Herzen liegt

Die Kinder der Kinder von damals haben dafür gesorgt, daß diese neue Version von *Die ersten Jahre deines Kindes* entstand. Ich möchte allen danken, die die Aufnahmen für das Buch mehr oder weniger geduldig über sich ergehen ließen, [...]. Jedes Bild zeigt echte Mütter, Väter und Kinder und keine Modelle“ (Leach, 2001, S. 5; Hervorhebung im Original).

Damit entstand der bisher umfassendste Ratgeber mit 559 Seiten *Die ersten Jahre deines Kindes* (2001), reich bebildert mit ca. 80 ganzseitigen Fotos und zusätzlichen Zeichnungen (allein für die ersten Lebenstage stehen 40 kleine Abb. für die tägliche Pflege zur Verfügung). Das Elternbuch ist thematisch breit über die ersten fünf Jahre gefächert und enthält Kapitel zu Ernährung und Wachstum, Schlaf und Stuhlgang, zur Hygiene, zum Zahnen, Schreien und Trösten, zum Gebrauch des Körpers, zur Sprache und zum Spielen und Denken. Je nach Altersstufe gibt es Sonderkapitel, z. B. „Lieben und Verwöhnen“, „Am Krabbelkind Freude haben“ oder „Gutes Benehmen lernen“. Am Schluss des Ratgebers befinden sich u. a. ein Glossar und Register, Wachstumsdiagramme, nützliche Adressen und Anweisungen zum Notfallverhalten, aber auch Spielsachen und selbstgebastelte Geschenke. Welche neuen Impulse gehen von diesem Werk für die Erziehung aus? Der Begriff Erziehung taucht im Register der Ausgabe von 1985 nicht auf; in der Ausgabe von 2001 wird nur die Erziehung im Kindergarten thematisiert. Ebenso bleibt die Suche nach den konventionellen Erziehungsstilen erfolglos. Stattdessen transportiert Leach eine Fülle von *mütterlichen und väterlichen Einstellungen* dem Kind gegenüber. In ihrem Kapitel „Gutes Benehmen lernen“ (S. 434) stellt Leach eine Fülle von Regeln *für die Eltern* auf. Sie spricht sich gegen bedingungslosen Gehorsam, körperliche Züchtigung und drastische Zwangsmaßnahmen aus. So liegt der eigentliche historische Wandel neben der intensiven Bemutterung in einem Perspektivenwechsel begründet, durch den sich die Eltern an das individuelle Kind flexibel anzupassen lernen:

> „Dieses Buch wurde aus der Sicht des Kindes geschrieben, denn wie immer sich die Methoden der Kindererziehung verlagern mögen – die Sicht des Kindes, obwohl leider sehr häufig vernachlässigt, ist stets am wichtigsten“ (Leach, 1985, S. 8).

> „Denn das Kind ist ja ein ganz neues menschliches Wesen, und die Eltern sind seine Erzeuger. Indem sie es beobachten, über es nachdenken und sich ihm anpassen, legen sie den Grundstein für ein neues Mitglied ihrer Familie und begründen eine Freundschaft, die für immer dauern kann“ (Leach, 1985, S. 13).

Einen feinen historischen Wandel kann der Leser in der Einleitung der aktualisierten Neuausgabe heraushören: „Die Betonung der kindlichen Perspektive [...] bedeutet nicht, daß die Sicht der Eltern vernachlässigt wird, denn beides ist untrennbar miteinander verwoben" (Leach, 2001, S. 9). Leach spart aus, dass es auch zu einer Entgleisung des Mutter (Vater)-Kind-Dialogs kommen kann. Wie kann es sein, dass die biologischen Programme, die die wechselseitige Anpassung von Säugling und Bezugsperson regulieren, außer Kraft gesetzt werden? Dornes (2007) bezieht sich auf Beispiele von Lebovici (1983) und Cramer (1989): Die Mutter missdeutet den Blick des Säuglings, empfindet ihn als bedrohlich und vermeidet Blickkontakt. Eine andere Mutter phantasiert, dass ihr Säugling verhungert; das Kind reagiert aversiv auf die ständigen Zwangsfütterungen:

> „Diese Beispiele machen deutlich, wie Phantasien *der Eltern* eine Interaktion, die biologisch auf Anpassung und Regulation vorprogrammiert ist, entgleisen lassen. Die Phantasie setzt die Biologie außer Kraft. Das ist nicht zuletzt deshalb möglich, weil die Biologie des Fütterungs- und Interaktionsverhaltens beim Menschen im Gegensatz zum Tier nur noch als disponierender, nicht mehr als determinierender Faktor vorhanden ist. Es existiert als Neigung, nicht als Instinkt. Da biologische Programme flexibel geworden sind und von Phantasien ergänzt werden, können letztere erstere überformen" (Dornes, 2007, S. 24; Hervorhebung im Original).

Der Ratgeber von Leach (1985) wird nunmehr einer Kurzanalyse unter Berücksichtigung der „Fünf entwicklungsfördernden Felder" *(Abbildung 2)* unterzogen. Das Feld der *Selbstreflexiven Elternschaft* (Feld 1) wird bereits in der Einleitung thematisiert und zieht sich als „Roter Faden" durch den gesamten Ratgeber. Die Fülle der Informationen gibt den Eltern Diskussions- und Wahlmöglichkeiten, die Kenntnisse über entwicklungspsychologische Vorgänge können der Emanzipation der Eltern dienen. Hinweise auf die Individualität des Säuglings und Kleinkindes regen die Eltern einerseits an, ihr Kind noch genauer zu beobachten, andererseits gibt es ihnen Sicherheit:

> „Manche Neugeborene sind schwieriger zu versorgen als andere. Man kann sich das Temperament eines Kindes ebensowenig aussuchen wie sein Geschlecht. So kann man ein Kind haben, in das man sich leicht einzufühlen vermag, oder eines, das anders behandelt sein will, als die Mutter es spontan behandeln würde" (Leach, 1985, S. 103; vgl. 2001, S. 124).

Das Thema *Bindung und Beziehung* (Feld 2) ist in ihrem Ratgeber stark besetzt; ausführlich widmet sie sich der Entstehung der ersten Bindung (1985, S. 122; S. 197) und insbesondere dem Umgang mit kindlichen Ängsten, der auf nahezu 100 Seiten ihres Ratgebers Berücksichtigung findet (1985, S. 199f.; S. 318ff.;

S. 377ff.; S. 391f.). Auch die *Haltgebenden Strukturen* (Feld 3) werden von Leach differenziert beschrieben:

> „Umgeben sie das Kind mit zuviel Fürsorge und Schutz, dann drückt sich sein Wille nach Unabhängigkeit in Ärger und Frustration aus. Auferlegen Sie ihm zuviel persönliche Freiheit und Verantwortung für sich selbst, dann wird sich sein Verlangen nach ihrer Nähe und Obhut in Trennungsangst äußern“ (Leach, 1985, S. 318).

Den Fokus legt Leach auf Rituale, Regeln und einen verlässlichen Tagesablauf (Feld 3), damit die Eltern lernen, ihrem Säugling und Kleinkind durch Strukturen Sicherheit zu geben (Leach, 1985, S. 92, S. 142, S. 183, S. 218, S. 295, S. 376, S. 436). Die *motorische und kognitive Entwicklung* (Feld 5) vom Säugling bis zum Schulkind wird für jedes Lebensjahr gesondert behandelt; den Eltern werden Fördermöglichkeiten dargeboten. Den Erwerb *Sozialer Kompetenzen* (Feld 4) zeigt Leach den Lesern an konkreten Alltagssituationen auf. Das „Fünf-Felder-Kategoriensystem“ *(Abbildung 2)* bewährt sich auch bei diesem Ratgeber: Leach gibt für alle Felder entwicklungsförderliche Impulse.
Die Bücher der Schweizer Psychoanalytikerin Miller sind auch nach über 30 Jahren noch immer im Gespräch, und obgleich sie nicht zu den Ratgebern zählen, gehören sie zu der Literatur, die den Erziehungsdiskurs nachhaltig beeinflusst hat. Selbst Flitner (2004) widmet der Rezension von Millers Essays ein eigenes Kapitel:

> „In drei kurz aufeinander folgenden Büchern (1979; 1980; 1981), die ihren großen publizistischen Erfolg gewiß nicht nur den schriftstellerischen Fähigkeiten und dem suggestiven Stil der Verfasserin verdanken, sondern auch der gegenwärtigen antipädagogischen Stimmung der deutschsprachigen Leserschaft, hat sie mißlungene Beziehungen zwischen Eltern und Kindern und ihre Nachwirkung in der Lebensgeschichte von Erwachsenen auf herausfordernde Weise dargestellt“ (Flitner, 2004, S. 65).

Der Buchtitel *Das Drama des begabten Kindes und die Suche nach dem wahren Selbst* ist von 1979 bis 1994 unverändert geblieben und damit auch eine pädagogische Ansage: Eltern und Erzieher benötigen Selbstreflexion oder gar Therapie. Eine Forderung, die seit der Antike besteht „Gnothi Seautón“ – „Erkenne dich selbst“ (Delphi). Jürg Rüedi schreibt 2009 im Editorial der *Zeitschrift für Individualpsychologie* (Heft 34) mit dem Titel „Erziehung der Erzieher“:

> „Den Hinweisen von Adler und Miller ist gemeinsam, dass sie den Zusammenhang von persönlichem Defizit und pädagogischem Handeln erkennen: Wenn Erzieherinnen und Erzieher sich ihrer persönlichen Mängel, ihrer subjektiv gefärbten Einstellungen, Werte und Ziele nicht bewusst sind, wird sich diese Unbewusstheit negativ auf ihre pädagogischen Handlungen auswirken. Damit erheben Adler und Miller die

gemeinsame Forderung, dass sich Erzieherinnen und Erzieher, Eltern und Lehrpersonen zuerst ihrer eigenen Persönlichkeitsstruktur bewusst sein müssen, bevor sie erzieherisch tätig werden“ (Rüedi, 2009, S. 371).

Eine zweite pädagogische Säule in ihrem Essay sind die emotionalen Bedürfnisse der Kinder. Ihre gesamte Trilogie handelt von missachteten kindlichen Bedürfnissen, verletzten Gefühlen, emotionalem Missbrauch und Gewalt. Flitner (2004, S. 67) spricht von Millers „Verführungs- und Misshandlungstheorie“, die sie aus ihrer 20jährigen therapeutischen Tätigkeit konstruiert hat. Zu den kindlichen Bedürfnissen führt Miller aus:

> „Jedes Kind hat das legitime [narzißtische] Bedürfnis, von der Mutter gesehen, verstanden, ernstgenommen und respektiert zu werden. Es ist darauf angewiesen, in den ersten Lebenswochen und Monaten über die Mutter verfügen zu können, sie zu gebrauchen, von ihr gespiegelt zu werden. Am schönsten lässt sich das veranschaulichen mit einem Bild von Winnicott: Die Mutter schaut das Baby an, das sie im Arm hält, das Baby schaut in das Antlitz der Mutter und findet sich selbst darin...vorausgesetzt, daß die Mutter wirklich das kleine einmalige, hilflose Wesen anschaut [...]“ (Miller [1983a, S. 59]; 1996, S. 51).

Der zweite Essay der Trilogie trägt den Titel *Am Anfang war Erziehung* (1980) und beinhaltet sowohl eine Abrechnung mit der Schwarzen Pädagogik, als auch der Pädagogik im Allgemeinen. Miller empfiehlt in diesem Zusammenhang jungen Eltern die Bücher von Ekkehard von Braunmühl. „Auch meine antipädagogische Haltung wendet sich nicht gegen eine bestimmte Art von Erziehung, sondern gegen Erziehung überhaupt, auch gegen die antiautoritäre“ (Miller, 1983b, S. 118f.). Stattdessen postuliert sie einen dialogischen und dialektischen Umgang zwischen Eltern und Kind, geprägt von Zuhören und Empathie. Millers Trilogie endet mit dem Essay *Du sollst nicht merken* (1981), eine Kritik an der Triebtheorie Freuds, sowie eine Auseinandersetzung mit dem Werk Kafkas. Millers Schriften lassen sich insbesondere den Feldern der *Selbstreflexiven Elternschaft,* der *Bindung und Beziehung* und der *Sozialen Kompetenz* zuordnen (Felder 1, 2, 4).

Auf den ersten Blick könnte man Andreas Flitners schmales Werk *Über Erziehung und Nicht-Erziehung* (1982) ausschließlich als Antwort auf den Zeitgeistdiskurs der 80er Jahre verstehen. So wurde die Schrift vermutlich nach ihrem Erscheinen im Jahr 1982 gelesen. Dieser Aspekt betrifft jedoch nur die ersten 80 Seiten. Im zweiten Teil seiner Abhandlung kommt Flitner in einem dialektischen Prozess zu Aussagen darüber, was Erziehung im besten Fall sein könnte. Dabei möchte er sich in der Tradition Friedrich Schleiermachers verstanden wissen und „entleiht“ die Begriffe Behütung, Unterstützung und Gegenwirkung, jedoch ohne ihn zu replizieren:

> „Schleiermachers *Gegenwirkung* mag also in bestimmten Fällen die Akzente setzen, mag sich gegen Tendenzen, kurzfristige oder kurzsichtige Wünsche des Kindes richten. Aber sie hat ihr pädagogisches Recht nur in einem übergreifenden Diskurs, in Annahme und *Mitwirkung,* in gemeinsamem Suchen des Richtigen für das Kind" (Flitner, 2004, S. 102f.).

Da Michaela Schmid (2011, S. 269ff.) bereits eine Analyse des Werks vorgelegt hat, soll an dieser Stelle ausschließlich untersucht werden, welche entwicklungsfördernden Felder in der von Flitner skizzierten Erziehung impliziert sind. Allein die Tatsache, dass 2004 eine inzwischen vergriffene Neuausgabe erfolgte, lässt den Schluss zu, dass Flitner noch immer „den Nerv der Gegenwart" trifft. Aus allen Überlegungen und Empfehlungen ist der erziehungswissenschaftlich und dialektisch geschulte Pädagoge, Bildungsforscher und Praktiker herauszulesen. Dem folgenden Zitat kann man einen grundlegenden Erziehungsrat entnehmen:

> *„Im praktischen Umgang mit Kindern erfahren, verstehen, fühlen, wie Kinder die Welt verarbeiten können, die wir ihnen anbieten oder in die wir sie mit hereinnehmen. Und weiter: darauf Rücksicht nehmen, wie die Kinder sie verarbeiten; Erlebnisse und Eindrücke ihnen nach Möglichkeit ersparen, mit denen sie nicht fertig werden können [...]"* (Flitner, 2004, S. 84; Hervorhebungen im Original).

Nach Flitner soll die Erziehung Kinder stark machen, ihnen aber nicht die Last einer Gesellschaftsveränderung aufbürden:

> „Das Behüten und Nachdenken über eine bewältigbare Lebenswelt des Kindes darf nicht gleichgesetzt werden mit den eigenen Wünschen der Erwachsenen nach einer anderen, besseren Welt und mit den Techniken der Ausblendung, der Nichtzulassung von unerwünschten Tatsachen oder sozialen Spannungen" (Flitner, 2004, S. 95).

Entwicklungspsychologische Kenntnisse der Eltern hält Flitner für nützlich, dennoch bewertet er den Kontakt mit den Kindern und die Einfühlung des Erziehenden höher (vgl. S. 84). Bereits an dieser Stelle wird deutlich, dass Flitner universale Erziehungsgrundsätze beschreibt, die die Einstellung und das Verhalten des Erziehers prägen sollten. Schmid konstatiert: „Flitners Anspruch an den Leser ist hoch" (Schmid, 2011, S. 292). Ebenso bezieht Flitner bei seinen Argumentationen ökologische Aspekte ein und spricht von einer „Sisyphus-Arbeit" der Eltern: „Der Druck der kommerziellen Welt und das Angebot der Medien sind stärker als die Erzieher" (Flitner, 2004, S. 89). *Selbstreflexivität der Eltern* soll das Behütungsprinzip korrigieren und begrenzen; vor Parentifizierung und anderen Schattierungen emotionalen Missbrauchs warnt Flitner ebenso, wie vor der Ausblendung der Realität:

„Es kann nur derjenige Sicherheit gewähren und ein guter Partner sein für das Kind, der sich selber nicht fortwährend irritieren läßt, sondern die Aufmerksamkeit für die Bedürfnisse des Kindes verbindet mit dem Bewußtsein des eigenen Selbst und mit dem Willen zu einem eigenen Lebensstil. Die Irritation heutiger Eltern ist großenteils selber schon ein Produkt des Konsumismus, [...]. Erziehen kann nur, wer in diesem Regen der Informationen und der Angebote sein Selbstsein findet und behält" (Flitner, 2004, S. 94f.).

Einer weiteren Hauptaufgabe der Erziehung widmet sich Flitner im Kapitel *Gegenwirken – Mitwirken* (2004, S. 98ff.). Das Gegenwirken betrachtet der Verfasser als den schwersten und heikelsten Teil der Erziehung. Auch dieses Kapitel geht er dialektisch an: Weil in der traditionellen Erziehungslehre Gegenwirkung nicht in Frage gestellt, sondern als unabdingbar hingestellt wird, geht Flitner mit dem Thema besonders sensibel um, sich zugleich von allen antiautoritären Argumentationen distanzierend, aber auch von Schleiermachers Intention.

„Jedenfalls sind auch die Erzieher auf Abwägen und Prüfen angewiesen, auf Kritik auch ihrer eigenen Gegeninteressen, zum Beispiel in Form von Beratung und Aussprache mit anderen Erziehern; vor allem aber auch darauf, daß das Kind in den Prozeß des Auffindens der wirklichen Interessen so früh als möglich aufgenommen wird" (Flitner, 2004, S. 102).

Flitner propagiert Anerkennung und Ermutigung des Kindes, anstelle von Belohnung und Strafe, Lob und Tadel. Wie bereits Adler versteht er darunter eine innere Einstellung des Erziehers, der das Kind emotional wertschätzt und nicht auf (materielle) Verstärkerprinzipien der Verhaltenstherapie zurückgreift.

„Die Fähigkeit des Erwachsenen, Lebensäußerungen des Kindes wahrzunehmen und anzuerkennen, sie positiv aufzunehmen und dieses das Kind auch spüren zu lassen, ist aber qualitativ etwas anderes als ein Stück Schokolade [...]. Das eine ist ein *Akt der Kommunikation,* der persönlichen Bestätigung und Zuwendung, das andere nimmt leicht den Charakter einer *Bezahlung* an [...]" (Flitner, 2004, S. 104; Hervorhebungen im Original).

Prononciert spricht Flitner aus, was er unter *Gegenwirken* nicht versteht: Drohungen, Beschimpfungen, hinterlistige Lenkungstechniken (S. 79), „Liebesentzug" (S. 108) und Strafen als Sühne, als Rache, als Schadenzufügen, als Abschreckung (S. 111). Grenzziehungen dagegen hält er für ein unentbehrliches pädagogisches Mittel, sowohl im Fall von Gefahr, als auch in Situationen, in denen Menschen ansonsten verletzt, geplagt, gekränkt würden (vgl. S. 105). In diesem Zusammenhang greift er nochmals das Thema „Strafe" auf:

> „[...] Strafen müssen, wenn sie denn überhaupt zur Erziehung eingesetzt werden und pädagogisch gerechtfertigt sein sollen, eine aufbauende Komponente haben, mit der sich die Verletzung der Grenze und die Verletzung der Beziehung überwinden läßt. Sie müssen auf das Wiedergutmachen [...] verweisen. Und sie müssen die Wiederherstellung des Vertrauens zwischen Erwachsenem und Kind anbahnen, statt es weiter und nachhaltiger zu verstören" (Flitner, 2004, S. 111).

Als wichtigste Aufgabe der Erziehung in der postmodernen Welt mit ihrer Komplexität, Mobilität und ständigem technischen und sozialen Wandel benennt Flitner die *Unterstützung des Kindes* (S. 116).

> „Erziehung als planvolles Lehren, als Hilfe bei der Deutung der Welt und als Unterstützen der kindlichen Entwicklung ist heute also unerläßlich" (Flitner, 2004, S. 116).

> „[...], das Beherrschen von Techniken des Körpers und des Geistes, das Lernen und Können auf den verschiedensten Gebieten der Schule und des Berufs – das bedarf einer Lehre, einer Systematik und richtigen Abfolge. Und es bedarf des Übens, Wiederholens, Anwendens, Kombinierens, also einer Unterstützung, die mit Rationalität vorgeht [...]" (Flitner, 2004, S. 119f.).

Die Komplexität der Umwelt fordert den Erzieher heraus, genau zu beobachten und zwischen den beiden Polen Selbständigkeit und Behütung die adäquate Unterstützung anzubieten, ohne sich als Eltern selbst zu überfordern.

> „Auch das also gehört zur Erziehung, daß man sich mit Voraussicht und Arrangement, mit Wissen um die Unerschöpflichkeit der Kinder und um die Erschöpfbarkeit der Erwachsenen darauf einrichtet, daß ein Leben mit möglichst freier Aktivität der Kinder und mit einer *durchhaltbaren Ordnung des Zusammenlebens* sich entfalten kann" (Flitner, 2004, S. 128).

Der Unterstützung der Leistungsfähigkeit, die für Flitner keineswegs nur auf die Schule bezogen ist, misst er für die Persönlichkeitsentwicklung eine elementare Funktion zu. Auf vielfältige Weise berührt Flitner in seinen Ausführungen die „Fünf entwicklungsfördernden Felder"*: Die Selbstreflexivität der Eltern – Die Bindung und Beziehung – Die haltgebenden Strukturen* (Unterstützung, Mitwirken, Gegenwirken) *– Die soziale Kompetenz – Die motorische und kognitive Förderung.*

5.7 Der rechtliche Kontext innerhalb der Familie – Von der elterlichen Gewalt zur elterlichen Sorge

Auf diesen historischen Wandel reagierte auch die Jurisprudenz - interessant ist ein Blick in das BGB vom 18. August 1896, Buch 4. Familienrecht, § 1626. Ein Vergleich von 1900 bis zur Gegenwart zeigt, dass die Rechtsprechung durchaus auf starke gesellschaftliche Veränderungen (Kriegszeiten ausgenommen) in der Familie reagiert, wenn auch mit Verzögerung: Vom 1. Januar 1900 - 1. Juli 1958 lautet § 1626: „Das Kind steht, solange es minderjährig ist, unter elterlicher Gewalt.“ Vom 1. Juli 1958 - 1. Januar 1980 gilt:

> „§ 1626. (1) Das Kind steht, solange es minderjährig ist, unter der elterlichen Gewalt des Vaters und der Mutter.
>
> (2) Der Vater und die Mutter haben, soweit sich aus den folgenden Vorschriften nichts anderes ergibt, kraft der elterlichen Gewalt das Recht und die Pflicht, für die Person und das Vermögen des Kindes zu sorgen; die Sorge für die Person und das Vermögen umfaßt die Vertretung des Kindes.“

Auch eine juristische Terminologie kann den Zeitgeist charakterisieren, sich ihm aber nicht unterwerfen. Erst wenn Gesetze obsolet geworden und von der gesellschaftlichen Realität über einen langen Zeitraum eingeholt wurden, kommt es in der Regel zu veränderten oder erweiterten Gesetzesfassungen. Ebenso wirken die Begrifflichkeiten der deutschen Gerichte wie „Seismographen“: Schon vor der Gesetzesänderung sprachen die Richter eher von *Elternverantwortung,* anstelle von *Gewalt.* Ein Blick in das etymologische Wörterbuch (Kluge, 2002, S. 971) gibt Aufschluss: Gewalt ist aus dem Mittelhochdeutschen von „walten“ abgeleitet und bedeutet u. a. herrschen, stark sein, besitzen, regieren. Auch der Gesetzgeber definiert nun das Elternrecht nicht mehr als „Herrschaftsrecht“, sondern als ein dienendes Recht, indem er die „elterliche Gewalt“ durch „elterliche Sorge“ ablöst. Sorge (mhd.) wiederum hat u. a. die Bedeutung hüten, bewahren, Acht geben, sich kümmern (vgl. Kluge, 2002, S. 858). Am 1. Januar 1980 tritt eine veränderte und erweiterte Fassung in Kraft:

> „§ 1626. (1) [1] Der Vater und die Mutter haben das Recht und die Pflicht, für das minderjährige Kind zu sorgen (elterliche Sorge). [2] Die elterliche Sorge umfaßt die Sorge für die Person des Kindes (Personensorge) und das Vermögen des Kindes (Vermögenssorge).

(2) [1] Bei der Pflege und Erziehung berücksichtigen die Eltern die wachsende Fähigkeit und das wachsende Bedürfnis des Kindes zu selbständigem verantwortungsbewußtem Handeln. [2] Sie besprechen mit dem Kind, soweit es nach dessen Entwicklungsstand angezeigt ist, Fragen der elterlichen Sorge und streben Einvernehmen an.“

Der zweite Absatz dokumentiert deutlich einen historischen Wandel – nun auch in der Rechtsprechung – und ist bis zur Gegenwart gültig. Angesprochen sind entwicklungspsychologische Aspekte, die Erziehung zur Selbstständigkeit und eine gute Kommunikation zwischen Eltern und Kind. Der Befehlshaushalt wird 1980 auch gesetzlich vom Familienmodell des Verhandlungshaushaltes abgelöst. Drieschner (2007) definiert:

„Dieser ambivalente Zusammenhang von zunehmender Schwierigkeit und gleichzeitiger emotionaler Wichtigkeit des Übertritts hochindividualisierter Individuen in ein gemeinsames Wir, wird in Bezug auf Familienbeziehungen und Kindererziehung mit dem Begriff des „Verhandlungshaushalts“ [...] belegt [...]“ (S. 33)

Absatz 1 [1] wird nochmals 1998 und 2002 revidiert; mit Wirkung vom 1. Juli 1998 wird der § 1626 um einen dritten Absatz erweitert:

„§ 1626. Elterliche Sorge, Grundsätze. (1) [1] Die Eltern haben die Pflicht und das Recht, für das minderjährige Kind zu sorgen (elterliche Sorge). [...]

(3) [1] Zum Wohl des Kindes gehört in der Regel der Umgang mit beiden Elternteilen. [2] Gleiches gilt für den Umgang mit anderen Personen, zu denen das Kind Bindungen besitzt, wenn ihre Aufrechterhaltung für seine Entwicklung förderlich ist.“

Die Rechtsprechung setzt die *Pflicht der elterlichen Sorge um das Kindeswohl* an die erste Stelle und zieht Konsequenzen aus dem Wandel der Familienformen.

5.8 Das Erziehungsziel „Selbstständigkeit“

Drieschner (2007) diskutiert wissenschafts- und systemtheoretisch das Konstrukt „Selbstständigkeit“ in seiner doppelten Bedeutung: Selbstständigkeit als oberste Zielperspektive von Erziehung und als reflexive und eigenbestimmte Selbsterziehung der Heranwachsenden. Die wichtigsten Forschungsergebnisse präsentiert er aus historischer Sicht, zugleich systematisiert er seine umfangreichen Literaturrecherchen nach soziologischen, pädagogischen, (entwicklungs)psychologischen und biologischen Theorien. Die Vernetzung und Strukturierung des modernen erziehungswissenschaftlichen Diskurses bei Drieschner erlaubt einen Einblick in die Selbstständigkeitsbilder neuerer Kindheits- und Erziehungstheorien, die für diese

Arbeit Relevanz besitzen. Das Postulat „Erziehung zur Selbständigkeit" ist als pädagogische Antwort auf gesellschaftliche Modernisierungs- und geschichtliche Individualisierungsprozesse zu verstehen:

> „Durch die Auseinandersetzung mit den Klassikern der Soziologie wird zudem deutlich, dass Individualisierung ein geschichtliches Phänomen ist, dass nicht nur auf den bei BECK im Mittelpunkt stehenden Individualisierungsschub ab der zweiten Hälfte des 20. Jahrhunderts reduziert werden darf. Die Thematik der Individualisierung ist also nicht neu, auch wenn sie erst durch BECK zum gegenwartsdiagnostischen Kernbegriff avanciert ist" (Drieschner, 2007, S. 35; Hervorhebung im Original)

Der Soziologe Armin Nassehi (2000) geht systemtheoretisch (nach Niklas Luhmann) sogar so weit, dass Individualisierung als Entstehungsbedingung der Soziologie reflektiert werden muss.

> „Die verschiedenen Traditionen soziologischer Theoriebildung zeigen, dass das individualisierte Individuum im Spannungsverhältnis von einerseits Zwang, Isolierung und Disziplinierung und andererseits Freiheit, Emanzipation und Autonomie steht. [...] Grundlegende Übereinstimmung über die einzelnen Theoriegrenzen hinweg besteht demnach darin, Individualisierung als Freisetzung aus fest gefügten und verhaltensdeterminierenden Bindungen zu denken" (Drieschner, 2007, S. 41).

Den Strukturwandel der Erziehungswerte fokussiert Drieschner (S. 45) mit den folgenden Worten: „Individualisierung als Erlangung von Selbstbestimmung über die Gestaltung und Planung des eigenen Lebens gilt [...] als wichtigstes derzeitiges Erziehungsziel. Familienerziehung als kulturelle Praxis folgt hier mehr oder weniger bewusst einem sozialstrukturellen Erfordernis". Dabei geht es nicht nur um eine selbstbestimmte „Entfaltung der Persönlichkeit", sondern ebenso um eine „bessere ökonomische Verwertbarkeit der Ressource Mensch." Auf diesen Aspekt rekurriert auch Rülcker (1990, S. 21), wenn er konstatiert, dass sich selbstständige Kinder besser in Institutionen einfügen. Selbstständigkeit korrespondiert hier eher mit Anpassungsfähigkeit, als mit Freiheit und Autonomie. Drieschner legt den Fokus eher auf die „Kultivierung persönlicher Einzigartigkeit" und den Stil der „Aushandlungserziehung":

> „In dieser Hinsicht können Familien, Kindergärten und Schulen nicht mehr als Institutionen behüteter Kindheit gelten, sondern als Orte, an denen sich individualisierte Lebenslinien treffen, die durch Aushandlungsprozesse in ein gemeinsames Wir überführt werden müssen [...].

Folgeprobleme der neuen auf Verhandlung basierenden Familienkultur und kindorientierten Erziehung zeigen sich indes in der hohen Selbstkontrolle, die Kindern abverlangt wird, sowie in der Angst der Eltern vor erzieherischem Versagen" (Drieschner, 2007, S. 47).

Als pädagogische Herausforderung betrachtet er insbesondere die „Vermittlung und Durchsetzung asketischer Werte", die sowohl den Aufschub von Bedürfnissen, als auch Verzicht beinhalten. Ein weiteres Folgeproblem konstituiert sich durch die Generalisierung der Aushandlungserziehung auch auf das Kleinkindalter.

5.9 Kritik am „kompetenten Säugling"

Ahrbeck (2004), der Erziehung unmissverständlich einfordert und provokativ von der „vergessenen pädagogischen Verantwortung" spricht, veranschaulicht in seinem Kapitel „Von der Selbstständigkeit des Kindes und der Notwendigkeit der Erziehung" den Begriff der Generationendifferenz:

> „Erziehung beruht darauf, dass es ein Gegenüber gibt, das anerkennt und unterstützt, fördert und leitet, aber auch begrenzt und mitunter streng ist. Oft ist es nicht das affirmative Ja, sondern das Nein, das die Entwicklung vorantreibt. Kinder brauchen Erwachsene, an denen sie sich messen und reiben […] können. Erziehung lebt von der Differenz, davon, dass es eine Erwachsenenwelt gibt, in die die Kinder erst langsam hineinwachsen" (Ahrbeck, 2004, S. 151).

Ahrbeck kritisiert den aktuellen pädagogischen Kindheitsdiskurs vom „kompetenten Säugling" bis hin zum „selbstständigen Kind". Das „hochmodern-individualisierte Kind" scheint über erhebliche Ressourcen und eine nahezu unbegrenzte Belastbarkeit zu verfügen. Selbstständigkeit als „Strukturprinzip" kindlicher Entwicklung entlässt die Eltern aus ihrer Erziehungsverantwortung. Verschleiert wird dabei das Angewiesen-Sein der Kinder auf Bindungserfahrungen, auf die Ausdifferenzierung intrapsychischer Strukturen, die Entwicklung innerer Prozesse, Konfliktbearbeitung, Ermutigung und die Anerkennung kindlicher Bedürftigkeit:

> „Kinder bedürfen des Schutzes der Älteren, eines von außen gesteuerten, speziell für sie bereit gestellten haltenden Rahmens. Sie benötigen die fürsorgliche Unterstützung durch emotional präsente und verlässliche Bezugspersonen, die Zeit für sie haben und ihnen geduldig zur Verfügung stehen. Sie brauchen Hilfe bei dem, was sie allein noch nicht können – häufiger wohl, als die These vom selbständigen Kind vermuten lässt" (Ahrbeck, 2004, S. 143).

Gänzlich pervertiert wird das Gebot der Erziehung zur Selbstständigkeit, wenn Kindheit nur noch verwissenschaftlicht und inszeniert wird in Form von Korrektur und „Mängelbeseitigung“ einerseits, sowie einem Förderungswahn andererseits. Drieschner spricht pointiert vom Kind, das „zum Objekt erzieherischer Perfektionierungsambitionen“ mutiert.

> „Selbstständigkeit bezieht sich hier auf den Erwerb von Kompetenzen, um die Chancen von Individualisierung nutzen zu können. Zur Orientierung dienen hier die (vermeintlichen) Anforderungen des Arbeitsmarktes. Die Pädagogisierungsambitionen der Eltern basieren also auf der Sorge um Aufstiegswunsch, Statuserhalt und Abstiegsbedrohung im Konkurrenzkampf um soziale Platzierung“ (Drieschner, 2007, S. 51).

Nach dem – in den 80er Jahren vermutlich von Peter Glotz geprägten – politisch-journalistischen Schlagwort der „Zwei-Drittel-Gesellschaft“ können diese Ambitionen nur von Eltern verfolgt werden, die über relativ sichere und gut bezahlte Arbeitsplätze verfügen. Die „Neue Armut“ betrifft insbesondere Langzeitarbeitslose und Unterbeschäftigte; hier fehlt bereits für die Kinder die ökonomische Basis zur Individualisierung im Rahmen wirtschaftlicher Unabhängigkeit und Selbstständigkeit.

> „In dieselbe Richtung wirkt die Tatsache, daß die von Armut betroffenen Familien viel weniger in der Lage sind, ihren Kindern die Teilnahme an den vielfältigen kulturellen Freizeitangeboten zu ermöglichen. Sie haben also einen viel beschränkteren Zugang zu anderen „Kulturen“ neben ihrer Familienkultur. Damit wird ihnen die so wichtige Möglichkeit verbaut oder zumindest erschwert, alternative Normen und Regelsysteme kennenzulernen und sozusagen experimentell mit verschiedenen Bezugspersonen und Perspektiven umzugehen. Ihre Chancen zur Gewinnung eines weltoffenen Standpunktes sind also erheblich reduziert“ (Rülcker, 1990, S. 47).

In der Praxis lassen sich häufig erstaunliche selbstständige Leistungen und die Übernahme von Verantwortung bei ökonomisch benachteiligten Kindern beobachten. Auch Rülcker gibt zu bedenken, dass gerade der bestehende Mangel Zugänge zur Selbstständigkeit öffnen könnte, die besser situierten Kindern verschlossen bleiben. Aus der Bilanz einer Literaturrecherche (u. a. Fend, 1988; Schütze, 1988) über die Gewährung von Selbstständigkeit lassen sich drei Elternmotive eliminieren:

1. Selbstständigkeit als Entlastung der Eltern
2. Selbstständigkeit als gelungene Erziehungsleistung der Eltern
3. Selbstständigkeit aus Überzeugung

Im Alltagshandeln mögen sich die Motive mischen; entscheidend für einen Wertewandel sind jedoch der Anspruch *Selbstständigkeit aus Überzeugung* und die Integration dieses Wertes im elterlichen und kindlichen Selbstkonzept.

5.10 Zusammenfassung

Auf der Makroebene findet in den 80er Jahren der gesellschaftspolitische Diskurs über die *Risikogesellschaft* (Beck, 1986) besondere Beachtung. Habermas (1985) beklagt den historischen Wandel von utopischen Energien hin zu lähmenden pessimistischen Zukunftsperspektiven. Die Lösung sieht er in der gesellschaftlichen Ressource Solidarität. Beck (1986) äußert analoge Gedanken und wird dabei noch konkreter: In der Risikogesellschaft ist ein Überleben nur gesichert, wenn der Mensch die Fähigkeit erwirbt, „Gefahren zu antizipieren, zu ertragen, mit ihnen biographisch und politisch umzugehen". Diese Schlüsselkompetenzen in modernen Gesellschaften sollten nach Beck auch durch pädagogische, therapeutische und politische Institutionen vermittelt werden. An dieser Stelle bricht Becks persönliche pessimistische Zukunftsperspektive durch: Er traut künftigen Individuen, Ehen und Familien nicht mehr zu, dass diese Aufgaben von ihnen hinreichend erfüllt werden können. Von großer Tragweite sind seine Ausführungen zu den Effekten der gesellschaftlichen Individualisierungsprozesse und der ökonomisch-politischen Modernisierungstendenzen. Im 21. Jh. bekommen Becks Thesen besondere Bedeutung durch das bedrückende Modewort „Burn-out". Seine Annahme, dass die gesamtgesellschaftlichen Umbrüche nicht mehr in ihrer historischen Bedingtheit vom Individuum wahrgenommen, sondern als persönliches Versagen erlebt werden, bekommt zunehmend Brisanz (Beck, 1986; Kaufmann, 1990; Seiffge-Krenke & Schneider, 2012).

Auf der Meso-Ebene wird in den 80er Jahren die Veränderung der Familienstrukturen von Soziologen, Politologen, Psychologen, Pädagogen und Philosophen thematisiert. Der Befehlshaushalt wird 1980 auch gesetzlich vom Familienmodell des Verhandlungshaushalts abgelöst. Der vorherrschende Familientyp ist die kindzentrierte „Kernfamilie" mit ein bis zwei Kindern; es entsteht aber auch zunehmend eine Pluralisierung familialer Lebensformen. Als Leitmotive können benannt werden: *Verschiebung der Machtbalancen* sowohl zwischen den Partnern als auch zwischen Eltern und Kindern hin zu mehr Gleichberechtigung und einem „Herrschaftsfreien Diskurs". Neu ist, dass eine Tendenz zur zeitlichen Verzögerung der Familienbildung erkennbar wird (Liegle, 2002; Schülein, 2002). Die Familienpolitik unterstützt die Sozialisationsfunktion der Familie, infolgedessen ist die Erwerbstätigkeit von Müttern eher gering und liegt bei max. 40%. Kaufmann (1990) akzentuiert den Geburtenrückgang und weist zugleich auf ein Paradoxon hin: Die Idealisierung des Familienleitbildes führt seiner Einschätzung nach zu einer Destabilisierung des modernen Familientypus. Der Geburtenrückgang ist nicht monokausal erklärbar, wohl liegt die These nahe, dass die *neuen Leitbilder* der intensiven Bemutterung, verbunden mit einer selbstreflexiven Elternschaft und der Forderung nach einer neuen Väterlichkeit es den Paaren nicht leichter macht, sich für eine Familiengründung zu entscheiden.

In der Erziehung nehmen die Werte Gehorsam und Unterordnung kontinuierlich ab, Ordnungsliebe und Fleiß bleiben nahezu konstant. Die Maxime Beziehung statt Erziehung taucht in der Literatur immer häufiger auf. Als vorrangige Erziehungsziele werden freier Wille und Selbständigkeit, „der Kardinalbegriff moderner Erziehung" (Drieschner) und Schlüsselqualifikation in der individualisierten Gesellschaft, benannt. Dabei ergab eine Literaturrecherche drei elterliche Leitmotive: Selbständigkeit als Entlastung, als elterlicher Leistungsnachweis und Selbständigkeit aus Überzeugung. Letzteres deutet auf einen Wertewandel hin.

Auf der Mikroebene haben sich die starke *Mütterzentriertheit des Familienhaushalts* mit Erziehung und Sozialisationsaufgaben, sowie der ungebrochene Stellenwert der Familie als *Ort der primären Persönlichkeitsentwicklung* von Kindern und Jugendlichen nicht verändert (Alt & Gloger-Tippelt, 2008). Zu Beginn der 80er Jahre üben die Jugendlichen noch viel Kritik am Erziehungsstil ihrer Eltern, sodass in den Familien ein erhebliches Konfliktpotential besteht. 50% der Jugendlichen möchten mit der Erziehungstradition brechen und ihre Kinder einmal anders erziehen, sodass ein Wandel auch *innerhalb* der Mikroebene stattfinden könnte.

Bereits in den 80er Jahren wird die deduktive Kategorienanwendung in dieser Untersuchung obsolet (vgl. Kap. 1, S. 26), da nunmehr – durch einen sukzessiven historischen Wandel – demokratische und autoritative Postulate in der Ratgeberliteratur dominieren. Für die Qualitative Inhaltsanalyse der Erziehungsratgeber ab 1980 mussten konsequenterweise zur Differenzierung des Erziehungsrats neue Einteilungen gefunden werden: Es bot sich die induktive Kategorienentwicklung an (in Anlehnung an Mayring). Um den Wandel zu erfassen, wurden 500 Artikel über Erziehungsziele, Erziehungsstile und –methoden in der Zeitschrift ELTERN (1980-1989) gesichtet, davon wurden 100 Beiträge für eine induktive Qualitative Inhaltsanalyse ausgewählt. Im Rahmen der Analyse kristallisierte sich ein „Fünf-Felder-Kategoriensystem" *(Abbildung 2)* heraus: *Selbstreflexive Elternschaft – Bindung und Beziehung – Haltgebende Strukturen – Soziale Kompetenz – Förderung der motorischen und kognitiven Entwicklung*. Als vorrangige Erziehungsziele konnten herausgefiltert werden: Selbstachtung, Selbstsicherheit und Selbstständigkeit, Ausdauer, Verantwortungsgefühl und Disziplin, Offenheit und Kreativität, Solidarität, Kritikfähigkeit, aber auch die Anerkennung der Elternautorität

(Gehorchen und Ordnung halten). Die Machtbalance verschiebt sich gegen Ende der Dekade in einem demokratischen Rahmen zugunsten der Eltern.

Die Ratgeberautoren scheuen sich nicht, Eltern an ihre Verantwortung zu erinnern: Mutter und Vater werden jetzt weniger als Freunde toleriert, sondern der Appell richtet sich an die Eltern als natürliche Autoritäten. Leistungsanforderungen, die Erwartung an Selbständigkeit und die Frühförderung schrumpfen auf ein Normalmaß unter Berücksichtigung der *individuellen Entwicklung* des Kindes. Das Erziehungsklima bleibt warm, wird aber konservativer und Grenzen werden wieder modern. ELTERN (1980-1989) zeigt sich einmal mehr als Wegbereiter für eine gewaltfreie *entwicklungsfördernde Beziehung und Erziehung*. Den Autoren gelingt es, das theoretische Konstrukt der Gewaltfreiheit in praktische Methoden für die Eltern umzusetzen: Feinfühligkeit – Berücksichtigung der Individualität – Interesse und Zuwendung – Mentalisierung – Hilfe zur Selbsthilfe – Angebot von entwicklungsgerechten Erfahrungsräumen - altersgerechte Regeln – Beziehungsarbeit – Sich bei Fehlern entschuldigen (Vorbild) – Sich Zeit nehmen – Machtkämpfe vermeiden – Auszeiten – Versöhnung – Natürliche und logische Folgen – Überraschungseffekte. Diese Methoden stellen zugleich die beste Prophylaxe gegen Gewalt von beiden Seiten dar.

Der ELTERN-Autor Grothe greift bei seinen Verhaltensempfehlungen in den 80er Jahren auf eine Fülle von wissenschaftlichen Theorien zurück: Erziehungsstilkonstrukte nach Baumrind, Entwicklungspsychologie, Bindungstheorie, Gesprächstherapie, Verhaltenstherapie. Einen weiteren wesentlichen Schwerpunkt bilden die postulierten pädagogischen Antworten der Eltern auf den *Wandel in den Eltern-Kind-Beziehungen*. Es bleibt unverständlich, dass trotz Berücksichtigung des Zeitgeistes und gründlicher Recherchen der Autoren auch in dieser Dekade sozialstrukturelle Aspekte in der Zeitschrift ELTERN ausgespart werden.

Nur wenige neue Elternratgeber und erweiterte Neuauflagen *von Relevanz* kommen in den 80er Jahren auf den Markt. Eine Wirkung für den Erziehungsdiskurs über die 80er Jahre hinaus lässt sich bei Leach (1979/2001), Miller (1979/1996/2010) und Flitner (1982/2004) nachweisen. Insgesamt zeigt sich eine Tendenz zur Spezialisierung bei der Ratgeberliteratur. Die Elternbücher von Dreikurs und insbesondere von Gordon stehen – neben anderen Ratgebern – noch immer im Fokus. Ihr Bekanntheitsgrad steigt kontinuierlich, da im Rahmen der beginnenden Pädagogisierung und Professionalisierung der Eltern immer mehr Beratungsstellen, Familienbildungswerke, Volkshochschulen und Kindertagesstätten Vorträge und Seminare einer Generation von Eltern anbieten, die eine demokratische Erziehung z. T. selbst noch nicht erfahren hat und im Umgang mit ihren Kindern verunsichert sind. Zunehmend werden zur Erweiterung der elterlichen Kompetenzen Elternkurse angeboten; neben dem *Gordon-Elterntraining* (1989) aus den U.S.A. etabliert sich ab 1985 der aus Finnland stammende Kurs *Starke Eltern – Starke Kinder.*

Das in diesem Kapitel neu entwickelte Kategoriensystem auf der Basis von 100 ELTERN-Artikeln lässt sich nunmehr auch auf die ausgewählten Erziehungsratgeber anwenden. Das „Fünf-Felder-Kategoriensystem" *(Abbildung 2)* beinhaltet die *Selbstreflexivität* der Eltern (Feld 1), die Miller besonders stark hervorhebt, die *Bindung und Beziehung* zwischen Eltern und Kind (Feld 2), die inzwischen alle Autoren berücksichtigen, die *Soziale Kompetenz* (Feld 4), die die Voraussetzung für die Zielerreichung innerhalb der anderen vier Felder ist, und last not least die *Förderung der kognitiven und motorischen Entwicklung* (Feld 5). Das Feld der *Haltgebenden Strukturen* (Feld 3) nimmt in den einzelnen Ratgebern – je nach thematischer oder ideologischer Ausrichtung – unterschiedlich viel Raum ein. Miller (1979) verzichtet darauf, während sich in den Ratgebern von Spock (1962), Dreikurs (1966), Gordon (1972), Leach (1979), Flitner (1982) und Dolto (1983) alle fünf *entwicklungsfördernden* Felder nachweisen lassen.

6 Zwischen Wiedervereinigung und Globalisierung, Familienformen im sozialen Wandel und eine neue Ära von Erziehungsratgebern in den 90er Jahren

Die außenpolitischen Eckdaten der Dekade werden insbesondere bestimmt durch den Zerfall des sowjetischen Imperiums, den Aufstieg Chinas zur Weltmacht, die Kriege und Unruhen auf dem Balkan und im Nahen Osten (2. Golfkrieg 1991), die Gründung der Europäischen Union (1992), den Umweltgipfel in Rio (1992) und die Festlegung von Klimaschutzzielen 1997 in Kyoto, sowie die deutsche Beteiligung am Kosovokrieg 1999 (erster Kampfeinsatz deutscher Soldaten nach dem Zweiten Weltkrieg). Die folgenden heftigen Diskussionen in der Republik beantwortet Joschka Fischer lakonisch: „Ich habe nicht nur gelernt: Nie wieder Krieg. Ich habe auch gelernt: Nie wieder Auschwitz." Faulstich (2010) zählt in seiner Einleitung zu den „politischen Ereignissen und Phänomenen mit gesellschaftsprägender Kraft" in den 90er Jahren neben der deutsch-deutschen Wiedervereinigung auch die Debatte um das Schaf Dolly und die Problematik der Genmanipulation, den Dauerkonflikt um Israel und Palästina, sowie die Zunahme des islamischen Fundamentalismus.

Die Makroanalyse der BRD in den 90er Jahren muss mit Hinblick auf das Thema der Arbeit rudimentär bleiben. Die politischen, wirtschaftlichen, sozialen und familiären Erschütterungen, Umbrüche und Verunsicherungen in den *neuen* Bundesländern werden aus ökonomischen Gründen nicht ausführlich thematisiert und gewürdigt. Dadurch wird in gewisser Weise die westdeutsche Ratgeberlandschaft gespiegelt: Die Wiedervereinigung bleibt in Elternbüchern und Zeitschriften ein weißer Fleck. Zur Vertiefung des Themas sei auf Ritter (2006) hingewiesen. Analysen zur Sozialstrukturentwicklung in Ost- und Westdeutschland finden sich bei Stefan Hradil (2002).

Von Faulstich (2010) soll der Begriff „Schlüsselphänomene" zur Charakterisierung der Epoche verwendet werden. In seiner Einleitung zu den 90er Jahren gibt er zu bedenken:

> „Wir müssen [...] hinnehmen, dass die fehlende historische Distanz möglicherweise stärker als üblich zu Verzerrungen und Fehldeutungen führt. Außerdem gibt es bislang nur sehr wenige historische Beiträge, aus denen sich Anregungen zu einem Überblick

> gewinnen ließen. Gleichwohl sollte man versuchen, über einige Eckpfeiler des gesellschaftlichen Wandels Übereinstimmung zu erzielen: über politische, wirtschaftliche, soziale Schlüsselereignisse. Damit lässt sich, wenn auch eher vorläufig, wieder jener Rahmen andeuten, auf den Kulturgeschichte bezogen werden muss“ (Faulstich, 2010, S. 7).

Die deutsch-deutsche Wiedervereinigung wird am 3. Oktober 1990 vollzogen. Die „Ernüchterung nach dem Rausch“ (Görtemaker, 2004) folgt: Die Arbeitslosigkeit im Osten explodiert, die Geburten gehen abrupt zurück. Unter soziokulturellen Aspekten nimmt Hradil (2002, S. 248) eine konservative Grundströmung in der gesamten BRD wahr. Diese wird sich in vielen Erziehungsratgebern der Dekade spiegeln. Die wirtschaftlichen Eckpunkte sind dem Aufsatz von Czada (2002) zu entnehmen. Die inoffiziellen Arbeitslosenzahlen steigen auf weit über 5 Millionen; in einigen Regionen der neuen Bundesländer herrscht eine Massenarbeitslosigkeit, die ein Viertel der arbeitsfähigen Bevölkerung betrifft.

Die vielfältigen Individualisierungsbestrebungen innerhalb der Gesellschaft mit dem Ziel von Autonomiegewinn, hohem Einkommen und Konsum, Gewinnung von Freiräumen für Spontaneität und Selbstverwirklichung, sowie gelebtem Hedonismus wirken sich bis auf die Mikroebene aus. Der Begriff der „Neid-Gesellschaft“ macht die Runde (Faulstich 2010, S. 14f.). Eine Gegenbewegung mit modifizierten Wertvorstellungen zeichnet sich gegen Ende der Dekade ab. Die Stiftung für Zukunftsfragen veröffentlicht eine Grundlagenstudie zum Wertewandel in Deutschland von Horst W. Opaschowski (2010):

> „Die Erfahrungen vom 11. September 2001 bis zur Finanz- und Wirtschaftskrise brachten die Zäsur im Denken und in den Lebenseinstellungen der Menschen [...]. Hedonisten, hemmungslose Ichlinge passen nicht ins Bild von Krisenzeiten, auch und gerade im zwischenmenschlichen Bereich werden Prinzipien wie Verlässlichkeit und Beständigkeit wieder Bedeutung zugeschrieben“ (Opaschowski, 2010, S. 18f.)

Einen ausführlichen Beitrag zur immer noch aktuellen Individualisierungs-Debatte liefern als Herausgeber und Autoren Beck & Beck-Gernsheim (1994). Der paradox anmutende Titel *Riskante Freiheiten* umreißt die Problematik: Die Freiheit der Individualisierung durch Auflösung vorgegebener sozialer Lebensformen versus ein riskantes Sich-Zurechtfinden in einer modernen Gesellschaft mit neuen institutionellen Anforderungen, Kontrollen und Zwängen.

> „Individualisierung, so gesehen, ist eine gesellschaftliche Dynamik, die nicht auf einer freien Entscheidung der Individuen beruht. Um es mit Jean-Paul Sartre zu sagen: Die Menschen sind zur Individualisierung verdammt. Individualisierung ist ein Zwang, ein paradoxer Zwang allerdings, zur Herstellung, Selbstgestaltung, Selbstinszenierung nicht nur der eigenen Biographie, sondern auch ihrer Einbindungen und

> Netzwerke, und dies im Wechsel der Präferenzen und Lebensphasen und unter dauernder Abstimmung mit anderen und den Vorgaben von Arbeitsmarkt, Bildungssystem, Wohlfahrtsstaat usw." (Beck & Beck-Gernsheim, 1994, S. 14).

Sowohl Beck & Beck-Gernsheim, als auch Heiner Keupp (1994) werten den Psychoboom und die Nachfrage nach Ratgeberliteratur für alle Lebenslagen als „Angst vor der Freiheit" und Suche nach Sicherheit und Orientierung. Die wissenschaftliche Verortung der Bevölkerung in der neueren Soziologie der Milieu- und Ungleichheitsforschung wirft bereits seit den achtziger Jahren erhebliche Probleme auf (vgl. Barz, 2000; Beck, 1994; Hradil, 2001). Hradil (2002) beruft sich bei seiner Sozialstrukturanalyse der Bundesrepublik auf die Forschungsergebnisse des Sinus-Instituts. Seit drei Jahrzehnten erforscht das Institut den Wertewandel und die Lebenswelten der Menschen; daraus entstehen die Sinus-Milieus, die die Flexibilisierung von Arbeit und Privatleben ebenso spiegeln, wie die Erosion klassischer Familienstrukturen, die Digitalisierung des Alltags und die wachsende Wohlstandspolarisierung (vgl. Sinus-Institut Heidelberg, 2011).

6.1 Familienformen im sozialen Wandel

Vorab ein paar makrosoziologische Aspekte zur Situation der Familien in Deutschland. Seit der Gründung der Bundesrepublik wurde von der Familienpolitik das traditionelle Familienmodell unterstützt. Das Ehegattensplitting wäre ein Beispiel für diese familienpolitische Ausrichtung. Bei dem Arrangement von Kinderbetreuung und Erwerbsarbeitszeit sind strukturelle Hürden zu überwinden; große Ost-West-Unterschiede prägen das Bild (Seiffge-Krenke & Schneider, 2012, S. 140f.). Eine gravierende Versorgungslücke besteht noch immer für ein- bis dreijährige Kinder vor allem in den alten Bundesländern, zurzeit wegen der Umstellung auf U3 auch für Dreijährige.

Nave-Herz (2012) beforscht den Wandel der Familienstrukturen, einerseits um einen gravierenden familialen *Strukturwandel* nachzuweisen, andererseits um Mythen und Klischees abzubauen. Zunächst entkräftet Nave-Herz die These von der gestiegenen Pluralität von Familienformen. Ein-Eltern-Familien, Pflege- und Adoptionsfamilien, aber auch Nichteheliche Lebensgemeinschaften mit Kindern gab es bereits in der vorindustriellen Zeit, allerdings nur in den unteren Schichten; „[…] die traditionelle Eltern-Familie hatte nur Ende der 1950er und Anfang der 1970er- Jahre in diesem Jahrhundert ihre stärkste Verbreitung" (Nave-Herz, 2012, S. 23). Ein historischer Wandel ist an der Zunahme und öffentlichen Akzeptanz der Nichtehelichen Lebensgemeinschaften mit Kindern, der Ein-Eltern-Familien sowie der Stieffamilien abzulesen.

> „Zusammenfassend ergibt sich als Antwort auf die Frage nach der gestiegenen Pluralität von Familienformen, dass weiterhin die Eltern-Familie (mit formaler Eheschließung) statistisch die dominante Familienform […] geblieben ist, dass 76% aller Kinder unter 18 Jahren in dieser herkömmlichen Kernfamilie aufwachsen […] und dass weiterhin auch auf normativer Ebene ihr eine hohe subjektive Bedeutung zugeschrieben wird" (Nave-Herz, 2012, S. 25).

Zu den historisch neuen Phänomenen zählen: Eheschließung nach der Geburt des Kindes, die längere Spanne der nachelterlichen Phase, und für (Ur-)Großeltern das Erleben ihrer (Ur-)Enkel. Zum Wandel der Familiengröße in Deutschland führt Nave-Herz (2012, S. 29ff.) zahlreiche empirische Forschungsergebnisse und Hypothesen an. Durch die Möglichkeit der Geburtenplanung überwiegt die *verantwortete Elternschaft* (Kaufmann, 1990, S. 395). Frauen und Männer entscheiden sich in der Regel dann für Kinder, wenn die ökonomische Belastung getragen werden kann, die Zeitressourcen zur Verfügung stehen und damit die psychische Zuwendung ab Geburt sichergestellt ist. Die Bevölkerungswissenschaftler (z. B. Nauck, 2007, *Value-of-Children-Studies*) führen den Geburtenrückgang auf den historisch bedeutsamen Funktionswandel von Kindern zurück und zugleich auf die Kindzentrierung der Eltern, die ein hohes Leistungspotential insbesondere von der Mutter erfordert (vgl. Seiffge-Krenke & Schneider, 2012; Nave-Herz, 2012). Viele empirische Untersuchungen sprechen nun dafür, dass dem bewussten Kinderwunsch vieler junger Paare und der kindorientierten Ehegründung Selbstentfaltungs-Wertorientierungen zugrunde liegen" (Nave-Herz, 2012, S. 65). Das Verantwortungsgefühl und die Leistungsanforderungen der Eltern an sich selbst sind dabei extrem hoch, begünstigt durch die Ein- oder Zwei-Kinder-Familie mit ihren spezifischen Interaktionsstilen. Der „Erst-Kind-Schock" könnte jedoch u. a. ein Faktor dafür sein, dass Geschwister nicht mehr geplant werden. Gloger-Tippelt (1985, S. 75) prägte bereits in den 80er Jahren den Begriff „Erschöpfungsphase trotz erstem Glück über das Kind". Die Autorin entwickelte für den Übergang zur Elternschaft ein *Phasenmodell* (1988), das bis zur Gegenwart in den thematisch relevanten Untersuchungen präsentiert wird.

Hinzu kommen vor allem in Westdeutschland traditionelle Familienleitbilder, fehlende Kinderbetreuungsplätze und strukturelle Arbeitsplatzbedingungen, die eine Vereinbarkeit von Beruf und Familie infrage stellen. Inzwischen weisen zahlreiche empirische Studien einen *Traditionalisierungseffekt* der Geschlechterverhältnisse im Übergang zur Elternschaft nach (Seiffge-Krenke, 2012; Nave-Herz, 2007; Fthenakis, Kalicki & Peitz, 2002; Rost & Schneider, 1996). Der biographische Aufschub von Elternschaft ist vielfach programmiert, und verbunden mit längeren Ausbildungszeiten erhöht sich das Risiko ungewollter Kinderlosigkeit. Die Situation wird verschärft durch ausgesprochen hohe Erwartungen der

Gesellschaft an eine erfolgreiche Erziehung („Professionalisierung der Elternschaft") und individuelle Perfektionsansprüche (Seiffge-Krenke & Schneider, 2012, S. 94f.). Internationale Studien belegen, dass Eltern-Stress ein vorwiegend deutsches Problem ist (Nickel & Quaiser-Pohl, 2001).

> „In einer Studie an Eltern von Kindergartenkindern fanden Hahlweg, Heinrichs, Bertram, Kuschel und Widdecke (2008), dass sich über zwei Drittel (68 %) der Eltern sehr belastet und verunsichert fühlen. Ähnlich sind die Befunde der Value-of-Children-Studie (Nauck, 2007): Im Vergleich zu Eltern aus anderen Ländern berichten deutsche Eltern relativ wenige positive Affekte in Bezug auf ihr Kind und erleben die Elternrolle als besonders wenig wertgeschätzt" (Seiffge-Krenke & Schneider, 2012, S. 100).

Die These, dass Verunsicherung und Selbstzweifel der Eltern die Flut von Ratgeberliteratur verursachen, wird durch diese wissenschaftlichen Befunde erhärtet.

6.1.1 Kontinuität und Wandel in den elterlichen Rollenbildern

Beck-Gernsheim (1980) beschreibt das traditionelle *Halbierte Leben*, mit dem Untertitel *Männerwelt Beruf, Frauenwelt Familie,* macht aufmerksam auf die erzwungenen Abspaltungen und arbeitet die Defizite beider Lebensentwürfe heraus. Sie fordert neue Lösungsmuster für die individuelle Vereinbarkeit von Beruf und Familie von der Politik, von Institutionen, der Wirtschaft, insbesondere aber auch von den Beteiligten. Dieser Diskurs zieht sich bis zur Gegenwart und hat trotz zahlreicher Verbesserungen (auch von Arbeitgeberseite) an Aktualität nicht verloren. Ein Meilenstein dürfte der U3-Ausbau werden, wenn die Qualitätsstandards gesichert sind, und es in den *alten* Bundesländern zu einem „Tabubruch" kommt: „Die Furcht vor der Rabenmutter besitzt also in den gesellschaftlichen Leitvorstellungen und im Selbstbild vieler Frauen [...] nach wie vor eine hohe Verbindlichkeit" (Seiffge-Krenke & Schneider, 2012, S. 122). Bis zum Schulalter sind 80% der Frauen nicht vollzeiterwerbstätig und übernehmen weitgehend Kinderbetreuung und Hausarbeit; es findet also im Rahmen der Elternschaft auf breiter Ebene eine Re-Traditionalisierung statt – traditioneller, als sie in den meisten mittel- und nordeuropäischen Staaten anzutreffen ist. Die Erwerbstätigkeit der Mütter ist seit 1960 zwar deutlich gestiegen, im Vergleich zu anderen Industriestaaten jedoch auch im Jahr 2010 immer noch gering (bei Kindern bis 6 Jahre: BRD 40%, Niederlande 73%). Erwerbstätig waren 2010 84% der Väter und 60% der Mütter (mit Kindern unter 18 Jahren), und diese wiederum zu 70% in Teilzeit. Bei mehr als der Hälfte der Paare (54%) mit Kindern arbeiteten 2010 beide Partner. Dabei ist das häufigste Arbeitszeitmodell eine Vollbeschäftigung des Vaters kombiniert mit einer Teilzeitbeschäftigung der Mutter (Quelle: Mikrozensus, Januar 2010). Nave-Herz (2012) kommentiert den modernen Lebensentwurf von jungen Frauen und Müttern, der in Untersuchungen wiederholt beschrieben wird „Doppelorientierung als integrativer Bestandteil des persönlichen Lebensentwurfs“:

> „Die These über die heutige Doppelorientierung der Frauen hat zu der Forderung nach einer familienfreundlicheren Arbeitswelt geführt, um die Partizipation von Müttern *und* Vätern sowohl am Familien- als auch am Arbeitsleben zu ermöglichen. Trotz dieser über 20 Jahre lang öffentlich geführten Diskussion hat sich bislang in der Praxis wenig geändert, [...]“ (Nave-Herz, 2012, S. 42; Hervorhebung im Original).

Nach den Recherchen von Seiffge-Krenke & Schneider (2012, S. 110; S. 123) sinkt nach der Geburt eines Kindes die Erwerbsarbeitszeit der Mütter signifikant, während die Väter nun besonders hohe Wochenarbeitszeiten aufbringen. Nach der Geburt findet also in Deutschland durch die gesellschaftspolitischen Rahmenbedingungen und einer ausgeprägten Mutter-Ideologie der bereits thematisierte „Traditionalisierungseffekt“ im Übergang zur Elternschaft statt (vgl. Fthenakis, Kalicki & Peitz, 2002, S. 97ff.). Dieses Modell ist gekoppelt mit einer asymmetrischen Aufgabenteilung in Ehe, Partnerschaft und Familie (Hohnerlein & Blenk-Knocke, 2008). Die im BGB verankerten Rechtsnormen zeitigen wenig Wirkung. Bereits 1976 wurde der § 1356 BGB verändert: „Die Ehegatten regeln die Haushaltsführung im gegenseitigen Einvernehmen“ – in der Praxis sind nach wie vor die Frauen weitestgehend für die Haushaltsführung zuständig, auch wenn sie erwerbstätig sind. Erstaunlicherweise gibt es keine Unterschiede zwischen Ost und West. Die Kinder sind ebenfalls rechtlich zur Mithilfe verpflichtet; im § 1619 BGB heißt es: „Das Kind ist, solange es dem elterlichen Hausstand angehört und von den Eltern erzogen oder unterhalten wird, verpflichtet, in einer seinen Kräften und seiner Lebensstellung entsprechenden Weise, den Eltern in ihrem Hauswesen und Geschäft Dienste zu leisten“. Die Realität sieht anders aus (vgl. Nave-Herz, 2012, S. 51f.). Besser qualifizierte und gut verdienende Frauen und Mütter weichen auf das Dienstleistungsmodell aus. Die soziale Ungleichheit zwischen den Frauen wächst indessen. Nave-Herz (2012, S. 53f.) unterscheidet neben den kinderlosen Frauen und ledigen Müttern drei Gruppierungen:

1. Mütter als „Vollzeit-Hausfrauen“, die ein niedriges Ausbildungsniveau haben oder noch nie erwerbstätig waren. Hier zeigt sich ein historischer Wandel: früher war dies nur privilegierten Frauen aus höheren Schichten möglich.
2. Erwerbstätige Mütter mit niedrigem Einkommen, die es schon immer gab, insbesondere im vorigen Jahrhundert in der Arbeiterschaft. Diese gelten als besonders belastet.

3. Erwerbstätige Mütter mit privater Hilfe (Tagesmütter, Kinderfrauen, Haushaltshilfen etc.). Diese müssen zwar einen Teil ihres Gehalts abtreten, Versicherungs- und Rentenanspruch aber bleiben erhalten.

In den vergangenen 40 Jahren gab es gesellschaftliche, rechtliche und familiäre Entwicklungen, die den Begriff „Neue Väter" generierten. Medien und vor allem die Werbung griffen den Terminus auf, inzwischen findet man ihn jedoch auch in wissenschaftlichen Untersuchungen. Die neuen Rechtsvorschriften sind ein Indikator dafür, „dass der Vater in jüngster Zeit vor allem im Hinblick auf den Beziehungsaspekt zu seinem Kind [...] eine gesellschaftliche Aufwertung und öffentliche Anerkennung erfahren haben muss" (Nave-Herz, 2012, S. 55). In der Tat bezieht sich der Begriff „Neue Väter" in Literatur und Medien weniger auf einen Rollenwechsel, sondern vielmehr auf die Entwicklung emotionaler und fürsorglicher Kompetenzen. Väter, die die Elternzeit in Anspruch nehmen, sich um eine Teilzeitstelle bemühen oder die Hausarbeit übernehmen sind noch immer in der Minderheit. Im Rahmen einer repräsentativen Erhebung 1992 und 1998 konnten Zulehner & Volz (2009)) auf der Einstellungsebene 14% der Väter einem egalitären Rollenkonzept zuordnen, bei der Wiederholung der Befragung im Jahr 2002 waren es schon 23%. Oberndorfer & Rost (2005) verwendeten in ihrer Pilotstudie „Väter in Familien mit partnerschaftlicher Verteilung von Erwerbs-und Familienarbeit" den Begriff „Neue Väter" für Männer, die ihre Arbeitszeit wesentlich reduzierten oder ihre Erwerbstätigkeit (wiederholt) unterbrachen, um einen bedeutenden Anteil der Familientätigkeit zu übernehmen. In den 70er und 80er Jahren war der Terminus eher für Väter vorbehalten, die ihre schwangeren Frauen zu Vorsorgeuntersuchungen begleiteten, an den Vorbereitungskursen teilnahmen und vor allem die Geburt miterlebten. Nave-Herz (2012) resümiert den historischen Wandel der Vaterrolle: Der Vater ist von Anbeginn in die Mutter-Kind-Dyade einbezogen, die weiblichen Verwandtschaftslinien werden zugunsten der Partnerbeziehungen aufgebrochen und das Selbstkonzept der Männer ändert sich. Die deutlichste Veränderung betrifft die Intensität und die Art und Weise des väterlichen Verhaltens in der Säuglings- und Kleinkindphase (vgl. Matzner, 1998). Vermehrt zu beobachten sind „mütterliche" Väter, die eine warme und unterstützende Beziehung zum Kind eingehen.

> „Wenn also auch Veränderungen im Verhalten von Vätern zu beobachten sind, wenn ferner in Bezug auf bestimmte Rollensegmente der Entdifferenzierungsprozess begonnen hat, [...] so ist damit aber die polare Anordnung der Vater- und Mutter-Rolle gerade im Hinblick auf die ihnen zugeordneten Funktionen [...] weiterhin noch immer so stark normativ abgesichert, dass es verfrüht erscheint, von einem Wandel dieser familialen Rollen zu sprechen" (Nave-Herz, 2012, S. 60/61).

Dazu tragen auch die gestiegenen Erwartungen und Anforderungen im Arbeitsleben bei: Durch die neuen Medien findet eine zunehmende Beschleunigung und Komplexität der Arbeitsvorgänge statt, ohne Flexibilität und Mobilität ist der Aufstieg im Unternehmen verbaut, Qualitätsmanagement und Abbau von Arbeitsplätzen setzt Stress frei. Unter dem Titel „Zwei Jahre Arbeitsweg" erscheint am 06.11.2012 im Handelsblatt eine Pendler-Statistik (Quelle: MID), die besagt, dass jeder fünfte Deutsche einen Arbeitsweg von zwei bis vier Stunden pro Tag auf sich nimmt. Die These, dass Familien eher preiswerten Wohnraum suchen und deshalb außerhalb der Städte wohnen, würde beinhalten, dass Väter und Mütter eher pendeln müssen. Insbesondere auf den Vätern und alleinerziehenden Müttern lastet ein innerer Druck, eine Familie ernähren oder mitverdienen zu müssen. Erschwerend kommt Angst vor Arbeitslosigkeit hinzu, aber auch Unsicherheit durch Zeitverträge. Die Historikerin Martina Kessel (2008) erinnert daran, „wie sehr Geschlecht als Quelle und Symbol für individuelle und kollektive Selbstverortung" dient:

> „Eine Mehrheit von Männern und Frauen scheint [...] bis in die jüngste Zeit auf dem „Vereinbarkeitsmodell der Versorgerehe" zu beharren, der deutsche Arbeitsmarkt veränderte sich weniger als in anderen westeuropäischen Ländern durch den Einbezug von Frauen, staatliche Anreize für eine wirkliche Vereinbarkeit aller Lebensbereiche für alle Betroffenen waren seltener und Deutschland fällt noch in der Gegenwart im Vergleich besonders markant aus dem Rahmen, wenn es um ungleichen Lohn für gleiche Arbeit geht" (Kessel, 2008, S. 27).

Die Lohnlücke beim Vergleich von Männer- und Frauenlöhnen wird empirisch durch „Erwerbsunterbrechungen" und „Beschäftigungsumfang" erklärt (BMFSFJ, 2009). Obwohl Frauen zunehmend besser ausgebildet sind, werden typische Frauenberufe schlechter entlohnt. Bei Gehaltsverhandlungen ist Müttern die Vereinbarkeit von Familie und Beruf wichtiger als das Gehalt, sie vermeiden Sozial- und Leistungsdruck und sind stärker intrinsisch motiviert (BMFSFJ, 2009, S. 28ff.). In der Familie sind es die Frauen, die die Modernisierung der Geschlechterrolle und eine gerechtere Aufgabenteilung vorantreiben. Es gibt zwar eine Fülle von Einstellungsänderungen zur Mutter- und Vaterrolle, in der Realität jedoch kann ein statistisch relevanter Rollenwandel kaum nachgewiesen werden. Der Weg von der Einstellung zur Tat ist lang. Die Einstellungen zur Geschlechteridentität sind kulturell und biografisch tief verwurzelt (Zulehner, 2008, S. 37; S. 41).

6.1.2 Veränderungen in den Eltern-Kind-Beziehungen

Viele empirische Befunde bestätigen Probleme in der Partnerschaft beim Statusübergang von der Ehe- zur Elternbeziehung (Gloger-Tippelt, 1988). Dennoch erleben die Partner eine Erweiterung ihres Selbstkonzepts und fühlen sich durch das Kind bereichert. Die „modernen Eltern" (Schülein, 2002) mit hoher Bildung und Selbstreflexivität wurden schon mehrfach beschrieben; obwohl sie eine Minorität darstellen, gelten sie als „Trendsetter". In diesen Milieus zeichnet sich am deutlichsten der historische Wandel hin zu einer Subjektivierung des Familiensystems ab, in dessen Folge signifikante Veränderungen in der familialen Interaktion eintreten, die eine hohe sprachliche und kognitive Kompetenz voraussetzen. Aus den Forschungsergebnissen der Shell-Jugendstudien ist bekannt, dass sich die Jugendlichen das gewandelte Interaktionsprofil zu schätzen wissen. Der Preis des Subjektivismus ist für die Eltern hoch; Johann A. Schülein (2002, S. 277, Anmerkung 13) konstatiert, dass nahezu therapeutische Kompetenz von den Eltern erwartet wird. Kinder sind nach dem *modernen* Leitbild für die Eltern ein „psychosoziales Projekt":

> „Vom Konzept her ist die Eltern-Kind-Beziehung hier kindzentriert; wird von den Eltern Empathie und interaktives Engagement gefordert. Sie sind nicht (mehr) Exekutoren eines vergleichsweise restriktiven sozialen Musters der Anpassung, sondern kreieren – in „Zusammenarbeit" mit ihrem Kind – eine je spezifische, hochgradig subjektivierte Beziehung" (Schülein, 2002, S. 201).

So steht mit der Zufriedenheit des Kindes auch immer gleich das Selbstwertgefühl der Eltern auf dem Prüfstand. Schreien, Weinen oder Klagen ruft bei den „modernen Eltern" ungeahnte Versagens- und Schuldgefühle hervor (vgl. auch Nave-Herz, 2012, S. 63). Schülein grenzt „metaphorisch" die „Avantgarde" ab:

> „Daß Modernität und Avantgarde […] auf einer Linie liegen, kann nicht verwundern. […] Die Avantgarde ist […] die Vorhut der Moderne, d.h. hier werden Konzepte entwickelt und ausprobiert, die (in moderaterer Form) (später) auch für relevante Bevölkerungsgruppen wichtig und kennzeichnend werden. Gleichzeitig ist die Avantgarde auch eine besonders exponierte, sozial exzentrische Subkultur der Modernität […]", (Schülein, 1990, S. 138f.).

Die Avantgarde hat kulturelles Kapital vorzuweisen, verfügt über interaktive Ressourcen und Handlungskompetenzen, demonstriert aber auch „Distanzen zur Normalität" und hält sich durch die „Idee einer Gegenwelt" in Balance: Liedloff (1980/2013) und Sichtermann (1981/2010) sind bevorzugte Lektüren. Schülein

skizziert Prinzipien des Leitbildes: Abkehr von der Industriekultur, bedingungslose Hinwendung zum Kind, exzessiver Körperkontakt, Verhinderung von rigiden kulturellen Normen, Stillen, „Füttern nach Bedarf", Schlafen im Elternbett. Die Bedürfnisse des Kindes stehen im Fokus der Interaktion, die Eltern-Kind-Beziehung hat Vorrang. In den sozialen Milieus nach SINUS (2007) könnte die „Avantgarde" insbesondere bei den Experimentalisten, aber auch unter den Postmateriellen zu finden sein (vgl. Liebenwein, 2008, S. 253ff.). In jedem Fall bringt der Individualisierungsprozess in Bezug auf Elternschaft in allen Milieus neue Herausforderungen. Die einschlägigen empirischen Untersuchungen zum veränderten Erziehungsverhalten werden unisono in Richtung auf eine stärkere Liberalisierung hin interpretiert. Dabei werden Überforderungstendenzen durch zu große Handlungsspielräume der Kinder und zu frühe „Entscheidungsmacht" kritisch angemerkt (Preuss-Lausitz et al., 1990). Eine weitere, nicht nur zeitliche Hürde stellt der *Verhandlungshaushalt* dar. Zum einen dürfte er durch die erforderliche Kommunikations- und Argumentationsfähigkeit immer ein Stück weit milieubedingt bleiben, zum anderen wird zwar die Sprachkompetenz der Kinder gefördert, dennoch werden sie manchen Argumentationsketten nicht gewachsen sein, sodass sich „Pseudo-Verhandlungshaushalte" ausbilden könnten.
Basierend auf den Forschungsergebnissen aus den 90er Jahren sieht Schütze (2002, S. 93) die äußere Selbständigkeit des Kindes gewahrt, sodass sie von einer eigenständigen „Kinderkultur" ausgeht (vgl. Kap. 6.1.3). „Wenig wissen wir dagegen über den Zusammenhang von emotionalen Bindungen und der inneren Selbständigkeit der Kinder". Im Jahr 2009 erscheint die *psychologisch-diagnostische Studie zur Erhebung der Bindung in der mittleren Kindheit* von Gloger-Tippelt & König:

> „Wie wichtig die Erkenntnisse der Bindungsforschung gerade für diese Zielgruppe sind, zeigt der zunehmende Beratungsbedarf von Eltern mit Kindern ab dem Alter von drei Jahren mit Beziehungsproblemen (Statistisches Bundesamt, 2007). Die Kindergesundheitsstudie in Deutschland KIGGS wies unter anderem eine Verschiebung des Krankheitsspektrums von somatischen zu psychischen Störungen nach. Dabei dürfte die Bindungsqualität zwischen Eltern und Kindern eine bedeutsame Rolle einnehmen. Hochunsichere Bindung in der Kindheit hängt mit verstärkten Verhaltensproblemen zusammen" (Gloger-Tippelt & König, 2009, S. XI).

Ein historischer Wandel lässt sich nicht nur aus mikrosoziologischer Perspektive, sondern auch auf der Makroebene der Soziologie nachweisen: Das Forschungsinteresse verlagert sich ab den 90er Jahren extensiv von den Eltern auf das Kind (Grundmann & Huinink, 1991; Bort-Gsella, 1992; Bründel & Hurrelmann, 1996; Joos, 2001; Schütze, 2002). Schütze bildet aufgrund der komfortablen Forschungslage einige wesentliche Thesen. Die Eltern-Kind-Beziehung scheint in den

90er Jahren weitgehend von gegenseitigem Vertrauen und Zuneigung geprägt und zeichnet sich durch demokratische Umgangsformen aus. Daneben gibt es jedoch etwa 30 % konfliktträchtige Eltern-Kind-Bindungen (vgl. Nave-Herz, 2012). Das Problem der Gewalt in der Familie hat es schon immer gegeben, doch durch die Tabuisierung des Phänomens rückte dieses Thema erst zu Beginn der 80er Jahre in den Blick der Öffentlichkeit und der Forschung. Es stellt sich die Frage, ob sich außer der Rechtsprechung positive Entwicklungen vollzogen haben, oder ob die ökologischen und strukturellen Bedingungen der modernen Familie Gewalt eher begünstigen. Eine weitere Fragestellung wäre, ob Gewalt in allen Milieus vorkommt:

> „Die Kriminalstatistik weist ferner einen sog. Schicht-Bias auf, weil in gehobenen Schichten Misshandlungen bereits durch die Wohnweise eher „vertuscht" oder aber „umgedeutet" werden können. Dagegen zeigen Fallstudien aus psychologischen Praxen, dass das Problem „Gewalt in der Familie" nicht nur auf eine bestimmte soziale Schicht begrenzt ist" (Nave-Herz, 2007, S. 83).

Nave-Herz geht den verursachenden Bedingungen nach und bezieht familienendogene Faktoren (z. B. selbsterfahrene Gewalt, Gewalt als Konfliktlösungsinstrument, problematische Persönlichkeitsvariablen) ebenso ein, wie familienexogene Aspekte (Armut, Stress am Arbeitsplatz, Überforderung, Arbeitslosigkeit etc.). Neben dieser interaktionistischen Sichtweise der familialen Gewalt bestehen durchaus strukturelle Theorien. So spricht Wahl (1989) vom *Mythos der Moderne*, gekennzeichnet durch ein autonomes, selbstbestimmtes Menschenbild, einen Fortschrittsglauben an die ständige Weiterentwicklung von Wissenschaft, Technik, Wirtschaft und Gesellschaft, sowie ein Bekenntnis zu Liebesehe und Familienglück. Die große Diskrepanz zwischen den Erwartungen und der Realität lastet auf den Individuen, strahlt in das Familiensystem aus und kann durch Gefühle des persönlichen Versagens, der eigenen Ohnmacht, zerstörte Hoffnungen und ein fragil gewordenes Selbstwertgefühl zu Depressionen und/oder Aggressionen führen (vgl. Seiffge-Krenke & Schneider, 2012; Nave-Herz, 2007; Rothe, 1994; Wahl, 1989/1990). Nach Nave-Herz kann der angedeutete familiäre Strukturwandel in keiner Weise monokausal erklärt und in eindimensionalen Wirkungsketten platziert werden. Allen Kassandrarufen zum Trotz: Die Familie lebt – das beweisen u. a. soziologische Umfragen, psychologische Untersuchungen und die Shell-Jugendstudien. Am 17. September 2014 wird der aktuelle Kinderwertemonitor von dem Kinderhilfswerk Unicef und der Zeitschrift Geolino in Berlin vorgestellt: Für die meisten Kinder in Deutschland ist ihre Familie das Wichtigste im Leben. Selbst, wenn beide Eltern arbeiten, fühlen sie sich in der Regel nicht zu kurz gekommen. Die Werte Bildung, Mut, Toleranz, gute Manieren und Umweltschutz sind seit 2010 noch wichtiger geworden. Wertvolle Helfer finden die Kinder und

Jugendlichen in ihren Eltern, Großeltern und zu 80% in ihren Lehrern. „Total wichtig“ finden dreiviertel der Mädchen und Jungen im Alter von 6 bis 14 Jahren ihre Familie und ihre Freundschaften. Trotz gesellschaftlicher Umbrüche steht die Familie an erster Stelle. „Erst wenn Lebensformen und Familien nicht mehr in der Lage sind, Anpassungsprozesse und Veränderungen zu vollziehen, wäre die Familie in der Krise“ (Seiffge-Krenke & Schneider, 2012, S. 132).

6.2 Kinderkulturen – Diskurswechsel ab den 90er Jahren

Während ein wissenschaftlicher Forschungsüberblick zum Thema *Wandel der Kindheit* bis in die 80er Jahre hinein überschaubar blieb, werden die Diskurse in den beiden letzten Dekaden immer differenzierter und teilweise konträr. Die Veröffentlichungen zur Kinderkultur allein seit dem Jahr 2000 würden selbst in einer stringenten Zusammenfassung des jeweiligen Forschungsstandes den Rahmen dieser Arbeit sprengen. Eine Reduktion der Diskurse muss infolgedessen ebenso in Kauf genommen werden, wie eine Fokussierung auf die bedeutsamsten theoretischen Konstrukte. Schon Kränzl-Nagl & Mierendorff (2007, S. 3) beklagen „das Fehlen eines ganzheitlichen theoretischen Konzepts insbesondere in der Kindheitssoziologie, das Kindheit im Kontext gesellschaftlicher Entwicklung erklärt“. Einen entscheidenden Schritt in diese Richtung geht Hengst (2013) mit der Ausarbeitung seines Konstrukts der „Differenziellen Zeitgenossenschaft“ (vgl. Hengst, 2004):

> „Differenzielle Zeitgenossenschaft unterstellt eine Interaktion von Zeitgeschichte und Lebensgeschichte, die offen dafür ist, dass relevante Ungleichzeitigkeiten des Erlebens von Zeitgenossenschaft Generationsgrenzen transzendieren bzw. nivellieren. Anstatt von stabilen Generationen ist (heuristisch) von Kollektiven auszugehen, die keine sich lebenslang behaupteten generationalen Identitäten an den Tag legen, deren gelebte Gleichzeitigkeit vielmehr auch durch andere (in ihrer Bedeutung wechselnde) Zugehörigkeiten – zumindest zeitweise – geprägt wird, die aber in Habitus und Handeln immer als „Kinder ihrer Zeit“ identifiziert werden können“ (Hengst, 2013, S. 14).

Schütze (2002) greift auf den Begriff „Kinderkultur“ zurück. Bei Recherchen fällt auf, dass dieser Terminus zwar seit den 70er Jahren (Hengst, 2013, S. 23) gebräuchlich in der Kinderforschung ist, aber kontrovers verwendet wird (Schmid, 2006; Hengst, 1996, 2001, 2002; Joos, 2001; Zeiher, 1994, 1996; Fuhs, 1996; Büchner & Fuhs 1994; Krappmann, 1993).

> „Obwohl die diskursive theoretische Verortung des Begriffs Kindheit weit fortgeschritten ist, trifft dies auf den Begriff der Kinderkultur ganz und gar nicht zu. Der

> Begriff wurde zwar bereits 1989 in Lenzens *Pädagogischen Grundbegriffen* aufgenommen, doch scheint er im Hinblick auf theoretisch elaborierte und empirisch fundierte Arbeiten vernachlässigt" (Klaas, Flügel, Hoffmann & Bernasconi, 2011, S. 11; Hervorhebung im Original).

Ein Konsensus wird weitestgehend in der historischen Kindheitsforschung erreicht, indem „Kinderkultur" einerseits als Kultur *für* Kinder und andererseits als Kultur *von* Kindern definiert wird. Auch scheint Einigkeit darüber zu bestehen, dass die Alltagswelt der Kinder nicht losgelöst existieren kann von Macht-, Markt- und Herrschaftsprozessen. Es behaupten sich zwei antagonistische Forschungsdiskurse: Die Positionierung der Kinderkultur als Teil der mediatisierten Konsumkultur zwischen den Normen und Konsumstilen Jugendlicher und junger Erwachsener, häufig mit Gesellschaftskritik und Misstrauen gegenüber den Medien verbunden. Auf der anderen Seite kulturanalytische Zugänge, die einerseits Autonomie und Selbstwirksamkeit der Kinder betonen, andererseits ihr Bewusstsein hervorheben, als Mitglieder ihrer Kultur zu agieren:

> „Die Peer-Culture-Forschung vertritt in der Tradition der Ethnomethodologie im Verbund mit der neuen Kindheitsforschung die Vorstellung von Kindern als kompetente Akteure und Konstrukteure ihrer sozialen Wirklichkeit (vgl. Kelle/Breidenstein 1999, S. 98), eben das Moment des Eigenständigen [...]" (Klaas, Flügel, Hoffmann & Bernasconi, 2011, S. 13).

Der Terminus „peer-culture" wird von Breidenstein & Kelle (2002, S. 319) definiert als Interaktionen und jugendkulturelle Trends zwischen Kindern oder Jugendlichen, die ihren eigenen Regeln folgen und damit eine (Sub-)Kultur kreieren. Bereits im Jahr 1993 konstatierte Krappmann, dass Kinderkultur eine „institutionalisierte Entwicklungsaufgabe" darstelle, da Heranwachsende zu ihrer Entfaltung eine Kinderkultur der peers benötigen würden. Herzberg (2003, S. 56-77) tritt dafür ein, dass beide Aspekte der Kinderkultur parallel beforscht werden müssten, da Kinder stets in einem Prozess zwischen Autonomie und Verbundenheit agierten. Eine Trennung der Kultur *für* Kinder und der Kultur *von* Kindern sei nur für die wissenschaftliche Analyse fruchtbar. Er berücksichtigt, dass die Kinder interaktiv mit den Medien verfahren und somit nicht nur Konsumenten, sondern auch kreativ Tätige sind: „user" and „creator" (Hengst, 2013, S. 126); Medienverbundsysteme, wie „Pokémon" oder die „Simpsons", böten sich dafür besonders an.

In der modernen Kindheit findet durch Fernsehen, Computer (z. T. mit Internetzugang) und Computerspiele eine Aufwertung der Innenräume statt. Die Kinderzimmer sind einerseits Komfortzonen und Rückzugsorte mit immer mehr Medien, andererseits ungestörte Orte der Kommunikation und des Spielens mit Freunden. Im Fokus stehen dabei die Medienverbundsysteme, die Interaktivität mit Konsum verbinden. Folgende Charakteristika werden ihnen zugeschrieben: Fernsehen als Leitmedium, Steigerung der Popularität des Produkts, Identität stiftende Merkmale, serielle Struktur, Fantasy-Rollenspiele und last not least eine kontraproduktive Oppositionshaltung der Erwachsenen gegenüber Medienverbundsystemen, die den Anreiz für Kinder verschärft (vgl. KIM-Studie 2010, S. 58ff.). Hengst kommentiert: „Das Fernsehen ist als stabilstes Familienmitglied immer präsent und macht es möglich, auch die Jüngsten ständig mit multimedialen Scripts zu erreichen“ (Hengst, 2013, S. 120). Exemplarisch führt er die Vorschulserie „Sesamstraße“ (1973) an, deren 40jähriges Bestehen im Januar 2013 auf vielen Fernsehkanälen gefeiert wurde.

Die Synthese von „Kinderkultur *für* Kinder“ und „Kinderkultur *von* Kindern“ sieht Hengst in der besonders erfolgreichen Medienverbundvariante „Pokémon“ gewährleistet; dabei greift er u. a. auf die Analysen von Ellen Seiter (2000) zurück. Pokémon (Taschenmonster) sind Fantasiewesen in einer 1996 erstmals erscheinenden japanischen Serie von Videospielen (Erfinder: Satoshi Tajiri). Das Ziel des Spiels besteht im Sammeln (Fangen, Tauschen) oder im Wettkampf (Trainieren), um „Pokémon-Meister“ zu werden. Aus diesem Spiel wird eine unerwartete Erfolgsgeschichte: Den ursprünglich 151 unterschiedlichen Pokémon-Charakteren folgen noch 498 verschiedene Figuren, sowie eine Anime-Fernsehserie, 15 Kinofilme und ein Sammelkartenspiel. Ein beispielloser weltweiter Marketing-Feldzug beginnt; ab 1998 werden die Spiele in den U.S.A., ab 1999 in Europa vertrieben. Nach Herstellerangaben wurden über 200 Millionen Spiele verkauft. Durch erfolgreiches Merchandising (Aufkleber, Bettwäsche, Bücher, Geschirr, Kalender, Lampen, Magnete, Plüsch-Pokémons, Postkarten, Regenschirme, Taschen, T-Shirts, Zeitschriften etc.) und durch Crossmarketing wurden Milliardenumsätze erzielt. Entgegen ersten Erwartungen übte das Pokémonspiel auf Mädchen *und* Jungen, auf Vorschulkinder *und* Jugendliche, auf Kinder in Asien, Nordamerika und Europa eine ungeheure Faszination aus.

> „Seiter erklärt diese grenzüberschreitende Anziehungskraft mit der Verschiedenheit der Charaktere und Kreaturen, die in das Pokémon-Script eingebaut sind, und mit der Kombination von Rollenspiel, Kämpfen und Sammeln. Die Pokémoncharaktere sind in Kategorien eingeteilte Eidechsen, Reptilien, Vögel und andere Kreaturen. […] Pokémon-Trainer müssen sich darauf konzentrieren, ihren Monstern Wachstum zu ermöglichen. Auch wenn die Trainer wie klassisch maskuline Samurai-Krieger auf der Suche nach Kämpfen durchs Land ziehen, sind sie dennoch domestiziert. […] Wie bei Rollenspielen üblich, ist das Pokémon-Narrativ offen, tendenziell endlos“ (Hengst, 2013, S. 129).

In der Abhandlung von Hengst wird sehr deutlich, dass nicht nur der Konsum angekurbelt wird, sondern dass die Bedürfnisse von Kindern und Jugendlichen nach

Partizipation, nach Kommunikation und Kooperation in Rollenspielen durch das Skript erfüllt werden. Dabei dienen die Medien nach Paus-Haase (1998) nicht nur der Individualisierung und Verhäuslichung, sondern nehmen eine immer größere Rolle als Informationsquelle, Präsentation von Vorbildern (Fairness, Loyalität etc.) und virtuellen Freunden ein. Das Spiel bietet sich als Projektionsfläche für die Wünsche, Träume, Ängste und Aggressionen der Rezipienten an. In der Grundidee von Gut versus Böse finden sich Parallelen zum Märchen, was durch die tierähnlichen „Helfer" verstärkt und in dem stets „guten Ende" besiegelt wird. Die Pokémontexte und der offene Erfahrungsaustausch bilden eine Vorstufe zu „learning communities" – das Kind als „user" und „creator" in einer zweiten außerschulischen Lernwelt.

Norbert Neuß (1999, S. 296) appelliert an Familie, Kindergarten und Schule, eine gezielte Medienerziehung anzubieten. In Bezug auf Pokémon gibt Oelkers (2002) den Eltern Hilfestellung: Die Spiele fördern das Gedächtnis und die Konzentration durch ihre Komplexität; Gewalt spielt nicht die Hauptrolle, da das Ziel nicht die Vernichtung des Gegners ist. Ausdauertraining, Differenzierung zwischen Loyalität und Kampf, sowie das Management komplexer Situationen lernen die Kinder und Jugendlichen spielerisch. Oelkers wünscht sich mehr Gelassenheit auf Seiten der Eltern, erinnert sie aber zugleich an ihre Verantwortung. Er zeigt deutlich den Kontrast auf zwischen dem neuromantischen Elternideal einer „glücklichen Kindheit" und der Erziehungswirklichkeit mit der Öffnung der Kinderkulturen für die Steuerungsmechanismen der Konsumgesellschaft. Kinder sind zu einer eigenen Zielgruppe geworden, sodass Kindheit und Kommerz zunehmend eine Symbiose eingehen. Oelkers sieht nicht nur Risiken, sondern auch Chancen in der Entwicklung zur kommerziell-technischen Kindheit. Von den ausgerufenen „Erziehungsnotständen" grenzt er sich plausibel ab; als zentrales Problem der modernen Erziehung benennt er die *Zeit*: „In der heutigen Erziehungserfahrung ist Zeit nicht nur ständig knapp, sie wird zugleich anders gestaltet, nämlich unstetig, vielfach unterbrochen, occasionell und mit stark ansteigenden Qualitätserwartungen" (Oelkers, 2002, S. 9). Für den Autor hat – neben der Übernahme der Erziehungsverantwortung durch Eltern und Kinder – gegenseitige Verlässlichkeit oberste Priorität. Beide Seiten müssen sich für Erziehung engagieren, die Selbstverantwortung der Kinder nimmt mit steigender Autonomie zu. So übernehmen letztendlich die Heranwachsenden die Verantwortung für ihr Konsum- und Medienverhalten. Oelkers argumentiert: „Eltern haben eine Vorstellung von den Risiken der Erziehung, Kinder haben dies nicht. Daher bleibt immer genügend Verantwortung, die den Eltern nicht abgenommen werden kann" (Oelkers, 2002, S. 11).

6.3 ELTERN 1990 – 1999: Kontinuität im Diskurs gegen elterliche Gewalt und Verwöhnung – Fünf entwicklungsfördernde Felder

Nach Sichtung aller Erziehungsbeiträge der 120 ELTERN-Ausgaben von 1990-1999 entsteht folgender Ersteindruck:

- Die Vermittlung entwicklungspsychologischer Kenntnisse und Begründungen für das postulierte Elternverhalten steht an erster Stelle
- *Die fünf entwicklungsfördernden Felder lassen sich erneut nachweisen*
- Die Selbstreflexivität der Eltern ist zu einer conditio sine qua non geworden
- Der Erziehungsrat von ELTERN-Autoren wird durch das Einbeziehen oder die Angabe von Wissenschaftlern abgesichert (z. B. Karin Grossmann)
- Das Postulat der Gewaltlosigkeit wird zunehmend kompromissloser vertreten

Um das propagierte Erziehungsverhalten in der Ratgeberliteratur ab 1980 inhaltsanalytisch zu erfassen, erwies sich unerwartet die ursprüngliche Klassifikation der Erziehungsstile als unzureichend. Im Laufe der 80er Jahre hatten sich die Erziehungsempfehlungen in den Elternratgebern immer stärker angeglichen, sodass – mit wenigen Ausnahmen – nur noch demokratische und autoritative Erziehungsstile propagiert wurden. Um das postulierte Erziehungsverhalten weiterhin klassifizieren zu können, fiel die Entscheidung auf die Entwicklung eines neuen, induktiv gewonnenen Kategoriensystems durch die Methode der *Qualitativen Inhaltsanalyse* (vgl. Kap. 5.4.3).

In den 90er Jahren kann eine Rücküberprüfung der in den 80er Jahren entwickelten Kriterien in Anlehnung an Mayring stattfinden. Wiederum dient als Grundlage die Zeitschrift ELTERN mit ihren zehn Jahrgängen (1990-1999). Von den 450 ausgewählten Artikeln über Erziehung wurden 100 Artikel inhaltsanalytisch bearbeitet. Bei den Textanalysen (Mayring, 2015, S. 44ff.) ließ sich unschwer erkennen, dass die Empfehlungen der ELTERN-Autoren wieder auf eine entwicklungsförderliche Beziehung und Erziehung ausgerichtet sind.

Rücküberprüfung des Fünf-Felder-Kategoriensystems aus den 80er Jahren (Auswertung 1990-1999)

- In jedem ELTERN-Heft werden die Leser zur Reflexion über ihr Erziehungsverhalten ermutigt. In den 90er Jahren liegen die Schwerpunkte auf der Vorbildfunktion der Eltern, der Überprüfung von Erziehungszielen und gelebter Demokratie in der Familie. Auch den systemischen Ansatz spricht der Autor Grothe an und vergleicht die Familie mit einem Mobile (1/92). Regelmäßig wird auf thematisch passende Ratgeberliteratur hingewiesen. Im Fokus der zehn Jahrgänge steht: *Erziehung ohne Gewalt* (u. a. 4/90, 9/90, 1/91, 2/91, 3/92, 6/92, 10/92, 11/94, 12/94, 8/95, 12/95, 8/96, 9/96, 11/96, 12/96, 4/97,

8/97, 9/97, 7/98, 8/98). Die angesprochenen Themen können dem *Feld der Selbstreflexiven Elternschaft* zugeordnet werden.

- Ein weiteres Feld wird durch die Inhaltsanalyse erkennbar: Die emotionale Verbindung zwischen Eltern und Kind. Kenntnisreich widmet sich Grothe in mehreren Hauptartikeln den Themen Eltern-Kind-Beziehung und Bindung (u. a. 1/90, 3/90, 7/91, 10/91, 8/92, 2/93, 7/93, 8/94, 9/94, 1/95, 2/96, 9/96, 10/96, 6/97, 8/97, 7/98, 10/99). Beachtenswert ist auch der Hinweis auf das neueste Fachbuch von Daniel Stern *Die Lebenserfahrung des Säuglings* (1992). Es geht um Affektabstimmungen zwischen Säugling und Bindungsperson, Empathie, Spiegeln, verbale und nonverbale Kommunikation, Stimulierung, Authentizität der Eltern, Autonomie, Bindung und Bindungstheorie. Das *Feld der Bindung und Beziehung* lässt sich auch in den 90er Jahren in der Zeitschrift ELTERN problemlos nachweisen.
- Es folgt ein Feld, das vom *Zeitgeist der 90er Jahre* stark geprägt wird: Strukturen – Rituale – Grenzen – Regeln – Kontrollen – Konsequenzen (u. a. 7/90, 8/90, 10/90, 12/90, 2/91, 9/91, 8/92, 10/92, 1/93, 4/93, 5/93, 4/94, 9/94, 11/94, 3/95, 4/95, 7/95, 12/95, 8/95, 1/96, 6/96, 8/96, 9/96, 10/96, 11/96, 12/96, 1/97, 4/97, 7/97, 8/97, 7/98, 12/98). Der allgemeine Tenor in den 90er Jahren heißt: *Grenzen geben Sicherheit!* (4/93), sowie: *Hört endlich auf, die Kinder zu verwöhnen!* (9/93). Die Autoren der zahlreichen Beiträge äußern ihre Überzeugung, dass Strukturen, Rituale, Grenzen, Regeln, Kontrollen und Konsequenzen dem Kind den nötigen Halt geben. Die Zuordnung zu den fünf Feldern ist eindeutig: In den 90er Jahren steht das *Feld der haltgebenden Strukturen* neben dem Postulat der gewaltfreien Erziehung im Vordergrund.
- „Gewaltfreie" Kommunikation (Aktives Zuhören und Ich-Botschaften nach Rogers), sowie Kooperation zwischen Eltern und Kindern werden wiederholt thematisiert (u. a. 1/90, 4/90, 6/90, 7/90, 2/91, 5/91, 7/91, 9/91, 1/92, 5/92, 10/92, 2/93, 8/93, 12/94, 1/95, 3/95, 6/95, 7/95, 8/95, 12/95, 2/96, 6/96, 9/96, 3/97, 8/97, 7/98, 8/98, 11/98, 5/99, 8/99, 10/99). Als Literatur werden Dreikurs (1966/1985) und Gordon (1972, 1978, 1993) empfohlen. Dieses Feld lebt von der Interaktion aller Mitglieder und ihrer *Sozialen Kompetenz.*
- Im fünften Feld geht es um die Förderung der körperlichen und geistigen Entwicklung des Kindes; im Fokus steht die Autonomie. Die dazugehörigen Schlüsselwörter heißen Exploration – Ermutigung – Erfolgserlebnisse – Motivation – Förderung der Motorik – Selbstwirksamkeit – Selbstständigkeit – Selbstwertgefühl. In den folgenden ELTERN-Ausgaben werden die genannten Themen diskutiert (u. a. 1/90, 3/90, 12/90, 5/91, 2/92, 5/92, 8/92, 3/93, 8/93, 9/94, 1/95, 5/95, 6/95, 10/95, 12/95, 1/96, 2/96, 3/96, 4/96, 5/96, 6/96, 7/96, 8/96, 9/96, 10/96, 1/97, 6/97, 9/97, 10/97, 2/98, 9/98, 12/98, 1/99, 4/99,

5/99, 10/99). Der Titel des fünften Feldes wird fokussiert auf *Kognitive und motorische Förderung.*

Die vom ELTERN-Verlag zur Verfügung gestellten Jahresregister 1990 bis 1999 bestätigen erneut die Themenvielfalt der Zeitschrift (vgl. Kap. 5. 3). In den 90er Jahren wird erneut ein Wertediskurs geführt: Den klassischen Werten Höflichkeit (u. a. 7/91, 6/93, 1/94, 4/95, 7/97), Gehorsam (u. a. 9/96, 10/96, 11/96, 4/97, 10/99) und Ordnung (u. a. 5/91, 11/92, 9/94, 6/95) werden moderne Werte gegenübergestellt. Dazu zählen Selbstständigkeit (u. a. 10/95, 9/96, 12/98, 5/99, 10/99), Kooperationsbereitschaft (u. a. 4/95, 6/95, 7/95) und Frustrationstoleranz (u. a. 12/95, 7/96, 1/99). Hervorgehoben werden auch die Werte Freiheit, Fleiß, Rücksicht und Verantwortungsübernahme, sowie die Erziehungsziele Ausdauer, Kreativität, Kritikfähigkeit und Verantwortungsgefühl. Es kann von einer *Wertesynthese* gesprochen werden.

Im Jahr 1996 erscheint *Eltern for Family,* ein Familienmagazin, das in einer Auflage von 160.000 Exemplaren erscheint. Das Magazin spielt in der vorliegenden Arbeit keine Rolle, da Erziehung in dieser Zeitschrift zunächst nur eine marginale Rolle spielt. Angesprochen werden Eltern und Kinder zwischen 4 und 15 Jahren mit Rezepten, Urlaubsvorschlägen, Mode und Spielzeug. Berichte von Eltern für Eltern sollen im Zentrum stehen, aber auch Spielanregungen für Kinder. Im Jahr 2006 findet eine Umbenennung statt Eltern *family.* Das Profil ändert sich zu mehr Informationen hin und Rat rund um Erziehung, Entwicklung und Gesundheit.

6.4 Ratgeber aus dem Bereich Säuglingsforschung und Entwicklungspsychologie

6.4.1 Remo H. Largo: Babyjahre (1993); Kinderjahre (1999)

6.4.1.1 Babyjahre (1993/2007)

Einen besonders guten Überblick über die ersten Jahre bietet der bekannte Schweizer Kinderarzt Largo mit seinem Buch *Babyjahre. Die frühkindliche Entwicklung aus biologischer Sicht. Das andere Erziehungsbuch* (Erstausgabe 1993). Eine Neuausgabe erscheint 2007 (als TB 2010) mit dem veränderten Untertitel: *Entwicklung und Erziehung in den ersten vier Jahren.* Vier Argumente sprechen dafür, Largos Elternbücher voranzustellen: Der Bekanntheits- und Verbreitungsgrad, die Präsentation einer entwicklungsgerechten Erziehung, der Nachweis eines historischen Wandels in den Erziehungsproblemen und Largos Empfehlungen für die

Eltern innerhalb aller fünf entwicklungsfördernden Felder. Im Klappentext von 1993 wird der Ratgeber positioniert:

> „Dieses Buch will das Verständnis bei Eltern und Erziehern für die biologischen Gegebenheiten und die Vielfalt des kindlichen Verhaltens wecken. Nicht Normvorstellungen, überlieferte Grundhaltungen oder festgefügte Ratgeberkonzepte sollen die Erziehungspraxis bestimmen, sondern Kenntnisse der biologischen Grundvoraussetzungen und Einsichten in die entwicklungs- und altersspezifischen Eigenheiten des kindlichen Verhaltens."

Im Vorwort (2010, S. 8) spricht Largo einen *historischen Wandel* an: „Die Neuauflage geht ausführlicher auf diejenigen Erziehungsfragen ein, die Eltern und Fachleute inzwischen weit mehr beschäftigen als Anfang der Neunzigerjahre [...]." Nach seiner Einschätzung sind die aktuellen Themen eher:

- Bewältigung von Elternschaft und Beruf
- Lösungen für eine gute Kinderbetreuung
- Suche und Ausfüllen der neuen Vaterrolle
- Umgang mit den (neuen) Medien
- Entwicklung in der frühen Kindheit (neue wissenschaftliche Erkenntnisse)
- Erweiterung des Altersbereiches auf 4 Jahre (Grundlagen der Entwicklung)

Largo behält das Konzept des Ratgebers von 1993 bei und betont, dass ein Schwerpunkt des Buches auf der *Vielfalt der kindlichen Entwicklung* liegt (versus Normvorstellungen) und vor allem kein Ratgeber für Problemsituationen ist. Drei spezifische Bereiche der *elterlichen Verantwortung* stellt er in den Fokus des Vorwortes:

- entwicklungsgerechte und individuelle Erziehung
- körperliche und psychische Bedürfnisbefriedigung (Qualität der Eltern-Kind-Beziehung, Kinderbetreuung und Erfahrungen mit anderen Kindern)
- Exploration ohne Über- oder Unterforderung

Largo bietet zahlreiche Grafiken in den Entwicklungsbereichen wie Motorik, Sprache, oder Schlafverhalten an. „Die Grafiken beruhen auf den Daten der Zürcher Longitudinalstudien, in denen die Entwicklung von der Geburt bis ins Erwachsenenalter bei mehr als 700 Kindern ausführlich untersucht worden ist" (Largo, 2010, S. 8f.). Bereits in der Einführung weist der Verfasser auf intergenerationale Transmissionen hin (S. 17). Das Thema *Erziehung* wird in der Einleitung ausführlich behandelt:

> „Unabhängig davon, für welchen Erziehungsstil sich die Eltern entscheiden, keine Mutter und kein Vater kommt um den Gehorsam herum. Auch die erfahrensten Eltern können nicht darauf verzichten, ihren Kinder Grenzen zu setzen. Und selbst den kompetentesten Eltern gehorchen die Kinder unterschiedlich gut. Neben dem Erziehungsstil der Eltern spielen das Alter und die Persönlichkeit des Kindes eine wesentliche Rolle. Es gibt Kinder, die von ihrem Wesen her leichter zu lenken sind [...]. Besonders häufig müssen Eltern Grenzen setzen, wenn die Kinder 2 bis 5 Jahre alt sind" (Largo, 2010, S. 26).

Statt „Rat" zu geben (s. o.), stellt Largo zusammen, was das Gehorchen des Kindes in der Familie erleichtert: eine gute Beziehung zu den Eltern, den Erhalt von Zuwendung und Liebe, die positive emotionale Abhängigkeit, Kompetenz des Kindes, Vorbild der Eltern, positives Verstärken, Ignorieren, negatives Verstärken, Annahme und Anerkennung. Für ungeeignet hält er Drohen und Schimpfen, das 90% der Eltern bei Ungehorsam praktizieren. Bis zu 70% der Eltern halten noch immer Ohrfeigen für ein Erziehungsmittel. Regelrechte Körperstrafen werden nach Largo von mindestens 20% der Eltern angewendet, vor allem bei Kleinkindern (2,5 bis 4 Jahre), in den meisten Fällen aus Überforderung und nicht aus Überzeugung.

Largo fördert die *Selbstreflexivität* (Feld 1) und Autonomie der Eltern bereits in der Einführung durch gezielte Fragen (vgl. 2010, S. 33).

- Ist unser gefordertes Verhalten überhaupt entwicklungs- und kindgerecht?
- Ist unsere Erziehungshaltung konsequent?
- Fordern wir genug vom Kind oder verwöhnen wir es? Haben wir den Gehorsam zu oft materiell belohnt? Sind wir verführbar oder bestechlich geworden?
- Bekommt unser Kind genug Zuwendung? Erlebt es unsere Aufforderungen als Ablehnung? Will es uns zeigen, dass es sich zu wenig geliebt fühlt? Ist ihm die negative Aufmerksamkeit lieber als gar keine?
- Schaut sich das Kind ein Verhalten bei uns ab und versteht daher nicht, weshalb wir es ihm verbieten?

Um die Eltern von dem Gefühl des individuellen Versagens zu befreien, stellt Largo den notwendigen *ökologischen Bezug* zur Gesellschaft her: Er fordert einen kind- und familiengerechten Lebensraum und propagiert Arbeitsbedingungen, die für Frauen und Männer mit Kindern kompatibel sind. Auch die (zukünftigen) Eltern nimmt er in die Pflicht und postuliert, die Prioritäten neu zu setzen. Realistisch formuliert er: „In den kommenden Jahren braucht das Kind von seinen Eltern viel emotionale, geistige und körperliche Energie und vor allem Zeit" (Largo, 2010, S. 42). Dies bleibt keine „Leerformel" (Oelkers), sondern im Anhang (S. 561) findet sich eine Liste, nach der ein „Zeitkuchen" erstellt werden kann. Largo fordert die Eltern nicht nur zur Reflexion auf, er gibt ihnen durch das Material im Anhang die Möglichkeit zur Information, zur Aktivität und zum Realitätsbezug (S. 545-574). Largos Credo "Jedes Kind ist einzigartig" wird für die Eltern vielfach belegt durch entwicklungspsychologische Informationen zum Beziehungsverhalten, zur Motorik, zum Schlaf-, Schrei- und Spielverhalten, zur Sprachentwicklung, zum Trinken und Essen, zum Wachstum und zum Trockenwerden.

In seinem 1. Kapitel „Beziehungsverhalten" (2010, S. 48ff.) macht Largo die Eltern mit den Erkenntnissen der Bindungsforschung (Feld 2) bekannt. Gegen Ende des 4. Lebensjahres entwickelt das Kind eine „Theorie of Mind" (Mentalisieren) und begreift, dass jeder Mensch seine eigenen Gedanken, Absichten und Gefühle hat (Largo, 2010, S. 125ff.). Der Verfasser zeigt die Interaktion zwischen Reifung, elterlicher Erziehungshaltung und Umweltfaktoren auf. Den Einfluss der Eltern bei der Sprachentwicklung begründet Largo folgendermaßen:

> „Im weiteren wird die Sprachentwicklung gefördert, wenn die Eltern eine akzeptierende Erziehungshaltung haben, Fragen stellen und sich für das Spiel ihres Kindes interessieren. Negative Auswirkungen auf die Sprachentwicklung kann ein direktiver Erziehungsstil haben, der aus Befehlen, Instruktionen und Aufforderungen besteht" (Largo, 2010, S. 373).

Bereits am Untertitel der Neuausgabe *Entwicklung und Erziehung in den ersten vier Jahren* und an den angeführten Zitaten ist erkenntlich, dass der Verfasser nunmehr dem Thema *Erziehung* einen etwas größeren Stellenwert einräumt. Aus zeitgeschichtlichen Gründen greift er bereits in der Einführung die Werte *Gehorsam* und *Disziplin* auf (Feld 3):

> „Die Disziplin erlebt in der Erziehung derzeit eine Renaissance. Breite Kreise in der Bevölkerung wünschen sich wieder mehr Disziplin im Umgang mit Kindern. Dabei scheint es weniger um das Kindeswohl zu gehen als vielmehr darum, die Erziehungsarbeit für Eltern und Lehrpersonen möglichst effizient zu gestalten und die Kinder mit möglichst wenig Aufwand zu kontrollieren" (Largo, 2010, S. 27).

Wie bereits im Vorwort angekündigt, nimmt Largo in der Neuausgabe Stellung zu den Medien. Die Bedeutsamkeit des Fernsehens für Kinder ist allein daraus ersichtlich, dass 53% der Eltern (Schöbi/Perrez, 2005) bei Ungehorsam Fernsehverbot als Maßnahme einsetzen (Largo, 2010, S. 30). Am Fernsehkonsum der Eltern übt Largo deutlich Kritik (S. 30, S. 66, S. 359, S. 485, S. 487) und kommentiert: „Wie stark Kinder von Vorbildern lernen und durch sie sozialisiert werden, wurde in der Vergangenheit deutlich unterschätzt" (Largo, 2010, S. 65). Largo zeigt auf, dass selbst entwicklungsgerechte Sendungen (z. B. *Teletubbies*) für die Erfahrung eines Kindes zwischen 2 und 5 Jahren Defizite aufweisen: Das Kind macht keine dreidimensionale Erfahrung; es werden nur die visuellen und auditiven Sinne angeregt, die olfaktorische, gustatorische und taktile Wahrnehmung wird nicht geschult; das Kind bleibt die ganze Zeit passiv und motorisch inaktiv; es kann keinen Einfluss auf die Handlung nehmen; es gibt keinen Austausch zwischen den Fernsehfiguren und dem Kind (vgl. Largo, 2010, S. 356f.). Largo postuliert, dass nur entwicklungs- und kindgerechte Sendungen ausgewählt werden sollten und die Eltern die Sendung zumindest das erste Mal mitschauen müssten. Am meisten aber spricht für ihn die „verschenkte Zeit" gegen das Fernsehen: „In den Stunden, in denen das Kind fernsieht, spielt es nicht und kann keine Erfahrungen mit anderen Kindern und Erwachsenen machen. Das sollten Eltern bedenken" (Largo, 2010, S. 360).

Für die Bestimmung des Stellenwerts von Largos *Babyjahren* innerhalb der vorliegenden Arbeit ist abschließend ein inhaltsanalytischer Blick auf das Vorkommen der „Fünf entwicklungsfördernden Felder" erforderlich. Durchgängig abgedeckt ist das Feld der *Selbstreflexiven Elternschaft* (Feld 1). Ein Kernanliegen Largos besteht darin, den Eltern möglichst exakte, wissenschaftlich abgesicherte Informationen zu geben, um Ihnen eine Reflexion überhaupt ermöglichen zu können. Das Feld der *Bindung und Beziehung* (Feld 2) spielt bei einem Buch über die ersten vier Jahre eine übergeordnete Rolle:

> „Körperliches und psychisches Wohlbefinden sind wesentliche Voraussetzungen für eine normale Entwicklung. Dazu braucht ein Kind *das ihm entsprechende Maß* an Nahrung, Pflege, körperlicher Nähe und Zuwendung" (Largo, 1993, S. 28; Hervorhebung im Original; vgl. Largo, 2010, S. 53).

Im Gegensatz zu vielen anderen Verfassern postuliert Largo nicht pauschal einen ständigen emotionalen Austausch zwischen Bezugsperson und Baby, sondern macht auf das individuelle Bedürfnis des jeweiligen Kindes aufmerksam (z. B. 1993, S. 18f.; S. 34; S. 47). Der passende Begriff – der empirischen Bindungsforschung entlehnt – würde *Feinfühligkeit* (Feld 2) heißen. Folgende Themen des zweiten Feldes finden sich bei Largo wieder: Eine *sichere Bindung* ermöglichen (1993, S. 34ff., S. 68; 2010, S. 50ff.; S. 87), Zeit und Zuwendung schenken, dem individuellen Kind *angemessene* Nähe und Geborgenheit ermöglichen, Geduld aufbringen, vor allem aber das Kind in seiner Individualität wertschätzen und ermutigen.

In den *Babyjahren* von 1993 (0 bis 24 Monate) nehmen die *Haltgebenden Strukturen* (Feld 3) erwartungsgemäß einen eher geringen Raum ein. Schutz geben, Verlässlichkeit zeigen, Rituale durchführen, sowie (Tages-)Strukturen einhalten wird als unabdingbar angesehen (Largo, 1993, S. 18; S. 126; S. 173ff.;

S. 220; S. 426). In der Neuauflage von 2007 werden thematisiert: „Grenzen setzen“ (2010, S. 26; S. 122), „Übergangsobjekte“ (S. 108f.), „Einschlafrituale“ (S. 217ff.) und „Tischmanieren“ (S. 484ff.).

In Largos Entwicklungs- und Erziehungsbüchern wird die Bedeutung der gelingenden *Interaktion* zwischen Eltern und Kind insbesondere in *Sozialer Kompetenz* (Feld 4) und *Motorischer und kognitiver Entwicklung* (Feld 5) betont: Wahrnehmung und Ausdruck sozialer Signale (1993, S. 37ff.), Wahrnehmen und sich mitteilen (1993, S. 57ff.), Beziehung zu anderen Kindern (S. 86), Umgang mit Geschwistereifersucht (S. 89f.), Motorik zwischen Reifung und Übung (S. 100ff.), Nachahmung und soziales Spiel (S. 242; S. 251ff., S. 292ff.), die Rolle der Eltern beim Spracherwerb (S. 319ff.; S. 336; S. 349ff.), selbstständiges Essen (S. 416ff.) und Esssitten lernen (S. 424ff.). In jedem Hauptkapitel nimmt Largo Bezug auf die Rolle der Eltern im Entwicklungsprozess:

> „Eltern können ihr Kind in diesem Entwicklungsprozess unterstützen, indem sie ihm alters- und entwicklungsgerechte Verantwortung übertragen, seine Bedürfnisse respektieren und es so oft wie möglich mit Wahlmöglichkeiten in ihre Entscheidungen mit einbeziehen. Diese Erziehungshaltung erfordert Zeit und Geduld, wird aber mit einer größeren Kooperationsbereitschaft des Kindes belohnt“ (Largo, 2010, S. 133).

Explizit spricht Largo hier von einer *entwicklungsfördernden Erziehung*. Es wird deutlich, dass ein „modernes“, durch Forschung abgesichertes Programm hinter diesem Begriff steckt, und es sich nicht um alten Wein in neuen Schläuchen handelt. Das Gleiche gilt für die meisten *Entwicklungsratgeber* (z. B. Largo, 2013; Brazelton, 1995).

6.4.1.2 Kinderjahre (1999/2013)

1999 erscheint *Kinderjahre. Die Individualität des Kindes als erzieherische Herausforderung*. Inzwischen ist die 24., unveränderte Auflage im März 2013 publiziert worden. Liegt der Fokus naturgemäß in den *Babyjahren* auf dem Schwerpunkt Entwicklung, stellt Largo als Kinderarzt nunmehr die *Erziehung* auf der Grundlage der Entwicklung in den Mittelpunkt:

> „Die Vielfalt bei Kindern ist so groß, daß wir einsehen müssen, daß es keine allgemeingültigen Erziehungsregeln geben kann. Gleichaltrige Kinder können so verschieden sein, daß eine erzieherische Haltung, die dem einen Kind entspricht, bei einem anderen verfehlt sein mag. Je besser es uns gelingt, uns auf die individuellen Bedürfnisse und die Eigenheiten der Kinder einzustellen, desto besser werden sie sich entwickeln und desto geringer wird der erzieherische Aufwand sein“ (Largo, 2013, S. 15).

Largo baut auf die wissenschaftlichen Forschungen der Kinderpsychiater Stella Chess und Alexander Thomas (1984) auf. Diese beiden amerikanischen Forscher haben den Begriff „goodness of fit" geprägt. Danach entwickelt sich ein Kind dann am besten, „wenn Übereinstimmung zwischen seinem Temperament und seiner Motivation einerseits und den Erwartungen, Anforderungen und Möglichkeiten der Umwelt andererseits besteht" (Largo, 2013, S. 248). Das *Zürcher Fit-Konzept* ist eine Erweiterung der amerikanischen Grundkonzeption und soll das ganze Kind erfassen. Zwei Zielvorstellungen gibt Largo für eine entwicklungsfördernde Erziehungshaltung vor:

- Das Wohlbefinden des Kindes fördern und Möglichkeiten zur Aktivität geben (S. 234; S. 248)
- Das Selbstwertgefühl des Kindes stärken durch Annahme und Anerkennung, aber auch durch Förderung der Fähigkeiten und Wissensvermittlung (S. 234; S. 248)

Folgende Erfahrungen sollte ein Kind machen können:

- Geborgenheit erleben durch die Befriedigung seiner physischen und psychischen Grundbedürfnisse
- Zuwendung und soziale Anerkennung bekommen (Sich-angenommen-fühlen)
- Entwicklungsgerechte Kompetenzen erwerben und Lernerfahrungen machen, Selbstwirksamkeit erfahren und dem individuellen Entwicklungsstand entsprechende Leistungen erbringen (Largo, 2013, S. 249)

Largo stellt hohe Ansprüche an die Eltern, verweist auf Fachlektüre (z. B. Papousek, 1990 und Stern, 1977) und kritisiert, dass tradierte Erziehungsvorstellungen, gesellschaftliche Erwartungen und Ängste die Eltern daran hindern, sich an den individuellen Bedürfnissen, Verhaltensweisen und Interessen ihres Kindes zu orientieren:

> „Dabei kann den Eltern keine Fachfrau und kein Fachmann, keine Fernsehsendung und kein Buch – auch dieses nicht – verbindlich angeben, wieviel Geborgenheit, Zuwendung und Anregung ihr Kind braucht. Nur sie selbst kennen seine individuellen Bedürfnisse. Die besten Ratgeber für die Eltern sind und bleiben ihre Einfühlungsgabe und ihr Beobachtungsvermögen. Das Fit-Konzept möchte sie darin unterstützen, stärker auf diese Fähigkeiten zu vertrauen" (Largo, 2013, S. 251).

Es ist nicht wenig, was Largo von den Eltern beim Umgang mit ihrem Kind nach dem *Zürcher Fit-Konzept* erwartet: Geborgenheit geben bei gegenseitiger Vertrautheit; Verfügbarkeit, Beständigkeit und Kontinuität in der Betreuung; Zuwendung schenken und soziale Akzeptanz; Vertrauen in die Entwicklung des Kindes und seine Individualität; Erfahrungen ermöglichen, die es für seine Entwicklung braucht; Selbstbestimmung des Kindes zulassen, wenn seine Kompetenz dazu ausreicht und dabei eine wohlwollende, aufmerksame Gelassenheit praktizieren; Angebote machen und die Vorbildfunktion bewusst ausüben; konkrete Aktivitäten in einer kindgerechten Umwelt initiieren und den Kindern Raum lassen, selbstbestimmte Erfahrungen zu sammeln (vgl. Largo, 2013, S. 255-277). Auch in diesem Elternbuch von Largo lassen sich problemlos die „Fünf entwicklungsfördernden Felder" nachweisen: *Selbstreflexive Elternschaft – Bindung und Beziehung – Haltgebende Strukturen – Soziale Kompetenz – Förderung der motorischen und kognitiven Entwicklung.* Der Autor handelt sie in diesem Ratgeber weniger nacheinander ab, sondern bietet den Eltern seine Postulate vernetzt an – ein hoher Anspruch an den Leser.

6.4.2 T. B. Brazelton: Ein Kind wächst auf. Das Handbuch für die ersten sechs Lebensjahre (1995, 1998, 1999)

Von vielen Autoren wird auf das *Handbuch* von Brazelton Bezug genommen, sodass an dieser Stelle sein grundlegendes Elternbuch vorgestellt werden soll. Entwicklungspsychologisch und *entwicklungsfördernd* (5 Felder) ausgerichtet, gehört es in dieses Kapitel. Ab 1950 praktiziert Brazelton als Kinderarzt und gründet 1972 an der Kinderklinik in Boston ein Ausbildungs- und Forschungszentrum für kindliche Entwicklung, wo er das Konzept der „präventiven Beratung" für Eltern in die pädiatrische Grundausbildung einführt. Brazeltons Neonatal Behavioural Assessment Scale (NBAS) von 1973 wird weltweit an großen Kliniken eingesetzt. Die Skala dient als Maßstab für die Reaktionen der Säuglinge (0 bis 2 Monate) auf visuelle, auditive und taktile Reize aus der Umwelt. Auf diese Art und Weise misst die Brazelton-Scale ebenso den neurologischen Status des Neugeborenen, als auch das interaktive Säuglingsverhaltens. Als Autor hat er über 200 Fachveröffentlichungen und 35 Bücher verfasst (Brazelton, 1998, S. 306).
Im Jahr 1992 erscheint das umfangreiche Handbuch von Brazelton für die ersten sechs Lebensjahre mit dem Titel *Touchpoints*. Die deutsche Übersetzung *Ein Kind wächst auf* folgt erst 1995 – ein Ratgeber mit 583 Seiten und vielen Fotos. Ab 1998 erscheint Brazeltons Werk in zwei Einzelbänden *Kleine Schritte, große Sprünge. Ein Kind wächst auf* (1998) und *Die Hürden der ersten Lebensjahre. Ein*

Kind wächst auf (1999). Der Leser erhält zunächst medizinische und entwicklungspsychologische Informationen. Der Autor legt Wert darauf, dass sein Modell der frühkindlichen Entwicklung mehrdimensional ist:

> „*Auftakte* sind in der Entwicklung eines jeden Kindes zu finden. Sie treten dann ein, wenn auf einer Entwicklungsebene – sei es auf der motorischen, der kognitiven oder der psychischen – eine Sturzwelle stürmischen Wachstums unmittelbar bevorsteht und das Verhalten des Kindes für kurze Zeit aus den Fugen gerät. [...] In solchen Phasen treten sämtliche Stärken und wunden Punkte eines Kindes zutage, ebenso wie sein Temperament und seine ganz eigene Methode, mit Schwierigkeiten umzugehen. Was für eine großartige Gelegenheit, die Persönlichkeit des Kindes zu verstehen!" (Brazelton, 1998, S. 10).

Nach Brazelton finden in der Entwicklung des Kindes zahlreiche Auftakte (Touchpoints) statt, und er gibt den Eltern für diese schwierigen Phasen pädagogische Hilfestellung. Dieser amerikanische Ratgeber passt durchaus in den deutschen Zeitgeist der BRD in den 90er Jahren: Disziplin, Regeln, Rituale und ein gezieltes Sauberkeitstraining ab zwei Jahren. Der propagierte Erziehungsstil kann zunächst dem „Attachment Parenting" (Sears & Sears, 2012) und später dem autoritativen Stil zugeordnet werden (Brazelton, 1998, S. 217f., S. 246).

Die „Fünf entwicklungsfördernden Felder" *(Abbildung 2)* sind problemlos nachweisbar: *Ein Kind wächst auf* ist bisher der einzige in dieser Arbeit analysierte Ratgeber, der die gesamten Felder auch *in allen erarbeiteten Unterkategorien* erfüllt (vgl. Kap. 5.4.3., S. 195ff.). Brazelton bezeichnet sich immer wieder als „Anwalt des Kindes" und in dieser Funktion ist sein größtes Anliegen, die Eltern aufzuklären und sie zur Selbstreflexion anzuleiten (Feld 1). Sie werden aufgefordert, auf ihre eigenen Bedürfnisse zu achten und die Individualität ihres Kindes (S. 62, S. 108, 118) durch Beobachtung kennenzulernen.

Brazelton (1998, S. 13) verweist auf sein mit Cramer verfasstes Buch *Die frühe Bindung: Die erste Beziehung zwischen dem Baby und seinen Eltern* (1991), und er beschreibt die Voraussetzungen für ein gelingendes Bonding (1998, S. 67). Im Umgang mit dem Säugling und Kleinkind ermutigt er die Eltern, Wärme, Zärtlichkeit und Zuwendung zu geben. Vorbildhaft zeigt er bei der Untersuchung Feinfühligkeit, Verständnis für die Aufregung und Reaktionen des Babys, sowie Ruhe und Geduld und beschreibt dies ausführlich (1998, u. a. S. 198, S. 222f.); diese Stärken möchte er auch bei den Eltern wecken. Brazelton legt Wert darauf, dass Säuglinge beim Schreien Trost erfahren und Ermutigung bekommen (1998, S. 113, S. 140, S. 191). Er entlastet die Eltern, indem er deutlich Liebe von „Verwöhnung" abgrenzt: „Nach meiner Ansicht ist es im ersten Lebensjahr eigentlich gar nicht möglich, das Kind zu verwöhnen" (Brazelton, 1998, S. 113f., 145, 174f.,

200, 234). Unter einem „verwöhnten Kind“ versteht er ein ängstliches oder unruhiges Kind, das nach Grenzen sucht und nicht abschätzen kann, wo die Toleranzschwelle der Eltern überschritten ist. Dem Feld der *Haltgebenden Strukturen* gibt Brazelton ab dem 9. Monat viel Raum:

> „Jetzt ist der Zeitpunkt gekommen, sich klarzumachen, daß das Kind mit Ihrer Hilfe lernen will, sich im Zaun zu halten [...]. Dies ist der *Auftakt* zu den bevorstehenden Konflikten mit Ihrem Kind, und sein Verhalten bietet Ihnen eine erste Gelegenheit zu lernen, wann und wie Sie ihm am besten mit Strenge begegnen. Sie müssen sich überlegen, wie Sie vorgehen möchten und anfangen zu üben. Bis Sie Sicherheit gewonnen haben, wird es geraume Zeit dauern“ (Brazelton, 1998, S. 180f.; Hervorhebung im Original).

Dieses Zitat ist charakteristisch für Brazeltons Anspruch, durch das Medium „Ratgeber“ mit Eltern zu kommunizieren: Realitäten werden berücksichtigt und Belastungskalkulationen nicht ausgespart (vgl. Oelkers, 1995, S. 44; S. 68). Von Anbeginn akzentuiert Brazelton wie kein anderer Ratgeberautor die Förderung von „selbsttröstenden Verhaltensweisen“ (Selbstberuhigung). Ab dem Alter von zwölf Monaten spricht er in seinem Elternbuch (auf ca. 50 Seiten) verstärkt Disziplin und die Förderung von Selbstdisziplin an: „Disziplin gehört zu einer liebevollen Erziehung dazu und verlangt viel Ausdauer. Eine Wundermethode gibt es nicht“ (Brazelton, 1998, S. 246). Die Verlässlichkeit der Eltern und den damit verbundenen Schutz für das Kind, Halt gebende Regeln und Rituale, sowie Grenzen und Konsequenzen sind für Brazelton unerlässlich.

Ein weiterer Fokus liegt auf der *motorisch-kognitiven Entwicklung* des Säuglings und Kleinkindes (Feld 5): „Motorische und kognitive Lernprozesse sind in diesem Alter untrennbar ineinander verwoben“ (Brazelton, 1998, S. 146). Folgende Prinzipien vertritt Brazelton: die Anleitung der Bindungspersonen zu feinfühligen Interventionen, um Entwicklungsprozesse zu unterstützen (Feld 2); ein Veto gegen Frühförderung; Austeilen von Anerkennung und Lob, sowie die Erfahrung von Selbstwirksamkeit durch Exploration; Stärkung der (Leistungs-)Motivation durch Erfolgserlebnisse und Stärkung des Selbstwertgefühls durch Autonomie (Feld 5). Brazelton wirbt bei den Bezugspersonen für Ermutigung, Hilfe zur Selbsthilfe, Erziehung zur Selbständigkeit und die Akzeptanz, dass Kleinkinder vor allem durch Spielen und Gleichaltrige lernen (Brazelton, 1998, S. 239; S. 251ff.). Damit stellt er die emotionale vor die kognitive Intelligenz und betrachtet sie als Basis für die weitere Entwicklung. Die Bedeutung von (angemessenen) Frustrationen für das Fortschreiten von Motorik und Kognition (Feld 5) beschreibt Brazelton (1998, S. 153; S. 304) ebenso eindringlich, wie die Auswirkungen von Erfolgs- und Misserfolgserwartungen (S. 187; S. 190f.).

Im zweiten Band *Die Hürden der ersten Lebensjahre. Ein Kind wächst auf* führt Brazelton 29 „Hürden" in der kindlichen Entwicklung auf (u. a. Scheidung, Ängste, Essprobleme, Krankheiten, Hyperaktivität, Abschiede, Geschwisterrivalität, Schlafprobleme, Fernsehen, Sauberkeitstraining). Dem Thema *Disziplin* (Feld 3) widmet er wiederum ein eigenes Kapitel (Brazelton, 1999, S. 55-66). Insgesamt vertritt Brazelton in seinem Entwicklungsratgeber den *autoritativen Erziehungsstil*, abgesehen vom „Attachment Parenting" in den ersten Lebensmonaten. Mit seinen Beobachtungen und in der Elternberatung bewegt er sich in allen „Fünf entwicklungsfördernden Feldern". Ökologische Bezüge finden sich in beiden Ratgebern. Kritikpunkte von Oelkers (1995) sind kaum nachzuweisen: Brazelton suggeriert keine „patenten Lösungen" (Oelkers, S. 115ff.) und stellt weder perfekte Eltern noch perfekte Säuglinge und Kinder vor. Anstelle von Vollkommenheitserwartungen begegnen dem Leser eher Fehlerfreundlichkeit und ein pragmatischer Realismus.

6.5 Pädagogische Elternratgeber – Regeln und Grenzen dem Zeitgeist gemäß

6.5.1 Jan-Uwe Rogge: Kinder brauchen Grenzen (1993)

Der bekannteste Erziehungsratgeber in den 90er Jahren – der im herkömmlichen Sinne keiner sein will – dürfte Rogges Buch über die Kunst und die Notwendigkeit des Grenzensetzens in der kindlichen Entwicklung sein. Der Autor studierte und promovierte in den 70er Jahren an der Universität Tübingen in Verhaltens- und Sozialwissenschaften und leitete Forschungsprojekte zum Thema Familie – Kindheit – Medien. Er unterrichtete pädagogisches Fachpersonal, hielt Elternseminare und beriet Kindergärten und Schulen. Daraus ergab sich eine umfangreiche Vortragstätigkeit auf die Rogge im Vorwort von *Kinder brauchen Grenzen* verweist:

> „Dieses Buch ist in vielen Veranstaltungen mit Eltern, mit Erzieherinnen, mit Lehrerinnen und Lehrern entstanden, die ich in den letzten Jahren speziell zum Thema „Grenzensetzen" durchgeführt habe. [...]
>
> Die Lösungen, die das Buch vorstellt, sind das Ergebnis *gemeinsamer* Bemühungen. Sie beweisen den Ideenreichtum der erzieherisch Handelnden. [...]
>
> Beim Grenzensetzen ist der Weg das Ziel, jeder Schritt bringt Bestätigung, Fortschritt – oder Stillstand. [...] Grenzen zu setzen ist ein lebenslanger Prozeß. Dabei sind Fehler gestattet. Sie sind erwünschte Geschenke, aus denen der Einzelne Erfahrungen herleiten und gewinnen kann" (Rogge, 1995, S. 11f.; Hervorhebung im Original).

Der Titel trifft den Nerv der Zeit: Das Buch wird bereits 1993 ein Bestseller und in sechzehn Sprachen übersetzt. Die Praxisnähe, die Kreativität, der Humor, die Fehlerfreundlichkeit, der „Mut zur Unvollkommenheit" und vor allem die spürbare Wertschätzung vom Autor zum Leser, zwischen Fachmann und Publikum mögen dazu beigetragen haben, dass „Kinder brauchen Grenzen" innerhalb von fünf Jahren 200 000 Mal verkauft wurde. Wie so häufig folgten weitere Erziehungsratgeber zum Thema „Grenzen", konnten sich aber nicht neben Rogge etablieren (z. B. Reinelt, 1995; Nitsch & von Schelling, 1996; Kast-Zahn, 1997).

Im Jahr 2008 erscheint eine vollständig überarbeitete und erweiterte Neuausgabe: *DAS NEUE Kinder brauchen Grenzen*; z. Zt. ist die 8. Auflage vom Oktober 2012 erhältlich. Rogge begründet im Vorwort die komplette Überarbeitung einerseits mit neuen, von Eltern gewünschten Themen (Medien, Taschengeld, Geschwisterrivalitäten, Hausaufgaben etc.), andererseits aber auch mit einer Replik auf aktuelle Themen: Disziplin und Disziplinierung, Kuschelpädagogik und die Stigmatisierung der Kinder als Tyrannen (2012, S. 14).

Der Autor beabsichtigt, die Erziehenden zur Mündigkeit zurückzuführen und mit seinem Buch Hilfestellungen zur Reflexion zu geben:

> „Mehr denn je kommt es doch darauf an, Verantwortung an die pädagogisch Handelnden zurückzugeben. Diese Rückgabe bedeutet, die ungeheuren, manchmal ungeheuerlichen Erfahrungsschätze alltäglicher Erziehungspraktiken ernster zu nehmen. Der pädagogische Experte oder Berater kann Erziehungsstile nicht verändern, er kann aber gemeinsam mit Eltern deren Denken und Handeln begleiten, Verkrustungen aufbrechen, Eingefahrenes fragwürdiger werden lassen, er kann Fragen stellen, zu Fragen anregen, dort anknüpfen, wo sich Eltern befinden. Der pädagogische Berater [...] sagt nicht, was gemacht wird, er läßt den Eltern das Recht, ihr Handeln selbständig und eigentätig zu verändern" (Rogge, 1995, S. 10).

Dieses Ziel erreicht Rogge, da er seine „Ratgeber" durch Vortragsreisen ergänzt, in denen er nicht referierend auftritt, sondern so schnell wie möglich mit der Zuhörerschaft in einen offenen Dialog eintritt. Aufgrund seiner wertschätzenden und ermutigenden Ausstrahlung gelingt es ihm während der Veranstaltungen leicht, Eltern zum kleinen Rollenspiel zu animieren, sodass durch Handeln Einsicht entsteht (die Autorin C.E. besuchte mehrfach Veranstaltungen). Rogges Postulat der *Selbstreflexiven Elternschaft* (Feld 1) und sein Fokus auf die *Haltgebenden Strukturen* (Feld 3) bleibt kein Lippenbekenntnis, sondern wird durch seine Vortragsarbeit verifiziert. Diese Form von Vermittlung hat Tradition bei den Individualpsychologen; bereits Adler arbeitete ab 1918 auf diese Weise in Wien. Rogge steht dem Adler-Schüler Dreikurs nah und macht daraus auch keinen Hehl (Rogge, 1995; S. 42, S. 83, S. 95, S. 98, S. 134, S. 147 und mündliche Mitteilung). Eine ausführliche Analyse seines Ratgebers *Kinder brauchen Grenzen* findet sich bei Schmid (2011, S. 314-331)

Erstaunlicherweise gibt Rogge der von ihm propagierten Erziehung keinen Namen. Die ungünstigen, bzw. schädlichen Erziehungsmuster wiederum benennt er: Der grenzenlos-gleichgültige Erziehungsstil (1995, S. 42), der überfürsorgliche Erziehungsstil (S. 51), folgenloses Laissez-faire (S. 66), Verwöhnung ohne Grenzen (S. 72). Die Kriterien zu dem Feld der *Haltgebenden Strukturen* sind von Rogge im Verlauf von 140 Seiten vollständig erfasst: Verlässlichkeit, Schutz, Rituale, Regeln, Kontrolle und Konsequenz. Rogges Thesen zum Thema „Grenzen“ lauten wie folgt:

- Grenzen bieten Orientierung, Sicherheit, Schutz (1995, S. 32)
- Kinder wollen Grenzen spüren, um Beziehungen herzustellen (S. 39)
- Grenzüberschreitungen signalisieren Wünsche nach Festigkeit und Klarheit
- Kinder spielen mit Grenzen, um sich zu entwickeln, Ängste zu durchstehen
- Kindern Grenzen zu setzen heißt, sie zu achten und geachtet zu werden (S. 42)
- Enge Grenzen entmutigen (S. 55), Kinder brauchen Erfahrungsräume (S. 57)
- Grenzen ziehen: Nicht reden, sondern Handeln (nach Dreikurs, S. 83)
- *Die Schwierigkeiten beim Grenzensetzen sind normal und bedeuten kein erzieherisches Versagen* (S. 103; Hervorhebungen im Original)
- Familien brauchen Grenzen, die jedem Raum für Individualität geben (S. 114)
- Wer Grenzen plant, muss zugleich logische Konsequenzen und natürliche Folgen bei Nichteinhaltung in Betracht ziehen (nach Dreikurs, S. 134)
- Eltern/Erzieher stoßen oft an Grenzen: „Mut zur Unvollkommenheit“ (S. 151)
- *Gesellschaftliche, soziokulturelle oder institutionelle Zwänge schaffen ihre eigenen Grenzen* (S. 154; Hervorhebungen im Original)
- Grenzen setzen hat nichts mit Drohung, Bestrafung, Schlägen zu tun, noch mit Liebesentzug oder Anschreien (S. 166)
- Selbstliebe, Selbstannahme sind das Fundament für Grenzziehungen (S. 171)

Die Haltung und Kunst des *Grenzensetzens* (Feld 3) versucht Rogge auf 268 Seiten darzustellen. Eine Kurzfassung seiner Ratschläge, empfohlenen Techniken und angewandten Theorien sei hier wiedergegeben: Von den Eltern fordert Rogge Geduld, Gelassenheit und Geschicklichkeit ein, sowie Liebe, Verlässlichkeit und Verbindlichkeit. (Feld 2). Ein Hauptanliegen von Rogge besteht darin, die Eltern von Schuldgefühlen zu entlasten und ihnen damit Raum zu geben für Kreativität in der Erziehung. Er möchte von der Handlungsunsicherheit zum „Mut zur Unvollkommenheit“ führen. Die Mündigkeit der Eltern (Feld 1) ist ihm ein ernstes Anliegen; unter diesem Aspekt kritisiert er Erziehungsratgeber und möchte es besser machen (vgl. Vorwort 1993/1995, S. 9-12).

> „Die überbordende Ratgeberliteratur macht Erziehung nicht leichter, sie läßt häufig Ratlosigkeit und Ohnmacht zurück; das Gefühl, es „niemals richtig und niemandem recht zu machen“, fördert manchmal einen Trend, sich erzieherischer Verantwortung zu entledigen und diese an den medizinischen, therapeutischen oder pädagogischen Experten abzugeben, der für alle Fragen eine mehr oder weniger passende Antwort haben sollte“ (Rogge, 1995, S. 26f.).

Die ökologische Perspektive wird von Rogge nur knapp und erst im letzten Viertel seines Ratgebers thematisiert:

> „In den bisherigen Überlegungen habe ich gesellschaftliche, soziokulturelle oder institutionelle Zwänge nicht immer ausdrücklich und ausführlich thematisiert. Mir ist bewußt, daß viele der hier entwickelten pädagogischen Handlungsmöglichkeiten und erzieherischen Techniken zum Grenzensetzen ihre eigenen Grenzen haben, die sich aus einer Vielzahl von Rahmenbedingungen ergeben und die manche Vorschläge zunächst und vordergründig als Theorie erscheinen lassen“ (Rogge, 1995, S. 154).

Im Mai 2013 ist das dreiunddreißigste Buch von Rogge (et al.) erschienen; an seinen ersten Erfolg konnte er jedoch nicht mehr anknüpfen, obwohl er in den Medien präsentiert wird als „Mann, dem (die) Eltern vertrauen“ (OZ online vom 19.02.2010; Hamburger Abendblatt vom 23.04.2013). Da seine Werke fast ausschließlich Erziehungsratgeber sind und er durch seine ausgedehnte Vortragsarbeit über zwei Jahrzehnte, seine Fernseh- und Internetauftritte einen großen Bekanntheitsgrad erwarb, kann von einer intensiven Breitenwirkung ausgegangen werden.

6.5.2 *Sabine Reinelt: Tyrannen? Gibt's hier nicht! Halt geben – Freiheit lassen – Grenzen zeigen. Erziehung ohne Machtkampf (1995)*

Die Journalistin und Vorsitzende des Münchner Kinderschutzbundes Reinelt veröffentlicht 1995 den Erziehungsratgeber *Tyrannen? Gibt's hier nicht!* und deklariert ihn als kleinen Grundkurs in „Neuer Erziehung“ (S. 5). Von 1995 bis 1999 erscheinen fünf Auflagen.

> „Es gibt über tausend (!) Titel zum Thema Kindererziehung in den Buchhandlungen. Die Vorstellungen über Erziehungsziele und Erziehungsstile folgten in den letzten

drei Jahrzehnten einem verwirrenden Zickzack-Kurs. So sehen sich Mütter und Väter teilweise völlig widersprüchlichen Anweisungen zum Umgang mit Kindern gegenüber“ (Reinelt, 1995, S. 14).

Viele Kritikpunkte von Oelkers (1995) an pädagogischen Ratgebern treffen für das vorliegende Elternbuch zu: z. B. „Patente Lösungen“ (Alltagsüberzeugungen, Expertenschaft, Kulturkritik, Trivialität, Leerformeln; vgl. Oelkers, 1995, S. 115ff.). Darüber hinaus arbeitet Reinelt mit „Alarmierung“ (Gewaltbereitschaft, Umbrüche, Zukunftsängste, Chaos, Hilflosigkeit etc.). Der Ratgeber offeriert die „Illusion des Richtigen“ (Oelkers, 1995, S. 131), verweist auf Experten, wie z. B. die fachliche Begleitung von „Professor Wilhelm Brinkmann, Universität Kiel“ und die „jahrzehntelangen Erfahrungen aus der Arbeit in unseren Beratungsstellen und eigener und fremder Elternprogramme, die wiederum auf den Arbeiten anerkannter Pädagogen und Psychologen beruhen“ (Reinelt, 1995, S. 5). Die Autorin räumt zwar ein, dass Eltern „von Ratschlägen erschlagen“ werden (ebd., S. 14), dies hindert sie jedoch nicht daran, zwölf kleine Unterkapitel mit dem Titel „Mein Rat“ einzuschieben und Dominanz zu demonstrieren.

Obwohl Reinelt auf einen seriösen Eindruck Wert legt und bemüht ist, ihre Autorität herauszustellen, bedient sie mehrfach Klischees. Der Leser fragt sich über weite Strecken, was denn nun die „Neue Erziehung“ beinhaltet. Im letzten Kapitel wird „das Geheimnis“ gelüftet (S. 87ff.):

> „Das Geheimnis der neuen Erziehung ist etwas ganz Einfaches, doch es kann alles verändern. Wie oft im Leben kommt das wirklich Wichtige ganz unscheinbar daher:
>
> Es ist der veränderte Blick auf unsere Kinder, der alles verändert.
>
> Unter diesem anderen Blickwinkel sehen wir unsere Kinder nicht als Wesen an, die dem Schlechten mehr als dem Guten zuneigen, die mangelhaft, uns unterlegen und zum Gehorsam verpflichtet sind. Wir sehen sie vielmehr als gleichwertige und gleichberechtigte, wenn auch noch kleine Partner. Diese Einstellung hat unmittelbare Auswirkungen auf unsere Verhaltensweisen“ (Reinelt, 1995, S. 90).

Aus diesem Zitat lässt sich ableiten, dass die Autorin unter ihrer „Neuen Erziehung“ eine partnerschaftliche Erziehung versteht (1995, S. 18). Da die Autorin eine Funktionsstelle im DKSB innehatte, ist anzunehmen, dass ihr Buch größere Verbreitung gefunden hat. Neben diesem Auswahlkriterium ist zudem bestimmend, dass Reinelt den Zeitgeist spiegelt und an mehreren Stellen eine ökologische Perspektive einnimmt (1995, S. 8f.; S. 17ff.; S. 44; S. 68ff.; S. 74). In ihrem Ratgeber können die „Fünf entwicklungsfördernden Felder“ nachgewiesen werden, oftmals übergriffig in der Wir-Form ausgedrückt oder „allwissend“. Werte und Erziehungsziele werden moralisierend als Tugenden benannt: Höflichkeit, Pünktlichkeit, Sauberkeit, Ordnung, Tischmanieren, Rücksichtnahme, Sparsamkeit (S. 26). Aber auch Teamfähigkeit (S. 26), Entwicklung eines starken Selbstwertgefühls (S. 28), Achtsamkeit (S. 52), Selbständigkeit und Ablösung (S. 55), Flexibilität und Mut (S. 62), sowie Empathie, Mentalisierung, Eigenverantwortlichkeit und konstruktive Konfliktbewältigung (S. 76) werden postuliert. Den höchsten Stellenwert misst Reinelt der Kommunikationsfähigkeit bei:

> „Eine erfolgreiche Kommunikation ist die Grundvoraussetzung für Nähe, Geborgenheit, Anerkennung und Konfliktlösungen. Wir kommunizieren nicht nur mit Worten, sondern auch mit Blicken, Gesten, Körperhaltungen [...]" (Reinelt, 1995, S. 86).

Mit dem Hinweis auf Gordon *Die neue Familienkonferenz* (1994) bietet die Autorin erstmals einen theoretischen Hintergrund in ihrem Ratgeber an. Die Angaben von „hilfreichen" Adressen und Büchern, sowie das Register runden diesen „typischen" und durchschnittlichen pädagogischen Ratgeber ab, der den Eltern keine neuen Inhalte oder Handlungsanweisungen anbietet.

6.5.3 Cornelia Nitsch und Cornelia von Schelling: Kindern Grenzen setzen – wann und wie? Mit Liebe konsequent sein (1996)

Im Jahr 1996 erscheint von den Journalistinnen Cornelia Nitsch und Cornelia von Schelling der Elternratgeber *Kindern Grenzen setzen – wann und wie?* Die 6. Auflage erscheint 2004; die Deutsche Nationalbibliothek (21.07.2013) zeigt 146 Publikationen von Nitsch an. Der Ratgeber korrespondiert mit dem Zeitgeist: Die bekannten Autorinnen empfehlen Grenzen und Konsequenzen, distanzieren sich aber ausdrücklich von autoritärer Erziehung und Laissez-faire, ebenso warnen sie vor Überbehütung und Vernachlässigung. Die ökologische Perspektive wird nur kurz berührt, indem auf die Situation Alleinerziehender und auf die Problematik des Fernsehkonsums Bezug genommen wird. Nitsch und von Schelling geben explizit auf 65 von 125 Seiten Rat und konkrete Tipps. Sehr nützlich ist das Register im Anhang; auf ein Literaturverzeichnis dagegen wurde verzichtet.
In ihren Ausführungen und Empfehlungen lassen sich die „Fünf entwicklungsfördernden Felder" nachweisen; der Fokus liegt eindeutig auf dem Feld der *Selbstreflexiven Elternschaft* (unterstützt durch Informationen, bzw. Fragen an die Eltern; Feld 1) und – dem Titel entsprechend – auf dem Feld der *Haltgebenden Funktionen* (Feld 3); auf 40 Seiten werden Regeln thematisiert. Die Schwerpunkte des Feldes *Bindung und Beziehung* (Feld 2) liegen auf Liebe, Geborgenheit, Zuwendung, Geduld und Zeit; ebenso wie Largo weisen die Verfasserinnen gleich zu

Beginn auf das richtige Maß hin und auf die Berücksichtigung der eigenen Bedürfnisse. Im Feld der *Sozialen Kompetenz* hat die Kommunikation Vorrang (Feld 4); die *kognitive Entwicklung* des Kindes soll durch Erziehung zur Selbständigkeit, durch Anerkennung, Lob und Möglichkeiten zur Exploration (Loslassen) unterstützt werden (Feld 5).

Als Erziehungsziele, bzw. Werte werden u. a. Höflichkeit, Tischmanieren, Ordnung, Pünktlichkeit, Rücksichtnahme auf die Rechte und Bedürfnisse der anderen, Fairness und Kooperationsfähigkeit, sowie die Übernahme von Verantwortung postuliert. Von den Eltern wird die Balance zwischen Festhalten und Loslassen – je nach Entwicklungsstand – eingefordert, sowie eine gehörige Portion Humor, Mut, Toleranz und insbesondere Vertrauen in die Fähigkeiten des Kindes. Dabei werden wissenschaftliche Theorien nicht benannt; ein Nachweis der verwendeten Literatur liegt nicht vor.

Unter Einbeziehung von Oelkers (1995) Kritikpunkten an pädagogischen Ratgebern bleibt zu bemerken: Die Diskrepanz zwischen Theorie und Praxis versuchen Nitsch und von Schelling abzumildern, indem sie 21 Beispiele zum konsequenten elterlichen Verhalten in ihrem Ratgeber aufführen (2004, S. 65-125). Die Unterkapitel bestehen jeweils aus einem oder mehreren Fallbeispielen, danach folgt die entsprechende Erklärung der dargestellten Situation. Unter der folgenden Frage: „Was tun?“ geben die Autorinnen eine Fülle von Tipps, dabei werden wirksame und unwirksame Maßnahmen unterschieden. Klapse werden strikt abgelehnt. Auf den Zeitfaktor, also das Prozesshafte des Erziehungsgeschehens, wird verwiesen (2004, u. a. S. 67; S. 77, S. 85). Zum Abschluss erinnert ein Merkkasten die Eltern an die wichtigsten Maßnahmen, nicht symptombezogen, sondern auf die Ursache der Störung ausgerichtet. Die Autorinnen scheuen sich nicht, bei schwierigeren Problemen auf Erziehungsberatungsstellen (S. 98) und Therapeuten (S. 121) hinzuweisen. Damit setzen sie ein Signal, dass nicht alles mit Hilfe eines Ratgebers im Alleingang zu lösen ist. Insgesamt ist der von Oelkers geforderte *pragmatische Realismus* in dem vorliegenden Elternbuch nachweisbar; es arbeitet weder mit Dramatisierungseffekten oder Generalisierungen noch beansprucht es „Allzuständigkeit“ (Oelkers, 1995, S. 82ff.). Die „patenten Lösungen“ (Oelkers, 1995, S. 115ff.) halten sich in Grenzen. Das Titelbild ist nicht „niedlich“, sondern es entspricht der Thematik.

6.5.4 *Annette Kast-Zahn: Jedes Kind kann Regeln lernen. Vom Baby bis zum Schulkind: Wie Eltern Grenzen setzen und Verhaltensregeln vermitteln können (1997)*

Die Diplom-Psychologin und Verhaltenstherapeutin Kast-Zahn veröffentlicht im Jahr 1995 gemeinsam mit dem Kinderarzt Morgenroth ein ebenso erfolgreiches wie umstrittenes Ein- und Durchschlafbuch *Jedes Kind kann schlafen lernen*. Der Ratgeber polarisiert: begeisterte oder empörte Eltern melden sich zu Wort; Medien, z. B. „Die Welt", berichten. Im Frühjahr 2006 sind über 700 000 Exemplare verkauft. Die Entrüstung bezieht sich auf die Anlehnung an die Methode des Bostoner Kinderarztes Ferber, der „Behandlungspläne" für schlafgestörte Kinder erstellte und Schreien in Kauf nahm. Die Empörung steigert den Bekanntheitsgrad, und es folgen weitere Elternratgeber von Kast-Zahn über Regeln, Essen, Trotz und Krisen meistern; die Deutsche Nationalbibliothek zeigt 65 Treffer (23.07.2013) an. Obwohl die genannten Erziehungsbücher aufgrund ihrer Spezialisierung aus dem Rahmen der vorliegenden Arbeit fallen, soll *Jedes Kind kann Regeln lernen* aus den folgenden Gründen exemplarisch bearbeitet werden:

- Das Thema berührt den Zeitgeist (90er Jahre) und verweist auf einen Wandel
- Mehrere Ratgeber zum Thema „Regeln und Grenzen" ermöglichen eine synchrone Perspektive
- Kast-Zahn verweist auf bekannte Theorien (Individualpsychologie/Dreikurs und Kommunikationsmodell/Gordon) und verarbeitet sie verhaltenstherapeutisch
- Die Autorin und ihre Bücher haben einen großen Bekanntheitsgrad

Im Jahr 1997 erscheint die erste und zweite Auflage des Ratgebers *Jedes Kind kann Regeln lernen*, 2003 die 14. erweiterte Auflage. Im August 2013 kommt die nochmals aktualisierte Neuausgabe des Ratgebers von 2007auf den Markt. Der Verlag wirbt auf der Titelseite: „Der Bestseller. Über 600.000 Mal verkauft." Kast-Zahn berücksichtigt in ihrem Ratgeber die Zeit vom Baby- bis zum Grundschulalter. Eine gründliche Durchsicht der 1. Auflage von 1997 zeigt, dass die ökologische Perspektive (wieder einmal) nur kurz berührt wird (Alleinerziehende, S. 17). Autoritäre und verwöhnende Erziehungsstile werden deutlich problematisiert; im Schlusswort (1997, S. 156) gibt Kast-Zahn die Expertenschaft explizit an die Eltern zurück und ermutigt sie.

Der strukturierte Aufbau des Ratgebers erleichtert das Lesen und Umsetzen der Ziele und Methoden; am Ende jeden Kapitels gibt es „Das Wichtigste in Kürze" (S. 21; S. 44; S. 66; S. 84; S. 145; S. 155). Die „Fünf entwicklungsfördernden Felder“ können nachgewiesen werden: Der Fokus liegt dem Thema entsprechend auf dem Feld der *Selbstreflexiven Elternschaft* (Feld 1) und der *Haltgebenden Strukturen* (Feld 3). Im Feld *Bindung und Beziehung* (Feld 2) berücksichtigt Kast-Zahn Liebe geben, Verständnis zeigen, Zuwendung schenken und vor allem Ermutigung aussprechen (Kast-Zahn, 1997, S. 65, S. 87ff.). Das Feld der *Sozialen Kompetenz* (Feld 4) ist weitgehend durch Gordons Kommunikationsstrategien (1997, S. 55ff.) abgedeckt, aber auch durch die Fähigkeit der Eltern, dem Kind mehr Verantwortung zu übertragen, es zu spiegeln, Angebote zur Kooperation zu machen und Raum zu geben für soziale Erfahrungen. Zur Verantwortung des Kindes zählt Kast-Zahn auch das Recht auf schlechte Laune, sowie das Recht auf Langeweile. Schlusslicht ist das Feld der *motorischen und kognitiven Entwicklung* (Feld 5) – von zehn Kriterien (C.E.) werden drei benannt: Dem Kind Unterstützung geben, Selbstständigkeit fördern, Austeilen von Anerkennung und Lob (Kast-Zahn, 1997, S. 64f.).

Das Kind wird nicht stilisiert; auf Kulturkritik, Dramatisierungseffekte und Vollkommenheitsideale verzichtet die Verfasserin. Sie ist nicht der Ansicht, dass die Kinder „schwieriger“ geworden sind, sondern die Eltern selbstkritischer und unsicherer als früher (Kast-Zahn, 1997, S.21). Der verhaltenstherapeutische Ansatz kann Eltern bei der Reflexion helfen, z. B. „Der Kreislauf im Kampf um Aufmerksamkeit“ (1997, S. 48). Es wird deutlich, wie unerwünschtes Verhalten von den Eltern unbewusst verstärkt wird. Kast-Zahn fasst die wirksamsten Gegenmittel beim Kampf um Aufmerksamkeit zusammenzusammen:

> „Sorgen Sie dafür, daß ihr Kind durch unangebrachtes Verhalten keine Vorteile mehr hat. Hören Sie ihm zu. Verwenden Sie Ich-Botschaften. Geben Sie Ihrem Kind mehr Verantwortung. Führen Sie feste Rituale ein. Planen Sie jeden Tag eine feste Zeit für Zuwendung ein“ (Kast-Zahn, 1997, S. 66).

Im Anschluss wird anhand des vierten Kapitels über „Elternfehler“ exemplarisch dargestellt, wie es Kast-Zahn gelingt, bei so einem sensiblen Thema das Vertrauen der Eltern zu gewinnen, bzw. zu behalten. Formulierungen wie z. B.: „Vielleicht sind Sie aber noch nicht so weit, oder Ihr Kind will trotzdem nicht (zu-)hören“ (Kast-Zahn, 1997, S. 68) signalisieren Verständnis. Authentische eigene Beispiele der Verfasserin trösten und machen zugleich Mut: *„Mir selbst ist etwas Ähnliches bei meinem Sohn nach einer längeren schwierigen Phase einmal passiert“* (1997, S. 71; Hervorhebungen im Original). Um Entmutigung vorzubeugen, macht die Autorin deutlich, dass Elternfehler immer wieder vorkommen.

Im anschließenden Kapitel 5 mit dem Titel: „Wie Kinder Regeln lernen können: Ein Plan zum Grenzen-Setzen für Eltern“ bildet das Kernstück des Ratgebers (nach Canter & Canter, 1993). Das Hauptziel von Canters Programm heißt „Disziplin“; die Methoden reichen von positiver Verstärkung bei erwünschtem Verhalten über negative Konsequenzen bei Regelverletzungen. Disziplin haben auch die Erzieher aufzubringen: Regeln, Anweisungen und Pläne müssen exakt formuliert und ausgearbeitet sein (vgl. Kast-Zahn, 2013, S. 154); der Fokus liegt eindeutig auf der Wahrnehmung des erwünschten Verhaltens.

Ein Vergleich zwischen der 1. Auflage von 1997 und der aktualisierten Neuausgabe von 2013 lässt inhaltlich auf einen minimalen „historischen Wandel“ schließen. Das moderne Layout, weitgehend in Pastellfarben gehalten, fällt sofort auf, ebenso das erweiterte Bildmaterial. Das Inhaltsverzeichnis und die Themen haben sich kaum verändert. Das zentrale Kapitel „Ein Plan zum Grenzensetzen“ wurde um etwa 20 Seiten erweitert (Kast-Zahn, 2013, S. 79-157); das Unterkapitel „Familien-Regeln festlegen“ ist neu hinzugekommen, ebenso der Abschnitt „Fragen und Antworten zum Thema Auszeit“ (vgl. S. 131ff). Einen faktischen Wandel demonstriert das folgende Zitat:

> „In den letzten Jahren sind verschiedene Elterntrainings-Konzepte entwickelt worden (siehe „Zum Nachschlagen“, Seite 171). Daraus habe ich für den folgenden Plan zum Grenzensetzen das übernommen, was besonders gut wirkt und einfach umgesetzt werden kann. Es ist ein Stufenplan: Sie gehen Schritt für Schritt vor. Bringt die erste Stufe keinen Erfolg, gehen Sie zur nächsten über“ (Kast-Zahn, 2013, S. 81).

Die Autorin verweist auf die inzwischen auch in Deutschland erfolgreichen Elterntrainings *Triple P* (Australien, 1996) und *STEP* (U.S.A., 1997). Als Quellen nennt sie darüber hinaus Eyre & Eyre (1993), Canter & Canter (1993), sowie ein Therapieprogramm (sic!) von Döpfner, Schürmann & Fröhlich (THOP, 2002).

Hilfreich ist der bereits erwähnte Anhang „Zum Nachschlagen“. Während bei den ersten Ausgaben nur die Literaturnachweise angegeben wurden, gibt es nunmehr Quellennachweise, Bücher und Adressen, sowie Internet-Links und vor allem ein Register (Kast-Zahn, 2013, S. 171-176).

6.6 Individualpsychologische Ratgeber der 90er Jahre

Das Vermächtnis des Tiefenpsychologen Alfred Adler (1870-1937) reicht durch seine Schüler, insbesondere Dreikurs, bis in die Gegenwart. Gleich drei individualpsychologische Konzepte der Elternbildung stehen zur Verfügung: Das *Encouraging-Elterntraining Schoenaker-Konzept®* (2001), der Elternkurs *Kess*-erziehen® (2002) und das bekannteste individualpsychologische Elterntraining *STEP* (2004). In der zweiten Hälfte der 90er Jahre erscheinen mehrere individualpsychologische Elternratgeber, z. B. Tymister *Pädagogische Beratung mit Kindern und*

Jugendlichen (1996); Veith *Eltern machen Kindern Mut* (1997) und *Eltern nehmen Kinder ernst* (1998); Pfaffenberger & Schattanik *Kindererziehung im Alltag leichter gemacht* (1998).

Hans Josef Tymister, Individualpsychologischer Berater und Professor für Erziehungswissenschaft an der Universität Hamburg (1977-2000), hat seinen Ratgeber in drei Kapitel unterteilt:

1. Pädagogische Grundsätze an Beispielen aus der Praxis
2. Beispiele aus der Familienberatung, ergänzt durch pädagogische Leitsätze
3. Wie „man es richtig macht" – Erziehung als normatives Handeln?

Dieses Buch für Pädagogen und Eltern entspricht nicht dem klassischen Erziehungsratgeber, dennoch sind die Inhalte für die Thematik und Zielsetzung der vorliegenden Arbeit konstruktiv. Tymister spannt den Bogen von Adler bis in die 90er Jahre. In der Tat sind die individualpsychologischen Elternratgeber (Dreikurs et al.) die einzige Konstante von den 60er Jahren bis zur Gegenwart. Ein „historischer Wandel" bezieht sich auf den ersten Blick auf die *Methoden* der Elternarbeit: Trainings anstelle einer Einwegkommunikation bei der Lektüre von Ratgebern. Auf den zweiten Blick jedoch schließt sich nur der Kreis:

> „Familienberatungen führen wir in Hamburg und Umgebung seit mehr als 20 Jahren durch, in der Regel im Beisein von Studenten und Gasthörern. Die Arbeitsweise und die Beratungsmethoden gehen zurück auf das Konzept, das *Alfred Adler* und seine Mitarbeiter in den 20er Jahren in Wien mit Schülern, deren Eltern und Lehrern entwickelt und erprobt haben" (Tymister, 1996, S. 10; Hervorhebungen im Original).

Im ersten Kapitel führt der Autor allgemeine *Pädagogische Grundsätze* auf. Er beruft sich dabei insbesondere auf die Individualpsychologie (Adler, Dreikurs et al.), auf die Montessoripädagogik und die Philosophie von Heidegger und Vaihinger. Tymister hat folgende Pädagogische Grundsätze zusammengestellt:

1. Sich konzentriert an eine Sache verlieren (Tymister, 1996, S. 15)
2. Einen individuellen Charakter entwickeln (S. 21)
3. In die Welt hinausgehen (S. 25)
4. Kinder wollen dazu gehören (S. 30)
5. Kinder wollen gefragt werden (S. 33)
6. Kinder wollen aktiv zum gemeinsamen Leben beitragen (S. 37)
7. Kinder wollen es selbst tun (S. 41)
8. Kinder wollen wissen, wie weit sie gehen dürfen (S. 43)
9. Kinder wollen sich auf Erwachsene verlassen können (S. 49)
10. Kinder wollen auf ihre geliebten Erwachsenen stolz sein können (S. 54)

Als Erziehungsziele lassen sich daraus ableiten: eine individuelle Erziehung für jedes Kind, Bindung und Loslassen, Selbständigkeit, Aktivität und Mitbestimmung, Autonomie und Grenzen. Dem Erziehungsziel „Sich konzentriert an eine Sache verlieren“ misst Tymister (1996, S. 15ff.) ein besonderes Gewicht bei; hier spiegeln sich vermutlich seine Erfahrungen als Lehrer. Es ist noch nicht einmal Kulturpessimismus nötig, um durch Beobachtung zu der Einsicht zu gelangen, dass die ökologischen Bedingungen diesem Erziehungsziel selbst bei Kleinkindern häufig entgegenstehen. Die letzten beiden pädagogischen Grundsätze stellen einen Appell an die Reflexivität der Eltern dar: Vorbild und Verlässlichkeit gibt den Kindern Halt in der Familie.

In dem zweiten Kapitel arbeitet Tymister (1996, S. 9) die *Pädagogischen Leitsätze* heraus, die er als „Methoden pädagogischer Hilfe in der Form tiefenpsychologischer Beratung“ definiert. Dies ist nicht Gegenstand der vorliegenden Arbeit; folgerichtig liegt der Fokus auch in diesem Kapitel ausschließlich auf den *Pädagogischen Grundsätzen.* Tymister (1996, S. 64f.) führt anhand von Beispielen die Bedeutung von Liebe und Zuwendung, Anerkennung und Ermutigung, Kommunikation und Kooperation an. Sozialen Aktivitäten, vor allem dem Sport, misst der Autor einen hohen Stellenwert bei, gefolgt von Selbständigkeit, Achtung vor der Schöpfung, Erziehung zur Toleranz und gegenseitiger mitmenschlicher Achtung (Tymister, 1996, S. 118). Zur Vermeidung von täglichen Machtkämpfen um das Fernsehen und Computerspiele empfiehlt Tymister, die Technik des Auswählens mit den Kindern einzuüben, vor allem aber Alternativaktivitäten anzubieten (1996, S. 77). In der Tradition Adlers schließt der Autor sein letztes Kapitel *Erziehung als normatives Handeln?* mit seinem Bekenntnis zum demokratischen Menschenbild ab. Zugleich hebt er „die Übereinstimmung unserer pädagogischen Grundsätze mit wichtigen Prinzipien des Grundgesetzes der Bundesrepublik Deutschland“ hervor (Tymister, 1996, S. 118).

Das Postulat *Selbstreflexivität* (Feld 1) steht bei den Individualpsychologen an erster Stelle. Selbst Kritiker der individualpsychologischen Erziehungsratgeber heben positiv hervor, dass Eltern und Erzieher zum Nachdenken, zum Verstehen und zum modifizierten Handeln ermutigt und angeleitet werden. Die Themen *Bindung und Beziehung* (Feld 2) beinhalten Liebe und Zuwendung, Ermutigung und Toleranz. *Haltgebende Strukturen* (Feld 3) behandelt Tymister in dem Kapitel „Kinder wollen wissen, wieweit sie gehen dürfen“: Verlässlichkeit, Strukturen, Grenzen und Konsequenzen werden hervorgehoben. Auch die Felder *Soziale Kompetenz* (Feld 4) und *Motorische und kognitive Entwicklung* (Feld 5) nehmen einen großen Raum ein.

Die beiden Individualpsychologen Pfaffenberger & Schattanik geben 1998 *Ein Praxisbuch für Eltern und ErzieherInnen: Erziehung durch Ermutigung* heraus. In dem Ratgeber *Kindererziehung im Alltag leichter gemacht* berichten Eltern, die an Kursen einer Familienbildungsstätte in Oldenburg teilgenommen haben, über ihre Alltagserfahrungen bei der Umsetzung der Erziehungsleitlinien von Dreikurs. Aus den Tonbandberichten der Eltern und dem Kommentarteil der Herausgeber entstand ein Buch „aus der Praxis für die Praxis“ (Pfaffenberger & Schattanik, 2001, S. 1). Die Herausgeber stellen zu Beginn zwei Leitsätze auf:

1. „Der Weg von der Erziehung über die Selbstreflexion zur Beziehung“
2. „Eltern und Kinder brauchen Grenzen: Ein Nein ist ein Nein“

Dieser Ratgeber stellt durch seine Elternberichte und aktuellen Beispiele eine zeitgemäße Ergänzung zu „Kinder fordern uns heraus“ dar.

6.7 Jesper Juul: Das kompetente Kind (1997)

Der Bestsellerautor Jesper Juul verweigert sowohl die Bezeichnung „Ratgeber“, als auch die Zuordnung zu einer Richtung: keine Kategorisierung, kein Etikett, so postuliert er. Von Erziehungsstilen kann keine Rede sein, Juul äußert sich „antipädagogisch“ und erwähnt in seinen Elternbriefen beiläufig die Systemtheorie. Ein Kollege schlägt die Bezeichnung „dialog-basiert“ vor. Für Juul zählen die gelebten Werte der Menschen, ihre innere Einstellung und Haltung, die im Handeln, also in der Praxis zum Ausdruck kommen; die Theorie tritt für ihn weit zurück und ruft damit Kritiker auf den Plan. Methoden, Techniken und theoretische Modelle betrachtet er als Werkzeuge zur Manipulation.

> „Kinder werden mit allen sozialen und menschlichen Eigenschaften geboren. Um diese weiterzuentwickeln, brauchen sie nichts als die Gegenwart von Erwachsenen, die sich menschlich und sozial verhalten. Jede Methode ist nicht nur überflüssig, sondern kontraproduktiv, weil sie die Kinder für ihre Nächsten zu Objekten macht“ (Juul, 2010, S. 24).

Anklänge an Rousseau? Eher spricht hier die Lebenserfahrung von Juul selbst, dessen erste Prägung in seiner wenig frohen Kindheit erfolgte – in der nach eigenen Aussagen kein Raum für Kinder war – und vielleicht die Sehnsucht nach „*Gleichwürdigkeit*“ hervorrief. In Interviews sieht Juul keinen Zusammenhang zu seiner Biografie, sondern betont, dass die Arbeit mit auffälligen Jugendlichen deutlich zeigte, dass die ganze Familie einbezogen werden muss, wenn Interventionen Erfolg haben sollen. Vielleicht trägt dieser Fakt zu seinem Erfolg bei. Der Verlag stellt seinen Autor wie folgt dar:

> „Jesper Juul, 1948 in Dänemark geboren, ist Lehrer, Gruppen- und Familientherapeut, Konfliktberater und Buchautor. Er war bis 2004 Leiter des „Kempler Institute of Scandinavia", das er 1979 gründete. Nach dem Studium der Geschichte, Religionspädagogik und europäischen Geistesgeschichte arbeitete er als Heimerzieher und später als Sozialarbeiter. Er entwickelte eine eigenständige Therapie- und Beratungsform, handlungsorientiert und praxisnah" (Juul, 2010, S. 2).

Der Hinweis auf Walter Kempler, amerikanischer Psychiater und Psychoanalytiker, führt zum theoretischen Hintergrund. Dieser wandte sich zunehmend der Familientherapie zu, orientierte sich an der klientenzentrierten Gesprächstherapie nach Rogers und arbeitete mit Fritz Perls zusammen. Nach und nach wandte er sich von der Gestalttherapie ab und entwickelte eine eigene Familientherapie. 1979 gründete er mit dem Kinderpsychiater Mogens Lund, Lis Keiser und Jesper Juul das „Kempler Institute of Scandinavia". Seine „experiental family therapy" ruht auf drei Säulen: Orientierung im Hier-und-Jetzt, Authentizität und Selbsteinbeziehung des Therapeuten. Juul leitete das Kempler Institut 25 Jahre lang und entwickelte mit Kollegen die Familienberatung weiter. Im Fokus seiner Arbeit stehen nicht das Kind, sondern die Beziehungen im Familiensystem. Sein Ziel sind kompetente, authentische Eltern, da seiner Meinung nach das wichtigste Bedürfnis des Kindes *Führung durch die Erwachsenen* ist. Zu Juuls Zielgruppe zählen aber auch Lehrer, Erzieher und Pädagogen. Im Jahr 2004 gründete er familylab-International. Das Konzept des Familienlabors, bzw. der Familienwerkstatt in Deutschland hat Matthias de Banffy (2012) in seiner Bachelorarbeit, die von der Caritas mit einem Preis ausgezeichnet wurde, ausführlich dargestellt.

Im Jahr 1997 erscheint die deutsche Ausgabe von Juuls erstem Sachbuch *Das kompetente Kind*; eine Neuübersetzung erfolgt im August 2009 mit dem veränderten Titel *Dein kompetentes Kind.* Die folgende Analyse bezieht sich auf die 4. Auflage vom August 2010; inzwischen sind 200.000 Exemplare verkauft worden. Drei Jahre später folgte *Grenzen, Nähe und Respekt*, dieses Elternbuch wurde 100.000 gekauft. Juul ist inzwischen „allgegenwärtig", ob in Buchhandlungen, im Internet, auf Vortragsreisen, durch Elternkurse oder in Aus- und Weiterbildung, im In- und Ausland.

Der Untertitel zum *Kompetenten Kind – Auf dem Weg zu einer neuen Wertgrundlage für die ganze Familie* – ist Programm. Nachdem der Autor sowohl die Machtstrukturen als auch Demokratie in der Familie aus seiner Sicht analysiert und kritisiert hat, stellt er „Die gleichwürdige Gemeinschaft" als neue Wertgrundlage vor. Der Begriff *Gleichwürdigkeit* stellt eine neue Wortbildung dar, Juul definiert ihn als einen „dynamischen Prozess, eine veränderliche Kategorie, um die man sich in jeder Beziehung stets aufs Neue bemühen muss" (Juul, 2010, S. 43). Voraussetzungen bei jedem Individuum sind für ihn Selbstgefühl, die Fähigkeit, seinen Gefühlen Ausdruck zu geben, sich treu zu bleiben, Grenzen zu setzen und durch diese Ressourcen die eigene Würde zu wahren: *Integrität* und *Authentizität* sind seine Begriffe. Innerhalb dieses Prozesses spielt Kommunikation eine große Rolle, sowie Interaktion und Kooperation (Juul, 2010, S. 46-96). Dies ist nicht gleichbedeutend mit demokratisch-partnerschaftlicher Erziehung. Der Autor stellt unmissverständlich klar, dass die Verantwortung für die Qualität des Zusammenspiels in der Familie (Ton, Stimmung, Atmosphäre) eindeutig bei den Erwachsenen liegt (2010, S. 32; S. 138). Da Juul systemisch denkt, nimmt die ökologische Perspektive einen besonderen Stellenwert ein. Thematisch berücksichtigt der Verfasser

- den Einfluss von Politik, verschiedenen Kulturen und Machtverhältnissen
- die Auswirkungen von Arbeits-/Wohnverhältnissen sowie von Institutionen
- die Bedeutung von Adoptionen und Behinderungen für Kinder
- den Einfluss eines historischen Wandels auf den Status von Kindern
- die Auswirkungen des Wandels auf das Wertefundament der Familien
- die Situation von Alleinerziehenden

Juul selbst entzieht sich jeder Kategorisierung, dennoch soll in diesem Kapitel die Systematik eingehalten und nach den „Fünf entwicklungsfördernden Feldern" gefragt werden. Das erste Feld der *Selbstreflexiven Elternschaft* ist für Juul unverzichtbar. Dieses Anliegen zieht sich nicht nur durch seine Bücher, Hörbücher und ebooks, sondern familylab.de bietet darüber hinaus spezielle Elternbildungsangebote in zwölf Ländern an: Seminare und unterstützende DVD's, Vorträge und kostenlose Audio Videos auf der familylab.de Seite. Aus dem Internet-Videoportal YouTube sind Interviews, Bildungsveranstaltungen, Fernsehauftritte und Talkshows mit Jesper Juul abrufbar. Familylab.de verschickt Newsletter an ca. 17 000 Adressaten in loser Folge. Die Nutzung von Facebook und Twitter garantiert ebenso weitere Interessenten wie die firmeneigene Website. In der BRD bieten ca. 250 zertifizierte familylab Trainerinnen und Trainer gegen einen Jahresbeitrag über die Webseite Vorträge, Seminare oder Beratung an (insgesamt sollen es 330 Trainer sein). Die Möglichkeit für die Eltern zur Reflexion ist vielfältig.

Das Schlüsselwort heißt bei Juul Beziehung, und damit ist das zweite Feld erfasst. *Bindung* kommt vor Bildung, so propagiert er in einer Zeit und in einem Land, in dem Frühförderung und Bildung bei vielen Eltern ganz oben angesiedelt ist. Juul geht es um eine entwicklungsfördernde Beziehung, die von Eltern und Kind im Dialog ständig neu erarbeitet wird. Die Authentizität der Eltern ist dabei unabdingbar.

Das dritte entwicklungsfördernde Feld der *Haltgebenden Strukturen* möchte Juul in seinem ersten Buch noch streichen: Grenzen, Kontrollen, Konsequenzen sind ihm suspekt und hält er für Irrtümer, weil sie machtbesetzt sind. Unabdingbar hält er für Erwachsene und Kinder jedoch das Erlernen der Fähigkeit, sich selbst Grenzen zu setzen (Juul, 2010, S. 27ff.; S. 227ff.). In seinen folgenden Ratgebern thematisiert Juul unerwartet das Thema „Grenzen", ob auf Wunsch der Leser oder Verlage bleibt offen. Drei Jahre nach seinem Bestseller *Das Kompetente Kind* (1997) erscheint *Grenzen, Nähe, Respekt. Wie Eltern und Kinder sich finden* (2000). Juul postuliert generelle Grenzen (Normen der Kultur), persönliche Grenzen (individuelle in der Familie) und spricht von Regeln und Struktur (2007, S. 28ff.; S. 32ff.; S. 81). Allein der Buchtitel kündigt 2008 an, dass es nochmals explizit um „Grenzen" und eine autoritative Erziehung geht: *Nein aus Liebe. Klare Eltern – starke Kinder* (2008). Wesentliche Kapitel zum Feld der *Haltgebenden Strukturen* sind „Das reflektierte Nein" (S. 70ff.), „Das spontane Nein" (S. 75ff.), sowie „Das verhandelbare Nein" (S. 77ff.). Juul verweist die Eltern auf einen selbstreflexiven *Prozess*: „Lernen, mit gutem Gewissen Nein zu sagen" (2008, S. 96ff.).

Das vierte Feld der *Sozialen Kompetenz* spielt bei Juul eine ganz große Rolle. Allerdings erwartet er sie zuallererst von den Eltern: Beobachten, Zuhören, einen Dialog führen, Interesse zeigen, Kooperieren und den Kindern Raum geben für soziale Erfahrungen. Juul würde ergänzen: Raum geben für das Erleben von Gleichwürdigkeit, von Integrität, von Authentizität und von (Selbst-)Verantwortung.

Das fünfte Feld der *Motorischen und kognitiven Entwicklung* entspricht auch Juuls Überzeugungen, allerdings mit einer Ausnahme: „[...], doch es ist ein weitverbreiteter Irrtum zu glauben, dass Lob die Entwicklung eines gesunden Selbstgefühls fördert" (Juul, 2010, S. 110). Formen von Anerkennung, wie z. B. „die spontane persönliche Reaktion" oder „das wohlüberlegte persönliche Feedback" wiederum findet Juul unerlässlich (vgl. Juul, 2010, S. 113).

Juul wird danach noch über 20 Bücher schreiben, davon eine Reihe von Bestsellern. 2004 wird er familylab International gründen und 2012 von den Medien als der „Bedeutendste Pädagoge Europas" oder 2013 als „Europas bedeutendster Familientherapeut" tituliert werden. Nicht nur im Hintergrund arbeitet ein riesiges Vermarktungsnetzwerk, unterstützt durch multimediale Präsenz. Auf welche Verunsicherungen, Ängste und vermeintlichen Defizite der deutschen Eltern trifft Juul, um einen derartigen Erfolg verzeichnen zu können? Welches Vakuum in der gefühlten Erziehungskompetenz der Eltern füllt er? Rudolf Novotny (FR) trifft mit einigen Sätzen trotz aller Polemik den Kern:

> „Die Lehren des Familienflüsterers klingen banal, seine Auftritte brachial. Trotzdem ist der Pädagoge Jesper Juul der Guru engagierter deutscher Eltern. Das hat wenig mit ihm zu tun – und viel mit uns.

> […] Unsicherheit schafft Räume für Heilsbringer. Weil sie Sinn stiften, wo Chaos herrscht“ (FR vom 10. Juli 2013).

Juul geht auf die Unsicherheiten der deutschen Eltern ein; als Däne hat er Distanz zu unserem Land, durch seine Vorträge und Diskussionen in verschiedenen Ländern und Kulturen hat er einen Vergleich. Auch in diesem Punkt bleibt er authentisch und fokussiert, wodurch sich deutsche Eltern die Erziehung schwerer machen als nötig. Es ist seiner Meinung nach der berühmte deutsche Perfektionismus, der Anspruch, dass das „Projekt Erziehung“ gelingen muss, Schuldzuweisungen anstelle von Dialog, die ausschließliche Konzentration auf das Kind und die Rolle als „Helikoptereltern“. Systemisch denkend führt er auch den historischen Wandel von autoritär zu antiautoritär an und die Suche nach dem „richtigen“ Erziehungsstil. Obwohl sich Juul gegen Etikettierungen wehrt, lässt er es sich in einem Interview mit der Badischen Zeitung gefallen, dass seine Einstellung zur Erziehung als „autoritativ“ bezeichnet wird.

> „Kinder brauchen Führung. Sie brauchen Autorität, allerdings sollten Kinder eben diese Autorität über eine sehr persönliche Ebene erfahren. Ein Bild, das ich häufig benutze, ist das des Leuchtturms. Eltern müssen wie Leuchttürme sein, sie müssen ihren Kindern, die auf offener See unterwegs sind, deutliche Signale geben. Um das zu können, müssen sie wissen, was sie wollen und was nicht“ (Badische Zeitung vom 29. Juni 2009).

Die Grenzen der Erziehungsstil-Bezeichnungen werden wieder einmal deutlich: Zwischen Juul und Dreikurs oder gar „Triple P“ liegen Welten, obwohl alle drei den autoritativen Erziehungsstil beanspruchen oder zugewiesen bekommen.

Nicht nur die Badische Zeitung, auch andere Printmedien berichten über Juul positiv oder in sachlicher Interviewform (z. T. mit Buchempfehlung), u. a. der FOCUS (27.03.2012), Der Spiegel (12.03.2012, 26.03.2012, 12.11.2012); die SZ (19.02.2011, 07.05.2012), die FAZ (27.12.2013); N-TV (29.04.2012, 06.01.2013). Dennoch sind wiederholt folgende Kritikpunkte zu hören: Juul zeichnet Zerrbilder der Gesellschaft (z. B. „Schulinfarkt“); seine Veröffentlichungen strotzen vor Redundanzen, und last not least wird ihm Populismus vorgeworfen. Wohlmeinende belächeln seine Utopien, andere sprechen von Phrasen. Und doch ist er für viele Eltern ein „Fels in der Brandung – Retter – Papst der Gelassenheit“ (SZ) – „Erziehungspapst“ (N-TV). Ob in Talkshows oder Interviews, Juul strahlt Authentizität aus und wahrt seine Integrität, sowie die Würde seines Gegenübers. Die Werte, die er proklamiert, lebt er; vermutlich ist das sein Geheimnis. Viele Elternkommentare im Internet bezeugen, dass Juul den enormen inneren Druck, als Mutter oder Vater alles richtig machen zu wollen, herausnimmt und ebenso den Druck, der von außen einströmt, durch seine Einstellungen reduziert. Bei der Bezeichnung

„Erziehungsexperte" schreitet er sofort ein: Nein, das ist er auf keinen Fall, er ist Familientherapeut.

6.8 Wilhelm Rotthaus: Wozu erziehen? Entwurf einer systemischen Erziehung (1998)

Vier Ratgeber aus der systemischen Pädagogik liegen vor: Rotthaus (1998; 7. Auflage 2010), Omer & von Schlippe (2006; 2010), sowie Arnold (2007). An dem Titel von Rotthaus und den Jahreszahlen der Ratgeber ist ablesbar, dass bei diesen Elternbüchern neues (in der Pädagogik umstrittenes) Terrain betreten wird. Schon an der Profession der Autoren wird der *interdisziplinäre Ansatz* deutlich: Rotthaus ist Mediziner, studierter Musiker, Gesprächs-, Spiel- und Systemtherapeut; Omer und von Schlippe sind Professoren für Psychologie (Tel Aviv; Witten/Herdecke) und Systemtherapeuten; Arnold ist Professor für Pädagogik (Erwachsenenbildung) und systemischer Berater, vor allem bekannt geworden durch seine *Antworten der Pädagogik auf das „Lob der Disziplin"* von Bernhard Bueb.

Der systemische Erziehungsratgeber von Rotthaus entspricht den Auswahlkriterien für die Fragestellungen der vorliegenden Arbeit und soll hiermit einer Analyse unterzogen werden. Eine systemisch-konstruktivistische Pädagogik fordert trotz aller Abstraktionen und Reduktionen, Widersprüchen und Paradoxien dazu heraus, aus der theoretischen Ebene der Reflexion hinaus zu treten und sich auf das Eis der operativen Ebene der Praxis zu wagen. In diesem Sinn hat sich Rotthaus (1998) auf die Eisfläche begeben und nicht nur den *Entwurf einer systemischen Erziehung* vorgelegt, sondern zugleich die provokative Frage gestellt *Wozu erziehen?* Bereits in der Einleitung begründet Rotthaus (2010, S. 9) was sein Elternbuch von den üblichen Ratgebern unterscheidet: „Es wird versucht, aus einer systemtheoretischen Perspektive die Bedingungen für Erziehung in unserer heutigen Gesellschaft zu erfassen und den Vorgang der Erziehung besser zu verstehen." Der Autor beabsichtigt, die Erziehenden durch *Reflexion* zu veränderten Einstellungen und inneren Haltungen anzuregen, um ethisch und ökologisch wertvolle Erziehungsziele durch sinnvolles pädagogisches Handeln zu erreichen. Rotthaus wendet sich an Eltern, Erzieher und Lehrer; der Fokus der Analyse in dieser Arbeit wird exklusiv auf dem Erziehungssystem der Familie liegen. Ausgangspunkt für den Autor ist die ungeheure Erziehungsunsicherheit in der Gegenwart:

> „Beredter Beleg sind die zahllosen Erziehungsratgeber, die selbst wiederum das ganze Spektrum der Möglichkeiten qualitativer und quantitativer Art widerspiegeln und zur weiteren Verunsicherung der Eltern und Erzieher beitragen. Nur wenige Eltern trauen sich heute noch, spontan erzieherisch zu handeln: Die meisten befürchten, sich nicht „richtig" ihren Kindern gegenüber zu verhalten (aus der Annahme, es gebe denn ein

„richtiges" Erzieherverhalten), und lassen jede Spontaneität ihrer Reaktionen vermissen, weil erst diskutiert und überlegt werden muss" (Rotthaus, 2010, S. 16).

Seinem Arbeitstitel entsprechend, geht der Verfasser zunächst den Strömungen nach, die Erziehung für gefährlich, totalitär, menschen- und lebensfeindlich, ja verbrecherisch halten: der Kinderrechtsbewegung, der Antipädagogik und der Antiautoritären Erziehung. In jeder dieser Ideologien weist Rotthaus nicht nur theoretische Ansätze zur absichtsvollen Beeinflussung nach – da man sich nicht nicht verhalten kann – sondern er dokumentiert auch, dass auf der operativen Ebene der Praxis „erzogen" wird. Von Braunmühl (1978) und von Schoenebeck (1982) berufen sich auf das „Notwehrprinzip" und stellen die Autorität des Erwachsenen gleichberechtigt neben die Autorität des Kindes; Neill (1969) postuliert, in der Praxis den „gesunden Menschenverstand" einzuschalten.

> „Anhand dieser kurzen Darstellung der Kinderrechtsbewegung, der Antipädagogik und der antiautoritären Erziehung wird deutlich, daß selbst die entschiedensten Gegner von Erziehung sich letztlich doch dazu bekennen, Kinder absichtsvoll zu beeinflussen. Aus der zeitlichen Distanz gewinnt man den Eindruck, daß diese Autoren vor allem die massiv regulierenden, sehr einengenden und Kinder stark dominierenden Erziehungspraktiken ihrer Zeit angegriffen und verurteilt haben" (Rotthaus, 2010, S. 24).

Die systemisch-ökologische Perspektive wird in dem kurzen Abriss „Kindheit heute" besonders deutlich. Rotthaus schildert die aktuellen Rahmenbedingungen für Erziehung und kommt zu dem Schluss, dass erstens „Kindheit heute schon mit relativ jungen Jahren endet" und zweitens, dass „die Trennung zwischen Kindern und Erwachsenen grundsätzlich weniger scharf geworden ist" (Rotthaus, 2010, S. 40). Aus systemtheoretischer Sicht sind Kinder „Seiende" und „Werdende"; der Autor definiert:

> „Kinder als „Seiende" wahrzunehmen, bedeutet anzuerkennen, daß ihre Probleme mindestens so gewichtig sind wie die der Erwachsenen (denn sie verfügen meist noch nicht über so viele Ressourcen für die Problemlösung wie ein Erwachsener). Gleichzeitig stellt sich die Aufgabe, Ihnen als „Werdende" Problemlösungsstrategien zu vermitteln. Aufgabe der Erwachsenen ist es, sowohl auf das aktuelle Wohlbefinden der Kinder zu achten als auch auf die Notwendigkeit des Lernens" (Rotthaus, 2010, S. 47f.).

Im Gegensatz zu den meisten alten und neuen Erziehungsratgebern warnt der Autor vor dem Anspruch der Liebe, denn „Liebe dagegen ist etwas, was sich in einer Beziehung einstellt oder auch nicht; man kann sie nicht kommandieren und nicht herbeizwingen" (Rotthaus, 2010, S. 50). Als erzieherische Dienstleistung fordert

Rotthaus vor allem die *Zeit* der Erwachsenen ein und die Bereitstellung eines – dem Alter entsprechenden – autonomen Handlungsraumes, in dem das Kind auch die *Konsequenzen* seines Verhaltens tragen muss. Hier findet u. a. eine Berührung mit der Individualpsychologie von Dreikurs statt. Der systemische Ansatz bezieht wissenschaftliche Ergebnisse der *Bindungsforschung* ein („Sicherer Hafen", S. 52) und berücksichtigt entwicklungspsychologische Erkenntnisse.

Teil II widmet sich der theoretischen Dimension des Erziehungsprozesses aus systemtheoretischer Perspektive. Rotthaus geht zunächst auf die Autonomie des kindlichen Handelns ein und bezieht sich dabei auf Maturana, der das *Gehirn als autopoietisches System* beschreibt, ein geschlossenes System, das sich in seiner basalen Zirkularität selbst reproduziert:

> „Diese Geschlossenheit des menschlichen Nervensystems bedeutet, daß der Mensch in der Tiefenstruktur seiner Selbststeuerung prinzipiell unabhängig von seiner Umwelt handelt. Sein Verhalten als von außen sichtbares Zeichen seiner inneren kognitiven Operationen dient einzig und allein der Selbsterhaltung und ist – aus subjektiver Sicht – immer passend und angemessen, solange es nicht zum Tode führt" (Rotthaus, 2010, S. 63).

Die Wirksamkeit erzieherischer Interventionen ist damit zunächst eingeschränkter als es Pädagogen lieb ist. Da der Mensch jedoch ein soziales Wesen und auf Außenkontakte angewiesen ist, stimulieren Umweltreize auf der Basis von strukturellen Kopplungen (hier: Kommunikation und Bewusstsein) durch Dauerirritationen der Systeme sein Wachstum, das Lernen und seine Entwicklung (vgl. Luhmann, 2006, S. 30ff.).

> „Strukturelle Kopplung gibt Anstoß zu einer Art Dauerirritation der Systeme; und wenn sie mit einer gewissen Dauerhaftigkeit sich wiederholt und mit einer gewissen Typizität auf das System einwirkt (etwa als Sprache), ist anzunehmen, daß sie im System Strukturentwicklungen auslöst, die ein Beobachter als gerichtet, jedenfalls als nicht zufällig erkennen kann. In den Dauerirritationen, die im Bewußtsein auftreten, wenn es sich immer wieder und in wiederholbaren Formen (Sprache) an Kommunikation beteiligt, liegt der Schlüssel für das Problem der Sozialisation" (Luhmann, 2006, S. 32).

Luhmann zieht daraus vier Schlussfolgerungen: Sozialisation ist Selbstsozialisation; eine Vielfalt von systemimmanenten Formen kann erzeugt werden (verschiedene Kinder aus derselben Familie); Selbstsozialisation verläuft sozusagen „gerichtet" und nicht zufällig, sodass sich z. B. Menschen mit ihren heterogenen Strukturen dennoch aufeinander einstellen können; Sozialisation hängt von der Aufrechterhaltung der *Kommuni*kation ab (vgl. Luhmann, 2006, S. 33). Rotthaus erinnert in diesem Zusammenhang an den „kompetenten Säugling". Anregungen,

Unterstützung und Förderung müssen für das Kind interessant sein und zu seiner inneren Logik passen, mit Luhmanns Worten: Eine Dauerirritation der Systeme auslösen *(Kognitive und motorische Förderung)*. Eine Passung zwischen Erzieher und Kind, die Basis für eine *vertrauensvolle Beziehung* und Erziehung, kann nur erreicht werden, wenn die Welt der Absichten, Wünsche, Vorlieben, Abneigungen und Bestrebungen des Kindes erkannt, respektiert und kommuniziert werden. Die Struktur des Kindes entscheidet darüber, ob ein Außenreiz relevant ist und zur Selbstsozialisation oder zum Lernen motiviert:

> „Beide – das Individuum und die soziale Umwelt – sind als autonome Systeme zu verstehen, die sich wechselseitig „verstören", „beunruhigen", „in Unruhe bringen" und zu Entwicklung anregen, aber nicht in ihren jeweiligen Reaktionen festlegen lassen" (Rotthaus, 2010, S. 76).

Aus diesen Überlegungen heraus ergibt sich die zentrale Frage, welche Prämissen erfüllt sein müssen, damit ein Kind eine möglichst umfassende Bereitschaft mitbringt, sich erziehen zu lassen. Neben der individuellen Struktur des Kindes und den entsprechenden Systembedingungen hebt Rotthaus als konstituierende Elemente die Akzeptanz der erziehenden Bezugspersonen und ihrer Erziehungsziele durch das Kind hervor. Ein weiteres Postulat ergibt sich bezüglich des Selbstbildes:

> „Erfolgreiches erzieherisches Handeln wird also wesentlich davon abhängen, ob es gelingt, die gewünschte Handlung in der Vorstellung des Kindes mit positiven Erwartungen hinsichtlich der Bewertung seines Selbstbildes, also mit Selbstbewußtsein, Stolz oder ähnlichem in Verbindung zu bringen" (Rotthaus, 2010, S. 81).

Rotthaus (2010, S. 95) zitiert Nohl und greift auf den Begriff des „Pädagogischen Bezuges" zurück. *Selbstwahrnehmung, Empathie, Selbsterfahrung, dialogische Qualitäten und Ressourcenorientierung* propagiert Rotthaus, um eine positive pädagogische Atmosphäre zu schaffen, in der sich die Kinder kompetent und zufrieden fühlen – Motivation für weiteres Lernen. Folgende Interventionen und Hilfen durch den Erziehenden bietet Rotthaus (2010, S. 102ff.) für die Selbsterziehung des Kindes an: Die Förderung von Umweltkontakten, Mentalisierungsfähigkeit, Reflexionen über Selbst- und Fremdbeobachtung, eine offene Kommunikation, Glaube an und Mut zur Veränderung (Leidensdruck beachten):

> „Veränderung gefährdet die Stabilität. Deshalb erscheint auch das negativ bewertete und immer wieder Ablehnung auslösende Verhalten – eben weil es Stabilität garantiert - wichtiger als die Chance auf ein neues Verhalten, das auf Zustimmung stößt" (Rotthaus, 2010, S. 103).

Der paradoxe Appell an die Einsicht des Kindes sollte unterlassen werden, dafür gibt der Autor weitere Anregungen zur Selbsterziehung. Gemeinsam mit dem Kind sollten Ziele erarbeitet werden, die es selbst wünscht und zu erlangen hofft. Große Ziele sollten in kleine Schritte unterteilt werden; operationalisierte Ziele sorgen für Transparenz und helfen dem Kind, seine Absichten in Handlung umzusetzen. Diese aufwändige Arbeit (Postulat: Zeit) zwischen der ErzieherIn als „Kommunikationsspezialistin" und dem Kind ähnelt dem „Sokratischen Dialog", den Rotthaus jedoch nicht erwähnt. In diesem Sinne ist Luhmanns Titel *Das Kind als Medium der Erziehung* (2006) zu verstehen, dabei ist der *Metalog* zwischen Erzieher und Kind unverzichtbar; bei den *Gesprächsregeln* beruft sich Rotthaus auf Gordon (1972; 1978). Systemisch gesehen tragen beide für das Gelingen der Erziehung Verantwortung: „Hierüber darf aber nicht übersehen werden, daß es für die Erzieher eine besondere Verantwortung gibt, die auf der anthropologisch begründeten Hilfsbedürftigkeit des Kindes basiert" (Rotthaus, 2010, S. 114).

Es soll keine „Sieger" und „Besiegten" (Gordon) geben, dies beschwört auch Rotthaus (2010, S. 117). Aber: Welches Kind würde sich in der aktuellen Situation nicht als „besiegt" fühlen, wenn die Eltern ohne Kompromisse ihre „eindeutigen erzieherischen Überzeugungen" (S. 115) durchsetzen: „Nein, heute gibt es kein Eis! Genug ferngesehen! Schlafenszeit!" Erziehungsratgeber machen es sich zu einfach, wenn sie den Eltern suggerieren, dass konsequentes Verhalten diese Situationen gar nicht erst aufkommen lässt: Lebendige, willensstarke und einfallsreiche Kinder werden immer wieder an dem Tor zur Freiheit rütteln und auch eine „systemische Pädagogik" auf den Prüfstand stellen (*Grenzen, Konsequenzen).* So merkt Rotthaus selbst lapidar an:

> „Zu einem nicht zu späten Zeitpunkt wird die Erwachsene mit einem „Ich will das so!" die Diskutiererei beenden und dabei in Kauf nehmen müssen, daß das Kind eventuell unzufrieden oder auf sie wütend ist. Zwischen Kind und ErzieherIn muß durchaus nicht immer Einvernehmen herrschen. Gegenteilig kann das Ertragen von Enttäuschungen und vor allem auch das Aushalten von Konflikten durchaus die Persönlichkeitsentwicklung fördern" (Rotthaus, 2010, S. 117).

Am Ende des Kapitels fordert Rotthaus von den Erziehern die ständige Bereitschaft „das eigene Fühlen und Handeln im Gespräch mit dem Kind in Frage zu stellen und beispielsweise in der Rückschau seine Berechtigung kritisch zu werten" (Rotthaus, 2010, S. 116). Dieses „Ideal" dürfte nur von wenigen Eltern, Erziehern und Lehrern *zeitnah* erreicht werden. Die Frage stellt sich, wieweit dies eine Hilfe für das Kind wäre oder ob es eher eine Verunsicherung auslösen würde. Auch entwicklungspsychologische Forschungsergebnisse sollten beachtet werden: Erst ab fünf Jahren kann eine Zunahme struktureller Gedächtniskapazität aufgrund neurologischer Reifungsprozesse verzeichnet werden (Schneider & Büttner, 2002, S. 500).

Diametral dazu steht im nächsten Kapitel die begründete Kritik des Autors an der gängigen Gewohnheit, in Familien oder anderen pädagogischen Kontexten den Fokus in Gesprächen auf Defizite, Schwierigkeiten und Probleme zu richten: „Sie schaffen tendenziell ein negatives Erziehungsklima und vergrößern die Probleme dadurch, daß man sie unter die Lupe nimmt“ (Rotthaus, 2010, S. 118). Der Autor definiert „gute erzieherische Gespräche“: Sie sind ressourcen- und lösungsorientiert, stellen das erwünschte Verhalten in den Fokus und ermutigen durch das Aufzeigen der bereits erreichten Ziele. Rotthaus propagiert, dass Kinder im Vorschulalter klare Orientierungen im Sinne von „richtig“ und „falsch“ benötigen; zugleich postuliert er, älteren Kindern die Vielfalt aufzuzeigen, gekoppelt mit dem Nachweis der Begrenztheit aller Erklärungsmodelle. In der gesamten Analyse ist deutlich geworden, wie sehr systemische Erziehung auf Sprache und Dialogfähigkeit angewiesen ist und zugleich Sprache und Dialogfähigkeit fördert (vgl. Rotthaus, 2010, S. 156ff.).

Werden die Empfehlungen von Rotthaus auf das „Fünf-Felder-Kategoriensystem“ bezogen, fällt auf, dass auf den entwicklungsfördernden Feldern 1, 2, 4 und 5 uneingeschränkt der Fokus liegt. Die *Selbstreflexivität der Eltern*, eine *sichere Bindung*, gute *Kommunikation (Metaloge)* und ihr ethisches Handeln sind bei Rotthaus eine conditio sine qua non, damit Sozialisation im Sinne von Selbstsozialisation (Luhmann) in der Interaktion zwischen Eltern und Kind auf beiden Seiten kontinuierlich stattfinden kann.

6.9 Vier weitere Beispiele für den Pluralismus innerhalb der Ratgeberliteratur in den 90er Jahren

Exemplarisch werden nunmehr heterogene Elternratgeber der 90er Jahre vorgestellt, um die große Bandbreite zu demonstrieren. Sie waren zu ihrer jeweiligen Zeit gefragt, hinterließen aber keine tiefergehende Breitenwirkung.

6.9.1 David Elkind: Wenn Eltern zuviel fordern. Die Risiken einer leistungsorientierten Früherziehung (1989)

Der (Kinder-)Psychologe, Psychiater und Pädagoge Elkind, ein entschiedener Gegner der leistungsorientierten Früherziehung, beruft sich auf den Konstruktivismus nach Piaget, das Stadienmodell von Erikson und auf die Theorien der Reformpädagogik. Er nimmt in seinen Argumentationen eine ökologische Perspektive ein; seine Postulate decken sich mit den fünf entwicklungsfördernden Feldern in der Erziehung. Durch fehlende Übersetzungen seiner zahlreichen Veröffentlichungen in den U.S.A. blieb er in Deutschland recht unbekannt.

Elkind zeigt einen Wandel des Zeitgeistes auf: In den 70er Jahren herrschte das Diktat der Selbstständigkeit, in den 80er Jahren folgte die Überforderung durch zu viel Erziehung und in den 90er Jahren streben die Eltern Superkinder an (vgl. 1991, S.14). Mit geringer Zeitverschiebung gilt dasselbe für die BRD. Elkinds Ratgeber *Das gehetzte Kind. Werden unsere Kinder zu schnell groß?* (1991) setzt die gesellschaftskritische Perspektive fort.

6.9.2 Jirina Prekop und Christel Schweizer: Kinder sind Gäste, die nach dem Weg fragen (1991)

Aus der Sicht einer Diplom-Psychologin und Kinderärztin wird eine religiös-konservative und gewaltfreie Erziehungseinstellung gefordert, verbunden mit einem autoritativen Erziehungsstil. Als Erziehungsziele werden Frustrationstoleranz, Übernahme von Verantwortung, Ehrfurcht vor der Schöpfung, Dienen, Durchhalten, Achtung vor dem kosmischen Gesetz und die Förderung von Kreativität postuliert. Die ökologischen Perspektiven beziehen sich auf die Umwelt, auf Scheidungsfamilien und die berufstätige Mutter. Zwei Theorien dominieren den Ratgeber: Die Reformpädagogik nach Montesssori und die Individualpsychologie nach Dreikurs.

Nicht alle entwicklungsfördernden Felder werden thematisiert. Für Prekop & Schwei- zer stehen die *Selbstreflexivität der Eltern* im Vordergrund (Feld 1), sowie die Themen *Bindung und Beziehung* (Feld 2) und *Haltgebende Strukturen* (Feld 3). Kritisch anzumerken bleiben, dass die Autorinnen „schulmeisterlich“ und moralisierend auftreten, die Individualität des Kindes weitgehend unberücksichtigt bleibt und die angeführten Beispiele im Ratgeber als allgemeingültig dargestellt werden.

6.9.3 Felix von Cube: Fordern statt verwöhnen (1991)

Als Erziehungswissenschaftler und Verhaltensbiologe postuliert Cube eine Verhaltensökologische Erziehung (ungestörter Bindungsaufbau zur Mutter, Pädagogik der (Selbst-)Forderung versus Verwöhnung, vgl. 1991, S. 17f.; S. 182-191).

Der Verfasser bezieht sich auf die Triebtheorie von Lorenz, auf die Reformpädagogik und die „Flow"-Forschung von Csikszentmihalyi. Die „Fünf entwicklungsfördernden Felder" werden berücksichtigt.

6.9.4 Christine Kaniak-Urban: Jedes Kind hat seine Stärken (1999; Mai 2004 als Sachbuch des Monats)

Von der Kinder- und Jugendlichenpsychotherapeutin, sowie leitenden Schulpsychologin Kaniak-Urban erscheint 1999 ein *Therapeutischer Ratgeber,* der den Eltern folgende Methoden empfiehlt: Annahme und Berücksichtigung der Individualität des Kindes (Temperament und Charakter), Stärkung der Selbstakzeptanz und Selbstliebe, Ressourcenaktivierung, Spiegelung der Kompetenzen. Nach der Verfasserin hat der Erzieher die Aufgabe „pädagogisch-therapeutische Wege zum Selbst" für das Kind anzubahnen durch a) Erfahrung aller Sinne, b) Körperwahrnehmung c) Wahrnehmung und Ausdruck von Gefühlen d) Konstruktion von lebensförderlichen Motiven durch den Intellekt; parallel dazu betont Kaniak-Urban die Notwendigkeit von Grenzen. Eine ökologische Perspektive lässt sich ebenso nachweisen wie die „Fünf entwicklungsfördernden Felder".

Die Verfasserin beruft sich auf eine Fülle von Theorien: Die Typenlehren nach Jung und Keirsey/Bates; die Entwicklungstheorien nach Piaget und Kegan; Konzepte der humanistischen Psychologie nach Rogers, Gordon und Maslow; die Gestalttherapie nach Oaklander. Ein pädagogisch-therapeutischer Ratgeber, der prophylaktisch von Eltern, Erziehern und Grundschullehrern umgesetzt werden kann und vom Verlag als „praktikables Handwerkszeug für den Erziehungsalltag" angepriesen wird, um das Kind durch typgerechte Entwicklungsangebote zu fördern, es zu stärken und die im Entwicklungsprozess auftauchenden Probleme zu erkennen und einordnen zu können. Verhaltensauffälligkeiten definiert die Autorin als „sinnvolle" Überlebensstrategie (S. 27). Offensichtlich hat es fünf Jahre gedauert, bis der Ratgeber in den Zeitgeist passte und angenommen wurde.

6.10 Zusammenfassung

Zu den „modernen" Werten, die in den Erziehungsratgebern der 90er Jahre vorrangig postuliert werden, zählen an erster Stelle Wahrnehmung, Respekt und Unterstützung der Individualität eines jeden Kindes, verbunden mit der Erfahrung von Selbstwertgefühl und Zugehörigkeit. Sowohl Bindung durch Feinfühligkeit, Emotionalität und Körperkontakt, durch „Mütterlichkeit" und „Väterlichkeit" aller Bezugspersonen als auch Autonomie durch Exploration und entwicklungsgemäße Freiräume – mit der Erfahrung von Selbstwirksamkeit – stehen als Werte im Fokus. Die Schlagworte heißen: „Zuerst Beziehung, dann Erziehung" oder noch radikaler „Beziehung statt Erziehung" und „Bindung kommt vor Bildung" (z. B. Largo; Juul). Die „Wohnstubenatmosphäre" der Reformpädagogik steht bei diesen „neuen" Werten Pate. Eher an die Werte der 68er erinnern die Postulate nach politischer Mündigkeit, Konfliktbewältigungskompetenz mit Ambiguitätstoleranz (Krappmann, 1975/2010) und Frustrationstoleranz. Auffällig ist, dass es in den Ratgebern zunehmend zu einer Wertesynthese von konservativen und modernen Werten kommt (vgl. Tabelle 1).

Im Fokus der Erziehungsliteratur und der Erziehungskurse steht die Kommunikation – Basis für zwischenmenschliche Beziehungen. Im Befehlshaushalt konnte nur selten von echter Kommunikation gesprochen werden, da es häufig nur eine Person gab, die die Befehle erteilte („Ohne Widerrede!"). Im Verhandlungshaushalt sind es mindestens zwei Subjekte, die innerhalb dieses kleinsten sozialen Systems (Luhmann) miteinander kommunizieren. In den Ratgebern der 90er Jahre ist von „guter" Kommunikation, gewaltfreier Kommunikation (Rosenberg), Familienteambewusstsein, Emotionaler Intelligenz, Interaktion, Kooperationsfähigkeit die Rede. Ein historischer Wandel liegt in einer immer stärkeren Ausdifferenzierung der Kommunikationsvorgänge zwischen Eltern und Kind. In den 90er Jahren wird nach wie vor auf Rogers und Gordons Konstrukte zurückgegriffen.

Neben einer hohen Sozialkompetenz wird auch wieder ausdrücklich Leistungsmotivation propagiert. In diesem Zusammenhang spielen die Werte Selbstorganisation, Selbsterziehung und auch Fehlerfreundlichkeit eine Rolle. Darüber hinaus greifen viele Ratgeber der „neuen Generation" ökologische Zusammenhänge auf und postulieren die Vermittlung von Umweltbewusstsein. In den genannten Werten sind eine Fülle von Erziehungszielen impliziert und auch die Forderung nach konkreten Stilen. Die vorrangigen Ziele und Stile werden an dieser Stelle noch einmal explizit benannt:

Eine *gute Eltern-Kind-Beziehungskompetenz* steht bei den meisten ernst zu nehmenden Ratgeberautoren an erster Stelle. Zahlreiche Elternbücher und alle differenzierten Ratgeber für die Säuglingszeit geben konkrete Beispiele für die Unterstützung und den Aufbau einer Bindung zwischen dem Baby und der Bezugsperson. Dabei ist zu beachten, dass auch seriöse Autoren, wie z. B. Largo, keineswegs auf Bowlby expressis verbis Bezug nehmen und auch nicht zwischen sicheren und unsicheren Bindungen unterscheiden. Das Postulat „Binden und Loslassen", bzw. „Bindung und Exploration" scheint allerdings Allgemeingut geworden zu sein.

Über eine positive emotionale Beziehung, eine gewaltfreie Erziehung und das positive Vorbild der Eltern erwirbt das Kind laut Ratgebern *soziale Kompetenz.* In vielfältigen Sinnzusammenhängen steht dieses Erziehungsziel in den 90er Jahren absolut im Fokus der Erziehungsbücher und beinhaltet zahlreiche Einzelziele: Kommunikationsfähigkeit, Kooperationsbereitschaft, Verantwortungsübernahme, Selbstständigkeit, Selbsterziehung, Selbstorganisation, Authentizität, (Er-)Tragen von Konsequenzen, Konfliktbewältigungskompetenz, Mentalisierungsfähigkeit, Reflexivität durch Metaloge, Frustrationstoleranz, soziale Aktivitäten und Vernetzung, politische Mündigkeit, Umweltbewusstsein und die Entwicklung einer Verantwortungsethik.

Ein dritter Bereich betrifft die *Individualität des Kindes.* Insbesondere den Ratgebern der Individual- und Entwicklungspsychologen ist es zu verdanken, dass die Sicht auf den individuellen Säugling (vgl. Brazelton) und das individuelle Kind (Largo) Konturen bekam. In den 90er Jahren zieht sich die Forderung nach einer individuellen, entwicklungsfördernden und empathischen Erziehungshaltung wie ein roter Faden durch die Ratgeberlandschaft.

Die propagierten Erziehungsstile liegen eng beieinander: Für die Säuglingszeit wird weitgehend das *attachment parenting* empfohlen, für Klein- und Schulkinder eine *demokratisch-partnerschaftliche* oder *autoritative* Erziehung. In jedem Fall wird Gewaltfreiheit propagiert; die Zeitschrift ELTERN war und ist darin Trendsetter. Der Gesetzgeber reagiert im Jahr 2000 und nimmt im Bürgerlichen Gesetzbuch das Recht auf gewaltfreie Erziehung auf. Eine Forsa-Umfrage der Zeitschrift ELTERN vom November 2011 zeigt, dass viele Mütter und Väter (ca. 50%) unter Stress ihr Verhalten (noch) nicht regulieren können und vorwiegend aus Überforderung und Hilflosigkeit ihre Kinder schlagen (Klaps auf den Po und Ohrfeigen).

Die *Erziehungsmethoden* wurden bereits angerissen. Anstelle von Gewalt werden Ermutigung, soziale Anerkennung, persönliches positives Feedback (statt Lob), sowie negative und positive Verstärker empfohlen. Nicht die Fehler, sondern die *Ressourcen des Kindes* rücken in den Blick. Die „Auszeit" wird kontrovers und nicht immer sachlich diskutiert. Tagesstrukturen, Regeln, Rituale, Grenzen und Kontrollen sollen Eltern und Kindern helfen, den Alltag stressfreier zu gestalten und zu erleben.

Der kräftezehrende, zeitintensive und nicht immer Lösungen produzierende Verhandlungshaushalt (soziologische Familienforschung) könnte dazu beigetragen haben, dass der „Ruf nach Disziplin" bereits zu Beginn der 90er Jahre lauter wurde. Rogges *Kinder brauchen Grenzen* (1993) traf den Nerv der Zeit und avancierte zum Bestseller. Dadurch wurde endgültig mit den Ideologien der 68er gebrochen; der historische Pendelschlag lässt sich sowohl in den 90er Jahren als auch in der folgenden Dekade an zahlreichen Ratgebern verifizieren. Eine weitere Hypothese wäre die Zunahme von berufstätigen Müttern, die (insbesondere morgens) nicht stundenlang mit ihren Kindern diskutieren und aushandeln können oder wollen.

Wissenschaftliche Ergebnisse aus der Bindungsforschung, Entwicklungspsychologie und der systemischen Sichtweise fließen nach und nach in die Empfehlungen der bekannten Ratgeber ein. Ökologische Aspekte werden immer häufiger berücksichtigt (u. a. Wirtschaftslage, berufliche Situation, Alleinerziehende).

Kontinuität besteht bei der Forderung nach einer gewaltfreien Erziehung und demokratischen Verhaltensweisen innerhalb der Familie. Das Postulat der Selbstreflexivität der Eltern wird weiter ausgestaltet. Die Forderung nach Frühförderung wird abgelöst von der Empfehlung, dem Kind Raum für Exploration und entwicklungsadäquate Unterstützung anzubieten.

Von der demokratisch-partnerschaftlichen Erziehung grenzen sich mehrere Autoren bewusst ab und stellen wieder die größere Verantwortung der Eltern in den Fokus (z. B. Juul, Rotthaus). Der entwicklungsfördernde Erziehungsstil ist kein „alter Wein in neuen Schläuchen“, sondern eine Antwort der Wissenschaft auf entwicklungshemmendes Verhalten einzelner elterlicher Erziehungseinstellungen und elterliches Erziehungsverhalten, eine Antwort auf die gesellschaftliche Individualisierung und ein „Programm“ zum Erwerb von Elternkompetenz (Fuhrer). Damit rückt der „Autoritative Erziehungsstil“ in das Zentrum der elterlichen Erziehungsbemühungen.

Das Fünf-Felder-Kategoriensystem bewährt sich auch in den 90er Jahren. *Die fünf entwicklungsfördernden Felder* lassen sich nicht nur in den einzelnen ELTERN-Artikeln nachweisen, sondern ebenso in den analysierten Ratgebern von Largo, Brazelton, Nitsch, Tymister, Juul, Rotthaus, von Cube und Kaniak-Urban.

7 Exemplarischer Überblick über propagierte Werte, Erziehungsziele und Methoden in ausgewählten Erziehungsratgebern des 21. Jahrhunderts

Die Qual der Wahl nimmt für die Eltern auch im 21. Jahrhundert nicht ab, im Gegenteil: Proportional zur Zunahme der Informationen und Ratschläge wird das Fällen von Entscheidungen für die Eltern immer zeitaufwändiger, schwieriger und risikobehafteter. Die „Neue Unübersichtlichkeit" – von Habermas beschworen – ist das einzig Zuverlässige im Dickicht von Erziehungsratgebern, Elternzeitschriften, Elternkursen und Angeboten in Medien, besonders dem Internet.

Im Folgenden wird unter Einbeziehung von ELTERN und drei weiteren *Erziehungszeitschriften* ein thematischer roter Faden für die vergangenen 15 Jahre erstellt; ein Streiflicht auf Kontinuität und Wandel innerhalb der *Ratgeberliteratur* geworfen und eine Analyse des ersten wissenschaftlichen Elternratgebers vom Säuglings- bis zum Jugendalter vorgestellt (Fuhrer, 2007).

7.1 Die „Fünf entwicklungsfördernden Felder" in Elternzeitschriften (ab 2000)

Die Wahl für die vorliegenden Recherchen fiel auf die bekanntesten und verbreiteten Zeitschriften ELTERN, ELTERN family, Leben & erziehen, sowie Familie & Co. Für den Zeitraum von 2000 bis 2014 wurden 720 Hefte gesichtet und unter folgenden Aspekten analysiert: Propagierte Erziehungsstile – Erziehungsziele – Werte – Themen des Zeitgeistes. Während Erziehungsstile (neu: Attachment Parenting) allenfalls marginal eine Rolle spielen, dominiert bei der Auswertung erneut das Konstrukt der „Fünf entwicklungsfördernden Felder" *(Abbildung 2)*. In den Jahren 2000 bis 2014 können in den genannten vier Elternzeitschriften 330 Artikel über *Haltgebende Strukturen* (Feld 3), rund 300 Artikel zum Thema *Bindung und Beziehung* (Feld 2), 180 Artikel zur *Sozialen Kompetenz* (Feld 4) und 130 Artikel zur Förderung der *motorischen und kognitiven Entwicklung* (Feld 5) nachgewiesen werden. Der Kontext und die Inhalte einiger Begriffe verändern oder erweitern sich im 21. Jahrhundert, sodass eine erneute Definition erforderlich wird.

- Insbesondere bei den *Haltgebenden Strukturen* fand ein historischer Wandel statt: Die rigiden Praktiken und Muster der 50er und 60er Jahre lösten sich in den 70er und 80er Jahren weitgehend auf, bis in den Neunzigern der Ruf nach „Grenzen" durch die Republik ging. Zu Beginn des 21. Jahrhunderts hatte der zwischenzeitlich verpönte Wert „Disziplin" Hochkonjunktur. Bei der Analyse von Elternzeitschriften ab 2000 und von einschlägigen modernen Ratgebern fiel ein Bedeutungswandel auf. Es geht nicht mehr um unreflektierte Normen und starre Prinzipien, sondern um kindzentrierte Einstellungen und Praktiken mit dem Ziel, ein Maximum an emotionaler Sicherheit zu gewährleisten: Halt geben versus Einengung, Förderung der Selbstdisziplin versus gnadenloser Disziplinforderungen, wenige feste Regeln anstelle eines Korsetts an Verboten, logische Konsequenzen statt Strafen. Auffallend an den Empfehlungen ist die Renaissance von Ritualen, Tagesabläufen und Familienforschung (Familiengeschichten, Stammbäume etc.), sowie die Zurücknahme von Kontrolle. Es kann also nicht von einem Rollback gesprochen werden.
- Weder Journalisten noch Wissenschaftler scheuen sich im 21. Jahrhundert, das Feld *Bindung und Beziehung* mit dem Begriff „Liebe" zu besetzen; Liebe, die „Das Recht des Kindes, das zu sein, was es ist" respektiert (Korczak, 1919/2002, S. 54). Akzeptanz neben Fürsorge, Geborgenheit, Vertrauen und insbesondere Empathie erweitern das entwicklungsfördernde Feld 2.
- Artikel zur *Sozialen Kompetenz* stehen nicht mehr in vorderster Front. Grundlagen wie Zuhören – Kommunikation – Interesse – Kooperation werden seit der Verbreitung von Gordons Trainings weitgehend vorausgesetzt. Im Fokus befinden sich „Raum geben für soziale Erfahrungen" und „Verantwortung übertragen". Neu erscheint die *Gewaltfreie Kommunikation* von Rosenberg (2001/2013).
- Der „Frühförderwahn" klingt in der Ratgeberliteratur ab, wird aber dennoch immer wieder in den Elternzeitschriften thematisiert und stößt dem Leser bei der Werbung auf. Das fünfte entwicklungsfördernde Feld *Förderung der kognitiven und motorischen Entwicklung* wird in allen vier Elternzeitschriften weiterhin berücksichtigt: Der Fokus liegt auf der Förderung der Leistungsmotivation, der Anerkennung von Bemühungen und Erfolgen, sowie dem „richtig" ausgesprochenen Lob (s. u.). Nahezu eindringlich wird den Eltern die Stärkung des Selbstwertgefühls ihres Kindes durch Bewegung und Exploration, durch Zulassen von Autonomie und Loslassen nahegelegt, damit

es möglichst früh seine Selbstwirksamkeit erfahren kann. Der Aufenthalt in der Natur wird dabei „neu“ entdeckt (vgl. Reformpädagogik).

- Das Feld *Selbstreflexivität* der Eltern wurde explizit nur ca. 30mal erwähnt, da seit den 80er Jahren ein kontinuierlicher Wandel stattgefunden hat: Selbstreflexivität wird gegenwärtig kaum postuliert, sondern vorausgesetzt. Die Vermutung liegt nahe, dass der Konsum von Erziehungsratgebern und der Besuch von Elternkursen nicht mehr monokausal mit der Unsicherheit der Eltern begründet werden kann, sondern auch Impulse, Anregungen und Übungen zur Selbstreflexivität liefern sollen (vgl. Henry-Huthmacher & Borchard, 2008; Keller, 2008).

Das Thema *Gelassenheit* und allmählich zunehmend *Achtsamkeit*, beides Begriffe, die dem Zeitgeist entsprechen und nahezu inflationär verwendet werden, spielen seit 2008 auch innerhalb der Elternzeitschriften eine große Rolle. Das Postulat der Gelassenheit brachte es in den vergangenen Jahren auf ca. 140 Nennungen in unterschiedlichen Kontexten (u. a. Gelassenheit versus Perfektion).

Bei den Recherchen ergibt sich – dem Zeitgeist entsprechend – ein neues Thema: *Kinder stark machen.* Folgerichtig erscheint dieser Slogan zunehmend auf den Titelseiten der Elternzeitschriften. Die folgende Hypothese gilt ebenso für das Thema *Glück* (110 Nennungen). Bewusste und unbewusste Wünsche und Hoffnungen der Eltern für ihre Kinder werden hiermit angesprochen, ein Lese- und Kaufreiz entsteht. Mit 250 Artikeln und 100 erfassten Nennungen im Text verwandter Themen liegt „Stark machen“ an der Spitze. Es wäre dennoch unlogisch, daraus ein neues Feld zu konstruieren, da die Trennschärfe fehlt: Hinter dem erfolgreichen Slogan „Kinder stark machen“ tauchen wiederum die „Fünf entwicklungsfördernden Felder“ auf – Ratschläge zum Thema betreffen in der Zeitschrift ELTERN (2008-2014):

- Möglichkeiten des Kleinkindes zur Exploration (Freiräume)
- Erfahrung von Selbstständigkeit und Selbstwirksamkeit
- Vermeidung von Überbehütung und Verwöhnung
- Elterliche Gelassenheit versus Perfektion
- Aufbau einer vertrauensvollen Eltern-Kind-Beziehung
- Angebot zur Übernahme kleiner Pflichten und Verantwortung

Für die Kinder ab 3 Jahre finden sich in der Zeitschrift ELTERN family (2008-2014) folgende Postulate:

- Eine sichere Bindung durch Vertrauen und Zuversicht
- Eine wertschätzende Eltern-Kind-Beziehung

- Freiräume zur Erfahrung von Selbstwirksamkeit und Stärkung des Selbstbewusstseins/Selbstvertrauens
- Einforderung von Hilfeleistungen, Pflichten, Verantwortungsübernahme
- Angebote für Herausforderungen (Ausdauer und Geduld)
- Chancen für Niederlagen (Frustrationstoleranz)
- Vertrauen und Zuversicht der Eltern
- Anerkennung und Lob sowohl für Bemühungen (der Weg), als auch für Erfolge (das Ziel)
- Ermutigung des Kindes, gepaart mit Fehlerfreundlichkeit

Während sich Elternzeitschriften ihrem Auftrag gemäß auf die Seite der Familien stellen und eher zur Idealisierung neigen, finden sich im Gegensatz dazu Elternratgeber in Buchform (z. B. Meves, Bueb, Winterhoff), die ebenso wie die gängigen Medien (einst Super-Nanny) „Bedrohungsszenarien“ entwerfen. Dagegen sollen die eigenen Kinder gerüstet sein. Dornes (2012) weist nach, dass die „gefühlten“ Katastrophen der Moderne – betreffend Kinder, Familie und Gesellschaft – nach empirischen Befunden nicht der Realität entsprechen. DIE ZEIT (11.09.2014) beklagt, dass *Die Modernisierung der Seele* (Dornes, 2012) auf Halde liegt und im Meer der Neuerscheinungen versunken ist. Bei den jahrelangen Recherchen für die vorliegende Arbeit wurde nur selten ein derart kryptischer Buchtitel gesichtet. Daran ändert auch der Untertitel „Kind – Familie – Gesellschaft“ nur wenig. Die Titelseite der ZEIT (11.09.2014) springt dem Betrachter dagegen ins Auge: „Die Lüge vom gestörten Kind“ (Dossier, S. 15) – das dürfte Eltern entlasten und Genugtuung geben, wenn nicht gar Wertschätzung. Dornes hätte – trotz aller Vorbehalte - noch mehr zu bieten.

7.2 Kontinuität und Wandel in Erziehungsbüchern des 21. Jahrhunderts

Exemplarisch werden nunmehr Erziehungsratgeber kurz vorgestellt, die in Buchform ab dem Jahr 2000 erschienen sind. Der Fokus liegt auf Kontinuität oder Wandel. Die Auswahl richtet sich nach dem Bekanntheitsgrad, eigenen Kriterien (vgl. Kap. 1), Empfehlungen durch Elternzeitschriften und nach positiven Rezensionen. Wie zu erwarten, bieten die individualpsychologischen Elternbücher (weitgehend überarbeitete Neuauflagen) Kontinuität: Veith (2000), Dreikurs & Grey (1973/2001), Dreikurs (2002), Dreikurs (1977/2003), Dinkmeyer & Dreikurs (1970/2004), Dreikurs & Blumenthal (1973/2010), Dreikurs & Grey (2007/2012), Schoenaker & Platt (2007/2009), Dreikurs & Soltz (1966/2008), Dreikurs, Cassel & Dreikurs Ferguson (2009). Ebenfalls für Kontinuität sorgen Diekmeyer

(2000/2005, 2007, 2008) und Rogge (2000, 2003, 2004, 2008, 2010, 2011), dieser erreicht aber nie wieder den Erfolg von „Kinder brauchen Grenzen" (1993/2010).

Für Wandel stehen die wissenschaftlich anerkannten und von der gehobenen Mittelschicht geschätzten Ratgeber des Schweizer Kinderarztes Remo Largo (vgl. Kap. 6.5.1.; 1993/2010, 1999/2013, 2003, 2009, 2010, 2011). Der dänische Familientherapeut Jesper Juul, häufig als Guru bezeichnet, (vgl. Kap. 6.9.; 1997/2009, 2002, 2005, 2006, 2007, 2008, 2009, 2010, 2011, 2012) beherzigt die Ermahnung von Paulus: „Prüft aber alles, und das Gute behaltet" (1.Th.5,21.). DER SPIEGEL (20/2008) preist Juul als „Lichtgestalt der modernen Pädagogik", DIE ZEIT (05/2011) als „Europas gefragtesten Pädagogen der Gelassenheit". Juuls Ratgeber treffen zwar bereits im Titel den Nerv der Zeit *Nein aus Liebe. Klare Eltern – starke Kinder* (2008); *Vom Gehorsam zur Verantwortung – Für eine neue Erziehungskultur* (2009) oder *Miteinander – Wie Empathie Kinder stark macht* (2012), lassen aber einen eindeutigen theoretischen Hintergrund vermissen. Seine Ratgeber bleiben – trotz wichtiger, zeitgenössischer Impulse für Eltern und Erzieher – von Redundanzen durchzogen. Das mag nicht ausbleiben, wenn jedes Jahr ein Buch publiziert wird (der Autor ist seit Ende 2012 schwer erkrankt).

Sachliche und unsachliche, wissenschaftliche und unwissenschaftliche Diskurse ausgelöst werden jedoch erst durch die Rollbacks von Bernhard Bueb, Michael Winterhoff und Amy Chua mit ihren umstrittenen Büchern. Bueb setzt mit seiner Streitschrift *Lob der Disziplin* (2006) das Signal, Winterhoff verschärft die Thematik und weitet sie aus mit seinen Büchern *Warum unsere Kinder Tyrannen werden* (2008) und *Tyrannen müssen nicht sein* (2009). Für eine regelrechte Radikalisierung des Erziehungsdiskurses sorgt „Tigermutter" Chua *Die Mutter des Erfolgs: Wie ich meinen Kindern das Siegen beibrachte* (2011). Die Republik reflektiert, was sie heute unter „Disziplin" versteht – eine begrüßenswerte Nebenwirkung dieser polarisierenden Literatur. Hilfreich sollten die *Antworten der Wissenschaft auf Bernhard Bueb (Untertitel)* ausfallen. Micha Brumlik als Herausgeber dieses Sammelbandes *Vom Missbrauch der Disziplin* (2007) scheint für Qualität zu bürgen; doch neben Anerkennung geht viel Kritik und Enttäuschung quer durch die Medien (z. B. FAZ, 19.02.2007: aggressiver, apodiktischer Ton; „Dämonisierung Buebs" oder DIE ZEIT, 03.05.2007: linke „Verschwörungstheorien"?). Auch Winterhoff spaltet die Gesellschaft: Auf der einen Seite Menschen, die Kinder als „Tyrannen" erleben (so die beruflichen Erfahrungen des Autors als Therapeut) und solche, die Kinder als Glück empfinden (Bergmann, 2009). Der engagierte und authentische, dennoch autoritäre Erziehungsstil von Chua (2011) stößt nicht nur in Deutschland auf erbitterten Widerstand, löst aber wiederum fruchtbare Diskurse über Macht und Autorität, sowie den Stellenwert von Strenge und Leistung aus.

Neue Impulse gehen von dem Erziehungsratgeber *Kinderbuch. Wie kleine Menschen groß werden* (1983/2004) von der neunfachen, schwedischen Mutter Anna Wahlgren aus. Eltern, die ihre Kritiken ins Netz stellen, fühlen sich größtenteils von Schuldgefühlen entlastet; es ist ein Ratgeber aus der Praxis einer Großfamilie für die Praxis ohne wissenschaftliche Theorien. Wahlgren stellt ihre selbst gewählten Werte und Erziehungsziele mit praktischen Anleitungen für die Eltern vor: Umgangsformen, Pünktlichkeit, Übernahme von Pflichten im Haushalt, Eigenverantwortlichkeit der Kinder und natürlich Liebe; also ganz dem Zeitgeist entsprechend. Den folgenden Themen widmet sie besonderes Interesse und größeren Raum auf ihren 800 Seiten:

- Körperliche Grundbedürnisse des Säuglings und Kindes
- Seelische Grundbedürfnisse (Bindung, Liebe, Angstreduzierung, Freude, Lachen, Lebenslust, (Ur-)Vertrauen, Zärtlichkeit, ein Zuhause als Basislager)
- Soziale Grundbedürfnisse (soziale Teilhabe innerhalb der Familie, soziale Beteiligung bei Alltagsaufgaben; liebevolle, echte Begegnung mit Geschwistern und Freunden; Verantwortungsübernahme der Eltern und des Kindes)
- Entwürfe von Entwicklungsphasen/Entwicklungsstadien (eigene „Theorien“)

Wahlgren reichen 65 Seiten, um an vielen Beispielen auf Erziehung einzugehen und Eltern ihre *Richtlinien* zu erläutern. Ihre Prinzipien sind alltagsnah und überschaubar: 1. Übernimm die Führung 2. Halte dich an die allgemein gültigen Normen deiner Gesellschaft 3. Übernimm deine elterliche Verantwortung 4. Gib Grenzen und Regeln vor, ziehe Konsequenzen (Auszeiten als letzter Ausweg) 5. Löse beim Kind keine Schuldgefühle aus 6. Behandle es mit Respekt und bringe ihm Vertrauen entgegen 7. Lehne unangemessenes Verhalten ab, doch nicht das Kind als Person. 8. Liebe und lache viel!

Wahlgren bekommt in der ZEIT (05.05.2004) und von den großen Tageszeitungen erfreuliche Rezensionen; in Schweden wurden eine Million Exemplare verkauft, die Auflage der deutschen Übersetzung beträgt 100 000. Ein Einbruch erfolgt 2012, nachdem eine ihrer Töchter mit ihren persönlichen Kindheitsnöten unter Wahlgrens Erziehung abrechnet. Ihre Mutter ist die bekannteste und umstrittenste Erziehungsratgeberin des Landes: Sie greift die schwedische Familienpolitik an, indem sie strikt gegen Fremdbetreuung in den ersten drei Jahren ist.

Die Erziehungswissenschaftlerin Tschöpe-Scheffler gibt Eltern und Erziehern mit ihren *Fünf Säulen der Erziehung* (2003) auf 112 Seiten einen ähnlichen Orientierungsrahmen vor wie Wahlgren – theoriebezogen, sachlich, fokussiert. Ihre Elemente Liebe, Respekt, Kooperation, Struktur, Förderung finden sich ebenso im *Kinderbuch,* allerdings praxisrelevant auf den Alltag bezogen. Auch die

Erziehungszeitschriften stellen einen nahezu vergleichbaren Kanon auf (vgl. Die „Fünf entwicklungsfördernden Felder", C.E.). Juul stellt in seinem Ratgeber *Was Familien trägt. Ein Orientierungsbuch* (2006) Gleichwürdigkeit – Integrität (Respekt, Kooperation, Nein) – Authentizität (Führung, Struktur) – Verantwortung (Grenzen, Kompromisse, Entscheidungen) in den Fokus. Die theoretischen und praktischen Überschneidungen sind augenfällig. Es stellt sich nicht nur an dieser Stelle die Frage, ob Theorie und Praxis tatsächlich unüberbrückbare Differenzen aufweisen. Sind Wissenschaftler nicht mehr seriös, wenn sie Ratgeber verfassen? Dürfen Mütter und Journalisten überhaupt pädagogische Ratschläge geben?

7.3 Urs Fuhrer: Erziehungskompetenz. Was Eltern und Familien stark macht (2007)

Als Entwicklungspsychologe geht Urs Fuhrer ein ehrgeiziges Projekt an und verfasst einen Elternratgeber mit 350 Seiten von der Säuglingszeit bis zum Jugendalter, der *ausschließlich auf wissenschaftlichen Grundlagen* aufgebaut ist und zu Recht viel Lob aus den eigenen Reihen bekommt. Dennoch bleiben offene Fragen: Wer kauft diesen umfangreichen teuren Band? Wer nimmt sich die Zeit – trotz kleiner oder größerer Kinder – dieses anspruchsvolle Elternbuch zu lesen? Wer hat die Kompetenz, die wissenschaftlichen Theorien zu verstehen? Wem gelingt es – ohne praktische Anleitung –Fuhrers Handlungsanweisungen im Alltag umzusetzen?

Der Haupttitel *Erziehungskompetenz* klingt nüchtern, der Untertitel *Was Eltern und Familien stark macht* liegt ganz im Trend. Da Erziehungswissenschaftler in der Regel die Ratgeberliteratur nicht ernst nehmen, überrascht das Vorgehen des Psychologen Fuhrer: Nach jedem Kapitel gibt er Literatur an und scheut sich nicht, auch relevante Ratgeber zu benennen (Bergmann (2005, 2006), Brazelton (1982), Brazelton & Greenspan (2002), Elkind (1991), Frick (2004, 2005), Largo (1993, 1999, 2003), Murphy-Witt (2003), Rogge (2003), Steinberg (2005), Struck (1997), Tschöpe-Scheffler (2005), Wahl & Hees (2006) et al.). Am häufigsten bezieht sich Fuhrer auf die Ratgeber von Wolfgang Bergmann, der vom Verlag als „einer der profiliertesten Kinder- und Familientherapeuten Deutschlands und als Autor von Sachbüchern zu psychologischen und pädagogischen Themen" vorgestellt wird. Durch besondere Relevanz für die vorliegende Arbeit zeichnen sich seine Bücher *Die Kunst der Elternliebe* (2005), *Gute Autorität* (2005) und *Disziplin ohne Angst* (2007) aus.

Der Autor Urs Fuhrer ist Inhaber des Lehrstuhls für Entwicklungspsychologie und Pädagogische Psychologie an der Universität Magdeburg. Sollte er dem Anspruch seines Buches gerecht werden, erfahren die Eltern einerseits, wie man sich und die Familie stärkt, andererseits gewinnen sie dabei mehr Erziehungs-und Entwicklungskompetenz. Letzteres kann sich nur im Alltag bewähren und nicht überprüft werden.

> „Wichtig war mir […] für dieses Buch, dass es sich – im Unterschied zur herkömmlichen Ratgeberliteratur – auf wissenschaftliche Grundlagen stützt. […] Dennoch möchte ich Eltern neben dem erforderlichen Fachwissen auch mit konkreten pädagogischen Empfehlungen praktikable Hilfen an die Hand geben, damit sie in der Lage sind, ihre Kinder entwicklungsförderlich zu erziehen und ihre Familienbeziehungen besser zu verstehen und zu gestalten“ (Fuhrer, 2007, S. 10).

Das Einführungskapitel in „Die Kunst guter Erziehung“ bringt keine anderen Aspekte als jeder gute Ratgeber. Wesentlich ist allerdings der Hinweis auf die genetische Disposition und den systemisch-ökologischen Zusammenhang bei der Erziehung (Fuhrer, 2007, S. 12). Verwunderlich mutet es an, dass Fuhrer *als Wissenschaftler* an eine „intuitive Erziehungsvernunft“ bei allen Eltern *glaubt*. Eltern, die diese Intuition spüren, lesen in der Regel keine Ratgeber, besuchen keine Seminare, sondern handeln „aus dem Bauch“ heraus (Erfahrung aus 30 Jahren Elternbildung, C.E.). Kompetenzen werden in der Regel nicht durch Lesen erworben, sondern durch Üben; umso erstaunlicher die unbewiesene Behauptung, dass Eltern nach Erziehungskursen und Familienseminaren „oft so hilflos wie zuvor“ sind (Fuhrer, 2007, S. 14). Die Qualitätssicherung für Elternbildungskonzepte steckt in Deutschland noch in den Kinderschuhen, dennoch gibt es bereits erste Wirksamkeitsbefunde. In Fuhrers letztem Kapitel „Elternkurse und Online-Elterntraining“ erfolgt die überraschende Wende:

> „Bei allen Unterschieden im Ansatz sind ihnen die Stärkung der Erziehungsautorität der Eltern, der positive Blick auf das Kind, der Respekt voreinander und die Verbesserung der Eltern-Kind-Beziehung und –interaktion ein gemeinsames Anliegen. Wissenschaftliche Begleitstudien belegen: Mütter und Väter können in Elterntrainings ihre Erziehungskompetenzen stärken. Sie lernen, das Familienleben stressfreier zu gestalten und das tut auch der Partnerschaft der Eltern gut“ (Fuhrer, 2007, S. 286).

Schade, dass Fuhrer in das übliche Klagelied über die Missstände in manchen (sic!) Familien einstimmt, statt den (vermutlich akademisch) gebildeten Eltern, die dieses Buch kaufen und verstehen können, Anerkennung für ihren gesellschaftlichen Beitrag auszusprechen und dafür, dass sie sich diesem anspruchsvollen Ratgeber stellen.

Die gute wissenschaftstheoretische Darstellung, die bei diesem Verfasser erwartet werden kann und in Rezensionen von Kollegen viel Anerkennung findet, wird nicht primär Gegenstand der Analyse sein. Da es sich um einen Ratgeber handelt, liegt der Fokus auf der Vermittlung von Handlungsanweisungen für den

Erziehungsalltag. Sind Fuhrers *Empfehlungen für die Erziehungspraxis* für Eltern praktisch umsetzbar? Welche pragmatischen Hilfestellungen und konkreten Tipps gibt er? Ist das jeweils zusammengestellte *Grundwissen für die Erziehungspraxis* für den Alltag wirklich relevant? Inwiefern können Eltern davon profitieren? Sind die *Fünf entwicklungsfördernden Felder* nachweisbar?

Die ersten drei Felder *Selbstreflexive Elternschaft*, *Bindung und Beziehung* (Liebe), sowie *Haltgebende Strukturen* (Grenzen) werden durch Fuhrer umfassend gewürdigt und im Text ausgiebig dargestellt; hilfreich sind die adäquaten Stichwörter im Register. Zum vierten Feld *Soziale Kompetenzen* findet der Leser kaum Hinweise an dieser Stelle: Kommunikation fehlt, Kooperation bezieht sich ausschließlich auf Eltern und Lehrer, wohl weist der Verfasser auf das *Gordon Familien-Training* hin. Fuhrer löst die sozialen Kompetenzen klugerweise nicht aus ihren Kontexten, umso mehr wären Hinweise im Sachwortregister hilfreich. Zeitaufwändig wurden seine wissenschaftlichen Konstrukte, theoretischen Informationen und praktischen Ratschläge zu den *Sozialen Kompetenzen* aus den 300 Seiten herausgesucht:

- Die Kraft zur Selbststeuerung der Kinder fördern (S. 26; S. 153)
- Auf der Basis von Bindung zur Entwicklung von Autonomiefähigkeit (S. 43)
- Kompetenzen entwickeln im Beziehungssystem Familie (S. 47ff.; S. 129; S. 210; S. 274)
- Sozialkompetenz durch mütterliche Feinfühligkeit, Großeltern, Kitas (S. 102)
- Reziproke Eltern-Kind-Interaktionen (S. 109) und Synchronisation (S. 124)
- Soziale Kompetenz durch den autoritativen Erziehungsstil (S. 134f.)
- Gewaltfreie Erziehung durch Ermutigung, Fehlerfreundlichkeit, Kommunikation, Konfliktmanagement, Kompromisse, Kooperation und Solidarität (S. 183; S. 275)
- Sozialkompetenz durch Gleichaltrige/Freundschaftsbeziehungen (S. 200ff.; S. 277).
- Förderung der elterlichen Selbst- und Beziehungskompetenzen (S. 279f.)
- Sozialkompetenz als Teil der Familienkompetenz (S. 285)
- „Dreh- und Angelpunkt“ im Familienalltag: Kommunikation (S. 285)

Die *Entwicklung des Kindes*, insbesondere die kognitive und emotionale, steht ebenso wie die Erziehung im Fokus des Ratgebers, sodass auch das fünfte Feld stark besetzt ist. Weitere Schwerpunkte des Verfassers sind: Beziehung und Bindung (Feld 2), Familie und Freunde (Feld 4), die Persönlichkeit und „das Selbst“: Selbstbewusstsein – Selbstregulation – Selbstständigkeit (i. S. von Autonomie) –

Selbstverantwortlichkeit – Selbstvertrauen – Selbstwertgefühl – Selbstwirksamkeit. Damit benennt Fuhrer fundamentale Erziehungsziele, die Voraussetzung sind für Sozialkompetenz.

Das pädagogische, vor allem aber psychologische Grundwissen und die Empfehlungen für die Erziehungspraxis werden durch grau hinterlegte „Merktafeln" hervorgehoben. Fuhrer versucht – anhand von 51 Tafeln mit Quellenangaben und Literaturhinweisen – eine Fülle von *Grundwissen für die Erziehungspraxis* an die Eltern weiterzugeben. Etwa 30 Wissensfelder hätten gereicht, denn viele Informationen sind ausgesprochen speziell, bzw. durch eine Ballung von Fachausdrücken schwer verständlich. Positive Beispiele sind die folgenden Themen, die in anderen Ratgebern nur selten aufgegriffen werden:

- Elternkonflikte schwappen in die Eltern-Kind-Beziehung über, S. 60
- Die Familie als soziales Kapital, S. 70; Die Familienkonflikt-These, S.76
- Qualitätsmerkmale von Kitas, S. 99; Tagespflege und Qualitätszeit, S. 101
- Bindungsmuster, S.121f.; Die Rolle des Vaters, S. 127
- Autoritative Erziehung, S. 135
- Was ist Qualitätszeit? S. 143; Nichtbeachtung, eine schlimme Strafe, S. 152
- Wenn Ermutigung zur Selbstständigkeit zum Selbstzweck wird, S. 155
- Entwicklung von Freundschaft im Kindes- und Jugendalter, S. 188/S. 201f.
- Kinder erleben das Fernsehen anders als Erwachsene, S. 215/S. 216

Fuhrers 43 *Empfehlungen für die Erziehungspraxis* – ebenfalls hervorgehoben durch graue Kästen – sollen den Eltern helfen, ihr Erziehungswissen im Alltag umzusetzen. Nach einer eingehenden Analyse können 25 grau markierte Felder als sprachlich verständlich, konkret und relevant für einen Großteil der Familien eingeschätzt werden. Dazu zählen Tipps, wie beständige Beziehungen aufgebaut und unterhalten werden können; Anregungen, wie Liebe gezeigt und Zuwendung gegeben werden kann; Hinweise, wie Eltern Grenzen aufstellen, Konsequenz zeigen und die Einhaltung von Regeln durchsetzen können. Einen besonderen Schwerpunkt legt Fuhrer auf die Stärkung des Kindes durch Unterstützung der kindlichen Selbstregulationsfähigkeit, der Hilfe zur Selbsthilfe, der Erwartung von Selbstständigkeit im Dienste der kindlichen Autonomie und durch einen Verzicht auf Verwöhnung.

Konsequent gibt Fuhrer die jeweiligen Quellen an und verweist am Ende jeden Kapitels auf Literatur (Fachbücher und Ratgeber). Die bisher genannten Themen (Kap. 4 – 6) bieten nichts anderes als die übrige Ratgeberliteratur; das Neue ist die Unterfütterung durch wissenschaftliche Forschungsergebnisse und die *Einbettung in Theoriebezüge unter Verwendung von pädagogischen, psychologischen und soziologischen Konstrukten.* Die Sprache von Fuhrer ist dabei wissenschaftlich anspruchsvoll, sodass weniger gut ausgebildete Eltern ausgeschlossen bleiben. Seine Empfehlungen für den Umgang mit Jugendlichen in der Familie, zur Medienerziehung und zur Kooperation mit Lehrern (Kap. 7 – 9) sind mit konkreten Tipps versehen, weitgehend verständlich formuliert und ausgesprochen pragmatisch. Informativ für Fachleute ist das letzte und 10. Kapitel zur „Integrativen Elternbildung". Fuhrer stellt seine Konzeption zur Stärkung der elterlichen Erziehungsverantwortung vor und eine Auswahl von Elternbildungsprogrammen. Es bleibt fraglich, inwieweit Eltern von diesem eher theoretischen Kapitel profitieren können. Äußerst nützlich dagegen erweist sich der Anhang mit einer Fülle von Internetadressen: „Wo Eltern Rat und Unterstützung finden" (Fuhrer, 2007, S. 301-319).

Fuhrer reflektiert über eine *entwicklungsförderliche Erziehung;* das Thema berührt eine der Forschungsfragen in dieser Arbeit. Für seinen entwicklungspsychologischen Theorierahmen greift er auf die soziokulturelle Perspektive von Vygotskys Kontexttheorie zurück und auf den entwicklungsbezogenen Kontextualismus, wie ihn Ford und Lerner (1992) ausgearbeitet haben. Das Konzept der entwicklungsförderlichen Erziehung stellt Fuhrer erstmals in seinem Lehrbuch *Entwicklungspsychologie* (2005) vor:

> „Folgerichtig kann Erziehung auch als eine Form Entwicklungsintervention betrachtet werden, worin Erziehung die Bedeutung einer Entwicklungshilfe für Kinder, Jugendliche und ihre Eltern annimmt, etwa im Sinne einer Stärkung elterlicher Erziehungskompetenz oder der Behandlung von Erziehungsproblemen. Die moderne Entwicklungspsychologie orientiert sich hierbei an der Prämisse, dass Kinder und Jugendliche nicht nur durch die von ihren Eltern arrangierten Entwicklungsangebote und Erziehungspraktiken beeinflusst werden, sondern ihrerseits Einfluss auf die für sie arrangierten Angebote und Erziehungsbemühungen nehmen" (Fuhrer, 2005, S. 57).

Danach kann das System Familie mit der Regulation der individuellen Emotionen seiner Mitglieder und der Interaktionsbeziehungen untereinander entwicklungsförderlich oder auch –hinderlich wirken. Fuhrer führt zahlreiche Studien an, die z. B. einen Zusammenhang zwischen Kommunikationsformen der Eltern und Pathologien der Kinder empirisch belegen. An einigen Stellen verweist der Autor explizit auf die Bedeutung des Familienklimas (Fuhrer, 2007, S. 32, 34, 57, 168). Wissenschaftliche Forschungsergebnisse bilden die Grundlage für die Charakteristika und Empfehlungen für eine entwicklungsförderliche Erziehung:

- Dem Kind Liebe, Wertschätzung, Zuwendung geben (Feld 2; S. 106, S. 140f.)
- Die eigene Fehlbarkeit akzeptieren (Feld 1; S. 13)

- Konsequente Grenzen setzen (Feld 3; S. 13, S. 116, S. 144-149)
- Die Kinder respektieren und Respekt erwarten (Feld 1; S. 117; S. 279)
- Autorität und verlässliche Bindungen anbieten (Feld 1, 2, 3; S. 118-130)
- Förderung der kindlichen Potenziale und Hilfe zur Selbsthilfe (Feld 5; S. 13)
- Kompetenz zur Selbststeuerung fördern (Feld 4; Fuhrer S. 26)
- „Vorauseilende“ Entwicklungsangebote (Vygotsky) machen (Feld 5; S. 138)
- Wertschätzung und Struktur mit Freiräumen geben (Feld 2, 3, 5; S. 274)

Diese Einzelkriterien sind aus vielen Ratgebern bereits bekannt. Fuhrer beruft sich in seinem Elternbuch allerdings auf entsprechende wissenschaftliche Theorien und gibt Eckpfeiler für den Raum an, in dem Erziehung überhaupt nur stattfinden kann. Seine Überzeugung lautet: Entwicklung kann nur im Rahmen liebevoller und möglichst sicherer Bindungen stattfinden, Lernen geschieht in unterstützenden, verlässlichen menschlichen Bezügen. „Denn wo Autorität ohne Liebe praktiziert wird, da schafft sie Traurigkeit, Opposition, Widerstand, seelische Verwüstungen und Leere“ (Fuhrer, 2007, S. 13ff.). Auch andere Autoren (z. B. Brisch, 2008) postulieren, dass Bildung nur auf der *Grundlage von Bindung* stattfinden kann. Dieses Wissen und eine hohe Selbstreflexivität über die eigenen Stärken und Schwächen, sowie Mut und Zuversicht gehören für Fuhrer zu den grundlegenden elterlichen Kompetenzen, um eine entwicklungsförderliche Erziehung gewährleisten zu können. Seine Einführung endet mit den Worten:

> „In diesem Buch will ich die von so vielen Eltern gestellte Frage, was eine gute Erziehung ausmacht, beantworten. Als Leitlinie gilt: Damit eine entwicklungsförderliche Erziehung gelingt, müssen die Erziehungskraft, aber ebenso die Beziehungskraft von Eltern und Familien gestärkt werden. Denn Kinder werden nur stark, wenn sie auch starke Eltern haben“ (Fuhrer, 2007, S. 16f.).

Erziehung lässt sich demnach nicht herunterbrechen auf einzelne Techniken (Elementarisierung), sondern kann nur von weitgehend psychisch gesunden und stabilen Eltern mit einer natürlichen Autorität *entwicklungsförderlich* angestoßen werden. Dieser Aspekt ist nicht neu: Sowohl in der Individualpsychologie, als auch später in der psychoanalytischen Pädagogik steht das Postulat einer „Erziehung der Erzieher“ durch psychoanalytische Selbsterfahrung an erster Stelle. Ab 1920 konnten Ärzte, Psychologen und Lehrer Vorlesungen von Adler am Pädagogium der Stadt Wien anhören.

Anders steht es um Fuhrers Konstrukt der *Integrativen Elternbildung*. Dieses letzte Kapitel dürfte unter theoretischen Aspekten das wichtigste sein (Fuhrer, 2007, S. 275; Abb. 10.1). Der Autor stellt sein integratives *Modell der Elternbildung zur Förderung der elterlichen Erziehungsverantwortung* mit vier aufeinander bezogenen Kompetenzbereichen vor, die nicht isoliert betrachtet werden dürfen, sondern als zusammenhängendes System interpretiert werden müssen. Der erste Bereich umfasst die Erziehungskompetenzen, der zweite die Entwicklungskompetenzen, es folgen Soziale Netzwerk-Komponenten und der essenzielle Bereich der Selbst-, Beziehungs- und Familienkompetenzen. In den Fokus der Erziehungskompetenz rückt der Autor die Eltern-Kind-Beziehung und –Interaktion (Felder 2, 3, 4). Die Entwicklungskompetenz kann nach Fuhrer nur über Wissen, Beobachtung und Orientierung am individuellen Kind Eingang finden in die elterlichen Erziehungsziele und –einstellungen, sowie in das bewusste Erziehungsverhalten (Felder 4, 5). Zur Information über einzelne Entwicklungsphasen im Kindes- und Jugendalter empfiehlt der Verfasser die beiden Bestseller von Largo *Babyjahre* und *Kinderjahre* (Fuhrer, 2007, S. 276). Zum Erwerb von Selbstkompetenzen als Mutter und Vater, Beziehungskompetenzen als Elternpaar und zur Förderung von Selbsterfahrung und Selbstreflexion hält Fuhrer (2007, S. 280ff.) ausgewählte Elternkurse für geeignet (z. B. STEP-Elterntraining, Gordon Familien-Training), sowie Lernprogramme (EPL, KEK) zur Stärkung der elterlichen Paarbeziehung und Stressprävention (FSPT). Zwei Online Elterntrainings werden vom Verfasser kurz vorgestellt: „CoupleCoaching-Interactive" (geleitete Selbsthilfegruppe mit Selbsthilfebuch) und das Online-Elterntraining zur Bewältigung von Familienstress (OET), basierend auf sozialer Lerntheorie und Techniken der kognitiven Verhaltenstherapie (vgl. Fuhrer, 2007, S. 292f.).

Im Gegensatz zu den meisten zeitgenössischen Erziehungsratgebern, vermittelt der Autor den Eltern Grundkenntnisse über Erziehungsstile und ihre Klassifizierung. Er referiert die Forschungsergebnisse von Baumrind (1966; 1989; 1991) und von Juang und Silbereisen (1999). Aus dieser wissenschaftlichen Perspektive empfiehlt er die *autoritative Erziehung,* die allgemein als die entwicklungsförderlichste gilt (Steinberg, Lamborn, Dornbusch & Darling, 1992; Steinberg, Darling & Fletcher, 1995). Als Kerndimensionen eines autoritativen Erziehungsstils benennt Fuhrer (2007, S. 149) emotionale Wärme (Liebe), klare Regeln und Grenzen, flexible Kontrolle und die Unterstützung des Strebens nach Autonomie. Der Verfasser hebt deutlich *eine bemerkenswerte Übereinstimmung der Forschungsbefunde* hervor:

> „Autoritativ erzogene Kinder verfügen im Vergleich zu Kindern, deren Eltern andere Erziehungsmuster ausüben, über das höchste Maß an intellektuellen und sozialen Kompetenzen und zeichnen sich durch das geringste Problemverhalten aus. Wenn diese Kinder ins Jugendalter kommen, zeigen sie ein hohes Selbstwertgefühl und vielfältige soziale Fertigkeiten, besitzen eine hohe moralische Haltung wie Hilfsbereitschaft und zeigen die besten Schulleistungen" (Fuhrer, 2007, S. 157).

Eigene Recherchen zu neueren Forschungsbefunden ergaben vergleichbare Ergebnisse: Autoritativ erzogene Kinder zeigten eine erfolgreichere Kooperation mit den Eltern und Peers, eine ausgeprägte Selbstdisziplin, Selbstständigkeit und Leistungsmotivation, sowie eine höhere emotionale Reife, verbunden mit guten schulischen Leistungen (Steinberg, 2001; Walper, 2008; Ziegenhain, 2008; Peterander, 2009; Wild & Lorenz, 2009).

7.4 Sabine Andresen, Micha Brumlik, Claus Koch: Das ElternBuch. Wie unsere Kinder geborgen aufwachsen und stark werden (2010)

Ein weiterer wissenschaftlicher Elternratgeber mit hohem Anspruch erscheint im Jahr 2010: „Erziehungsrat von 50 Top-Wissenschaftlern" – so wirbt der Verlag; im September 2013 wird der Ratgeber als Taschenbuch herausgegeben. Erziehungswissenschaftler und Pädagogen decken nahezu die Hälfte der Beiträge ab, es folgen Psychologen und danach Mediziner (beide Berufsgruppen z. T. mit therapeutischer Zusatzqualifikation). Darüber hinaus kommen sieben Experten aus den Bereichen Gesundheit, Soziologie, Recht und Politikwissenschaften zu Wort.

Oelker kommentiert in seinem Nachwort zu diesem Elternbuch:

> „Die Erziehungswissenschaft hat sich gegenüber der expandierenden Ratgeberliteratur bis heute eher kritisch-analytisch verhalten, aber nicht selber versucht, sich auf diese Literaturgattung mehr einzulassen. […] Das hieße mit anderen Worten, das Feld Autoren zu überlassen, die tatsächlich oft fern von wissenschaftlichen Einsichten sind und so mit Ratschlägen aufgewartet haben, wie heute Erziehung gelingen kann, ohne dafür wirklich Daten zur Verfügung zu haben.
>
> […] Will man davon loskommen, müssen Ratgeber die Praxis komplexer ansetzen, verschiedenartige Probleme zulassen, Vereinfachungen vermeiden und dennoch eine lesbare Gestalt annehmen. Ein Beispiel liegt mit diesem Buch vor" (Andresen, Brumlik & Koch, 2011, S. 606).

Nur wenige Kapitel sind für die vorliegende Arbeit relevant, da die Herausgeber auf 600 Seiten die einzelnen „Entwicklungsetappen" auf 0 – 18 Jahre ausdehnen. Eine noch gravierendere Einschränkung erfolgt durch das Angebot der Themen im *ElternBuch*; nur wenige sind mit den Forschungszielen der vorliegenden Untersuchung kompatibel. Den Herausgebern war es offensichtlich ein Anliegen, ein regelrechtes Handbuch für Eltern zusammen zu stellen, sodass eine Fülle von spezialisierten Aufsätzen angeboten wird: Essen, Schlafen, Schreien, Spiel, Vorlesen, Ängste, Kita, Religion, Trennung, Scheidung, Kindesmissbrauch, Homosexualität, Drogen und Sucht, Selbstverletzung, Jugendkriminalität, politischer Extremismus. Allein mit dem Thema „Schule“ setzen sich sechzehn Autoren in ihren Beiträgen auseinander (Kapitel 4). Wie im Vorwort erwähnt, sollen – unter Achtung der elterlichen Autonomie und Verantwortungsübernahme – durch das *ElternBuch* Entscheidungshilfen für Mütter und Väter zur Verfügung gestellt werden. Dabei unterstützt ein klar strukturierter Aufbau die Orientierung der Eltern über die sechs Hauptkapitel:

1. Vor der Geburt, S. 14-35
2. Frühe Kindheit (0 bis 3 Jahre), S. 36-195
3. Frühe Kindheit (4 bis 6 Jahre), S. 196-293
4. Kindheit (6 bis 12 Jahre), S. 294-485
5. Jugend (12 bis 18 Jahre), S. 486-600
6. Anhang, S. 608-635

Im Sachregister wird unter dem Stichwort „Erziehung“ nur auf die Seiten 212/214 hingewiesen (Deegener, 2011), unter „Erziehungskompetenz“ wird ein Kapitel von Tschöpe-Scheffler zu Elternbildungsangeboten (S. 175ff.) und nochmals Deegeners Aufsatz über die „Frühe Kindheit“ (S. 210f.) angeführt. Demnach steht nicht die „Erziehung“ im Fokus des Ratgebers, sondern die Darstellung der Entwicklung des Kindes von 0 bis 18 Jahren als Basis für entwicklungsförderndes Verhalten der Eltern Über die „Pädagogische Qualität in der Familie“ schreiben Katrin Höhmann & Martina Knörzer (2011, S. 348f.). Struktur-, Prozess- und Orientierungsqualität der Familie stehen bei ihnen im Fokus; fünf Aspekte für eine entwicklungsfördernde Familiensituation werden präsentiert: 1. Das Kind als Subjekt und aktiver Partner 2. Entwicklungsstimulierende Erfahrungen (z. B. Musik, Kunst, Natur) 3. Charakteristiken der elterlichen Beziehung: Akzeptanz, Stolz, Zuwendung, Wärme 4. Vielfältige Aktivitäten mit der ganzen Familie: bewegungsfördernde, kognitiv orientierte, soziale Interaktionen 5. Umfassende Kommunikation. (Entwicklungsfördernde Felder 1, 2, 4, 5; vgl. *Abbildung 2*)

Analyse der für die Forschungsfragen relevanten Aufsätze:

Claus Koch: *Die Bedeutung der frühen Kindheit (2011, S. 38-47)*

Bereits mit den ersten Sätzen macht Koch in seinem Einführungskapitel transparent, unter welchen Aspekten die Kindheit im *ElternBuch* untersucht und gespiegelt wird. Das Kind soll in Abhängigkeit von seinem Elternhaus, dem Erziehungsverhalten und dem familiären Umgang, sowie von seiner sozialen Umgebung und seinen sozialen Bezügen (ökologische Sichtweise) wahrgenommen und schon in der frühen Kindheit in seiner emotionalen und kognitiven Kompetenz gefördert werden. Vier Forschungsansätze zur Bedeutung der frühen Kindheit skizziert der Verfasser: Psychologische Lern- oder kognitive Theorien, die Psychoanalyse, Bindungstheorie und Hirnforschung.

Besonderen Wert legt Koch auf die Sensibilisierung der Mütter und Väter für die wissenschaftlichen Ergebnisse der Bindungsforschung; es gelingt ihm ausgesprochen gut, die enorme Bedeutung von „Sicherer Bindung" transparent zu machen, aber ob es ihm glückt, die nicht professionell ausgebildete Leserschaft zu erreichen, erscheint fraglich. Im Vorwort wird versprochen, eine Brücke zu bauen, „zwischen verschiedenen Ansätzen und wissenschaftlichen Erkenntnissen der Kindheits- und Jugendforschung und ihrer Anwendung auf die alltägliche Erziehungspraxis" (Andresen, Brumlik & Koch, 2011, S. 11f.). Konkretere und ausführlichere Beispiele zum Bindungsverhalten würden für die Eltern hilfreicher sein. Ein Verdienst von Koch (2011, S. 46/47) ist zweifellos der Hinweis auf „die enorme Plastizität des menschlichen Gehirns". (Entwicklungsfördernde Felder 1, 2, 4, 5)

Mauri Fries: *Statt Sorgen: „Guck mir zu, hilf mir und freue dich mit mir!" Was Babys uns sagen können (2011, S. 48-59)*

Viele Eltern haben Mühe, ihr Baby allein durch Beobachtung zu verstehen und dem häufig nonverbalen Verhalten die jeweiligen Bedürfnisse zu entnehmen. Fries geht sowohl ausführlich auf die *Feinzeichen des Befindens* (Brazelton), als auch auf das explorative Verhalten des Kleinkindes ein. Die Gratwanderung der Eltern zwischen Hilfestellung geben und Ermutigung zur Selbständigkeit spricht die Autorin deutlich an; Fries gelingt es, eine Brücke zwischen Theorie und Praxis zu bauen. (Entwicklungsfördernde Felder: 1, 2, 4, 5)

Michael Matzner: *Die Rolle des Vaters in der Kindheit (2011, S. 121-131)*

Zum Thema „Väter" macht Matzner den Eltern eine Fülle von neueren Informationen zugänglich, die geeignet erscheinen, Väter in ihrem Umgang mit ihren Säuglingen und Kleinkindern sicherer zu machen und zu stärken. Gleich zu Beginn seines Aufsatzes führt der Autor das psychoanalytische Konzept der Mutter-Kind-Dyade ein und erweitert es auf die Vater-Kind-Dyade, sowie auf die Mutter-Vater-Kind-Triade („frühe Triangulierung" nach Ernst Abelin, 1971; C.E.). In der Psychoanalyse und Entwicklungspsychologie wird angenommen, dass in einer gesunden Triade wichtige Lernprozesse angestoßen werden. Matzner führt als Beispiel die Autonomieentwicklung – in Form von Ablösung und Individuation des Kindes – an, sowie die Auflösung einer einseitigen symbiotischen Beziehung. Anschaulich schildert der Autor, auf welche Art Väter mit ihren Kindern spielen und appelliert an die „Weltöffnungsfunktion" des Vaters. Die optimale Förderung sieht er in der Präsenz von Mütterlichkeit und Väterlichkeit, von Weiblichkeit und Männlichkeit.

Für den Sohn soll der Vater ein männliches Rollenmodell sein (hier gibt es Fragen zur väterlichen Reflexion; 2011, S. 126); er soll präsent sein, Schutz bieten, Grenzen setzen und damit auch als Reibungsfläche dienen. In der Jugendphase findet die intrapsychische Auseinandersetzung mit männlicher Autorität und Macht statt. Die Identifikation mit dem Vater unterstützt die Suche des Jungen nach Identität, Autonomie, Sicherheit, Werten und Zielen. Eine konstruktive Vater-Tochter-Beziehung wirkt sich laut Matzner positiv auf die Persönlichkeitsentwicklung und den beruflichen Werdegang aus (2011, S. 127).

Der Aufsatz ist auch für Laien nachvollziehbar geschrieben und trotzdem nicht trivial. Bemerkenswert sind die Hinweise an Väter und Mütter zur Bewältigung ihrer neuen Entwicklungsaufgabe – vom Paar zu einer gelingenden Triangulierung (2011, S. 128f.). Obwohl Matzner den Eltern entscheidende Informationen vermittelt, fehlen konkrete Anleitungen zur Erziehung. Die Überschrift „*Väter als Erzieher und Begleiter ihrer Kinder*" (S. 130) hält nicht, was sie verspricht. Wohl benennt der Autor alle *entwicklungsfördernden Felder* in Kurzform, Instruktionen für die Väter fehlen jedoch weitgehend.

Sigrid Tschöpe-Scheffler: *Unterstützung der elterlichen Erziehungskompetenz durch Elternbildungsangebote (2011, S. 175-183)*

Der theoretische und historisch weit ausholende Aufsatz von Tschöpe-Scheffler löst Verwunderung aus: Sollten Eltern bei dem pragmatisch anmutenden Titel des Beitrags auf konkrete Hinweise zur Elternbildung gehofft haben, dann werden sie enttäuscht. Im günstigsten Fall haben Mütter und Väter die Motivation, das Geld und die Zeit, die beiden im Anhang angegebenen und wesentlich praxisbezogeneren Bücher von Tschöpe-Scheffler (2005, 2006) zu kaufen und zu lesen. Gegen Ende der Abhandlung im ElternBuch werden schließlich zehn Kriterien benannt, die Eltern bei der Auswahl von Bildungsangeboten unterstützen können (2011, S. 181):

1. Angstfreie Räume zur Selbstreflexion 2. Ermutigung zu eigenen Wegen versus Rezeptwissen 3. Erlernen und Erproben von entwicklungsfördernden Kommunikationsformen und neuen Handlungsoptionen 4. Erlernen eines geeigneten Umgangs mit psychischen Gewalthandlungen (?) 5. Berücksichtigung der familialen Lebenswelt des jeweiligen Teilnehmers – Raum zur Teilhabe und Mitgestaltung 6. Interventionen und erzieherische Konsequenzen auf der Grundlage der UN-Kinderrechtskonvention 7. Informationen über Entwicklungs- und Grundbedürfnisse, sowie individuelle Verschiedenheiten des Kindes 8. Ermutigende Zusammenarbeit mit anderen Eltern; Unterstützung der Selbstheilungskräfte der Fa-

milie als System und Fokussierung auf die positiven Seiten des Kindes 9. Anleitung der Eltern zum sicheren Umgang mit Grenzen und Konsequenzen 10. Ermutigung der Eltern „gut genug" statt „perfekt" zu sein.

Tschöpe-Schefflers Ausführungen stellen einen umfassenden, idealen Katalog dar, gehen aber an der Realität vorbei. Die Kriterien sind in ihrer Fülle und dem implizierten Perfektionsanspruch eher abschreckend und entmutigend; sie wecken einen überhöhten Erwartungshorizont, der nur Enttäuschung produzieren kann. (Entwicklungsfördernde Felder 1, 2, 3, 4)

Sabine Andresen: *Kindheit heute (2011, S. 198-208)*

Andresen führt in die frühe Kindheit (4 bis 6 Jahre) ein. Sie bezieht sich in ihrem Beitrag auf die Theorien der Entwicklungsaufgaben nach Erik H. Erikson und Robert Havighurst. Zum bedürfnistheoretischen Ansatz präsentiert sie die „Sieben Grundbedürfnisse" von Berry Brazelton und Stanley Greenspan (2008). Andresen führt den Begriff „Schutzfaktoren" ein, der aus der Resilienzforschung hervorging. Die gesellschaftlichen Rahmenbedingungen für „Kindheit heute" werden im zweiten Teil ihres Beitrags kurz umrissen. (Entwicklungsfördernde Felder 1, 2, 3, 4)

Günther Deegener: *Frühe Kindheit: Wann muss ich mir Sorgen machen? (2011, S. 209-221)*

Deegener appelliert an die Selbstreflexivität der Eltern und empfiehlt zur Förderung der Erziehungskompetenz regelmäßigen Erfahrungsaustausch zwischen den Paaren, mit den Erzieherinnen und Kinderärzten, sowie innerhalb eines Elternkurses (Quelle: Tschöpe-Scheffler, 2005). Von derselben Autorin (2003; 2006) übernimmt er konkret die Tabellen über entwicklungsfördernde und entwicklungshemmende Faktoren in der Erziehung. Deegener gibt Hinweise auf Elternbriefe, Elternratgeber auf CD-ROM/DVD und im Internet, auf Radio- und Fernsehsendungen, sowie auf Literatur. Überraschenderweise wird an erster Stelle Wahlgren (2004) mit ihrem nahezu „theorielosen" KinderBuch genannt; daneben werden Hurrelmann/Unverzagt (2000), Nack (1998) und Tschöpe-Scheffler (1999) von Deegener empfohlen. Obwohl dieser Aufsatz verständlich und wenig theorielastig geschrieben ist, stellt sich die Frage, inwieweit es Eltern gelingen kann, den kognitiven Erkenntnisgewinn in Einstellungen, Emotionen und Handlungen zu transformieren. Die Bewältigung von Entwicklungsaufgaben benötigt Zeit, Anleitung und Erfahrung: Dies gilt für Eltern ebenso wie für ihre Kinder. (Entwicklungsfördernde Felder 1, 5)

Wolfgang Bergmann: *Aus Liebe gehorsam – Grenzen, Autorität und Disziplin (2011, S. 254-262):*

Der Pädagoge Bergmann zählt auch über seinen Tod im Jahr 2011 hinaus zu den bekanntesten deutschen Ratgeberautoren; neben seinem wissenschaftlichen Interesse war er vorrangig Praktiker und leitete eine Praxis für Kinder- und Jugendlichentherapie. In der öffentlichen Kontroverse um Bernhard Bueb (2006) und Michael Winterhoff (2008; 2009) bezog Bergmann eine klare reformpädagogische Gegenposition. In seinem Aufsatz im ElternBuch werden zwar die Entwicklungspsychologie und Gehirnforschung (S. 255), sowie die Psychoanalytiker Heinz Kohut und Donald Winnicott (S. 259) erwähnt, echte theoriegeleitete Positionen aber vermisst. Auf Eltern mag dennoch die schlichtere Sprache verständlich und Vertrauen bildend wirken: „Aber es gibt Konflikte, natürlich! Keine Erziehung ohne Konflikte. Mama will das eine, der kleine Johannes [...] exakt das Gegenteil [...]. Und Papa ist wieder anderer Meinung als beide!" (Bergmann, 2011, S. 254). Auch die Ratschläge des Autors sind schlicht: Liebe – Grenzen – Gelassenheit – Respekt – Gemeinsamkeit. (Entwicklungsfördernde Felder 2, 3, 4)

Marianne Leuzinger-Bohleber: *Entwicklungsprozesse in der „mittleren Kindheit" (2011, S. 296-315)*

Leuzinger-Bohleber präsentiert einen exzellenten Aufsatz für professionell ausgebildete Mütter und Väter. Auf nur 20 Seiten stellt sie Entwicklungsprozesse in der „mittleren Kindheit" (6 bis 12 Jahre) vor und fundiert diese durch psychoanalytische, entwicklungspsychologische, bindungstheoretische, neurowissenschaftliche und soziologische Theorien. In der besten Absicht versucht Leuzinger-Bohleber (2011, S. 297), die Eltern auf ihre „Containing function" (vgl. Bion, 1962; C.E.) aufmerksam zu machen, definiert auf der folgenden Seite den Begriff „Latenz" unter Rückgriff auf Sigmund und Anna Freud, führt die Entwicklungsaufgaben nach Erikson ein und veranschaulicht diese sowohl durch ein Schema, als auch in Form von Erläuterungen im Text. Zum Begriff des Überichs (Leuzinger-Bohleber, 2011, S. 302) wählt die Autorin ein sehr anschauliches Beispiel von Joseph Sander (1964) und fügt nahtlos das Konzept des Mentalisierens von Peter Fonagy & Mary Target (2003) an. Diese „Theory of Mind" erläutert Leuzinger-Bohleber (S. 303) anhand des „Smartie-Tests" sehr eindrücklich und weist die Eltern darauf hin, dass Fonagy & Target als Voraussetzung für die Entwicklung von Mentalisierungsfähigkeit die mütterliche Empathie und ein sicheres Bindungsverhalten benennen. Noch auf derselben Seite wird das Konzept der „Parentisierung" (Rollenumkehr) eingeführt (vgl. Iván Böszörményi-Nagy, 1975; C.E.). Im weiteren Verlauf müssen die lesenden und lernenden Eltern den Begriff der „intrinsischen und extrinsischen Motivation" (Heckhausen, 1980; C.E.) verdauen, das

Wort „Frustrationstoleranz“ und „Kernselbstgefühl“ mit Inhalt füllen, sich den Erkenntnissen der „Embodied Cognitive Science“ (S. 305) stellen, die Ergebnisse von neurowissenschaftlichen Studien (Roth, 1996) und der Resilienzforschung zur Kenntnis nehmen und last not least Einblick nehmen in das „soziale Lernen in der Peergroup“ (S. 310).

Leuzinger-Bohleber (2011) bietet als Zusammenfassung der kindlichen Entwicklung (6-12 Jahre) eine sehr gut strukturierte, vierteilige Tabelle für die Eltern an: Entwicklungsaufgaben – Indikatoren für eine gute, progressive Entwicklung – Mit Sensibilität zu beobachtende Entwicklungen – Behandlungsbedürftige, gravierende Symptome (S. 313-315). Für Eltern, die die Fachbegriffe verstehen oder einfach im Internet nachsehen, kann diese Übersicht sehr hilfreich und im besten Fall ausgesprochen beruhigend sein. Positiv sind in dem Beitrag zudem die kurzen, aber durchgängigen Rückgriffe der Autorin auf gesellschaftliche Rahmenbedingungen. *In dem wissenschaftlichen Aufsatz von Leuzinger-Bohleber lassen sich die* „Fünf entwicklungsfördernden Felder“ *(Abbildung 2) präzise nachweisen.*

Die für diese Forschungsarbeit relevanten Beiträge aus dem *ElternBuch* sind in der Mehrzahl ausgesprochen theorielastig. Nur wenigen Autoren gelingt es, die Brücke zur Praxis zu schlagen: Wertvolle theoretische Informationen werden den Eltern häufig ohne Bezug zu exemplarischen Situationen aus dem Familienalltag gegeben. Ein Missverhältnis zwischen pädagogischen Forderungen und praktischen Handlungsanweisungen für die Eltern ist eklatant. Ein propagierter Erziehungsstil ist nicht erkennbar, wohl ist das *Postulat eines entwicklungsfördernden Elternverhaltens* durchgängig, zu dem demokratische Einstellungen und dialogische Methoden gehören. Positiv ist die Einbeziehung von wissenschaftlichen Theorien und einer ökologischen Sichtweise, die durchgängige Berücksichtigung der Bindungsforschung, der Hinweis auf die Plastizität des menschlichen Gehirns, sowie das Postulat, nicht nur die kognitive, sondern auch die emotionale Intelligenz zu fördern.

7.5 Elternbildungsangebote im 21. Jahrhundert

Eine nahezu unüberschaubare Elternbildungslandschaft hat sich in den vergangenen Jahrzehnten bis zur Gegenwart herausgebildet: ältere Elternkurse und Trainings sind in dieser Arbeit bereits vorgestellt worden, neue sind hinzugekommen. Informelle Eltern-Kind-Gruppen lassen sich bis in die 60er Jahre nachweisen, in den 70er Jahren entstehen zunehmend Krabbelgruppen und ab 1988 werden in der BRD neben Babyschwimmen und Mutter-Kind-Turnen die beliebten PEKiP-Kurse (Prager-Eltern-Kind-Programm) angeboten, die Bewegungs- und Spielanregungen für Babys anbieten. Evangelische, katholische, städtische und freie Bildungsträger bieten seit Jahrzehnten Elternbildungsangebote an: regelmäßige Spielgruppen, Elterngesprächskreise am Abend, Familienwochenenden mit Kinderbetreuung und Elternschulung, Bildungswochen für Mütter mit professioneller Kinderbetreuung, Vorträge in Kindertagesstätten und Familienzentren, seit geraumer Zeit auch Veranstaltungen exklusiv für Väter mit Kindern und/oder spezielle Vater-Sohn-Aktivitäten. Der finanzielle Aufwand für die Eltern bleibt moderat, die Qualität der Kurse differiert.

Neben den klassischen Ratgebern in Form von Elternbriefen, Erziehungsbüchern und Elternzeitschriften wird Müttern und Vätern inzwischen zusätzlich auf CD-ROM und DVD Rat angeboten. Im Internet finden sich neben Elternchats und Foren auch Online-Elterntrainings und *Das Familienhandbuch* als Ratgeber (vgl. Deegener, 2011, S. 211); Radio- und Fernsehsendungen runden das Bild ab; dabei löste die RTL-Fernsehserie „Super Nanny“ große fachliche Kritik und Kontroversen quer durch die Republik aus. Theunert konstatiert:

> „Verbände wie der Deutsche Kinderschutzbund, der Paritätische Wohlfahrtsverband, die Deutsche Gesellschaft für Systemische Therapie und Familientherapie haben Stellungnahmen gegen die Sendung veröffentlicht. Fachleute aus Pädagogik, Psychologie, Erziehungsberatung, Kinder- und Familientherapie verwahren sich gegen das Bild, das der Öffentlichkeit hier von Erziehungsprozessen sowie von pädagogischen und therapeutischen Tätigkeitsfeldern vermittelt wird“ (Theunert, 2006, S. 73).

Theunert selbst führt drei gravierende Aspekte an: 1. Kinder werden vorgeführt 2. Kinder wie Eltern werden diskriminiert 3. Erziehung ist reduziert auf Dressur und Gehorsam (vgl. 2006, S. 73f.). Konträr dazu wird in den angebotenen Elternkursen gearbeitet: Ihnen ist der Blick auf die Stärken des Kindes, die Weiterentwicklung der Erziehungskompetenz der Eltern, der gegenseitige Respekt, die Verbesserung der Eltern-Kind-Beziehung und die Förderung der Eltern-Kind-Interaktion ein gemeinsames Anliegen.

Qualitätskriterien für präventive Elternkurskonzepte (nach Tschöpe-Scheffler, 2005, S. 289ff.; Wahl & Sann, 2006, S. 151 und Fuhrer, 2007, S. 289)

- Transparenz der theoretischen Grundlagen des Kurses
- Evaluation durch empirische Wirksamkeitsstudien
- Veränderung entwicklungshemmender Faktoren in den elterlichen Erziehungskonzepten durch wirksame Methoden (z. B. Kommunikation)
- Förderung der Selbstwirksamkeitserwartung und der Erziehungsautorität der Eltern (Ressourcenorientierung)
- Fokussierung auf die Rechte des Kindes und eine gewaltfreie Erziehung

- Pädagogische und konzeptionelle Qualifikation der Kursleitung für den jeweiligen Elternkurs (Zertifizierung)

Vier ergänzende Aspekte von Tschöpe-Scheffler (2005) sollen ausdrücklich erwähnt werden: Voraussetzung für erfolgreiche Entwicklungsprozesse bei den Eltern sind das *Problembewusstsein* und die *Motivation zur Veränderung* (S. 291). Ein *stabiles Selbstwertgefühl* und die positive *Erfahrung von Selbstwirksamkeit* bilden eine wichtige Grundlage für die Erziehungskompetenz der Eltern und wirken sich wiederum entwicklungsfördernd auf das Selbstwertgefühl der Kinder aus (S. 291).

Die Persönlichkeit und Beziehungsfähigkeit der Kursleiter steht neben der Sachebene im Fokus. Als authentisches Vorbild für die Gruppe benötigen die Professionellen selbst alle Kompetenzen, die sie vermitteln. Die Eltern wiederum stehen vor der Aufgabe, die erworbenen Qualifikationen ihren Kindern auf der Sach-, Persönlichkeits- und Beziehungsebene zu vermitteln (vgl. S. 292). Es wird also während der Kursdauer auf drei Ebenen gearbeitet. Tschöpe-Scheffler (2005, S. 292f.) stellt zum Schluss des Kapitels wichtige ökologische Überlegungen an: Niederschwelligkeit der Konzepte, Höhe der Teilnehmerbeiträge, Unterstützung durch Netzwerke, Nachbarschaftshilfen und allgemeine Lebensraumorientierung.

Zu den bekanntesten Elternkursen zählen nach Tschöpe-Scheffler (2005):

- *Gordon Familientraining (F.E.T.)* von Thomas Gordon (2006)
- *Starke Eltern – Starke Kinder®* nach Paula Honkanen-Schoberth & Lotte Jennes-Rosenthal (Finnland; Entwicklung in BRD seit 1985), (vgl. *Tabelle 3*)
- *Triple P (Positive Parenting Program)* von Matthew Sanders et al., (Australien, 1999)
- *STEP – Das Elterntraining* nach Alfred Adler & Rudolf Dreikurs von Don Dinkmeyer et al. (2004)
- *Kess*-erziehen® (kooperativ – ermutigend – sozial – situationsorientiert) nach Alfred Adler & Rudolf Dreikurs (2002)
- *Encouraging*-Elterntraining Schoenaker-Konzept® nach Alfred Adler & Rudolf Dreikurs von Theo Schoenaker (2001)
- *FamilienTeam* – Das Miteinander stärken von Johanna Graf & Sabine Walper (u. a. Emotions-Coaching nach Haim Ginott), (2002)
- *FuN – der Name ist Programm – Familien lernen mit Spaß* von Bernd Brixius et al. (u. a. Systemische Familientherapie); (2000-2002)
- Entwicklungsförderliche Einstellungen, Ziele und Methoden stehen im Fokus.

8 Zusammenfassung der Forschungsergebnisse

Die vorliegende Untersuchung sollte Aufschluss geben

1. über propagierte Werte, Erziehungsstile, Erziehungsziele und Methoden durch die Analyse von ausgewählten Erziehungsratgebern und der Zeitschrift ELTERN über die Zeitspanne der Nachkriegszeit bis zur Gegenwart *(Pädagogische und psychologische Fragestellung)*
2. über Kontinuitäten und Wandel der Postulate in Abhängigkeit von gesellschaftspolitischen Entwicklungen und Forschungsergebnissen in Pädagogik und Psychologie nach der Theorie Bronfenbrenners *(Ökologische Fragestellung)*

Die Untersuchung sollte weitere Forschungsgegenstände klären:

3. Werden erziehungsrelevante *wissenschaftliche Theorien* und Forschungsergebnisse in Elternratgebern und –zeitschriften transferiert oder thematisiert?
4. Welche ökologischen Bedingungen fördern *Ideologien* in Elternratgebern?
5. Bezeichnet der Terminus *entwicklungsfördernder Erziehungsstil* ein neues Konzept oder ist er nur „alter Wein in neuen Schläuchen"?
6. Enthalten populärwissenschaftliche Elternratgeber (Zeitschriften, Bücher, Kurse) trotz aller wissenschaftlichen Kritik *Elternbildungspotential?*

Die Problemstellung wurde interdisziplinär (historisch – pädagogisch – psychologisch – soziologisch), nach der ökologischen Theorie von Bronfenbrenner und unter Anwendung der *Qualitativen Inhaltsanalyse* in Anlehnung an Mayring (2002, 2015) bearbeitet. Um Redundanzen möglichst zu vermeiden, werden die Ergebnisse zu den beiden leitenden Forschungsfragen aufeinander bezogen und Interdependenzen herausgearbeitet. Obwohl in der vorliegenden Arbeit nachgewiesen wird, dass in den vergangenen 70 Jahren „ökologische Übergänge" – soziale Anpassungsprozesse zwischen Person und Umwelt – in allen Systemen stattgefunden und sich gegenseitig beeinflusst haben *(Tabelle 2),* werden die sozialen Kontexte der kindlichen Entwicklung in Elternratgebern nur selten thematisiert. Auch lassen die meisten Ratgeber eine dialektische Sichtweise vermissen.

Der 2. Weltkrieg mit seinen Folgen löste in Deutschland einen einschneidenden „ökologischen Übergang“ (Bronfenbrenner, 1993) für die gesamte Bevölkerung aus. Die Erschütterungen innerhalb des Makrosystems drangen bis ins Mikrosystem ein. Immense Anpassungsprozesse mussten von den einzelnen Individuen geleistet werden. Auf der Ebene der Erziehungsratgeber (Exosystem) zeichneten sich bei den Recherchen ab 1945 sowohl Kontinuität als auch Wandel ab.

Für *Kontinuität* stehen Bücher mit dem subtilen Potential der Schwarzen Pädagogik:

- der nationalsozialistische Elternratgeber von Haarer (1934/1949) – vielfach analysiert und besprochen (z. B. Chamberlain)
- Hefte aus der Schriftenreihe *„Bedrohte Jugend – Drohende Jugend“* (1933-1944) – eigene Analysen
- aber auch Ratgeber aus der Weimarer Republik (z. B. Hetzer, 1932/1957; nach eigenen Analysen ein Entwicklungsratgeber ohne nationalsozialistische Propaganda)

Ein *Wandel* wird nachweisbar durch *eigene Recherchen:*

- die Aufnahme alter demokratisch-pädagogischer Traditionen ab 1900 (Reformpädagogik, Individualpsychologie)
- die Anknüpfung an die Zeit der Weimarer Republik (Psychoanalytische und Sozialistische Pädagogik) – im Widerspruch zu Höffer-Mehlmer (S. 231)
- neue demokratische Bewegungen, wie z. B. der „Arbeitskreis Neue Erziehung e.V.“ (ab 1946 Versendung von Elternbriefen bis zur Gegenwart)
- historische und neue autoritative Postulate der Reformpädagoginnen de L’Aigle (1948) und Specht (ab 1950), sowie der Psychoanalytiker Meng (1945), Achelis-Lehbert (1930/ 1949), Aichhorn (1925/ 1959) und Spock (1952), sowie des Individualpsychologen Seelmann (1950).

Die *gefragtesten* pädagogischen Ratgeber für Schule und Elternhaus sind in der Nachkriegszeit eindeutig *restaurativ* ausgerichtet: Altbewährtes verspricht Sicherheit. Zudem stehen die Erziehungsratgeber aus der Zeit der Weimarer Republik durch die Bücherverbrennungen im 3. Reich nicht mehr zur Verfügung. Die propagierten Erziehungsziele Gehorsam und Unterordnung genießen oberste Priorität, gefolgt von den übrigen „Preußischen Tugenden“. Noch immer werden Methoden der „Schwarzen Pädagogik“ empfohlen. Dem Postulat einer gewaltfreien, autoritativen oder demokratischen Erziehung stehen die Erfahrungen der Eltern im Nationalsozialismus und durch den 2. Weltkrieg entgegen:

1. Traumatisierung der Eltern durch Krieg, Vertreibung, Gewalt
2. Selbst erfahrene autoritäre (nationalsozialistische) Erziehung
3. Intergenerationale Transmission von Eltern-Kind-Beziehungen
4. Bindung der elterlichen Ressourcen an den Wiederaufbau
5. Fehlende materielle, soziale und informative Ressourcen

Eine kleine intellektuelle Schicht der Jugend – vorwiegend Studenten – formiert sich in den 60er Jahren zu einer Antiautoritären Protestbewegung und stößt damit *Liberalisierungs- und Individualisierungsprozesse* an. Indizien eines tiefgreifenden Wandels finden sich auch in Elternratgebern und psychoanalytischen Werken:

- Ideologisierung der pädagogischen Strömungen von Links
- Renaissance der Psychoanalytischen Pädagogik (Aichhorn, Bernfeld u. a.)
- eine neue „Antiautoritäre Pädagogik" (Kinderladenbewegung)
- Selbstentfaltungswerte neben klassischen Werten und Erziehungszielen

Die Ärzte und Psychoanalytiker Mitscherlich (1963) und Richter (1963) beziehen sich auf die *affektive Einstellung der Eltern* zu ihrem individuellen Kind und schreiben dieser einen größeren Effekt auf die gesunde seelische Entwicklung zu, als dem bewusst praktizierten Erzieherverhalten. Mitscherlich ist einer der ersten in der BRD, der bereits zu Beginn der 60er Jahre das *Leitbild* einer *empathischen Mutter-Kind-Beziehung* und einer *kontinuierlichen Vaterpräsenz* einfordert. Diese Postulate bleiben bis zur Gegenwart in den Erziehungsratgebern aktuell und kündigen an dieser Stelle bereits einen Väterdiskurs an. Zeitgeistdiskurse drehen sich um Prozesse der Demokratisierung und um den Autoritätsbegriff.

Ein absolutes Novum stellt die Zeitschrift ELTERN (1966) dar, die bis zur Gegenwart in der BRD führend ist. Ab 1975 kann man sie als Trendsetter für demokratische und gewaltfreie Erziehung bezeichnen. Der *Demokratisierungsprozess in der Ratgeberliteratur* erhält durch Übersetzungen aus angloamerikanischen Ländern vielschichtige Impulse (Spock, 1962; Dreikurs & Soltz, 1966; Neill, 1969). Vermehrt werden soziale Kompetenzen propagiert, wie z. B. die Anerkennung sozialer Gleichwertigkeit, Respekt, Vertrauen, Empathie, Selbsterziehung, Selbstständigkeit, Verantwortungsübernahme, Toleranz. Aus dem Zeitgeist der 60er Jahre heraus entwickelten sich die charakteristischen modernen Werte und späteren Erziehungsziele Emanzipation, Mündigkeit, Autonomie, Solidarität, Frustrationstoleranz, Ambiguitätstoleranz (Krappmann, 1971/2010), Leistungsmotivation, Kommunikation und Kooperation.

Ende der sechziger und Anfang der siebziger Jahre gibt es eine Periode der ausufernden Erziehungsstilbezeichnungen autokratisch, autoritär, liberal, autoritativ, partnerschaftlich, demokratisch, sozialintegrativ, antiautoritär, antipädagogisch etc. Dies dürfte ein Zeichen für die Individualisierung auch auf der Ratgeberebene sein; für den Leser ist es nur verwirrend.

In den 70er Jahren wird in Politik und Wirtschaft, in Wissenschaft und Forschung, in Kultur und Bildung deutlich, dass die *Liberalisierung in der BRD einen irreversiblen historischen Wandel* darstellt. Die nicht mehr junge Demokratie bewältigt den Struktur- und Wertewandel, lässt Raum für Pluralismus, antibürgerliche Kultur und Individualisierungsprozesse. Die Autoren der Erziehungsratgeber ignorieren die ökologischen Erschütterungen, ausgelöst durch das Ende des „Wirtschaftswunders" mit einer Million Arbeitslosen, und leben weiterhin auf einer pädagogischen Insel. Für einen beginnenden Wandel auf dem Ratgebermarkt sprechen folgende Phänomene:

- „Pädagogisierungsschub" und eine Expansion von Elternratgebern
- Individualisierung des Umgangs mit Wertorientierungen
- Auflösung tradierter Erziehungsnormen und –praktiken
- Erscheinen des bekanntesten Ratgebers *Familienkonferenz* (Gordon, 1972)
- Erste antipädagogische Elternbücher (von Braunmühl, 1975, 1976, 1978)
- Erste Erziehungskurse und Medienverbundprojekte für Eltern (1972; 1976)
- Akzeptanz einer medialen Kinderkultur mit vorschulpädagogischen Zielen
- Leitbild eines demokratischen Erziehungsstils versus Bonner Forum (1978)

Marcuse (1967) etikettiert den Zeitgeist mit dem Leitspruch *Neubestimmung der Bedürfnisse.* Hier besteht Kontinuität: Die Wertorientierungen, Erziehungsziele und –stile, die sich bereits Ende der 60er Jahre andeuteten, bleiben zwar bestehen, werden in den Elternratgebern jedoch weiter ausdifferenziert. Der Schwerpunkt liegt eindeutig bei den Selbstentfaltungswerten, dem Erwerb sozialer Kompetenzen und liberalen Erziehungsstilen. Mit dem Ratgeber von Gordon (1972) kommt der erste Elternkurs auf den Markt; das klientenzentrierte Konzept von Rogers ist bis zur Gegenwart aktuell. Die Evaluation der *Familienkonferenz* ergab eine deutliche Verbesserung der Kommunikationskompetenzen bei Eltern und Kindern (Aktives Zuhören – Ich-Botschaften – Niederlagelose Methode); der *Kompetenzbegriff* zieht nun auch in die Ratgeberliteratur ein. ELTERN vertritt in den 70er Jahren bereits das Leitbild eines demokratischen Erziehungsstils.

Durch bahnbrechende wissenschaftliche Forschungsergebnisse wird die Basis gelegt für eine völlig neue Sicht auf den Säugling und seine Kompetenzen von Geburt an. Durch die Beobachtung von Entwicklungspsychologen („Baby-Watcher", z. B. Stern), durch die empirische Säuglingsforschung, die experimentelle Psychologie und Lernpsychologie (Piaget), durch die Kleinkind- und Bindungsforschung (Bowlby), die von einem biologisch begründeten *Bindungsverhaltenssystem* ausgeht, müssen den Eltern aufgrund der wissenschaftlichen Forschungsergebnisse völlig neue Konzepte angeboten werden, damit sie ihre Elternkompetenzen erweitern und variieren können. Dies wird erst in den 80er Jahren relevant werden.

Selbst in der „Risikogesellschaft“ (Beck) sind kaum ökologische Bezüge in der Ratgeberliteratur der 80er Jahre thematisiert. Wohl wirbt Flitner (1982) für eine konsequente Demokratie- und Friedenserziehung mit kritischer Distanz zur Antipädagogik. Durch die eigenen Recherchen fällt auf, dass die gesellschaftspolitischen *Lösungsmodelle von Habermas* (1984) auf der Makroebene mit den Erziehungszielen in den wichtigsten Ratgebern der Dekade innerhalb des Exosystems korrespondieren:

Die Ressource Solidarität	Solidarität, Gleichwertigkeit
Eine kommunikative Alltagspraxis	Kommunikation, Kooperation
Diskursive Willensbildung	Freier Wille, Kritikfähigkeit
Durchsetzung eigener Bedürfnisse	Selbstverwirklichung, Stärke
Entwicklung von Eigeninitiative	Selbstständigkeit, Kreativität

Exemplarisch können diese interdependenten Effekte Bronfenbrenners Theorie vom *Prinzip der wechselseitigen Verbundenheit* innerhalb der einzelnen Systeme verifizieren (1993, S. 24). Ein stärkerer Zeitfaktor muss berücksichtigt werden, bis es zu einer Entwicklung und Modifikation der veränderten Werte und Erziehungsziele im Meso- und Mikrosystem kommt *(Tabelle 2)*. Die Forderung nach *Gleichberechtigung und herrschaftsfreien Diskursen* verdichtet sich auf der Makroebene und dringt bis zur Mikroebene durch die einzelnen Systeme. Soziologen diagnostizieren eine *Verschiebung der Machtbalancen* sowohl zwischen den Partnern als auch zwischen Eltern und Kindern. Der Verhandlungshaushalt wird nun auch juristisch verankert und löst den Befehlshaushalt ab. Bis sich die Theorie in der Praxis aller Milieus durchsetzt, braucht es noch Zeit: 50% der Jugendlichen möchten mit der Erziehungstradition ihrer Eltern brechen und ihre Kinder einmal anders erziehen.

Soziologische Forschungsergebnisse konstatieren eine Tendenz zur zeitlichen Verzögerung der Familienbildung und weiterem Geburtenrückgang (1,28 Kinder). In der kindzentrierten „Kernfamilie“ mit ein bis zwei Kindern entwickeln sich zunehmend eine Emotionalisierung der Familienbeziehungen und eine *Intimisierung der Eltern-Kind-Beziehung* (Heitmeyer & Olk, 1990).

Auf der Basis der durchgeführten Untersuchung kann in den wichtigsten Erziehungsratgebern der 80er Jahre durch die Methode der Qualitativen Inhaltsanalyse ein erheblicher *Wandel* nachgewiesen werden:

- Elterliche Selbstreflexivität als eine *conditio sine qua non*
- Zunehmende Nivellierung der propagierten Erziehungsstile
- Einführung des Terminus *Entwicklungsfördernde Beziehung und Erziehung*
- Kriterien für unbewusstes entwicklungshemmendes pädagogisches Handeln
- Synthese klassischer und moderner Werte und Erziehungsziele *(Tabelle 1)*
- Fließende Grenzen zwischen Fachbuch und Elternratgeber (Miller, Flitner)
- Fortwährende Spezialisierung innerhalb der Ratgeberliteratur
- Implementierung des Elternkurses *Starke Eltern – Starke Kinder* (DKSB)
- *Ideologie der Intensiven Bemutterung* und Anpassung an das Kind
- Diskurse zur Frühsozialisation und das Postulat einer *Neuen Väterlichkeit*
- Psychologisierung der Erziehung und Pädagogisierung der Kindheit

Kontinuität besteht – politisch gewollt – in der Sozialisationsfunktion der Familie. Die starke Mütterzentriertheit des Familienhaushalts, sowie der ungebrochene Stellenwert der Familie als Ort der primären Sozialisation bleiben vorerst unangefochten (Alt & Gloger-Tippelt, 2008). Für die Mütter erhöht sich sowohl der eigene Anspruch, als auch der Druck von außen durch die *Ideologie der Intensiven Bemutterung*. Hays (1998, S. 82) definiert sie als eine „kindzentrierte, expertengeleitete, emotional anstrengende, arbeitsintensive und finanziell kostspielige Erziehungsmethode."

Die starken politischen, wirtschaftlichen, kulturellen, sozialen und familiären Umbrüche und Veränderungen der 90er Jahre innerhalb des Makrosystems – mit Auswirkungen tief ins Mikrosystem hinein – finden keinen Widerhall in der Ratgeberliteratur. Die deutsch-deutsche Wiedervereinigung wird ebenso ignoriert wie die Probleme von 5 Millionen Arbeitslosen. Die Erschütterungen und der „Verlust von Verortung" (Keupp, 1994, S. 337) durch weitere Individualisierungsprozesse sorgen für eine *konservative politische Grundströmung in den 90er Jahren*, die sich in den Postulaten der deutschen Erziehungsratgeber und in den Familienleitbildern widerspiegelt:

- *Dekade der Disziplin* bei neuer Wertesynthese (Gensicke, 2002)
- Grenzen und Leistungsmotivation wieder im Fokus der Ratgeber
- Diskurse über die Risiken einer leistungsorientierten Früherziehung
- Rückgriff auf die Tradition der Reformpädagogik
- Traditionalisierungseffekt bei Paaren im Übergang zur Elternschaft

In den meisten Elternratgebern lässt sich inzwischen ein *Kontinuum* in folgenden Empfehlungen und Postulaten nachweisen: Aufbau einer guten Eltern-Kind-Beziehung und einer sicheren Bindung, elterliche Selbstreflexivität, Förderung von Sozialkompetenz, Selbstentfaltungs-Wertorientierungen, Charakteristika einer entwicklungsfördernden Erziehungshaltung, demokratischer oder autoritativer Erziehungsstil. Auch in den 90er Jahren lässt sich die Ratgeberliteratur mit dem „Fünf-Felder-Kategoriensystem“ *(Abbildung 2)* problemlos erfassen. Die Anliegen der Autoren zeichnen sich deutlich durch unterschiedliche quantitative und qualitative Bearbeitung der einzelnen Felder ab.

Der Boom und der Absatz von Elternratgebern in den 90er Jahren kann als Angst vor der Freiheit (Enttraditionalisierung durch Individualisierung) und als Suche nach Orientierung (Identitätskonstruktionen) gewertet werden. Diese Umbruchserfahrungen in der Spätmoderne generieren vermutlich die *Entgrenzung des Pädagogischen* (Kade, 2004; Niebuhr, 2011) auch in der Ratgeberszene, um zeitgemäße Strukturierungen zu schaffen. Durch die Qualitative Inhaltsanalyse war es möglich, in dieser Arbeit modifizierte und neue Strukturen nachzuweisen:

- Professionalisierung der Elternschaft (Ratgeber, Medien, Bildungswerke etc.)
- Stark expandierende Ratgeberliteratur über *Erziehungskompetenz*
- Mediale, pädagogisch ausgerichtete Kinderkultur
- Ausdifferenzierung der Kommunikationsvorgänge (Kommunikationstraining)
- Konturen einer humanökologischen Pädagogik (Mertens, 1998)
- Entwurf einer systemischen Erziehung (Rotthaus, 1998)

Im neuen Jahrtausend ist das Feld von Erziehungsratgebern durch zusätzliche Angebote in den Medien und im Internet unüberschaubar geworden. Für Eltern wird es immer schwieriger, eine Auswahl zu treffen bei der Vielfalt von Erziehungskursen, der Fülle von Ratgeberliteratur und miteinander konkurrierenden Elternzeitschriften. Um einen schnellen Überblick über die Erziehungsthemen der Jahre 2000 – 2014 zu gewinnen, wurden die monatlichen Ausgaben der vier größten und bekanntesten Zeitschriften „ELTERN“, „Eltern familiy“, „Familie & Co“, sowie „Leben und erziehen“ gesichtet. In den 720 Heften kristallisierten sich sehr schnell die Postulate des *Entwicklungsfördernden Erziehungsstils* heraus und sorgen damit für Kontinuität. Weiterhin steht das entwicklungsfördernde Feld *Haltgebende Strukturen* mit 330 Artikeln an erster Stelle; es folgen die Felder *Bindung und Beziehung* (300 Beiträge), *Soziale Kompetenz* (180 Artikel) und *Kognitive und motorische Entwicklung* (130 Texte). Die Selbstreflexivität der Eltern wird vorausgesetzt. Neben diesem Kontinuum findet die Renaissance von Ritualen in einer „Wohnstubenatmosphäre“ (cocooning) und die Anregung zur Familienforschung statt. Im Fokus steht der Slogan *„Kinder stark machen“* durch Bewegung, Exploration, Autonomie und Übernahme von Aufgaben und Verantwortung versus konsequente Kontrolle durch „Helikoptereltern“. Ein Novum stellt der erste wissenschaftliche Elternratgeber von dem Entwicklungspsychologen Fuhrer dar. Die *Erziehungskompetenz* (2007) dürfte alle Kriterien erfüllen, die bisher Erziehungswissenschaftler aufgestellt haben (z. B. Oelkers, 1995). Die Wirksamkeit von Elternkursen dürfte dennoch höher sein: Eine Zunahme der Implementierung von professionell geführten Elterntrainings und bereits evaluierten Erziehungskursen, sowie Wirksamkeitsnachweise durch Qualitätsmanagementkonzepte belegen Effekte bei der Zunahme von Erziehungskompetenz durch Elterntrainings *(Tabelle 3)*.

9 Interpretation und Diskussion der Ergebnisse

Die Befunde dieser Untersuchung sollen in Kongruenz zu den Forschungszielen der Arbeit unter folgenden Aspekten diskutiert werden:

1. einer *historischen, ökologisch-interdisziplinären* Perspektive
2. Ursachen für *Kontinuität und Wandel* des Erziehungsrats von 1945-2015
3. dem Nachweis von *wissenschaftlichen Theorien* in Erziehungsratgebern
4. der Verbreitung von *Ideologien*
5. dem Paradigma eines *Entwicklungsfördernden Erziehungsstils*
6. Ratgeberliteratur in der *Elternbildung*

Das Argument von Bronfenbrenner (1993, S. 43), „daß jeder ökologische Übergang Folge wie Anstoß von Entwicklungsprozessen ist" wurde in dieser Arbeit präzisiert. Je nach gesellschaftspolitischem und wissenschaftlichem Kontext im Makrosystem wurden Anpassungsprozesse von Ratgeberautoren im Exosystem sichtbar, obwohl die ökologischen Interdependenzen von den Autoren nur in Ausnahmefällen benannt wurden. Erst auf der Schwelle zum nächsten Jahrtausend ließen sich in Erziehungsbüchern und der Zeitschrift ELTERN vermehrt humanökologische Aspekte nachweisen. Die Anpassungsprozesse erfolgten nicht immer linear und zukunftsgerichtet; ein besonderes Phänomen bilden Rückgriffe auf Erziehungsratgeber mit historischen pädagogischen und psychologischen Theorien, sowie ihre Einbettung in den jeweiligen (modernen) Zeitgeist. Die ökologischen Systeme erwiesen sich in der vorliegenden Arbeit in beiden Richtungen als durchlässig: Das Geschehen auf der Makroebene beeinflusste die Vorgänge in den untergeordneten Systemen; Veränderungen im Mikrosystem wirkten sich sowohl auf das Exosystem (z. B. Ratgeber) als auch auf das Makrosystem aus (z. B. Gesetze); *(Tabelle 2)*.

Nach Bronfenbrenner (1993, S. 266ff.) herrscht in den U.S.A. in den wissenschaftlichen und sozialpolitischen Bereichen ein „Defizit-Modell" von der Entwicklung des Menschen vor, das sich auf die BRD übertragen lässt:

> „Man muß nur einmal zählen, wie viele Fachleute und wieviel Hilfspersonal im privaten wie im öffentlichen Sektor speziell dafür angestellt und damit beschäftigt sind, Defizite zu diagnostizieren, von denen man annimmt, daß sie ihre Ursachen in der

> Person oder deren Familie haben, und um im gleichen begrenzten Bereich Korrekturmaßnahmen vorzunehmen […]" (Bronfenbrenner, 1993, S. 267).

Die populärwissenschaftliche Ratgeberliteratur legitimiert ihren Anspruch ebenfalls durch die *Ideologie des Defizit-Modells*. In der wissenschaftlichen Forschung wäre kontinuierliches interdisziplinäres Arbeiten angesagt, um sich der komplexen Entwicklung des Menschen theoretisch anzunähern und Schlüsse zu ziehen für entwicklungsför- dernde Erziehungs- und Lebensbedingungen, sowie praktische Sozialpolitik.

Während in dieser Arbeit eine interdisziplinäre Perspektive eingenommen wurde, leisten zahlreiche Pädagogen Widerstand gegen die „Psychologisierung der Pädagogik" (z. B. Reichenbach, 2002; Giesecke, 2009). Oelkers formuliert die markante These, dass von einem „Übergriff" der Psychologie auf die Pädagogik nicht gesprochen werden kann, sondern das Problem im „Normalverhalten" der Pädagogik begründet ist (In Reichenbach, 2002, S. 12). Einerseits dominieren psychologische Forschungsergebnisse die Pädagogik, andererseits bedienen sich Pädagogen an den wissenschaftlichen Untersuchungsergebnissen. Historische Beispiele für eine gelungene interdisziplinäre Kooperation finden sich ab 1920: Adler und Mitarbeiter entwickelten eine Pädagogik auf tiefenpsychologischer Basis; Aichhorn, Bernfeld, Federn und Meng erarbeiteten eine Psychoanalytische Pädagogik. Diese interdisziplinäre Zusammenarbeit ermöglichte die Anwendung der Erkenntnisse der Individualpsychologie und Psychoanalyse auf die Pädagogik, ohne diese zu unterwerfen oder überflüssig zu machen. Ihre Funktion bestand eher in einer „dienenden" Funktion der Pädagogik gegenüber, als dass sie zu einer „Erosion des pädagogischen Denkens" (Reichenbach & Oser, 2001) beigetragen hätte. Ausgesprochen wertschätzend äußert sich Freud, eher bekannt für kritische Äußerungen:

> „Von allen Anwendungen der Psychoanalyse hat keine so viel Interesse gefunden, so viel Hoffnungen geweckt und demzufolge so viele tüchtige Mitarbeiter herangezogen wie die auf die Theorie und Praxis der Kindererziehung" (Freud, 1925, S. 7f.).

Nach der Eliminierung der Psychoanalytischen Pädagogik im Nationalsozialismus, wurde sie ab den 80er Jahren „wiederentdeckt" und als wissenschaftliche Arbeitsgruppe „Pädagogik und Psychoanalyse" im Jahr 1987 in die DGfE aufgenommen.

Reichenbach unterstellt der psychologischen Sichtweise in der Erziehung, die unmittelbaren Bedürfnisse des Kindes zum Leitkriterium pädagogischen Handelns zu machen, die Zeitperspektive der Gegenwart des Kindes gegenüber der Zukunft zu präferieren, die symmetrische Kommunikation zu idealisieren und das Kind durch eine einseitig gelebte Beziehungsebene von Verantwortungsübernahmen frei zu sprechen (Reichenbach, 2002, S. 7ff.). Zum ersten Punkt ist zu bemerken, dass das *Attachment Parenting* ausschließlich für die Säuglings- und Kleinstkindzeit propagiert wird. Der zweite Einwand mit seiner philosophischen Dimension überrascht noch mehr: Bereits Schleiermacher (1768-1834) trat in seinen pädagogischen Abhandlungen für den Eigenwert des Gegenwartsmomentes ein, insbesondere in der frühen Kindheit. Dialektisch näherte er sich darin dem Antagonismus zwischen dem *Lebensaugenblick (Spiel)* und der *Zukunft (Übung)*. „Jede pädagogische Einwirkung stellt sich dar als Aufopferung eines bestimmten Momentes für einen künftigen, und es fragt sich, ob wir befugt sind, solche Aufopferungen zu machen“ (Schleiermacher, 2000, S. 51). Nach einem klaren Nein vollzieht Schleiermacher eine dialektische Wende und konstatiert, dass die Natur der pädagogischen Einwirkung auf die Zukunft gerichtet ist. Ebenso auf die Zukunft gerichtet ist die psychologische Säuglings-, Kleinkind- und Bindungsforschung, die eventuelle *zukünftige Pathologien* verhindern hilft und auf vielfältige Weise Eingang in die Ratgeberliteratur und inzwischen auch in Elternkurse (z. B. STEEP, SAFE®, B.A.S.E.®) gefunden hat.

Das Ideal einer symmetrischen Kommunikation trotz der Asymmetrie des erzieherischen Verhältnisses wird z. B. nicht nur von Pädagogen, sondern auch von Psychologen in Frage gestellt. Für die Beziehungsgestaltung zwischen Eltern und Kind kann nicht nur monokausal die Sichtweise der Psychologie verantwortlich gemacht werden – auch sie muss unter humanökologischen und interdisziplinären Aspekten analysiert werden: Kulturell, historisch, politisch, soziologisch, pädagogisch und insbesondere individuell biographisch. Nur die Aspekte in ihrer Gesamtheit können eventuell darüber Aufschluss geben, ob und warum der Erwachsene seine Verantwortung (nicht) wahrnimmt und seinen Kindern Verantwortung überträgt oder scheitert. Individualpsychologisch, psychoanalytisch und systemisch gesehen tragen zwar Eltern *und* Kinder die Verantwortung für das Gelingen der Erziehung, aber Mütter und Väter dürfen sich ihrer *größeren* Verantwortung nicht entziehen.

Kontinuität und Wandel in Wertvorstellungen und Erziehungsstilen wurden in dieser Untersuchung eindrücklich dargestellt. Direkt nach dem Kriegsende 1945 versuchten die Alliierten, einen Demokratisierungsprozess in dem vom Nationalsozialismus gezeichneten Land innerhalb des Makro-, Exo-, Meso- und Mikrosystems einzuleiten. Es ist bekannt, dass die Reéducation scheiterte; dennoch konnten durch eigene Recherchen progressive Kräfte im Erziehungsbereich eruiert werden, die sofort bewährte demokratische Traditionen aufnahmen und von den Alliierten unterstützt wurden: Die Reformpädagogik (Montessori- und Waldorfschulen), die Psychoanalytische Pädagogik und die individualpsychologisch-pädagogische Beratung. Innerhalb von vier Jahren wurde zwar eine demokratische Staats-, Wirtschafts- und Gesellschaftsform etabliert – die Werte und Normen des 3. Reiches in den Köpfen der Deutschen ließen sich jedoch nicht so schnell verändern. Während das Erziehungsziel „Gehorsam und Unterordnung" 1951 zu 25% genannt wurde, sank es bis 1987 auf 9%, „Selbstständigkeit und freier Wille" erreichte 1951 nur 28%, im Jahr 1987 bereits 56% (Reuband, 1988, S. 73ff.). Erst 20 Jahre nach der Gründung der BRD konnte von einem *irreversiblen Liberalisierungsprozess* in allen ökologischen Systemen gesprochen werden.

Zu Beginn der 70er Jahre ließ sich in den Erziehungsstilempfehlungen eine einmalige Variationsbreite nachweisen: Autoritär – autoritativ – demokratisch – antiautoritär – antipädagogisch – laissez-faire. Deutlicher konnte die Ablösung von nationalsozialistischen Ideologien kaum ausgedrückt werden. Die Jahre 1965 – 1974 gelten nicht zufällig als Periode des stärksten Wandels. Nach der ökologischen Theorie von Bronfenbrenner (1993) könnte man die Fülle von propagierten Erziehungsstilen dahingehend interpretieren, dass im Makro- und Exosystem bereits erfolgreiche Transformationsprozesse in Richtung einer demokratischen Staats- und Gesellschaftsform stattgefunden haben. Im Mikrosystem differieren jedoch die demokratischen Anpassungsprozesse und die Übernahme einer modifizierten Eltern-Rolle: Der allgemeine Wertewandel ist nicht Motor der Veränderung für *alle* sozialen Milieus, vielmehr zeigt sich nur die Mittelschicht als Schrittmacher für Wertewandel, progressive Erziehungsziele und innovative Sozialisationspraktiken *(Tabelle 1).*

Lineare historische Veränderungen sind eher die Ausnahme: Starke Bewegungen fordern Gegenbewegungen heraus, eine manifestierte sich durch das Bonner Forum *Mut zur Erziehung* (1978). Konservative Philosophen, Politologen, Soziologen und Historiker einigten sich auf ein Thesenpapier gegen eine an der kritischen Theorie orientierten emanzipatorischen Pädagogik: Gegen Mündigkeit, Glücksansprüche, Kritikfähigkeit, Chancengleichheit, Schulreformen „von unten", Verwissenschaftlichung des Unterrichts, gegen professionalisierte und institutionalisierte Erziehung. Nicht die Interessen der Schüler sollten berücksichtigt werden, sondern die Tugenden des Fleißes, der Disziplin und der Ordnung. Die Auswirkungen blieben marginal; erst nach 30 Jahren erfolgte ein neuer, provokanter Vorstoß mit dem *Lob der Disziplin* von Bueb (2006).

In der vorliegenden Arbeit konnte nachgewiesen werden, dass das *Postulat einer gewaltfreien, demokratischen Erziehung* in der Ratgeberliteratur seit den 70er Jahren weitgehend unantastbar blieb, obwohl 1996 noch über 80% der Eltern davon überzeugt waren, dass sie ihre Kinder mit einer leichten Ohrfeige bestrafen dürfen (Zypries, 2005). *Postulate und Realität klaffen nicht nur an dieser Stelle auseinander.* Es konnte in dieser Forschungsarbeit nachgewiesen werden, dass in den Erziehungsempfehlungen der Ratgeber Strafen durch logische Folgen, psychische und physische Gewalt durch Kommunikation und Kooperation abgelöst wurden. Zwei Erziehungsstile charakterisierten ab den 80er Jahren die Postulate:

Der *autoritative* und der *demokratische Stil.* Dieser umfassende Liberalisierungsprozess in den ausgewählten Ratgebern erforderte den bereits beschriebenen Methodenwechsel innerhalb der Qualitativen Inhaltsanalyse von einer deduktiven Kategorien*anwendung* zu einer induktiven Kategorien*entwicklung*.

Den Ruf nach *Kinder brauchen Grenzen* in den 90er Jahren begrüßten viele überforderte Eltern. Der historische „Pendelschlag" schien wieder in eine restaurative Richtung zu gehen: Rogges Elternbuch wurde ein Bestseller und bestimmte thematisch den Ratgebermarkt der Dekade. Gut fundierte und differenzierte Ratgeber sind offensichtlich Trendsetter, greifen aktuelle Diskurse auf, spiegeln sie oder führen sie weiter und initiieren somit Entwicklung und Wandel. Beschleunigt wird dieser Prozess offensichtlich durch die digitale Gesellschaft (Online-Handbücher zur Früh- und Kindergartenpädagogik; Online-Communities der Elternzeitschriften etc.). Das Problem der Erreichbarkeit möglichst aller Eltern spiegelt sich auch im Zugang und der Benutzung der neuen Medien: In den 90er Jahren wurde der Begriff *Digitale Kluft* geprägt, der sich auf den Bildungsgrad und mangelnde Kompetenzen bezog, verbunden mit einer Einkommenskluft.

Vielfältige *wissenschaftliche Theorien* ließen sich in den ausgewählten Elternratgebern problemlos nachweisen. Der wiederholte Rückgriff auf die Reformpädagogik könnte auf ihre Unschärfe und mangelnde theoretische Abgrenzung hin interpretiert werden. Als pragmatische pädagogische Denkform lässt sie sich gut mit anderen Theorien verknüpfen. Aus der Ratgeberliteratur konnten häufig *reformpädagogische Elemente* herausgearbeitet werden:

- Pädagogik vom Kinde aus
- Entwicklung durch entdeckendes Handeln und Lernen
- Förderung von Selbstständigkeit und Selbsttätigkeit
- Förderung der Individualität *und* Förderung der Gemeinschaft
- Zurück zur Natur und Natürlichkeit

An diesen Wesensmerkmalen wird deutlich, dass der *entwicklungsfördernde Erziehungsstil* u. a. auch reformpädagogische Wurzeln hat.

Der ungebrochene Erfolg der *individualpsychologisch-pädagogischen Beratung* verlangt ebenfalls nach einer Interpretation: Das positive Menschenbild, die postulierte Gleichwertigkeit, sowie das Konzept der Ermutigung mag im Gegensatz zu den überzeichneten „Katastrophenszenarien" und Ideologien des Defizit-Modells auf die Eltern entlastend und ermutigend wirken. Adler hat von Anbeginn die *Beziehung* in den Fokus der Erziehung gerückt; mit seiner ganzheitlichen Sicht auf den Menschen trifft er auf den aktuellen Zeitgeist. Attraktiv für die Eltern mag auch die angewandte Tiefenpsychologie sein, mit deren Hilfe bisher unbewusste

Handlungsmuster aufgedeckt werden können. Nicht zuletzt wird der von Anbeginn demokratisch-autoritative Erziehungsstil von den Eltern angenommen.

Als bahnbrechende wissenschaftliche Verfahren und Theorien, die in alle neueren Erziehungsratgeber eingegangen sind, können gelten: Die Säuglingsbeobachtung, die Bindungstheorie, die empirische Säuglings- und Kleinkindforschung und der Paradigmenwechsel zum „kompetenten Säugling" in Verbindung mit den Neurowissenschaften. Es wird die Hypothese aufgestellt, dass die (Mittelschicht-) Eltern auf diesen Grundlagen – vor allem durch die Anleitung zum Beobachten und zur Feinfühligkeit – von Anbeginn ihr Kind besser kennenlernen und verstehen können. Bei problematischen Eltern-Kind-Interaktionen werden die Anweisungen nicht reichen. Inzwischen werden Video-Interventions-Therapien (VIT) angeboten (Papousek, 1998; Downing, 2003; Marvin et al., 2003; Ziegenhain et al., 2004; Suess & Kißgen, 2005; Erickson, 2006; u. a.). Das den Eltern vermittelte Fachwissen in populärwissenschaftlichen Schriften hat in den letzten drei Dekaden erheblich zugenommen, parallel zu den medizinischen und psychologischen Forschungsergebnissen.

Erziehungsratgeber vermitteln nicht nur Theorien, sondern auch *Ideologien:*

- Die *Idealisierung des Familienleitbildes* kann zu einer Destabilisierung des modernen Familientypus führen
- die Mythen „Mutterliebe" und „Glücklichsein" können falsche Erwartungen wecken und in eine Selbstüberforderung münden
- die *Ideologie der Intensiven Bemutterung* dürfte mitverantwortlich sein für den Geburtenrückgang, für überhöhte elterliche Ziele, für mütterliche Stresssymptome und Erschöpfung, sowie eine belastete Paarbeziehung
- die *Ideologie der Gleichberechtigung* könnte Kinder und Jugendliche überfordern; bei ungenügendem Schutz und fehlender Struktur ist mit Persönlichkeitsdefiziten zu rechnen und mit Rollendiffusionen (unklare Grenzen).

In dieser Arbeit wird die Hypothese aufgestellt, dass die Diskurse zur Frühsozialisation zu einem historischen Wandel in den Erziehungsvorstellungen beigetragen haben. Die *Ideologie der intensiven Bemutterung* dürfte ihre Wurzeln in kulturkritischen Werken, in den Forschungsergebnissen der Embryologie, in der modernen Säuglings- und Bindungsforschung und in psychoanalytischen Abhandlungen haben. „Helikopter-Eltern" tragen diesen Prozess weiter bis zum Jugend- und frühen Erwachsenenalter.

Elternratgeber generieren *Erziehungsdiskurse und Erziehungsstildiskurse.* Traditionen werden rational überprüft, neue Forschungsergebnisse erzeugen Wandel. Seit dem 17. Jahrhundert gibt es sich wiederholende Diskurse um das Stillen, seit dem 18. Jahrhundert Diskurse gegen die Frühförderung. Seit Rousseau wird diskutiert, welche Rolle die Autorität in der Erziehung einnimmt und ob Erziehung ohne Strafe auskommt. Der öffentliche Autoritätsdiskurs versus „Kuschelpädagogik“ steht plötzlich im 21. Jahrhundert durch die *Super Nanny (2004-2011), Bueb (2006), Winterhoff (2008), Chua (2011)* und die Replik von Brumlik (2007) im Fokus. Durch einen Diskurs kann eine Reduktion von Komplexität stattfinden, eine Sensibilisierung für das Thema und Reflexion.

Bereits in den 70er Jahren etablierten sich *Kompetenzdiskurse:* Selbstkompetenz, Sozialkompetenz, Sachkompetenz, Methodenkompetenz und als Ergebnis *Handlungskompetenz.* Bei diesem Modell wird Lernen und Entwicklung als selbstgesteuerter und kommunikativer Prozess verstanden im Sinne des Konstruktivismus. In den zeitgenössischen Elternratgebern (z. B. Fuhrer, 2007) wird dem Kompetenzbegriff erneut eine Schlüsselrolle zugewiesen mit dem Begriff *Erziehungskompetenz.* Dabei handelt es sich um ein idealtypisches Konstrukt und eine Paradoxie: Die Prämisse für den Erwerb von Erziehungskompetenzen setzt m. E. zunächst motivationale, kommunikative und selbstreflexive Kompetenzen bei den Eltern voraus. Dieses Paradox mag mitverantwortlich sein für die erschwerte Erreichbarkeit von Elterngruppen, die diese Basiskompetenzen nicht mitbringen (können). Im Rahmen der *Professionalisierung der Elternschaft* stehen dafür sozial benachteiligten Eltern seit 2007 *Frühe Hilfen* des Bundesministeriums für Familie, Senioren, Frauen und Jugend (BMFSFJ) mit speziellen Programmen zur Verfügung. Das Risiko der Professionalisierung wird kaum thematisiert: Die mütterliche und väterliche Authentizität kann durch professionelles Rollenhandeln eingeschränkt, Nähe und Affekte der Eltern könnten von den Kindern nur noch durch eine „Glasglocke“ erlebt werden.

Der Wandel von Erziehungsdiskursen in Elternratgebern verweist auf die Interdependenzen zwischen Zeitgeist, wissenschaftlichen Forschungen und populärwissenschaftlichen Einflüssen durch die Medien.

Das Paradigma eines *Entwicklungsfördernden Erziehungsstils* ist im zweiten Teil ein Schwerpunkt dieser Arbeit. Zur Diskussion gestellt wurde anfangs die Frage, ob dieser propagierte Stil „alter Wein in neuen Schläuchen“ oder ein eigenständiges pragmatisches Konstrukt ist. Historische Wurzeln lassen sich sowohl in der Reformpädagogik, als auch in der Individualpsychologie nachweisen. Ebenso finden sich Vorläufer in Rogers *Client-centered Therapy (1951)* und *On Becoming a person (1961).* Bronfenbrenner entwickelt in *The Ecology of Human Development; Experiments by Nature and Design (1979)* eine Fülle von Hypothesen über das entwicklungsfördernde Potential eines jeden Lebensbereichs. Der „neue

Wein" besteht aus einer solideren wissenschaftlichen Basis durch die Forschungsergebnisse der modernen Entwicklungspsychologie und der Erziehungsstil-Untersuchungen aus den 90er Jahren. Forschungen zum *autoritativen Erziehungsstil* ergaben, dass er sich besonders entwicklungsfördernd auswirkt (Fuhrer, 2005). Alter Wein – neuer Wein? Wie bei den Werten sollte von einer Synthese historischer und moderner Elemente zur Förderung der kindlichen Entwicklung gesprochen werden. Dabei müssen Paradigmenwechsel durch neue Forschungsergebnisse in der Säuglings-, Bindungs-, Kleinkind- und Hirnforschung eingearbeitet werden. Largo (2013) und Fuhrer (2005, 2007) sprechen explizit von einer *entwicklungsfördernden Erziehung:* Dahinter stehen durch Forschung abgesicherte Programme, z. B. das *Zürcher Fit-Konzept.* Auch die Weiterentwicklung psychoanalytischer Sichtweisen (z. B. Mentalisierung) sollte nicht übersehen und auf pädagogische Erziehungssituationen bezogen werden. Die Pädagogik selbst ist gefordert, für die Eltern didaktische und methodische Handreichungen zu entwickeln, damit ein entwicklungsfördernder Erziehungsstil praktiziert werden kann.

Fünf entwicklungsfördernde Erziehungsfelder *(Abbildung 2)* konnten ab 1980 in den Erziehungsartikeln der Zeitschrift ELTERN und in Erziehungsratgebern durch eine induktiv durchgeführte *Qualitative Inhaltsanalyse* in dieser Arbeit nachgewiesen werden. Es bleibt zu diskutieren, was diese Felder zur Erziehungskompetenz von Eltern leisten können und ob sie in der Anwendung den Erziehungsstil–Konstrukten überlegen sind. Erziehungsstilbeschreibungen bleiben meist theoretischer, beziehen sich eher auf die Einstellung der Eltern und die Familienatmosphäre. Die starke ressourcenorientierte Elementarisierung im Fünf-Felder-Unterkategoriensystem (Kap. 1. 6. 5, S. 26f.) gibt den Eltern konkrete Handlungsanweisungen, Mut zur Individualisierung der Erziehung und Anstöße zur Selbstreflexion. Die Charakteristika des autoritativen Erziehungsstils decken sich an vielen Stellen mit den entwicklungsfördernden Unterkategorien.

Ein Vergleich mit den *Fünf Säulen der Erziehung* von Tschöpe-Scheffler (2003) ist lohnend. Ihre Theorien wurden in einem Forschungsprojekt in Verbindung mit dem Elternkurs *Starke Eltern – Starke Kinder* an der Fachhochschule Köln entwickelt. Das Ausgangsmaterial für die „Fünf entwicklungsfördernden Erziehungsfelder" bildete die Zeitschrift *ELTERN* (1980-1989). Tschöpe-Scheffler greift auf Pestalozzi (1746-1827) und auf Korczak (1878-1942) zurück und widmet ihnen die beiden ersten idealisierten Säulen „Liebe" und „Achtung und Respekt". Abweichend von Tschöpe-Scheffler ergab sich bei der eigenen Forschung als erstes Feld *Selbstreflexive Elternschaft,* die auch Tschöpe-Scheffler voraussetzt. Die „(Selbst-)Erziehung der Erzieher" war und ist ein Anliegen der Pädagogik und wird in dieser Arbeit bewusst in das Zentrum der fünf Felder gestellt. Das zweite Feld erhielt die Bezeichnung *Bindung und Beziehung.* Eine Kategorie mit der Bezeichnung „Liebe" wurde bewusst vermieden: Eine kurze und eindeutige

Definition ist unmöglich. Das Wort ist affektiv und biografisch stark besetzt, sowie ausgesprochen kontextabhängig. Liebe kann weder als Norm eingefordert oder erzwungen werden, noch ist eine Romantisierung elterlicher Emotionen wünschenswert. Liebe wird von Eltern häufig verwechselt mit Selbstliebe, Verwöhnen, eigene Bedürfnisse erfüllen (vgl. Richter; Miller). Die aus *ELTERN* extrahierten Felder *Soziale Kompetenz, Haltgebende Strukturen* und *Förderung der motorischen und kognitiven Entwicklung* erhalten eine Bestätigung durch Tschöpe-Schefflers Forschungsprojekt: Die verbleibenden Säulen heißen bei ihr „Kooperation“, „Struktur, Verbindlichkeit und Grenzsetzung“, sowie „Allseitige Förderung“. Während Tschöpe-Scheffler (2003) die Charakteristika des entwicklungsförderlichen und entwicklungshemmenden Erziehungsstils auflistet, liegt der Fokus dieser Arbeit auf der Entwicklungsförderung: Abwendung vom Defizit-Modell hin zum ressourcenorientierten Konzept (z. B. Salutogenese-Modell nach Aaron Antonovsky). Die beiden neuen Säulen *Gemeinschaft* und *Spiritualität* dürften isolierte und weniger spirituelle Eltern eher verärgern und entmutigen (Tschöpe-Scheffler, 2013, S. 80ff.).

Eine ausgesprochen umstrittene Thematik bildet den Schluss: Weisen Erziehungsratgeber und „niedrigschwellige“ Angebote *Elternbildungspotential* auf? Städtische und kirchliche Bildungsträger, AWO, Kitas und Familienzentren unterschiedlicher Träger, der Kinderschutzbund und vergleichbare Vereine finanzieren Elternseminare und Erziehungskurse hauptsächlich mit – unter diesem Aspekt heißt die Antwort „Ja“, denn eine Erfolgskontrolle erfolgt durch aufwändige QM-Verfahren. Die Situation gestaltet sich anders, wenn nur eine Einwegkommunikation stattfindet. Dies ist inzwischen die Ausnahme: Junge Eltern verlassen sich nicht nur auf überliefertes Wissen und den Zeitgeist, holen sich nicht nur bei Eltern und Freunden Rat, sondern sie nutzen in den Frühförderangeboten die Möglichkeit zum Austausch mit anderen Müttern und der Leitung, sind heutzutage digital bestens vernetzt, empfehlen Erziehungsratgeber und Fachbücher weiter und diskutieren darüber, wie die Theorien in die Praxis umgesetzt werden können. Sie bestärken sich gegenseitig darin, jedes Kind individuell zu behandeln. Dies betrifft die Mütter und Väter der oberen sozialen Milieus (insbesondere die „Mittelschicht“). Wie hier beschrieben und beruflich über drei Dekaden selbst erfahren, können Ratgeberliteratur, Elternkurse und Medienangebote – aller Kritik zum Trotz – durchaus emanzipatorische Prozesse anstoßen.

Die zunehmende Rezeption anspruchsvoller wissenschaftlicher Forschungsergebnisse in Erziehungsratgebern (z. B. Flitner, 1982; Brazelton, 1995, 2002; Rotthaus, 1998; Fuhrer, 2007; Largo, 2007, 2013; Andresen, Brumlik & Koch, 2010) und die Bereitschaft von erfahrenen Wissenschaftlern, sich als Autoren von Elternratgebern und Elternkursen zur Verfügung zu stellen, bereitet einen entscheidenden Wandel im neuen Jahrtausend vor. Die hohe Qualität von führenden

Elternzeitschriften überrascht, da sich das „Fünf-Felder Kategoriensystem" durchaus an den wissenschaftlichen Befunden von Frau Tschöpe-Scheffler und ihrem Team messen kann.

Das Interesse von Eltern an Ratgeberliteratur kann als Suche nach Orientierung gewertet werden oder sogar als *Angst vor der Freiheit*; auch die Hoffnung, Bestätigung für die eigene Erziehung zu erfahren, schwingt mit. Eine deutliche Tendenz zur Professionalisierung der Elternschaft von außen und zugleich individuelle Perfektionsansprüche von Seiten der Eltern, könnten z. B. zu dem Phänomen der *Helikoptereltern* beigetragen haben.

Abschließend muss auf ein *Paradox der Ratgeberliteratur* hingewiesen werden: Elternbücher und –zeitschriften, insbesondere aber Elternkurse erreichen gerade das Klientel nicht, welches am meisten der Hilfe bedarf (Keller, 2008, S. 284f.; Liebenwein, 2008, S. 291f.). Ullrich Bauer (2005) prägte den Begriff *Präventionsdilemma,* da Elternbildungsungleichheit in Bildungsungleichheit mündet. Im Umkehrschluss kann die Interpretation nur heißen: Erziehungsratgeber und Elternkurse *enthalten* Elternbildungspotential.

Nicole Keller (2008, S. 301-304)) promovierte bei Jürgen Oelkers und fasste die Motive der Leserschaft von Pädagogischen Ratgebern zusammen:

- Verunsicherung und zugleich starker Bezug zum Medium Buch
- Hoher emotionaler Wert des Ratgebers bei Bestätigung des Erziehungshandelns und Tipps zur Konfliktbewältigung
- Neue Ratschläge versus ursprünglichem (erfolglosem) Erziehungshandeln
- Wunsch nach Informationen über Entwicklung und Erziehung
- Eigene Kinder besser verstehen lernen (informeller Wert)
- Bestätigung für die Entwicklung des eigenen Kindes (emotionaler Wert)
- Informationen für das berufliche Feld
- Wiedererlangung von erzieherischem Selbstvertrauen
- Spiegelung der eigenen erzieherischen Ansichten durch den Ratgeber
- Auswahl des Ratgebers aufgrund von Empfehlungen (Freunde, Verwandte)
- Entscheidung abhängig von Profil und Profession der Autoren (Praxiserfahrung)
- Entscheidung aufgrund von Sprachstil und Gestaltung des Buches
- Emotional positive Auswirkungen durch den Ratgeber als Begleiter im Alltag

Wenn ernsthafte Hilfe bei den Erziehungsaufgaben nötig wird, nehmen Ratgeber eine marginale Position ein. In diesem Fall bevorzugen die Mütter zunächst den Rat von Freundinnen mit gleichaltrigen Kindern oder ihrem Lebenspartner. Bei schweren Erziehungsproblemen werden eher professionelle Berater aufgesucht (Kinderärzte, Erziehungsberatung; vgl. Keller, S. 300f.).

Aus Kellers *explorativer*, empirisch-qualitativer Untersuchung von einer kleineren Stichprobe (47 TN) geht deutlich hervor, dass gut ausgebildete Mütter (Schweizer Sekundarstufe II und Tertiärstufe) – zum Teil professionelle Pädagoginnen (16 TN) – Elternbücher in der Annahme kaufen, dass genügend Weiterbildungspotential in den Erziehungsratgebern enthalten ist. Das pädagogische Wissen und das Handlungswissen eines Ratgebers, den die Eltern als *hilfreich* erachten, fließt direkt in ihr Erziehungshandeln ein (vgl. Keller, S. 297ff.). Bei konkreten Erziehungsproblemen erwarten sie auch konkrete Handlungsalternativen, lösungsorientierte Vorschläge und insbesondere die Bestätigung ihres eigenen Handelns.

10 Forschungsausblick

Die Jahre 2000 bis 2015 wurden thematisch nur gestreift. Eine qualitative Inhaltsanalyse von Ratgebern aus diesem Zeitraum wäre unter den Fragestellungen der vorliegenden Arbeit lohnend. Obwohl Erziehungsratgeber in Buchform noch nicht von den neuen Medien verdrängt wurden, wären zusätzliche Analysen von *Elternangeboten im Netz* und ihren Nutzern aufschlussreich.

Forciert werden sollte weiterhin die forschungsbasierte Konzeption, Implementierung und *Evaluation von Elternkursen.* Die Angebote müssen *zielgruppengerecht* konzipiert werden und Qualitätsstandards (QM) entsprechen. Liebenwein (2008) tritt neben optionalen Angeboten für *verpflichtende präventive Elternkurse* ein – das kann uneingeschränkt unterstützt werden.

Um die Motive und Erwartungen der Leserschaft an Elternratgeber und das tatsächliche *Elternbildungspotential* in Erziehungsratgebern zu erfassen, wären wissenschaftliche Wirkungsanalysen vonnöten. Als Beispiel sei die empirisch-qualitative Untersuchung von Nicole Keller (2008) genannt, die anhand der Erhebungsinstrumente Fragebogen und Interview die Leserschaft und das Leseverhalten der Käufer von pädagogischen Ratgebern und ihren Erfahrungen mit dem postulierten pädagogischen Wissen analysiert hat.

Als aktuelles Leitthema hat sich in dieser Forschungsarbeit die *Förderung der Erziehungskompetenz der Eltern – verbunden mit einem entwicklungsfördernden Erziehungsstil* – herauskristallisiert. Es ist deutlich geworden, dass durch den vielfältigen gesellschaftlichen Wandel (Wertepluralismus, Individualisierung, überholte Erziehungstraditionen, Eindringen der Medien in das Familienleben, gesellschaftlicher Erwartungsdruck an Familien, Leistungsdruck in Schule und Beruf etc.) die Familien in den Primär-Lebensbereichen (Mikrosystemen) ständigen Veränderungen ausgesetzt sind und hohe Anpassungsleistungen erbringen müssen. Bronfenbrenner (1993, S. 14) ist davon überzeugt, „daß die Sozialpolitik die Macht hat, das Wohlergehen und die Entwicklung von Menschen zu beeinflussen, indem sie ihre Lebensumstände festlegt“. Das Bundesfamilienministerium (BMFSFJ) gründete das *Nationale Zentrum Frühe Hilfen* im Jahr 2007 und unterstützte folgende Forschungsprojekte: Präventive Stärkung der Elternkompetenz, wissenschaftliche Begleitung von Modellprojekten und das Bundesprogramm „Elternchance ist Kinderchance“.

Folgende *Forschungsdesiderata* ergeben sich aus der vorliegenden Arbeit

1. *Untersuchungen zur geschlechtsbezogenen Erziehung*
   Es fehlen Forschungsprojekte aus einer geschlechterdifferenzierenden Perspektive im Sinne von *Geschlechtergerechtigkeit.* Dabei sollen Geschlechtsunterschiede weder nivelliert, noch Rollenbilder zementiert werden. In unserer Kultur ist ein gegenwärtiges Erziehungsziel, die spezifische Entwicklung des Mädchens und des Jungen bereits im Vorschulalter zu unterstützen – hin zur *Gleichberechtigung von Frau und Mann* in Familie, Beruf und Gesellschaft – da sich schon in diesem Alter die geschlechtsspezifischen Verhaltensmuster ausprägen (Griebel & Niesel, 1999; Maccoby, 2000; Gilbert, 2001). In der vorliegenden Arbeit blieb die geschlechtsbezogene Erziehung unberücksichtigt.

2. *Forschungen unter interkultureller Perspektive (Flüchtlingsfamilien)*
   Ein ebenfalls jüngeres und inzwischen hochaktuelles Thema stellt die Untersuchung von interkultureller Erziehung dar. Bis in die späten 90er Jahre hinein wurden interkulturelle Kontexte und Themen von den Ratgeberautoren schlichtweg ignoriert. Forschungen über die Entwicklungen seit 2000 wären aufschlussreich; inzwischen sind mehrere Elternkurse auf dem Markt – speziell für Eltern mit Migrationshintergrund (z. B. Opstapje). In den 90er Jahren erschienen Forschungsergebnisse zum Thema „Gewaltfördernde und gewalthemmende kulturelle Einflüsse in Migrantenfamilien" (z. B. Grinberg & Grinberg, 1990).

3. *Erziehung in unterschiedlichen Milieus*
   Forschungen im Kontext von milieuspezifischen Unterschieden (Liebenwein, 2008) könnten Hinweise dafür geben

   - wie Eltern zur Teilnahme an präventiven Erziehungskursen motiviert werden können, um wesentliche Elternkompetenzen zu erwerben oder ihre vorhandenen Kompetenzen zu erweitern und zu trainieren
   - wie Eltern aus den einzelnen Milieus im Kursverlauf didaktisch und methodisch zielgruppengerecht erreicht werden können, sodass eine gelingende Umsetzung des Erlernten wahrscheinlich wird
   - wie Eltern aus Multi-Problem-Milieus mit hohem Unterstützungsbedarf betreut werden müssten, um offen zu werden für die Aufnahme von Erziehungswissen

4. *Erziehungskompetenz als gesellschaftliches Problem*
   Die hier vorliegende Forschungsarbeit hat deutlich gezeigt, dass selbst Eltern

der Mittelschicht im Erziehungssektor einen hohen Informations- und Beratungsbedarf haben. Hier könnten universelle Präventionsprogramme wirken. Erschreckend ist noch immer das Ausmaß an Gewalt Kindern gegenüber trotz des Gesetzes aus dem Jahr 2000, das das Recht der Kinder auf gewaltfreie Erziehung garantieren soll (vgl. Gewaltstudie, Ziegler, 2013). Gewalt geschieht *in allen Schichten*, aber sozial benachteiligte Kinder werden häufiger und in höherer Intensität geschlagen. Alternative elterliche Erziehungsmethoden werden in der Ratgeberliteratur propagiert – dies allein reicht nicht. Für Eltern mit biografischen Gewalterfahrungen müssten selektive, therapeutisch ausgerichtete Präventionsprogramme zur Verfügung stehen. Für Multi-Problem-Familien sind insbesondere niedrigschwellige Angebote indiziert.

Die Forschungsaufgaben der Zukunft könnten darin bestehen – unter interdisziplinärer wissenschaftlicher Begleitung – die *Frühen Hilfen* der einzelnen Bundesländer weiter auszubauen, *Präventionsprogramme* zu evaluieren und auf eine immer stärkere *Vernetzung* der einzelnen Institutionen einzuwirken.

Quellen- und Literaturverzeichnis

Ratgeber

Achelis-Lehbert, E. (1949). *Du und das Kind. Antworten auf brennende Erziehungsfragen* (Originalarbeit erschienen 1930). Stuttgart: Klett.

Adler, A. & Furtmüller, C. (1914/1973). *Heilen und Bilden. Ein Buch der Erziehungskunst für Ärzte und Pädagogen*. Frankfurt/M.: Fischer.

Adler, A. (1930/1974). *Die Technik der Individualpsychologie 2. Die Seele des schwer erziehbaren Schulkindes*. Frankfurt/M.: Fischer.

Adler, A. (1930/1976). *Kindererziehung*. Frankfurt/M.: Fischer. (Dt. Originalarbeit 1930 verschollen, engl. Originalarbeit 1930: The education of children)

Ahrbeck, B. (2004). *Kinder brauchen Erziehung. Die vergessene pädagogische Verantwortung*. Stuttgart: Kohlhammer.

Aichhorn, A. (1951). *Verwahrloste Jugend: Die Psychoanalyse in der Fürsorgeerziehung* (3. erw. Aufl.). Bern: Huber.

Aichhorn, A. & Meng, H. (1959). *Erziehungsberatung und Erziehungshilfe: 12 Vorträge über psychoanalytische Pädagogik. Aus dem Nachlass August Aichhorns*. Bern: Huber.

Aichhorn, A. (1974). *Psychoanalyse und Erziehungsberatung* (2. Aufl.). Frankfurt/M.: Fischer.

Andresen, S. (2011). Kindheit heute. In S. Andresen, M. Brumlik & C. Koch (Hrsg.), *Das ElternBuch. Wie unsere Kinder geborgen aufwachsen und stark werden. 0 – 18 Jahre* (S. 198-208). (2. Aufl.). Weinheim: Beltz.

Bergmann, W. (2011). Aus Liebe gehorsam – Grenzen, Autorität und Disziplin. In S. Andresen, M. Brumlik & C. Koch (Hrsg.), *Das ElternBuch. Wie unsere Kinder geborgen aufwachsen. 0 – 18 Jahre* (S. 254 – 262). (2. Aufl.). Weinheim: Beltz.

Bernfeld, S. (1925/2000). *Sisyphos oder die Grenzen der Erziehung* (12. Aufl.). Frankfurt/M.: Suhrkamp.

Borchert, M., Borchert, M., Derichs, K. & Kunstmann, W. (1977). *Erziehen ist nicht kinderleicht. Ein Arbeitsbuch für Eltern, Lehrer und Erzieher*. Frankfurt/M.: Fischer.

Braunmühl, E. v. (1975/2006). *Antipädagogik. Studien zur Abschaffung der Erziehung*. (Neuauflage). Leipzig: tologo.

Braunmühl, E. v. (1978/2010). *Zeit für Kinder. Theorie und Praxis von Kinderfeindlichkeit Kinderfreundlichkeit Kinderschutz. Zur Beseitigung der Unsicherheit im Umgang mit Kindern. Ein Lehrbuch* (Neuauflage). Leipzig: tologo.

Brazelton, T. B. (1998). *Kleine Schritte, große Sprünge. Ein Kind wächst auf.* Stuttgart: Klett-Cotta (Original erschienen 1992: Touchpoints. Your child's emotional and behavioral development: Birth to three. The essential reference fort he early years)

Brazelton, T. B. (1999). *Die Hürden der ersten Lebensjahre. Ein Kind wächst auf.* Stuttgart: Klett-Cotta (Original erschienen 1996: Touchpoints. Your child's emotional and behavioral development: three to six. The essential reference fort he early years)

Brumlik, M. (Hrsg.). (2007). *Vom Missbrauch der Disziplin. Antworten der Wissenschaft auf Bernhard Bueb.* Weinheim: Beltz.

Bueb, B. (2006). Lob der Disziplin. Eine Streitschrift. Berlin: List/Ullstein.

Cadalbert-Schmid, Y. (1998). *Aber Papa hat's erlaubt! Warum Männer und Frauen unterschiedlich erziehen.* Zürich: Kreuz.

Chua, A. (2011). *Die Mutter des Erfolgs. Wie ich meinen Kindern das Siegen beibrachte.* München: Hanser (Original erschienen 2011: Battle hymn oft he tiger)

Cube, F. v. (1991). *Fordern statt verwöhnen. Die Erkenntnisse der Verhaltensbiologie in Erziehung und Führung.* München: Piper.

Deegener, G. (2011). Frühe Kindheit. Wann muss ich mir Sorgen machen? In S. Andresen, M. Brumlik & C. Koch. Das ElternBuch. Wie unsere Kinder geborgen aufwachsen und stark werden (S. 209 – 221). (2. Aufl.). Weinheim: Beltz.

Degkwitz, R. (1946). *Über die Erziehung gesunder Kinder.* Berlin: Springer.

Diekmeyer, U. (1973/1976). *Das Elternbuch. Unser Kind im 3. Lebensjahr.* Reinbek bei Hamburg: Rowohlt.

Diekmeyer, U. (1973/1988). *Das Elternbuch. Unser Kind im 6. Lebensjahr.* Reinbek bei Hamburg: Rowohlt.

Diekmeyer, U. (1973/1992). *Das Elternbuch 5. Unser Kind im 5. Lebensjahr.* Reinbek bei Hamburg: Rowohlt.

Diekmeyer, U. (1973/2008). *Das Elternbuch 3. Unser Kind im dritten Lebensjahr.* Reinbek bei Hamburg: Rowohlt.

Dolto, F. (1983). *Die ersten fünf Jahre. Alltagsprobleme mit Kindern* (2. Aufl.). Weinheim: Beltz. (Original erschienen 1977: La cause des enfants)

Dornes, M. (1993/2001). Der kompetente Säugling. Die präverbale Entwicklung des Menschen. Frankfurt/M.: Fischer.

Dornes, M. (2000/2007). Die emotionale Welt des Kindes. Frankfurt/M.: Fischer.

Dornes, M. (2012). Die Modernisierung der Seele. Kind – Familie – Gesellschaft. Frankfurt: Fischer.

Dreikurs, R. & Soltz, V. (1966/2008). Kinder fordern uns heraus. Wie erziehen wir sie zeitgemäß? Stuttgart: Klett. (Original erschienen 1964: Children. The challange)

Dreikurs, R., Gould S. & Corsini, R. J. (1977/2003). *Familienrat. Der Weg zu einem glücklichen Zusammenleben von Eltern und Kindern.* Stuttgart: Klett-Cotta. (Original erschienen 1974: Family council)

Elkind, D. (1989). *Wenn Eltern zuviel fordern. Die Risiken einer leistungsorientierten Früherziehung.* Bergisch Gladbach: Bastei-Lübbe. (Original erschienen 1987: Miseducation: preschoolers at risk)

Eyferth, H. (1950/1966). *Gefährdete Jugend. Erziehungshilfe bei Fehlentwicklung.* Hannover: Wissenschaftliche Verlagsanstalt.

Federn, P. & Meng, H. (Hrsg.). (1959). *August Aichhorn. Erziehungsberatung und Erziehungshilfe. Zwölf Vorträge über psychoanalytische Pädagogik.* Bern: Huber.

Flanagan, G. L. (1963). *Die ersten neun Monate des Lebens.* Reinbek bei Hamburg: Rowohlt. (Original erschienen 1962: The first nine months of life)

Fleming, C. M. (1950). *Soziale Psychologie und Erziehung. Eine Einführung in ihre Technik und Anwendung.* Bonn: Dürr. (Original erschienen 1950: The social psychology of education)

Flitner, A. (1982/2004). *Konrad, sprach die Frau Mama. Über Erziehung und Nicht-Erziehung.* Weinheim: Beltz.

Fries, M. (2011). Statt Sorgen: „Guck mir zu, hilf mir und freue dich mit mir!" Was Babys uns sagen können. In S. Andresen, M. Brumlik & C. Koch (Hrsg.), *Das ElternBuch. Wie unsere Kinder geborgen aufwachsen und stark werden* (S. 48 – 59). (2. Aufl.). Weinheim: Beltz.

Fromm, E. (1969). Vorwort. In A. S. Neill. *Theorie und Praxis der antiautoritären Erziehung. Das Beispiel Summerhill* (S. 13-18). Reinbek bei Hamburg: Rowohlt. (Original erschienen 1960: Summerhill. A radical approach to child rearing)

Fuhrer, U. (2007). *Erziehungskompetenz. Was Eltern und Familien stark macht.* Bern: Huber.

Ginott, H. (1969). *Eltern und Kinder. Elternratgeber für eine verständnisvolle Erziehung.* Reinbek bei Hamburg: Rowohlt. (Original erschienen 1965: Between parent and child)

Gordon, T. (1972). *Familienkonferenz. Die Lösung von Konflikten zwischen Eltern und Kind.* Hamburg: Hoffmann und Campe. (Original erschienen 1970: Parent effectiveness training)

Gordon, T. (2010). *Familienkonferenz. Die Lösung von Konflikten zwischen Eltern und Kind* (49. Aufl.). München: Heyne.

Graber, G. H. (1946). *Seelenspiegel des Kindes. Einblick in Tiefenpsychologische Erziehung und Kinderanalyse.* Zürich: Artemis.

Graupner, H. (1955). *Das Elternbuch. Ein Schlüssel zur Kinderwelt.* München: Piper.

Grefe, C. (1995). *Ende der Spielzeit. Wie wir unsere Kinder verplanen.* Berlin: Rowohlt.

Haarer, J. (1951a). *Die Mutter und ihr erstes Kind.* München: Gerber. (Originalarbeit erschienen 1938: *Die deutsche Mutter und ihr erstes Kind).*

Haarer, J. (1940/1951b). *Unsere kleinen Kinder.* München: Gerber.

Hassenstein, B. (1973). *Verhaltensbiologie des Kindes.* München: Piper.

Hassenstein, B. (2006). *Verhaltensbiologie des Kindes* (6. überarbeitete Auflage). Münster: MV-Wissenschaft.

Hetzer, H. (1932). *Seelische Hygiene! – Lebenstüchtige Kinder! Richtlinien für die Erziehung im Kleinkindalter* (3. Aufl.). Dresden: Verlag „Kleine Kinder".

Hetzer, H. (1947). *Erziehungsfehler* (4. Aufl.). Lindau/Bodensee: Verlag „Kleine Kinder".

Hetzer, H. (1957). *Seelische Hygiene. Lebenstüchtige Kinder.* (9. Aufl.). Lindau/ Bodensee: Verlag „Kleine Kinder".

Juul, J. (1997). *Das kompetente Kind. Auf dem Weg zu einer neuen Wertgrundlage für die ganze Familie.* Reinbek bei Hamburg: Rowohlt. (Original erschienen 1996: Dit kompetente barn)

Juul, J. (2007). *Grenzen, Nähe, Respekt. Wie Eltern und Kinder sich finden.* (6. Aufl.). Reinbek bei Hamburg: Rowohlt. (Original erschienen 1998: Her er jeg! Hvem er du?)

Juul, J. (2008). *Nein aus Liebe. Klare Eltern – starke Kinder.* München: Kösel. (Original erschienen 2006: Kunsten at sige nej med god samvittighed)

Juul, J. (2010). *Dein kompetentes Kind. Auf dem Weg zu einer neuen Wertgrundlage für die ganze Familie* (4. Aufl. der Neuübersetzung 2009). Reinbek bei Hamburg: Rowohlt.

Kaniak-Urban, C. (2004). *Jedes Kind hat seine Stärken. Typgerecht erziehen, seelische Nöte erkennen, Kompetenzen fördern.* München: dtv.

Kast-Zahn, A. (1997). *Jedes Kind kann Regeln lernen. Vom Baby bis zum Schulkind: Wie Eltern Grenzen setzen und Verhaltensregeln vermitteln können.* Ratingen: O&P-Verlag.

Kast-Zahn, A. (2013). *Jedes Kind kann Regeln lernen.* (Aktualisierte Neuausgabe). München: Gräfe und Unzer.

Koch, C. (2011). Die Bedeutung der frühen Kindheit. In S. Andresen, M. Brumlik & C. Koch (Hrsg.), *Das ElternBuch. Wie unsere Kinder geborgen aufwachsen und stark werden* (S. 38 – 47). (2. Aufl.). Weinheim: Beltz.

Kommune 2 (1969). Kindererziehung in der Kommune. In I. Karsunke & K. M. Michel (Hrsg.), *Bewegung in der Republik 1965 – 1984. Eine Kursbuch Chronik. Aufbruch und Rollback* (Bd. I). (S. 186 – 198). Frankfurt/M.: Büchergilde Gutenberg.

L'Aigle, A. de (1950). *Eltern-Fibel. Die ewigen Ordnungen in der Erziehung.* (2. Aufl.). Hamburg: Hoffmann und Campe.

Largo, R. H. (1993). *Babyjahre. Die frühkindliche Entwicklung aus biologischer Sicht. Das andere Erziehungsbuch.* Hamburg: Carlsen.

Largo, R. H. (1999/2013). *Kinderjahre. Die Individualität des Kindes als erzieherische Herausforderung* (24. Aufl.). München: Piper.

Largo, R. H. (2010). *Babyjahre. Entwicklung und Erziehung in den ersten vier Jahren* (Vollständig überarbeitete Neuausgabe). München: Piper.

Leach, P. (1979/1985). *Die ersten Jahre deines Kindes.* (3. Aufl.). Bern: Hallwag. (Original erschienen 1977: Your baby and child)

Leach, P. (2001). *Die ersten Jahre deines Kindes. Ein Handbuch für Eltern.* München: dtv.

Leuzinger-Bohleber, M. (2011). Entwicklungsprozesse in der „mittleren Kindheit". Wann muss ich mir Sorgen machen? In S. Andresen, M. Brumlik & C. Koch (Hrsg.), *Das ElternBuch. Wie unsere Kinder geborgen aufwachsen und stark werden* (S. 296 – 315). (2. Aufl.). Weinheim: Beltz.

Liedloff, J. (1980). *Auf der Suche nach dem verlorenen Glück. Gegen die Zerstörung unserer Glücksfähigkeit in der frühen Kindheit.* München: Beck. (Original erschienen 1975: The continuum concept: In search of happiness lost)

Ljublinskaja, A. (1975/1988). *Kinderpsychologie.* Berlin: Volk und Wissen VEV.

Lothrop, H. (1981). *Das Stillbuch.* (3. Aufl.). München: Kösel.

Lothrop, H. (2009). *Das Stillbuch.* (33., aktualisierte Aufl.). München: Kösel.

March, H. (1949). Du bist das Schicksal Deines Kindes. Tiefenpsychologie in der Erziehung. *Der Mensch. Schriftenreihe für Psychologie und Psychotherapie, 1, 5-31.*

Matzner, M. (2011). Die Rolle des Vaters in der Kindheit. In S. Andresen, M. Brumlik & C. Koch (Hrsg.), *Das ElternBuch. Wie unsere Kinder geborgen aufwachsen und stark werden* (S. 121 – 131). (2. Aufl.). Weinheim: Beltz.

Meierhofer, M. (1971). *Frühe Prägung der Persönlichkeit. Psychohygiene im Kindesalter.* Bern: Huber.
Meng, H. (1945). *Zwang und Freiheit in der Erziehung. Erziehen Strafen Reifenlassen.* Bern: Huber.
Meng, H. (1959). (Hrsg.). Aichhorn. *Erziehungsberatung und Erziehungshilfe: 12 Vorträge über psychoanalytische Pädagogik. Aus dem Nachlass August Aichhorns.* Bern: Huber.
Meves, C. (1970). *Mut zum Erziehen. Erfahrungen aus der psychagogischen Praxis.* Hamburg: Furche.
Meves, C. (1973). *Erziehen lernen aus tiefenpsychologischer Sicht.* (3. überarbeitete Aufl.). München: Bayrischer Schulbuch-Verlag.
Meves, C. (2006). *Erziehen lernen. Was Eltern und Erzieher wissen sollten.* (3. unveränderte Aufl.). Gräfelfing: Resch.
Meves, C. (2008). *Geheimnis Gehirn. Warum Kollektiverziehung und andere Unnatürlichkeiten für Kleinkinder schädlich sind.* Gräfelfing: Resch.
Miller, A. (1979/1983a). *Das Drama des begabten Kindes und die Suche nach dem wahren Selbst.* Frankfurt/M.: Suhrkamp.
Miller, A. (1980/1983b). *Am Anfang war Erziehung.* Frankfurt/M.: Suhrkamp.
Miller, A. (1997). Das Drama des begabten Kindes und die Suche nach dem wahren Selbst. (Neufassung 1996). Frankfurt/M.: Suhrkamp.
Neill, A. S. (1969). *Theorie und Praxis der antiautoritären Erziehung. Das Beispiel Summerhill.* Reinbek bei Hamburg: Rowohlt. (Original erschienen 1960: Summerhill. A radical approach to child rearing)
Neill, A. S. (2011). *Theorie und Praxis der antiautoritären Erziehung. Das Beispiel Summerhill* (49. Aufl.). Reinbek bei Hamburg: Rowohlt.
Nikitin, B. & Nikitin, L. (1978). *Vom ersten Lebensjahr bis zur Schule.* (M. Butenschön Hrsg.). Köln: Kiepenheuer & Witsch. (Original erschienen 1977: Ot goda do schkoly)
Nikitin, B. & Butenschön, M. (1990). *Die Nikitinkinder sind erwachsen. Ein russisches Erziehungsmodell auf dem Prüfstand.* Köln: Kiepenheuer & Witsch.
Nitsch, C. & Schelling, C. v. (1996). *Kindern Grenzen setzen – wann und wie? Mit Liebe konsequent sein.* München: Mosaik.
Nitsch, C. & Schelling, C. v. (2004). *Kindern Grenzen setzen – wann und wie? Mit Liebe konsequent sein* (6. Aufl.). München: Mosaik.
Omer, H. & Schlippe, A. v. (2006). *Autorität durch Beziehung. Die Praxis des gewaltlosen Widerstands in der Erziehung.* Göttingen: Vandenhoeck & Ruprecht.
Omer, H. & Schlippe, A. v. (2010). *Stärke statt Macht. Neue Autorität in Familie, Schule und Gemeinde.* Göttingen: Vandenhoeck & Ruprecht.
Perrez, M. (1974). *Eltern-Verhaltenstraining.* Salzburg: Müller.
Pfaffenberger, R. & Schattanik, M. (2001). *Kindererziehung im Alltag leichter gemacht. Ein Praxisbuch für Eltern und ErzieherInnen: Erziehung durch Ermutigung* (3. Aufl.). Oldenburg: Isensee.
Pfeil, E. (1951). *Flüchtlingskinder in neuer Heimat.* Stuttgart: Klett.
Plattner, E. (1938). *Die ersten sechs Lebensjahre. Ein Erziehungsbuch.* (3. Aufl.). Leipzig: Teubner.

Plattner, E. (1958). *Die ersten Lebensjahre. Eine Hilfe im Umgang mit kleinen Kindern.* Stuttgart: Klett.

Prekop, J. (1988). *Der kleine Tyrann. Welchen Halt brauchen Kinder?* München: Kösel.

Prekop, J. (1989). *Hättest du mich festgehalten. Grundlagen und Anwendung der Festhalte-Therapie.* München: Kösel.

Prekop, J. & Schweizer, C. (1991). *Kinder sind Gäste, die nach dem Weg fragen. Ein Elternbuch* (3. Aufl.). München: Kösel.

Prekop, J. & Schweizer, C. (1997). *Unruhige Kinder. Ein Ratgeber für beunruhigte Eltern* (5. Aufl.). München: dtv.

Reinelt, S. (1995). *Tyrannen? Gibt's hier nicht! Halt geben – Freiheit lassen – Grenzen zeigen. Erziehung ohne Machtkampf.* München: Gräfe und Unzer.

Richter, H.-E. (1963/1969). *Eltern, Kind und Neurose. Die Rolle des Kindes in der Familie.* Reinbek bei Hamburg: Rowohlt.

Rogge, J.-U. (1993/1995). *Kinder brauchen Grenzen.* Reinbek bei Hamburg: Rowohlt.

Rogge, J.-U. (2012). *DAS NEUE Kinder brauchen Grenzen* (8. Aufl., vollständig überarbeitete und erweiterte Neuausgabe). Reinbek bei Hamburg: Rowohlt.

Rotthaus, W. (2010). *Wozu erziehen? Entwurf einer systemischen Erziehung.* (7. Aufl.). Heidelberg: Carl-Auer.

Salzmann, C. G. (1796/1961). *Konrad Kiefer oder Anweisung zu einer vernünftigen Erziehung der Kinder. Ein Buch für's Volk.* Bad Heilbrunn: Klinkhardt.

Schoenebeck, H. v. (1982). *Unterstützen statt erziehen. Die neue Eltern-Kind-Beziehung.* München: Kösel.

Schmeer, G. (1975/1996). *Das sinnliche Kind.* Stuttgart: Klett-Cotta.

Schneider, F. (1951). *Katholische Familienerziehung.* Freiburg im Breisgau: Herder.

Seelmann, K. (1952). *Kind, Sexualität und Erziehung. Zum Verständnis der geschlechtlichen Entwicklung und Fehlentwicklung von Kind und Jugendlichen. Folgerungen für eine vorbeugende, aufbauende und heilende Erziehung.* (2. Aufl.). München: Reinhardt.

Seelmann, K. (1959/1996). *Woher kommen die kleinen Buben und Mädchen? Ein kleines Buch zum Vor- und Selberlesen für 9- bis 14jährige Mädchen und Buben.* München: Reinhardt.

Sichtermann, B. (1981/2010). *Leben mit einem Neugeborenen. Ein Buch über das erste halbe Jahr.* Frankfurt/M.: Fischer.

Siemsen, A. (1948). *Die gesellschaftlichen Grundlagen der Erziehung.* Hamburg: Oetinger.

Spahn, C. (1976). *Der Elternführerschein. Ein Kurs zur Erziehung des Kleinkindes.* München: Goldmann.

Specht, M. (Hrsg.). (1950/51). *Kindernöte. Eine Schriftenreihe für Mütter und Erzieher.* Hamburg: „Öffentliches Leben".

Spieler, J. (Hrsg.). (1950-1970). *Bedrohte Jugend – Drohende Jugend.* Stuttgart: Klett.
HEILPÄDAGOGISCHE SCHRIFTENREIHE:
Heft 1: Spieler, J. (1953/1955). *Kinder und Jugendliche richtig an die Hand nehmen.* Stuttgart: Klett.
Heft 2: Wieland, A. (1950). *Wenn Kinder trotzen.* Stuttgart: Klett. (Originalarbeit erschienen 1943)
Heft 5: Bopp, L. (1950). *Das ängstliche Kind.* Stuttgart: Klett. (Erstausgabe 1949)
Heft 6: Gügler, A. (1953). *Euer Sohn in der Entwicklungskrise.* Stuttgart: Klett.
Heft 9: Wieland, A. (1944/1950). *Wenn Kinder Fehler machen.* Stuttgart: Klett.
Heft 10: Spieler, J. (1947/1950). *Wenn Kinder lügen.* Stuttgart: Klett.
Heft 12: Bopp, L. (1943/1950). *Warum Pechvogel.* Stuttgart: Klett.
Heft 16: Pfeil, E. (1951). *Flüchtlingskinder in neuer Heimat.* Stuttgart: Klett.
Heft 20: Hemsing, W. (1951/1955). *Jugendstreiche verstehen und richtig behandeln.* Stuttgart: Klett.
Heft 21: Saatmann, L. (1952). *Kinder spielen sich gesund.* Stuttgart: Klett.
Heft 24: Keppler, L. (1952). *Kinder – liebt sie wie sie sind.* Stuttgart: Klett.
Heft 28: Hermann, C. (1952). *Eure Tochter in der Entwicklungskrise.* Stuttgart: Klett.
Heft 30: Thilo, H.-J. (1953). *Wenn Geschwister sich zanken.* Stuttgart: Klett.
Heft 32: Zulliger, H. (1954). *Was weißt du vom Gewissen deines Kindes?* Stuttgart: Klett.
Heft 33: Müller-Eckhard, H. (1954). *Unser Kind will nicht essen.* Stuttgart: Klett.
Heft 42: Roth, H. (1967/1970). *Autorität oder demokratisch erziehen?* Stuttgart: Klett.
Heft 43: Seelmann, K. (1956). *Wie soll ich mein Kind aufklären?* Stuttgart: Klett.
Heft 47: Hemsing, W. (1960). *Lebendige Familie.* Stuttgart: Klett.

Spock, B. (1946). *Baby and Child Care.* New York: Pocket Books (Cardinal Giant).

Spock, B. (1962). *Säuglings- und Kinderpflege. Pflege und Behandlung des Säuglings; Probleme der Kindheit und Jugend; Krankheiten und Erste Hilfe.* Stuttgart: Deutscher Bücherbund.

Spock, B. & Parker, S. J. (1998). *Dr. Spock's Baby and Child Care* (7. Aufl.). New York: Pocket Books: Simon & Schuster.

Stern, D. N. (1979). *Mutter und Kind. Die erste Beziehung.* Stuttgart: Klett. (Original erschienen 1977: The first relationship: Infant and mother).

Stern, D. N. (2007). *Die Lebenserfahrung des Säuglings* (9., erweiterte Aufl.). Stuttgart: Klett-Cotta. (Original erschienen 1985: The interpersonal world of the infant)

Strätling-Tölle, H. & Strätling, B. (1975). *Erziehen ist (k)ein Kinderspiel. Neue Erziehungsaufgaben in der jungen Familie.* Freiburg: Herder.

Tschöpe-Scheffler, S. (2003). *Fünf Säulen der Erziehung. Wege zu einem entwicklungsfördernden Miteinander von Erwachsenen und Kindern.* Mainz: Grünewald.

Tschöpe-Scheffler, S. (2013). *Fünf Säulen der Erziehung. Wege zu einem entwicklungsfördernden Miteinander von Erwachsenen und Kindern* (7., vollständig überarbeitete Neuauflage). Ostfildern: Patmos.

Tschöpe-Scheffler, S. (2011). Unterstützung der elterlichen Erziehungskompetenz durch Elternbildungsangebote. In S. Andresen, M. Brumlik & C. Koch (Hrsg.), Das Eltern-Buch. Wie unsere Kinder geborgen aufwachsen und stark werden (S. 175 -183). (2. Auflage). Weinheim: Beltz.
Tymister, H. J. (1996). *Pädagogische Beratung mit Kindern und Jugendlichen. Fallbeispiele und Konsequenzen für Familie und Schule.* Hamburg: Bergmann + Helbig.
Veith, P. (1997). *Eltern machen Kindern Mut.* Freiburg i. B.: Herder.
Veith, P. (1998). *Eltern nehmen Kinder ernst. Die 7-Schritte-Methode zur Lösung von Familienkonflikten nach Rudolf Dreikurs.* Freiburg i. B.: Herder.
Wahlgren, A. (2004). *KinderBuch. Wie kleine Menschen groß werden.* Beltz: Weinheim. (Original erschienen 1983/2004: Barnaboken)
Winnicott, D. W. (1992). *Kind, Familie und Umwelt.* (5. Aufl.). München: Reinhardt. (Originalarbeit erschienen 1964: The Child, the Family and the Outside World)
Winterhoff, M. (2008). *Warum unsere Kinder Tyrannen werden. Oder: Die Abschaffung der Kindheit.* Gütersloh: Gütersloher Verlagshaus.
Winterhoff, M. (2009). *Tyrannen müssen nicht sein. Warum Erziehung allein nicht reicht – Auswege.* Gütersloh: Gütersloher Verlagshaus.
Wirtz, K. (1950). *Von der Erziehung unserer Kleinsten.* (3. Aufl.). Dülmen in Westfalen: Laumannsche Verlagsbuchhandlung.

Eltern-Zeitschriften (Artikel über Erziehung)

GEW NRW und Lippe (Hrsg.). (1953-1958). *Unser Kind. o. O.:* Klatt-Verlag. 1953.
ELTERN 10/1966-12/2014
ELTERN family 1/2000-12/2014
Leben & erziehen 1/2000-12/2014
Familie & Co 1/2000-12/2014

Fachbücher und Sachbücher

Adorno, T. W. (1969). *Stichworte. Kritische Modelle 2.* Frankfurt/M.: Suhrkamp.
Adorno, T. W. (1971). *Erziehung zur Mündigkeit. Vorträge und Gespräche mit Hellmut Becker 1959-1969.* Frankfurt/M.: Suhrkamp.
Adorno, T. W. (2015). Erziehung nach Auschwitz 1966. In G. Kadelbach (Hrsg.), *Theodor W. Adorno. Erziehung zur Mündigkeit. Vorträge und Gespräche mit Hellmut Becker 1959-1969* (S. 88-104). (25. Aufl.). Frankfurt: Suhrkamp.
Adorno, T. W. (1973). *Studien zum autoritären Charakter.* Frankfurt/M.: Suhrkamp.
Ahrbeck, B. (2004). *Kinder brauchen Erziehung. Die vergessene pädagogische Verantwortung.* Stuttgart: Kohlhammer.
Aichhorn, A. (1974). *Psychoanalyse und Erziehungsberatung.* Frankfurt/M.: Fischer.

Ainsworth, M. D. S. (1974). Feinfühligkeit versus Unfeinfühligkeit gegenüber den Mitteilungen des Babys. In K. E. Grossmann & K. Grossmann (Hrsg.). (2003), *Bindung und menschliche Entwicklung. John Bowlby, Mary Ainsworth und die Grundlagen der Bindungstheorie* (S. 414-421). Stuttgart: Klett-Cotta.

Alemann, U. von & Forndran, E. (2002). *Methodik der Politikwissenschaft. Eine Einführung in Arbeitstechnik und Forschungspraxis.* (6., erweiterte Aufl.). Stuttgart: Kohlhammer.

Alemann, U. von & Strünck, C. (2002). Die neue Koalitionsrepublik. FDP, Bündnis 90/Die Grünen und die PDS im vereinigten Parteiensystem. In W. Süß (Hrsg.), *Deutschland in den neunziger Jahren. Politik und Gesellschaft zwischen Wiedervereinigung und Globalisierung* (S. 105-121). Opladen: Leske + Budrich.

Andresen, S. (2008). Popularisierung und Trivialisierung von Erziehung. Erziehungsdiskurse in kulturtheoretischer Perspektive. In W. Marotzki & L. Wigger (Hrsg.), *Erziehungsdiskurse.* Bad Heilbrunn: Klinkhardt.

Antoch, R. F. (1982). Einführung. In H. L. Ansbacher & R. F. Antoch (Hrsg.), *Alfred Adler. Psychotherapie und Erziehung. Ausgewählte Aufsätze. Band II: 1930-1932* (S. 7-21). Frankfurt/M.: Fischer.

Arnold, R. (2007). *Aberglaube Disziplin. Antworten der Pädagogik auf das „Lob der Disziplin".* Heidelberg: Auer.

Asendorpf, J. (1988). *Keiner wie der andere. Wie Persönlichkeitsunterschiede entstehen.* München: Piper.

Auchter, T. & Strauss, L. V. (2003). *Kleines Wörterbuch der Psychoanalyse.* Göttingen: Vandenhoeck & Ruprecht.

Auchter, T. (2008a). *Alexander Mitscherlich – Ein Leben für die Psychoanalyse* (Unveröffentlichtes Vortragsmanuskript in der Fassung vom 21. 07. 2008).

Auchter, T. (2008b). Nachwort. In D. W. Winnicott, *Von der Kinderheilkunde zur Psychoanalyse* (S. 291-301). Gießen: Psychosozial.

Aydt, F. (2004). Grenzgänger zwischen Alter und Neuer Rechter. Sprache und Ideologie Horst Mahlers am Beispiel seiner Propaganda im Internet. In W. Gessenharter & T. Pfeiffer (Hrsg.), *Die Neue Rechte – eine Gefahr für die Demokratie?* (S. 107-116). Wiesbaden: VS Verlag für Sozialwissenschaften.

Baberowski, J. (2005). *Der Sinn der Geschichte. Geschichtstheorien von Hegel bis Foucault.* München: Beck.

Barlösius, E. (2011). *Pierre Bourdieu.* Frankfurt/M.: Campus.

Barz, H. (2000). *Weiterbildung und soziale Milieus.* Neuwied: Luchterhand.

Bauer, U. (2005). *Das Präventionsdilemma: Potenziale schulischer Kompetenzförderung im Spiegel sozialer Polarisierung.* Heidelberg: Springer.

Baumert, G. (1954). *Deutsche Familien nach dem Kriege.* Darmstadt: Rother.

Bauriedl, T. (1986). *Die Wiederkehr des Verdrängten. Psychoanalyse, Politik und der Einzelne.* München: Piper.

Baumrind, D. (1971). Current patterns of parental authority. In *Developmental Psychology, 4,* 1-101.

Baumrind, D. (1991). Effective parenting during early adolescent transition. In P. A. Cowan & M. E. Hetherington (Eds.), *Family transitions* (pp. 111-163). Hillsdale, N. J.: Erlbaum.

Beck, U. (1986). *Risikogesellschaft. Auf dem Weg in eine andere Moderne.* Frankfurt/M.: Suhrkamp.

Beck, U. & Beck-Gernsheim, E. (1990). *Das ganz normale Chaos der Liebe.* Frankfurt/M.: Suhrkamp.

Beck, U. & Beck-Gernsheim, E. (Hrsg.). (1994). *Riskante Freiheiten. Individualisierung in modernen Gesellschaften.* Frankfurt/M.: Suhrkamp.

Beck-Gernsheim, E. (1980). *Das halbierte Leben. Männerwelt Beruf, Frauenwelt Familie.* Frankfurt/M.: Fischer.

Bender, D. & Lösel, F. (2005). Misshandlung von Kindern: Risikofaktoren und Schutzfaktoren. In G. Deegener & Körner, W. (Hrsg.), *Kindesmisshandlung und Vernachlässigung* (S. 317-346). Göttingen: Hogrefe.

Benz, U. (2001). Der notwendige Blick auf die eigenen Wurzeln. Frühkindliche Prägungen durch den Nationalsozialismus in den alten Bundesländern. In U. & W. Benz (Hrsg.), *Deutschland, deine Kinder. Zur Prägung von Feindbildern in Ost und West* (S. 185-204). München: dtv.

Berg, C. (1991). Rat geben. Ein Dilemma pädagogischer Praxis und Wirkungsgeschichte. *Zeitschrift für Pädagogik, 5,* 709-734.

Berger, M. (2005). Führende Frauen in sozialer Verantwortung: Johanna Haarer. *Christ und Bildung, 7,* 27.

Bernfeld, S. (2000). *Sisyphos oder die Grenzen der Erziehung.* (12. Aufl.). Frankfurt/M.: Suhrkamp.

Blanz, M., Como-Zipfel, F. & Schermer, F. J. (Hrsg.). (2013). *Verhaltensorientierte Soziale Arbeit: Grundlagen, Methoden Handlungsfelder.* Stuttgart: Kohlhammer.

Bode, S. (2006). *Die vergessene Generation. Die Kriegskinder brechen ihr Schweigen* (4. Aufl.). München: Piper.

Bode, S. (2006). *Die deutsche Krankheit – German Angst.* Stuttgart: Klett-Cotta.

Bohleber, W. (2008). Alexander Mitscherlich, die *Psyche* und die Entwicklung der Psychoanalyse in Deutschland nach 1945. *Psyche. Zeitschrift für Psychoanalyse und ihre Anwendungen, 2,* 99-128.

Bongaerts, G. (2008). *Verdrängungen des Ökonomischen: Bourdieus Theorie der Moderne.* Bielefeld: transcript.

Bopp, J. (1982). *Wir wollen keine neuen Herren. Streitschriften zur Jugend- und Psycho-Szene.* Frankfurt/M.: Eichborn.

Borg-Laufs, M. (2005). Bindungsorientierte Verhaltenstherapie – eine Erweiterung der Perspektive. In J. Junglas (Hrsg.), *10. Rheinische Allgemeine Psychotherapietage. Geschlechtergerechte Psychotherapie und Psychiatrie* (S. 127). Bonn: DPV.

Bortz, J. & Döring, N. (2003). *Forschungsmethoden und Evaluation für Human- und Sozialwissenschaftler* (3., überarbeitete Aufl.). Berlin: Springer.

Bourdieu, P. (1987). *Die feinen Unterschiede. Kritik der gesellschaftlichen Urteilskraft.* Frankfurt/M.: Suhrkamp. (Originalarbeit erschienen 1979: La distinction. Critique sociale du jugement)

Bourdieu, P. (1993). *Sozialer Sinn. Kritik der theoretischen Vernunft.* (9. Aufl.). Frankfurt/M.: Suhrkamp. (Originalarbeit erschienen 1980: Le sens pratique)

Bowlby, J. (1973). *Mütterliche Zuwendung und geistige Gesundheit.* München: Kindler. (Original erschienen 1951: Maternal care and mental health)

Bowlby, J. (1975/2006). *Bindung. Bindung und Verlust* (Bd. 1). München: Reinhardt. (Originalarbeit erschienen 1969: Attachment and loss. Vol. 1: Attachment)

Braunmühl, E. v. (2006). *Antipädagogik. Studien zur Abschaffung der Erziehung.* (Neuaufl.). Leipzig: tologo.

Brazelton, T. B. (1995). *Ein Kind wächst auf. Das Handbuch für die ersten sechs Lebensjahre.* Stuttgart: Klett-Cotta.

Brazelton, T. B. (1998). *Kleine Schritte, große Sprünge. Ein Kind wächst auf.* Stuttgart: Klett-Cotta.

Brazelton, T. B. (1999). *Die Hürden der ersten Lebensjahre. Ein Kind wächst auf.* Klett-Cotta.

Breidenstein, G. & Kelle, H. (2002). Die Schulklasse als Publikum. Zum Verhältnis von Peer Culture und Unterricht. *Die Deutsche Schule, 94* (3), 318-329.

Bretherton, I. (2012). Zur Konzeption innerer Arbeitsmodelle in der Bindungstheorie. In G. Gloger-Tippelt (Hrsg.), *Bindung im Erwachsenenalter. Ein Handbuch für Forschung und Praxis* (2., überarbeitete und ergänzte Aufl.). (S. 65-92). Bern: Huber.

Brock, D. (1994). Rückkehr der Klassengesellschaft? Die neuen sozialen Gräben in einer materiellen Kultur. In U. Beck & E. Beck-Gernsheim (Hrsg.), *Riskante Freiheiten* (S. 61-73). Frankfurt/M.: Suhrkamp.

Brockhaus, G. (2007). Lockung und Drohung – die Mutterrolle in zwei Ratgebern der NS-Zeit. In M. Gebhardt & C. Wischermann (Hrsg.), *Familiensozialisation seit 1933 – Verhandlungen über Kontinuität* (S. 49-68). Stuttgart: Franz Steiner.

Bronfenbrenner, U. (1973). *Erziehungssysteme. Kinder in den USA und der Sowjet-union.* München: dtv. (Original erschienen 1970: Two worlds of childhood. U.S. and U.S.S.R.)

Bronfenbrenner, U. (1979/1993). *Die Ökologie der menschlichen Entwicklung. Natürliche und geplante Experimente.* Frankfurt/M.: Fischer. (Original erschienen 1958: The ecology of human development: Experiments by nature and design)

Brumlik, M. (Hrsg.). (2007). *Vom Missbrauch der Disziplin. Antworten der Wissenschaft auf Bernhard Bueb.* Weinheim: Beltz.

Brumlik, M. (2008). Der große Alexander. *DIE ZEIT 39,* 53.

Bruner, J., Cole, M. & Lloyd, B. (Hrsg.). (1979). Vorwort in D. Stern. *Mutter und Kind. Die erste Beziehung* (S. 7). Stuttgart: Klett.

Buchheim, A. & Strauß, B. (2002). Interviewmethoden der klinischen Bindungsforschung. In B. Strauß, A. Buchheim & H. Kächele (Hrsg.), *Klinische Bindungsforschung. Theorien – Methoden – Ergebnisse* (S. 27-53). Stuttgart: Schattauer.

Bueb, B. (2006). *Lob der Disziplin. Eine Streitschrift.* Berlin: List/Ullstein.

Büchner, P. (1991). Vom Befehlen und Gehorchen zum Verhandeln. Entwicklungstendenzen von Verhaltensstandards und Umgangsnormen seit 1945. In U. Preuss-Lausitz et. al. (Hrsg.), *Kriegskinder, Konsumkinder, Krisenkinder. Zur Sozialisationsgeschichte seit dem Zweiten Weltkrieg* (S. 196-212). (3. Aufl.). Weinheim: Beltz.

Bürgerliches Gesetzbuch (BGB). Familienrecht: 4. Buch, 5. Titel §1626 *Elterliche Sorge*

Burkhardt, W. & Unterseher, L. (1978). *Der Elternführerschein. Bericht über die sozialwissenschaftliche Begleitung eines Medienverbund-Projektes.* Stuttgart: Kohlhammer.

Bussmann, Kai-D. (2005). Verbot elterlicher Gewalt gegen Kinder. Auswirkungen des Rechts auf gewaltfreie Erziehung. In G. Deegener & W. Körner (Hrsg.), *Kindesmisshandlung und Vernachlässigung. Ein Handbuch* (S. 243-263). Göttingen: Hogrefe.

Butenschön, M. (1990). *Die Nikitinkinder sind erwachsen. Ein russisches Erziehungsmodell auf dem Prüfstand.* Köln: Kiepenheuer & Witsch.

Chamberlain, S. (2003). *Adolf Hitler, die deutsche Mutter und ihr erstes Kind. Über zwei NS-Erziehungsbücher.* Gießen: Edition Psychosozial.

Como-Zipfel, F. (2013). Wissenschaftshistorische und berufsethische Grundlagen der Verhaltensorientierten Sozialen Arbeit. In M. Blanz, F. Como-Zipfel & F. J. Schermer (Hrsg.), *Verhaltensorientierte Soziale Arbeit: Grundlagen, Methoden, Handlungsfelder* (S. 13-33). Stuttgart: Kohlhammer.

Cooper, D. (1972). *Psychiatrie und Anti-Psychiatrie.* (2. Aufl.). Frankfurt: Suhrkamp.

Czada, R. (2002). Zwischen Stagnation und Umbruch. Die politisch-ökonomische Entwicklung nach 1989. In W. Süß (Hrsg.), *Deutschland in den neunziger Jahren. Politik und Gesellschaft zwischen Wiedervereinigung und Globalisierung* (S. 203-225). Opladen: Leske + Budrich.

Dahrendorf, R. (1965). *Gesellschaft und Demokratie in Deutschland.* München: Piper.

Danner, H. (2006). *Methoden geisteswissenschaftlicher Pädagogik* (5., überarbeitete und erweiterte Aufl.). München: Reinhardt.

Daudert, Elke (2002). Die Reflective Self Functioning Scale. In B. Strauß, A. Buchheim & H. Kächele (Hrsg.), *Klinische Bindungsforschung. Theorien – Methoden – Ergebnisse* (S. 54- 67). Stuttgart: Schattauer.

Davis, M. & Wallbridge, D. (2007). *Eine Einführung in das Werk von D. W. Winnicott.* (3. Aufl.). Eschborn bei Frankfurt/M.: Klotz. (Original erschienen 1981: Boundary and space, An introduction tot he work of D. W. Winnicott)

Dehli, M. (2007). *Leben als Konflikt. Zur Biographie Alexander Mitscherlichs.* Göttingen: Wallstein.

DGfE. (Hrsg.). (1998). Mitteilungsheft. *Erziehungswissenschaft, 17.*

Dieckmann, C. (2007). Geliebte Kommunarden! Die Revolte im Archiv: Ein Besuch im Hamburger Institut für Sozialforschung. In B. Erenz & V. Ullrich (Hrsg.), *DIE ZEIT-Geschichte Nr. 2* (S. 70-78). Hamburg: Zeitverlag Gerd Bucerius.

Dill, G. (2003). Nachwort. Notizen zur Geschichte der Haarer-Bücher im Dritten Reich und nach Kriegsende. In S. Chamberlain, *Adolf Hitler, die deutsche Mutter und ihr erstes Kind. Über zwei NS-Erziehungsbücher* (S. 207-210). Gießen: Psychosozial.

Döring, N. (2003). *Sozialpsychologie des Internet. Die Bedeutung des Internet für Kommunikationsprozesse, Identitäten, soziale Beziehungen und Gruppen.* Göttingen: Hogrefe.

Dörr, M. (1998). *« Wer die Zeit nicht miterlebt hat...»: Frauenerfahrungen im Zweiten Weltkrieg und in den Jahren danach. Bd. 3: Das Verhältnis zum Nationalsozialismus und zum Krieg.* Frankfurt/M: Campus.

Dornes, M. (1993/2001). *Der kompetente Säugling. Die präverbale Entwicklung des Menschen.* Frankfurt/M.: Fischer.

Dornes, M. (2000/2007) *Die emotionale Welt des Kindes.* Frankfurt/M.: Fischer.

Dornes, M. (2012). *Die Modernisierung der Seele. Kind – Familie – Gesellschaft.* Frankfurt/M.: Fischer

Downing, G. (2003). Video-Mikroanalyse-Therapie. Einige Grundlagen und Prinzipien. In H. Scheuerer-Englisch, G. J. Suess & W.-K. P. Pfeifer (Hrsg.), *Wege zur Sicherheit. Bindungswissen in Diagnostik und Intervention* (S.51-68). Gießen: Psychosozial.

Drieschner, E. (2007). *Erziehungsziel „Selbständigkeit". Grundlagen, Theorien und Probleme eines Leitbildes der Pädagogik.* Wiesbaden: VS Verlag für Sozialwissenschaften.

Ecarius, J. (2002). *Familienerziehung im historischen Wandel. Eine qualitative Studie über Erziehung und Erziehungserfahrungen von drei Generationen.* Opladen: Leske + Budrich.

Ermann, M. (2009). *Psychoanalyse in den Jahren nach Freud. Entwicklungen 1940 – 1975.* Stuttgart: Kohlhammer.

Farin, K. (2006). *Jugendkulturen in Deutschland 1950 – 1989. Zeitbilder.* Bonn: Bundeszentrale für politische Bildung.

Farin, K. (2011). *Jugendkulturen in Deutschland* (überarbeitete Neuaufl.). Bonn: Bundeszentrale für politische Bildung.

Faulstich, W. (2004). Gesellschaft und Kultur der siebziger Jahre: Einführung und Überblick. In W. Faulstich (Hrsg.), *Die Kultur der 70er Jahre.* (S. 7-18). München: Fink.

Faulstich, W. (2005). Überblick: Wirtschaftliche, politische und soziale Eckdaten des Jahrzehnts. In W. Faulstich (Hrsg.), *Die Kultur der 80er Jahre.* (S. 7-20). München: Fink.

Faulstich, W. (2010). Einleitung – zu den politischen, wirtschaftlichen und sozialen Konturen. In: W. Faulstich (Hrsg.), *Die Kultur der 90er Jahre.* (S. 7-20). München: Fink.

Fend, H. (1988). *Sozialgeschichte des Aufwachsens. Bedingungen des Aufwachsens und Jugendgestalten im zwanzigsten Jahrhundert.* Frankfurt/M.: Suhrkamp.

Ferchhoff, W. (2000). Die >Jugend < der Pädagogik. In U. Sander & R. Vollbrecht, (Hrsg.), *Jugend im 20. Jahrhundert. Sichtweisen – Orientierungen – Risiken* (S. 32-74). Neuwied: Luchterhand.

Fischer-Kowalski, M. (1991). Halbstarke 1958, Studenten 1968: Eine Generation und zwei Rebellionen. In U. Preuss-Lausitz u.a. (Hrsg.), *Kriegskinder, Konsumkinder, Krisenkinder. Zur Sozialisationsgeschichte seit dem Zweiten Weltkrieg* (S. 53-70). (3. Aufl.). Weinheim: Beltz.

Fliegel, S., Groeger, W. M., Künzel, R., Schulte, D., Sorgatz, H. (1998). *Verhaltensthe-rapeu- tische Standardmethoden. Ein Übungsbuch.* (4. Aufl.). Weinheim: Beltz, PVU.

Flügge, J. (Hrsg.). (1972). *Pädagogischer Fortschritt?* Bad Heilbrunn (Obb.): Klinkhardt.

Fonagy, P. (2003). *Bindungstheorie und Psychoanalyse.* Stuttgart: Klett-Cotta. (Original erschienen 2001: Attachment theory and psychoanalysis)

Frehsee, D. (2000). Die >Jugend< des Rechts. In U. Sander & R. Vollbrecht (Hrsg.), *Jugend im 20. Jahrhundert. Sichtweisen – Orientierungen – Risiken* (S. 116-136). Neuwied: Luchterhand.

Frei, N. (2006). Die langen Fünfziger. In Marion Gräfin Dönhoff et al. (Hrsg.), *60 Jahre DIE ZEIT – 60 Jahre Zeitgeschichte 1946 – 2006. Erster Teil 1946 – 1966* (S. 4-17). Hamburg: Zeitverlag Gerd Bucerius.

Frei, N. (2007). Aufbruch der Siebenundsechziger. Vor 40 Jahren formierte sich die deutsche Studentenbewegung. In B. Erenz & V. Ullrich (Hrsg.), *DIE ZEIT Geschichte Nr. 2* (S. 18-31). Hamburg: Zeitverlag Gerd Bucerius.

Freimüller, T. (2007). *Alexander Mitscherlich. Gesellschaftsdiagnosen und Psychoanalyse nach Hitler.* Göttingen: Wallstein.

Freud, A. (1927/1966). *Einführung in die Technik der Kinderanalyse.* (4. Aufl.). München: Reinhardt.

Freud, S. (1930/1994). *Das Unbehagen in der Kultur und andere kulturtheoretische Schriften.* Frankfurt/M.: Fischer.

Freund, N. (2010). Wiedervereinigung und Erinnerungspoltik: „Ostkultur" und „Westkultur" im ersten Jahrzehnt der Berliner Republik. In W. Faulstich (Hrsg.), *Die Kultur der 90er Jahre* (S. 21-41). München: Fink.

Fthenakis, W., Kalicki, B. & Peitz, G. (2002). *Paare werden Eltern. Die Ergebnisse der LBS-Familien-Studie.* Opladen: Leske & Budrich.

Fuhrer, U. (2005). *Erziehungspsychologie.* Bern: Huber.

Fuhse, J. (2009). Lässt sich die Netzwerkforschung besser mit der Feldtheorie oder der Systemtheorie verknüpfen? In R. Häußling (Hrsg.), *Grenzen von Netzwerken (Netzwerkforschung)* (S. 55-80). Wiesbaden: VS/GWV.

Gebhardt, M. (2007). Haarer meets Spock – frühkindliche Erziehung und gesellschaftlicher Wandel seit 1933. In M. Gebhardt & C. Wischermann (Hrsg.), *Familiensozialisation seit 1933 – Verhandlungen über Kontinuität* (S. 87-104). Stuttgart: Franz Steiner.

Gebhardt, M. (2009). *Die Angst vor dem kindlichen Tyrannen. Eine Geschichte der Erziehung im 20. Jahrhundert.* München: DVA.

Gessenharter, W. (1994). *Kippt die Republik? Die Neue Rechte und ihre Unterstützung durch Politik und Medien.* München: Knaur.

Gessenharter, W. (2004). Im Spannungsfeld. Intellektuelle Neue Rechte und demokratische Verfassung. In W. Gessenharter & T. Pfeiffer (Hrsg.), *Die Neue Rechte – eine Gefahr für die Demokratie?* (S. 31-49). Wiesbaden: VS Verlag für Sozialwissenschaften.

Geuter, U. (1984). *Die Professionalisierung der deutschen Psychologie im Nationalsozialismus.* Frankfurt/M.: Suhrkamp.

Giesecke, H. (2009). *Pädagogik – quo vadis? – Ein Essay über Bildung im Kapitalismus.* Weinheim: Juventa.

Gilcher-Holtey, I. (2008). *Die 68er Bewegung. Deutschland – Westeuropa – USA.* München: Beck.

Gilcher-Holtey, I. (2007). Ideen für die ganze Welt. In B. Erenz & V. Ullrich (Hrsg.). *DIE ZEITGeschichte 2,* (46-52).

Girkinger, M. (2007) *Mensch und Gesellschaft in der frühen Tiefenpsychologie. Politik bei Sigmund Freud, Alfred Adler und Wilhelm Reich.* Marburg: Tectum.

Glasersfeld, E. v. (1997). *Radikaler Konstruktivismus: Ideen, Ergebnisse, Probleme.* (8. Aufl.). Frankfurt/M.: Suhrkamp.

Gloger-Tippelt, G. (1985). Der Übergang zur Elternschaft. Eine entwicklungspsychologische Analyse. *Zeitschrift für Entwicklungspsychologie und Pädagogische Psychologie, 17,* 53-92.

Gloger-Tippelt, G. (1988). *Schwangerschaft und erste Geburt. Psychologische Veränderungen der Eltern.* Stuttgart: Kohlhammer.

Gloger-Tippelt, G. & König, L. (2005). Bindungsentwicklung bei Kindern und Jugendlichen mit Misshandlungs- und Missbrauchserfahrungen. In G. Deegener & W. Körner (Hrsg.), *Kindesmisshandlung und Vernachlässigung* (S. 347-368). Göttingen: Hogrefe.

Gloger-Tippelt, G. (2008). Präventive Programme zur Stärkung elterlicher Beziehungskompetenzen. Der Beitrag der Bindungsforschung. In U. Ziegenhain & J. M. Fegert (Hrsg.), *Kindeswohlgefährdung und Vernachlässigung* (2. Aufl.). (S. 128-141). München: Reinhardt.

Gloger-Tippelt, G. & König, L. (2009). *Bindung in der mittleren Kindheit. Das Geschichtenergänzungsverfahren zur Bindung 5- bis 8-jähriger Kinder (GEV-B).* Weinheim: Beltz (PVU).

Gloger-Tippelt, G. (Hrsg.). (2012). *Bindung im Erwachsenenalter. Ein Handbuch für Forschung und Praxis* (2. überarbeitete und ergänzte Aufl.). Bern: Huber.

Görtemaker, M. (2004). *Geschichte der Bundesrepublik Deutschland. Von der Gründung bis zur Gegenwart.* Frankfurt/M.: Fischer.

Graf, J. (2005). FamilienTeam – Das Miteinander stärken. Elterntraining für ein respektvolles und glückliches Zusammenleben. In S. Tschöpe-Scheffler (Hrsg.), *Konzepte der Elternbildung – eine kritische Übersicht* (S. 115-135). Opladen: Barbara Budrich.

Groeben, N. & Rustemeyer, R. (2002). Inhaltsanalyse. In E. König & P. Zedler (Hrsg.), *Qualitative Forschung* (S. 233-258). (2. Aufl.). Weinheim: Beltz.

Grossmann, K.E. & Grossmann, K. (2002). Klinische Bindungsforschung aus der Sicht der Entwicklungspsychologie. In B. Strauß, A. Buchheim & H. Kächele (Hrsg.), *Klinische Bindungsforschung. Theorien – Methoden – Ergebnisse,* (S. 295-318). Stuttgart: Schattauer.

Grossmann, K. E. & Grossmann, K. (Hrsg.). (2015). *Bindung und menschliche Entwicklung. John Bowlby, Mary Ainsworth und die Grundlagen der Bindungstheorie.* (4. Aufl.). Stuttgart: Klett-Cotta.

Habermas, J. (1985). *Die Neue Unübersichtlichkeit.* Frankfurt/M.: Fischer.

Habermas, U. & Habermas, J. (1987). Parteinehmendes analytisches Denken. Brief an eine Freundin. In K. Brede et al. (Hrsg.), *Befreiung zum Widerstand. Aufsätze zu Feminismus, Psychoanalyse und Politik,* (S. 104-107). Frankfurt/ M.: Fischer.

Häußling, R. (Hrsg.). (2009). *Grenzen von Netzwerken (Netzwerkforschung).* Wiesbaden: VS/GWV.

Hays, S. (1998). *Die Identität der Mütter. Zwischen Selbstlosigkeit und Eigennutz.* Stuttgart: Klett-Cotta. (Original erschienen 1996: The Cultural Contradictions of Motherhood)

Hefft, G. (1978). *Elternbücher. Eine pädagogische Analyse.* München: Piper.

Heinrichs, N./Behrmann, L./Härtel, S./Nowak, C. (2007). *Kinder richtig erziehen – aber wie? Eine Auseinandersetzung mit bekannten Erziehungsratgebern.* Göttingen: Vandenhoeck & Ruprecht.

Heinze, R. G. (2002). Politik und Zivilgesellschaft. Regierungspolitik der rot-grünen Koalition. In W. Süß (Hrsg.), *Deutschland in den neunziger Jahren. Politik und Gesellschaft zwischen Wiedervereinigung und Globalisierung* (S. 175-188). Opladen: Leske + Budrich.

Hellbrügge, T. (2006). Vom Deprivationssyndrom zur Entwicklungs-Rehabilitation. In K.-H. Brisch & T. Hellbrügge (Hrsg.), *Kinder ohne Bindung. Deprivation, Adoption und Psychotherapie* (S. 13-28). Stuttgart: Klett-Cotta.

Hengst, H. (2004). Differenzielle Zeitgenossenschaft. In D. Geulen & H. Veith (Hrsg.), *Sozialisationstheorie interdisziplinär. Aktuelle Perspektiven* (273-291). Stuttgart: Lucius & Lucius.

Hengst, H. (2013). *Kindheit im 21. Jahrhundert. Differenzielle Zeitgenossenschaft.* Weinheim: Beltz Juventa.

Henry-Huthmacher, C. & Borchard, M. (Hrsg.). (2008). *Eltern unter Druck. Zusammenfassung der wichtigsten Ergebnisse der Studie.* Stuttgart: Lucius & Lucius.

Hentig, H. von (1975). Vorwort. In Philippe Aries (1976), *Geschichte der Kindheit* (S. 7-44). München: Hanser.

Hermanns, M. & Hille, B. (1987). *Familienleitbilder im Wandel. Normative Vorgaben und Selbstkonzepte von Eltern und Jugendlichen. Materialien zum Siebten Jugendbericht.* (Band 3). München: DJI Verlag.

Herrmann, T. (Hrsg.). (1966). *Psychologie der Erziehungsstile. Braunschweiger Symposion über Erziehungsstile (28. 3. - 31. 3. 1966).* Göttingen: Hogrefe.

Herzberg, I. (2003). Kinder, Kindheit und Kinderkulturen. Zum Verhältnis „alter“ und „neuer“ Perspektiven. In B. Stickelmann & H.-P. Frühauf (Hrsg.), *Kindheit und sozialpädagogisches Handeln* (37-78). Weinheim: Juventa.

Höffer-Mehlmer, M. (2003). *Elternratgeber. Zur Geschichte eines Genres.* Baltmannsweiler: Schneider Verlag Hohengehren.

Höffer-Mehlmer, M. (2007). Sozialisation und Erziehungsratschlag. Elternratgeber nach 1945. In M. Gebhardt & C. Wischermann (Hrsg.), *Familiensozialisation seit 1933 – Verhandlungen über Kontinuität* (S. 71-85). Stuttgart: Franz Steiner.

Höffer-Mehlmer, M. (2008). Erziehungsdiskurse in Elternratgebern. In W. Marotzki & L. Wigger (Hrsg.), *Erziehungsdiskurse* (S. 135-153). Bad Heilbrunn: Klinkhardt.

Hohnerlein, E. M. & Blenk-Knocke, E. (2008). Einführung. In BMFSFJ (Hrsg.), *Rollenleitbilder und –realitäten in Europa: Rechtliche, ökonomische und kulturelle Dimensionen* (S. 13-19). Sinzheim: Nomos.

Hollstein, W. (1981). *Die Gegengesellschaft. Alternative Lebensformen.* Reinbek bei Hamburg: Rowohlt.

Hoyer, T. (2008). *Im Getümmel der Welt. Alexander Mitscherlich – ein Porträt.* Göttingen: Vandenhoeck & Ruprecht.

Hradil S. (2001). *Soziale Ungleichheit in Deutschland.* (8. Aufl., Nachdruck 2005). Wiesbaden: VS.

Hradil, S. (2002). Zur Sozialstrukturentwicklung der neunziger Jahre. In W. Süß (Hrsg.), *Deutschland in den neunziger Jahren. Politik und Gesellschaft zwischen Wiedervereinigung und Globalisierung* (S. 227-250). Opladen: Leske + Budrich.

Hurrelmann, K. & Ulich, D. (Hrsg.). (2002). *Handbuch der Sozialisationsforschung.* (6. Aufl.). Weinheim: Beltz

Hurrelmann, K., Grundmann, M. & Walper, S. (Hrsg.). (2008). *Handbuch Sozialisationsforschung.* (7., vollständig überarbeitete Aufl.). Weinheim: Beltz.

Jordan, S. (2009). *Theorien und Methoden der Geschichtswissenschaft.* Paderborn: Schöningh.

Jugendwerk d. Dt. Shell (Hrsg.). (1982). *Jugend `81: Lebensentwürfe, Alltagskulturen, Zukunftsbilder* (Band 1). Wiesbaden: Verlag für Sozialwissenschaften (VS).

Jugendwerk d. Dt. Shell (Hrsg.). (1985). *Jugendliche und Erwachsene `85: Generationen im Vergleich* (5 Bde). Leverkusen: Leske+Budrich.

Kaufmann, F. X. (1990). Familie und Modernität. In K. Lüscher, F. Schultheis & M. Wehrspaun (Hrsg.), *Die „postmoderne" Familie* (2. Aufl.) (S. 391-416). Konstanz: Universitätsverlag.

Kaufmann, F. X. (1995). *Zukunft der Familie im vereinten Deutschland. Gesellschaftliche und politische Bedingungen.* München: Beck.

Keller, N. (2008). *Pädagogische Ratgeber in Buchform – Leserschaft eines Erziehungsmediums.* Bern: Peter Lang.

Keller, R. (2011). *Diskursforschung. Eine Einführung für Sozialwissenschaftlerinnen* (4. Aufl.). Wiesbaden: VS.

Kempf, V. (2008). *Christa Meves. Kritik an der Emanzipationsbewegung. Neue Weiblichkeit. Die Zukunft der Kinder.* Bad Schussenried: Hess.

Kessel, M. (2008). Wandel und Kontinuität von Geschlechterrollen in Deutschland. Überlegungen zur Dauerhaftigkeit von Geschlechterrollen und –leitbildern in Deutschland. In BMFSFJ (Hrsg.), *Rollenleitbilder und –realitäten in Europa: Rechtliche, ökonomische und kulturelle Dimensionen* (S. 19-32). Sinzheim: Nomos.

Keupp, H. (1994). Ambivalenzen postmoderner Identität. In Beck, U. & Beck-Gernsheim, E. (Hrsg.), *Riskante Freiheiten. Individualisierung in modernen Gesellschaften* (S. 336-352). Frankfurt/Main: Suhrkamp.

Kingma, R. (1996). *Elternbildung in Medien. Eine Inhaltsanalyse der Zeitschrift ELTERN 1967-1992.* Frankfurt/M.: Peter Lang.

Klaas, M., Flügel, A., Hoffmann, R. & Bernasconi, B. (2011). Kinderkultur oder der Versuch einer Annäherung. In M. Klaas, A. Flügel, R. Hoffmann & B. Bernasconi (Hrsg.), *Kinderkultur(en)* (S. 9-25). Wiesbaden: VS Verlag für Sozialwissenschaften.

Klein, M. (1972). *Das Seelenleben des Kleinkindes und andere Beiträge zur Psychoanalyse.* Reinbek bei Hamburg: Rowohlt.

Kloepfer, I. & Kloepfer, I. (2012). *Glucken, Drachen, Rabenmütter. Wie junge Menschen erzogen werden wollen.* Hamburg: Hoffmann & Campe.

Kluge, F. (2002). *Etymologisches Wörterbuch der deutschen Sprache* (24. Aufl., bearb. von E. Seebold). Berlin: de Gruyter.

König, E. & Zedler, P. (Hrsg.). (2002). *Qualitative Forschung. Grundlagen und Methoden* (2. Aufl.). Weinheim: Beltz.

Köppen, K. (2003). *Vereinbarkeit von Beruf und Familie – ein Vergleich zwischen Deutschland und Frankreich.* Diplomarbeit, Lehrstuhl für Demographie, Universität Rostock.

Kohut, H. (1976). *Narzißmus. Eine Theorie der psychoanalytischen Behandlung narzißtischer Persönlichkeitsstörungen.* Frankfurt/M.: Suhrkamp. (Original erschienen 1971: The analysis oft he self. A systematic approach to the psychoanalytic treatment of narcissistic personality disorders)

Koller, H.-C. (2010). *Grundbegriffe, Theorien und Methoden der Erziehungswissenschaft. Eine Einführung* (5. Aufl.). Stuttgart: Kohlhammer.

Kolmer, L. (2008). *Geschichtstheorien.* Paderborn: Fink.

Kommune 2 (1969). Kindererziehung in der Kommune. In I. Karsunke & K. M. Michel (Hrsg.), *Bewegung in der Republik 1965 – 1984. Eine Kursbuch Chronik. Aufbruch* und Rollback (Band 1). (S. 186-198). Frankfurt/M.: Büchergilde Gutenberg.

Kornexl, K. (2008). *Das Weltbild der Intellektuellen Rechten in der Bundesrepublik Deutschland. Dargestellt am Beispiel der Wochenzeitschrift JUNGE FREIHEIT.* München: Utz.

Kränzl-Nagl, R. & Mierendorff, J. (2007). Kindheit im Wandel. Annäherungen an ein komplexes Phänomen. *SWS-Rundschau, 47 (1),* 3-25.

Krais, B. & Gebauer, G. (2010). *Habitus.* (3. Aufl.). Bielefeld: transcript.

Krappmann, L. (1993). Kinderkultur als institutionalisierte Entwicklungsaufgabe. In M. Markefka & B. Nauck (Hrsg.), *Handbuch der Kindheitsforschung* (S. 365-376). Neuwied: Luchterhand.

Kretschmar, O. (1991). Sozialwissenschaftliche Feldtheorien. Von der Psychologie Kurt Lewins zur Soziologie Pierre Bourdieus. *Berliner Journal für Soziologie, 1 (4),* 567-579.

Kübler, H.-D. (2004). Die eigene Welt der Kinder. Zur Entstehung von Kinderkultur und Kindermedien in den siebziger Jahren. In W. Faulstich (Hrsg.), *Die Kultur der 70er Jahre. Kulturgeschichte des 20. Jahrhunderts* (S. 65-80). München: Fink.

Kulke, C. (1991). Altrebellen und Neurebellen zwischen Annäherung und Abgrenzung. Zur Veränderung des Protestverhaltens Jugendlicher. In U. Preuss-Lausitz et al. (Hrsg.), *Kriegskinder, Konsumkinder, Krisenkinder. Zur Sozialisationsgeschichte seit dem Zweiten Weltkrieg* (S.71-88). Weinheim: Beltz.

Kupffer, H. (1974). *Jugend und Herrschaft – Eine Analyse der pädagogischen Entfremdung.* Heidelberg: Quelle & Meyer.

Kupffer, H. (1977). *Pädagogische Praxis und die Theorie. Zum Problem der Freiheit erzieherischen Handelns.* Weinheim: Beltz.

Kuttler, S. (2009). *Förderung von Erziehungskompetenz. Eine vergleichende Untersuchung zur Wirksamkeit von Elterntrainingskursen.* Hamburg: Diplomica.

Lang, H.-J. (1994a). Die Baby-Watcher (Teil 1). *Zeitschrift für Individualpsychologie, 19 (2),* 83-103.

Lang, H.-J. (1994b). Die Baby-Watcher (Teil 2). *Zeitschrift für Individualpsychologie, 19 (3),* 214-227.

Lenzen, D. (1989). *Pädagogische Grundbegriffe.* (Bd. 2.) Reinbek bei Hamburg: Rowohlt.

Lewin, K. (1951/2012). *Feldtheorie in den Sozialwissenschaften. Ausgewählte theoretische Schriften.* Bern: Huber. (Original erschienen 1951: Field theory in social sciences)

Liebenwein, S. (2008). *Erziehung und soziale Milieus. Elterliche Erziehungsstile in milieuspezifischer Differenzierung.* Wiesbaden: VS Verlag für Sozialwissenschaften.

Liegle, L. (2002). Kulturvergleichende Ansätze in der Sozialisationsforschung. In K. Hurrelmann & D. Ulich (Hrsg.), *Handbuch der Sozialisationsforschung. Studienausgabe* (6. Aufl.). (S. 215-230). Weinheim: Beltz.

Lockot, R. (2000). Psychoanalytiker eignen sich ihre deutsche Geschichte an. In A.-M. Schlösser & K. Höhfeld (Hrsg.), *Psychoanalyse als Beruf* (S. 135-162). Gießen: Psychosozial.

Lorenz, H. (2005). *Kriegskinder. Das Schicksal einer Generation.* Berlin: Ullstein.

Lück, H. E. (1996). *Die Feldtheorie und Kurt Lewin. Eine Einführung.* Weinheim: PVU.

Lüders, C. (1994). Pädagogisches Wissen für Eltern. Erziehungswissenschaftliche Gehversuche in einem unwegsamen Gelände. In H. Krüger & T. Rauschenbach (Hrsg.), *Erziehungswissenschaft. Die Disziplin am Beginn einer neuen Epoche* (S. 163-183). Weinheim: Juventa.

Lüscher, K. (1976). Urie Bronfenbrenners Weg zur ökologischen Sozialisationsforschung. Eine Einführung. In U. Bronfenbrenner, *Ökologische Sozialisationsforschung* (S. 6-32). Stuttgart: Klett.

Lüscher, K., Schultheis, F. & Wehrspaun, M. (1990). *Die „postmoderne" Familie. Familiale Strategien und Familienpolitik in einer Übergangszeit.* Konstanz: Universitätsverlag.

Lukesch, H. (Hrsg.). (1975). *Auswirkungen elterlicher Erziehungsstile.* Göttingen: Hogrefe.

Lukesch, H. (1975). *Erziehungsstile. Pädagogische und psychologische Konzepte.* Stuttgart: Kohlhammer.

Lukesch, H. (1976). *Elterliche Erziehungsstile. Psychologische und soziologische Bedingungen.* Stuttgart: Kohlhammer.

Mahler, M. (1975). *Die psychische Geburt des Menschen.* Frankfurt/M.: Fischer.

Main, M. (1995/2012). Aktuelle Studien zur Bindung. In G. Gloger-Tippelt (Hrsg.), *Bindung im Erwachsenenalter. Ein Handbuch für Forschung und Praxis* (2., überarbeitete und ergänzte Aufl.). (S. 17-64). Bern: Huber.

Marcuse, H. (2015). *Der eindimensionale Mensch. Studien zur Ideologie der fortgeschrittenen Industriegesellschaft.* Springe: zu Klampen.

Marotzki, W. & Wigger, L. (Hrsg.). (2008). *Erziehungsdiskurse.* Bad Heilbrunn: Klinkhardt.

Marcuse, H. (1967/2008). *Der eindimensionale Mensch. Studien zur Ideologie der fortgeschrittenen Industriegesellschaft.* München: dtv.

Marvin, R. S., Cooper, G., Hoffmann, K. & Powell, B. (2003). In H. Scheuerer-Englisch, G. J. Suess & W.-K. P. Pfeifer (Hrsg.), *Wege zur Sicherheit. Bindungswissen in Diagnostik und Intervention* (S. 25-50). Gießen: Psychosozial.

Mayntz, R., Holm, K. & Hübner, P. (1978). *Einführung in die Methoden der empirischen Soziologie.* (5. Aufl.). Opladen: Westdeutscher Verlag.

Mayring, P. (2002). *Einführung in die Qualitative Sozialforschung.* (5., überarbeitete und neu ausgestattete Aufl.). Weinheim: Beltz.

Mayring, P. (2003). *Qualitative Inhaltsanalyse. Grundlagen und Techniken.* (8. Aufl.). Weinheim: Beltz.

Mayring, P. (2015). *Qualitative Inhaltsanalyse. Grundlagen und Techniken.* (12., überarbeitete Aufl.). Weinheim: Beltz.

Meng, H. (1945). *Zwang und Freiheit in der Erziehung: erziehen, strafen, reifenlassen.* Bern: Huber.

Merten, K. (1995). *Inhaltsanalyse. Einführung in Theorie, Methode und Praxis.* (2., verbesserte Aufl.). Wiesbaden: Springer Fachmedien.

Meves, C. (2000). *Mein Leben. Herausgefordert vom Zeitgeist.* (2. überarbeitete Aufl.). Gräfelfing: Resch.

Meves, C. (2007). *Aufbruch zu einer christlichen Kulturrevolution.* (2. Aufl.). Stein am Rhein/Schweiz: Christiana.

Meves, C. (2008). *Geheimnis Gehirn. Warum Kollektiverziehung und andere Unnatürlichkeiten für Kleinkinder schädlich sind.* (2., vollständig überarbeitete Aufl.). Gräfelfing: Resch.

Miller, A. (1979/1983a). *Das Drama des begabten Kindes und die Suche nach dem wahren Selbst.* Frankfurt/M.: Suhrkamp.

Miller, A. (1980/1983b). *Am Anfang war Erziehung.* Frankfurt/M.: Suhrkamp.

Miller, A. (1997). *Das Drama des begabten Kindes und die Suche nach dem wahren Selbst.* (Neufassung 1996). Frankfurt/M.: Suhrkamp.

Mitscherlich, A. (1963/1970). *Auf dem Weg zur vaterlosen Gesellschaft. Ideen zur Sozialpsychologie.* München: Piper.

Möller, K. (2000). Politische Orientierungen von Jugendlichen – Historische Phasen, Generationen, Bewegungen und Jugendkulturen. In U. Sander & R. Vollbrecht (Hrsg.), *Jugend im 20. Jahrhundert. Sichtweisen – Orientierungen - Risiken* (S. 254-278). Neuwied: Luchterhand.

Montada, L. (Hrsg.). (1979). *Brennpunkte der Entwicklungspsychologie.* Stuttgart: Kohlhammer.

Montada, L. (2002). Die geistige Entwicklung aus der Sicht Jean Piagets. In R. Oerter & L. Montada (Hrsg.). *Entwicklungspsychologie.* (S. 418-442). Weinheim: Beltz/PVU.

Münch, U. (2002). Ansätze zur Reform der sozialen Sicherungssysteme. Reform zwischen Halbherzigkeit und politischer Blockade. In W. Süß (Hrsg.), *Deutschland in den neunziger Jahren. Politik und Gesellschaft zwischen Wiedervereinigung und Globalisierung* (S. 251-268). Opladen: Leske + Budrich.

Myers, D. G. (2008). *Psychologie* (2. Aufl.). Heidelberg: Springer.

Nave-Herz, R. (1994/2002). *Familie heute. Wandel der Familienstrukturen und Folgen für die Erziehung.* Darmstadt: Primus.

Nave-Herz, R. (2007). *Familie heute. Wandel der Familienstrukturen und Folgen für die Erziehung* (3. überarbeitete und ergänzte Aufl.). Darmstadt: WBG/Primus.

Nave-Herz, R. (2012). *Familie heute. Wandel der Familienstrukturen und Folgen für die Erziehung* (5. überarbeitete Aufl.). Darmstadt: WBG/Primus.

Neidhardt, F. (1967). *Die junge Generation. Jugend und Gesellschaft in der Bundesrepublik.* Opladen: Leske.

Neuß, N. (1999). *Symbolische Verarbeitung von Fernseherlebnissen in Kinderzeichnungen. Eine empirische Studie mit Vorschulkindern.* München: Kopäd.

Nickel, H. (1972). *Entwicklungspsychologie des Kindes- und Jugendalters. Ein Lehrbuch für Studierende der Psychologie, Erziehungs- und Sozialwissenschaften* (Band I). Bern: Huber.

Nickel, H. (1975). *Entwicklungspsychologie des Kindes- und Jugendalters. Ein Lehrbuch für Studierende der Psychologie, Erziehungs- und Sozialwissenschaften* (Bde I und II). Bern: Huber.

Nickel, H. & Quaiser-Pohl, C. (Hrsg.). (2001). *Junge Eltern im kulturellen Wandel – Untersuchungen zur Familiengründung im internationalen Vergleich.* Weinheim: Juventa.

Oberndorfer, R. & Rost, H. (2005). Neue Väter – Anspruch und Realität. *Zeitschrift für Familienforschung, 17 (1),* 50-65.

Oberreuter, H. (2002). Der Machtwechsel. Regierung und Opposition in den neunziger Jahren. In: W. Süß (Hrsg.), *Deutschland in den neunziger Jahren. Politik und Gesellschaft zwischen Wiedervereinigung und Globalisierung* (S. 53-70). Opladen: Leske + Budrich.

Oelkers, J. & Lehmann, T. (1990). *Antipädagogik: Herausforderung und Kritik* (2., erweiterte Aufl.). Weinheim: Beltz.

Oelkers, J. (1995). *Pädagogische Ratgeber. Erziehungswissen in populären Medien.* Frankfurt/M.: Diesterweg.

Oelkers, J. (2001). *Was lernt man mit Pokémon? Kindheit und Medien heute.* (Vortrag anlässlich der Eröffnungsfeier des Neubaus der psychosomatisch-psychiatrischen Station der Universitäts-Kinderklinik Zürich am 31. Mai 2001).

Oelkers, J. (2002a). Die Welt aus Lego und Pokémon. Kindererziehung im Konsumzeitalter. *Universitas. Orientierung in der Wissenswelt, 57 (5),* 473-481.

Oelkers, R. (2002b). Einige historische Erfahrungen im Verhältnis von Psychologie und Pädagogik. In R. Reichenbach & F. Oser (Hrsg.). *Die Psychologisierung der Pädagogik. Übel, Notwendigkeit oder Fehldiagnose* (S. 12-28). Weinheim: Juventa.

Oerter, R. (1967). *Moderne Entwicklungspsychologie.* Donauwörth: Auer.

Oerter, R. & Montada, L. (Hrsg.). (1982/2002). *Entwicklungspsychologie.* (5. Aufl.) Weinheim: Beltz/PVU.

Office of Public Affairs (o. J.). Education and Cultural Relations division. Education Branch. Office of the United States High Commissioner for Germany (Hrsg.), *Bücher und Zeitschriften über Erziehung und verwandte Gebiete. 1945-1950. Eine Auswahl.* Limburg/Lahn: Limburger Vereinsdruckerei.

Opaschowski, H. (2010). *WIR! Warum Ichlinge keine Zukunft mehr haben.* Hamburg: Murmann.

Papousek, M. & Hofacker N. v. (2004). Klammern, Trotzen, Toben – Störungen der emotionalen Verhaltensregulation des späten Säuglingsalters und Kleinkindalters. In M. Papousek, M. Schieche & H. Wurmser (Hrsg.), *Regulationsstörungen der frühen Kindheit. Frühe Risiken und Hilfen im Entwicklungskontext der Eltern-Kind-Beziehungen* (S. 201-232). Bern: Huber.

Paus-Haase, I. (1998). *Heldenbilder im Fernsehen. Eine Untersuchung zur Symbolik von Serienfavoriten in Kindergarten, Peer-Group und Kinderfreundschaften.* Opladen: Westdeutscher Verlag (Habilitationsschrift).

Peterander, F. (2009). Bildung und Erziehung in der frühen Kindheit. *Monatsschrift Kinderheilkunde, 57,* 971-976.

Peuckert, R. (2008). *Familienformen im sozialen Wandel. Lehrbuch.* (7. Aufl.).

Pfahl-Traughber, A. (2004). Die „Umwertung der Werte" als Bestandteil einer Strategie der „Kulturrevolution". Die Begriffsumdeutung von „Demokratie" durch rechtsextremistische Intellektuelle. In W. Gessenharter & T. Pfeiffer (Hrsg.), *Die Neue Rechte – eine Gefahr für die Demokratie?* (S. 73-94). Wiesbaden: VS Verlag für Sozialwissenschaften.

Preuss-Lausitz, U., Rülcker, T., Zeiher, H. (Hrsg.). (1990). *Selbständigkeit für Kinder – die große Freiheit?* Weinheim: Beltz.

Preuss-Lausitz, U. et al. (Hrsg.). (1991). *Kriegskinder, Konsumkinder, Krisenkinder. Zur Sozialisationsgeschichte seit dem Zweiten Weltkrieg.* (3. Aufl.). Weinheim: Beltz.

Pross, H. (1982). *Was ist heute deutsch? Wertorientierungen in der Bundesrepublik.* Reinbek bei Hamburg: Rowohlt.

Rabehl, B., Bergmann, U., Dutschke, R., Lefevre, W. (1968). *Rebellion der Studenten oder Die neue Opposition.* Reinbek bei Hamburg: Rowohlt.

Radebold, H. (2004). *Abwesende Väter und Kriegskindheit. Fortbestehende Folgen in Psychoanalysen.* Göttingen: Vandenhoeck & Ruprecht.

Rauh, H. (2002). Vorgeburtliche Entwicklung und Frühe Kindheit. In R. Oerter & L. Montada (Hrsg.), *Entwicklungspsychologie* (S. 131-208). Weinheim: Beltz/PVU.

Reddemann, L. (2015). *Kriegskinder und Kriegsenkel in der Psychotherapie: Folgen der NS-Zeit und des Zweiten Weltkriegs erkennen und bearbeiten – Eine Annäherung.* (2. Aufl.). Stuttgart: Klett-Cotta.

Reichenbach, R. (2002). Die Psychologisierung des pädagogischen Denkens und Handelns. In R. Reichenbach & F. Oser (Hrsg.), *Die Psychologisierung der Pädagogik. Übel – Notwendigkeit – Fehldiagnose* (S. 7-11). Weinheim: Juventa.

Reichle, B. & Franiek, S. (2009). Erziehungsstil aus Elternsicht. Deutsche erweiterte Version des Alabama Parenting Questionnaire für Grundschulkinder (DEAPQ-EL-GS). *Zeitschrift für Entwicklungspsychologie und Pädagogische Psychologie, 41 (1),* 12-25.

Reinecker, H. (2005). *Grundlagen der Verhaltenstherapie* (3. Aufl.). Weinheim: Beltz, PVU.

Reuband, K.- H. (1988). Von äußerer Verhaltenskonformität zu selbständigem Handeln. Über die Bedeutung kultureller und struktureller Einflüsse für den Wandel in den Erziehungszielen und Sozialisationsinhalten. In H. O. Luhe & H. Meulemann (Hrsg.), *Wertwandel – Faktum oder Fiktion? Bestandsaufnahmen und Diagnosen aus kultursoziologischer Sicht* (S. 73-97). Frankfurt/M.: Campus.

Richter, H.-E. (1963). *Eltern, Kind und Neurose. Die Rolle des Kindes in der Familie. Psychoanalyse der kindlichen Rolle.* Stuttgart: Klett.

Richter, H.-E. (1969). *Eltern, Kind und Neurose. Die Rolle des Kindes in der Familie. Psychoanalyse der kindlichen Rolle* (3. Aufl.). Reinbek bei Hamburg: Rowohlt.

Richter, H.-E. (1974). *Lernziel Solidarität.* Reinbek bei Hamburg: Rowohlt.

Richter, H.-E. (1998). *Lernziel Solidarität* (Neuaufl.). Gießen: Psychosozial.

Ritter, G. (2006). *Der Preis der deutschen Einheit. Die Wiedervereinigung und die Krise des Sozialstaats.* München: Beck.

Roberts, U. (2003). *Starke Mütter – ferne Väter. Über Kriegs- und Nachkriegskindheit einer Töchtergeneration.* Gießen: Psychosozial.

Röhrich, W. (2002). Die politische Klasse im Blickpunkt der Kritik. In W. Süß (Hrsg.), *Deutschland in den neunziger Jahren. Politik und Gesellschaft zwischen Wiedervereinigung und Globalisierung* (S. 125-140). Opladen: Leske + Budrich.

Rogers, C. R. (1976). *Entwicklung der Persönlichkeit.* Stuttgart: Klett. (Original erschienen 1961: On becoming a person. A therapist's view of psychotherapie)

Rogers, C. R. (1983). *Die klientenzentrierte Gesprächspsychotherapie.* (4. Aufl.). Frankfurt/M.: Fischer. (Original erschienen 1951: Client – centered psychotherapy)

Rolff, H.-G. & Zimmermann, P. (1985). *Kindheit im Wandel. Eine Einführung in die Sozialisation im Kindesalter.* Weinheim: Beltz.

Rost, H. & Schneider N. F. (1996). Bewußt kinderlose Ehen. In H. P. Buba & N. F. Schneider (Hrsg.). *Familie. Zwischen gesellschaftlicher Prägung und individuellem Design* (S. 245-260). Opladen: Westdeutscher Verlag.

Rothemund, K. (2010). Internet – Verbreitung und Aneignung in den 1990ern. In W. Faulstich (Hrsg.), *Die Kultur der 90er Jahre* (S. 119-136). München: Fink.

Rudinger, G. (Hrsg.). (1979). *Methoden der Entwicklungspsychologie.* Stuttgart: Kohlhammer.

Rüedi, J. (2009). Editorial. *Zeitschrift für Individualpsychologie, 34,* 371-374.

Rülcker, T. (1990). Selbständigkeit als pädagogisches Zielkonzept. In U. Preuss-Lausitz, T. Rülcker, H. Zeiher (Hrsg.), *Selbständigkeit für Kinder – die große Freiheit?* (S. 20-27). Weinheim: Beltz.

Rutschky, K. (Hrsg.). (1997). *Schwarze Pädagogik. Quellen zur Naturgeschichte der bürgerlichen Erziehung.* Berlin: Ullstein.

Sander, U. & Vollbrecht, R. (Hrsg.). *Jugend im 20. Jahrhundert. Sichtweisen – Orientierungen – Risiken.* Neuwied: Luchterhand.

Schelsky, H. (1955). *Wandlungen der deutschen Familie in der Gegenwart. Darstellung und Deutung einer empirisch-soziologischen Tatbestandsaufnahme.* (3., erweiterte Aufl.). Stuttgart: Enke.

Schelsky, H. (1957). *Die skeptische Generation. Eine Soziologie der deutschen Jugend.* München: Diederichs.

Schleiermacher, F. (2000). Texte zur Pädagogik. In M. Winkler & J. Bachmann (Hrsg.), *Schleiermacher. Texte zur Pädagogik* (S. 51). Frankfurt/M.: Suhrkamp.

Schmid, M. (2011). *Erziehungsratgeber und Erziehungswissenschaft. Zur Theorie-Praxis-Problematik populärpädagogischer Schriften.* Bad Heilbrunn: Klinkhardt.

Schmidt-Hellerau, C. (Hrsg.). (2006). *Sigmund Freud. Das Lesebuch. Schriften aus vier Jahrzehnten.* Frankfurt/M.: Fischer.

Schmitz, Stefan (2007). Eva in der Nazifalle. *Der Stern, 43,* 28-42.

Schneewind, K. A. (1975). Auswirkung von Erziehungsstilen. Überblick über den Stand der Forschung. In H. Lukesch (Hrsg.), *Auswirkungen elterlicher Erziehungsstile* (S. 14-27). Göttingen: Hogrefe.

Schneewind, K. A. & Herrmann, T. (Hrsg.). (1980). Erziehungsstilforschung. Theorien, Methoden und Anwendung der Psychologie elterlichen Erziehungsverhaltens. Bern: Huber.

Schneewind, K. A. & Ruppert, S. (1995). *Familien gestern und heute: ein Generationenvergleich über 16 Jahre.* München: Quintessenz, MMV Medizin.

Schneewind, K. A. (2002). Familienentwicklung. Intergenerationale Transmission von Eltern-Kind-Beziehungen. In R. Oerter & L. Montada (Hrsg.), *Entwicklungspsychologie* (S. 105-127). (5. Aufl.). Weinheim: Beltz PVU.

Schneewind, K. A. (2010). *Familienpsychologie* (3., überarbeitete und erweiterte Aufl.). Stuttgart: Kohlhammer.

Schneider, W. (2000). *Die Gruner + Jahr Story. Ein Stück deutsche Pressegeschichte.* München: Piper.

Schneider, W. & Büttner, G. (2002). Entwicklung des Gedächtnisses bei Kindern und Jugendlichen. In R. Oerter & L. Montada (Hrsg.), *Entwicklungspsychologie* (S. 495-516). (5. Aufl.). Weinheim: Beltz PVU.

Schneider-Hanke, M. (2008). *Die 68er Bewegung – Ursachen und Folgen.* (Seminar der Friedrich-Ebert-Stiftung vom 18.08.2008 bis 22.08.2008 in Bad Münstereifel).

Schnibben, C. (2007). Bürgerlich bis in die Knochen. *DER SPIEGEL, 44,* 74-96.

Schöbi, D. & Perrez, M. (2005). *Bestrafungsverhalten von Erziehungsberechtigten in der Schweiz.* Fribourg: Departement für Psychologie Universität Freiburg Schweiz.

Schormann, C. (2004). Die Musikkultur der siebziger Jahre. In W. Faulstich (Hrsg.), *Die Kultur der 70er Jahre. Kulturgeschichte des 20. Jahrhunderts* (S.119-129). München: Fink.

Schroedter, T. (2007). *Antiautoritäre Pädagogik. Zur Geschichte und Wiederaneignung eines verfemten Begriffes.* Stuttgart: Schmetterling.

Schülein, J. A. (2002). *Die Geburt der Eltern. Über die Entstehung der modernen Elternposition und den Prozess ihrer Aneignung und Vermittlung (2. Aufl.).* Gießen: Psychosozial.

Schütze, Y. (1988). Zur Veränderung im Eltern-Kind-Verhältnis seit der Nachkriegszeit. In: R. Nave-Herz (Hrsg.), *Wandel und Kontinuität der Familie in der Bundesrepublik Deutschland.* Stuttgart: Enke.

Schütze, Y. (2002). Zur Veränderung im Eltern-Kind-Verhältnis seit der Nachkriegszeit. In R. Nave-Herz (Hrsg.), *Kontinuität und Wandel der Familie in Deutschland. Eine zeitgeschichtliche Analyse* (S. 71-97). Stuttgart: Lucius und Lucius.

Schütze, Y. & Geulen, D. (1991). Die „Nachkriegskinder" und die „Konsumkinder": Kindheitsverläufe zweier Generationen. In U. Preuss-Lausitz et al. (Hrsg.), *Kriegskinder, Konsumkinder, Krisenkinder. Zur Sozialisationsgeschichte seit dem zweiten Weltkrieg* (S. 29-52). Weinheim: Beltz.

Schwingel, M. (2011). *Pierre Bourdieu zur Einführung* (7., ergänzte Aufl.). Hamburg: Junius.

Sears, W. & Sears, M. (2012). *Das Attachment Parenting Buch. Babys pflegen und verstehen.* Leipzig: tologo. (Original erschienen 2001: The attachment parenting book. A commonsense guide to understanding and nuturing your child)

Seidenfuß, J. (1985). Ziel/Zweck. In R. Brunner, R. Kausen & M. Titze (Hrsg.), *Wörterbuch der Individualpsychologie* (S. 508-511). München: Reinhardt.

Seiffge-Krenke, I. & Schneider, N. F. (2012). *Familie – nein danke?! Familienglück zwischen neuen Freiheiten und alten Pflichten.* Göttingen: Vandenhoeck & Ruprecht.

Seiring, W. (2001). Erziehungsideale und Realität der Schule im Westen. In U. & W. Benz (Hrsg.), *Deutschland, deine Kinder. Zur Prägung von Feindbildern in Ost und West* (S. 97-110). München: dtv.

Sieder, R. & Smioski, A. (2012). *Der Kindheit beraubt. Gewalt in den Erziehungsheimen der Stadt Wien.* Innsbruck: Studienverlag.

Sontheimer, K. (2004). Die Kontinuität antidemokratischen Denkens. Von der Weimarer Republik zur Bundesrepublik. In W. Gessenharter & T. Pfeiffer (Hrsg.), *Die Neue Rechte – eine Gefahr für die Demokratie?* (S. 19-29). Wiesbaden: VS Verlag für Sozialwissenschaften.

Spahn, C. (Hrsg.). (1976). *Der Elternführerschein – Ein Kurs zur Erziehung des Kleinkindes.* Das Buch zur Fernsehserie. München: Goldmann.

Spitz, R. A. (1960). *Die Entstehung der ersten Objektbeziehungen. Direkte Beobachtungen an Säuglingen während des ersten Lebensjahres.* (2. Aufl.). Stuttgart: Klett.

Spitz, R. A. (1967). *Vom Säugling zum Kleinkind. Naturgeschichte der Mutter-Kind-Beziehungen im ersten Lebensjahr* (2. Aufl.). Stuttgart: Klett.

Steinkamp, G. (2002). Sozialstruktur und Sozialisation. In K. Hurrelmann & D. Ulich (Hrsg.), *Handbuch der Sozialisationsforschung. Studienausgabe* (6. Aufl.). (S. 251-278). Weinheim: Beltz.

Stern, D. N. (1979). *Mutter und Kind. Die erste Beziehung.* Stuttgart: Klett. (Original erschienen 1977: The first relationship: Infant and mother)

Stern, D. N. (2007). *Die Lebenserfahrung des Säuglings* (9., erweiterte Aufl.). Stuttgart: Klett-Cotta. (Original erschienen 1985: The interpersonal world of the infant)

Stöver, B. (2006). Fragebogen und Persilscheine: Entnazifizierung und Umerziehung. In *Welt- und Kulturgeschichte,* (Bd.14). Hamburg: Zeitverlag Gerd Bucerius.

Strauß, B., Buchheim, A. & Kächele, H. (2002). *Klinische Bindungsforschung. Theorien – Methoden – Ergebnisse.* Stuttgart: Schattauer.

Süß, W. (2002). Politik und Gesellschaft zwischen Wiedervereinigung und Globalisierung. Zur Einführung. In W. Süß (Hrsg.), *Deutschland in den neunziger Jahren. Politik und Gesellschaft zwischen Wiedervereinigung und Globalisierung* (S. 7-11). Opladen: Leske + Budrich.

Surminski, A. (2004). Das Trauma einer Generation. In *GEO. Das neue Bild der Erde. 11,* 112-114.

Sutton, N. (1996). *Bruno Bettelheim. Auf dem Weg zur Seele des Kindes.* Hamburg: Hoffmann und Campe.

Tausch, R. & Tausch, A.-M. (1963/1970). *Erziehungspsychologie. Psychologische Prozesse in Erziehung und Unterrichtung.* (5. Aufl.). Göttingen: Hogrefe.

Templin, W. (2002). Ein Staat – zwei Gesellschaften? Deutsch-deutsche Klüfte im zweiten Vereinigungsjahrzehnt. In W. Süß (Hrsg.), *Deutschland in den neunziger Jahren. Politik und Gesellschaft zwischen Wiedervereinigung und Globalisierung* (S. 191-201). Opladen: Leske + Budrich.

Thomä, H. (2009). Die Einführung des Subjekts in die Medizin und Alexander Mitscherlichs Wiederbelebung der Psychoanalyse in Westdeutschland. *Psyche. Zeitschrift für Psychoanalyse und ihre Anwendungen, 2,* 129-152.

Thurnwald, H. (1948). *Gegenwartsprobleme Berliner Familien. Eine soziologische Untersuchung an 498 Familien.* Berlin: Weidmann.

Tschöpe-Scheffler, S. (2003). *Fünf Säulen der Erziehung. Wege zu einem entwicklungsfördernden Miteinander von Erwachsenen und Kindern.* Mainz: Grünewald.

Tschöpe-Scheffler, S. (2013). *Fünf Säulen der Erziehung. Wege zu einem entwicklungsfördernden Miteinander von Erwachsenen und Kindern* (7., vollständig überarbeitete Neuauflage). Ostfildern: Patmos.

Tschöpe-Scheffler, S. (Hrsg.). (2005). *Konzepte der Elternbildung – eine kritische Übersicht.* Opladen: Barbara Budrich.

Tsokos, M. & Guddat, S. (2014). *Deutschland misshandelt seine Kinder.* München: Droemer.

Tymister, H. J. (2001). Rudolf Dreikurs – Ansätze zu einer individualpsychologischen Pädagogik und Erwachsenenbildung. *Beiträge zur Individualpsychologie, 26,* 45-58.

Uhle, R. (2004). Pädagogik der siebziger Jahre – zwischen wissenschaftsorientierter Bildung und repressionsarmer Erziehung. In W. Faulstich (Hrsg.), *Die Kultur der 70er Jahre. Kulturgeschichte des 20. Jahrhunderts* (S. 49-63). München: Fink.

Vester, M., Oertzen, P. v., Geiling, H. & Hermann, T. (2001). *Soziale Milieus im gesellschaftlichen Strukturwandel. Zwischen Integration und Ausgrenzung*. Frankfurt/M.: Suhrkamp.

Wahl, K. (1989). *Die Modernisierungsfalle. Gesellschaft, Selbstbewußtsein und Gewalt.* Frankfurt/M.: Suhrkamp.

Wegener-Spöhring, G. (2000). Gespielte Aggressivität. In S. Hoppe-Graf & R. Oerter (Hrsg.), *Spielen und Fernsehen* (S. 59-77). Weinheim: Juventa.

Werder, L. von (1972). *Von der antiautoritären zur proletarischen Erziehung. Ein Bericht aus der Praxis.* Frankfurt/M.: Fischer TB.

Werder, L. von (1975). *Erziehung und gesellschaftlicher Fortschritt. Einführung in eine soziologische Erziehungswissenschaft.* Frankfurt/M: Ullstein.

Werder, L. von & Wolff, R. (Hrsg.). (1969/1974). Siegfried Bernfeld. *Antiautoritäre Erziehung und Psychoanalyse. Ausgewählte Schriften* (Bde 1 und 2). Frankfurt/M.: Ullstein.

Werder, L. von & Wolff, R. (Hrsg.). (1970/1974). Siegfried Bernfeld. *Antiautoritäre Erziehung und Psychoanalyse. Ausgewählte Schriften* (Bd. 3). Frankfurt/M.: Ullstein.

Wild, E. & Lorenz, F. O. (2009). Familie. In E. Wild & J. Möller (Hrsg.), *Pädagogische Psychologie* (S. 235-259). Heidelberg: Springer.

Winkler, M. (1982). *Stichworte zur Antipädagogik. Elemente einer historisch-systematischen Kritik.* Stuttgart: Klett-Cotta.

Winnicott, D. W. (1969). Übergangsobjekte und Übergangsphänomene. *Psyche, 23(9),* 666-682.

Winnicott, D. W. (1990). *Der Anfang ist unsere Heimat. Zur gesellschaftlichen Entwicklung des Individuums.* Stuttgart: Klett-Cotta. (Original erschienen 1986: Home is where we start from)

Winnicott, D. W. (1969/1992). *Kind, Familie und Umwelt.* München: Reinhardt. (Original erschienen 1964: The child, the family and the outside world)

Winnicott, D. W. (1973/2012). *Vom Spiel zur Kreativität.* (13. Aufl.). Stuttgart: Klett-Cotta. (Original erschienen 1971: Playing and reality)

Wirth, W. & Lauf, E. (Hrsg.). (2001). *Inhaltsanalyse: Perspektiven, Probleme, Potentiale.* Köln: Halem.

Wolfrum, E. (2006). Aufruhr und Zuversicht. In M. Gräfin Dönhoff et. al. (Hrsg.), *60 Jahre DIE ZEIT – 60 Jahre Zeitgeschichte 1946 – 2006. Zweiter Teil 1966 – 1983,* 4-17. Hamburg: Zeitverlag Gerd Bucerius.

Wolfrum, E. (2008). *Die 90er Jahre. Wiedervereinigung und Weltkrisen.* Darmstadt: WBG.

Wulff-Bräutigam, K. (2005). *Bhagwan, Che und ich. Meine Kindheit in den 70ern.* München: Droemer.

Wurzbacher, G. (1952/1958). *Leitbilder gegenwärtigen deutschen Familienlebens.* Stuttgart: Enke.

Wurzbacher, G. (1954/1961). *Das Dorf im Spannungsfeld industrieller Entwicklung.* Stuttgart: Enke.

Zentralrat der sozialistischen Kinderläden in Berlin (Hrsg.). (1969). *Erziehung und Klassenkampf. Oder deren Geschichte nebst einer relativ vollständigen Bibliographie unterschlagener, verbotener, verbrannter Schriften zur revolutionären sozialistischen Erziehung (Nr. 3).* Berlin: Kinderladen Schöneberg.

Ziegenhain, U., Fries, M., Bütow, B. & Derksen, B. (2006). *Entwicklungspsychologische Beratung für junge Eltern. Grundlagen und Handlungskonzepte für die Jugendhilfe.* Weinheim: Juventa.

Ziegenhain, U. (2008a). Entwicklungs- und Erziehungsberatung für die frühe Kindheit. In F. Petermann & W. Schneider (Hrsg.), *Angewandte Entwicklungspsychologie* (Bd. 7), (S.163-204). Göttingen: Hogrefe.

Ziegenhain, U. & Fegert, J. M. (Hrsg.). (2008b). *Kindeswohlgefährdung und Vernachlässigung* (2. Aufl.). München: Reinhardt.

Ziegenhain, U., Gebauer, S., Künster, A. K., Thurn, L., Backes, S. & Reichle, B. (2012). *Auf den Anfang kommt es an* (2., überarbeitete und erweiterte Aufl.). Mainz: LZG in Rheinland-Pfalz e. V.

Ziehe, T. (1986). Wertgeltung und Wertorientierungen. Grundsätzliche Anmerkungen zur Werterziehung in der Schule. In R. Mokrosch (Hrsg.), *Christliche Werterziehung angesichts des Wertewandels* (Bd. 9). Osnabrück: Schriftenreihe der Universität (Fachbereich 3).

Zimmer, K. (1982). *Das einsame Kind. Für ein neues Verständnis der kindlichen Urbedürfnisse.* München: dtv.

Zimmermann, P. (1991). Aufwachsen mit Rockmusik – Rockgeschichte und Sozialisation. In U. Preuss-Lausitz u. a. (Hrsg.), *Kriegskinder, Konsumkinder, Krisenkinder. Zur Sozialisationsgeschichte seit dem Zweiten Weltkrieg* (S. 107-126). (3. Aufl.). Weinheim: Beltz.

Zimmermann, P. (2002). Von Bindungserfahrungen zur individuellen Emotionsregulation: das entwicklungspsychopathologische Konzept der Bindungstheorie. In B. Strauß, A. Buchheim & H. Kächele (Hrsg.), *Klinische Bindungsforschung. Theorien – Methoden – Ergebnisse* (S. 147-161). Stuttgart: Schattauer.

Zinnecker, J. (1985). Kindheit. Erziehung. Familie. In: Jugendwerk d. Dt. Shell (Hrsg.), *Jugendliche und Erwachsene `85. Generationen im Vergleich* (Bd. 3). *Jugend der fünfziger Jahre – heute.* Leverkusen: Leske + Budrich.

Zinnecker, J. (2002). Das Deutungsmuster Jugendgeneration. Fragen an Karl Mannheim. In J. Zinnecker & H. Merkens (Hrsg.). *Jahrbuch Jugendforschung 2* (S. 61-98)

Zulehner, P. M. (2008). Männerrollen im Wandel. Männer in Deutschland 2008. Zehn Jahre danach. In BMFSFJ (Hrsg.), *Rollenleitbilder und –realitäten in Europa: Rechtliche, ökonomische und kulturelle Dimensionen* (S. 33-42). Sinzheim: Nomos.

Zulehner & Volz (2009). (Hrsg.). *Männer in Bewegung. Zehn Jahre Männerentwicklung in Deutschland. Ein Forschungsprojekt der Gemeinschaft der Katholischen Männer Deutschlands und der Männerarbeit der Evangelischen Kirche in Deutschland.* Baden-Baden: Nomos.

Anhang

Erziehungsrelevante propagierte Werte : 1950 - 2000					
50er	**60er**	**1968**	**70er**	**80er**	**90er**
Restauration vs. "Reeducation"	**Modernisierung durch Demokratisierung**		**Neubestimmung der Bedürfnisse (Marcuse, 1967)**	**Risikogesellschaft (Beck, 1986)**	**Diskursarena Identität (Keupp, 1997)**
- Disziplin	- Autonomie	← Wertewandel	- Selbstverwirklichung	- Selbstwirksamkeit	- Gleichrangigkeit klassischer und postmoderner Werte
- Fleiß	- Emanzipation	Verunsicherung der Eltern	- Selbstreflexivität	- Glück als Ideologie	
- Gehorsam	- Gleichwertigkeit	← Kulturrevolutionärer Protest	- Selbstständigkeit	- Gleichberechtigung und herrschaftsfreie Diskurse	- Grenzen, Disziplin und Leistung
- Leistung	- Kommunikation	← Bruch mit der Tradition	- Soziale Kompetenzen	- Intimisierung der	- Emotionale Intelligenz

Tabelle 1: Erziehungsrelevante propagierte Werte: 1950 – 200
Eigene Ergebnisse zur Forschungsfrage I unter Ver
Wertewandeltypologie von Barz (2004)

Interdependente ökologische Systeme nach Bronfenbrenner 1945-2000
1945-1959 Makrosystem: Integration von 12 Millionen Flüchtlingen; Hungers- und Wohnungsnot; Wiederaufbau; Restauration; Züchtigungsrecht; Sympathie für den NS und Preußische Tugenden: Unterordnung, Gehorsam, Pflichtbewusstsein, Disziplin, Fleiß, Zielstrebigkeit, Härte, Leistung, Sparsamkeit, Ordnungssinn, Pünktlichkeit **Exosystem:** „Schwarze Pädagogik"; nationalsozialistische Werte; begrenzt verfügbar: Reformpädagogik, Individualpsychologie, Psychoanalytische Pädagogik; Ratgeber ohne ökologische Perspektive: keine Thematisierung des Krieges **Mesosystem:** Restauration; **neu:** erste Signale eines demokratischen Wandels **Mikrosystem:** Traumatisierungen, Schweigen; Kontroll-Loch (Autonomie); Vaterlosigkeit oder autoritäre Diskurse und Machtkämpfe; (körperliche) Strafen und Verbote
1960-1969 Makrosystem: Studentenbewegung, Bildungsreformen, Ideologisierung; öffentliche Diskurse über Normen und Werte; Kritische Erziehungswissenschaft; Individualisierungsprozesse, Pluralismus und neue Basis-Werte: Emanzipation, Mündigkeit, Autonomie, Gleichwertigkeit, Partizipation, Solidarität, Selbstverantwortung **Exosystem:** Postulat einer demokratischen, autoritativen, bzw. antiautoritären Erziehung; Zeitschrift ELTERN; Erziehungsziele: Selbstständigkeit, Kommunikations-, Kooperations-, Kritikfähigkeit, Empathie, Frustrations- und Ambiguitätstoleranz **Mesosystem:** Kindergärten, Regelschulen; **neu:** Kinderläden, Freie Schulen **Mikrosystem:** Irritation der Eltern, Generationenkonflikte; Dominanz von patriarchalisch-autoritären vs. antiautoritären Erziehungsstilen, Fehlentwicklung: Laissez-faire
1970-1979 Makrosystem: Liberalisierung als irreversibler historischer Wandel - Struktur- und Wertewandel, Pluralismus, antibürgerliche Kultur; Individualisierungsprozesse; Pädagogisierungsschub; empirische Säuglings- und Kleinkindforschung, Bindungsforschung; Antipädagogik; politische Tendenzwende: Bonner Forum (1978)

Interdependente ökologische Systeme nach Bronfenbrenner 1945-2000
Exosystem: Flut von Elternratgebern, Leitbild eines demokratischen Erziehungsstils; im Fokus: Mutter-Kind-Bindung, Beziehung statt Erziehung, Erziehungskompetenz durch Elternkurse; ELTERN: Replik auf Bonner Forum (Katalog Erziehungsziele)
Mesosystem: Kompetenz durch Elternkurse; **neu:** Medienverbundprojekte für Eltern
Mikrosystem: Informationsbedürfnis und Leistungserwartungen der Eltern; Einübung in Kommunikation und Kooperation, sowie Empathie und Feinfühligkeit; Geburtenrückgang (1,45)
1980-1989 Makrosystem: Gleichberechtigung und herrschaftsfreie Diskurse - juristische Verankerung des Verhandlungshaushalts (§ 1626); Politik honoriert weiter Sozialisationsfunktion der Familie; Pädagogisierung der Kindheit; neue Ergebnisse in der Bindungs-, Säuglings-, Kleinkindforschung und der Entwicklungspsychologie
Exosystem: Pädagogische Institutionen als Vermittler von Schlüsselkompetenzen für die „Risikogesellschaft"; Leitbilder: Intensive Bemutterung und bindungsorientiertes Elternverhalten, demokratischer bzw. autoritativer Erziehungsstil; Selbstreflexivität der Eltern
Mesosystem: Kinderbetreuungsplätze fehlen; **neu:** zunehmender Nachhilfeboom
Mikrosystem: Auflösung des bürgerlichen Familienmusters; selbstreflexive und verantwortete Elternschaft; Psychologisierung der Erziehung; Geburtenrückgang (1,28)
1990-2000 Makrosystem: Konservative politische Grundströmung, traditionelle Familienleitbilder; neue Diskurse in der Erziehungswissenschaft; Professionalisierung der Elternschaft; Individualisierungsprozesse als gesamtgesellschaftliche Dynamik; Expansion der globalen Netzkultur; Postulat klassischer und postmoderner Werte
Exosystem: Psycho- und Ratgeberboom; Dekade der Disziplin (Kinder brauchen Grenzen); Rückgriff auf klassische, konservative Erziehungsziele, parallel Postulat moderner Ziele; **neu:** Emotionale Intelligenz; pädagogisch ausgerichtete Kinderkultur (Medien)

Interdependente ökologische Systeme nach Bronfenbrenner 1945-2000
Mesosystem: Hohe Erwartungen an Eltern bei geringer gesellschaftlicher Wertschätzung
Mikrosystem: Re-Traditionalisierungseffekte im Übergang zur Elternschaft; professionelle Ausübung der Mutterrolle; Fördern und Fordern; „quality time" mit Kindern

Tabelle 2: Interdependente ökologische Systeme nach Bronfenbrenner: 1945 – 2000
Ergebnisse zur Forschungsfrage II (Eschner)

Elternkurs: Starke Eltern - starke Kinder (Paula Honkanen-Schoberth, 1985; seit 2000 als Projekt des DKSB)				
Theorien (eklektisch)	**Erzie-hungsstil**	**Ziele für Eltern**	**Methoden**	**Evaluation**
Ansätze aus der	"Anlei-tender	**Hauptziel:** Erziehung ohne	**Theoriever-mittlung (1/3),**	**Evaluation 2002 (Sigrid Tschöpe-**
Humanistischen Psychologie;	Erzie-hungsstil"	physische und psychi-sche Ge-walt	**Selbsterfah-rung und praktische**	**Scheffler, Köln):**
Ressourcentheo-rie nach	(Honka-nen-	**Selbstre-flexive El-ternschaft:**	**Erprobung (2/3):**	Austausch und Reflexi-ons-
Aaron Antono-vsky und	Scho-berth);	Selbst(er)k enntnis; Reflexion	Kursleitung als Modell (Vor-bild)	prozesse mit anderen
Klaus Grawe;		der eigenen Werte, Ziele und	für Eltern; El-tern als Mo-delle	Eltern hilf-reich; erfolg-reiches
Individualpsy-chologie nach	"Entwick-lungs-	Bedürf-nisse; Stär-kung der	(Vorbilder) für Kinder	Lernen in der Gruppe mit
Alfred Adler;	fördern-der	Identität und des Selbstver-	(3-Ebenen-Methode)	wissenschaft-lichen Infor-matio-
Personen-zentrierten Ge-sprächs-	Erzie-hungsstil"	trauens der Eltern (In-teraktives	**Reflexions-prozesse** mit anderen	nen und pro-fessioneller Leitung;
therapie nach Carl Rogers;	(Tschöpe-Scheffler)	Feld 1)	Eltern unter professioneller Leitung	Reduzierung von entwick-lungs-
Kommunikati-onstheorie nach		**Prävention von Ge-walt:**	über Werte und Erzie-hungsziele	hemmenden Erziehungs-methoden
Paul Watzla-wick;	"Gewalt-freier-	Kenntnisse und Ein-übung	**Techniken:** Ermutigung, Anerkennung	
Kommunikation in der	demokra-tischer-	von guter Kommuni-kation und	und Wertschät-zung zeigen und	**Evaluation 2009 (Wulf Rauer,**

Elternkurs: Starke Eltern - starke Kinder (Paula Honkanen-Schoberth, 1985; seit 2000 als Projekt des DKSB)				
Theorien (eklektisch)	**Erzie-hungsstil**	**Ziele für Eltern**	**Methoden**	**Evaluation**
Familie nach Thomas Gordon;	konse-quenter	Koopera-tion (Feld 1 und Feld 4)	aussprechen; Ich-Botschaf-ten,	**Hamburg):**
Systemtheoreti-sche Ansätze	Erzie-hungsstil"	**Liebe:** Bin-dung anbie-ten, Zu-	Aktives Zuhö-ren, Feedback;	Abbau von Unsicherheit;
	(Fuhrer);	wendung, Wertschät-zung	Aushandeln und Begründen von	Steigerung der Selbst-wirksam-keitser-
Grundkonzept des DKSB:		und Ermu-tigung (Feld 2)	Regeln und Grenzen (Nein!),Erar-beitung	wartung, Re-duzierung entwick-lungs-
Kindorientierung		**Halt ge-ben:**	von Konflikt-lösungsmodel-len	hemmender Erziehungs-faktoren
Familienorien-tierung		Regeln und Grenzen gemeinsam	**Gewaltlosig-keit: Kinder-rechte**	(z. B. Ohrfei-gen, Demüti-gungen),
Lebensfeldorien-tierung		reflktieren und für die eigene	Subjektstel-lung des Kin-des;	Wahrneh-mung der po-sitiven
Ressourcenori-entierung		Familie er-arbeiten (Feld 3);	Prophylaxe durch Refle-xion,	Seiten und Stärken der Kinder;
		Im Alltag: Mit den ei-genen Kin-dern	Übungen (Um-gang mit Wut),	Steigerung der entwick-lungsfördern-
Prinzip:		Konfliktlö-sungen su-chen und	Selbsterfah-rung, Techni-ken	den Verhal-tensweisen positiveres
Konkrete, kleinstmögliche Schritte		Regeln und Konse-quenzen	gewaltfreier Kommunika-tion und	(z. B. Ermu-tigungen, Respekt,
1. zur Verände-rung der elterli-chen		gemeinsam festlegen (Feld 4)	Kooperation	Förderung von Autono-mie, Lob),

Elternkurs: Starke Eltern - starke Kinder (Paula Honkanen-Schoberth, 1985; seit 2000 als Projekt des DKSB)				
Theorien (eklektisch)	**Erziehungsstil**	**Ziele für Eltern**	**Methoden**	**Evaluation**
Handlungen			**Allgemeine Methoden:**	positiveres Sozialverhalten der
2. zu Einstellungsveränderungen			Kurzvorträge, Gruppenarbeiten,	Kinder; Empathie, verbunden mit
			Rollenspiele, Dialoge, Diskussionen,	Struktur und Grenzen,
			Wochenaufgaben	entspannteres Familienklima

Tabelle 3: Elternkurs: Starke Eltern - starke Kinder
Eigene Darstellung in Anlehnung an Honkanen-Schoberth (1985),
Tschöpe-Scheffler (2002), Wulf Rauer (2009)

Druck:
Canon Deutschland Business Services GmbH
im Auftrag der KNV-Gruppe
Ferdinand-Jühlke-Str. 7
99095 Erfurt